INSTITUTIONEN

DES RÖMISCHEN RECHTS.

EIN LEHRBUCH

VON

DR. RUDOLF LEONHARD,
O. Ö. PROFESSOR IN MARBURG.

LEIPZIG,
VERLAG VON VEIT & COMP.
1894.

Druck von Metzger & Wittig in Leipzig.

DEM ANDENKEN

RUDOLF VON IHERING'S

IN DANKBARKEIT UND VEREHRUNG

DER VERFASSER

Vorwort.

Vor einigen Jahren, als dies Buch noch im Entstehen war, gestattete RUDOLF VON IHERING, es ihm zu widmen. Daraus leitet der Verfasser das Recht her, es als einen Erinnerungskranz auf das Grab des verehrten Meisters zu legen, bei dessen Lebzeiten er die Arbeit leider nicht mehr vollenden konnte.

Nach einem bekannten Worte IHERINGS strebt unsere Wissenschaft durch das römische Recht hindurch über dasselbe hinaus. Dem Anfänger dagegen fällt es oft schwer, überhaupt erst einmal in das römische Recht hineinzukommen. Den Wegweiser zu diesem Ziele nennt man „Institutionen".

Dieser Wissenszweig schuldet aber vor allem aufrichtigen Dank dem Manne, der es so, wie wenige andere, verstanden hat, die Gedanken entschwundener Zeiten zum Dienste der Gegenwart heraufzubeschwören. Gerade diese Brücke zwischen einst und jetzt zu schlagen, ist die vornehmlichste Aufgabe der Institutionenlehre.

Nun besitzen wir freilich schon mehrere vortreffliche Lehrbücher der Institutionen, und darum muß der Verfasser ebenso, wie es SCHILTER vor etwa zweihundert Jahren im Vorworte eines ähnlichen Buches bekannte, den Tadel erwarten, daß er eine Ilias *„post tot Homeros"* geschrieben habe. Nicht beseitigt, aber immerhin abgeschwächt wird dieser Vorwurf dadurch, daß das Buch in zwei Punkten von den bewährten Vorbildern abweicht, in der Rückkehr zur Legalordnung und in der fortlaufenden Rücksicht auf die Grundzüge des gegenwärtigen Rechtes. Diese beiden Ziele waren aber nicht des Verfassers Ausgangspunkte, sondern haben sich ihm erst sehr spät als Endergebnisse von Lehrerfahrungen an vier Hochschulen nach vieljährigem Suchen aufgedrängt. Sie haben ihn sogar dazu genötigt, sein Buch, als es in der üblichen Art beinahe vollendet war, von Grund aus umzugestalten. Das Bestreben, dies aus der Geschichte der Rechtswissenschaft zu begründen (§§ 39 und 40), würde freilich wenig bedeuten, wenn das Ergebnis seiner Arbeit sich für den Unterricht nicht bewähren sollte. Darüber wird aber nur die Erfahrung entscheiden können. Für Anfänger ist das Buch geschrieben, aus dem Verkehre mit ihnen ist es entstanden, ihnen ist es angepaßt, und nach seiner Wirkung auf Anfänger will es beurteilt sein.

Auch die Schriften, die es in den Anmerkungen erwähnt, sind für sie genannt, freilich nicht, um schon bei dem ersten Studium nachgeschlagen zu werden. Dies könnte nur verwirren; denn die angezogene Litteratur setzt in der Regel bei ihren Lesern eine Kenntnis der Institutionenlehre voraus. Wohl aber muß bereits bei dem Beginne der Studien eine Gelegenheit gegeben werden, an vielen Stellen später tiefer einzudringen, und es muß ein Blick auf die Aufgaben fallen, denen sich die Wissenschaft unserer Tage vornehmlich widmet.

Nur hieraus erwächst die Überzeugung, daß es nicht die Aufgabe eines wissenschaftlichen Studiums ist, tote und unveränderliche Schätze zu sammeln, sondern mitten in ein lebendiges Werden mit voller Anspannung der Geisteskräfte einzutreten. Ohne diese Einsicht kann sich aber die selbständige Denkart nicht entwickeln, die dem Forscher ebenso nötig ist, wie dem Richter, und die dem akademischen Studium in keinem Augenblicke fehlen darf.

Marburg, im Juni 1894.

R. Leonhard.

Inhalt.

Erster Teil.

Die Anfangsgründe der Rechtslehre.

Erster Abschnitt. Das Ziel der Rechtslehre.

Erstes Kapitel. Der Beruf des Rechtspflegers.

Zweites Kapitel. Die Aufgaben der Rechtswissenschaft.

Drittes Kapitel. Die Zweige der Rechtswissenschaft.

Zweiter Abschnitt. Der gegenwärtige Einfluß der Justinianischen Rechtsbücher.

Erstes Kapitel. Die Stellung der Justinianischen Sammlung im heutigen Rechtsleben.

Zweites Kapitel. Der wissenschaftliche Wert der römischen Rechtsquellen.

Zweiter Abschnitt. Die Unfähigkeit zu eigener Rechtsausübung (Bevormundung).

Zweites Buch. Das Vermögensrecht (jus quod ad res pertinet).

Einleitung in das Vermögensrecht.

Erster Abschnitt. Vermögenserwerb mit allseitiger (dinglicher) Kraft. Sachen- und Erbrecht.

Erstes Kapitel. Erwerb einzelner Vermögensstücke.

Zweiter Abschnitt. Vermögenserwerb mit einseitiger Kraft (Entstehung und Fortfall von Verpflichtungen).

Erstes Kapitel. Das Forderungsrecht im Dienste des Verkehrs.

Berichtigungen.

Seite 60 Anm. 3 Zeile 1 lies: „Volero“ statt „Valero“.
„ 63 Z. 7 lies: „Aedilen“ statt „Aedilien“.
„ 122 Z. 12 lies: „praetorio“ statt „praetoris“.
„ 137 Z. 13 lies: „Burgundionum“ statt „Burgundiorum“.
„ 142 Anm. 4 Z. 3 lies: „Beziehung“ statt „Bezeichnung“.
„ 149 Z. 3 lies: „Neueren“ statt „Neuere“.
„ 164 Z. 10 lies: „I, 2“ statt „II, 2“.
„ 167 Anm. 1 Z. 1 lies: „institutions“ statt „constitutions“.
„ 185 Z. 15 lies: „latinisch“ statt „latininisch“.
„ **191 Z. 16 lies: „Rechtliche Schranken“ statt „Rechtliches Schwanken“.**
„ 199 Anm. 5 Z. 2 lies: „habes“ statt „habet“. Z. 3 lies: „hercle“ statt „herede“ und „eum“ statt „sum“.
„ **200 Anm. 7 lies: „Februar“ statt „Juli“.**
„ 210 Z. 4 lies: „gleichwertiges“ statt „gleichlautendes“.
„ 223 Anm. 4 letzte Zeile lies: „mancipatio“ statt „muncipatio“.
„ **239 Anm. 5 lies: „leicht“ statt „nicht“.**
„ 258 Z. 2 von unten lies: „die“ statt „das“.
„ 262 Anm. 2 Z. 3 lies: „sed“ statt „se“.
„ 275 Anm. 4 Z. 2 lies: „Institutionum“ statt „Instutionum“.
„ 307 Z. 17 lies: „defringendo“ statt „defungendo“.
„ 316 Z. 3 von unten lies: „§ 95“ statt „§ 94“.
„ 338 u. 339 Anm. 3 (oben) streiche den letzten Satz.
„ 343 Anm. 1 Z. 2 lies: „anders“ statt „a.“
„ 372 Anm. 5 Z. 5 lies: „bewirkte“ statt „bemerkte“.
„ 386 Z. 9 v. o. lies: „III, 13“ statt „II, 13“.
„ 394 Anm. 7 Z. 3 lies: „curaret“ statt „cureti“.
„ 396 Anm. 3 lies: „S. 394 Anm. 3“ statt „393 Anm. 4“.
„ **443 Z. 5 lies: „actio furti nec manifesti“ statt „actio furti manifesti“.**
„ **457 Anm. 8 lies: „nudum pactum“ statt „anderen pactum“.**
„ 477 Anm. 4 lies: „agit“ statt „agito“.
„ 504 Anm. 2 lies: „impetratione“ statt „impretatione“.
„ 506 Anm. 2 Z. 1 lies: „Der Einfluß“ statt „Vgl. den Einfluß“.
„ 508 Anm. 2 Z. 3 lies: „Exceptionen“ statt „Excerptionen“.

Erster Teil.

Die Anfangsgründe der Rechtslehre.[1]

Erster Abschnitt.

Das Ziel der Rechtslehre.

Erstes Kapitel. Der Beruf des Rechtspflegers.

I. Das Kennzeichen der Rechtssätze.

1. Die Ziele der Rechtspflege.

§ 1.

I. Die Aufgabe der Rechtslehre. Wer an die Rechtswissenschaft herantritt, dem schwebt als das erwünschte Endziel eines langen Weges die Tüchtigkeit zum Richteramte vor. Wer aber die Rechtspflege beobachtet, bemerkt sogleich einen tiefen Zwiespalt zwischen dem, was die unbelehrte Menge Recht nennt, und dem, was der Rechtspfleger als Gegenstand seines Berufes ansieht und ansehen muß. Dem Volke wird ein Rechtsunterricht nur bruchstückweise in Verbindung mit der Sittenlehre zu teil. Darum bewahrt es diese Vermischung verschiedenartiger Gebote in einer unvertilgbaren Redeweise, die von Recht und Unrecht überall da spricht, wo etwas erlaubt oder verboten ist, gleichviel ob Religion, Gewissen, Anstand oder Staatsbefehle es gestatten oder untersagen.[2]

In diesem weiten Sinne darf der zur Rechtspflege Berufene seine Aufgabe nicht auffassen, da er weder zur Sitten- noch zur Gewissenspflege befugt ist. Der Umfang seiner Aufgabe bestimmt

---

[1] Wegen der Benutzung der nachfolgenden Citate siehe die Schlußbemerkung des Vorworts.

[2] Selbst die Römer vermieden diese Redeweise nicht, vgl. PLAUTUS, mercator V, 4. 25 (973): *si istuc jus est senecta aetate scortari senes, ubi loci res summa nostra est publica?* — Sogar ein so bedeutender Rechtsphilosoph wie LEIBNIZ hat sich von einer Verquickung dieser Dinge nicht freigehalten. Vgl. G. HARTMANN, Festschrift der Tübinger Juristenfacultät für R. VON IHERING (6. August 1892) S. 95. Vgl. auch M. VOIGT, Das *jus naturale* der Römer, I. 1856. S. 81 ff.

sich vielmehr nach dem Inhalte eines Staatsgebotes, dem er sich in der Regel durch einen Eid zum Gehorsam verpflichtet hat. Dieses Gebot scheidet einen engen Kreis von Vorschriften aus dem weiteren Umfange aller Satzungen aus, welche das Volk Recht nennt. Es ist dies der Inbegriff derjenigen Satzungen, zu deren Schutze der Richter als Staatsdiener berufen ist. Im weiteren Sinne umfaßt das Wort „Recht“ aber auch das göttliche Recht der Religion und des Gewissens, sowie das Recht des Anstandes.[1] Diese weitere Redeweise muß jeder Jurist deshalb vermeiden, weil sie ihn zu Amtsüberschreitungen verleitet und bloße Sittengebote mit Rechtssätzen verwechseln läßt. Er nennt daher die Gebote der Religion, Moral und Sitte überall bei ihrem richtigen Namen und vermeidet es, sie als „Recht“ zu bezeichnen.

Die Grenzen dieses Wortes bestimmt er also nach dem Inhalte seiner Amtspflicht. Das Recht als Gegenstand eines besonderen Berufes setzt daher einen Bewahrer des Rechtes voraus, der für einen Staat handelt. Deshalb beruht jede Begriffsabgrenzung der Rechtspflege auf einer Feststellung des Staatsbegriffes.

II. Der **Staat** ist keine bloße Einbildung (Fiktion), sondern er besteht thatsächlich, zwar nicht außerhalb seiner Angehörigen, aber in ihnen, er ist ein Zustand seiner Genossen.[2] Mit dem Worte Staat bezeichnen wir daher den dauernden Zusammenhang einer Menschengruppe, die nach außen hin unabhängig ist. Das aber, was sie zusammenhält, ist ein bleibender Gehorsamstrieb, der in ihr wirksam wird.[3] Auf welchen Beweggründen dieser Trieb beruht, das ist für die Entstehung und das Dasein des Staates gleichgültig, so wichtig es auch für seine Dauer ist. Es ist dies eine Frage, die

---

[1] Vgl. hierzu Wundt, Ethik. 1886. S. 113. Puchta, Kursus der Institutionen. 10. Aufl. von Krüger besorgt. Bd. I. § 4 ff., S. 6 ff. Schulin, Drei akadem. Vorträge. Basel 1881. S. 56 ff. Ratkowsky, Encyklopädie der Rechts- und Staatswissenschaften. Wien 1890. § 8 ff. Bergbohm, Jurisprudenz und Rechtsphilosophie. Leipzig 1892. S. 43 ff. Regelsberger, Pandekten 1893. I. S. 57 ff.

[2] Vgl. hierzu Lingg, Empirische Untersuchungen zur allgemeinen Staatslehre. Wien 1890; und des Verfassers Schrift: Die Lebensbedingungen der Rechtspflege. Marburg 1891. S. 1 ff. Vgl. aber auch gegen Lingg: Jellinek, System der subjektiven öffentlichen Rechte. Freiburg 1892. S. 26. Anm. 1 (und die dort angeführten).

[3] Vgl. Taine, Histoire de la littérature anglaise. 5me. édition. Paris 1881. Introduction p. XXXVI: Qu'est ce qui fait l'État si non le *sentiment d'obéissance* par lequel une multitude d'hommes se rassemble sous l'autorité d'un chef? Vgl. auch neuerdings Klöppel, Gesetz und Obrigkeit. Leipzig 1891. S. 129, und Heilinger, Recht und Macht. Wien 1890.

nur auf dem Boden der Geschichte und daher nicht für alle Zeiten und alle Völker in der gleichen Weise beantwortet werden kann.

III. Das Verhältnis von Staat und Recht. Keine Rechtspflege ohne Staat, aber auch kein Staat ohne Recht; denn neben und mit dem Staatsgrundgesetze, welches das dauernde Gehorsamsverhältnis bestimmt, auf dem der Staat ruht, entsteht, besteht und vergeht er. Beide, Staat und Grundgesetz, erwachsen aus geschichtlichen Thatsachen, die dem Rechte dieses Staates vorangegangen sind, und können daher nicht aus einem schon vorher bestehenden Rechte (im eigentlichen Sinne des Wortes) hergeleitet werden. Wohl aber spielen hierbei Religion, Sittlichkeit und Anstand ebenso eine Rolle wie bei allen anderen weithin wirksamen geschichtlichen Ereignissen.[1]

Das Staatsgrundgesetz wird hiernach nicht von der Rechtspflege gewährleistet, sondern seine Geltung macht vielmehr die Rechtspflege überhaupt erst möglich Dagegen bilden alle Rechtssätze, die neben diesem Gesetze oder später entstanden und unter den Schutz des Richters gestellt sind, den Gegenstand der Rechtspflege.

IV. Das Kennzeichen der staatlichen Gewährleistung eines Gebotes bestimmt sich nach den Gewährleistungsmitteln, die dem Staate zustehen. Jeder Rechtssatz bezweckt einen Einfluß auf das Verhalten von Menschen.[2] Es ist dies aber eben ein bloßer Einfluß, kein „psychologischer Zwang"; denn das Recht kann trotz aller seiner Macht übertreten werden und ist zu allen Zeiten übertreten worden. Die Macht des Gesetzes hat niemals die widerstrebenden Wünsche der Menschen, denen es Gebote erteilte, völlig zu beseitigen vermocht. Darum hinkt der übliche Vergleich des Staatsgesetzes mit dem Naturgesetze.[3] Die Wirksamkeit der Rechtsätze hängt von der Empfänglichkeit der Rechtsunterthanen für ihren Inhalt ab. Diese beruht erfahrungsmäßig bei der Mehrzahl der Menschen nicht auf der Furcht vor einem äußerlichen Zwange, sondern auf dem Gewissensgebote und der Einsicht in die Heilsamkeit jeder Rechtsordnung. Nur der Minderheit gegenüber ist eine Drohung fühlbaren Zwanges nötig, aber auch unentbehrlich.

Wo der Staat es verschmäht, seine Anordnung durch eine *sanctio*, d. i. die Androhung einer Ungehorsamsstrafe[4], zu unter-

---

[1] Vgl. über diese tieferen Quellen des Rechtes Bergbohm a. a. O. S. 447.

[2] Nach Mommsen, Röm. Staatsrecht III, 1. S. 310 bedeutet *jubere*: Recht setzen.

[3] Vgl. hierzu Jellinek, Gesetz und Verordnung. Freiburg i. B. 1887. S. 37.

[4] Institutiones Justinianae. II, 1. § 10: *legum eas partes, quibus poenas constituimus adversus eos qui contra leges fecerint, sanctiones vocamus.*

stützen, da liegt eine „*lex imperfecta*“ vor.[1] Besteht die Strafe bei einem mißbilligten Geschäfte nicht in dessen Ungültigkeit, sondern nur in einem anderen Nachteile, wie dies z. B. gewöhnlich bei den neueren Stempelvorschriften die Regel ist, so heißt diese *lex minus quam perfecta.*[2]

Den Einfluß, den die Gesetze auf das Verhalten der Menschen ausüben, nennt man *vis ac potestas legum.*[3]

Der Gegenstand des Einflusses der Rechtssätze ist ein Thun oder Unterlassen der Rechtsgenossen. Auch wo das Gesetz nur eine Ermächtigung (z. B. zur Errichtung eines Testamentes) erteilt, befiehlt es, die Handlung des Ermächtigten anzuerkennen.[4] Zuweilen begnügt es sich freilich damit, den Inhalt der Rechtsgeschäfte, zu denen es ermächtigt, zu ergänzen. So wenn es aus Schuldverträgen Verzugszinsen zahlen läßt, falls nicht das Gegenteil verabredet ist (sog. *jus subsidiarium*).[5]

Alle gesetzlichen Anordnungen sind aber nur dann vollkräftig, wenn die sittliche Zuverlässigkeit der Rechtspfleger ihre Ausführung verbürgt. Der Grad der Wirksamkeit eines Rechtssatzes hängt daher von der Stärke des sittlichen Empfindens der Staatsgenossen und der Rechtspfleger ab.

---

[1] Vgl. Macrobius in Cic. somn. Scipionis II, 17. 13: *inter leges quoque illa imperfecta dicitur, qua nulla deviantibus poena sancitur.*

[2] Ulpian, Frg. I, 2: *Minus quam perfecta lex est, quae vetat aliquid fieri, et si factum sit, non rescindit, sed poenam injungit ei qui contra legem fecit; qualis est lex Furia testamentaria, quae plus quam mille asses legati nomine mortisve causa prohibet capere praeter exceptas personas, et adversus eum, qui plus ceperit, quadrupli poenam constituit* ... So bestraft z. B. das spätrömische Recht grundlose Ehescheidungen, ohne ihre Gültigkeit auszuschließen.

[3] Dig. (die übliche Abkürzung des Namens der von Justinian veröffentlichten Fragmentensammlung der *digesta* oder *pandectae*) I, 3 (d. h. Buch 1, Titel 3) de legibus fr. (= fragmentum) 17. Celsus: *Scire leges non hoc est verba earum tenere sed vim ac potestatem.* Vielfach übersetzt man die letzten Worte minder genau als den „Sinn“ der Gesetze. Allein dieser Sinn ist in Wahrheit darauf gerichtet, beachtet zu werden, also einen Einfluß auszuüben.

[4] Vgl. Dig. I, 3. de legibus fr. 7 (Modestinus): *Legis virtus haec est imperare* (z. B. Schuldzahlung), *vetare* (z. B. Störung fremden Besitzes), *permittere* (z. B. Testamentserrichtung) *punire.* Vgl. auch Ulpianus, Dig. I, 1. de justitia et jure fr. 1. § 1: *Bonos non solum metu poenarum, verum etiam praemiorum quoque exhortatione efficere cupientes.*

[5] Hiernach giebt ein Teil der Rechtssätze den Einzelnen Gelegenheit, Anordnungen zu treffen, während ein anderer Bestimmungen enthält, die von jedem Belieben der Einzelnen unabhängig sind, jene sind in einem besonderen Sinne *privati*, diese *publici juris.* Vgl. hierzu Dernburg, Pandekten I, § 31. Anm. 1. 3. Aufl. S. 68. Dig. XXVIII, 1 qui test. facere possunt fr. 3. Vgl. Papinianus, Dig. II, 14 de pactis fr. 38. *Jus publicum privatorum pactis mutari non potest.*

Allein nur der Bestand des Rechtes, nicht sein Inhalt ist aus der Moral herzuleiten, weil es sich im Hinblicke auf seine beschränkten Mittel Schranken auflegen muß, um nicht Unerreichbares anzustreben. Die Rechtsordnung vermeidet daher gern Befehle, welche schon durch Sitte oder Religion gewährleistet sind. So verzichtet z. B. das römische Recht auf eine Regelung des ehelichen Zusammenlebens. Ferner vermeidet das Recht Vorschriften, die entweder gar nicht oder nur selten durchführbar sind (z. B. *cogitationis poenam nemo patitur*)[1] oder solche, deren Durchführung mit allzu großen Nachteilen erkauft werden muß. So z. B. entzieht es den verjährten Forderungen den Rechtsschutz, weil Kläger, die ihre Ansprüche auf längstvergangene Thatsachen gründen, sehr häufig die Verteidigung des Gegners in unbilliger Weise erschweren.[2]

In allen diesen Richtungen greift die Sittlichkeit, vielfach sogar schon die bloße Sitte weiter, als das Recht[3]; und zwar in derselben Richtung, in der dessen Einfluß wirken soll.[4] Andererseits enthält das Recht viele Vorschriften, welche lediglich seine Anwendung sichern sollen (z. B. Formvorschriften für Geschäfte oder Prozesse), und deren Inhalt daher mit den Sittlichkeitsgeboten keinerlei Gemeinschaft hat.

Diese Unterscheidung des Rechtes von der Moral teilt es mit allen Staatsbefehlen, von denen es nur ein besonderer Zweig ist.[5]

2. Rechtspflege und Staatsverwaltung.

§ 2.

I. Die Unverletzlichkeit des Rechtes. Die Zusicherung der Zuverlässigkeit aller Ankündigungen, die beachtet werden sollen, ist ein Gebot der Klugheit. Darum dürfen auch die Staatsbefehle in der Regel nicht widerrufen werden. Es giebt jedoch Zweckmäßigkeitsgründe, die in gewissen Fällen die Aufhebung eines Befehls ausnahmsweise wünschenswert erscheinen lassen (so z. B.

---

[1] Ulpianus, Digesta XLVIII, 19 de poenis fr. 18.

[2] Vgl. unten § 172.

[3] Über die Unterscheidung der Gewissensgebote der Sittlichkeit von den Anstandsregeln der Sitte vgl. namentlich v. Ihering, Der Zweck im Recht. Bd. II. 2. Aufl. 1886. S. 20 ff., Sohm (Institutionen 4. A. S. 14. A. 2) faßt beide als „Sittengesetz" zusammen, obwohl er sie am anderen Orte (S. 121) unterscheidet.

[4] Vgl. das von Ulpian über diesen Einfluß Gesagte (S. 4 Anm. 4).

[5] Vgl. A. S. Schultze, Privatrecht und Prozeß in ihrer Wechselbeziehung. I. Freiburg 1883. S. 576.

wenn ein Termin verlegt oder eine Vorladung widerrufen wird), während in anderen Fällen jede Wandelbarkeit einer Anordnung unerträglich erscheint. Diese letzteren bilden das Gebiet der Rechtssätze, die ersteren dasjenige der bloßen Verwaltungsakte.

Die Rechtssätze binden daher nicht bloß den Unterthan, wie alle anderen Staatsbefehle, sondern auch die Obrigkeit; einem völlig despotischen Staatswesen sind sie daher fremd. Der Rechtssatz ist zugleich ein Befehl und eine Zusage von Staats wegen. Die Gebundenheit der Obrigkeit an das Recht kann nur aus dem Gebote der Sittlichkeit hergeleitet werden, da sie eine Voraussetzung und nicht eine Folge des Rechtes ist (*Justitia fundamentum regnorum*).[1]

Der angekündigte Rechtsschutz verlangt daher immer eine Ausführung. So muß die angedrohte Strafe dem Frevel folgen, falls nicht etwa eine Begnadigung eintritt. In diesem Sinne spricht man von einer Heiligkeit des Rechtes und bezeichnet die Aufstellung eines Gesetzes als *sancire* sowie die *leges* als *sanctae*.[2]

Rechtssatz ist daher derjenige Staatsbefehl, zu dessen Durchführung oder Anerkennung die Träger der Staatsgewalt verpflichtet sind. Zum Gegenstande eines Rechtsschutzes eignen sich daher nur solche Bedürfnisse, welche eine unbeugsame dauernde Regelung vertragen.

II. Folgen der Unbeugsamkeit des Rechtes. Das Recht bedarf einer Einkleidung in allgemeine Regeln, weil nur diese seine Stetigkeit verbürgen können.[3] Im übrigen kann sein Inhalt mehr oder weniger schmiegsam sein. Man unterscheidet in dieser Hinsicht das starre, ungeschmeidige Recht (*jus strictum*), von dem geschmeidigen (*jus aequum*).[4] In der Regel übersetzt man „*aequitas*“ mit Billigkeit, obwohl, streng genommen. die starren Rechtssätze da, wo sie am Platze sind, ebenso billig erscheinen, wie die bieg-

---

[1] Vgl. Jellinek, System d. subj. öff. Rechts. S. 185 ff. und Kohler in Heymanns jurist. Litteraturblatt 1893. Nr. 44. S. 67.

[2] *Quod enim sanctione quadam subnixum est, id sanctum est, etsi deo non sit consecratum.* (Ulpianus.) Dig. I, 8. de div. rer. fr. 9. § 3.

[3] Vgl. Celsus, Dig. I, 3. de legibus fr. 4: *Ex his, quae forte uno aliquo casu accidere possunt, jura non constituuntur.* Ulpianus eodem titulo fr. 8: *Jura non in singulas personas, sed generaliter constituuntur.*

[4] Vgl. Constantin im Cod. Just. III, 1. de judiciis c. 8. *Placuit in omnibus rebus praecipuam esse justitiae aequitatisque quam stricti juris rationem.* Dieser Grundsatz galt nicht im älteren Recht, sondern erst zu Constantins Zeit. Vgl. unten §§ 30. 31.

samen in ihrem Gebiete.[1] Eine allzu große Biegsamkeit des Rechtes raubt ihm seine Festigkeit, eine allzu große Starrheit macht es unerträglich.

III. Recht und Willkür. Das Recht ist oft auf die Willkür der Großen zurückgeführt worden und ebenso oft auf die Willkür der Massen. Beides ist verwerflich.[2] Die Rechtspflege und die Gesetzgebung bewegen sich vielmehr in unübersteigbaren Schranken, die dem freien Belieben nur einen begrenzten Spielraum lassen. Die Urteilsfällung soll von dem Befehle der Mächtigen und der Gunst der Menge völlig unabhängig sein. Für sie darf nicht dasjenige Recht sein, was bisher vielleicht nur infolge eines Irrtums dafür gegolten hat, sondern was dafür hätte gelten sollen; daher auch nicht das, was jetzt dafür gilt, sondern was dafür gelten sollte. Aber auch der Gesetzgebung wird durch die sittliche Pflicht der Staatslenker, Schutz zu gewähren, durch die anerkennenswerten Schutzbedürfnisse der Einzelnen und durch die politischen Schutzmittel der Gesamtheit eine bestimmte Richtung angewiesen, die bei dem Schwanken der Bedürfnisse und der Beschaffenheit ihrer Schutzmittel in der Geschichte sich allerdings nicht überall und nicht immer auf dieselben Ziele richtet. Nur gewisse Gruppen von Schutzbedürfnissen geben die Grundlage eines überall gültigen Systemes, das z. B. immer wieder das Vermögensrecht vom Familienrechte scheidet. Einen für alle Zeiten und alle Völker gemeinsamen Inhalt des Rechtssystems, wie ihn die Naturrechtsschule anstrebte, giebt es jedoch nicht.[3] Es besteht daher auch dem geltenden Rechte gegenüber kein allgemein gültiges Idealrecht, wohl aber giebt es überall nahe liegende Gesetzgebungswünsche, die immer wiederkehren, deren Erfüllung aber immer wieder den besonderen räumlichen und zeitlichen Verhältnissen eines bestimmten Staatswesens Rechnung tragen muß.

Überdies giebt es allgemeine Entwickelungsgesetze, die überall

---

[1] Windscheid, Pandekten. 7. Aufl. I, § 28. A. 1. Vgl. über *aequitas* vornehmlich Voigt, das *jus naturale*, *aequum et bonum et jus gentium* der Römer. I (1856), S. 11 ff. III (1875), S. 534 ff. Vgl. auch Ubbelohde, Über Recht und Billigkeit. Hamburg 1887. (Samml. gemeinverständlicher wissenschaftlicher Vorträge. N. F. 2. Serie. Heft 16.)

[2] Vgl. hierzu Bluntschli, Kritische Vierteljahrsschrift. XII. N. F. III. S. 581. Bähr, Urteile des Reichsgerichts. 1883. S. 10. Wundt, Ethik. 1886. S. 484 ff.

[3] Dieser Grundgedanke der herrschenden geschichtlichen Schule wird in eingehender Ausführung neuerdings vertreten von Bergbohm, Jurisprudenz und Rechtsphilosophie. Leipzig 1892. Vgl. über diese Schrift A. Merkel im Archiv für öffentliches Recht (herausg. von Laband u. Stoerk) VIII. S. 608 ff.

zu Rechtssätzen hinführen. Überall da, wo die Rechtsgenossen ein Bedürfnis dauernden Schutzes empfinden und die Staatslenker zugleich davon überzeugt sind, daß ihnen eine dauernde Schutzpflicht obliegt, wo es ferner an ausreichenden Schutzmitteln, z. B. richterlichen Kräften, nicht fehlt und triftige Gegengründe wider die Gewährung des Schutzes nicht vorliegen, da entsteht ein Rechtssatz.[1] Gegengründe ergeben sich namentlich aus Rücksichten auf die Durchführbarkeit der Rechtssätze und auf die mit ihnen verbundenen Unbequemlichkeiten, sowie auf die Volksernährung, die Landesverteidigung und den Bildungsgrad des Volkes.

Hieraus erklärt sich sowohl die Verschiedenheit, als auch die Ähnlichkeit der bei verschiedenen Völkern und zu verschiedenen Zeiten in Geltung gewesenen Rechtssätze, welche immer nur innerhalb einer besonderen geschichtlichen Notlage entstehen und sich erhalten.[2] Das Recht erweist sich daher überall als der Versuch die bleibenden menschlichen Schutzbedürfnisse unter Rücksicht auf die geschichtliche Lage eines bestimmten Gemeinwesens durch dauernde feste Regeln zu befriedigen. Da die Ergebnisse dieses Versuches vielfach einer Verbesserung fähig sind und auch die geschichtliche Lage der Staaten sich fortwährend umgestaltet, so ergiebt sich hieraus immer wieder ein gewisses Bestreben nach Rechtsabänderung. So lange dieses jedoch nicht auf verfassungsmäßigem Wege befriedigt ist, darf von dem geltenden Rechte nicht abgewichen werden, weil nur ein unbeugsames Recht zur Grundlage eines dauernden Zusammenlebens taugt.

II. Die Aufgaben der Rechtspflege.

§ 3.

I. Die Notwendigkeit einer Fürsorge für das Recht. Da das Recht im Laufe der Zeiten entsteht, so ist es eine über-

---

[1] Die unten folgende Darstellung der römischen Rechtsgeschichte im Grundrisse wird dies veranschaulichen. Einer Ausführung dieses Gedankens ist die Festschrift des Verfassers: „Roms Vergangenheit und Deutschlands Recht", Leipzig 1889, gewidmet.

[2] So wird z. B. ein Volk und eine Zeit, die auf eine unausgesetzte Landesverteidigung angewiesen ist, ihrem ganzen Rechtszustande Rücksichten auf ihre kriegerischen Bestrebungen aufprägen (vgl. unten § 21 S. 56 ff.), während ein Volk und eine Zeit, die eines lebhaften Handelsbetriebes bedürfen, um die erforderlichen Ernährungsmittel herbeizuschaffen, die Rechtsformen des Verkehrs weit mehr erleichtern wird, als eine vorwiegend auf die Landwirtschaft angewiesene Volksgemeinde (vgl. unten § 31, III).

lieferte Errungenschaft und darum ein verlierbares Gut. Es bedarf daher seiner zielbewußten Anpassung an solche veränderte politische Machtverhältnisse, die es völlig zerstören würden, wenn es ihnen nicht zur rechten Zeit Rechnung trüge. Die Rechtsabänderung (Gesetzgebungsthätigkeit) vollzieht sich in der Regel unter heftigen Kämpfen, weil Umgestaltungen der politischen Notlage eines Staates nicht immer von allen Gliedern empfunden werden. Aber auch die Rechtsanwendung hat den Charakter eines steten Kampfes wider das Unrecht, weil sie darauf abzielt, widerstrebende Triebe einzelner unter die Gebote der Rechtsordnung zu beugen.

Die Hauptaufgabe der Rechtspflege besteht daher in einer beständigen Gegenwirkung gegen gemeinschädliche Triebe, also in einer Verstärkung des Einflusses, den die Rechtssätze schon für sich allein auszuüben vermögen.

II. Die Trennung der Rechtspflege von den übrigen Staatsaufgaben ist eine geschichtliche Errungenschaft. Sie beruht auf einer doppelten Spaltung der Staatsgewalt, welche sich keineswegs immer und überall, wohl aber zur Zeit in Deutschland vorfindet. Zunächst ist die gesetzgebende Gewalt von der richterlichen getrennt. Hierdurch wird der Richter der Möglichkeit begnadigender Ausnahmeverfügungen beraubt, aber andererseits von der Verantwortung für die politische Heilsamkeit der anzuwendenden Rechtssätze befreit. Dem letzteren Zwecke dient auch die Sonderung der richterlichen Gewalt von der Staatsverwaltung, eine Trennung, welche dem neueren römischen Rechte fehlt. Beide Trennungen befördern die Unabhängigkeit der Einzelnen von den Trägern der Gesetzgebungs- und der Verordnungsgewalt. Sie sind daher nur erträglich, wenn die Richter sich streng in den Grenzen der gegebenen Vorschriften und geltenden Gewohnheitsrechte halten, weil sonst ihre unvorhersehbare Berufsthätigkeit geradezu die Maßregeln der Gesetzgebung und der Verwaltung durchkreuzen würde.[1]

III. Die Pflege des bestehenden Rechtes setzt überall Rechtskenntnis voraus. Sie gliedert sich in die Thätigkeit des Richters sowie seiner Gehülfen, die über den Parteien stehen, und diejenige eines Parteivertreters (Anwalts) oder eines Beistandes,

[1] Vgl. Inst. IV, 17. de officio judicis princ. Nur eine unbewußte Rechtsfortbildung durch Gewohnheiten wird hier der Rechtspflege eingeräumt. Die bewußte Rechtsfortbildung ist ein Vorrecht der gesetzgebenden Gewalt. Vgl. hierzu Bekker, Die Aktionen des römischen Privatrechts. Berlin 1873. Bd. II. S. 156 ff. und dagegen Sohm, Institutionen. 4. Aufl. Leipzig 1889. S. 144. A. 4.

welche beide das Verhalten einer Partei, um sie dadurch gegen Nachteile zu sichern, den Regeln anpassen, nach denen der Richter verfahren muß. Die außergerichtliche Rechtspflege geschieht durch Rat und That, d. i. durch Rechtsbelehrung und Mitwirkung an Rechtsgeschäften. Hierbei muß der Ratgeber oder der Gehilfe unausgesetzt dafür sorgen, daß die Vorschriften des Rechtes in genügender Weise beachtet werden, damit die Partei, der er beisteht, nicht Schaden leide. Aber auch neue Gesetze kann niemand entwerfen, der nicht den bisherigen Rechtszustand kennt, in den er einen weiteren Bestandteil einfügen will.

IV. Der Weg zur Einsicht in das irgendwo geltende Recht ist ein mehrfacher, wie derjenige zur Erlernung einer fremden Sprache. Der Anfänger kann sich in das Verkehrsleben oder den Gerichtssaal hineinbegeben, um dort vom einzelnen Falle aus zur Kenntnis des Ganzen vorzudringen; er kann aber auch kurzgefaßte Ergebnisse fremder Beobachtungen in der Form allgemeiner Regeln zunächst in sich aufnehmen, ehe er sich daran wagt, die einzelnen Erscheinungen zu betrachten. Wie man in einer wohlbegründeten Scheu vor Mißverständnissen eine fremde Sprache zunächst an der Hand einer Grammatik zu lernen sucht, ehe man sich in ihre Litteratur vertieft, so bemüht man sich auf einer höheren Bildungsstufe zunächst die Rechtsanwendungs- und Gesetzgebungsregeln kennen zu lernen, ehe man ihr Wirken im einzelnen Falle beobachtet.

Im übrigen ist es nicht unbestritten, ob diese Rechtslehre eine Wissenschaft genannt werden darf, und wie sie zu behandeln ist. Dies ist zunächst zu untersuchen.

Zweites Kapitel. Die Aufgaben der Rechtswissenschaft.[1]

I. Die Aufgaben einer jeden Wissenschaft.

§ 4.

I. Das Kennzeichen der Wissenschaft ist zweifelhaft; manche sehen es in der Wahrheit ihres Gegenstandes.[2] Allein bei

---

[1] Vgl. Näheres in des Verf. Schrift: Noch ein Wort über den juristischen Universitätsunterricht. Marburg 1887. S. 12 ff.

[2] So Böcking, Pandekten des römischen Privatrechts aus dem Standpunkte unseres heutigen Rechtssystems oder Institutionen des gemeinen deutschen Civilrechts. 2. Aufl. 1853. S. 1. § 1, und Bekker, Ernst und Scherz über unsere Wissenschaft. 1892. S. 17 ff.

der Unvollkommenheit aller menschlichen Erkenntnis kann selbst die Wissenschaft von ihren Pflegern nur Wahrheitsliebe fordern, nicht Wahrheit.[1] Auch giebt es Wahrheitsermittelungen, die zu unbedeutend sind, um wissenschaftliche genannt werden zu können, z. B. die Aufstellung von Verzeichnissen und dergleichen. Mit dem Worte „Wissenschaft“ bezeichnet die deutsche Sprache vielmehr eine durch ihre Schwierigkeit ausgezeichnete Arbeit: die Pflege eines zusammenhängenden Wissensgebietes. Wissenschaftlich ist hiernach eine Forschung oder Lehre, die bei jedem einzelnen Gegenstande sich eines Ganzen bewußt bleibt, zu dem sie gehört. Inhalt einer Wissenschaft kann daher nur dasjenige Wissensgebiet sein, welches ein zusammenhängendes Ganzes bildet.

II. Die wissenschaftliche Natur der Rechtslehre ergiebt sich daraus, daß das Recht eines jeden Staates zu jeder Zeit eine Menge zusammenhängender Sätze bildet. Sie sind durch ihre Entstehungsgeschichte mit einander verbunden und greifen, wenn man sie vom Standpunkte des Gesetzgebers, des Richters und des Rechtsgenossen betrachtet, ineinander, indem sie sich in ihrer Wirkung ergänzen und unterstützen. So ist z. B. der strafrechtliche Schutz wider Urkundenfälschung eine Ergänzung der Prozeßvorschriften über Urkundenbeweis und der Privatrechtsvorschriften über Geschäftsformen und dergleichen mehr.

Ohne einen Überblick über das Ganze ist daher die wissenschaftliche Untersuchung einer einzelnen Rechtsfrage unmöglich.

III. Die Einordnung der Rechtslehre in das Gesamtgebiet der Wissenschaften.

a) Sie gehört zu den Geisteswissenschaften, d. h. zu denjenigen Wissenszweigen, deren Rohstoff in Abbildern des menschlichen Seelenlebens besteht. Sie beginnt daher nicht mit einer reinen Beobachtung, sondern mit einer Deutung und ist ohne ein gewisses Maß sprachlicher und geschichtlicher Vorkenntnisse völlig unzugänglich. Hierdurch unterscheidet sie sich von der Naturwissenschaft, deren Methode somit auf sie nicht ohne weiteres anwendbar ist.

b) Sie gehört zu den praktischen Wissenschaften. Es sind dies diejenigen, die nicht bloß nach Wahrheit streben (ohne dies wären sie keine Wissenschaften), sondern auch noch außerdem nach Nützlichkeit. Sie sind daher nicht bloß für Wahrhaftigkeit verantwortlich, sondern daneben auch für Brauchbarkeit. Von den

[1] Vgl. Bergbohm a. a. O. S. 117.

lediglich anschauenden (theoretischen) Wissenschaften unterscheiden sie sich nicht in der Art der Forschung, sondern nur in der Abgrenzung und Ordnung ihres Gebietes zu einem bestimmten Zwecke. Wie man z. B. das Grenzgebiet zwischen der Zoologie und den ihr ähnlichen Zweigen der Medizin schließlich bloß dadurch abstecken kann, daß nur diese Wissenschaft, nicht aber die Zoologie der Heilung menschlicher Krankheiten zu dienen bestimmt ist, wie also der Heilzweck die Medizin aus der Naturwissenschaft heraushebt, so unterscheidet der Rechtsanwendungs- und Gesetzgebungszweck die Rechtslehre von der Geschichte und der Sprachkunde. Wie aber jede praktische Wissenschaft, um nicht ungründlich zu werden, auch auf Nachbargebieten Forschungen anstellen muß, so darf dem Juristen die Geschichtswissenschaft ebenso wenig ein fremdes Gebiet sein, wie es die Naturwissenschaft für den Mediziner sein soll.[1]

II. Die besonderen Ziele der Rechtswissenschaft.

1. Die Rechtsanwendungslehre.

a) Wissenschaftliche Vorarbeiten der Rechtsanwendung.

§ 5.

I. Die Abhängigkeit der Rechtspflege von der Rechtswissenschaft gehört überall einer höheren Kulturstufe an. So lange der Richter lediglich aus den eigenen Lebenserfahrungen seine Urteile schöpfen darf, ist eine wissenschaftliche Vorarbeit für ihn entbehrlich. Sobald aber das Recht, um die Stetigkeit und die Güte der Rechtspflege zu erhöhen, ihm befiehlt, seine Sprüche aus bestimmten Fundgruben (den sog. Rechtsquellen) zu schöpfen, greift der Grundsatz Platz: „Kein Urteil ohne Rücksicht auf den Inhalt aller Rechtsquellen." Dann bedarf der Richter einer steten Gesamtübersicht über diesen Inhalt, wie ihn nur eine wissenschaftliche Arbeit herzustellen vermag.[2]

---

[1] Vgl. über praktische Rechtswissenschaft Bekker, Ernst und Scherz über unsere Wissenschaft. 1892. S. 89 ff., der im Abweichen von der „reinen" Wissenschaft eine Gefahr sieht. Richtig ist, daß jede Wissenschaft zunächst nur nach Wahrheit strebt, ohne jeden Nebenzweck. Darum muß auch die Forschung des Rechtslehrers ihre Sonne über Unpraktisches, sofern es thatsächlich besteht, ebenso hell leuchten lassen, wie über Brauchbares. Insoweit ist auch sie nicht praktisch. Damit steht aber nicht im Widerspruche, daß ihr die Pflicht obliegt, allem, was sie in solch unparteiischer Weise gefunden hat, diejenige Form zu geben, welche das lebendig praktische Bedürfnis der Rechtsanwendung verlangt. Ohne diese ihre besondere Aufgabe würde sie überhaupt keine eigenartige Wissenschaft sein, sondern nur ein Zweig der Geschichte und der Philologie.

[2] Vgl. hierzu Dernburg, Die Bedeutung der Rechtswissenschaft für den modernen Staat. Berlin 1884. (Rektoratsrede.)

II. Mehrdeutigkeit des Ausdruckes „Rechtsquelle". Das Wort Quelle bedeutet sowohl Fundgrube als Ursprungsstelle. So ist auch das, was wir Rechtsquelle nennen, teils eine Fundgrube für unser Wissen vom Recht (mit anderen Worten eine Rechtsurkunde oder ein Rechtszeugnis), teils die wahrnehmbare Ursprungstelle eines neuen Rechtssatzes, in welcher er zuerst erkennbar hervortritt, z. B. der Ausspruch eines Herrschers oder der Beschluß einer gesetzgebenden Versammlung.[1]

Beide Begriffe hängen übrigens insoweit zusammen, als eine Urkunde einen Rechtssatz nur dann erweist, wenn sie darthut, daß er aus einer Rechtserzeugungsstelle (z. B. einer Gesetzverkündung) herrührt. Die oberste Quelle aller übrigen Rechtsquellen ist das Staatsgrundgesetz, welches bestimmt, wo die Ursprungsstellen und die Fundgruben von Rechtssätzen zu finden sind. Die Quelle dieser obersten Quelle aber sind die staatserzeugenden Ereignisse der Weltgeschichte.

III. Die unentbehrlichen Vorarbeiten einer jeden sachgemäßen Rechtsanwendung sind hiernach:

a) Die Auffindung der Rechtsquellen (Rechtsurkunden § 6).

α) Die Sammlung der Quellen;

β) die Prüfung ihrer Echtheit.

b) Die Deutung der Quellen (Auslegung § 7 u. 8).

c) Die Verarbeitung der Quellen für die Bedürfnisse der Rechtspflege (§ 9).

b) Die einzelnen Zweige der Rechtsanwendungslehre.

α) Die Sammlung des Stoffes.

§ 6.

I. Der Umfang der beachtenswerten Rechtsquellen ist zwar in einer geschichtlichen Wandlung begriffen, doch giebt es verschiedene Grundformen, die fast nirgends völlig bedeutungslos sind.

Die oberste Einteilung der Rechtsquellen sondert sie nach ihrer Beurkundung in geschriebenes und ungeschriebenes Recht (Inst. I, 2. de jure naturali §§ 3. 9. 10). Das letztere deckt sich nicht mit dem *jus quod usus comprobarit*, dem aus der Volkssitte entstandenen Rechte. So sind z. B. Lykurgs Gesetze in der Volkssitte überliefert

[1] A. S. Schultze, Privatrecht und Prozeß in ihrer Wechselbeziehung. I. 1883. S. 366, unterscheidet daher in richtiger Weise „die Rechtserkenntnisquelle und den Rechtserzeugungsgrund". Noch weitere minder wichtige Unterschiede in der Bedeutung dieses Wortes siehe bei Bergbohm, Jurisprudenz und Rechtsphilosophie. S. 40. 68 ff.

worden, aber nicht entstanden. Darum werden sie von Justinian dem ungeschriebenen Rechte zugeteilt.[1]

II. Das geschriebene Recht besteht aus „Gesetzen“ (im eigentlichen Sinne des Wortes). Zu jedem Gesetze gehört:

a) eine Herstellung seines Gedankeninhaltes,

b) ein Befehl, diesen Inhalt zu beachten,

c) die Verkündung dieses Befehls an diejenigen, welche sich danach richten sollen.

Diese Verkündung ist hinsichtlich der römischen Rechtsbücher in Deutschland nicht ausdrücklich erfolgt, daher sie nur soweit gelten können, als es gelungen ist, die deutschen Rechtsgewohnheiten nach ihnen zu gestalten, oder insofern sie selbstverständlich Grundsätze wiedergeben.

Es giebt auch eine stellvertretende Gesetzgebung, die jemand kraft einer Vollmacht des eigentlichen Gesetzgebers ausübt (*leges datae*).[2] Eine solche Vollmacht kann unter Umständen auch auf Gewohnheitsrecht[3] beruhen. Sie kann auch durch Gesetz oder Gewohnheitsrecht dauernd übertragen werden. Dahin gehört das (beschränkte) Recht zur Aufstellung allgemeiner Satzungen, das zuweilen untergeordneten Behörden (z. B. Polzeibehörden) oder Gemeinden zusteht. Man nennt eine solche beschränkte Gesetzgebungsgewalt innerhalb des Staates Autonomie (ein Wort, das bekanntlich anderweitig die staatliche Unabhängigkeit bezeichnet).

Die allgemeinen Verordnungen einer solchen Gewalt für einen beschränkten Kreis im Staate nennt man Statuten, und Rechtsgewohnheiten, die ihnen gleichstehen, Observanzen.

III. Das ungeschriebene Recht ist älter als das geschriebene und kann darum nicht aus ihm hergeleitet werden. Die Formen dieses ungeschriebenen Rechtes sind:

a) Das Gewohnheitsrecht. Dies ist (nach der üblichen Redeweise) das aus der Volkssitte entstandene Recht. Nicht überall und immer wird es anerkannt. Das Staatsgrundgesetz beruht freilich bei schreibunkundigen Völkern überall auf diesem Rechte, im übrigen giebt es aber auch bei ihnen unumschränkte Herrscher, die von der Volkssitte nicht gebunden werden, neben anderen, die an diese Sitte gebunden sind. Wo das Gewohnheitsrecht gilt, da

[1] Inst. I, 2. de jure nat. § 10.

[2] Vgl. hierzu Mommsen, Römisches Staatsrecht. III, 1. S. 310. Abriß des römischen Staatsrechts. 1893. S. 319. Beispiele in Rudorffs römischer Rechtsgeschichte. I. 1857. S. 16.

[3] Über dieses siehe unten III a.

setzt es das Vorhandensein einer Rechtssitte voraus, d. h gleichmäßiger Gebräuche im Volke, die auf einer sog. *opinio necessitatis* (*sc. juridicae*) beruhen, d. h. in ersichtlicher Weise dem Gedanken Ausdruck geben, daß sie aus einer Pflicht gegen den Staat befolgt werden, nicht als bloße Anstandsregeln (wie die Gewährung von Trinkgeldern oder Gelegenheitsgeschenken und dergleichen) und auch nicht nur aus einem bloßen freien Belieben. Wie man einen Vertrag blindlings unterschreiben kann, ohne ihn gelesen zu haben, so kann auch ein Volk durch seine Gewohnheiten ein Gesetzbuch anerkennen, dessen Inhalt ihm verschlossen ist, wie dies mit Justinians Rechtsbüchern in Deutschland geschehen ist.

Der aus der Übung eines Rechtssatzes ersichtliche Gültigkeitsgedanke (*opinio necessitatis*) drückt also eine Volksüberzeugung aus, die immer dahin geht, daß ein Rechtssatz verbindlich ist, aber keineswegs immer dahin, daß er für heilsam und beibehaltenswert gehalten wird. Er enthält aber nicht einen Volkswillen, sondern immer nur eine Volkserwartung.[1] Der bloße Wunsch eines Volkes nach einer Rechtsabänderung steht dieser selbst noch nicht gleich.[2] Darum ist auch die Volkserwartung, die in der Rechtssitte hervortritt, nicht ohne weiteres dem Gesetze gleichzustellen. Sie muß vielmehr durch das Staatsgrundgesetz oder auf Grund desselben als Rechtsquelle besonders anerkannt sein, wenn ihr Inhalt die Bedeutung eines Rechtssatzes haben soll. Wo dies der Fall ist, da mildert sie die Härten des Satzes: „*ignorantia juris nocet*", weil dort jeder Volksgenosse sich durch ein bloßes „*honeste vivere*"[3], d. h. durch Befolgung der Rechtssitten auch ohne Gesetzesstudium gegen die Gefahren der Rechtsunkenntnis zu schützen vermag und dadurch ein wertvolles Gefühl der Sicherheit erlangt.[4]

Andererseits werden in einem unruhigen Verkehrsleben die Gewohnheiten leicht verwischt und schwankend, so daß Rechts-

---

[1] Die entgegengesetzte Meinung PUCHTAS (G. F. PUCHTA, Das Gewohnheitsrecht. 2 Bände. 1828. 1837. v. SAVIGNY, System des heutigen römischen Rechtes. I. 1840. S. 34 ff.) findet noch jetzt Vertreter. Vgl. SCHUPPE, Das Gewohnheitsrecht. Breslau 1890, und dagegen ECK in der Deutschen Litteraturzeitung, 1893. S. 402 ff. Vgl. auch REGELSBERGER, Pandekten I. §§ 19 ff. S. 93 ff.

[2] Vgl. hierzu auch BEKKER, Ernst und Scherz über unsere Wissenschaft. 1892. S. 55, und GNEIST, Zur Lehre vom Volksrecht, Gewohnheitsrecht und Juristenrecht 1885. Festgabe für G. BESELER. S. 221 ff.

[3] Dig. I, 1. de justitia et jure fr. 10. § 1.

[4] Dig. I, 3. de legibus fr. 34 (ULPIANUS): *Cum de consuetudine civitatis vel provinciae confidere quis videtur, primum quidem illud explorandum arbitror, an etiam contradicto aliquando judicio consuetudo firmata sit.*

unsicherheit entsteht. So erklärt es sich, daß das Gesetzesrecht, obwohl seine eigene Geltung aus dem Gewohnheitsrechte entsprungen ist, vielfach (diese) seine Quelle ganz oder zum Teile mit Erfolg verstopft hat.[1]

b) Die selbstverständlichen Rechtssätze, die aus der sog. Natur der Sache folgen. Daß es solche Sätze giebt, wird oft bestritten und doch werden sie immer wieder in der Rechtspflege verwendet. Allerdings wird mit ihnen viel Mißbrauch getrieben; unbewiesene Behauptungen über sie sind jedenfalls ebenso wertlos, wie andere willkürliche Meinungsäußerungen. Auch kann man aus den Thatbeständen (Ereignissen) des Lebens keine Rechtssätze folgern[2]; denn ein bloßer Thatbestand, z. B. das Auftauchen einer Insel in einem Strome, giebt niemals eine Antwort auf die Frage, welche Folgen sich nach Rechtsvorschrift an ihn anknüpfen sollen. Trotzdem ist es recht wohl möglich, ohne persönliche Willkür das für ein bestimmtes Volk angemessene und im Zweifel selbstverständliche Recht aufzusuchen. Hierzu gehört aber immer, daß die erweislichen Schutzbedürfnisse der Staatsangehörigen mit der Schutzpflicht, die dem Staate nach seiner augenblicklichen Lage obliegt, verglichen werden. Nur bei Übereinstimmung dieses passiven und aktiven Schutzbedürfnisses (d. i. des Schutzempfangs- und des Schutzgewährungsbedürfnisses) liegt der Anlaß zu einem Rechtsschutze vor. Beide Schutzbedürfnisse beruhen aber auf thatsächlichen Grundlagen und dürfen nur aus diesen gefolgert werden, das Schutzempfangsbedürfnis aus den Thatsachen des täglichen Lebens, die Schutzgewährungspflicht aber aus der Rechtsgeschichte des Staates, in der sich dessen besondere Lebensbedingungen zeigen.[3] Einen solchen dem Gemeinwohl entsprechenden Rechtsinhalt, der möglicherweise mit den Gesetzen und den Gewohnheiten des Staates sich nicht durchweg deckt, kann man überall gewinnen; aber man

---

[1] Vgl. z. B. Art. 1 des deutschen Handelsgesetzbuches.

[2] A. M.: Dernburg, Pandekten. I. 3. Aufl. § 79. S. 182: „Es wohnen den juristischen Thatsachen rechtsbildende Kräfte inne, welche die Anerkennung des Rechts herausfordern.“ Es ist hier wohl an die Schutzbedürfnisse gedacht, die bei aufmerksamer Beobachtung des täglichen Lebens erkennbar werden.

[3] In der Nichtachtung der engen Schranken, welche die geschichtliche Notlage einer jeden Gesetzgebung stellt, liegt die hohe Gemeingefährlichkeit der Naturrechtsdoktrin, welche geneigt war, über diese Schranken hinwegzusehen. Diese Gefährlichkeit fand ihren schärfsten Ausdruck in Verirrungen der französischen Revolution, die leider noch heutzutage nicht ohne Seitenstück sind. Noch gefährlicher als der „mystische Naturrechtskultus“ (Bekker a. a. O. S. 40) ist der von klaren Köpfen betriebene.

darf ihn keineswegs überall beachten. Wo und soweit die Gerichte ihn ihren Urteilen zu Grunde legen dürfen, da ist er ohne weiteres wirkliches Recht, wo und insoweit dies nicht der Fall ist, ist er nur ein Programm zur Rechtsverbesserung.[1]

Ein selbstverständliches Recht, das wider Gesetz oder Gewohnheitsrecht geht (*contra legem*), würde dem Zwecke des Erlasses von Gesetzen und der Anerkennung der Gewohnheitsrechte widerstreiten. Dagegen kann eine Rechtsergänzung aus der Natur der Sache dem Richter sehr wohl erlaubt, aber auch ebenso gut verboten sein.[2]

In Deutschland kann im Hinblicke auf die bei uns herrschende scharfe Sonderung der Gesetzgebungs- und der Gerichtsgewalt die „Natur der Sache" nur dann vor Gericht geltend gemacht werden, wenn ihre Beachtung auch von den beteiligten Volkskreisen erwartet wird und erwartet werden darf. Nur insoweit, als dies der Fall ist, gehört die Frage, welches Recht für unsere Zeit und unser Volk angemessen ist, nicht bloß in die Gesetzgebungslehre, sondern auch in die Darstellung des geltenden Rechtes. (Näheres siehe in § 7.)

Das selbstverständliche Recht darf man aber nicht Naturrecht nennen, weil sein Inhalt sich nach Raum und Zeit ändert, während die Naturgesetze beständig und überall dieselben sind. Auch mit dem Gewohnheitsrechte darf es nicht verwechselt werden, weil es nicht, wie dieses, durch den Nachweis thatsächlich vorhandener Sitten begründet zu werden braucht.[3]

Die selbstverständlichen Bestandteile der Rechtsordnung können, soweit sie sich nicht in Gesetzen oder Gewohnheiten verkörpert haben, nur durch solche Hilfsmittel gewonnen werden, welche sich nicht selbst als Rechtsquellen ankündigen, so daß der Stoff der Rechtswissenschaft sich eines unerschöpflichen Zuflusses aus den mannigfachsten Beobachtungen der Vergangenheit und des täglichen Lebens erfreut.[4]

IV. Praxis und Wissenschaft können nur als Gehilfen der wahren Rechtserzeugungskräfte an der Rechtsfortbildung mitarbeiten.[5]

---

[1] Vgl. auch Jodl, Über das Wesen des Naturrechtes und seine Bedeutung in der Gegenwart. Prager juristische Vierteljahrsschrift XXV (IX). S. 1 ff.

[2] Was z. B. in dieser Hinsicht das französische Gesetzbuch dem Richter gewährt, gilt keineswegs für alle Rechtsgebiete. Art. 4 Code civil: *Le juge qui refusera de juger, sous prétexte du silence, de l'obscurité ou de l'insuffisance de la loi; pourra être poursuivi comme coupable de déni de justice.*

[3] Über die Bedeutung der „Natur der Sache" zur Ermittelung des Rechtes früherer Perioden vgl. auch Weber, Die röm. Agrargeschichte. 1891. S. 1.

[4] Bekker a. a. O. S. 55.

[5] Vgl. hierzu Bekker a. a. O. S. 56.

Wo ihnen weitergehende Befugnisse zugeteilt sind, da liegt ein Fall der stellvertretenden Gesetzgebung (Autonomie) vor (siehe oben unter II dieses Paragraphen).

V. Vernunft und Natur arbeiten, wie in allen Dingen, so auch bei der Rechtserzeugung mit, doch können sie zu einer solchen nur dann gelangen, wenn besondere geschichtliche Ereignisse dazutreten.[1]

Allerdings reden die Römer (in ähnlicher Weise wie wir) mehrfach von unabänderlichen Naturgesetzen, und rechnen dazu auch das der menschlichen Natur eingepflanzte Gawissensgebot; es ist aber eine unbewiesene Vermutung, daß sie diese Naturgebote mit den Staatsgesetzen verwechselt oder auf eine Linie gestellt haben.[2]

Wohl aber hat die „Naturrechtsschule" des vorigen Jahrhunderts diesen Irrtum mit Erfolg dazu benutzt, um die wichtigsten Gesetzgebungswünsche ihrer Zeit unter dem Namen ewiger unveräußerlicher Rechtssätze durchzukämpfen und dadurch schließlich zu neuen Rechtssätzen zu machen.[3]

VI. Die tieferen unsichtbaren Quellen des Rechtes umfassen das gesamte Geistesleben des Volkes, in dem sie entstehen, und das man zuweilen in bildlicher Redeweise als Volkswille bezeichnet. Nach dieser Richtung sind die Hilfsmittel der Rechtswissenschaft völlig unbeschränkte[4], doch bedarf sie auch hier eines geschichtlichen Nachweises aller ihrer Behauptungen. Nur aus diesen tieferen Quellen vermögen wir die Zwecke der Beibehaltung und der Änderung des Rechtes zu ersehen, Zwecke, die keineswegs für alle Zeiten und Völker dieselben, sondern überall das Ergebnis besonderer geschichtlichen Entwickelungen sind.[5]

β) Die Verarbeitung des Rechtsstoffes.[6]

αα) Die Deutung der Rechtsurkunden.

ααα) *Allgemeine Auslegungsregeln.*

§ 7.

I. Begriff. Quellendeutung oder Exegese ist auf dem Gebiete der Rechtslehre die Feststellung der aus den Rechts-

---

[1] Dig. I, 2. de origine juris fr. 1.

[2] Dig. I, 1. de just. et jure fr. 3. inst. de jure naturali I, 2. § 1. u. 11.

[3] Vgl. Bergbohm a. a. O. S. 206. Vgl. auch Jellinek in den Heidelberger Jahrbüchern, 1893. (Bd. III.) S. 135 ff.

[4] Ulpianus, Dig. I, 1. de just. et jure fr. 10. § 2: *Jurisprudentia est divinarum atque humanarum rerum notitia, justi atque injusti scientia.*

[5] Volkswille und Rechtszweck sind hiernach keine Gegensätze.

[6] Vgl. hierzu v. Savigny, System des heutigen römischen Rechts. I. § 32 ff. S. 206 ff. v. Ihering, Geist des röm. Rechts. 4. Aufl. II, 2 § 44 ff. S. 441 ff. Vgl. auch über die von Leibniz vertretenen Auslegungsgrundsätze: Hartmann

urkunden ersichtlichen Gedanken. Sie betrifft sowohl die eigentlichen Gesetzesurkunden, in denen Rechtssätze ausdrücklich angeführt sind, als auch die bloßen Mitteilungen eines Rechtssatzes innerhalb eines anderen Stoffes, z. B. innerhalb der Entscheidung eines einzelnen Prozesses. Justinians Sammlung besteht z. B. zum großen Theile aus derartigen Mitteilungen, insoweit sie Prozeßentscheidungen (Reskripte) und Auszüge aus juristischen Schriften, nicht aber überlieferte Rechtsbefehle enthält. Ihre Auslegung ist danach eine hohe Schule der Zersetzungs- und Verallgemeinerungskunst, derselben Eigenschaften, die auch bei der Feststellung von Gewohnheitsrechtssätzen aus einzelnen Parteihandlungen nötig sind.[1]

Die Auslegungsregeln beruhen zumeist nicht auf besonderen Gesetzesbefehlen, sondern auf solchen Eigenschaften der menschlichen Sprache, an die der Verfasser der Rechtsurkunden nicht minder gebunden ist, als jeder andere Verfasser einer Rede oder Schrift. Darum gelten für die Gesetze dieselben Deutungsgrundsätze, wie für alle Urkunden (§ 7), und daneben auch noch die Auslegungsregeln, die allen Willenserklärungen zukommen (§ 8).

II. Auslegungsregeln für alle Urkunden.

a) Jede Auslegung muß unbefangen sein, d. h. sich in die Denkweise des Verfassers der ausgelegten Urkunde zu versetzen suchen. Da das Bild, das man sich von dieser Denkweise macht, von den Lebenserfahrungen des Auslegers abhängig ist und diese verschieden sind, so sind abweichende Meinungen unter den Auslegern ebenso häufig, wie unter den Prozeßparteien, so daß die kritische Exegese, indem sie über entgegengesetzte Standpunkte zu einem noch höheren emporklimmt, dem zukünftigen Richter ein Vorbild seiner Berufsthätigkeit darbietet.

Besondere Schwierigkeiten macht Justinians Rechtssammlung ihren Auslegern. Ihre Stücke sind zum großen Teile früher geschrieben, als sie von Justinian mit Gesetzeskraft ausgestattet worden sind. Will man nun nicht veraltete Sätze in das Justinianische Recht hineintragen, wie das häufig geschieht[2], so bedarf es

---

in den Festgaben der Tübinger Juristenfakultät zu v. Iherings Doktorjubiläum 1892. S. 89, u. Regelsberger, Pandekten. I. 1893. § 35 ff. S. 140 ff.

[1] So z. B., wenn aus einer Reihe von Rechtsgeschäften der Gegenwart der allgemeine Satz gefolgert wird, daß heutzutage die in Rom verbotenen Verträge zu Gunsten des Vermögens eines Dritten erlaubt sind.

[2] So ist namentlich aus Unkenntnis der zu Justinians Zeit längst beseitigten älteren Prozeßformen vieles aus den Texten herausgelesen worden, was schon längst beseitigt war, als der Kaiser sie sammeln ließ. Vgl. unten § 168.

einer sog. *duplex interpretatio*, d. h. der Antwort auf die Fragen, was der Verfasser der Stelle und was Justinian aus ihr herausgelesen haben wollte. Für unsere Zeit ist hier sogar eine *triplex interpretatio* nötig; d. h. der Inhalt der römischen Bücher kann nur soweit als gültig betrachtet werden, als er nicht durch nachrömische Gewohnheitsrechte oder Gesetze (z. B. die deutsche Reichs-Civilprozeßordnung) beseitigt worden ist. Ohne rechtsgeschichtliche Vorkenntnisse ist daher eine zuverlässige Auslegung nicht möglich.

b) Jede Auslegung zielt nur auf das, was der Verfasser der ausgelegten Worte hat sagen wollen. Auf seine Hintergedanken, die er verschweigen wollte, richtet sie sich dagegen nicht.[1]

Die Auslegung der Gesetze forscht daher überall nach der *sententia* oder *voluntas legis* (nicht *legislatoris*).[2]

c) Jede Auslegung muß gründlich sein. Da nun alle Rechtssätze vorhandenen Schutzbedürfnissen dienen sollen, so erteilt das neuere römische Recht dem Ausleger ein für allemal den Auftrag, von mehreren denkbaren Auslegungen der nützlicheren den Vorzug zu geben, gleichviel ob sie als solche dem Gesetzgeber klar bewußt war.[3] Hiernach ist jede Auslegung ungründlich, wenn sie die Frage nach der Nützlichkeit eines zweifelhaften Rechtssatzes übergeht, oder etwa gar gerade dem, dem sie nützen sollte, Schaden bringt.[4] Dahin gehört auch die Wortklauberei, die dem Gedanken des Gesetzgebers

---

[1] Wenn es z. B. erwiesen werden könnte, daß die Zerspaltung des Familienbesitzes, auf welche das Justinianische Pflichtteilsrecht der Novella 115 hinwirkt, vom Kaiser beabsichtigt war, so würde ein solcher Nachweis die Auslegung des Gesetzes nicht berühren; denn sein Verfasser wollte offenbar nicht, daß man seinem absichtlich nicht ausgesprochenen Gedanken nachspüren soll. In diesem Sinne ist wohl zu deuten, was JULIAN sagt und NERATIUS hinzufügt (Dig. I, 3. de legibus fr. 20 u. 21): *Non omnium, quae a majoribus constituta sunt, ratio reddi potest. — Et ideo rationes eorum, quae constituuntur, inquiri non oportet: alioquin multa ex his quae certa sunt subvertuntur.*

[2] Vgl. Dig. I, 3. de legibus fr. 19 u. 29. L, 16. de verborum significatione fr. 6. § 1. Vgl. auch WACH, Handbuch des deutschen Civilprozeßrechtes. Leipzig 1885. I. § 20 ff. S. 254 ff.

[3] Dig. L, 17. de regulis juris fr. 67 (JULIANUS). *Quotiens idem sermo duas sententias exprimit, ea potissimum excipiatur, quae rei gerendae aptior sit. Gajus* (*eod. tit.* fr. 56) *semper in dubiis benigniora praeferenda sunt.*

[4] Dig. I, 3. de legibus fr. 25. So hat man z. B. aus gutem Grunde die Gleichstellung des Verschwenders mit dem Wahnsinnigen auf solche Geschäfte nicht bezogen, die der Verschwender zu seinem Vorteile abschloß (so richtig DERNBURG, Pandekten I, § 57. 3. Aufl. S. 123), weil jene Gleichstellung seinem Vermögen nützlich sein, nicht aber Schaden bringen sollte. Dig. XLVI, 2. de novationibus fr. 3.

widerspricht[1], und auch die Gesetzumgehung (das *in fraudem legis agere*).[2]

Oberflächliche Auslegungen hat man zuweilen grammatische genannt, gründliche logische, beides mit Unrecht; denn eine grammatische Thätigkeit ohne Logik ist ebenso unmöglich, wie eine logische ohne Grammatik.[3] Den ersten Eindruck, den eine Urkunde hervorruft, nennt man vielfach Wortlaut (richtiger Wortsinn)[4] im Gegensatz zum eigentlichen Sinne, den eine gründlichere Betrachtung enthüllt.[5]

d) Jede Auslegung muß vom Standpunkte des Angeredeten geschehen, weil jeder seine Redeweise dem Verständnisse seines Hörers oder Lesers anpaßt. Bei Gesetzen ist zu beachten, daß sie sich nur zum Teile an die Volksmasse wenden, zum Teile aber an Rechtsgelehrte. Das erstere ist auf der niedrigeren Bildungsstufe eines Volkes die Regel, das andere auf einer höheren bei der größeren Masse von Rechtsvorschriften geradezu unvermeidlich.[6]

Es ändern sich also im Laufe der Zeit zwar nicht, wie man gewöhnlich glaubt, die wichtigsten Auslegungsregeln, wohl aber die Anschauungen der Menschen, so daß dieselbe Auslegungsart auf dem Boden der höheren Durchschnittsbildung unwillkürlich zu anderen Ergebnissen führt, als auf niedrigeren Entwickelungsstufen.

---

[1] Ein Beispiel giebt Dig. X, 4. ad exhibendum fr. 19. Dahin gehört auch der Fall, daß jemand, der sich in eigennütziger Absicht in fremde Angelegenheiten gemengt hat, verlangt, um seiner Unredlichkeit willen von der Haftung freizubleiben, die für redliche Besorger fremder Geschäfte bestimmt ist. Gegen eine solche Rechtsverdrehung bemerkt Ulpianus: *immo magis et is tenebitur negotiorum gestorum actione* Dig. III, 5. de negotiis gestis fr. 5. § 5 (6. § 3).

[2] Dig I, 3. de legibus fr. 29. So, wenn das römischrechtliche Verbot der Schenkungen unter Gatten dadurch umgangen wird, daß der eine Gatte einer *persona interposita* das Geschenk macht, damit sie es dem anderen Gatten gebe (Dig. XXIV, 1. de donat. inter vir. et uxorem fr. 5. § 2). Vgl. auch Cod. Just. I, 14. de legibus c. 5 (Theodosius et Valentinianus): *Non dubium est in legem committere eum qui verba legis amplexus contra legis nititur voluntatem.*

[3] Vgl. v. Brinz, Pandekten. 2. Aufl. I, S. 119.

[4] Der Laut der Worte ist dem Sprachunkundigen unverständlich, einen Sinn ergiebt er daher nur durch eine Denkthätigkeit des Hörers.

[5] In ähnlicher Weise unterscheidet Celsus (Dig. XXXIII, 10. de sup. leg. fr. 7. § 2) *vox* und *mens*. Offenbar, weil wir die *vox* sofort hören, die *mens* aber erst durch Denkthätigkeit begreifen. So sprach z. B. der Wortlaut der lex Aquilia über Sachbeschädigung *non rumpere*, die Rechtswissenschaft aber sah darin jedes *corrumpere*. Dig. IX, 2. ad legem Aquiliam fr. 27. § 13.

[6] Vgl Dig. XXXVII, 1. de bonorum poss. fr. 10 in fine. Paulus sagt hier von der erforderlichen Rechtskenntnis: *scientiam enim non hanc accipi quae juris prudentibus sit, sed eam, quam quis aut per se habeat aut consulendo prudentiores adsequi potest.*

e) Das Wort „Auslegung“ enthält ein ungenaues Bild. Keine Urkunde kann „aus sich selbst“ ausgelegt werden, sondern nur aus Zuthaten, die von außerhalb zu ihren Worten beigefügt werden. Darum birgt jede Auslegung die Gefahr einer Fälschung in sich. Dieser beugt der Grundsatz vor, daß nur solche Hilfsmittel dazu verwendet werden dürfen, einen Ausspruch auszulegen, die sein Urheber (bewußt oder unwillkürlich) bei dem Angeredeten als bekannt vorausgesetzt hat. An diese unausgesprochenen, selbstverständlichen Voraussetzungen, die (nicht bloß auf dem Rechtsgebiete) bei der mündlichen und bei der schriftlichen Rede üblich sind, denkt man vornehmlich, wenn man die „Natur der Sache“ (§ 15) erwähnt. Sie sind nicht unmittelbar wahrnehmbar und deshalb bewirkt die Unsicherheit ihres Inhaltes, daß alle Geisteswissenschaften (und unter ihnen vornehmlich die Rechtslehre) von Zweifeln durchsetzt sind, die nicht mit völliger Bestimmtheit gelöst werden können.[1] Dieser Übelstand ist unvermeidlich und muß daher als unabwendbar erkannt und ertragen werden.

βββ) Die Auslegung der Willenserklärungen.

§ 8.

I. Eigentümlichkeiten der Auslegung von Willenserklärungen. Die Gesetzesurkunden, welche Rechtssätze in Befehlsformen bezeugen, stehen unter einigen besonderen Regeln, die sich daraus erklären, daß der auslegende Richter von dem Gesetzgeber abhängig ist.

a) Die Unentbehrlichkeit der Hypothesen zur Auslegung der Gesetze ergiebt sich daraus, daß diese nicht mit einem *non liquet* abschließen darf. Mehrdeutige oder lückenhafte Gesetzestexte müssen daher unter allen Umständen klargestellt werden und zwar da, wo kein anderes Mittel ausreicht, mit Hilfe einer Hypothese.[2] Unter mehreren Hypothesen ist die wahrscheinlichere zu

---

[1] Solche Mehrdeutigkeiten in Rechtsurkunden nennt man zuweilen „Lücken im Recht“. Vielfach versteht man aber auch unter Rechtslücken die Veranlassungen zu dem Wunsche rechtsergänzender neuer Gesetze. Die Lücken, die aus einer Mehrdeutigkeit der Gesetzesworte hervorgehen, darf der Richter zur Zeit in Deutschland ausfüllen, dagegen darf er nicht die Rolle eines Gesetzgebers übernehmen, der das geltende Recht ergänzt. — Übrigens wollen manche den Ausdruck „Lücken“ überhaupt auf das Recht nicht anwenden. Vgl. hierzu Ehrlich, Über Lücken im Rechte in Burians juristischen Blättern. Wien 1888. S. 447 ff. Bergbohm, Jurisprudenz und Rechtsphilosophie. S. 371 ff. Merkel a. a. O. (s. oben S. 7, Anm. 2).

[2] Vgl. hierzu Bekker (Ernst u. Scherz. S. 21 ff., besonders S. 29. 36), der m. E. die Bedeutung der juristischen Hypothesen nicht hoch genug veranschlagt. Für die

bevorzugen, d. h. diejenige, die am meisten mit der allgemeinen Menschennatur und den besonderen Überlieferungen der Zeit, aus der die auszulegende Urkunde herstammt, übereinstimmen.[1]

b) Die Aussonderung der Gesetzesbefehle (*verba dispositiva*) von den bloßen Mitteilungen (*verba enuntiativa*) ergiebt sich aus dem Zwecke der Gesetze.[2] Nur was Befehl sein soll, gilt, nicht aber was eine bloße Meinungsäußerung ist. Dahin sind die vielen römischen Rechtsregeln zu rechnen, die zu weit gefaßt sind, wie: *Servi pro nullis habentur* oder *pater est, quem nuptiae demonstrant*[3] und dergleichen mehr. Sie gelten nur, insoweit sie richtig sind.

c) Die Rücksicht auf den ersichtlichen Zweck des Gesetzes teilt die Auslegung der Gesetze mit derjenigen aller Befehle oder Wünsche. Wo eine getroffene Anordnung sich als ein zu starkes oder zu schwaches Mittel zu der Erreichung ihres Zweckes erweist, da handelt der Befehlsempfänger im Sinne des Anordnenden, wenn er die von ihm gedachte und erklärte Anordnung ihrem gleichfalls gedachten und erklärten Zwecke anpaßt.[4] Es ist dies eine besondere Kunst (*jus est ars boni et aequi*)[5], bei welcher der mitgeteilte Inhalt der Rechtsquelle von der Ungenauigkeit der gewählten Ausdrucksmittel gesäubert wird. So giebt es eine ausdehnende Auslegung der Gesetzesworte (*interpretatio extensiva*), z. B. wenn in Justinians Vorschrift: *non exemplis sed legibus judicandum est*[6] unter *leges* auch Gewohnheitsrechtssätze verstanden werden. Andererseits besteht auch eine einschränkende Auslegung (*interpretatio restrictiva*), so wenn von dem Satze, daß die *rationes* (Motive) der Gesetze nicht beachtet werden sollen[7], die aus dem Gesetze erkennbaren *rationes* ausgenommen werden. Auch der Gesetzgeber oder das Gewohnheitsrecht können zu solchen Auslegungen ver-

---

Philologie ist die Aufstellung von Hypothesen in weit größerem Maße Sache des freien Beliebens, als für die Rechtsanwendungslehre, die in dieser Hinsicht den lebendigen Bedürfnissen der Rechtspflege Rechnung tragen muß.

[1] Vgl. z. B. das unten § 51 über die Manusehe Ausgeführte.

[2] Beispiele solcher Mitteilungen ohne Gesetzeskraft sind das über Lykurg in Inst. I, 2 de jure naturali § 10 und das über Augustus in Inst. II, 23. de fideicomm. hereditatibus § 1 und II, 25. de codicillis berichtete. Vgl. das Prorektoratsprogramm von Eisele, „Unverbindlicher Gesetzesinhalt". Freiburg 1885.

[3] Dig. L, 17 de regulis juris fr. 32 (Ulpianus) und II. 4 de in jus vocando fr. 5 (Paulus) vgl. unten §§ 48 und 51.

[4] Ein Beispiel siehe oben S. 20 Anm. 2.

[5] Dig. I, 1. de just. et jure fr. 1. pr. Celsus, von Ulpian citiert.

[6] Cod. Justin. VII, 45. de sententiis fr. 13.

[7] Neratius, Dig. I. 3. de leg. fr. 20. 21. *Et ideo rationes eorum, quae constituuntur inquiri non oportet.*

pflichten (sog. *interpretatio authentica*, *legalis* oder *usualis*)[1], um Zweifel der Wissenschaft oder Praxis zu beseitigen.

Noch weiter, als die ausdehnende Auslegung geht die entsprechende Rechtsanwendung (Analogie). Obwohl auch sie *interpretatio* heißt[2], so wird sie doch seitens der Neueren von der Auslegung unterschieden.[3] Man versteht darunter die Herstellung eines neuen Rechtssatzes nach dem Vorbilde eines alten.[4]

Die Frage, bis zu welcher Grenze der Richter in der Handhabung der Analogie vordringen darf, ist eine rechtsgeschichtliche. Das römische Recht der älteren Kaiserzeit geht hierin sehr weit, indem es dem Richter gestattet, alle Gesetze auch außerhalb ihres ursprünglichen Gebietes anzuwenden. sobald dadurch derselbe Nutzen erzielt wird, den das Gesetz anstrebt.[5]

Ausgeschlossen ist die Analogie nur auf dem Gebiete des Sonderrechtes (*jus singulare*), d. i. das Recht für einen ausnahmsweise beschränkten Kreis von Personen, Sachen oder Verhältnissen (z. B. für Hauskinder). Vgl. § 49. Trotzdem gilt das nicht für alle solche Sonderrechtssätze[6], sondern nur für Ausnahmevorschriften[7], nicht aber für Sonderbestimmungen, die aus besonderer Gunst neben

---

[1] *Optima enim est legum interpres consuetudo.* PAULUS, Dig. I, 3. de legibus fr. 37.

[2] Inst. I, 17. de leg. patr. tut.

[3] Vgl. v. SAVIGNY, System des heut. röm. Rechts. I, S. 298. Die römische Redeweise (vgl. Dig. I, 2. de origine juris f. 2. § 5) erklärt sich daraus, daß man jede Analogie auf einen unausgesprochenen, aber selbstverständlichen Wunsch des Gesetzgebers zurückführte. Dig. de legibus I, 3. fr. 27 (TERTULLIANUS): *Ideo, quia antiquiores leges ad posteriores trahi usitatum est, semper quasi hoc legibus inesse modi oportet, ut ad eas quoque personas et ad eas res pertinerent, quae quandoque similes erunt.* — Darin lag zugleich ein Schutz gegen willkürliche Analogien.

[4] So wird z. B. in den Institutionen I, 17. de legitima patronorum tutela berichtet, daß die gesetzliche Vormundschaft der Patrone über die Freigelassenen „*per interpretationem*" ihrem gesetzlichem Erbrechte nachgebildet worden ist.

[5] ULPIANUS, Dig. I, 3. de legibus fr. 13. Dieser Nutzen ist z. B. in Inst. I, 17 die Festigung der patronatischen Stellung. Noch gültige Beispiele einer römischen Analogie sind namentlich die *obligationes quae quasi ex contractu nascuntur*. Vgl. unten § 141.

[6] So richtig REGELSBERGER in der Festgabe der Göttinger Juristenfakultät. Leipzig 1892. S. 45 ff.

[7] Dig. I, 3. de leg. fr. 14 (PAULUS): *Quod vero contra rationem juris receptum est, non est producendum ad consequentias.* I, 4. de const. princ. fr. 1. § 2. Vgl. SCHARLACH im Archiv f. civil. Praxis. LXII. S. 435 ff., zustimmend ZITELMANN ebenda LXVI. S. 348. Vgl. aber dagegen auch EISELE in v. IHERINGS dogmat. Jahrbüchern. XXIII. S. 119 ff.

bestehende Vorschriften treten. Solche Bestimmungen sollen sogar besonders frei ausgelegt werden.[1]

Von der Gesetzesanalogie durchaus verschieden ist die gesetzlich vorgeschriebene Verallgemeinerung einzelner mit Gesetzeskraft ausgestatteter Entscheidungen oder Gewohnheiten, um den in ihnen ausgeprägten Rechtssatz zu gewinnen.[2] Diese Thätigkeit ist keine Rechtsausdehnung, sondern eine Rechtsauffindung.

Da jedes Gesetz Recht enthält, so ist jede Gesetzesanalogie auch eine Rechtsanalogie und verlangt, um wissenschaftlich zu sein, eine stete Rücksicht auf das Rechtsganze.[3]

II. Eigentümlichkeiten der Auslegung bei allen Zusagen oder Versprechen. Keine Zusicherung darf enttäuscht werden. Schranken der Auslegungsfreiheit liegen daher bei verkündeten Gesetzen in den begründeten Volkserwartungen. Ohne dies würden die Gesetze nicht das Vertrauen finden, dessen sie bedürftig sind. Die Auslegung darf nicht so frei werden, daß diejenigen, welche sich auf das Gesetz verlassen haben, enttäuscht und überrascht werden. Diese Volkserwartungen schwanken innerhalb der Rechtsgeschichte. Wo das Gesetz vornehmlich als Schutz gegen richterliche Willkür betrachtet wird (z. B. zur Zeit der 12 Tafeln), da erwartete das Volk eine besonders strenge Auslegung; als das Gesetz zur altertümlichen Fessel geworden war (z. B. in der älteren Kaiserzeit), da wünschte man eine freie Handhabung, ohne die Gefahren allzugroßer Freiheit zu verkennen.[4] Dagegen beschränkte Justinian die Freiheit der richterlichen Auslegung in einer Weise, die jedenfalls auf dem Boden unseres heutigen Staatsrechtes undurchführbar ist.[5] Die Wahrung der Rechtseinheit durch unab-

---

[1] Dig. I, 4. de const. princ. fr. 3 (Javolenus): *Beneficium imperatoris, quod a divina scilicet ejus indulgentia proficiscitur quam plenissime interpretari debemus.*

[2] Ein Beispiel siehe S. 18 Anm. 4.

[3] Vgl. jedoch auch Windscheid, Pandekten. 7. Aufl. I. § 23. Anm. 1a. S. 58. Dernburg, Pandekten. 3. Aufl. I. § 38. S. 36 nennt die Analogie dann Rechtsanalogie, wenn nicht ein einzelner Satz auf ein neues Gebiet angewandt wird, sondern eine ganze Gruppe von Rechtsregeln, z. B. die Vorschriften für die Auftragsübernahme auf die unbeauftragte Führung fremder Geschäfte.

[4] Vgl. Paulus, Dig. de legatis III. (XXXII.) fr. 25. § 1: *Cum in verbis nulla ambiguitas est non debet admitti voluntatis quaestio.* Vgl. auch Ulpianus, Dig. XL, 9. qui et a quibus fr. 12. § 1: *Durum hoc est, sed ita lex scripta est.*

[5] Vgl. Const. tanta (Einleitung zu den Digesta) § 21 in fine: *si quid vero . . . ambiguum fuerit visum, hoc ad imperiale culmen per judices referatur et ex auctoritate Augusta manifestetur, cui soli concessum est leges et condere et interpretari.*

hängige höhere Gerichtshöfe bietet unserer Zeit eine besondere Gewähr gegen eine allzu freie Auslegung, welche die Volkserwartungen zu enttäuschen droht,[1] und ermutigt zugleich die Richter dazu, ein allzu ängstliches Haften am Worte zu vermeiden.

ββ) Die Umformung des Quelleninhaltes.

§ 9.[2]

I. Die Notwendigkeit einer Verarbeitung des Rechtsstoffes für die Rechtspflege ist eine Folge der unendlichen Mannigfaltigkeit der menschlichen Schutzbedürfnisse und der Unübersichtlichkeit der Rechtsquellen, welche in der Regel nur stückweise bei bestimmten Anlässen entstehen.

Diese Notwendigkeit wächst unausgesetzt mit der Verfeinerung und Vermehrung der menschlichen Bedürfnisse.

Während daher die Auslegungskunst schon frühe zugleich mit dem geschriebenen Rechte entspringt, entwickeln sich die Zusammenfassungs- und die Anordnungskunst (Abstraction und Systematik) erst später aus der Vermehrung des Stoffes.

Bei der Anordnung müssen die Rechtsquellen von allen scheinbaren Widersprüchen gesäubert werden, weil die Einflüsse, welche widersprechende Vorschriften auf das Verhalten der Menschen ausüben, sich gegenseitig aufheben; denn zwei Befehle, die entgegengesetzten Inhalt haben, vertilgen gegenseitig ihre Kraft.[3]

II. Die Formen der Verarbeitung des Rechtsstoffes ergeben sich aus den Bedürfnissen der Rechtspflege.

a) Die Bildung von Rechtsregeln beruht auf einer Zusammenfassung des Stoffes, der eine genaue Prüfung des Einzelnen vorhergehen muß, widrigenfalls eine sog. *petitio principii* vorliegt.[4]

b) Die Feststellung der Rechtsbegriffe.

---

[1] Darum erwecken Sätze, wie der Ausspruch des Terentius Clemens, Dig. XXXV, 1. de cond. fr. 64. § 1: *legem enim utilem reipublicae ... adjuvandam interpretatione*, heutzutage leicht Bedenken. Vgl. v. Savigny, System. I. S. 325, Anm. k.

[2] Vgl. hierzu Böcking, Pandekten des röm. Privatrechts. (Institutionen.) 2. Aufl. 1853. § 27. S. 127 ff. v. Ihering, Geist des röm. Rechts. 4. Aufl. II, 2. § 37 ff. S. 309 ff. Sohm, Institutionen. 4. Aufl. § 8. S. 21. Vgl. auch Bekker, Ernst und Scherz über unsere Wissenschaft. Leipzig 1892.

[3] Vgl. hierüber des Verfassers Schrift: Die besonderen Rechtszweige im Entwurfe eines bürgerlichen Gesetzbuches für das deutsche Reich. Marburg 1892. S. 175.

[4] Vgl. Paulus in Dig. L, 17. de reg. juris fr. 1: *Regula est, quae rem quae est breviter enarrat. Non ex regula jus sumatur, sed ex jure quod est regula fiat.*

α) Die Erläuterung überlieferter Begriffsnamen (juristische Begriffsbestimmung) festigt die Rechtssprache und schützt sie gegen Zersplitterungen. Sie entsteht durch eine Vergleichung verschiedener Rechtssätze oder Rechtsregeln, welche denselben Begriff (z. B. Nießbrauch) in sich enthalten.[1] Daß ein Begriff überall in den Quellen denselben Namen hat, darf nicht vorausgesetzt werden. So heißt z. B. das Eigentum bei den Römern bisweilen *proprietas*, bisweilen *rei dominium*, bisweilen *esse alicujus*, bisweilen sogar *possessio*. Umgekehrt hat dasselbe Wort an verschiedenen Stellen verschiedene Bedeutungen (z. B. bezeichnet *possessio* bald Grundeigentum, bald den Besitz, der auch einem Nichteigentümer zustehen kann).[2]

Insoweit die Begriffsbestimmung sich an Begriffsnamen anlehnt, die in den Quellen vorkommen, enthält sie zugleich eine Kollektivinterpretation aller Stellen, die von diesem Begriffe reden.

Es ist neuerdings mehrfach davor gewarnt worden, Rechtsätze aus Rechtsbegriffen zu entwickeln (z. B. den Umfang des Eigentumsschutzes aus dem Eigentumsbegriffe herzuleiten), weil die Rechtsbegriffe aus den Rechtssätzen hervorgehen.[3] Letzteres ist aber auch vom streng geschichtlichen Standpunkte aus nicht unbedingt richtig. Wenn ein Staat gewisse Schutzbedürfnisse zu befriedigen beginnt, findet er oft für sie schon fertige Namen vor, weil die Sitte und das Anstandsgefühl schon vorher sie geschützt haben (so z. B. bei dem Schutze gegen Nachdruck), und der Gesetzgeber lehnt sich oft bewußt an solche bereits fertige Anschauungen an. Ja, bei manchen Begriffen (Besitz, Eigentum, Forderung u. dgl.) dürfen wir annehmen, daß sie älter sind, als die Staatsgewalt, die ihren Inhalt zuerst schützte, weil selbst Nomaden, welche außer jedem Staatsverbande stehen, die Schutzbedürfnisse, die jenen Begriffen zu Grunde liegen, aus einem angeborenen Mitgefühle, wenn auch vielleicht nicht zu schonen, so doch zu erkennen pflegen. Derartige Begriffe werden dann durch den ihnen zugesicherten Staatsschutz aus Begriffen der Sitte zu Rechtsbegriffen. Daher ist ein Teil der Begriffe des Rechtes älter, als die Rechtsquellen und die Rechtswissenschaft, ein anderer aber jünger. Beide aber sind der Gegenstand der Rechtslehre.

---

[1] Aus einem richtig bestimmten Begriffe, aber nur aus einem solchen, kann man daher auf die Rechtssätze, denen er entstammt, zurückschließen.

[2] Vgl. Bekker, Das Recht des Besitzes bei den Römern. Leipzig 1880. S. 33 ff.

[3] Vgl. hierzu Bekker, System des heutigen Pandektenrechts. Bd. II. Weimar 1889 S. VIII des Vorworts, und Sohm, Inst. Einleitung S. 20.

β) Die Ergänzung der vorhandenen Begriffsnamen durch neue (Begriffskonstruktion). Sie ist nur unter zwei Voraussetzungen zulässig. Zunächst muß sie ihren Stoff den Quellen des geltenden Rechtes entnehmen, sonst würde die Begriffskonstruktion auf eine Gesetzeskonstruktion hinauslaufen, welche ein Vorrecht der Träger der Gesetzgebungsgewalt ist. Sodann muß sie einem Bedürfnisse der Rechtsanwendung dienen, da überflüssige Unterscheidungen oder Gruppenbildungen die richterliche Aufgabe nicht erleichtern, sondern erschweren. Beispiele nützlicher nachrömischer Begriffsbildungen, sind die Begriffe des Rechtsgeschäftes und des abstrakten Vertrages (s. unten § 94).

Weil sich jede Begriffsbestimmung an eine bestimmte Sprache anlehnt, so ist sie immer zugleich Worterklärung und zwar eine Erklärung eines besonderen Ausdruckes durch mehrere allgemeinere Worte. Da nun die Festigkeit der Bedeutungen mit der Allgemeinheit der Ausdrücke abnimmt, so verfehlt die Definition häufig ihren Erläuterungszweck und ruft mehr Mißverständnisse hervor, als sie beseitigt.[1]

Der Wert der Definitionen wird von der neueren Wissenschaft deshalb überschätzt, weil sie die Unzweideutigkeit der Sprache zu hoch veranschlagt.[2]

Alle Begriffsbestimmungen der einzelnen Rechtssätze und der Rechtsbefugnisse sind jedoch nicht bloß nach der Redeweise, an die sie sich anlehnen, sondern auch nach ihrem Inhalte zu lokalisieren. Sie beziehen sich immer nur auf eine bestimmte Zeit und ein bestimmtes Rechtsgebiet. Im Zweifel redet jeder Jurist von der Gegenwart und seiner Heimat. Auf dem Wege der Rechtsvergleichung ist es jedoch möglich, festzustellen, daß dieselben Rechtssätze mehrere Staatsgebiete zugleich beherrschen, und daß daher in diesen auch dieselben Berechtigungen gewährt werden. Sieht man jedoch von dem näheren Inhalte der Rechtssätze und der Berechtigungen ab und blickt auf die Hauptziele des Rechtsmittels, so wird man den Kreis der Staaten, welche dieselben Zwecke mit verschiedenen Mitteln verfolgen oder mit anderen Worten die-

---

[1] Javolenus (Dig. L, 17. de regulis juris fr. 202): *Omnis definitio in jure civili periculosa est; parum est enim, ut non subverti possit.* So haben z. B. unbestimmte Ausdrücke wie „Beziehung“ oder „Verhältnis“ in der Regel keine erläuternde Kraft.

[2] Vgl. hierüber des Verfassers Ausführungen in seiner Schrift: Der Irrtum bei nichtigen Verträgen nach römischem Rechte. I. 1882. S. 57 ff. In ähnlichem Sinne äußert sich Bergbohm, Jurisprudenz und Rechtsphilosophie. S. 37 ff.

selben Schutzbedürfnisse befriedigen, auf die ganze Menschheit ausdehnen dürfen. Es giebt daher zwar keine allgemeingültigen Rechtssätze, auch keine allgemeingültigen Rechtsbefugnisse, wohl aber allgemeingültige Schutzbedürfnisse, z. B. das Bedürfnis einer Verteilung der Sachenwelt (d. i. das Bedürfnis nach einem Vermögensrecht), das Bedürfnis einer Regelung der Beziehungen zwischen Mann und Frau und ihrer Folgen (Familienrecht), einer Sorge für das Herrschaftgebiet eines Verstorbenen (Erbrecht) und so weiter. Die allgemeinen Gruppen der Rechtssätze sind daher international und es läßt sich für alle Zeiten und Völker ein System der Schutzbedürfnisse aufstellen.[1]

Dies ist der wahre Kern des irrigen Glaubens an gemeingültige Rechtsvorschriften oder Rechtsbegriffe. Auf ihm beruht die Verwandtschaft aller Rechtssysteme.

c) Die Systematik säubert den Rechtsstoff von Widersprüchen und macht ihn übersichtlich.

Die Hauptziele jeder Anordnung ergeben sich aus ihrem Stoffe und ihrem Zwecke.[2] Der Zweck der juristischen Systematik ist aber, der Anwendung und der Fortbildung des Rechtes zu dienen. Aus den ganz besonderen Bedürfnissen der Rechtspflege ergiebt sich daher die Notwendigkeit einer besonderen juristischen Dogmatik, deren scharfgeprägte Formen ihnen angepaßt sind.[3]

III. Die Wandelbarkeit der Rechtslehre. Auch wenn das Recht stetig bleibt, so geraten doch die Ansichten über seinen Inhalt leicht ins Schwanken. Es enstehen oft Zweifel und Widersprüche der Auslegungen. Die Übersicht über das Ganze gerät in Vergessenheit; der Sprachgebrauch ändert sich und weicht von der Redeweise des älteren Gesetzes ab. Neue Lebensbedürfnisse tauchen auf, denen der Wortlaut des Gesetzes noch nicht angepaßt ist; Urkunden werden entdeckt, die auf die Vorgeschichte der Gesetzestexte ein neues Licht werfen und ihre Deutung beeinflussen. Aus allen diesen unausbleiblichen Erscheinungen ergiebt sich das dauernde Bedürfnis, den jedesmaligen Stand der Wissenschaft immer wieder aufs neue gegen Entstellungen zu schützen. Jeder Stillstand dieser Berufsthätigkeit ist ein Rückschritt.[4]

---

[1] Vgl. Zitelmann, Die Möglichkeit eines Weltrechtes. Wien 1888. S. 11 ff.

[2] Vgl. Böcking, Pandekten (Institutionen). 2. Aufl. I. § 27 ff.

[3] Vgl. Laband, Staatsrecht des Deutschen Reiches. 2. Aufl. I. Vorrede. S. XI ff.

[4] Vgl. Pomponius in Dig. I, 2. de or. juris fr. 2. § 13: *Constare non potest jus nisi sit aliquis juris peritus per quem possit quotidie in melius produci.*

2. Die Gesetzgebungslehre.

§ 10.

I. Begriff. Gesetzgebung ist die zielbewußte Erzeugung von Rechtssätzen.

Sie unterscheidet sich von der bloßen Rechtsprechung, welche ihren Inhalt aus einem bereits gegebenen Rechte herleitet. Der Richter ist gebunden, der Gesetzgeber ist aber dem bisherigen Rechte gegenüber insoweit frei, als sein Gewissen und die geschichtliche Notlage seines Staates ihn nicht binden. Gesetzgebungsfragen hängen daher nicht ebenso wie die Rechtsanwendungsfragen von gegebenen allgemeinen Obersätzen ab, sondern sind vielmehr dem Staatsbedürfnisse neu anzupassen.[1]

Allerdings wird ein kluger Gesetzgeber Vorschriften vermeiden, von denen er vorhersieht, daß die Volkssitte sich ihnen nicht fügen wird.[2] Auch ist der Gesetzgeber immer ein Glied seines Volkes, so daß auch seine Schöpfungen aus der Mitte, aus den Anschauungen und aus den Bedürfnissen des Volkes herauswachsen[3], jedoch unter voller Verantwortung dessen, der als Gesetzgeber diese Anschauungen in Befehle verwandelt.

II. Die wissenschaftliche Natur der Gesetzgebungslehre wird vielfach bezweifelt, weil ihre Aufgaben keine feststehende Lösung kennen, sondern sich nach den Besonderheiten der gerade vorliegenden Lage des Staates richten.

Trotzdem giebt es auch für den Gesetzgeber wissenschaftliche Hilfen.

Denkbar ist insbesondere

a) eine Lehre vom Gesetzgebungsinhalt,

α) die Lehre von den immer wiederkehrenden Aufgaben der Gesetzgebung.[4]

Diese wird durch die vergleichende Rechtswissenschaft gefunden und ist der Systematik eng verwandt (siehe oben S. 27).

β) Die Lehre von den Lösungen der Gesetzgebungsaufgaben einer bestimmten Zeit und eines bestimmten Staates.

---

[1] Vgl. hierzu des Verfassers Ausführungen in den Verhandlungen des 21. deutschen Juristentages 1892. S. 154.

[2] Ein Beispiel giebt der im preußischen Landrechte gestattete, später beseitigte und wohl kaum jemals benutzte Anhang § 66 zu § 37 A. L. R. II, 1. (sog. „Ehe auf Probe.")

[3] Insoweit ist v. Savigny, System. I. S. 39, unwiderlegt.

[4] In diesem Sinne redet jetzt Petražycki, Die Lehre vom Einkommen. Berlin 1893. S. 327 ff., von einer „Civilpolitik".

Eine solche Lehre kann der richtigen Ansicht nach für jeden Staat aus seinem besonderen Entwickelungsgange gefunden werden[1] und berührt sich daher auf das Engste mit der Rechtsgeschichte.[2]

b) Die Lehre von den Gesetzgebungsformen ist zur Zeit noch unentwickelt. Sie müßte sowohl die Frage nach der Form angemessener Gesetzestexte, als auch diejenige nach der Abfassung sachgemäßer Motive behandeln.

III. Die Bedeutung der Gesetzgebungslehre für die Rechtsanwendung wird vielfach bestritten, da man die sog. Erörterungen *de lege lata* und *de lege ferenda* auf das Schärfste trennen muß, um der Sonderung der richterlichen Gewalt von der gesetzgebenden zu entsprechen. Trotzdem wird daher eine gute Auslegung des ersichtlichen Willens eines Gesetzgebers (siehe oben § 8) nur dem möglich sein, dem die Denkweise der Gesetzgeber nicht völlig verschlossen ist. Deshalb gilt auch die Volkswirtschaftslehre, ein Hauptzweig der Lehre vom Gesetzgebungsinhalt, für eine unentbehrliche Hilfswissenschaft der Rechtslehre.

Drittes Kapitel. Die Zweige der Rechtswissenschaft.

I. Die Verschiedenheiten der Rechtssätze nach ihrem Inhalte.

1. Die Hauptgruppen des Rechtsinhaltes.

§ 11. I. Die beiden Hauptgruppen des Rechtsinhaltes beruhen auf der Doppelnatur des Menschen, der sich weder von dem Unabhängigkeitstriebe, noch von dem Geselligkeitsbedürfnisse völlig loslösen kann. Dieser doppelten Neigung entspricht die Zweiteilung des Rechtes in ein privates und ein öffentliches. Das private Recht beruht auf dem menschlichen Bedürfnisse nach Absonderung von andern zu ungestörter Arbeit und zu ungestörtem Lebensgenusse. Es ist also ein Absonderungsrecht, das den einzelnen von lästigen Einflüssen der Mitmenschen befreit.[3]

---

[1] Vgl. des Verfassers Ausführungen in der Festgabe der juristischen Fakultät zu Marburg für Wetzell. Marburg 1890. S. 29 ff.

[2] Eine allgemeine „Civilpolitik" wird daher über bloße Entwickelungsgesetze schwerlich hinauskommen. Vgl. hierzu Bekker, Ernst und Scherz über unsere Wissenschaft. 1892. S. 61.

[3] Ulpian, Dig. I, 1. de justitia et jure fr. 1. § 2: *Privatum (jus est) quod ad singulorum utilitatem spectat. Singulorum utilitas* ist nicht das Wohl

Der Gegensatz der Absonderung ist der Zusammenhalt der Staatsglieder. Ihm dient das öffentliche Recht. ULPIAN sagt:[1] *Publicum jus est quod ad statum rei Romanae spectat*, d. i. nicht etwa das Wohl des Staates (*salus publica*), dem vielmehr auch das Privatrecht dient[2], sondern der Bestand oder der Zusammenhalt des Staates.

Ohne das Privatrecht würde der Einzelne sich in einer unausgesetzten Zwangslage befinden, ohne das öffentliche würde sich der Staat auflösen und mit ihm das Recht.

Ein Satz gehört daher dem privaten (neuerdings sog. bürgerlichen[3]) oder dem öffentlichen Rechte an, je nachdem er die Absonderung der Staatsglieder erleichtert oder ihren Zusammenhang kräftigt. Hiernach darf man auch das Familienrecht nicht dem öffentlichen Rechte zuteilen.[4]

Das Civilprozeßrecht ist hiernach beiden Zweigen zugleich zuzuteilen, da es die Privatrechte stützt und die Staatsordnung gegen eine Auflösung durch das Faustrecht sichert. Gewöhnlich wird bei uns nur der letztere Gesichtspunkt beachtet, daher man es dem öffentlichen Rechte zuzählt, während umgekehrt die Römer (und so auch JUSTINIANS Institutionen), es zum Privatrecht stellten.

Eine besondere engere Bedeutung des Wortes *jus privatum* ist: „das auf rechtsgescäftliche Anordnungen bezügliche Recht". Sie ist schon oben erwähnt.[5]

II. Die Sonderung der Rechtssätze in materielle und formelle wiederholt sich im öffentlichen wie im privaten Rechte. Sie hängt mit der äußeren Erkennbarkeit zusammen, die dem Ein-

---

der Einzelnen, dem auch das öffentliche Recht dient (SCHLOSSMANN, Der Vertrag. Leipzig 1876. S. 206. 207. Anm. 2), sondern der Inbegriff der in der Absonderung benutzbaren Vorteile. Vgl. hierzu auch REGELSBERGER, Pandekten. I. 1893. § 28. S. 114 ff.

[1] In der soeben angeführten Stelle (S. 31 Anm. 3).

[2] Vgl. SCHLOSSMANN a. a. O. S. 206. 207.

[3] Das Wort „bürgerlich" soll hier, wie bei dem Ausdrucke „Staatsbürger" den Adelsstand und den Bauernstand mitumfassen.

[4] Vgl. des Verf. Ausführungen in den Festgaben der juristischen Fakultät zu Marburg für WETZELL. Marburg 1890. S. 139 ff.

[5] Gewöhnlich sieht man in diesem engeren Privatrechte das *jus subsidiarium*, das sind die Rechtssätze, die für einen bestimmten Fall etwas nur unter der Bedingung anordnen, daß nicht die Parteien das Gegenteil bestimmt haben (z. B. Haftung für Verzugszinsen). Vgl. BÜLOW, Archiv f. civ. Praxis. LXIV. S. 69 ff., der jedoch zu weit geht, wenn er bezweifelt, daß es ein *jus privatum* im engeren Sinne giebt. Vgl. DERNBURG, Pandekten. 3. Aufl. I. § 31. Anm. 1. S. 68 und oben S. 4 Anm. 5.

flusse gewisser Rechtssätze eigentümlich ist. Es giebt nämlich sowohl einen unsichtbaren Einfluß des Rechtes, der Streit verhindert, als einen sichtbaren, der Streit schlichtet. Die streithindernde Friedensordnung nennt man materielles, die streitschlichtende Kriegsordnung formelles Recht. In der That gewährt der unsichtbare Einfluß der Rechtssätze auf das menschliche Verhalten den Stoff der Rechtspflege, während die sichtbare Schlichtung der Streitigkeiten ihre wahrnehmbare Form bildet.[1] Rechtspflege-Stoff und Rechtspflege-Form sind daher die Hauptarten des Inhaltes der Rechtssätze. Ein Prozeßrechtssatz ist hiernach ein solcher, dessen Anwendbarkeit einen Rechtsstreit voraussetzt und der Erledigung dieses Streites dient.

III. Weitere Gliederungen des Rechtes ergeben sich aus ihren Zwecken für das Ganze oder aus den Vorteilen, die sie den Einzelnen gewähren.

Jeden Einfluß auf das Verhalten von Mitmenschen, der durch Rechtssatz verliehen ist, um nach freiem Ermessen benutzt zu werden, nennt man Rechtsbefugnis, oder Berechtigung, oder auch „Recht" (im subjektiven Sinne zur Unterscheidung vom Rechtssatze, der Recht im objektiven Sinne heißt). Gewährt das Recht jemandem einen Vorteil, dessen Benutzung vom Belieben eines anderen abhängt (z. B. wenn das römische Recht der Ehefrau dadurch Vorteile zuwendet, daß es den Ehemann zum beschränkten Herren des Dotalgutes macht), so nennt man diesen Vorteil nach Ihering[2] eine Reflexwirkung oder ein Reflexrecht.[3]

Die Rechtsbefugnis wird zuweilen als „Willensmacht" oder „Wollendürfen" (Windscheid)[4] oder auch als „rechtlich geschütztes Interesse" (Ihering)[5] oder auch als „rechtlich gewährleisteter An-

---

[1] Vgl. Kant, Kritik der reinen Vernunft, herausg. von J. H. von Kirchmann. Berlin 1868. S. 71: „In der Erscheinung nenne ich das, was der Empfindung korrespondiert, die Materie derselben, dasjenige aber, welches macht, daß das Mannigfaltige der Erscheinung in gewissen Verhältnissen geordnet werden kann, nenne ich die Form der Erscheinung."

[2] Dogm. Jahrb. X. S. 245 ff.

[3] Jellinek, System der subjektiven öffentlichen Rechte. Freiburg 1892. S. 63 ff. Vgl. über das Dotalgut unten § 58.

[4] Pandekten. 7. Aufl. I. § 37. S. 88: Zuweilen enthält es ein bloßes „Erwartendürfen", z. B. zu Gunsten eines Gläubigers, dem eine Schuldzahlung überbracht werden muß.

[5] Geist des röm. Rechts. III. § 60. S. 328: Ein Recht kann jemandem auch zukommen, ohne daß er es sich wünscht oder seiner bedarf, also ohne jedes Interesse.

teil an den Lebensgütern" (Dernburg)[1] bezeichnet[2], wobei aber zu wenig hervorgehoben wird, daß das Wesen eines jeden Rechtes in einem durch Rechtssatz gewährleisteten Einflusse auf ein bestimmtes Verhalten von Mitmenschen besteht.[3]

2. Inhaltsverschiedenheiten innerhalb der Hauptgruppen.

§ 12.

I. Die Ziele des Privatrechtes liegen nicht darin, die Berechtigten zu einem bestimmten Verhalten zu nötigen. sondern vielmehr darin, ihren natürlichen Bestrebungen eine solche Richtung und solche Beschränkung aufzudrücken, wie sie zum allgemeinen Besten erwünscht ist. So unterstützt das Recht die natürliche Scheu vor der Kränkung der Mitmenschen, indem es an Übelthaten Ersatzpflichten oder Strafansprüche anknüpft. Andererseits ermutigt es zu gemeinnütziger Thätigkeit, sowohl zur Befriedigung der Lebensbedürfnisse (Vermögensrecht), als auch zur Gründung und Erhaltung eines Hausstandes (Familienrecht), indem es die Ergebnisse dieser Bestrebungen schützt. Andererseits sorgt es aber auch durch besondere Schranken, an deren Beachtung es seinen Schutz anknüpft, für eine Veredelung der Arbeitsformen und des Hausstandes. So schützen die Formvorschriften, die dem Streite vorbeugen, gegen Unzuverlässigkeit, die Ehehindernisse gegen eine Entwürdigung des Familienlebens. Die Lücken, die der Tod in das Wirtschaftleben reißt, füllt endlich das Recht durch eine Regelung der Erbfolge aus.

II. Die Ziele des öffentlichen Rechtes bestehen vornehmlich darin, nach innen und nach außen wider drohende Gefährdungen des Zusammenhaltes zu schützen. Nach innen wirkt der Staat durch ein förderliches Eingreifen seiner Vertreter. Ihre Einordnung in bestimmte Schranken regelt das Verwaltungsrecht, das die Hauptaufgaben der

---

[1] Pandekten. 3. Aufl. I. § 39. S. 87: Das Recht schützt Lebensgüter, aber es gewährt sie nicht, vermag sie auch nicht immer zu gewährleisten, z. B. nicht gegenüber flüchtigen oder zahlungsunfähigen Schuldnern.

[2] Vgl. hierzu auch Pernice in v. Holtzendorffs Encyklopädie. I. S. 99, Hölder, Über objektives und subjektives Recht. Leipzig 1893, und Puntschart, Die moderne Theorie des Privatrechts 1893. S. 33 ff.

[3] Auch die Rechte, welche die Schicksale einer körperlichen Sache dauernd beeinflussen, die sog. dinglichen Rechte, vermag die Rechtsordnung nicht anders zu gewährleisten, als dadurch, daß sie den Berechtigten gegen störende Eingriffe Unbefugter sichert. — Über den Zusammenhang der zwischen den Rechtssätzen und den Rechtsbefugnissen besteht, vgl. namentlich Bierling, Zur Kritik der juristischen Grundbegriffe. II. 1883. S. 32 ff.

Staatsvertreter bestimmt und abgrenzt und zwar nach den Mitteln, die ihm zu Gebote stehen, und nach dem Maße des Widerstandes, der zu befürchten ist, in verschiedenen Zeiten in verschiedenem Umfange. Diesem wohlwollenden Eingreifen steht die Strenge des Strafrechts zur Seite, das von Staats wegen Übelthaten mit Verfolgung bedroht, insoweit dies durchführbar und heilsam erscheint. Das Bedürfnis nach dieser Seite hin insoweit geschützt zu werden, als es das Gemeinwohl erfordert und gestattet, ist dem einzelnen Menschen (als Vergeltungstrieb) eingepflanzt. Andererseits verbietet die unvertilgbare Mangelhaftigkeit der menschlichen Natur, die Übelthaten durch Staatsdrohungen völlig beseitigen zu wollen. Vielmehr ist der höchsterreichbare Erfolg der angedrohten Strafen nur eine Eindämmung der Frevel in dasjenige Maß, das nach dem Durchschnittsstande der sittlichen Volksbildung auf jeden Fall ertragen werden muß. Entscheidend ist dabei für das Strafmaß die Gefährlichkeit oder Schwere der That, richtiger der Erinnerung an die That, deren Ansteckungskraft darin besteht, die Lust zur Wiederholung oder Nachahmung des Frevels zu erwecken. Diese Kraft soll durch den Denkzettel der Strafe ausgeglichen werden. Deshalb werden z. B. Übelthaten, die ein besonderes Aufsehen erregen, besonders streng bestraft, die Erinnerung an einen mißglückten Versuch als minder gefährlich angesehen, als diejenige an eine geglückte That u. dgl. Die so bemessene Stärke der Strafmittel fällt und steigt jedoch mit der zu- oder abnehmenden durchschnittlichen Empfindlichkeit der Glieder des Volkes für die ihnen zugefügten Übel.

Nach außen vermag das Recht dem Staate darum einen Schutz zu gewähren, weil der psychische Druck, den es erfahrungsmäßig ausübt, über die Grenzpfähle hinüberreicht und das Verhalten von Ausländern sogar im Auslande beeinflußt. Wo die Vertreter eines Staates dauernd durch Verträge, Gewohnheiten oder auch nur durch irgendwelche Bethätigungen ihrer Einsicht in die gegenseitigen Bedürfnisse des Völkerverkehrs erkennbar machen, daß sie ihren Einfluß zum Schutze gewisser Grundsätze auch außerhalb ihrer Landesgrenzen in die Wagschale werfen wollen, da erzeugt die unvermeidliche Rücksicht der Ausländer auf diese Thatsache ein Völkerrecht.

Diesem verwandt ist das Kirchenrecht, das sind die Rechtsvorschriften eines Staates über die Lage einer Kirche (d. i. einer christlichen Religionsgenossenschaft) oder eines anderen Religionsverbandes. Dieser Rechtszweig ist nicht zu verwechseln mit dem von der Kirche erzeugten Recht (dem kanonischen Recht), das vielfach später unter den Schutz des Staates gestellt und von der Staatsgesetzgebung nachgeahmt worden ist.[1]

Die Sätze des Kirchenrechtes sind teils begünstigende, teils hemmende. Jene befördern die Kirchen wegen des heilsamen Einflusses, den sie auf die sittlichen Grundlagen des Staates haben können, durch Verleihung von Ämtern, Einkünften und anderen Vorteilen. Die hemmenden Vorschriften des Kirchenrechtes aber erstreben einen Gegendruck gegen eine Lähmung der Staatsgewalt durch stärkere, widerstrebende Einflüsse der Geistlichkeit, oder einen Schutz der Staatsangehörigen gegen solche kirchliche Einflüsse, die der Staatslenkung nicht erwünscht sind. Der Umfang, in dem alle derartigen Schutzbedürfnisse empfunden werden, ist im Laufe der Geschichte starken Schwankungen unterworfen. Die Behauptung, daß alles Kirchenrecht dem Wesen der Kirche widerstreitet[2], würde sich nur für solche Zeiten und Völker rechtfertigen lassen, in denen die erwähnten Schutzbedürfnisse nicht vorhanden sind.

II. Die Verschiedenheiten der Rechtssätze nach ihrem Ursprunge.

§ 13.[3]

I. Die Entwickelungsstufen des gegenwärtigen deutschen Rechtes sind:

a) Die altgermanische Vorzeit, aus der sich namentlich im Verfassungs- und Gerichtswesen grundlegende Sätze erhalten haben. Sie hat auch sonst gegenüber den nach Deutschland eindringenden Rechtsbüchern Italiens an vielen Stellen einen abwehrenden, ergänzenden oder ändernden Einfluß ausgeübt (z. B. in einer Abschwächung der väterlichen Gewalt).

b) Das klassische Altertum, dessen rechtsbildende Erzeugnisse in Justinians Sammlung nach Deutschland aufgenommen worden sind.

c) Die mittelalterliche Gesetzgebungsthätigkeit der katholischen Kirche in Verbindung mit der sie ergänzenden kanonistischen Wissenschaft. Sie verflocht überlieferte römische Rechtsgedanken mit altgermanischen Anschauungen und religiösen Ideen zu einer eigenartigen Neubildung.

---

[1] So hat sich z. B. das neuere Eherecht vielfach an Grundsätze des kanonischen Rechts angelehnt.

[2] R. Sohm, Kirchenrecht. Erster Band. Leipzig 1892. S. 700.

[3] Sohm, Institutionen. § 3. S. 4 ff.

Sie milderte die römische Amtsgewalt (*imperium*) und das spätrömische Strafrecht, stellte ein vorsichtiges, aber umständliches Gerichtsverfahren auf, entwickelte ein eigenartiges Eherecht u. a. m.

d) Deutschrechtliche Anpassungsarbeiten, welche die fremde Gedankenwelt an die heimische Eigenart anzulehnen suchten. Sie besaßen in der Gerichtsgewohnheit, sowie der Gesetzgebung der Einzelstaaten ihre Hauptwerkzeuge.

e) Die Gedankenwelt des modernen Weltverkehrs entspringt dem lebendigen Austausche wirtschaftlicher und geistiger Güter.

II. Die Verschmelzung der erhaltenen Rechtsschöpfungen verschiedenen Ursprunges im Volksleben zeigt sich darin, daß man die Rechtssätze vielfach anwendet, ohne ihre Entstehungszeit zu kennen. Auch alle größeren Gesetzgebungswerke pflegen den Ursprung ihres Inhaltes im einzelnen zu verschweigen. Selbst die Wissenschaft, der eine Rücksicht auf diesen Ursprung unerläßlich ist, sondert die verschiedenen Sätze des öffentlichen Rechtes nicht mehr nach ihrem Ursprunge. Nur auf dem Privatrechtsgebiete herrscht noch das entgegengesetzte Verfahren.

In Wahrheit ist eine Trennung der Rechtssätze nach ihrem Ursprunge überhaupt nur auf dem Gebiete der Quellenkunde und der Quellendeutung gerechtfertigt, nicht aber für die Verarbeitung des Quelleninhaltes zu Rechtsanwendungszwecken. Da das Privatrecht jedoch die wertvollsten und reichhaltigsten Quellen enthält, so haben bei ihm die Bedürfnisse der Exegese über diejenige der Rechtspflege ein Übergewicht erlangt.

Das neue bürgerliche Reichsgesetzbuch wird aber voraussichtlich auch auf dem Privatrechtsgebiete eine Verschmelzung alter Rechtssätze ohne Rücksicht auf ihren Ursprung herbeiführen, wie sie bereits in allen anderen Rechtszweigen besteht.

III. Die Ziele des Rechtsunterrichtes.

§ 14.

I. Die Grundgedanken des üblichen Studienplanes sind:

a) Anfangsgründe sollen den ausführlicheren Lehren vorangehen. Hierauf beruhen die Institutionen Justinians[1] und die heutigen Institutionen des römischen Privatrechts. Die Anfangsgründe für das gesamte Rechtsgebiet nennt man juristische Encyklopädie.

---

[1] Inst. I, 1. de just. et jure § 2.

b) Das innerhalb der Weltgeschichte später Entstandene soll auch in der Rechtslehre dem Älteren folgen. Darum stellt man die Rechtsgeschichte vor die Rechtsanwendungslehre.

Dieser Grundsatz soll auch im folgenden festgehalten und nur insoweit aufgegeben wurden, als in diesem Buche durchweg die Grundzüge des heutigen Rechtes das Verständnis für das veraltete vorbereiten sollen.

c) Das materielle (streithindernde) Recht soll dem formellen (streitschlichtenden) vorgehen, weil dieses auf jenes zugeschnitten ist.

II. Die Bevorzugung des römischen Rechtes im Studienplane zeigt sich in folgendem:

a) Dem römischen Privatrechte gehen besondere Anfangsgründe voraus, nicht den übrigen Rechtszweigen.

b) Die Anfangsgründe des römischen Privatrechts werden nicht erst hinter den allgemeinen Grundlagen (der juristischen Encyklopädie) erörtert, sondern neben ihnen.

c) Die Darstellung der noch heute gültigen Grundsätze des römischen Rechtes (Pandekten) wird vor oder neben der nachrömischen Rechtsgeschichte behandelt, durch die das römische Recht teils getilgt, teils geändert ist.

d) Die Quellenauslegung wird gegenüber den römischen Texten weit gründlicher geübt, als gegenüber den nachrömischen. Es ergiebt sich dies daraus, daß diese ohne jene unverständlich bleiben und die übliche Studienzeit für eine Durchdringung beider Gruppen nicht ausreicht.[1]

Wie aber die Abhängigkeit der wichtigsten nachrömischen Rechtsquellen von den römischen entstanden ist, dies muß aus der Rechtsgeschichte Deutschlands erläutert werden (§ 15 ff.).

---

[1] Aus diesem letzteren Grunde wird die unnatürliche Bevorzugung des römischen Rechtes vor dem nachrömischen, sowie des privaten vor dem öffentlichen nicht gänzlich zu vermeiden sein. Wohl aber könnte man sie mindern, wenn man den Studienplan in zwei Hälften spaltete, eine geschichtlich-exegetische und eine praktisch-dogmatische, und in dieser letzteren vom öffentlichen Rechte zu dem schwierigeren Privatrechte überginge, um mit der verwickeltsten Lehre, der Civilprozeßwissenschaft, zu schließen.

Zweiter Abschnitt.

Der gegenwärtige Einfluß der Justinianischen Rechtsbücher.

Erstes Kapitel. Die Stellung der Justinianischen Sammlung im heutigen Rechtsleben.

I. Die Benutzung fremder Rechtsbücher auf deutschem Boden.

1. Die Ursachen der Gültigkeit der Justinianischen Sammlung in Deutschland.[1]

§ 15.

I. Der Ausdruck *receptum esse* deutet bei den Römern auf einen zur Gültigkeit durchgedrungenen Rechtsgedanken.[2] Wir verstehen dagegen unter **Reception** die Aufnahme fremder Gedanken und fremder Bücher in die Heimat. Beides deckt sich nicht, weil ein fremdes Buch, das zu uns kommt, auch Dinge enthalten kann, die dort, wie anderswo, schon vorher bekannt waren. Der Inhalt des *corpus juris civilis* war nicht in allen seinen Teilen für die Germanen etwas vollkommen Neues, sondern sprach mehrfach von Bedürfnissen und geschichtlichen Erfahrungen, die sich bei sehr vielen Völkern und auch in Deutschland schon früher gezeigt hatten. Darum glaubte man früher, daß das *corpus juris civilis* eine allgemeingültige *ratio scripta* enthalte und deshalb sind seine Grundgedanken allen zivilisierten Völkern zugänglich geworden.

Dabei blieb die Aufnahme des römischen Rechtes aber in Deutschland nicht stehen. Seit dem Ende des Mittelalters geht vielmehr ein Streben der Fürsten, der Beamten, der Universitäten und großer, namentlich städtischer Volkskreise dahin[3], die Justinia-

---

[1] Litteratur siehe in Dernburgs Pandekten. I. 3. Aufl. § 3. Anm. 1. S. 4. Vgl. auch Regelsberger, Pandekten. I. § 1. S. 3 ff.

[2] Dig. 1, 3. de legibus fr. 14. 32. § 1.

[3] Vgl. beispielsweise Schum, Römisches Recht in Thüringen um 1300 in der Zeitschrift der Savignystiftung. XI. 304 und überhaupt eine Erörterung der politischen Ursachen der Reception bei Laband: Über die Bedeutung der Reception des römischen Rechtes für das deutsche Staatsrecht. Straßburg 1880. Vgl. auch Sohm, Fränkisches Recht und römisches Recht. 1880. S. 79: „Die Reception war ein großes Mißtrauensvotum, welches die deutsche Nation den bestehenden Gerichten und ihrem Rechtsgang ausstellte."

nische Sammlung als Ganzes (*in complexu*) wie ein Gesetzbuch zu behandeln. Dies Streben ist nur soweit gelungen, als das örtliche Gewohnheitsrecht sich ihm gefügt hat und noch jetzt fügt, so daß in den verschiedenen Gewohnheitsrechtsgebieten die Aufnahme der fremden Gesetzbücher in verschiedener Stärke durchdrang und noch jetzt fortlebt.

Diese Reception war die Hauptwaffe zuerst der kaiserlichen [1], später der landesherrlichen Macht gegenüber der Kirche und der Unbotmäßigkeit der Vasallen. Durch sie wurde der Lehnsstaat des Mittelalters allmählich zertrümmert, die kirchliche Rechtspflege von einer staatlichen verdrängt, der Bauernstand des Anteils an der Rechtspflege beraubt. Darum lebt unter den Nachkommen der von ihr einstmals betroffenen Volkskreise eine noch jetzt unverkennbare Abneigung gegen das römische Recht fort.[2]

II. Die Folgen der Reception zeigen sich in einer langsamen, aber stetigen Umbildung der mittelalterlichen Rechtsanschauungen und einer Mischung der Gedankenwelt des Altertums, der germanischen Vorzeit und des Mittelalters zu einer neuen Denkweise. Namentlich sind hierdurch die Landeshoheit, die Befreiung der Staatsgewalt von der kirchlichen Oberaufsicht, die wissenschaftliche Vorbildung der höheren Staatsbeamten, der Aufschwung des Handels und Verkehrs und andere Dinge mehr hervorgegangen, lauter Errungenschaften, welche dem Rechtsleben der Gegenwart zu Grunde liegen.[3]

---

[1] Den Erwerb der römischen Imperatorenmacht durch den deutschen Kaiser darf man nicht als eine „altehrwürdige Sage" bezeichnen. Vielmehr war es ein politisches Programm, für das viel Blut geflossen ist.

[2] Selbst in der Gegenwart schützt die Überschrift der Justinianischen Institutionen: *In nomine domini nostri Jesu Christi* sie nicht gegen den Vorwurf, ein heidnisches Recht zu enthalten. Vgl. dagegen Boretius (Hallenser Rektoratsrede von 1883) in den Preußischen Jahrbüchern LII. S. 105 ff. und auch die Überschriften der ersten drei Titel des Codex Justinianus: *de Summa Trinitate, de sacrosanctis ecclesiis* und *de episcopis et clericis.* Allerdings hatte der Papst Honorius im Anfange des 13. Jahrhunderts das Studium der römischen Kaisergesetze in Paris und den benachbarten Orten verboten (c. 28. X. de privilegiis V, 33, super specula), vgl. hierzu v. Savigny in der Zeitschr. für geschichtl. Rechtswissensch. VIII, S. 230, jedoch ohne ihren Inhalt zu tadeln. Im übrigen galt der Satz: *ecclesia vivit jure Romano* (über dessen Sinn zu vergleichen ist Pernice in v. Holtzendorffs jur. Encyklopädie. I. 5. Aufl. S. 179 und andererseits Hinschius ebenda S. 203). Vgl. auch Sohm, Fränkisches Recht. Weimar 1880. S. 74: „Das Gesetzbuch der Päpste war die zweite Auflage des alten kaiserlichen Gesetzbuches, die Auflage, in welcher das Kaiserrecht dem Mittelalter verständlich und anwendbar wurde."

[3] Vgl. Sohm, Institutionen S. 2. „Erst seit dem 16. Jahrhundert, d. h.

Auch hat der Umstand, daß in Deutschland das *corpus juris civilis*, an dem alle gebildeten Völker Anteil haben, noch als unmittelbar gültige Rechtsquelle angesehen wird, ohne Zweifel zu dem Vorsprunge beigetragen, den Deutschlands Rechtswissenschaft in unserem Jahrhunderte dem Auslande gegenüber gewonnen hat.

Trotzdem verlangt mit Recht ein dringendes Bedürfnis der ungelehrten Volksmassen, daß an die Stelle des altertümlichen Gesetzbuches ein in deutscher Sprache geschriebenes Werk treten soll.

2. Das Geltungsgebiet der römischen Rechtsbücher.

a) Das räumliche Geltungsgebiet.

§ 16.[1]

I. Das ursprüngliche Receptionsgebiet des Inhaltes der Justinianischen Rechtsbücher ist das ehemalige heilige römische Reich deutscher Nation, dessen Gebiet es völlig überflutete. Entscheidend war für seine Befestigung der Einfluß des 1495 gegründeten Reichskammergerichtes.[2] Nach diesem anfänglichen Geltungsgebiete heißen die in Deutschland zur Geltung gekommenen römischen Rechtssätze noch jetzt gemeines deutsches Recht. Da jedoch ihre Aufnahme in einer Zeit geschah, in der die Teile des Reiches nach ihren wirtschaftlichen Lebensbedingungen und politischen Machtverhältnissen noch verschiedener waren, als sie heutzutage sind, so galt das gemeine Recht nur da, wo ihm weder ein Land- noch ein Stadtrecht entgegenstand (sog. subsidiäre Geltung): „Stadtrecht bricht Landrecht, Landrecht bricht gemeines Recht“.[3] Dieser Grundsatz war ein Haupthebel der späteren Zersprengung des Reiches. Anders daher das Recht des neuen Deutschen Reiches.[4]

II. Die allmähliche Einschränkung des Gebietes des gemeinen Rechtes ging mit dem Zerfalle des alten Deutschen Reiches Hand in Hand. In den Ostmarken wurden die größeren Staaten zu einer selbständigeren Politik gedrängt und wälzten daher

---

erst seit und infolge der Reception, gab es bei uns eine deutsche Rechtswissenschaft.“

[1] Vgl. SOHM, Institutionen. § 2. S. 3. CZYHLARZ, Institutionen, 2. Aufl. 1893, S. 3. Siehe auch die anschauliche Karte des Geltungsgebietes der fremden Rechtsbücher in SCHRÖDERS Lehrbuch der deutschen Rechtsgeschichte. 2. Aufl. Leipzig 1894, am Ende.

[2] SOHM, Institutionen. S. 3 Anm. 1.

[3] SOHM a. a. O. § 7 N. III. S. 16.

[4] Art. 2 der Reichsverfassung, nach dem die Reichsgesetze den Landesgesetzen vorgehen.

die Obergerichtsbarkeit und die Rechtsquellen des übrigen Deutschlands von sich ab. Darum wurde im Osten das gemeine Recht auch als subsidiäres aufgehoben zunächst in Preußen 1794, sodann in Österreich 1811, schließlich in Sachsen 1863.

Diese erhöhte Selbständigkeit der Einzelstaaten machte aber auch das Reich gegen den Westen wehrlos und führte zu dessen Überflutung durch die Napoleonische Fremdherrschaft, welche das gemeine Recht durch den Code Napoléon ersetzte. Als die Eroberer nach Frankreich zurückgeworfen wurden, blieb dennoch auf dem linken Rheinufer 1814 das französische Recht bestehen und das gemeine ausgeschlossen, auch in Baden gilt seit 1809 eine Umarbeitung des Code Napoléon als badisches Landrecht.

III. Das gegenwärtige Geltungsgebiet des gemeinen Rechtes umfaßt hiernach

a) die deutschen rechtsrheinischen Staaten mit Ausnahme von Preußen, Sachsen und Baden;

b) preußische Erwerbungen gemeinrechtlicher Lande, welche nicht unter das preußische Landrecht gezogen worden sind, namentlich die 1866 neu erworbenen Landesteile.[1]

IV. Nachwirkungen des beseitigten römischen Rechtes. Nirgends ist der Einfluß der römischen Rechtsbücher spurlos verschwunden, da auch die Gesetzgeber, die es aufhoben, aus seiner Gedankenwelt nicht völlig heraustreten konnten. Darum hat man in Deutschland die Pflege des römischen Rechtes selbst da, wo sie beseitigt worden war (namentlich in Preußen), wieder aufgenommen. Auch dort vermögen nur solche Leser, die das römische Recht kennen, in die Gedankenwelt der Verfasser des heimischen Gesetzbuches einzudringen, weil diese Gedankenwelt aus der Beherrschung des römischen Rechtes herausgewachsen war und deshalb nur aus ihr erklärt werden kann. Darum ist der Pflege dieses Rechtes auch nach der bevorstehenden Einführung eines bürgerlichen Gesetzbuches für ganz Deutschland ein Fortbestand gesichert.

b) Die ungültigen Bestandteile der römischen Rechtsbücher.[2]

§ 17.

I. Der Umfang der Aufnahme des fremden Rechtes.

a) Die Reception beschränkte sich auf Justinians Sammelwerk, ergänzt durch spätere Gesetze Justinians (und einige wenige Gesetze noch neueren Ursprungs).

---

[1] Näheres siehe bei Sohm a. a. O.

[2] Vgl. Dernburg, Pandekten I. 3. Aufl. §§ 4. 5. 7 ff.

Das ältere Recht kam dadurch in Wegfall, daß Justinian es aufgehoben hatte, und das nachjustinianische Recht des Ostens blieb mit einigen verschwindenden Ausnahmen der italienischen Wissenschaft und dem deutschen Rechtsleben fern, weil der Westen Europas durch die gotischen und langobardischen Eroberungen und mehr noch durch die Kirchenspaltung zu dem oströmischen Reiche in einen scharfen Gegensatz getreten war.

b) Die Sammlung Justinians ist zweifellos nicht nach ihrem ganzen Inhalte aufgenommen worden.

Ihre Gültigkeit beruht auf der ungeschriebenen Gewohnheit, ihr Inhalt aber ist älter als diese Gewohnheit und ihr daher in keiner Weise angepaßt. Die Geltung der Justinianischen Bücher unterscheidet sich hierdurch von allen anderen Gewohnheitsrechtsätzen [1], bei denen sowohl der Rechtsinhalt aus ungeschriebenen Quellen stammt, als auch der Grundsatz seiner Geltung. Dies Buch unterscheidet sich aber auch dadurch von allen Gesetzen, bei denen der Inhalt und der Gültigkeitsbefehl in aufgezeichneter Form zugleich zu Tage treten. Darüber, daß sehr vieles, aber nicht alles aufgenommen wurde, was in ihm enthalten ist, herrscht kein Streit, wohl aber darüber, ob im Zweifel alle Rechtsätze des *corpus juris civilis (in complexu)* als aufgenommen gelten müssen oder nicht. Hierbei gilt die Regel: *Quidquid non agnoscit glossa, non agnoscit curia.* Die „*glossa*" ist die sog. Glosse des **Accursius** (1182—1260), eine Zusammenstellung der Glossen früherer Rechtslehrer aus der Schule der Glossatoren, die zu Bologna im 12. und 13. Jahrhundert wirkten.[2] Die Form dieser Regel läßt sich erst am Ende des 17. Jahrhunderts nachweisen.[3] Sie war nicht bloß die Folge einer sklavischen Anlehnung der deutschen Wissenschaft an die italienischen Vorarbeiten, sondern auch ein Ergebnis der Thatsache, daß die italienischen sog. Postglossatoren (oder Kommentatoren) sich an die Glossen, nicht aber an die Texte angelehnt und den Inhalt der ersteren zur praktischen Verwendung zugerichtet hatten.[4]

---

[1] Ein Gleiches gilt freilich auch vom *corpus juris canonici* und vom langobardischen Lehnrechte, also überhaupt von allen aus Italien her aufgenommenen Texten.

[2] Landsberg, Die Glosse des Accursius und ihre Lehre vom Eigentum. Leipzig 1883.

[3] Landsberg, *Quidquid non agnoscit glossa, nec agnoscit forum.* Bonn 1880. Dernburg, Pandekten. I. 3. Aufl. § 4. S. 11. Wider die Geltung der Regel Endemann in der Zeitschr. f. deutschen Civilprozeß. XII. S. 33. Anm. 23.

[4] Unter ihnen ragten Bartolus (1314—1357) und Baldus (1327—1400) hervor. Vgl. unten § 36.

Nachdem also das Ergebnis der Glossatorenarbeit als ein geschlossenes Ganzes der Praxis und dem Verkehre einverleibt worden war, war es schwer angängig, dieselbe Arbeit auf einer breiteren Grundlage nochmals von vorn zu beginnen. Zu den nichtglossierten Stellen gehören namentlich die griechischen Bestandteile des *corpus juris civilis (graeca sunt, non leguntur)*. Es war dies vielleicht nicht ohne Zusammenhang mit der scharfen Spaltung zwischen Ost und West im Mittelalter.

Ob aber ein glossierter Rechtssatz von der Aufnahme in das deutsche Recht ausgeschlossen worden ist, läßt sich nur auf dem Boden örtlichen Gewohnheitsrechtes und daher nicht immer für das ganze Gebiet des Pandektenrechtes in der gleichen Weise entscheiden; denn die Gewohnheit hat den fremden Texten zur Anerkennung verholfen und sie kann in der Regel nur als eine örtlich beschränkte erwiesen werden. Daß sich in weiten Strecken der Grundsatz einer möglichst ausgedehnten Anwendung der fremden Bücher eingebürgert hat, ist zweifellos.

II. Die Bestimmung der zu Justinians Sammlung gehörigen Texte hängt von dem gegenwärtigen Stande unseres Wissens ab, mit dem der Richter Fühlung zu suchen verpflichtet ist. Der Grund hierfür liegt darin, daß man das wahre, echte Gesetzbuch Justinians aufzunehmen beabsichtigte. Es ist uns also gestattet, auch die später aufgefundenen oder erst später berichtigten und erklärten Textesstücke nachzutragen. So sind die ältesten Handschriften immer wieder vervollständigt worden.[1]

Zweites Kapitel. Der wissenschaftliche Wert der römischen Rechtsquellen.

I. Die besondere Lehrkraft der Justinianischen Bücher.

§ 18.

I. Allgemeines. Die Lehrkraft der römischen Quellen vereinte bereits im Mittelalter in Bologna alle Nationen der Christenheit in den Hörsälen der Romanisten. Diese allseitige Lehrkraft

[1] Vgl. das Nähere bei Sohm, Inst. § 6.

ergiebt sich aus der eigenartigen Beschaffenheit der Sammlung Justinians und zwar aus ihren Mängeln wie aus ihren Vorzügen.[1]

II. Die Mängel der Justinianischen Texte für die Verwendung als Gesetzbuch sind zugleich Vorzüge für den Unterrichtszweck:

a) Die Anordnung des Ganzen ist weder übersichtlich noch folgerichtig, da das Material nicht recht durchgearbeitet ist. Hierdurch wurde die systematische Thätigkeit der Ordner auf das Höchste angespannt. Die einzelnen Stücke mußten durch logische Arbeit in Elemente zerlegt werden, damit aus diesen ein einheitlicher Bau hergestellt werden konnte (vgl. oben § 9).

b) Justinians Sammlung ist in einer toten Sprache abgefaßt. Sie zwingt daher den Juristenstand dazu, eine historisch-philologische Bildung zu erwerben und sich zu erhalten und mit ihr den Geist des klassischen Altertums. Dieser Geist gewährt ihm aber einen Bildungsgrad, der ihn aus der Masse soweit heraushebt, als dies bei seinem Einflusse auf das Wohl und Wehe seiner Mitmenschen erwünscht ist.[2]

c) Weil in Justinians Buch Veraltetes und Gültiges sich verschlingen, so zwingt es zu einer geschichtspolitischen Betrachtung des Rechtes, welche die Bedürfnisse unserer Zeit an dem Gegensatze vergangener Zeiten zu klarem Bewußtsein bringt.

d) Justinians Buch enthält nicht bloß Rechtssätze, sondern auch Rechtsfälle. So führt es in die Technik der Rechtsanwendungkunst an der Hand praktischer Beispiele ein. So unbequem es für den Richter sein mag, aus einem Beispiele die gewünschte Rechtsregel ableiten zu müssen, so bildend ist dies Verfahren für die Fähigkeit, einzelne Thatbestände mit allgemeinen Sätzen in angemessener Weise zu verknüpfen.

Hiernach ist die Erläuterung der Justinianischen Pandekten durch ihre Schwierigkeit eine hohe Schule der juristischen Anordnungs-, Zersetzungs-, Auslegungs- und Verallgemeinerungskunst.

III. Die Vorzüge der römischen Quellen. *a*) Die unbestrittene praktische Tüchtigkeit der altrömischen Juristen ergab sich aus besonders günstigen Bedingungen ihres Berufes. Diese lagen in

---

[1] Vgl. hierzu Dernburgs Pandekten. I. 3. Aufl. § 6. S. 13.

[2] Das Verdienst, die Jurisprudenz auf die Höhe der Philosophie und der Altertumswissenschaften gehoben zu haben, gebührt vornehmlich dem Franzosen Cujacius (Jacques Cujas 1522—1590) und seinen Nachfolgern in Frankreich Holland und Deutschland (s. unten § 36).

der Möglichkeit, eine einheimische Rechtserzeugung in sich aufzunehmen, in der besonderen Machtstellung, zu welcher der römische Kaiser bevorzugte Rechtspfleger erhob, ferner darin, daß alle Juristen Roms aus der Praxis heraus wuchsen und endlich in dem Erfahrungsgebiete einer Welthauptstadt, in der die verschiedensten Völkergruppen sich einten.

b) Durch die Motive, welche namentlich Justinians Gesetze den Bestimmungen hinzufügen, sind wertvolle Vorbilder der Gesetzgebungskunst geschaffen.

c) Endlich befriedigt jede glückliche Gestaltung eines Stoffes, wie sie den Juristen Roms in hohem Grade gelungen ist, den, der sie verständnisvoll nachzuempfinden imstande ist, mag sie nun zu künstlerischem, wissenschaftlichem oder praktischem Zwecke geschehen sein.[1] Daher lehrt die Erfahrung, daß gerade der praktische Jurist, der sich in die Gedankengänge seiner großen römischen Vorbilder zu versenken vermag, dadurch in der Liebe zu seinem Berufe in hohem Maße gekräftigt zu werden pflegt.

Hiernach ist es eine glückliche Fügung, daß der Hauptinhalt unserer gegenwärtigen und künftigen Gesetze, der von den römischen Gesetzestexten abhängig ist und sein wird, den juristischen Nachwuchs auch in Zukunft dazu antreiben wird, die Lehrkraft dieser Texte auf sich einwirken zu lassen.

II. Der Wert der römischen Rechtsgeschichte.

§ 19.

I. Der praktische und politische Wert der Rechtsgeschichte und ihre Unentbehrlichkeit für das Verständnis der gegenwärtigen Rechtsanschauungen ist namentlich durch die geschichtliche Schule aufgedeckt worden, als deren Begründer Hugo (1764—1844) und als deren Haupt Friedrich Carl von Savigny (1779—1861)[2] gilt.[3]

---

[1] Vgl. auch Sohm, Inst. § 8. S. 21.

[2] Vgl. hierzu Enneccerus, Fr. C. v. Savigny und die Richtung der neueren Rechtswissenschaft. Marburg 1879. Schulin, Drei akademische Vorträge. Basel 1881. S. 25 ff.

[3] Vgl. v. Savigny, Vom Beruf unserer Zeit zur Gesetzgebung und Rechtswissenschaft. 1814. 1840. 3. Aufl. (Ein Neuabdruck der 3. Auflage ist 1892 zu Freiburg i. Br. erschienen.) System des heutigen römischen Rechts. 8 Bände. 1840—1849.

Während die naturrechtliche Schule[1] die Rechtserzeugung vornehmlich als das Ergebnis einer gesetzgeberischen Einsicht in die allgemeine menschliche Natur ansah, findet die herrschende geschichtliche Schule den Wert der Rechtssätze in der Anpassung an die besonderen Anschauungen des Volkes, dessen Verhalten sie beeinflussen sollen, und betrachtet diese Anschauungen als ein Ergebnis der Vorgeschichte, aus der sich ihr Inhalt gebildet hat.[2] Hiernach ist eine Kenntnis der geschichtlichen Vorbedingungen aller derjenigen Texte, aus deren Kenntnis und Verbreitung die in unserem Vaterlande verbreiteten Rechtsansichten entstanden sind, für den deutschen Rechtspfleger der Gegenwart unbedingt nötig.

II. Die römische Rechtsgeschichte ist hiernach unentbehrlich für die Auslegung der Justinianischen Bücher, die nicht nur eine geistige Schöpfung ihrer Entstehungszeit sind, sondern vielmehr zum großen Teile gesammelte Überbleibsel überwundener Kulturepochen zu einem Ganzen vereinigen. Zur Absonderung des Veralteten von dem Gültigen ist daher für einen jeden Teil der Justinianischen Bücher eine Übersicht über die Geschichte des römischen Rechtes unerläßlich. Überall müssen die von Justinian nebeneinander geschobenen Erzeugnisse verschiedener Perioden in ihre geschichtliche Reihenfolge auseinander gezogen werden, damit man ihren Sinn durchschauen kann.

Außerdem eignet sich die römische Rechtsgeschichte infolge der größeren Durchsichtigkeit aller Lebensverhältnisse des Altertums ganz besonders dazu, die allgemeinen Entwickelungsgesetze des Rechtes zu veranschaulichen.

III. Verhältnis der Rechtsgeschichte zu den Institutionen. Die Institutionen Justinians erfordern einen geschichtlichen

---

[1] Über diese Schule vgl. Hölder, Philosophie und geschichtliche Rechtswissenschaft (Zeitschrift d. Savignystiftg. XI. S. 52 ff.) und andererseits auch G. Hartmann, Leibniz als Jurist und Rechtsphilosoph (Festschrift der Tübinger Juristenfakultät für Rud. v. Ihering. 1892. S. 96 ff.). So verwerflich die Feststellung des Rechtes ohne Rücksicht auf die besondere Geschichte eines jeden Volkes war, so verdienstlich war das Streben, seine Nützlichkeit zu ergründen.

[2] Daß sich auch die Vorkämpfer der geschichtlichen Schule von dem Gedanken ihrer Gegner nicht völlig frei gemacht haben, wird von Bergbohm, Jurisprudenz und Rechtsphilosophie. Leipzig 1892. S. 480 ff. unwiderleglich dargethan. — In der neueren Zeit hemmt namentlich die materialistische Neigung, den Inhalt der menschlichen Gedanken auf angeborene Eigenschaften zurückzuführen, die volle Einsicht in die allmähliche Entwickelung der Rechtssätze aus ihren geschichtlichen Triebfedern.

Überblick dann in einem besonders hohen Grade, wenn ihr Inhalt, wie hier beabsichtigt ist, zu dem geltenden Rechte in ein Verhältnis gesetzt werden soll. Darum ist ein Grundriß der Geschichte des römischen Rechtes in dem nachfolgenden Abschnitt dieses Lehrbuches aufgenommen worden. Er soll den Leser durch die Vorzeit hindurch auf den Platz führen, von dem aus die Institutionen betrachtet werden müssen. (Näheres siehe unten § 39.)

Während die Institutionen hiernach einen Überblick über die Geschichte des römischen Rechtes voraussetzen, ist umgekehrt ihre Kenntnis eine notwendige Vorbedingung zum Erwerbe einer gründlichen Kenntnis der rechtsgeschichtlichen Einzelfragen, welche sich aus den römischen Quellen ergeben.

Zur Zeit stellt man freilich den besonders schwierigen Lehrzweig einer eingehenderen Schilderung der Rechtsaltertümer neben die Institutionenlehre an den Anfang des Studiums.

Der folgende Abschnitt soll sich dagegen nach dem Vorbilde anderer Institutionenlehrbücher[1] auf die bloßen Grundzüge der römischen Rechtsgeschichte beschränken.

---

[1] Vgl. namentlich die knappe und klare Darstellung der römischen Rechtsgeschichte in Salkowskis Lehrbuch der Institutionen und der Geschichte des römischen Privatrechts. 6. Aufl. 1892. S. 15 ff. § 7 ff. Ein Überblick findet sich in v. Holtzendorffs Encyklopädie der Rechtswissenschaft. 5. Aufl. Leipzig 1889. S. 95 ff. (Geschichte und Quellen des römischen Rechts von C. G. Bruns, bearbeitet von Pernice). Umfassendere Darstellungen des Entwickelungsganges des römischen Rechtes gewähren Puchta, Kursus der Institutionen. Bd. I (10. Aufl., besorgt von Krüger 1893) und die von Pernice a. a. O. S. 104 und bei Czyhlarz, Lehrbuch der Institutionen des römischen Rechtes, 2. Aufl. 1893, angeführten Lehrbücher der römischen Rechtsgeschichte. Die einzige uns erhaltene römische Gesamtdarstellung der römischen Rechtsgeschichte rührt von Pomponius her (Dig. I, 2. de origine juris fr. 2). Vgl. Schulin, Ad pandectarum titulum de origine juris commentatio. Basel 1876. — Nach Beginn des Druckes ist erschienen: Heilfron, Geschichte des gemeinen Privatrechts und Civilprozesses I. Abteilung: Römische Rechtsgeschichte. Civilprozeß. Konkurs. Berlin 1893. Vgl. Oertmann, im Archiv f. bürgerl. Recht. VIII. S. 244 ff.

Dritter Abschnitt.

Rechtsgeschichtliche Einleitung in die Institutionenlehre.[1]

Erstes Kapitel. Die altrömische Stadtgemeinde.

I. Die Triebfedern und die Werkzeuge der altrömischen Rechtsentwickelung.

1. Die Überlieferungen der Vorzeit.

§ 20.

I. Allgemeines.[2] Während die Sage die Entstehung Roms genau schildert, geht die Wissenschaft davon aus, daß die ältesten glaubwürdigen Ereignisse der römischen Geschichte aus einem unbekannten Zeitabschnitte heraustreten, der nur auf der Grundlage von Vermutungen darstellbar ist. Hierher gehört namentlich alles, was über den Zusammenhang des römischen Volkes mit den übrigen Gliedern der arischen Völkerfamilie angenommen wird.[3]

Überliefert ist uns, daß das römische Volk ein Mischvolk war[4], in dem jedoch die latinische Art überwog.[5] Als seine Glieder werden die Ramnes (Latiner), die Tities (Sabiner) und die Luceres (Etrusker) erwähnt. Die letzteren werden als Träger geheimnisvoller religiöser

---

[1] Vgl. zu dem folgenden des Verfassers Festschrift: Roms Vergangenheit und Deutschlands Recht, Leipzig 1889, die eine Übersicht über die Geschichte des römischen Rechts enthält, aber nach Form und Inhalt keinen Lehrzweck verfolgt.

[2] Vgl. hierzu Voigt, Die XII Tafeln. I. Leipzig 1883. § 5. S. 32 ff.

[3] Vgl. Bernhöft, Staat und Recht der röm. Königszeit. 1882. Vgl. auch Kuntze, Prolegomena zur Geschichte Roms. Leipzig 1882. B. W. Leist, Graeco-italische Rechtsgeschichte. Jena 1884; Alt-Arisches jus gentium. Jena 1889; Alt Arisches jus civile. I. Abteilung. Jena 1892. Das Vorhandensein einer graeco-italischen Urzeit ist jedenfalls nicht sicher erwiesen. Pernice in v. Holtzendorffs Encyklopädie. I. S. 105.

[4] Varro, De lingua latina V, 55 ager Romanus. Arnold, Kultur und Recht der Römer. Berlin 1868. S. 13. Fustel de Coulanges, La cité antique. Paris 1864. S. 474. Aus dieser Volksmischung sucht Schneider die altrömischen Doppelnamen (z. B. Acca Larentia) zu erklären (Zur Geschichte der Sklaverei im alten Rom. 1892. S. 48 Anm. 8).

[5] Vgl. Mommsen, Röm. Geschichte. I. 7. Aufl. S. 43.

Lehren unbekannten Ursprunges genannt.[1] Im Rechte treten jedoch diese Unterschiede ebensowenig hervor, wie in der Sprache.

II. Wirtschaftliche und religiöse Anschauungen der ältesten Zeit. Die ältesten Römer trieben in erster Linie Ackerbau[2] mit Viehwirtschaft und sahen in der Ansässigkeit die Grundlage der politischen Rechte[3], benannten ihr Geld, die Sondergüter der Sklaven, sowie die Unterschleife der Beamten nach dem Vieh (*pecunia, peculium, peculatus*), und ließen sogar die Bußen in der Form von Schafen und Rindern zahlen.[4]

Dabei ermöglichte die Nähe des Meeres einen frühzeitigen Verkehrsaufschwung.[5] Trotzdem ist eine gewisse Abneigung gegen den Handelsstand in den vornehmen Kreisen Roms niemals völlig überwunden worden.[6]

Die Ungunst des latinischen Bodens verlangte eine besonders strenge Grenzordnung[7], wie sie sich in der Verehrung des *Deus Terminus* zeigte[8], sowie ein besonders gewissenhaftes Verhalten im Verkehrsleben, dem der Kultus der Göttin Fides entsprach, den bereits Numa Pompilius angebahnt haben soll.[9]

---

[1] Varro, De lingua latina V, 143: *oppida condebant in Latio Etrusco ritu.* Vgl. auch Cicero, De legibus II, 21 und K. O. Müller, Die Etrusker, neu bearbeitet von Deecke. Stuttgart 1877. Cuno, Vorgeschichte Roms. Bd. II. Die Etrusker und ihre Spuren im Volk und im Staate der Römer. Graudenz 1888.

[2] Mommsen, Röm. Geschichte. 8. Aufl. S. 20 Anm. Arnold a. a. O. S. 23 ff. Bruns (Pernice) in v. Holtzendorffs Encyklopädie. I. S. 104.

[3] Livius, IX, 46, 11 bemerkt über die Zulassung nicht ansässiger Bürger in alle *tribus* durch den Censor Appius Claudius: *Humilibus per omnes tribus divisis et forum et campum corrupit.*

[4] Gellius, Noctes atticae. XI, 1.

[5] Mommsen, Röm. Geschichte. 8. Aufl. S. 46 ff. Arnold a. a. O. S. 39.

[6] Vgl. Cicero, De officiis. II, 25, 89. Horatius, Ep. II. Pernice in v. Holtzendorffs Encyklopädie. I. S. 126: Die Senatoren sind als Großgrundbesitzer gedacht.

[7] Herzog, Geschichte und System der römischen Staatsverfassung. Leipzig 1884. Bd. I. S. 13 ff. Hiermit im Zusammenhange steht eine bevorzugte Stellung der Feldmesser und die grundsätzliche Abgrenzung des Privatlandes durch *agrimensores* (*ager divisus et assignatus*) in Quadrate (*centuriae*) oder Rechtecke (*scamna et strigae*). Das nicht abgegrenzte Land hieß *ager arcifinius.* Näheres hierüber findet sich in Rudorffs gromatischen Institutionen in den Schriften der römischen Feldmesser. Berlin 1852. S. 227, und in Max Webers Schrift: Die römische Agrargeschichte. Stuttgart 1892. S. 12 ff.

[8] Vgl. Dig. I, 8 de divisione rer. fr. 11 (Festus): *Termino sacra faciebant, quod in ejus tutela fines agrorum esse putabant, denique Numa Pompilius statuit eum, qui terminum exarasset, et ipsum et bonos sacros esse.*

[9] Livius, I, 21, 4. Voigt, Das jus naturale. Leipzig 1875. Bd. IV.

In diesen Gottheiten verkörpern sich die beiden Hauptaufgaben jeder Rechtspflege: Grenzerhaltung zwischen Mein und Dein und Sorge für die Erfüllung der Versprechen.[1]

Hierzu kam die der Rechtssprache vorteilhafte Gewohnheit, die Lebensbeziehungen mit sinnbildlichen Ausdrücken zu benennen: das eigentum (*rei dominium*) ist von der Hausherrschaft genannt, verpflichten heißt binden (*obligare*), das Anfechten der Geschäfte heißt Einreißen (*rescindere negotium*). Hierher gehört auch das Verfallen der Strafe (*poena committitur*), das Dienen der mit einer Servitut belasteten Sache (*res servit*), die Gebundenheit des verpfändeten Gegenstandes (*res obligata*), die Erbschaftsantretung (*hereditatis aditio*) u. a. m.[2] Vor allem aber machte die der lateinischen Sprache eigene knappe und schlagende Kürze sie zur Verwendung für Gesetze und Rechtsformeln in hohem Grade geeignet.

III. Der Einfluß der Geistlichkeit. Die Priester waren in Rom, wie überall auf niedriger Stufe der Bildung eines Volkes, zunächst die Hauptträger des Erziehungswesens. Vielleicht hat sogar die Religionsgenossenschaft die Staatsgründung vorbereitet. Durch den Beirat der Priester in allen weltlichen und menschlichen Dingen wurde die Grundlage des späteren rechtswissenschaftlichen Denkens geschaffen.[3]

Das Recht war ursprünglich mit den religiösen Satzungen als *fas*[4] verschmolzen und die Ordnung des Religionswesens im alten

---

S. 377 ff. Ferner B. W. Leist, Alt-Arisches jus civile. I. 1892 über das Fides-Gebot S. 320, sowie Krüger in der Zeitschr. der Savignystiftung. XI. S. 169 ff.

[1] Vgl. Cicero, De officiis. I, 5, 14: *in hominum societate tuenda, tribuendaque suum cuique et rerum contractarum fide.* Vgl. über die verstandesmäßige Natur der römischen Religiosität Mommsen, Röm. Gesch. 8. Aufl. I. S. 27, und über ihre Schätzung der Gewissenhaftigkeit Goldschmidt, Handbuch des Handelsrechts. 3. Aufl. 1891. S. 83. Anm. 110a.

[2] Vgl. auch Arnold a. a. O. Einleitung und S. 58.

[3] Man vergleiche Festus, L. 185 ordo in fine: *pontifex maximus, quod judex atque arbiter habetur rerum divinarum humanarumque* mit Ulpians bekanntem Ausspruche (Digesta lib. I. tit. 1. fragm. 10. § 2): *Juris prudentia est divinarum atque humanarum rerum notitia, justi atque injusti scientia.* Den Titel *pontifex* erklärt jetzt Schneider (Zur Geschichte der Sklaverei im alten Rom. Zürich 1892, S. 47. Anm. 8) aus der Aufsicht der Priester über den Wegebau.

[4] Vgl. Bernhöft a. a. O. S. 38 über den indischen *dharma*, der Recht und Sitte als religiöse Satzungen verschmolz. Leist, Alt-Arisches jus gentium. 1885. S. 3 ff. (vgl. oben § 2). v. Ihering, Geist des römischen Rechts auf den verschiedenen Stufen seiner Entwickelung. I. 5. Aufl. Leipzig 1891. S. 265 ff. § 18, und überhaupt über das sakrale Regiment in Rom Mommsen, Abriß des röm. Staatsrechts. 1893. S. 88 ff.

Rom war in der heidnischen wie in der christlichen Zeit mit der Staatsverwaltung auf das Engste verbunden.[1]

Das weltliche Recht (*jus*), das abgeändert werden kann und nur so lange, als dies nicht geschehen ist, als heilig gilt[2], wuchs somit aus dem unwandelbaren *fas* heraus und trat an seine Stelle, bis dieses schließlich nur noch durch seinen Einfluß auf die Gewissen gläubiger Religionsgenossen und durch freiwillig übernommene Bußen eine praktische Wirksamkeit äußerte.[3]

Aus der Verbindung der weltlichen und der geistlichen Regierung erklärt sich namentlich die rechtliche Bedeutsamkeit des Oberpriesters (*pontifex maximus*).[4] Seine Würde war zunächst mit dem Königsamte verknüpft, bei Vertreibung der Könige wurde sie von der weltlichen Amtsgewalt und der Stellung des *rex sacrificulus* gesondert, später durch Volkswahl verliehen, sodann vom Kaiser als die oberste seiner Würden[5] angenommen, von ihm bis in die christliche Kaiserzeit hinein geführt und erst in dieser dem Bischofe von Rom übertragen, dessen politische Machtfülle nicht ohne Zusammenhang mit der Vorgeschichte seines Titels ist.[6]

Unter seiner Leitung übte die Priesterschaft eine gutachtliche Thätigkeit aus, deren Ergebnisse den Richter banden[7], und führte eine wohlgeordnete Vermögensverwaltung. Auch das Depositenwesen

---

[1] Dig. I, 1. de just et jure fr. 1. § 2: *Publicum jus in sacris, in sacerdotibus, in magistratibus consistit.*

[2] Vgl. Livius VII, 17, 12: *In duodecim tabulis legem esse, ut, quod cumque postremum populus jussisset, id jus ratumque esset.* Fustel de Coulanges, La cité antique. Paris 1864. S. 401.

[3] Vgl. z. B. Cicero, Pro domo c. 41, 108: *Quid est sanctius . . ., quam domus uniuscujusque civium . . . et ita sanctum omnibus, ut inde abripi neminem fas sit.*

[4] Vgl. hierzu Mommsen, Staatsrecht. II. 3. Aufl. 1887. S. 18 ff.

[5] Früher war sie es nicht einmal unter den geistlichen Würden. Vgl. Festus, L. 185 ordo.

[6] Vgl. hierzu Puntschart, Der entscheidende Einfluß der Gesetzgebung und der staatlichen Einrichtungen der römischen Republik auf die universale Bedeutung des römischen Privatrechts. Innsbruck 1880. S. 11 ff.

[7] Festus, ordo. Mommsen, Röm. Staatsrecht. 3. Aufl. II, 1. 1887. S. 46—48. Pomponius in der Dig. I, 2. de origine juris lex 2 § 6: *Omnium tamen harum* (*sc. legis actionum*, d. i. der dem Gesetzesbuchstaben angepaßten Klageformulare) *et interpretandi scientia et actiones apud collegium pontificum erant, ex quibus constituebatur, quis quoquo anno praeesset privatis.* Dies *praeesse privatis* bezieht sich jedenfalls auf Rechtskonsulenz (Pernice in v. Holtzendorffs Encyklopädie I. S. 120). Vgl. jetzt auch Mommsen, Abriß des röm. Staatsrechtes. 1893. S. 95: „Die Einwirkung des Pontifikalkollegiums auf das Privatrecht und den Privatprozeß wird vielleicht überschätzt."

lag in der Hand der Tempelverwaltung.[1] Die Auguren besaßen einen bedeutenden staatsrechtlichen Einfluß und verwendeten ihn zu politischen Zwecken.[2] Endlich lag die Vertretung des Staates bei völkerrechtlichen Verhandlungen in der Hand der priesterlichen Fetialen.[3]

So erklärt es sich, daß die Geistlichkeit die geweihten Gegenstände des Götterdienstes (*res sacrae*) und die Begräbnisstätten (*res religiosae*) dem weltlichen Rechte entzog und unter geistlichen Schutz stellte[4], und daß gewisse Frevel (z. B. Treubruch) gegen einen Klienten mit dem Fluche der Sacertät belegt waren[5], daß ferner in dem Rechte der Patricier die Eheschließung (*confarreatio*), das Testament (*calatis comitiis*)[6] und die Annahme eines bisher gewaltfreien Kindes (*arrogatio*) unter geistlichem Beistande geschah.

Auch das Kalenderwesen mit der Feiertagsordnung lag in der Hand der Geistlichkeit und mit ihm die Feststellung der Gerichtstage.[7]

Schließlich lehrte Tib. Coruncanius, *pontifex maximus* um 500 *urbis conditae* (254), zuerst öffentlich das Recht.[8] So verwandelte sich schließlich das *collegium* der Pontifices in eine „illustre Juristenfacultät".[9] Es hängt dies sicherlich damit zusammen, daß im Jahre 450 *urbis* Gnaeus Flavius, ein Schreiber des Appius Claudius, die im Berichte der Priesterschaft befindlichen Prozeßformulare veröffentlicht[10] und dadurch die Rechtskonsulenz verweltlicht hatte (s. unten § 22).[11]

---

[1] Cicero, De legibus. II, 40, 41.

[2] Cicero, De legibus. II, 31.

[3] Varro, De lingua lat. V, 86: *qui fidei publicae inter populos praeerant.* Paulus Diaconus: *fetiales a feriendo dicti: apud hos enim belli pacisque jus est.* Cicero, De legibus II, 21. Livius, I, 32. Gellius, Noctes. att. XVI, 4.

[4] Vgl. unten § 69.

[5] Vgl. Tab. VIII, Nr. 21 (Bruns, Fontes juris Romani ed. VI, p. 33): *patronus si clienti fraudem fecerit, sacer esto.* Vgl. hierzu v. Ihering, Geist des röm. Rechts. I. 5. Aufl. S. 236 ff. Mommsen, Röm. Forschungen. 2. Aufl. I. S. 384. Anm. 52. Brunnenmeister, Das Tötungsverbrechen im altröm. Rechte. Leipzig 1887. S. 150 ff. Cuq, Les institutions juridiques des Romains. Paris 1891. p. 168 ff.

[6] Gellius, XV, 27: *calata comitia, esse quae pro collegio pontificum habentur . . . Curiata per lictorum curiatim calari, id est convocare.* Näheres vgl. in Mommsen, Röm. Staatsrecht. III, 1. S. 36 ff.

[7] Cicero, De legibus II, 29: „*compositio anni*". Varro, De lingua lat. VI, 29—32. O. Seeck, Die Kalendertafeln der Pontifices. Berlin 1885.

[8] Pernice (v. Holtzendorffs Encyklopädie. I. 5. Aufl. S. 121) nimmt an, daß dies in der Form einer öffentlichen Erteilung von Rechtsgutachten geschah.

[9] Puntschart, Der entscheidende Einfluß der Gesetzgebung und der staatlichen Einrichtungen der römischen Republik. Innsbruck 1880. S. 25.

[10] Livius, IX, 46, 5: *ut quando lege agi possit sciretur.*

[11] Cicero, pro Murena XI, 25. Dig. I, 2. de origine juris fr. 2. § 6. Das

IV. Italische Familienordnungen scheinen bei der Gründung Roms aus den Geschlechtsdörfern (*Aemilii, Cornelii, Fabii, Horatii, Menenii* u. a.) übernommen worden zu sein[1], indem Geschlechterbünde, die bisher unabhängig und vielleicht nur durch Religionsgemeinschaft miteinander verknüpft waren, einer gemeinsamen Staatsgewalt unterthan wurden. Hieraus ergab sich sowohl eine staatsrechtliche Selbständigkeit der Geschlechter innerhalb der Gemeinde als auch die weitgehende hausherrliche Gewalt der Hausvorstände (*patres familias*) über das ganze Haus, namentlich auch die Hausgenossen, wie sie sich in der Regel nur bei Nomadenfamilien oder völlig unabhängigen Ansiedlern bildet.

Darum hatte eine jede *gens*[2] einen besonderen Religionskultus (*sacra privata*)[3] und eigenes Vermögen, das unter Umständen erblose Nachlaßmassen an sich zog.[4] Sie besaß einen eigenen Vorstand[5], und faßte Beschlüsse, welche ihre Mitglieder banden.[6] Ferner war die Einteilung der ältesten Volksversammlung (*comitia curiata*) nach Geschlechtern gegliedert.[7] Sogar die Heeresordnung wird auf eine bestimmte Zahl von *decuriae* (300) zurückgeführt.

Nähere ist zweifelhaft. PERNICE (v. HOLTZENDORFFS Encyklopädie. I. 5. Aufl. S. 120) vermutet, daß Claudius sich zu der von ihm beabsichtigten Veröffentlichung des Flavius bedient habe, um ihn nachher zu verleugnen. Anders BRUNS in der 2. Auflage derselben Encyklopädie. 1873. S. 92.

[1] MOMMSEN, Röm. Geschichte. 8. Aufl. S. 35, und gegen eine abweichende Meinung HERZOG, Geschichte und System der röm. Staatsverfassung. I. 1884. S. 11. S. 13. Anm. 2.

[2] Vgl. hierzu insbesondere BARON, Institutionen. Berlin 1889. S. 91, 92. v. IHERING, Geist des röm. Rechtes. I, § 14. 5. Aufl. S. 183 ff. KARLOWA, Röm. Rechtsgeschichte. Bd. I. S. 34 ff. MOMMSEN, Röm. Staatsrecht. III, 1. 59 ff.; Abriß des röm. Staatsrechtes. 1893. S. 8 ff. CUQ, Les institutions juridiques des Romains. Paris 1891. S. 70 ff.

[3] Über *sacra privata* vgl. BURCKHARD zu CICERO, De legibus II, 19—21, in der Zeitschrift der Savignystiftung. XI. S. 286 ff. Vgl. FESTUS, Publica sacra. CICERO, De legibus II, 55. KUNTZE, Kursus des röm. Rechtes. 2. Aufl. 1879. § 59. S. 28. LEIST, Alt-Arisches jus civile I. 1892. S. 132 ff.

[4] ULPIANUS, Fragm. XXVI, 1. GAJUS, III, 3. CICERO, De inv. II, 148 und ad Herennium I, 23.

[5] DIONYSIUS, II, 7. Vgl. aber auch hierzu KARLOWA, Röm. Rechtsgeschichte. Bd. I. S. 34.

[6] Z. B. LIVIUS, VI, 20, 14: *gentes Manliae decreto cautum est ne quis deinde Marcus Manlius vocaretur.*

[7] FESTUS, Novae curiae. KARLOWA, Röm. Rechtsgeschichte. I. S. 31. GELLIUS, Noctes att. XV, 27. Dig. I, 2. de or. juris fr. 2, § 2.

Auch im hellenischen Staatswesen findet sich eine ähnliche Beziehung der Gemeindeordnung zu den Geschlechtern.[1]

Die Bedeutung der *familia* als eines Gliedes der *gens* ist daher eine politische und deshalb verwehrt das älteste Recht den willkürlichen Eintritt in eine fremde Familie.[2] Jedenfalls bedurfte ein Familienhaupt, das sich zur Hauskindschaft erniedrigen wollte (*arrogatio*), einer Zustimmung der Volksversammlung (*comitia curiata*), und ähnliches scheint auch für den Austritt aus der familiären Religionsgemeinschaft vor Zeugen (*sacrorum detestatio*) gegolten zu haben.[3]

Wie die väterliche Gewalt noch in späterer Zeit ein Vorrecht der Römer war, so war sie wohl ursprünglich ein Vorrecht der Patricier[4], die zunächst allein mit gegenseitigem *conubium* ausgestattet waren.[5] *Patricii* waren also diejenigen, die einem solchen Vater angehörten, der mit voller Hausherrngewalt ausgestattet war (Herrenkinder), also vornehmlich die Glieder der Familien, die vor der Staatsgründung unabhängig gewesen waren.[6] Alle übrigen, die durch Freilassung, Unterjochung, Aufnahme in den Staatsverband ohne patricisches Recht, oder auch durch Mißheiraten zum Bürgerrechte ohne *conubium* gelangten, hießen nebst den von ihnen Abstammenden *plebeji*.[7] In den von den *patres* gebildeten *comitia curiata*[8] durften

---

[1] Vgl. Zitelmann, Das Recht von Gortyn in Creta, herausgegeben und erläutert von Franz Büchelee und Zitelmann. Frankfurt a. M. 1885. S. 55: „Wir haben dann auch für Gortyn die altarische Grundorganisation: (Geschlecht), Phratrie, Phyle (*genus*, *curia*, *tribus*).“

[2] Mit Recht vermutet man (vgl. z. B. Dernburg, Pandekten. III. § 30. Anm. 3. 3. Aufl. S. 58), daß auch die Hingabe des eigenen Kindes in die Gewalt eines anderen (*datio in adoptionem*) ursprünglich einem Volksschlusse unterlag. Vgl. hierzu insbesondere Mommsen, Röm. Staatsrecht III, 1. S. 36 ff.

[3] Vgl. v. Savigny in der Zeitschr. f. gesch. Rechtsw. II. S. 390 ff. Mommsen, Röm. Forschungen. Berlin 1864. I. S. 126 ff. Röm. Staatsrecht. 3. Aufl. II, 1. S. 38. Anm. 1.

[4] Livius I, 8, 7: *patres certe ab honore, patriciique progenies eorum appellati.* X, 8, 9: *vos (sc. patricios) solos gentem habere.*

[5] Gajus I, 56: *cum enim conubium id efficiat ut liberi patris conditionem sequantur* etc. Fustel de Coulanges, La cité antique. Paris 1864.

[6] Livius X, 8: *qui patrem ciere possunt.* Vgl. aus Festus: *patricios eos appellare solitos qui nunc ingenui vocantur.* Vgl. Mommsen, Römische Forschungen I. 2. Aufl. Berlin 1864. S. 69 ff. S. 228. Anm. 16. Abriß des röm. Staatsrechts. S. 87 ff. und zu Festus: Bernöft a. a. O. S. 139. Herzog, Geschichte und System der röm. Staatsverfassung. I. 1884. S. 83. Anm. 2.

[7] Mommsen, Röm. Staatsrecht. III, 1. S. 89 ff. Abriß des röm. Staatsrechts. S. 5 ff., 11 ff., 50 ff.

[8] Gellius, Noctes atticae XV, 27: *Cum ex generibus hominum suffragium feratur, curiata comitia esse.* Vgl. Livius II, 64, 2: *Per patres clientesque patrum consules creati.*

die Plebejer nur dann mitstimmen, wenn sie sich zu einem Patricier in das Abhängigkeitsverhältnis der *clientela* begaben, ein Verhältnis, welches ursprünglich rechtlich wichtig war, dessen Namen aber späterhin nur noch eine rein gesellschaftliche Abhängigkeit bezeichnete.[1]

2. Der Einfluß der Kriegsnot auf das Recht.

§ 21.

I. Die Grundzüge der ältesten Staatsverfassung. Unaufhörliche Kriege nötigten den Römern diejenige Verfassung auf, welche einer steten Verteidigungsbereitschaft am meisten entsprach. Dahin gehört namentlich eine straffe, von überflüssigen Hemmnissen freie Staatsgewalt (*imperium*), die Quelle des späteren prätorischen Rechtes und des Kaisertums. Daneben sicherte der Senat ein Übergewicht der erfahreneren Volkgenossen über die der Staatsangelegenheiten minder kundige Masse, und die Teilnahme aller Volksglieder an den gemeinsamen Angelegenheiten war durch die Volksversammlungen und die Volksgerichte gewährleistet.

II. Die oberste Staatsgewalt der Könige wurde durch ihre Vertreibung nicht beseitigt, sondern nur von dem Amte des *pontifex maximus* losgelöst und in doppelter Weise abgeschwächt, nämlich durch die Mehrheit gleichberechtigter Träger des *imperium*, die gegenseitige Einspruchsrechte besaßen, und durch die Möglichkeit, den Magistrat nach dem Ablaufe seines Amtes anzuklagen. Erst allmählich spaltete sie sich in verschiedene Ämter, die später in der kaiserlichen Macht wieder zusammengefaßt werden sollten.[2] Auch da, wo der Träger des *imperium* gesetzwidrige Befehle erteilte, schuldeten die Staatsangehörigen ihm unbedingten Gehorsam. Selbst der Privatgeschworene, der im einzelnen Falle mit dem Richteramte betraut war, mußte der Anweisung des Magistrats Folge leisten, eine Pflicht, die im deutschen öffentlichen Rechte kein Seitenstück besitzt. Sie konnte nur durch die *intercessio*

---

[1] Vgl. über dieses Schutzverhältnis auch Mommsen, Röm. Forschungen. I. 2. Aufl. S. 358 ff. Röm. Staatsrecht. III, 1. S. 54 ff. Abriß des röm. Staatsrechts. S. 15 ff. v. Ihering, Geist des röm. Rechts. 5. Aufl. I. § 16. S. 236 ff. Kuntze, Kursus des röm. Rechts. §§ 60. 61. Karlowa, Röm. Rechtsgeschichte. I. § 3. S. 37 ff. Nach Mommsen (vgl. Röm. Staatsrecht. III, 1. S. 75. Abriß S. 18) hat sich die Plebität aus der Klientel entwickelt. Vgl. auch Bernhöft, Staat und Recht der Königszeit. Stuttgart 1882. S. 138.

[2] Vgl. Mommsen, Röm. Staatsrecht. I. 3. Aufl. 1887. S. 3 ff. 116 ff. Abriß des röm. Staatsrechts. 1893. S. 81 ff., und über die Macht des römischen *imperium* v. Ihering, Geist des röm. Rechts. I. § 17. 5. Aufl. S. 245 ff.

eines *par majorve magistratus* oder eines *tribunus plebis* in Wegfall gebracht werden. Mit dem *imperium* des höchsten Magistrates war das Recht der *rogatio populi* verbunden, die Befugnis zu Gesetzanträgen, die den Mitgliedern der Volksversammlung nicht zustand.[1]

III. Der *senatus*[2] entstammt bereits der Königszeit. In der Republik war er noch nicht Gesetzgebungsträger (*senatus consulit non jubet*), sondern nur Verwaltungsbehörde und Sammelstelle aller richterlichen und politischen Erfahrungen. Der König nahm die von ihm zu Beratungen zugezogenen Gehilfen[3] und die von ihm bestellten richterlichen Kommissare[4] aus der Mitte des Senats, und auch noch in der Republik wurden die Privatgeschworenen vom Magistrate aus der Zahl der Senatoren gewählt.[5] Die Senatoren hießen *patres*[6]; es waren wohl ursprünglich die Häupter der *gentes*.[7] Ohne das Vollwort des Senats (*auctoritas*) waren Beschlüsse der großen Volksversammlung zunächst nicht gültig. Zwischen der Herrschaft eines verstorbenen Königs (später eines abgegangenen Magistrats) und dem Eintritte seines Nachfolgers bestimmte der Senat *interreges* aus seiner Mitte[8], eine Einrichtung, die dadurch später in Wegfall kam, daß man die Amtsnachfolger schon während der Herrschaft ihrer Vorgänger im voraus wählte.[9]

IV. **Die Volksversammlungen.** Wir finden in Rom drei Formen der Volksversammlung, die patricische (*comitia curiata*), nach *gentes* gegliedert, die plebejisch-patricische (*comitia centuriata*) und

---

[1] Mommsen, Röm. Staatsrecht. I. 3. Aufl. S. 191 ff. Abriß S. 299. ff.

[2] Willems, Le sénat de la république Romaine. I. II. 1878. 1883. Mommsen, Abriß des röm. Staatsrechts. S. 306 ff.

[3] Livius I, 49, 4.

[4] Livius, I, 26, 5. Vielleicht gehören zu ihnen auch die angeblich von Servius Tullius bestellten Civilrichter; vgl. hierzu Baron, Institutionen und Civilprozeß. S. 355. Krüger, Geschichte der Quellen und Litteratur des röm. Rechts. Leipzig 1888. S. 8.

[5] Es wird dies übrigens in Zweifel gezogen. Vgl. Mommsen, Röm. Staatsr. III, 2. S. 897. Niese in den Göttinger gelehrten Anzeigen 1888. S. 966. Wlassak, Röm. Prozeßgesetze. II. 1891. S. 193. Vgl. auch jetzt Mommsen, Abriß des röm. Staatsrechts. 1893. S. 247, wo nur für die älteren Zeiten dies Vorrecht der Senatoren in Abrede gestellt wird.

[6] Herzog, Geschichte und System der röm. Staatsverfassung. I. 1884. S. 83 Anm. 2 für Unterscheidung der *patricii* und der *patres*. Vgl. insbesondere Mommsen, Röm. Forschungen. I. S. 226 ff. über die Mehrdeutigkeit des Wortes *patres*.

[7] Herzog a. a. O. S. 86 verlegt die Selbständigkeit des Senats in die vorgeschichtliche Zeit.

[8] Mommsen, Staatsrecht. 3. Aufl. Bd. I. S. 647 ff. Abriß S. 102 ff.

[9] Pernice in v. Holtzendorff's Encyklopädie. 5. Aufl. I. S. 126.

die rein plebejische (*comitia tributa*).[1] Die neuere Forschung nimmt sogar noch eine vierte, nämlich patricisch-plebejische *comitia tributa* an.[2] Die für die Rechtsentwickelung förderlichste waren der *comitiatus maximus* (das sind die *comitia centuriata*). Er lehnte sich in der äußeren Form und der Einteilung, die auf Servius Tullius zurückgeführt wird, an die Heeresverfassung an. Die Teile des Heeres und dieser Volksversammlung hießen *centuriae*. Sie waren nach dem Alter und nach dem Vermögen gegliedert. Ihre Errichtung war eine Folge davon, daß die Plebejer zur Heeresfolge herangezogen werden mußten.[3]

Das Heer sonderte sich in fünf Klassen, in jeder finden sich *juniores* und *seniores* (die Grenze bildet das 45. Jahr).[4]

Die erste Klasse umfaßte 18 Reitercenturien[5] und 80 Fußvolkcenturien, die anderen hatten je 20, die fünfte 30 Centurien. Dazu kamen noch einige außerordentliche Centurien.[6]

V. Die *censura*. Die Ordnung des Servius Tullius verlangte mit Notwendigkeit eine obrigkeitliche Vermögensschätzung und zugleich ein Mittel, solche Elemente, die trotz ihres Vermögens des Kriegsdienstes unwürdig waren, aus dem Heere und der mit ihm verknüpften Volksversammlung oder doch aus deren vornehmeren Klassen auszuschließen. Darum hatte diese römische *censura* einen zugleich volkswirtschaftlichen und ehrengerichtlichen Charakter und gestaltete sich zu einer strengen Oberaufsicht über die gesamte

---

[1] Gellius, Noctes atticae XV, 27, bezeichnet die *comitia tributa* als die Volksversammlungen, in denen *ex regionibs et locis* gestimmt wurde. Daß die *plebs* tributim stimmte, ergiebt sich aus Livius III, 55, 3. Diese Distriktsverbände nennt Mommsen „Personaltribus" im Gegensatze zu den „Raumtribus". Röm. Staatsrecht. III, 1. S. 181. Abriß des röm. Staatsrechts. S. 28 ff.

[2] So Mommsen, Röm. Forschungen. 2. Aufl. I. S. 151 ff. Röm. Staatsrecht. III, 1. S. 322. Herzog, Geschichte und System der röm. Verfassung. I. 1884. S. 1128. 1129. Pernice in v. Holtzendorffs Encyklopädie. I. 5. Aufl. S. 123. Das Dasein dieser Körperschaft ist jedoch keineswegs ganz sicher erwiesen. Vgl. Bruns in der zweiten Auflage dieser Encyklopädie. 1873. S. 94.

[3] Vgl. Karlowa, Röm. Rechtsgeschichte. I. S. 67 ff.

[4] Vgl. Cicero, De legibus. III, 44: *descriptus enim populus censu, ordinibus, aetatibus plus adhibet ad suffragium consilii quam use in tribus convocatus.*

[5] Unter diesen bevorzugten Centurien, an die sich späterhin die Entstehung eines Ritterstandes anlehnte, ragten als die vornehmsten, erst spät den Plebejern zugänglichen, die sog. *sex suffragia* hervor (*Titienses, Ramnes, Luceres priores* und *posteriores*). Mommsen, Röm. Staatsrecht. III, 1. S. 254. Abriß S. 38.

[6] Karlowa, Röm. Rechtsgeschichte. I. S. 71 ff.

Lebensführung.[1] Sie stand zuerst den Königen zu[2], dann den Konsuln, später besonderen Magistraten, den Censoren.[3] Dadurch kam es dahin, daß eine Sittenpflege (*regimen morum*) die Rechtspflege ergänzte, eine heilsame Einschränkung der Gesetzgebungsaufgaben möglich machte und Grundsätze entwickelte, welche aus dem censorischen Sittengerichte später in die Rechtspflege übernommen werden konnten. Hier liegt also wohl die Quelle des sog. *ex fide bona judicare*, der Urteilsfindung nach freiem Ermessen.[4]

Der Censor wahrte sein Ansehen durch Rügen (*notae*, sog. *opus censorium*)[5], durch Ausstoßung aus dem Senate, den höheren Centurien, oder einer der auf Grundbesitzer beschränkten und deshalb höher geachteten ländlichen *tribus*. Seine Strafen waren reine Ehrenstrafen[6], aber dennoch so sehr gefürchtet, daß der *censor* unter dem Namen *censoriae leges*[7] besondere Edikte erließ, deren Grundgedanken für die spätere Rechtsbildung sicherlich nicht ohne Einfluß waren.

8. Der Einfluß der Parteikämpfe auf das Recht.

a) Der Kampf zwischen den Patriciern und den Plebejern.

§ 22.

I. Die beiden Ständekämpfe. Innere Zwistigkeiten sind einem Staatswesen nur dann vorteilhaft, wenn das Maß der vorhandenen Volkskraft groß genug ist, um dadurch gestählt zu werden. Dies war bei dem Kampfe zwischen Patriciern und Plebejern der Fall, nicht jedoch bei dem späteren Streite zwischen den Optimaten und den demagogischen Führern der vermögenslosen Masse. Jener Kampf führte zur eigenartigen Entwickelung des *jus civile*, dieser untergrub das altrömische Stadtbürgerrecht und legte die Keime zur Entstehung einer neuen Rechtsordnung.

---

[1] Vgl. Gellius, Noctes atticae IV, 12, 1: *Si quis agrum suum passus fuerat sordescere eumque indiligenter curabat ... non id sine poena fuit, sed erat opus censorium.*

[2] Dionysius, II, 14.

[3] Cicero, De legibus III, 3, 7: *Censores ... mores populi regunto*, vgl. auch Livius IV, 8. Festus p. 285. Herzog a. a. O. S. 427. Mommsen, Röm. Staatsrecht. 3. Aufl. II. S. 376 ff. Abriß des röm. Staatsrechts. S. 172 ff.

[4] Vgl. den Gegensatz des *praetorium jus ad legem* und des *censorium judicium ad aequum* bei Varro, Ling. lat. VI, 71.

[5] Vgl. Gellius a. a. O. IV, 12, 1.

[6] Cicero, De republica IV, 6: *Censoris judicium nihil fere damnato nisi ruborem adfert.*

[7] Gellius, a. a. O. XV, 11, 2. Mommsen, Röm. Staatsrecht. 3. Aufl. S. 372. Ein Beispiel siehe in Bruns, Fontes ed. VI. S. 230.

Das Ziel beider Kämpfe war die Ausdehnung von Befugnissen eines engeren bevorzugten Kreises auf eine größere Volksgruppe.[1]

Sie überragten ähnliche Streitigkeiten, die bei anderen Völkern stattfanden, durch ihre Langwierigkeit und die Zähigkeit, mit der sie geführt wurden.

Die Hauptwaffe der Patricier bildete die Religion, während diejenige der Plebejer ihre Unentbehrlichkeit im Kriege war. Die Hauptwaffe der Optimaten dagegen war späterhin die höhere Einsicht, diejenige der ärmeren Klassen der Hinweis auf den Druck der wirtschaftlichen Not.

II. Die Hauptabschnitte des Kampfes zwischen den Patriciern und der Plebs.[2]

a) Der Kampf der Plebs um eine unabhängige Einspruchbehörde gegen obrigkeitliche Befehle.

Daß die *plebs* schon von Anfang an nicht bloß einen besonderen Religionskult (der Ceres), sondern auch eine Selbstverwaltung ihrer Angelegenheiten besaß, deren Träger *tribuni* waren, und daß diese in den *comitia curiata* von den plebejischen Klienten der Patricier gewählt wurden, ist wahrscheinlich, aber nicht gewiß.[3] Sicherlich aber hatten diese *tribuni* ursprünglich kein Einspruchs-(Intercessions-)Recht gegen die Verfügungen der Magistrate.

Die Ernennung unverletzlicher *tribuni plebis* mit einer solchen Befugnis wurde bestimmt durch die *lex tribunicia prima*, eine *lex sacrata*, 260 *urbis* (494) infolge der ersten *secessio plebis in montem sacrum*.[4]

Die Plebs erlangte hierauf in einer *lex Icilia (sacrata)* von 263 *urbis* (491) das Recht, durch ihre eigene Versammlung diejenigen abzuurteilen, welche Volkstribunen verletzten.

Das Wahlrecht der Tribunen erhielten die plebejischen Komitate jedoch erst 283 *urbis* (471) durch eine *lex Publilia Voleronis*.[5]

In diesen *tribuni plebis* entstand nicht bloß eine wichtige poli-

---

[1] Vgl. Livius III, 34, 3: *se* (die Decemvirn) ... *omnibus summis infimisque jura aequasse.*

[2] Vgl. Karlowa, Röm. Rechtsgeschichte. I. 1885. S. 98 ff. Bernhöft, Staat und Recht der Königszeit. Stuttgart 1882. S. 123 ff. Cuq, Les institutions juridiques des Romains. Paris 1891. S. 110 ff.

[3] Livius II, 56 sagt von dem Antrage des Tribunen Publilius Valero, welcher die Wahl der Tribunen durch die *comitia tributa* anstrebte: *Res quae patriciis omnem potestatem per clientium suffragia creandi, quos vellent tribunos, auferat.*

[4] Vgl. Mommsen, Röm. Staatsrecht. 3. Aufl. II, 1. S. 272 ff. Abriß des röm. Staatsrechts. S. 169 ff.

[5] Livius II, 58, 1: *Tum primum tributis comitiis creati tribuni sunt.*

tische Behörde, sondern zugleich eine Oberaufsicht gegenüber der Rechtspflege patricischer Magistrate und senatorischer Richter[1], die der Ausführung ungerechter Entscheidungen mit Erfolg widersprechen durfte.

b) Der Kampf um gesetzliche Schranken des magistratischen Beliebens.

α) Eine *provocatio ad populum* wurde eingeführt, d. i. eine Beschwerde an die Volksversammlung gegen alle städtischen Strafgerichte, die einem Bürger an Leib und Leben gingen.[2] Die Fällung von Todesurteilen wurde durch die zwölf Tafeln ein Vorrecht der Centuriatcomitien[3] und das Provokationsrecht wurde allmählich auch außerhalb der römischen Bannmeile eingeführt.[4]

Die Diktatoren waren ursprünglich von den *provocationes* frei. Dies fiel nach der Vertreibung der Decemvirn weg durch eine *lex Valeria*, 350 *urbis* (449).[5]

β) Das Recht, Polizeistrafen (*multae*) zu verhängen, wird beschränkt durch Feststellung eines festen Strafbetrages. Höhere Geldstrafen unterlagen einer Anfechtung durch *provocatio*.[6]

γ) Die Einschränkung der obrigkeitlichen Rechtspflege durch feste, bindende Gesetze[7] vollzog sich in der Abfassung der zwölf Tafeln. Hierher gehört[8] das *plebiscitum* auf Antrag

---

[1] Cicero in Verrem I, cap. 15, 4 sagt: *patres conscriptos judicia male et flagitiose tueri: quodsi in rebus judicandis populi Romani existimationi satisfacere voluissent, non tantopere homines fuisse tribuniciam potestatem desideraturos.*

[2] Vgl. Rudorff, Röm. Rechtsgeschichte. II. § 99. S. 329. Mommsen, Abriß. S. 230 ff.

[3] Cicero, De legibus III, 44: *De capite civis rogari nisi maximo comitiatu vetat.*

[4] Vgl. über die einzelnen *leges de provocatione* Rudorff, Röm. Rechtsgeschichte. I. § 10. S. 25 und über die Bannmeile Wlassak, Röm. Prozeßgesetze. II. S. 265 ff.

[5] Livius III, 55, 4: *ne quis ullum magistratum sine provocatione crearet.*

[6] Nach der *lex Aternia Tarpeja*, 300 *urbis* (454), betrug die Buße zwei Schafe und dreißig Rinder; die *lex Menenia Sestia*, 302 *urbis* (452), bestimmte eine Geldstrafe. Hierauf bezog sich auch die *lex Papiria*, 323 *urbis* (431), welche das Maß der *lex Aternia Tarpeja* herabsetzte. Vgl. hierzu Rudorff, Röm. Rechtsgeschichte. 1857. I. § 10. S. 25. Mommsen, Abriß des röm. Staatsrechts. S. 229. Nr. 7.

[7] Pomponius, Dig. I, 2. de origine juris fr. 2, § 1: *Et quidem initio civitatis nostrae populus sine lege certa, sine jure certo primum agere instituit omniaque manu a regibus gubernabantur.*

[8] Vgl. zu dem folgenden vornehmlich Voigt. Die zwölf Tafeln. Leipzig 1883. I. S. 3 ff. Rudorff, Römische Rechtsgeschichte. I. § 94. S. 258 ff.

des G. Terentilius Arsa, 292 *urbis* (462): *ut quinque viri creentur legibus de imperio consular iscribendis.* In den folgenden Jahren begab sich eine Gesandtschaft von drei Männern nach den süditalischen Griechenstädten und Griechenland, Hermodorus aus Ephesus begleitete sie als Dolmetscher.[1] Im Jahre 303 *urbis* (451) erfolgte die Abfassung von zehn Tafeln unter dem Vorsitze des Appius Claudius durch ein Kollegium von Patriciern (*decemviri legibus scribundis*). Diese Tafeln wurden vom Volke angenommen und veröffentlicht. Zwei andere Tafeln von einem zweiten Decemvirate, dem auch Plebejer angehörten, abgefaßt, wurden nach dem Sturze der Decemvirn 305 *urbis* (449) vom Volke angenommen.[2]

c) Der Kampf um das *jus honorum*, d. i. das Recht auf Zutritt zu den Ämtern.[3]

α) Der Kampf um die Zulassung der Plebejer zu den höchsten weltlichen Obrigkeiten weist folgende wichtige Ereignisse auf:

αα) Die *leges Canulejae* 310 *urbis* (444), welche das *conubium* zwischen den *patricii* und der *plebs* herstellten, gewährten zugleich den Plebejern die Wählbarkeit zu dem Range von *tribuni militum consulari potestate.* Als Gegenleistung für dieses Zugeständnis erhielten die Patricier ein ausschließliches Anrecht auf die Censur, welche 311 *urbis* (443) vom Konsulate getrennt wurde[4] und durch Volkswahl besetzt werden sollte.[5]

Karlowa; Römische Rechtsgeschichte. I. § 20. S. 108 ff. Bruns-Pernice in v. Holtzendorffs Encyklopädie. 5. Aufl. I. S. 116 ff.

[1] Dies gab wohl späterhin dazu Anlaß, den Einfluß des griechischen Rechtes auf den Inhalt der zwölf Tafeln zu überschätzen. (Vgl. Aurelius Victor: *De viris illustribus c.* 21: *ex libris Solonis [leges] translatas duodecim tabulis exposuerunt*, was für unglaubwürdig gelten muß. Vgl. Pernice in v. Holtzendorffs Encyklopädie. I. 5. Aufl. S. 117.) Vgl. andererseits Cicero, De oratore. I, 44, 197: *Incredibile est enim, quam sit omne jus civile, praeter hoc nostrum, inconditum ac paene ridiculum: de quo multa soleo in sermonibus quotidianis dicere, quum hominum nostrorum prudentiam omnibus, et maxime Graecis antepono.* Eine Vergleichung des altrömischen Rechtes mit dem kürzlich in Kreta wiederaufgefundenen Rechte von Gortyn siehe in der Schrift: Das Recht von Gortyn, herausgegeben und erläutert von Franz Bücheler und Zitelmann. Frankfurt a. M. 1885.

[2] Über die Erhaltung des Zwölftafeltextes in späterer Zeit vgl. jetzt auch Mitteis, Reichsrecht und Volksrecht in den östlichen Provinzen des röm. Kaiserreiches. Leipzig 1891. S. 138.

[3] Vgl. G. F. Puchta, Kursus der Institutionen. 10. Aufl. besorgt von Krüger. I. §§ 56—59. 1893. S. 115—125.

[4] Ursprünglich alle fünf Jahre, nach der *lex Aemilia*, 321 *urbis* (433) alle $1^1/_2$ Jahre.

[5] Livius, IV, 24, 5. Über den Wert dieser Sonderung der Sittenpflege

ββ) Eine *lex Licinia Stolonis* (ein *plebiscitum*) von 387 *urbis* (367), welche einen Zinserlaß und eine Schranke des Ackerbesitzes aufstellte, ordnete zugleich an, daß der eine Konsul Plebejer sein sollte. Hierbei wurde die Prätur (Gerichtsbarkeit) vom Konsulate abgezweigt, um sie den Patriciern zu erhalten.

γγ) Zugleich wurden neben die schon vorher vorhandenen plebejischen Ädilien zwei patricische (die kurulischen Ädilien) gestellt.

Die wichtigsten übrigen weltlichen Ämter gehen gleichfalls auf die Plebs über. Schon im Anfange des fünften Jahrhunderts der Stadt finden wir den ersten plebejischen Censor und den ersten plebejischen Prätor, nach einer *lex Publilia Philonis*, 415 *urbis* (339), sollte sogar der eine Censor Plebejer sein. Auch die zweite Konsulatstelle wurde den Plebejern zugänglich. Selbst in die Stellung der kurulischen Ädilen drangen sie ein, während die plebejische Ädilität, ebenso wie der Volktribunat[1] grundsätzlich den Patriciern verschlossen blieb.[2]

β) Die Priesterämter.

Auf den Antrag des Tribunen Licinius, 386 *urbis* (368), durften die Plebejer *decemviri sacrorum* werden.[3]

Nach der *lex Ogulnia*, 454 *urbis* (300)[4], erlangten sie einen Zutritt zu dem Amte der Pontifices und der Auguren. Das Amt der *flamines, reges sacrificuli* und einige minder wichtige Priesterämter scheinen sie nicht erstrebt zu haben.

γ) Der Zutritt in den Senat wurde den Plebejern jedenfalls eröffnet durch eine *lex Ovinia* aus der ersten Hälfte des vierten Jahrhunderts nach Gründung der Stadt, der zufolge die *censores ex omni ordine optimum quemque* in den Senat wählen sollten (vielleicht auch schon früher).[5] Hierin lag die Quelle eines neuen Amtsadels (*ordo senatorius*), der über den Geburtsadel hinausgriff.

δ) Der Kampf um die Gesetzgebungsgewalt.

α) Die *comitia curiata* sanken zu einer einflußlosen Versammlung herab. In ihnen erschienen schließlich nur die Liktoren, um

---

von den übrigen Zweigen der Staatsthätigkeit für die Fortentwickelung des Rechtes vgl. v. Ihering, Geist des röm. Rechts. 4. Aufl. II, 1. § 26. S. 50 ff.

[1] Vgl. Mommsen, Röm. Staatsr. 3. Aufl. II, 1. S. 277.

[2] Vgl. Mommsen, Röm. Staatsr. II, 1. S. 472. Abriß S. 40.

[3] Puchta, Kursus der Institutionen. 10. Aufl. I. § 57. S. 120.

[4] Livius X, 6—9.

[5] Festus, Praeteriti, vgl. Puchta (Krüger) a. a. O. S. 120. 121.

Förmlichkeiten zu genügen, so daß sie zu einem „Schattenbilde“ ihrer früheren Bedeutung wurden.[1]

Daß auch diese patricischen Versammlungen sich Plebejern geöffnet haben, wird neuerdings mit Recht angenommen.[2]

β) Die Centuriatcomitien wurden in zwei Richtungen von den vornehmeren Klassen unabhängiger, als sie vorher gewesen waren. Zunächst wurde die Bestätigung ihrer Beschlüsse durch den Senat überflüssig.

Eine der drei *leges Publiliae Philonis*, 415 *urbis* (339), bestimmte, *ut legum quae comitiis centuriatis ferrentur, ante initum suffragium patres* (d. i. hier der Senat) *auctores fierent.*[3]

In gleichem Sinne wurde das Recht des Senats, Wahlen zu bestätigen, durch eine *lex Maenia* dem Senate entzogen.[4]

Wichtiger noch als der Fortfall der Bestätigungsrechte des Senats war eine Umgestaltung der großen Volksversammlung im demokratischen Sinne. Die Abstimmung nach Distrikten (*tribus*), welche eine Eigentümlichkeit der Tributcomitien war, wurde auf die Centuriatcomitien übertragen, ohne daß jedoch die Rücksicht auf Adel, Reichtum und Lebensalter in diesen Versammlungen gänzlich beseitigt wurde. Wahrscheinlich bildeten die alten Cen-

---

[1] Vgl. Cicero, De lege agraria contra P. Servilium Rullum. II, 12, 31: *Illis ad speciem, atque ad usurpationem vetustatis, per triginta lictores, auspiciorum causa, adumbratis (comitiis).*

[2] Vgl. Mommsen, Röm. Forschungen. I. S. 144 ff.; Röm. Staatsrecht. III, 1. S. 317. Karlowa, Röm. Rechtsgeschichte. I. S. 382. Vgl. auch Festus: *Novae curiae ... aedificatae sunt, quod parum amplae erant veteres a Romulo factae.* Da in späterer Zeit (Inst. Justin. 1, 2. de jure naturali § 4) die *patricii et senatores* als diejenigen bezeichnet wurden, welche bei den alten Volkversammlungen neben der *plebs* den *populus* bildeten, so liegt die Vermutung nahe, daß nur die senatorischen Geschlechter aus der *plebs* in die *comitia curiata* eingedrungen sind. Vgl. auch ebenda den Gegensatz von *senatore magistratu* und *plebejo magistratu*. Allerdings kann der vom spätrömischen Kaiser verliehene Patriciat (Karlowa, Röm. Rechtsg. I, 872) die Ansichten über die älteren *patricii* verdunkelt haben. Man beachte auch das Wort *curiatim* bei Festus *praeteriti: ut censores optimum quemque curiatim in senatum legerent* und Gajus, Dig. 1, 16. de verb. sign. fr. 238 pr.: *plebs est ceteri cives sine senatoribus.*

[3] Livius VIII, 12, 15. Wahrscheinlich konnte sich vorher der Senat eine Entscheidung darüber, ob er einen Gesetzantrag genehmigen wollte, vorbehalten, bis die Volksversammlung ihren Beschluß gefaßt hatte, so daß eine Zurückweisung nur den Antragsteller traf, nicht den Senat. Daß der Senat fortan blindlings einem unbekannten Antrage und Beschlusse im voraus zustimmen mußte, ist nicht anzunehmen. Vgl. Puchta, Kursus der Institutionen. 10. Aufl. I. § 59. S. 123 und Livius XLV, 21.

[4] Vgl. Puchta a. a. O. S. 125.

turien fortan nicht mehr in ihrer Gesamtheit Abstimmungsklassen für das ganze Volk, sondern sie standen nur noch innerhalb der Distriktsgruppen (*tribus*), wobei in einer jeden *tribus* aus allen bisherigen Centurien die Alten (*seniores*) zu einer Hauptgruppe zusammentraten, ebenso wie die Jungen (*juniores*). Hiernach zerfiel jede *tribus* in zwei Hälften (*seniores* und *juniores*), innerhalb deren dann die alten Vorzugsrechte des *ordo* und des *census* fortbestanden.[1]

γ) Die plebejischen Volksversammlungen treten allmählich als vollkräftige Gesetzgebungsbehörde neben die *comitia centuriata.*[2] Auffallend ist hierbei, daß drei Gesetze bei flüchtiger Betrachtung genau denselben Inhalt gehabt zu haben scheinen.

αα) Die *lex Valeria Horatia*, 305 *urbis* (449), nach der Vertreibung der Decemvirn und der *secessio in montem Aventinum* bestimmte, *ut quod tributim*[3] *plebs jussisset, populum teneret.*

Wahrscheinlich wurde hierdurch der großen Volksversammlung (*populus*) verboten, Gesetzesbefehle umzustoßen, die von der *plebs* allein ihren eigenen Mitgliedern auferlegt wurden, aber zunächst nur die Plebejer, nicht die Patricier banden.

ββ) Eine der schon zweimal erwähnten drei *leges Publiliae Philonis* 415 *urbis* (339), enthielt die Vorschrift: *ut plebiscita omnes Quirites tenerent.*

Wahrscheinlich wurden hier die Gesetzesbefehle, die von der *plebs* gegenüber ihren eigenen Mitgliedern ergangen waren (z. B. Anordnung plebejischer Opferfeste), auch für die Patricier, namentlich die patricischen Magistrate bindend.[4]

γγ) Infolge der dritten und letzten *secessio (in Janiculum)* erging endlich die *lex Hortensia* und ein Centurialgesetz des Diktators

---

[1] So Livius I, 43, 12: *post expletas quinque et triginta tribus, duplicato earum numero centuriis juniorum seniorumque.* Vgl. ferner Dionysius IV, 21. Appiani bell. civ. I, 59. Die ärmeren Klassen hatten, indem sie die reicheren nach den *tribus* zerspalteten, den Grundsatz „*divide et impera*" befolgt. Vgl. über diese Reform, die sich wahrscheinlich im sechsten Jahrhunderte der Stadt vollzogen hat, Karlowa, Röm. Rechtsgeschichte. I. S. 384. Mommsen, Röm. Staatsrecht. III. S. 270 ff. Abriß des röm. Staatsrechts. S. 36. Bruns-Pernice in v. Holtzendorffs Encyklopädie. I. S. 125. Klebs, Die Stimmenzahl und die Abstimmungsordnung der reformirten servianischen Verfassung. Ztschr. der Savignystiftung. XI 181 ff.

[2] Vgl. hierzu namentlich jetzt Wlassak, Röm. Prozeßgesetze. 1891. II. S. 95 ff.

[3] Livius III, 55, 3.

[4] Livius VIII, 12, 14. Vgl. hierzu freilich auch Mommsen, Röm. Forschungen. I, 185 ff.

Hortensius, 467 *urbis* (287): *ut eo jure quod plebs statuisset, omnes Quirites tenerentur.*[1]

Hiernach konnten die Plebejer der Gesamtheit Gesetze vorschreiben. Daß trotzdem die Patricier nicht in den Tributcomitien Sitz und Stimme hatten, ist auch noch in späterer Zeit wohl bezeugt.[2]

III. Der Legalismus des älteren Rechtes[3], d. h. die Abhängigkeit der Rechtspflege von dem Wortlaute des Gesetzes, hing mit dem plebejischen Mißtrauen gegen den patricischen Richter zusammen. Er wurde dadurch gewahrt, daß die Pontifices ein System aller Klageformulare aufstellten, die nach dem Gesetze möglich waren. Diese Formeln lehnten sich an die Gesetzesworte an und hießen *legis actiones*. Wer seinen Ausspruch mit den Worten einer der *legis actiones* in Einklang zu bringen wußte, war des Rechtsschutzes sicher, während keiner auf einen solchen vollkräftigen Schutz hoffen durfte, dem nicht eines dieser Formulare zu Gebote stand.

Nur die Peregrinen waren, wenn sie Rechtsschutz begehrten, in jedem einzelnen Falle von den Anordnungen der Obrigkeit abhängig. Die Bürger dagegen konnten sich dem Ermessen des Magistrates gleichfalls zwar freiwillig unterwerfen, sie bedurften aber dessen nicht, sondern konnten mit den Worten des Gesetzes ein Verfahren hervorrufen, dessen Anordnung bedingungslos geschehen mußte.[4] Hierdurch wurde die Heiligkeit des Rechtes gegen alle Willkür der Rechtspflege mit einem Schutzdamme versehen. Sache der Priester war es, zum Besten der Rechtsgenossen über diese Heiligkeit und über die Formulare, die sie verbürgten[5], zu wachen,

---

[1] GELLIUS, N. att. XV, 27, 4. GAJUS, Inst, I, 2. KARLOWA a. a. O. S. 120 WLASSAK a. a. O. S. 98.

[2] FESTUS, Scita plebei. GELLIUS, N. att. XV, 27. § 4. GAJUS I, 3. Richtig WLASSAK, Röm. Prozeßgesetze. I. S. 100. Allerdings war es ein Gebot der Gerechtigkeit, die Patricier da mitstimmen zu lassen, wo Gesetze für sie erlassen wurden, und sicherlich würde man ihnen den Zutritt zu den plebejischen Versammlungen gewährt haben. Ein Antrag hierauf mag aber unterblieben sein, teils aus Stolz, teils aus der Erwägung, daß den Patriciern nicht viel daran gelegen sein konnte in einer Versammlung mitzustimmen, in der sie durch ihren Anhang schon so weit vertreten waren, daß ihre eigene Kopfzahl daneben nicht in Betracht kam.

[3] Vgl. v. IHERING, Geist des röm. Rechts. 4. Aufl. II, 1. § 27 ff. S. 62 ff.

[4] Vgl. hierzu namentlich auch PERNICE, Parerga in der Ztschr. der Savignystiftung. V. S. 37 ff.

[5] Die Obrigkeit war natürlich dabei für die Beobachtung von Staatsverträgen verantwortlich. Vgl. hierzu WLASSAK, Römische Prozeßgesetze. II. S. 93 ff. 126 ff.

und nur noch insoweit, als diese Formulare nicht ausreichten, hatte die Amtsgewalt unter Bürgern ein unbeschränktes Gebiet ihrer Bethätigung.[1]

IV. Die Befreiung der Rechtspflege vom geistlichen Einflusse[2] und die Verweltlichung der Rechtswissenschaft.[3] Dieser Umschwung geht Hand in Hand mit dem Streben vornehmer Römer, durch Ratschläge, die sie Leuten aus dem Volke unentgeltlich erteilen, bekannt zu werden. Der „friedliche Kampf ums Recht“[4] war für die Berater der Menge eine Vorstufe zu politischem Einflusse. Wie die *pontifices* Prozeßformulare entworfen hatten, so bemühten sich ihre weltlichen Nachfolger um die Aufstellung von Formularen für das Geschäftsleben. Ihr Arbeitsgebiet war das *cavere* (eine Rechtskonsulenz, die Nachteilen vorbeugte), *scribere* (Herstellung von Schriftsätzen) und das *respondere* (Erteilung von Gutachten)[5], sowie der Rechtsunterricht, der sich an vorliegende praktische Fälle anschloß.[6] Hand in Hand hiermit ging die Gesetzesauslegung (*interpretatio*), unter welcher auch die Aufzeichnung des alten und des neu entstehenden Gewohnheitsrechtes verstanden wurde.[7]

Diese Feststellung und Fortbildung des alten Rechtes hieß in späterer Zeit *jura condere.*[8]

Alle Schöpfungen der älteren Wissenschaft bekunden einen strengen Formalismus[9], der der Rechtssicherheit auf Kosten der

---

[1] Vgl. hierzu Wlassak, Röm. Prozeßgesetze. II. S. 289 ff.

[2] Vgl. Esmarch, Röm. Rechtsgeschichte. 2. Aufl. 1880. S. 186 ff. Jörs, Römische Rechtswissenschaft zur Zeit der Republik. Berlin 1888. Krüger, Geschichte der Quellen und Litteratur des römischen Rechts. S. 45 ff. Cuq, Les institutions juridiques des Romains. Paris 1891. S. 446 ff.

[3] Die näheren Angaben des Pomponius (Dig. I, 2. de or. juris 1, 2) sind sehr wertvoll, aber leider nicht unbedingt glaubwürdig. Vgl. Krüger a. a. O. S. 52.

[4] Cicero, Pro Murena. 19: *Sit par forensis opera militari.* Aus dieser Entstehung erklärt sich die überwiegend privatrechtliche Richtung der römischen Rechtswissenschaft. Vgl. Pernice in v. Holtzendorffs Encyklopädie. I. S. 134.

[5] *Urbana militia respondendi cavendi scribendi.* (Cicero, Pro Murena. 9, 1.) v. Ihering, Geist des römischen Rechts. II, 2. 4. Aufl. S. 417: „Die Allgegenwart des Juristen war ein stillschweigendes Postulat des alten Rechtes“ und v. Ihering, ebenda. S. 416 ff. 580 ff., insbesondere Anm. 572.

[6] Cicero, Pro Murena. 9, 1. Orator. 41 ff. Brutus. 42. 306.

[7] Dig. I, 2. de or. jur. fr. 2, § 12. Vgl. oben Seite 23, Anm. 6. u. 7.

[8] Gajus IV, 3.

[9] Vgl. v. Ihering, Geist des röm. Rechts. II, 2. 4. Aufl. § 44 ff. S. 441 ff.

Bequemlichkeit diente und späterhin als lästig empfunden wurde, aber dennoch lange Zeit andauerte[1] und erst in der spätrömischen Zeit verschwand.

Ein hervorragendes Werk der alten Zeit (*velut cunabula juris*)[2] ist das *jus Aelianum* von Sextus Aelius Paetus Catus, *consul* 556 *urbis* (198), auch *tripertita* genannt, weil es fortlaufend drei Teile nebeneinander stellte: die *XII tabulae*, die *interpretatio* und die *legis actiones*, welche im *jus Flavianum* veröffentlicht worden waren (siehe oben S. 52. Anm. 10).[3] Hervorragend waren namentlich auch die *Manilianae venalium vendendorum leges* und die *Manilii actiones* (Geschäftsformulare) von M' Manilius, *consul* 605 *urbis* (149)[4] Erst allmählich bewirkt die eindringende hellenische Bildung (namentlich die Lehre der stoischen Philosophie) einen Fortschritt zu freierer Gestaltung des Stoffes. Unter den Namen der Juristen der Republik (den „*veteres*“) ragen insbesondere hervor: der bekannte Censor M. Porcius Cato[5], *censor* 570 *urbis* (184), Qu. Mucius Scaevola *pontifex maximus*, der Verfasser von *libri juris civilis* (18 Bücher), die das erste systematische Werk dieser Art waren[6], Servius Sulpicius um 700 *urbis*, der zuerst eine *ars juris civilis* schrieb und durch seinen Eifer im Rechtsunterrichte hervorragte, und G. Aquilius Gallus, ein Zeitgenosse des Cicero[7], ein Urheber bleibender Rechtsschöpfungen, z. B. der nach ihm benannten *stipulatio Aquiliana*, siehe unten § 143, vgl. auch § 147.[8]

So vorteilhaft diese Verweltlichung der Rechtspflege für ihre

---

[1] Livius II, 3: *Leges rem surdam inexorabilem esse, nihil laxamenti nec veniae habere, si modum excesseris.*

[2] Pomponius, Dig. I, 2. de or. jur. fr. 2. § 38. Jörs a. a. O. S. 104 ff.

[3] Wie es sich hiermit des Näheren verhält, ist zweifelhaft. Vgl. Jörs a. a. O. Krüger a. a. O. S. 54. Anm. 15 u. 16 und die dort Citierten.

[4] Cicero, De oratore I, 58, 246. Varro, De re rustica. II, 3, 5. II, 5, 11. Krüger a. a. O. S. 56.

[5] Ein anziehendes Charakterbild dieses Mannes findet sich in Jörs, Röm. Rechtswissenschaft zur Zeit der Republik. 1888. § 267 ff. Über die vielleicht nach ihm, vielleicht aber auch nach einem anderen Cato genannte *regula Catoniana* vgl. unten § 111. III b, und Dernburg, Pandekten. 3. Aufl. III. § 104. S. 207. Anm. 7.

[6] *Jus civile primus generatim constituit*, Dig. I, 2 de or. juris fr. 2 § 41. Vgl. Krüger, Geschichte der Quellen des röm. Rechts. S. 59. 50 Pernice in v. Holtzendorffs Encyklopädie. 5. Aufl. I. S. 135.

[7] Cicero, Pro Murena. 9, 1.

[8] Genauere Angaben siehe bei Krüger, Geschichte der Quellen und Litteratur. S. 45 ff. und bei Jörs, Röm. Rechtswissenschaft zur Zeit der Republik. 1888. Vgl. aber namentlich auch Pomponius, Dig. I, 2. de or. juris fr. 2, § 44—46 über Ofilius und Tubero.

engere Anpassung an die Zwecke des Lebens war, so hängt doch sicherlich mit ihr eine formalistische Rechtsverdrehung zusammen welche am Ende der Republik ihr Wesen trieb, durch Silbenstecherei und Haften an veralteten Formen die wahren Ziele des Rechts verdunkelte, und die Achtung vor den strengen Auslegungsregeln des altrömischen Volksrechtes erschütterte.[1]

b) Die Umwandlung der römischen Stadtgemeinde in einen italischen Staatsverband.[2]

§ 23.

I. **Die Schwächungen der Bürgerschaft durch den Sittenverfall** am Ende der Republik hängen mit dem Übergewichte zusammen, die der Reichtum zu gewähren begann, als er allein die Möglichkeit gab, durch den Erwerb von Pädagogen den Vorzug einer höheren Bildung zu verschaffen. Dazu kam der entsittlichende Einfluß fremder Sklaven.[3] Mit der *auri sacra fames* steigerte sich die Sittenlosigkeit der oberen und die Verwilderung der ärmeren Klassen. Ein Rückschlag hiergegen zeigte sich in einer überaus fruchtbaren Gesetzgebung (*corruptissima republica plurimae leges*).[4]

Die längst verweltlichte Religion, deren Kultus vielfach zu einem unverständlichen Formelwesen erstarrt war, vermochte nicht zu helfen, auch die Bestrebungen des Censorenamtes scheiterten am Widerstande des Volkes. Dies veranlaßte schließlich die Gesetzgebung einzugreifen. Es entstehen:

α) **Luxusgesetze**, im 6. und 7. Jahrhunderte der Stadt *leges sumptuariae* und *cibariae*. Sie kehrten sich gegen Verschwendung in der Kleidung und Festmählern (*lex Oppia, Orchia, Fannia, Didia* und andere).[5] Auf das Glücksspiel bezogen sich die noch in Justinians Pandekten erwähnten *leges Titia, Publicia* und *Cornelia*.[6]

---

[1] Vgl. über diese „Schleichwege des Lebens" die meisterhafte Darstellung in v. Iherings Geist des röm. Rechts. 4. Aufl. III. § 57. 58. S. 262 ff.

[2] Vgl. Voigt, Römische Rechtsgeschichte. Leipzig 1892. I. S. 83 ff., über die volkswirtschaftlichen und sittlichen Verhältnisse bis zum Ausgange der Republik.

[3] Vgl. bei Livius XXXIX, 6, 9: *Coquus, vilissimum antiquis mancipium, et aestimatione et usu, in pretio esse et quod ministerium fuerat, ars haberi coepta.*

[4] Tacitus, Ann. III, 27.

[5] Vgl. Pernice (v. Holtzendorffs Encyklopädie. I. S. 128): „Eine gewisse wohlwollende, zum Teil altväterische Fürsorge für die einzelnen Bürger."

[6] Vgl. Dig. XI, 5. de aleator. fr. 2 u. 3. Sie erkannten Schuldversprechen aus Spielverträgen an, sofern diese *virtutis causa* geschahen; z. B. *currendo, saliendo, luctando, pugnando* u. dgl. Alle anderen Verträge dieser Art sind

β) Gesetze gegen unziemlichen Bewerb um Ämter (*ambitus*)[1] entstehen im 7. Jahrhundert. Hiermit zusammen hing die von einer *lex Villia annalis*, 574 *urbis* (180). angeordnete Stufenfolge und Einhaltung zeitlicher Zwischenräume in der Erreichung kurulischer Würden.[2]

γ) Gesetzliche Anordnung einer Rückgabe des unerlaubten Erwerbes im Amte (*crimen repetundarum*). Die Häufigkeit dieses Vergehens war eine Folge der unbesoldeten Ehrenämter, deren Träger sich öfters auf unehrlichem Wege für Zeitverlust und Auslagen zu entschädigen suchten.[3] Unter diesen *leges de pecuniis repetundis* ist von besonderer Bedeutung die *lex Calpurnia*, 605 *urbis* (149). Diese führte einen ständigen Gerichtshof (*quaestio perpetua*) ein, mit einem besonderen *praetor* an der Spitze, eine Form der Gerichtsbarkeit, welche späterhin auch auf andere Strafbarkeitsfälle ausgedehnt wurde und in der Kaiserzeit die alten Volksgerichte allmählich verdrängte.[4]

δ) Die Cornelischen Strafrechtsreformen durch Sulla waren ein Gegengewicht gegen die willkürliche Judicatur der von Demagogen geleiteten Tributcomitien.[5]

II. Erhöhte Schwierigkeiten der Volkernährung. Die Verarmung der unteren Volksklassen war eine Folge des Verfalles des landwirtschaftlichen Kleinbetriebes. Die Kriegsdienstpflicht des kleinen Bauern, der sich nicht durch Sklaven vertreten lassen konnte, war ihm ebenso schädlich, wie das Übergewicht, den der Reichtum durch die Verteuerung der Wirtschaftsmittel verschaffte. Dazu fehlten dem römischen Rechte die Formen des Real-

---

auch noch im späteren römischen Rechte klaglos. Vgl. auch Plautus, miles gloriosus. II, 164: *Ne legi fraudem faciant aleariae.*

[1] Vgl. über dieses Delikt Näheres in Rudorffs Röm. Rechtsgeschichte. I. S. 79 ff. II. S. 399 ff. Paulus ex Festo, p. 16: *ambitus: ex quo etiam honoris ambitus dici coeptus est, a circumeundo supplicandoque.*

[2] Mommsen, Röm. Staatsrecht. I. S. 523 ff.: „Intervallierung der verschiedenen Magistraturen." Abriß des röm. Staatsrechts. S. 112 ff.

[3] Vgl. Dig. I, 18 de officio praesidis fr. 18 (Modestinus): *Plebi scito continetur, ut ne quis praesidum munus donum caperet nisi esculentum potulentumne, quod intra dies proximos prodigatur.*

[4] Vgl. Schulin, Lehrbuch der Geschichte des röm. Rechts. Stuttgart 1880. S. 540. 560 ff.

[5] Herzog, Geschichte und System der röm. Staatsverfassung. I. 1884. S. 250 ff. Beispiele der unerträglichen Willkür, mit der die Tributcomitien späterhin verfuhren, finden sich bei Voigt, Die Zwölf Tafeln. Bd. II. Leipzig 1883. S. 815 ff.

kredits, welchen heutzutage das Grundbuchwesen den kleineren Eigentümern als Stütze gewährt.[1]

Hieraus entstand eine Zunahme des Proletariats und ein hartnäckiger Kampf zwischen den wohlhabenden Optimaten und der von den Popularen geführten Masse der Armen, der das römische Staatsrecht völlig umgestaltete.[2]

α) Die Formen des Kampfes bestanden vornehmlich in einer überaus hastigen Gesetzgebungsthätigkeit zu politischen Zwecken. Ein besonderes Gesetz[3] mußte das Volk gegen Überrumpelungen und Überlistung schützen, indem es verlangte, daß der Gesetzesantrag einige Zeit vor der Abstimmung bekannt wurde, und die Verbindung mehrerer Gesetzesanträge (sog. *leges saturae*) zu gleichzeitiger Abstimmung verbot. Der Erbitterung der Parteien entsprach die geheime und schriftliche Abstimmung, die nunmehr durch die *leges tabellariae* angeordnet wurde.[4]

β) Das Hauptziel des Kampfes war eine neue Verteilung des erbeuteten Gemeindelandes (*ager publicus*).[5] Dies war teils verpachtet, teils auch unentgeltlich zur Nutzung (*possessio*) überlassen worden und zwar vorwiegend an die reichen Familien. Die Einziehung und Neuteilung dieses Landes war das Ziel der *leges agrariae*.[6]

Schon die *lex Sempronia agraria* von Ti. Sempronius Grachus, 621 *urbis* (133), beschränkte den erlaubten Höchstbesitz am *ager publicus* auf 500 *jugera*. Der Überschuß sollte durch eine besondere Behörde neu verteilt werden. Als der Senat dies Gesetz mißachtete,

---

[1] Vgl. über den Untergang des kleinen römischen Grundbesitzes Rodbertus in Hildebrands Jahrb. für Nationalökonomie II., „zur Geschichte der agrarischen Entwickelung Roms" S. 206 ff. bes. S. 208. Matthiass ebendaselbst XXIV. N. F. X. S. 519. Weber, Die röm. Agrargeschichte. 1891. S. 99 ff., 230 ff. und über die Unzulänglichkeit des altrömischen Realkredits Goldschmidt. Handb. des Handelsrechts. I. 3. Aufl. 1891. S. 85.

[2] Vgl. zu dem folgenden Puchta, Kursus der Institutionen. I. § 71 ff. 10. Aufl. besorgt von Krüger. S. 155 ff. Karlowa, Röm. Rechtsgeschichte. I. S. 414 ff.

[3] Vgl. Herzog, Geschichte und System der röm. Staatsverf. I. S. 488 über diese *lex Caecilia Didia*.

[4] Von der *lex Gabinia*, 615 *urbis* (139), für die Wahlen, *lex Cassia*, 617 *urbis* (137), für Volksgerichte, und *lex Papiria*, 623 *urbis* (131), für alle Volksschlüsse.

[5] Vgl. über diesen *ager publicus* und sein Verhältnis zum Gemeinweidelande (*ager compascuus*) M. Weber, Die römische Agrargeschichte. 1891. S. 119 ff.

[6] Rudorff, Röm. Rechtsgeschichte. I. § 16. S. 39 ff.

wurde es auf Betreiben des jüngeren Grachus wiederhergestellt. Seine Ausführung erregte unausgesetzte Unruhen, zu deren Besänftigung man nach langen, hartnäckigen Kämpfen den Gegenstand des Streites, den *ager publicus*, gänzlich beseitigte. Die *lex Thoria*, 635 *urbis* (109), löste die Teilungsbehörde auf, eine *lex agraria* von 643 *urbis* (111) verwandelte das verteilte Gemeindeland in Privateigentum, und was noch unverteilt war, wurde von Caesar fortgegeben.[1]

Inzwischen hatten bereits die Volksführer einen anderen Weg zur Ernährung der unteren Klassen eingeschlagen, indem sie die Erhaltung der Volksmasse auf Staatskosten anstrebten. Dieses Ziel verfolgten die *leges frumentariae*[2]. Die älteren dieser Gesetze[3] wollten freilich dem Volke nur einen billigen Ankauf von Getreide sichern. Dagegen gab die *lex Clodia* von 696 *urbis* (58) „der *plebs urbana* ihr tägliches Brot umsonst".[4] Caesar schränkte dies allgemeine Beköstigungsrecht auf die Veteranen ein, aber Augustus dehnte es aufs neue aus.[5] Mit dieser wirtschaftlichen Entmündigung der unteren Klassen ging eine andere Umwälzung Hand in Hand:

III. Die Ausdehnung des Reiches änderte die Erfordernisse der Landesverteidigung. Dadurch trat an die Stelle des nur gelegentlich zu den Waffen gerufenen Volksheeres ein bleibender Soldatenstand. Hierbei entwickelte sich der Begriff der Ritterschaft, des *ordo equester*, eines Standes, der sich nicht mehr durch die Art seiner militärischen Dienstleistung, sondern lediglich durch seinen Reichtum kennzeichnete.[6] Der Ritterstand machte sich durch

---

[1] *Lex Julia agraria* von 695 *urbis* (59). Vgl. Rudorff, Röm. Rechtsgeschichte. I. § 16. S. 40. 41. Max Weber, Die römische Agrargeschichte. 1891. S. 8. 131.

[2] Rudorff, Röm. Rechtsgeschichte. I. § 18. S. 44. 45.

[3] *Lex Sempronia* von 631 *urbis* (123), und *lex Cassia Terentia* von 681 *urbis* (73).

[4] Rudorff a. a. O. S. 45. Asconius, In Pison. § 9 (124), 25: *ut frumentum, quod antea senis aeris ac trientibus in singulos modios dabatur, gratis daretur.* (Vgl. Asconii Pedanii orationum Ciceronis quinque enarratio ed. A. Kiessling et R. Schoell. 1875. S. 7.)

[5] Vgl. Sueton, Divus Augustus 40. Dio Cassius 55, 10. Zur Legitimation dienten den zum Empfange des Getreides Berechtigten *tesserae frumentariae.* Vgl. über diese Karlowa, Röm. Rechtsgeschichte. II. S. 838 ff. und Pernice in der Zeitschr. der Savignystiftung. V. S. 99.

[6] Vgl. über die dunkle Entstehung des Zusammenhanges zwischen der Ritterschaft und der Reiterei die eingehenden Untersuchungen von Mommsen, Röm. Staatsrecht. III, 1. S. 476 ff. Abriß des röm. Staatsrechts. S. 44. Vgl. auch Puchta, Institutionen. 10. Aufl. § 70. S. 154.

Aussaugungen der Provinzen verhaßt, deren Steuererhebungen an *publicani* verpachtet waren, und verschärfte zu Rom den Gegensatz zwischen Reich und Arm. Dadurch wurde der Ausbruch des Ständekampfes befördert. Dieser trieb den Marius zu einer Korruption des Volksheeres[1] und endete mit der Herstellung einer Einzelherrschaft und eines stehenden Heeres auf dem Boden einer Gesellschaftsordnung, die auf einem dauernden Übergewichte der wohlhabenderen Volksklassen beruhte. Dem Senatoren- und Ritterstande, als den Optimaten, steht jetzt die Masse der Armen als *plebs* in einer neuen Bedeutung des Wortes gegenüber.

Für die Provinzen, die durch die Steuerpächter ausgesaugt wurden, war dieser Zusammenhang der herrschenden Stände besonders verhängnisvoll.[2] Mit dieser Entwickelung hängt zusammen, daß ein Streit des *ordo equester* mit dem Senate um die Zulassung zum Richteramte entbrannte und er sich diese schließlich neben dem *ordo senatorius* erkämpfte.[3] Hieraus erklärt sich denn, daß die unter Augustus aufgestellte Geschworenenliste (*album judicum selectorum*) die Fähigkeit zum Richteramte vom Reichtume der dazu auserlesenen abhängig machte.[4] Diese Maßregel wurde erträglicher durch den Grundsatz, daß nach römischem Rechte (anders als nach dem unserigen) der Richter der Partei nicht bloß aus böswilliger Rechtsbeugung, sondern auch aus bloßen schuldhaften Irrtümern ersatzpflichtig war.[5]

Andererseits verschaffte das stehende Heer, durch dessen Einführung die allgemeine Wehrpflicht nicht in Wegfall kam, aber thatsächlich beseitigt wurde, den ärmeren Klassen einen ehrenvollen Beruf. Durch die Erteilung besonderer Privilegien wurde der Kriegerstand zu einem besonderen Staate im Staate gestaltet[6], auf dem die Sicherheit der Landesverteidigung und der öffentlichen

[1] Vgl. Gellius, Noctes atticae XIII, 10.

[2] Auf die Steuerpächter bezieht sich Cicero, In Verrem II, 13, 32: *Inter aratores et decumanos lege frumentaria, quam Hieronicam appellant, judicia fiunt.* Vgl. Degenkolb, Die *lex Hieronica* und das Pfändungsrecht der Steuerpächter. Berlin 1861. Vgl. überhaupt Dig. de publicanis. XXXIX, 4.

[3] Puchta, Institutionen. I. 10. Aufl. § 71. S. 156 ff.

[4] Vgl. O. E. Hartmann, Der ordo judiciorum und die judicia extraordinaria der Römer, ergänzt und herausgegeben von Ubbelohde. Göttingen 1886. I, 2. S. 561 ff., und Mommsen, Röm. Staatsrecht. III, 1. S. 534 ff. und dazu die einschränkende Bemerkung III, 2. S. 897 Anm. 3. Abriß des röm. Staatsrechts. S. 245. Vgl. auch Wlassak, Röm. Prozeßgesetze. II. S. 194.

[5] Vgl. hierüber unten § 150.

[6] Vgl. z. B. Marcianus, Dig. XLIX, 16. de re militari fr. 9: *Milites prohibentur*

Ordnung beruhte und den man aus der übrigen Volksmasse möglichst herauszuheben suchte. Zu gleicher Zeit erfuhr aber der Umfang der römischen Bürgerschaft eine erhebliche Erweiterung.

IV. Die Aufnahme Italiens in die römische Bürgergemeinde. Die inneren Kämpfe hatten die italischen Bundesgenossen so unentbehrlich gemacht, daß diesen, obwohl sie im Bundesgenossenkrieg, 663—665 *urbis* (91—89), besiegt worden waren, doch das begehrte römische Bürgerrecht nicht mehr vorenthalten werden konnte. Die *lex Plautia Papiria*, 665 *urbis* (89) gab ganz Italien die Civität; bald darauf 666 (88) und 705 (49) erhielten sie auch die cisalpinischen Gallier. Die *lex Rubria de Gallia cisalpina*, 705 (49) und die *lex Julia municipalis*, 709 *urbis* (45), regelten die Rechtspflege und die Selbstverwaltung in den neu mit dem römischen Bürgerrechte beschenkten Gebieten.[1]

II. Die Entstehungsformen des Rechtes der altrömischen Stadtgemeinde.

§ 24.

I. Der Inhalt der Gewohnheiten des altrömischen Rechtslebens ist später zum Teile in das prätorische Edikt[2], zum größeren Teile aber in die *interpretationes* der Juristen übergegangen, die sich den Volksanschauungen anpaßten.[3]

II. Die *leges regiae*[4] sind angebliche Königsgesetze, die uns nur stückweise in nichtjuristischen Schriften überliefert sind.[5] Ein

---

praedia comparare in his provinciis in quibus militant. Vgl. auch Suetonius, Divus Augustus 44, 5: *Militem secrevit a populo.*

[1] Vgl. Dig. L, 1. ad municipalem. v. Savigny, Vermischte Schriften. III, 319 und Rudorff, Röm. Rechtsgeschichte. § 12. S. 34. Vgl. auch Wlassak, Röm. Prozeßgesetze. II. 1891. S. 221 ff.

[2] Vgl. Cicero, De inv. II, 22, 67. Umgekehrt hat auch das Gewohnheitsrecht später den wichtigsten dauernden Edikten ihre Unabänderlichkeit gewährleistet.

[3] Als Beispiele gewohnheitsrechtlich entstandener Rechtssätze erwähnt Cicero die Gültigkeit der *pacta*, den Grundsatz der Rechtsgleichheit und die Rechtskraft der Urteile. (Cicero, De inv. II, 22, 68.) Vgl. über das alte Gewohnheitsrecht Roms Cuq, Les institutions juridiques des Romains. Paris 1891. S. 12 ff.

[4] Bruns, Fontes juris Romani, ed. VI. cura Theodori Mommseni et Ottonis Gradenwitz. 1893. p. 1 ff. Rudorff, Röm. Rechtsgeschichte. I. § 93. S. 255 ff. Bruns-Pernice in v. Holtzendorffs Encyklopädie. 5. Aufl. I. S. 110. Cuq, Les institutions juridiques des Romains. Paris 1891. S. 6. 55 ff.

[5] Über die Bedeutung des Wortes *lex* vgl. Mommsen, Röm. Staatsrecht. III, 1. S. 303. 309. Abriß des röm. Staatsrechts. S. 319. Pernice in der Festgabe für Gneist. Berlin 1888. S. 101 ff.

pontifex maximus Sextus Papirius soll sie zur Zeit des Tarquinius Superbus gesammelt haben.[1] Über diese Sammlung verfaßte zur Zeit Caesars Granius Flaccus ein besonderes Buch.[2] Ihr Inhalt stellt *fas*, nicht *jus* dar. Die einzelnen Bestimmungen haben einen überwiegend familiarrechtlichen, sacral-polizeilichen uud strafrechtlichen Charakter. So soll Romulus den Verrat an Klienten und die Mißachtung der Eltern bestraft, Scheidungsgründe aufgestellt und das väterliche Recht über Leben und Tod anerkannt haben. Numa wird die Anordnung einer Trauerzeit der Witwe zugeschrieben, während Servius Tullius das Romulische Gesetz gegen Mißhandlung der Eltern neu eingeschärft haben soll.

Man nimmt neuerdings mit Recht an, daß diese *leges* lediglich priesterliche Aufzeichnungen waren, welche man in die Urzeit verlegte und den Königen zuschrieb.[3]

III. Volksschlüsse des alten *jus civile* sind seine Hauptrechtsquelle. Unter ihnen ragen die XII Tafeln hervor, die uns nur in einer größeren Zahl von Bruchstücken überliefert sind.[4] Die ursprüngliche Anordnung dieser Bruchstücke sucht man dadurch zu ergründen, daß man sich an die Reihenfolge eines von Gajus verfaßten Kommentars zu den zwölf Tafeln, dessen Auszüge in den Digesten Justinians vorliegen[5], anlehnt. Hiernach würde etwa den ersten drei Tafeln das Prozeßrecht, der Tafel 4 das Familienrecht, der Tafel 5 das Erbrecht und Vormundschaftsrecht, der Tafel 6 das Verkehrs- nnd Eigentumsrecht, der Tafel 7 das römische Nachbarrecht zuzuteilen sein, während *tabulae* 8—10 den Schutz gegen Unrecht und die letzten beiden Tafeln (als Nachtragsbestimmungen) Zusätze verschiedener Art enthalten würden. Mit Recht ist jedoch auf die große Unsicherheit aller dieser Vermutungen hingewiesen worden.[6]

---

[1] Dig. I, 2. de or. jur. fr. 2, § 2.

[2] Dig. L, 16. de verb. sign. fr. 144.

[3] Vgl. Pernice in v. Holtzendorffs Encyklopädie. 5. Aufl. I. S. 110: „Man wollte durch die Benennung den Satzungen höhere Weihe geben."

[4] Vgl. Bruns, Fontes ed. VI. S. 15 ff. Dirksen, Übersicht der bisherigen Versuche zur Kritik und Herstellung der XII Tafelfragmente. 1824. Schoell, Leg. XII tabul, reliquiae. 1866. M. Voigt, Die 12 Tafeln. Bd. I. 1883. § 9 ff. S. 74 ff.; Römische Rechtsgeschichte. I. 1892. § 4. S. 27 ff. Cuq, Les institutions juridiques des Romains. Paris 1891. p. 9 ff.

[5] Vgl. Lenel, Palingenesia juris civilis. Lipsiae 1889. Gajus 418—445. I. S. 242—246.

[6] Pernice in v. Holtzendorffs Encyklopädie. 5. Aufl. I. S. 118. Bekker, Ernst und Scherz über unsere Wissenschaft. 1892. S. 86. Lenel, Das Sabinus-

IV. *Edicta magistratum* im weiteren Sinne sind alle Anordnungen, die kraft der Amtsgewalt eines Magistrates geschehen, also auch alle obrigkeitlichen Verwaltungsbefehle. *Edictum* heißt zunächst nichts wie „Ausspruch", insbesondere Befehl; so heißt auch noch in späterer Zeit die Vorladung *edictum*.[1] Im technischen Sinne bedeutet es aber eine allgemeine Verordnung. Die mündliche Form einer Anrede an das Volk, welche für solche Befehle die ursprüngliche war, hat auch noch späterhin auf die Anfangsworte derartiger allgemeiner Befehle der Magistrate (z. B. *ait praetor*[2]) und der Kaiser eingewirkt.[3]

Eigentümlich ist nun, daß schon frühe die Magistrate in Rom wie in den Provinzen[4] im voraus Grundsätze für ihre ganze Amtsdauer (*edicta perpetua*) aufstellten, die zunächst Verwaltungsakte waren.[5] Den Zweck dieser Maßregel, die überall, wo die Befehlsrechte bestehen, Seitenstücke findet, giebt POMPONIUS[6] dahin an: *ut scirent cives quod jus de quaque re quisque dicturus esset.* Sie gab also ebenso, wie die Verkündigung der Gesetze, dem Volke Gelegenheit, sein Verhalten dem voraussichtlichen Spruche der Obrigkeit im voraus anzupassen.

Das *jus dicere* bestand aber vornehmlich in der Bestellung eines oder mehrerer Privatgeschworenen oder in der Überweisung der Sache an ein ständiges Richterkollegium. (Näheres siehe unten § 169.) Eine unter römischen Bürgern streitige Sache auch da selbst zu entscheiden, wo er nicht von beiden Parteien darum gebeten wurde, kam dem Magistrate nicht zu.[7] Wenigstens war da, wo mit voller gesetzlicher Wirkung eine Sache entschieden werden sollte, nicht bloß für seine Amtsdauer und auf seine Verantwortung, die Richterbestellung unentbehrlich. Wo daher die Partei eine Klage erhob, die von den *pontifices* dem Wortlaute des Gesetzes angepaßt

---

system in der Festgabe, R. v. IHERING zu seinem Doktor-Jubiläum überreicht von der rechts- und staatswissenschaftlichen Fakultät zu Straßburg. 1892. S. 4 ff.

[1] Vgl. Dig. XXVI, 10. de suspectis tut. fr. 7, § 3.

[2] Dig. VI, 2. de Publiciana in rem actione fr. 1 pr.

[3] Hierauf macht PERNICE aufmerksam (v. HOLTZENDORFFS Encyklopädie. 5. Aufl. I. S. 131). Vgl. Cod. III, 3. de pedaneis judicibus c. 2. (dicunt). Ebenso Cod. VII, 62. de appellationibus c. 6.

[4] So CICERO für Cilicien (CICERO, ad Att. VI, 1). Nichtprätorische Edikte siehe bei BRUNS, Fontes ed. VI. S. 229 ff.

[5] Vgl. A. S. SCHULTZE, Privatrecht und Prozeß in ihrer Wechselbeziehung. I. 1883. S. 363.

[6] Dig. I, 2. de or. jur. fr. 2 § 10.

[7] So richtig PERNICE a. a. O. S. 129; Parerga in der Zeitschrift der Savignystiftung. V. S. 37 ff.

und dadurch als gesetzlich zulässig gekennzeichnet worden war (d. i. eine *legis actio*), da war der *praetor* ohne jeden Einfluß auf die Entscheidung der Sache, aber freilich auch frei von jeder Verantwortlichkeit für diese Entscheidung. Wo dagegen seine Hilfe ohne *legis actio* angerufen wurde (namentlich im Peregrinenprozesse), da durfte und sollte er entweder die Sache selbst entscheiden (was nicht ganz sicher ist) oder (worüber kein Zweifel herrscht) Maß und Ziel des zu gewährenden Rechtsschutzes durch einen Befehl an den oder die Richter, welche er bestellte, näher bestimmen. Ohne eine solche magistratische Oberaufsicht würde namentlich der Schutz der Fremden in alter Zeit überaus bedenklich gewesen sein.[1] Für dieses Gebiet der Rechtspflege, das die Gesetzgebung seiner Verantwortlichkeit freigelassen hatte, waren daher die *edicta* des *praetor* für das Publikum von besonderem Werte.[2]

Nun zeitigte aber der Ständekampf zwei weitere Beschränkungen des prätorischen freien Beliebens, die den Edikten dieser Behörde ein ganz eigenartiges Gepräge gaben, das „ohne alles Seitenstück bei andern Völkern" ist.[3]

a) Alle *edicta repentina*, d. h. alle überraschenden Abweichungen des Prätors von seinen eigenen als bleibend verkündeten Verordnungen (den sog. *edicta perpetua*) wurden durch eine *lex Cornelia* 687 *urbis* (67)[4] verboten. Hierdurch wurde wahrscheinlich nur ein Gerichtsgebrauch bestätigt; denn die unbedingte Zuverlässigkeit der Edikte entsprach dem Zwecke ihrer Verkündung. Damit erhielten die Verordnungen der Beamten für ihre Amtsdauer die Unabänderlichkeit von Gesetzen. Das, was den Verwaltungsakt vom Rechtssatz unterscheidet (§ 2), die freie Abänderlichkeit, war weggefallen.[5]

b) Das *album praetoris* enthielt nicht bloß allgemeine Sätze, sondern auch Klageformulare, deren Ausfüllung seitens der

---

[1] Vgl. über alles dies insbes. Wlassak, Röm. Prozeßgesetze. 2 Bde. 1888. 1891, und über einige eigentümliche Unterschiede in der Trennung der allgemeinen Ediktssätze Dernburg, Untersuchungen über das Alter der einzelnen Satzungen des prätorischen Ediktes. 1873.

[2] Nach der weißen Tafel, auf der sie standen, hießen sie *album praetoris*. Gajus, Inst. IV, 46.

[3] So richtig Bruns-Pernice in v. Holtzendorffs Encyklopädie. 5. Aufl. S. 129.

[4] *Ne varie praetores jus dicerent, sed ex suis edictis perpetuis.* Asconius, in Ciceronis orationem pro Cornelio. Vgl. auch über das frühere Recht Cicero, In Verr. act. II lib. I, 46. § 119. 120.

[5] Cicero, In Verrem II, 1. c. 42, 109: *Qui plurimum tribuunt edicto, praetoris edictum legem annuam dicunt esse.*

Kläger vom Prätor erbeten werden konnte, (*formulae*), teils in Nachbildung der alten *legis actiones*[1], teils in selbständig geschaffener Fassung. Jede *formula* war ein alternativer Befehl an den vom Prätor zu bestellenden Richter, einen bestimmten Prozeß zu entscheiden,[2] entweder zu verurteilen oder den Verklagten loszusprechen.[3]

Hinter den Formularen für Bestellung eines Richters standen noch Formeln für außerordentliche Arten der Rechtshilfe, Einreden[4], einstweilige außerordentliche Befehle (Interdicte)[5] und Verabredungen, die innerhalb eines Rechtsstreites unter Umständen von den Parteien abgeschlossen werden mußten (sog. Zwangssponsionen.)[6]

Wir wissen genau, welche Gesetze diese Aufstellung der Formeln veranlaßt haben, nämlich die *lex Aebutia*, die man gewöhnlich in das zweite Jahrhundert vor Christi Geburt verlegt[7] und zwei *leges Juliae*, als deren Urheber man den Kaiser Augustus ansieht.

Diese Gesetze hoben in gewissen Fällen (nicht in allen) die alten *legis actiones* auf.[8] Ihnen sollte in eben diesen Fällen ein schriftlicher Befehl gleichstehen, in dem der Magistrat den Richter zur Entscheidung des schwebenden Streites anwies (*verba concepta* oder *formula*; daher man den Formularprozeß zum alten Legisactionenprozesse in Gegensatz stellt.[9] Daß dieser Befehl des *praetor*

---

[1] Gajus IV, 32. 33.

[2] *Si paret, reum actori centum dare oportere, condemna, si non paret, absolare.* Gajus IV, 41. Hierin liegt nichts Besonderes. Jeder Auftrag an einen richterlichen Kommissar ist der Sache nach ein solcher alternativer Befehl.

[3] Daß diese Formulare keineswegs den Hauptbestandteil der Edikte bildeten, ist nachgewiesen von Wlassak, Edikt und Klageform. 1882. Vgl. auch Karlowa, Röm. Rechtsgeschichte. I. § 462 ff. Sohm, Inst. S. 48 Anm. 2.

[4] Siehe unten § 173.

[5] Vgl. unten § 175.

[6] Vgl. unten § 131.

[7] Voigt, Röm. Rechtsgeschichte. I. 1892. S. 828 bestimmt ihr Alter genauer auf die Zeit zwischen 517 und 513 *urbis*. Vgl. auch jetzt den während des Druckes dieses Buches erschienenen Aufsatz von Girard, La date de la loi Aebutia (Zeitschr. der Savignystiftung. Rom. Abt. XIV. S. 11 ff.); er setzt ihr Alter (S. 49) in das erste Drittel des siebenten Jahrhunderts der Stadt. Vgl. auch über die „débuts de la procédure formulaire" Cuq, Les institutions juridiques des Romains. 1891. p. 711 ff.

[8] Gajus IV, 30: *Itaque (legis actiones) per legem Aebutiam et duas Julias sublatae sunt istae legis actiones.* Auf die Julischen Gesetze bezieht sich Wlassaks in mehrfacher Hinsicht bahnbrechende Schrift: Römische Prozeßgesetze. 2 Bde. 1888. 1891; u. hierzu Gradenwitz in der Zeitschr. f. die Savignystift. IX. S. 184 ff. und Mommsen, Judicium legitimum. Ebenda. XII. S. 267 ff. — Näheres hierüber vgl. unten § 169.

[9] Näheres vgl. unten § 169.

an den *judex* dem Edikte entsprechen mußte, das für die Dauer des prätorischen Amtsjahres veröffentlicht worden war, ergab sich aus der soeben erwähnten *lex Cornelia*[1] oder auch schon aus einem älteren Gerichtsgebrauche, den sie bestätigt hatte. Hiernach mußte der Prätor zwar alle Befehle, die er in dieser Art erlassen wollte, zwar vorher ankündigen, aber nicht gerade notwendigerweise vorher formulieren. Er genügte ja der *lex Cornelia* schon dann, wenn er alle später etwa erforderlichen Klagen vorher versprach.[2] Dies Versprechen allein schützte ihn jedoch nicht gegen den Vorwurf, daß die *formula*, die er *ex causa edicto proposita* gegeben hatte, auch wirklich dem Inhalte des Ediktes entspräche. Hatten ja doch die Pontifices es nicht für nötig gehalten, die Gesetzmäßigkeit der von ihnen entworfenen Parteivorträge durch feste, dem Gesetze angepaßte Formulare (*legis actiones*) außer Frage zu stellen.[3] Gerade ebenso verfuhr der Prätor mit seinen Befehlen an den Richter, er formulierte sie im voraus nach den Worten seines Ediktes und nahm diese *formulae* zur Vorsorge in sein Edikt auf, wahrscheinlich mit der Absicht, aber jedenfalls mit dem Erfolge, daß dadurch jedem Einwande gegen ihre Ediktsmäßigkeit im voraus die Spitze abgebrochen wurde.[4] — Einige dieser Formeln erhielten nach ihren Verfassern Namen, die man den Aussprüchen, denen sie dienten, noch heutzutage beizulegen pflegt. So die *actio Serviana*, *Pauliana*, *Publiciana* u. a. m.

Durch die schriftlichen *verba concepta* der *formulae edicto propositae* wurden die alten mündlichen *verba legitima* der Legisactionen verdrängt und neuen Schutzbedürfnissen Befriedigungsmittel gewährt.[5] Der Prätor erweiterte sie namentlich dadurch, daß er die öffentlich aufgestellten Formulare nicht bloß auf Wunsch ausfüllte (sog. *actiones directae*, das sind unmittelbar aus dem Edikte ab-

---

[1] *Ne varie praetores jus dicerent, sed ex suis edictis perpetuis.* (S. 76. Anm. 4.)

[2] Vgl. Gajus IV, 109: *ex causa, ex qua nobis edicto praetoris datur actio.*

[3] Ein Seitenstück findet diese Erscheinung in der Formulierung der Fragen, die heutzutage unseren Geschworenen vorgelegt werden und sich genau an den Wortlaut des Gesetzes anpassen.

[4] Vgl. Cicero, Pro Roscio comoedo VIII, 24: *Sunt jura, sunt formulae de omnibus rebus constitutae, ne quis aut in genere injuriae, aut ratione actionis errare possit. Expressae sunt enim ex uniuscujusque damno, dolore, incommodo, calamitate, injuria, publicae a praetore formulae, ad quas privata lis accommodetur.*

[5] Vgl. Sohm, Inst. 4. Aufl. S. 158: „Das Kleid der *legis actio* ward zu eng. Der neue Most mußte in neue Schläuche gegossen werden."

geschriebene Formulare), sondern auch zuweilen nach Maßgabe seiner allgemeinen Edikte durch geeignete Abänderungen den besonderen Verhältnissen des einzelnen Falles anpaßte (*actiones utiles*, das sind die für einen Ausnahmefall besonders brauchbar gemachten Formulare).[1]

Dieses Formelwesen hat den Rechtsbegriffen der Römer zum großen Teile ihre Namen gegeben, und hat es möglich gemacht, daß sich neben dem alten *jus civile* ein vollständiges *jus praetorium* entwickelte. Ohne dieses letztere würde das *jus civile* gar nicht haben durchgeführt werden können, daher denn auch das *jus honorarium* als die *viva vox juris civilis*[2] gilt. Ja es ergänzt sogar dieses Civilrecht und wagte schließlich, es mit Erfolg abzuändern und zu verbessern, indem es sich den neuen Bedürfnissen schmiegsamer anpaßte, als die schwerfällige Volksgesetzgebung. Immer aber steht das, was *auxilio praetoris* geschieht[3], dem nicht gleich, was vom Civilrechte selbst (*ipso jure*) angeordnet ist; denn die *leges annuae* des Magistrates sind vergänglich; sie enden mit seiner Amtsgewalt. Allein auch diesen Mangel streiften sie schließlich ab. Die prätorischen Satzungen, die sich immer wieder bewährt hatten, wurden ständig. Ein Magistrat übertrug sie auf den anderen (*edicta tralaticia*)[4] und die willkürliche Änderung derartiger überlieferter Sätze kam außer Gebrauch.

III. Die wichtigsten Urkunden des älteren römischen Rechtes.

§ 25.[5]

I. Unmittelbare Überlieferung von Rechtsdenkmälern.

a) Gesetze. Hierher gehören:

[1] Vgl. z. B. GAJUS IV, 86. Hier wird das Formular, das zu Gunsten des Klägers lautet, auf den Namen seines *procurator* umgeschrieben, so daß dieser nun alle Rechte seines Auftraggebers statt dessen ausüben kann. Vgl. unten § 170. Ebenso wurde in späterer Zeit, wenn jemand seinen Anspruch einem andern abgetreten hatte, das für ihn bestimmte Formular auf den neuen Gläubiger als *actio utilis* umgeschrieben. Vgl. unten § 166.

[2] So MARCIANUS in Dig. I, 1. de justitia et jure fr. 8.

[3] PAPINIAN in Dig. I, 1. de just et jure 1, 1: *Jus praetorium est quod praetores introduxerunt adjuvandi vel supplendi vel corrigendi juris civilis gratia, propter utilitatem publicam.* Vgl. hierzu auch noch über das Herrschaftsgebiet der Edikte BARON, Peregrinenrecht und *jus gentium.* Leipzig 1892, S. 29 ff.; auch SOHM, Institutionen. 4. Aufl. S. 51.

[4] Von *transferre.* CICERO, In Verrem actio II. lib. I. c. 44. § 114: *hoc vetus edictum translatitiumque esse.* GELLIUS, Noct. att. III, 18, 7: *tralaticio utuntur.*

[5] Vgl. KRÜGER, Geschichte der Quellen und Litteratur des römischen

α) Die kupferne *tabula Bantina* (1790 in Lucanien an der Stelle des alten Bantia gefunden). Sie enthält auf der einen Seite in oskischer, auf der anderen in lateinischer Sprache Vorschriften von zweifelhaftem Inhalte.

β) Die schon vor 1621 aufgefundenen Bruchstücke einer auf beiden Seiten beschriebenen Erztafel, welche sowohl eine *lex repetundarum*, als auch auf der anderen Seite eine *lex agraria* enthalten.[1]

γ) Die Erztafel der *lex Cornelia de viginti quaestoribus* von Sulla (673 *urbis*).

δ) Die in Rom gefundene Kupfertafel der *lex Antonia de Thermessibus*, eines Plebiscites, das die Gemeinde Thermessus in Pisidien für ihre Treue im Mithridatischen Kriege belohnte.

ε) Die Kupfertafel der *lex Rubria de Gallia Cisalpina* (in den Trümmern des alten Veleja bei Piacenza gefunden) mit Vorschriften über die Rechtspflege und mit Klageformularen.[2]

ζ) Die beiden Kupfertafeln der sog. *tabula Heracleensis*, bei dem alten Heraclea in Lucanien gefunden. Sie sind Teile einer Municipalordnung, der *lex Julia municipalis* vom Jahre 709 *urbis* (45).[3]

η) Die vier Erztafeln der *lex Ursonensis*, auch *lex coloniae Genetivae Juliae* genannt, enthalten das einer spanischen Kolonie verliehene Stadtrecht.

b) Von den Senatsschlüssen ist uns unmittelbar namentlich das *S. C. de Bacchanalibus* (568 *urbis*) erhalten.[4]

II. Mittelbare Überlieferungen des älteren römischen Rechtes finden sich in nichtjuristischen Schriften[5], auch in juristischen Büchern der späteren Zeit. Unter diesen mittelbaren Rechtszeugnissen ragen die Schriften Ciceros und Varros hervor. Auf derartige Überlieferungen sind wir namentlich hinsichtlich der *edicta magistratum* angewiesen, von denen es vielfach zweifelhaft ist, ob sie

---

Rechts. Leipzig 1888. § 10. S. 70 ff. Bruns, Fontes juris Romani antiqui. ed. VI. cura Theodori Mommseni et Ottonis Gradenwitz 1893. S. 1 ff.

[1] Vgl. die anschauliche Abbildung in Bruns, Fontes ed. VI. p. 57, die auf den Vorarbeiten von Klenze, Rudorff und Mommsen beruht.

[2] Das wahrscheinlich zu ihr gehörige *fragmentum Atestinum* siehe in Bruns, Fontes VI. p. 102.

[3] v. Savigny, Vermischte Schriften. III. 1850. S. 279.

[4] Vgl. Livius XXXIX, 8 ff. über die Bacchanalienverschwörung; vgl. übrigens auch noch Joh. Schmidt, Die Senatsbeschlüsse über die Thisbäer vom Jahre 170 v. Chr. (vor etwa 30 Jahren entdeckt) in der Zeitschr. der Savignystiftung. II. S. 116 ff. und überhaupt Bruns, Fontes, ed. VI. S. 160 ff.

[5] Eine Übersicht über die wichtigste Litteratur, welche diese mittelbaren Quellen betrifft, findet sich in Voigt, Röm. Rechtsgeschichte. 1892. I. S. 7 ff.

aus der Kaiserzeit oder aus der Republik stammen. Darum sind für uns von besonderem Werte die bei einzelnen Schriftstellern, namentlich in den Reden Ciceros gegen Verres enthaltenen Ediktalstellen, welche jedoch vielfach nur eine provinziale Bedeutung hatten.

Zu den Quellen einer mittelbaren Rechtsüberlieferung rechnet man auch die römischen Dichter, insbesondere die älteren Lustspieldichter. Diese haben jedoch vielfach nach griechischen Vorbildern gearbeitet und diese nicht immer dem römischen Rechte angepaßt, so daß ihre Aussprüche mit Vorsicht zu benutzen sind.[1] Von großem Werte sind dagegen die römischen Inschriften, die seit 1863 im Auftrage der Berliner Akademie der Wissenschaften gesammelt und veröffentlicht werden.[2]

Zweites Kapitel. Die Oberherrschaft Italiens über das römische Reich.

I. Triebfedern und Werkzeuge der Rechtsentwickelung in der älteren Kaiserzeit.

§ 26.

I. Einleitung. Am Ende der Republik ist das römische Gemeinwesen aus einer Stadt zu einem italischen Flächenstaate, das Stadtbürgerrecht in ein Staatsbürgerrecht, der *ager Romanus* in einen *ager Italicus* umgewandelt. Jeder italische Munizipalbürger erhält das doppelte Bürgerrecht.[3]

Der römisch-italische Staat steht aber nicht mehr wie das alte Rom neben seinen Nachbarstaaten, sondern über ihnen, also in einem Herrschaftsverhältnisse. Dies führt ihm fortwährend

---

[1] Vgl. hierzu Krüger a. a. O. S. 77, und Bekker, Die römischen Komiker als Rechtszeugen in der Zeitschrift der Savignystiftung. Rom. Abt. XIII. S. 99 ff. und die dort Angeführten; für die Zuverlässigkeit des Plautus als Rechtsquelle Voigt, Röm. Rechtsgeschichte. Bd. I. Leipzig 1892. S. 7 Anm. 5.

[2] Corpus inscriptionum latinarum. Berlin seit 1863. Vol. I—XV, 1 (XIII fehlt noch). Vol. I ist 1893 in neuer Auflage erschienen.

[3] Modestinus, Dig. L, 1. ad municipalem fr. 33: *Roma communis nostra patria est.* XLVIII, 22. de interdictis fr. 18 (19) pr. Vgl. über die Reform der municipalen Jurisdiktion unter Augustus: Wlassak in der Zeitschrift der Savignystiftung. Rom. Abteil. IX. S. 383.

aus allen Teilen des Weltreiches neue Bürger und mit ihnen neue Rechtsanschauungen zu.[1] Mehr und mehr wurde das römische Bürgerrecht auf Städte und ganze Provinzen ausgedehnt, bis schließlich der Kaiser Antoninus Caracalla es über das ganze Reich ausbreitete.[2]

Die Grundlagen der römisch-italischen Rechtsordnung wurden hierdurch verändert, aber nicht beseitigt[3], so daß das altrömische Recht wenigstens in seinen Grundzügen noch immer dem spätrömischen, für die verschiedenartigsten Völker bestimmten Rechte zu Grunde lag.[4]

Diese bevorzugte Stellung Italiens innerhalb des römischen Reiches beruhte sowohl auf den Folgen der Unzulänglichkeit des bisherigen Rechtes als auch auf der Entstehung neuer Schutzbedürfnisse.

II. Die Unzuträglichkeiten der alten republikanischen Staatsordnung.

a) Die Mehrheit unabhängiger Staatsoberhäupter hatte sich als eine Ursache der Bürgerkriege erwiesen.

b) Die Provinzialverwaltung unterlag zur Zeit der Republik keinem Intercessionsrechte. Der Mißbrauch der Amtsgewalt der Provinzialregenten vermehrte sich mit ihrer Machtfülle. Diese ergab sich daraus, daß es einerseits unmöglich war, die Rechtsordnungen der Provinzialen zu beseitigen, während andererseits die Oberhoheit Roms ihnen gegenüber nicht ohne eine thatkräftige Vertretung bleiben durfte. Dadurch gelangte man zu einem gefährlichen Systeme absolutistischer Willkür, die den Heerführern und den Provinzialregenten die Rechte unumschränkter Herrscher gab.

---

[1] Vgl. kaiserliche Verleihungen des *jus Italicum* in Dig. L, 15. de censibus fr. 1.

[2] Vgl. über den Kaiser Antoninus Mommsen, Röm. Geschichte. Bd. V. S. 455. Dio Cassius (LXXVII, 9), der der Maßregel des Kaisers feindselig gegenübersteht, erklärt sie aus der Absicht, die Steuern zu vermehren. Allein die besondere Verehrung des Kaisers für den großen Alexander, von der uns berichtet wird (Dio Cassius LXXVII, 9 nennt ihn φιλαλεξανδρότατος), legt den Gedanken an höhere Gesichtspunkte, die der Ausbreitung des Bürgerrechtes zu Grunde lagen, recht nahe.

[3] Vgl. hierzu Pernice in v. Holtzendorffs Encyklopädie. 5. A. I. S. 101. 136. Degenkolb, Rechtseinheit und Rechtsnationalität im röm. Reiche. Tübinger Festrede. 1884.

[4] Der Zug der römischen Rechtsgeschichte vom Volke zum Weltreiche bewegte sich hiernach in der entgegengesetzten Richtung, wie die neuere Entwickelung, in der die Völker zwar auf dem Boden gewisser gemeinsamer Grundsätze stehen, aber doch aus dem Verbande der mittelalterlichen Weltkirche zu einer möglichst eigenartigen Ausgestaltung selbständiger Nationalitäten hinausstreben.

Wie schwer es war, ihren Ausschreitungen eine erfolgreiche Anklage in Rom folgen zu lassen, beweisen die bekannten Verhandlungen gegen Verres.

Diese Macht der Provinzialregenten entzog der Rechtspflege in den Provinzen ihre beständige Dauer. Von Zeit zu Zeit wurden in den verschiedenen Teilen ihres Bezirks Gerichtstage (*conventus*) abgehalten, an denen die Leiter der Provinzen auf einer Rundreise die schwebenden Streitigkeiten erledigten, indem sie die angesehensten Einwohner ihres Gebietes als Richter oder als Berater zuzogen.[1]

c) Der Gegensatz zwischen dem Tribunate und der Magistratur hatte zu heftigen Unruhen geführt und mußte beseitigt werden.

d) Das Bedürfnis nach einer obersten Amtsstelle zur Herstellung einer folgerichtigen Verwaltungspraxis war von den schwankenden Mehrheiten des Senates nicht mehr befriedigt worden. Die Ständigkeit der Ämter, welche bei der Vertreibung der Könige beseitigt worden war, wurde daher zunächst an der obersten Stelle wieder eingeführt.

III. Neue Ziele des Rechtsschutzes. Die Notwendigkeit der Volksernährung und die Bedürfnisse der Landesverteidigung drängten dazu, den Welthandel zu begünstigen.[2] Schon in der Republik hatte sich der Verkehr so sehr vermehrt, daß die Ernennung eines besonderen *praetor peregrinus* für den Rechtsschutz der Ausländer in Rom erfolgte (247 *urbis*, 507 *a. Chr.*). Die friedlichen Zeiten der Kaiserherrschaft steigerten den Handel im höchsten Maße. Dieser verlangte aber schmiegsamere Grundsätze, als das alte *jus civile* für beschränkte Verhältnisse geschaffen hatte. Eine größere Freiheit des Ermessens der Magistrate und der Geschworenen als das alte strenge Recht (*jus strictum*)[3] zuließ, sowie

---

[1] Vgl. Keller, Der röm. Civilprozeß und die Aktionen. 5. Ausgabe, bearbeitet von Wach. Leipzig 1876. § 3. Anm. 63 (61). S. 19.

[2] Aus Ägypten kam nicht weniger als ein Drittel des römischen Kornkonsums. Vgl. J. Jung, Zur Würdigung der agrarischen Verhältnisse in der römischen Kaiserzeit (Hist. Zeitschr. XLII. N. F. VI. S. 43 ff., bes. S. 49 ff.); Mommsen, Röm. Geschichte. Bd. V. S. 559. Eine Übersicht über die Entwickelung des Verkehrsrechtes siehe bei Goldschmidt, Universalgeschichte des Handelsrechts (Handb. des Handelsrechts. 3. Aufl. 1891. Bd. I. Abt. 1. S. 58—94). In den Beginn der Kaiserzeit fällt auch die Entstehung des Postwesens. Vgl. Hudemann, Geschichte des röm. Postwesens während der Kaiserzeit. 2. Aufl. Berlin 1878 und dazu J. Merkel in der Ztschr. d. Savignystiftung. III. S. 174 ff. Vgl. auch Goldschmidt a. a. O. S. 67.

[3] Vgl. hierzu auch Krüger, Zur Geschichte der Entstehung der *bonae fidei judicia*. Zeitschr. der Savignystiftung. Rom. Abt. XI. S. 167 ff.

die Möglichkeit außerordentlicher Rechtshilfen wurden durch den Verkehrsaufschwung erforderlich. Hierdurch entstand eine unausgesetzte Mehrung der Rechtssätze und eine verwickeltere Gestaltung des Rechtslebens, befördert durch die Grundsätze der Freizügigkeit[1] und des freien Handels.[2]

Die Durchschnittsbildung der bürgerlichen Geschworenen und der Träger von Ehrenämtern reicht nicht mehr dazu aus, die Aufgaben der Rechtspflege und der Verwaltung in sachgemäßer Weise zu lösen. Eine wissenschaftliche Vorbildung wird nötig für Gehilfen, die als Beisitzer (*assessores*)[3] durch ihren Rat die Beamten und die Privatgeschworenen vor den Gefahren der Rechtsunkenntnis schützen sollen.[4]

Der steigende Wert der höheren Bildung, die in der Regel nur auf der Grundlage eines nicht unbedeutenden Vermögens erreichbar war, erhöhte den Wert des Reichtums in außerordentlichem Maße. Zugleich trat ein verhängnisvoller Mangel an Arbeitskräften hervor.[5] Durch harte Zwangsmaßregeln suchte man die Sklaven zur Arbeit zu treiben, indem man sie in gefängnisartige Arbeitshäuser (*ergastula*) zusammenpferchte. Doch gelang es trotzdem nicht, ihre Betriebsamkeit auf die erforderliche Höhe hinaufzutreiben.[6] Darum wurde die Arbeitskraft der besitzlosen Freien von den Großgrundbesitzern in stärkerem Maße als früher herangezogen und der Pachtvertrag genauer entwickelt, allerdings in einer Weise, die den bäuerlichen Pächtern (*coloni*) nicht sonderlich günstig war.[7]

---

[1] Marcellus, Dig. L, 1. ad municipalem fr. 31: *Nihil est impedimento, quo minus quis ubi velit habeat domicilium quod ei interdictum non sit.* Vgl. Goldschmidt, Handb. des Handelsrechts. 3. Aufl. S. 65.

[2] Diesen beseitigte Diocletian. Vgl. Rodbertus in Hildebrands Jahrb. f. Nationalökonomie. V. S. 291. Goldschmidt a. a. O. S. 85.

[3] Vgl. über diese *assessores* Hitzig, Diss. de magistratuum et judicum Romanorum assessoribus, 1891, die Assessoren der römischen Magistrate und Richter, 1893, und dazu Pernice, Parerga S. 148, bes. S. 148 Anm. 2 in der Zeitschr. der Savignystiftung. Rom. Abt. XIV; auch Kübler, ebenda S. 285 ff. Vgl. auch J. Merkel, Abhandl. aus d. Gebiete des röm. Rechtes. III. 1888. S. 64 ff.

[4] Vgl. Paulus, Dig. II, 2. quod quisque juris statuerit ipse eodem jure utatur fr. 2: *Nam si adsessoris imprudentia aliter jus dictum sit quam oportuit, non debet hoc magistratu officere, sed ipsi asessori.*

[5] Vgl. hierüber Weber, Die röm. Agrargeschichte. 1891. S. 242 ff.

[6] Plinius, Hist. nat. VII, 4: *Coli rura ab ergastulis pessimum est, et quidquid agitur a desperantibus.* Vgl. ferner über die Unzuverlässigkeit der arbeitenden Sklaven Columella, De re rustica. lib. I. c. VII, 6.

[7] Vgl. unten § 138 und Weber, Die röm. Agrargeschichte. 1891. S. 131 ff., S. 232 ff., der namentlich auf die verhängnisvollen Folgen hinweist, die aus der Aufteilung des Gemeindelandes für den landwirtschaftlichen Kleinbetrieb hervor-

Die ärmeren Klassen der Stadt fanden neben den Sklaven nur unzureichende Arbeitsgelegenheit.[1] Ihnen gewährte der Staat Unterstützungen und Lustbarkeiten (*panem et circenses*).[2] Neben dem Rechte auf Ernährung wird den hilfsbedürftigen Familienvätern von Trajan ein Zuschuß von Alimenten für ihre Kinder gewährt.[3] Um dieser Aufgabe zu genügen, mußten Alimentarienkassen geschaffen werden, die den Charakter staatlicher Kreditanstalten bekamen[4] und namentlich führte diese Stiftung dazu, zu Gunsten der Städte Güter mit ewigen Renten belastet an Privatleute auszugeben (*agri vectigales*).[5] Vgl. unten § 85.

Eine so kostspielige Volksernährungsweise war nur auf Kosten der Provinzen denkbar. „Der Schwerpunkt der Finanzwirtschaft des Reiches lag in den Steuern der Provinzialen.“[6]

Die unwürdige Lage der unteren Klassen fand ihren schärfsten Ausdruck im Strafrechte, das in dieser Zeit mehrfach für die *honestiores* mildere Strafen festsetzte als für die *humiliores*.[7] Die Scheu vor den Unkosten des Haushaltes erschwerte die Eheschließungen, so daß der Gesetzgeber es für nötig fand, sie mit seinen Mitteln zu befördern.[8] Unter solchen Umständen entwickelte sich der stärkste Trieb zum Erwerbe und zur Ausnützung des Privatvermögens und da-

---

gingen und bemerkt, daß nicht bloß der Großgrundbesitzer den kleinen Bauern, sondern auch der Großpächter den Kleinpächter verdrängte. Größere Verpachtungen fanden vornehmlich aus den von den Censoren entworfenen Verträgen (*leges censoriae*) statt. Vgl. PERNICE in der Ztschr. der Savignystiftung. V. S. 119 ff.

[1] Vgl. hierzu COLUMELLA, De re rustica. I. c. 7 u. WEBER, Die röm. Agrargeschichte. S. 236 ff.

[2] JUVENAL. X, 81.

[3] PLINIUS, Paneg. 26. *vita Pertinacis* 9. Vgl. MATTHIASS, Röm. Alimentarinstitution und Agrarwirtschaft in CONRADS Jahrbüchern f. Nationalökonomie u. Statistik. XXV. N. F. X. S. 503 ff. Über ähnliche Bestrebungen Nervas siehe HIRSCHFELD, Untersuchungen auf dem Gebiete der röm. Verwaltungsgeschichte. 1877. S. 114.

[4] Vgl. MATTHIASS a. a. O. S. 511.

[5] Vgl. hierzu bei BRUNS, Fontes ed. VI. p. 305 ff., die *obligationes alimentariae aliaeque similes*, und dazu MOMMSEN, Die Alimentartafeln und die italische Bodenteilung (Hermes XIX, p. 395 ff.). PERNICE in der Zeitschr. der Savignystiftung V. S. 77 ff., sowie in v. HOLTZENDORFFS Encyklopädie. 5. Aufl. I. S. 139. WEBER a. a. O. S. 172.

[6] J. JUNG in der Historischen Zeitschr. XLII. N. F. VI. S. 49 ff. MAX WEBER, Die röm. Agrargeschichte. 1891. S. 8.

[7] Vgl. DURUY in den Mémoires de l'institut national de la France. XXIX. 1877. p. 253 ff. Vgl. z. B. Dig. XLVII, 18 de effractor. et expil. fr. 1. § 2.

[8] Vgl. unten § 53.

neben eine beispiellose Erbschleicherei.[1] In der kunstvollsten Entfaltung der Privatrechtspflege, die sich diesen Zuständen anpaßte, gewährte die ältere Kaiserzeit dem Volke einen Ersatz für seine fortschreitende politische Entmündigung (das *ruere in servitium*).[2]

Man darf sich übrigens diese Abhängigkeit in den ersten Jahrhunderten keineswegs als eine despotische Nichtachtung der alten Rechtssätze und der besonderen Wünsche der Reichgenossen denken. Wie in der Religion die verschiedensten Kulte unter römischer Oberaufsicht geschützt wurden, so im Staate die verschiedensten Volksrechte. Einem Teile des Reiches verblieb die Selbstverwaltung[3], sogar Fürsten erhielten sich eine Zeit lang unter römischer Oberhoheit. Auch die Provinzialverwaltung war nach der Beschaffenheit des Landes besonders geregelt.

In der Verleihung des Bürgerrechtes an Provinziale aus allen Weltteilen ist der Kaiser sehr freigebig. Insbesondere dringen aus dem Oriente neue Sitten ein[4], welche den altrömischen Rechtsanschauungen gefährlich werden, die Umwandlung des Kaisertums aus einer Zusammenfassung republikanischer Ämter in eine unumschränkte Alleinherrschaft begünstigen und den römischen Religionskultus vergiften.

Aus dieser großen Mannigfaltigkeit der Kulte, der Rechtssätze und der Sitten entstand schließlich eine Verwirrung der Anschauungen und eine Abstumpfung des Gefühls für die religiösen und rechtlichen Grundlagen des Zusammenlebens; ein Zustand, dem der unbeschränkte Militärdespotismus des dritten Jahrhunderts entsprach. Dieser räumte mit der Vorherrschaft Italiens auf und führte zu einer vollständigen Umbildung des gesamten Reiches hinüber, die dem allgemeinen Einheits- und Ordnungsbedürfnisse Rechnung trug (§ 30 ff.).

IV. Die neuen Mittel der Rechtsbildung.

a) Die Kaiserwürde. Ihr Inhalt ergiebt sich aus einer Betrachtung der kaiserlichen Titel.[5]

α) An oberster Stelle stand der Titel *pontifex maximus*. Der *princeps* war also Oberhaupt des Religionswesens und Mitglied der angeseheneren Priesterkollegien.[6] Außerdem wurde er zu einem Gegenstande religiöser Verehrung. Er wurde als ein göttliches Wesen

---

[1] Gellius, Noctes att. XVII, 14: *Heredis fletus sub persona risus est.*

[2] Tacitus, Ann. I, 7.

[3] Vgl. Mommsen, Röm. Rechtsgeschichte. V. S. 559.

[4] Vgl. Mommsen, Röm. Geschichte. V. S. 462.

[5] Vgl. Mommsen, Röm. Staatsrecht. 3. Aufl. II, 2. S. 777 ff. Abriß des röm. Staatsrechts. 1893. S. 190—203. Karlowa, Röm. Geschichte. I. § 63 ff. S. 492 ff.

[6] Vgl. Mommsen, Röm. Staatsrecht. 3. Aufl. II, 2. S. 1102 ff.

bezeichnet und es mußten ihm Opfer dargebracht werden, deren Verweigerung den Christen späterhin heftige Verfolgungen zuzog.[1]

β) Der Kaiser war *tribunus plebis*, also mit dem vollen Intercessionsrechte gegen Verfügungen der Magistrate und Senatsbeschlüsse ausgestattet. Darum konnte er die Abhaltung von Volksversammlungen und Volksgerichten unterlassen oder verhindern, auch ohne daß eine Rechtsvorschrift den Volksschlüssen ihre rechtliche Kraft entzog.[2] Die Tribunatsstellung, die von alters her sacrosanct war, schützte ihn zugleich gegen Majestätsbeleidigung.

γ) Der Kaiser ist *imperator*, also Heerführer, und als solcher im Besitze der unumschränkten Befehlrechte, die schon das alte Rom den Truppenführern gewährte.[3]

δ) Der Kaiser war *proconsul.*[4] Hiernach hatte er die vollen Rechte eines Provinzialregenten, auch in den Senatsprovinzen.[5] Daher konnte er auch in den Provinzen Befehlsrechte erlassen und gegenüber den eigentlichen Provinzialstatthaltern Intercessionsrechte ausüben.[6]

ε) *Consul* wird der Kaiser nur zuweilen, hauptsächlich, um an den Vorzügen der konsularen Eponymie, d. i. der Benennung der Jahre nach Konsuln, teil zu nehmen.[7]

---

[1] Vgl. Maassen, Über die Gründe des Kampfes zwischen dem heidnisch-römischen Staate und dem Christentum. 1882. S. 24 ff. Vgl. ferner die Schwurformeln in Bruns, Fontes ed. VI. S. 254: *Juppiter optimus maximus ac divus Augustus ceterique omnes di immortales.* S. 137; auch Mommsen, Abriß des röm. Staatsrechts. S. 191. 192.

[2] Vgl. Mommsen, Röm. Staatsrecht. 3. Aufl. II, 2. S. 879.

[3] Vgl. Mommsen, Röm. Staatsrecht. 3. Aufl. II, 2. S. 784, 840 ff. 848.

[4] In diesem Amte sieht Mommsen neben der tribunicischen Gewalt des Herrschers den eigentlichen Schwerpunkt seiner Stellung (röm. Staatsrecht. II, 2. S. 777).

[5] Das *imperium* gegenüber den Truppen und das prokonsularische Befehlsrecht machten es dem Kaiser möglich, das ganze Reich einem Census zu unterwerfen (Evangelium Lucae II, 2). Dadurch darf man sich freilich nicht zu der Annahme verleiten lassen, daß ein allgemeiner Reichscensus als rechtliche Einrichtung bestand. Vgl. hierzu Mommsen, Röm. Staatsrecht. 3. Aufl. II, 2. S. 336. 338. Anm. 1. Rodbertus in Hildebrands Jahrb. f. Nationalökonomie IV. S. 341; auch Weber, Die röm. Agrargeschichte. Stuttgart 1891. S. 256.

[6] Nach Mommsen (a. a. O. S. 845 ff.) war überhaupt das *imperium* des Kaisers ein lediglich prokonsularisches, also nicht auf Italien, sondern nur auf die Provinzen berechnetes (S. 846). Die Truppen standen jedenfalls überall unter dem Befehle des Kaisers. Hier wie sonst ist Mommsen bemüht, der Entstellung des Prinzipats durch Schriftsteller des Altertums, denen über seiner thatsächlichen Machtfülle die republikanische Grundlage dieser Gewalt verschlossen blieb, entgegenzutreten. Vgl. Mommsen, Röm. Staatsrecht. II, 2. Vorwort S. V ff.

[7] Mommsen a. a. O. S. 1095 ff.

ζ) Die Censur verschaffte dem Kaiser, wenn er sie übernahm, eine Oberaufsicht über die Sittenpflege und die Liste der Senatoren und Ritter, sowie die Befugnis, durch Verfügung den Patriciat zu verleihen, der dadurch aufhörte, ein reiner Geburtsadel zu sein.[1]

Domitian übernahm dieses Amt auf Lebenszeit, wodurch es sich mit der Kaiserwürde verschmolz.[2]

η) Der Name „*pater patriae*" war ein Ehrentitel des Kaisers.[3] Hierzu tritt dann noch, daß nicht bloß der Kaiser die Geschworenenliste (*album judicum selectorum*) in seine Hand bekam[4], sondern daß sogar ein neues außerordentliches Strafgericht eingeführt wurde, das vor dem Kaiser wie vor dem Senate möglich war und auch Untergebenen (*delegati*) des Kaisers übertragen werden konnte, gegenüber denen er dann die höhere Instanz bildete.[5] Noch weiter griff die Civilgerichtsbarkeit des Herrschers. Er durfte Rechtsgeschäfte, die die Mitwirkung eines Magistrats verlangten, vor sich vornehmen lassen, ferner alle Civilsachen kraft seiner Amtsgewalt entscheiden, sogar in schwebende Streitigkeiten eingreifen (jedenfalls in solche, die noch nicht vor die Privatgeschworenen gelangt waren)[6], und Appellationen sowie Provokationen entgegennehmen[7]; denn er konnte jedes magistratische Dekret und damit jeden darauf beruhenden Richterspruch kassieren (wie einstmals die *tribuni appellati*) und auch kraft seiner Befehlsgewalt durch einen neuen ersetzen. Aus der Fülle dieser Befugnisse, deren Ausübungen ineinandergriffen, entwickelte sich eine allmähliche Steigerung der kaiserlichen Macht bis zur Unumschränktheit. Die Verleihung der kaiserlichen Stellung, die ursprünglich Sache der Volksversammlung gewesen war, hing schließlich vom Senate und vom Heere ab und vielfach erzwang dieses die Zustimmung des Senats.[8] Der Soldatenstand wurde hiernach ein mächtiger Zweig des Gemeinwesens, dessen Beherrschung dem Kaiser die Möglichkeit gab, schon bei Lebzeiten den Nachfolger im voraus zu bestimmen. Traf hierbei die Wahl des Kaisers andere, als natürliche Söhne, so bezeichnete man dies als *adoptio*

---

[1] Vgl. Mommsen a. a. O. S. 1100.

[2] Mommsen a. a. O. II, 1. S. 336 ff. II, 2. S. 1098.

[3] Mommsen a. a. O. S. 785.

[4] Vgl. oben S. 73 Anm. 4.

[5] Vgl. über alles dies und das folgende Mommsen, Röm. Staatsrecht. II, 2. S. 958 ff.

[6] Vgl. Mommsen, Röm. Staatsrecht. II, 2. S. 977 ff.

[7] Beide Begriffe verschmelzen sich jetzt. Mommsen S. 978, Anm. 3

[8] Vgl. Mommsen, Röm. Staatsrecht. III, 2. S. 813 und über die spätere Zeit Karlowa, Röm. Rechtsgeschichte. I. S. 827.

regia.[1] In ähnlicher Weise erhielt der Senatsschluß, der den Kaiser erwählte, den Namen einer „königlichen" Anordnung (*lex regia*).[2] Auch insofern bekamen die Kaiser allmählich königliche Rechte, als sich der Grundsatz ausbildete, daß sie von den Gesetzen entbunden wären.[3] Schließlich wurde ihren Anordnungen die volle Kraft eines Gesetzes zugeschrieben.[4] Diese höchste Machtfülle hat das Kaisertum[5] jedoch erst unter Diocletian erreicht[6], der zuerst den Titel „*dominus*" beanspruchte. Vorher stand der Senat rechtlich neben dem *princeps*, so daß man für diese frühere Zeit von einer Doppelherrschaft gesprochen hat.[7]

b) Das Beamtentum der Kaiserzeit.[8]

α) Die republikanischen Ämter bestanden weiter, doch war ihre Wahl von Tiberius dem Volke entzogen und dem Senate übertragen worden.[9]

Hieraus entwickelte sich eine Doppelverwaltung, die sich namentlich in den Provinzen zeigte. Es giebt nebeneinander kaiserliche und Senats-Provinzen[10], wonach man die in ihnen belegenen steuerpflichtigen Grundstücke in *tributaria* und *stipendiaria*[11] unterschied.

---

[1] Näheres siehe in Karlowa, Röm. Rechtsgeschichte. I. S. 513.

[2] Vgl. unten § 29.

[3] Vgl. Inst. II, 17 in fine: *Divi quoque Severus et Antoninus saepissime rescripserunt: Licet enim, inquiunt, legibus soluti sumus, attamen legibus vivimus.*

[4] Dig. I, 4. de cest. principum fr. 1 (Ulpianus): *Quod principi placuit, legis habet vigorem: utpote cum lege regia, quae de imperio ejus lata est populus ei et in eum omne suum imperium et potestatem conferat.* Vgl. über diese wahrscheinlich interpolierte Stelle Pernice in v. Holtzendorffs Encyklopädie I. 5. Aufl. S. 187.

[5] Vgl. Mommsen, Röm. Staatsrecht. II, 2. S. 763.

[6] Vgl. Mommsen a. a. O. S. 726. Vgl. auch Karlowa, Röm. Rechtsgeschichte. I. S. 492.

[7] Mommsen, Abriß des röm. Staatsrechts. S. 340 ff.: „Die Dyarchie des Principats."

[8] Mommsen, Abriß des röm. Staatsrechts. S. 204 ff.

[9] Tacitus Annales I, 15: *Tum primum e campo comitia ad patres translata sunt ... Neque populus ademptum jus questus est nisi inani rumore.*

[10] Die letzteren wurden von einem eigennützigen Amtsadel ausgesogen, während die kaiserlichen in hoher Blüte standen. Vgl. Mommsen, Röm. Geschichte. Bd. V. S. 184. 253. 303.

[11] Gajus, Inst. II, 21: *Stipendiaria sunt ea, quae in his provinciis sunt, quae propriae populi Romani esse intelligentur, tributaria sunt ea quae proprie Caesaris esse creduntur.* Inst. II, 1. de rer. div. § 43. Vgl. über dieses Steuerwesen, die Hauptquellen der Staatseinnahmen: Rodbertus, Zur Geschichte der Tributsteuern in Hildebrands Jahrbüchern IV. S. 342 ff. Matthiass, Die röm. Grundsteuer und das Vectigalrecht. 1882. Weber, Die röm. Agrargeschichte. 1891. S. 179 ff.

Neben dem *aerarium*, das dem Senate unterstand, gab es einen kaiserlichen *fiscus*.

Bei Wahl der republikanischen Beamten übte der Kaiser ein Kommendationsrecht aus. Die in solcher Weise Empfohlenen hießen *candidati principis*.[1] Allmählich verloren die republikanischen Beamten mehr und mehr ihren Einfluß an die kaiserlichen. Ende des dritten Jahrhunderts sind alle Beamte kaiserliche geworden.[2]

β) Die vom Kaiser mit Amtsbefugnissen Beauftragten befinden sich in einer unbedingten Abhängigkeit von dem Auftraggeber. Sie waren zunächst nur Gehilfen, nicht eigentliche Beamte[3], allmählich wurden sie aber als solche behandelt. Ihre Befugnisse sind außerordentliche, ebenso gelten die Grundsätze ihrer Amtsführung für ein außerordentliches Recht. Aber nicht bloß ihnen, sondern auch den altrepublikanischen Beamten, z. B. den Konsuln, übertrug der Kaiser neue Formen des Rechtsschutzes. So wurden z. B. jetzt Frevel geahndet, die bisher straflos geblieben waren (sog. *crimina extraordinaria*). Aber auch auf dem Gebiete des bürgerlichen Rechtes entwickelt der neue kaiserliche Schutz eine Mehrung des Rechtsinhaltes.[4] Man kann daher sehr wohl sagen, daß sich das kaiserliche *jus extraordinarium* als eine dritte Form des Rechtes neben das *jus civile* und das *jus honorarium* stellt.[5] Nur darf man nicht dabei übersehen, daß die Befugnisse des Kaisers aus seinen Ämtern stammen, also auch seine Anordnungen zunächst dem *jus honorarium* zufielen.[6] Auch wird da, wo von einem außerordentlichen Verfahren die Rede ist, keineswegs immer auf dessen kaiserlichen Ursprung hingedeutet.[7]

---

[1] Vgl. Stobbe, Die candidati principis (Philologus. XXVII. S. 88—112. XXVIII (1869). S. 648—700). Mommsen, Röm. Staatsrecht. 3. Aufl. II, 2. S. 926.

[2] Vgl. Modestinus, Dig. de lege Julia ambitus fr. 1: *Haec lex in urbe hodie cessat, quia ad curam principis magistratuum creatio pertinet, non ad populi favorem.*

[3] Karlowa, Röm. Rechtsgeschichte. I. S. 536. Mommsen, Röm. Staatsrecht. 3. Aufl. II, 2. S. 915.

[4] Beispiele derartiger privatrechtlicher Rechtsschöpfungen sind die Honoraransprüche für höhere Dienstleistungen (§ 140), das kaiserliche Vermächtnisrecht der *fideicommissa* (§ 114 ff.) und die Ernährungsansprüche naher Verwandter (§ 152).

[5] Kuntze, Die Obligationen im römischen und im heutigen Recht und das *jus extraordinarium* der römischen Kaiserzeit. 1886. S. 8.

[6] Vgl. hierzu auch Wlassak, Krit. Studien zur Theorie der Rechtsquellen im Zeitalter der klassischen Juristen. 1884. S. 51 ff.

[7] Vielmehr oft auf eine Bevorzugung der Sachen, bei der die übliche Reihenfolge (*actus rerum*) durchbrochen wurde. Vgl. Hartmann-Ubbelohde, Der ordo judiciorum und die judicia extraordinaria. Göttingen 1886. I, 2. S. 417, 470 ff.

Der Kaiser bediente sich seiner Hilfskräfte vielfach für laufende untergeordnete Geschäfte, denen vornehmlich die kaiserlichen Prokuratoren oblagen und bei denen die dem heutigen Rechte eigentümliche Scheidung der Privatsachen des Herrschers von den Staatsangelegenheiten fehlte. Vielfach aber ließ er sich auch auf dem Gebiete seines eigentlichen Herrscherberufes vertreten. Es geschah dies insbesondere durch die *praefecti praetorio*, die kaiserlichen Statthalter im Heerlager.[1] In einer Zeit, in der alles vom Heere abhing, war es für die Kraft oberster Urteilssprüche von großem Werte, daß ihrem Urheber zugleich der höchste Truppenbefehl zukam. Dieses Amt lag zuweilen in einer einzigen Hand, zuweilen aber stand es mehreren Gleichberechtigten zu.[2] Den Urteilssprüchen dieser Behörde wurde zuerst thatsächlich, dann rechtlich die Eigenschaft unanfechtbarer Entscheidungen beigelegt.[3] Neben diesen höchsten kaiserlichen Beamten waren von besonderer Bedeutung die *praefecti aerarii*, die Verwalter der Staatskasse. Die unausgesetzte Gefährdung der Hauptstadt durch drohende Hungersnot und durch das großstädtische Gesindel erklärt die Einsetzung eines besonderen *praefectus annonae*[4] (für die Verpflegung der Hauptstadt), sowie eines *praefectus urbi*[5], der den Kaiser in der Stadt vertrat und dem die für die Strafgerichtsbarkeit besonders wichtigen *praefecti vigilum* beigesellt waren.[6]

Unter den Gehilfen des Kaisers ist noch der Staatsrat zu erwähnen, ein Seitenstück des *consilium*, welches jeder Beamte und in wichtigen Fällen sogar jeder Einzelgeschworene nach einem

[1] Mommsen, Röm. Staatsrecht. 3. Aufl. II, 2. S. 1115, bezeichnet sie als die Kommandanten der Garde.

[2] Vgl. Mommsen, Röm. Staatsrecht. II, 2. S. 1116.

[3] Vgl. Aurelius Arcadius Charisius, Dig. I, 11. de officio praef. praetorio fr. 1. § 1: *Credidit enim princeps eos, qui ob singularem industriam explorata eorum fide et gravitate ad hujus officii magnitudinem adhibentur, non aliter judicaturos esse pro sapientia ac luce dignitatis suae, quam ipse foret judicaturus.* — Dies machte das Amt des Präfekten dem Kaiser gefährlich, bis es späterhin des Heeresbefehles entkleidet und auf einen Sprengel beschränkt wurde. Dafür gab es dem Kaiser die Möglichkeit, jederzeit Bittschriften endgültig einem andern zu überweisen, ohne doch sein oberstes Richteramt dadurch zu verlieren, so daß die Zudringlichkeit der Rechtssuchenden niemals die Geschäftslast des Herrschers unerträglich machen konnte.

[4] Vgl. Hirschfeld, Über die Getreideverwaltung in der römischen Kaiserzeit (Philologus XXIX. S. 1 ff.), auch Oehler, Annona, in Paulys Real-Encyklopädie für klassische Altertumswissenschaft, neu herausgegeben von Wissowa.

[5] Der Name dieser Behörde knüpft an eine altrömische Institution an. Dig. I, 2. de or. juris fr. 2. § 33: *Qui praefectus olim constituebatur.*

[6] Vgl. über alle diese Beamten Karlowa, Röm. Rechtsgeschichte. I. S. 536 ff.

„alten und gutem römischen Herkommen"[1] um sich sammelte. Seit Hadrian wurde dieser Rat zu einer ständigen Behörde[2], der aber erst nach Diocletian der Name eines *consistorium principis* zufiel. Ob dieses Consilium nur ein richterliches war oder mit dem mehrfach erwähnten Beirate des Kaisers für politische Angelegenheiten zusammenhing, ist zweifelhaft.[3] Jedenfalls lagen in ihm die Wurzeln eines kollegialen Kaisergerichtes, das unter dem Vorsitze des Monarchen in höchster Instanz Rechtsstreitigkeiten entschied und allmählich zum geistigen Mittelpunkte der gesamten Rechtspflege wurde.

c) Die Rechtsschulen. Die altrömische Unterweisung des juristischen Nachwuchses an der Hand der Praxis erhielt sich auch in dieser Zeit.[4] Allein diese Unterrichtsweise, bei der der Lehrstoff vom Zufalle abhängt und in der Regel ein lückenhafter ist, erwies sich gegenüber der wachsenden Fülle der Rechtssätze als unzureichend. Das Bedürfnis nach dauernden vollständigen Darstellungen führte in Rom zu Rechtsschulen, denen sich erst später außerhalb Italiens andere gleichartige Einrichtungen anschlossen.[5] Man sieht vielfach in diesen Schulen Privatschöpfungen, die den hellenischen korporativ gegliederten Philosophenschulen nachgebildet waren.[6] Wahrscheinlich ist jedoch, daß sie Staatsanstalten waren; denn in der oströmischen Zeit sind sie es ohne Zweifel, und es ist nicht glaublich, daß eine spätere Anordnung, die ihnen diese Eigenschaft gegeben hätte, spurlos vorübergegangen sein würde.[7] Durch diese Schöpfung wurde das Recht aus seiner Abhängigkeit von der Praxis

---

[1] Mommsen, Röm. Staatsrecht. II, 2. S. 988 ff.

[2] Vita Hadriani 18: *Cum judicavit, in consilio habuit non amicos suos aut comites solum, sed juris consultos.*

[3] Vgl. Mommsen, Röm. Staatsrecht. II, 2. S. 902. 992.

[4] Gellius erwähnt zahlreiche *stationes jus publice docentium et respondentium* (Noctes atticae XIII, 13). Daß diese Stationen mit den beiden Rechtsschulen Roms in Verbindung standen, wird vielfach vermutet; vgl. z. B. Pernice in v. Holtzendorffs Encyklopädie. 5. Aufl. I. S. 151 und die dort Citierten.

[5] Die Rechtsschule in Berytus wird erst unter Alexander Severus erwähnt (Pernice in v. Holtzendorffs Encyklopädie. I. S. 150). Außerdem finden sich Rechtsschulen in Alexandria, Caesarea, Karthago, Athen, vielleicht auch in Antiochia. Karlowa, Röm. Rechtsgeschichte. I. S. 674. Vgl. zu dem folgenden namentlich Bremer, Rechtslehrer und Rechtsschulen im römischen Kaiserreiche. Berlin 1868, und dazu Degenkolb in der Krit. Vierteljahrsschrift. XIV. S. 517 ff.

[6] So Sohm, Inst. § 15. 4. Aufl. S. 65. Vgl. die dort Anm. 8 Citierten.

[7] Diese Ansicht wird namentlich in der soeben angeführten Schrift Bremers vertreten.

losgelöst und sein Inhalt zu Gruppen zusammengefaßt, die den bis dahin unübersichtlichen Stoff unter einheitliche Gesichtspunkte drängten.[1]

Die Rechtslehre befreit sich jetzt völlig vom Formulare. Nicht die Prozeßhandlungen und die Rechtsgeschäfte, sondern die verschiedenen Befugnisse, denen beide Rechtsausübungsformen dienen, werden fortan zum Mittelpunkte aller weiteren rechtswissenschaftlichen Arbeiten (vgl. § 28).[2]

II. Die Entstehungsformen des Rechtes in der älteren Kaiserzeit.

1. Aufschwung und Verfall der altrömischen Rechtsquellen.

§ 27.

I. Allgemeines. Die Abänderung der Rechtsquellen während der älteren Kaiserzeit zeigt überall einen Rückschlag gegen die Wirren der Bürgerkriege in dem Streben nach Rechtsentwickelung auf Kosten der altrepublikanischen Grundsätze. So erklärt es sich, daß die altrömischen Formen der Rechtserzeugung zunächst unter den Schutz des Kaisertums treten und sich dadurch reicher entfalten, bald darauf aber gegenüber der wachsenden Macht des Herrschers und seiner Beamten an Wirksamkeit verlieren und absterben.

II. Das Gewohnheitsrecht, das sich im *jus civile* im wesentlichen nur als Vorstufe des prätorischen Rechtes als *interpretatio* der Gesetze entwickelt hatte, wurde jetzt mehr und mehr als eine dem geschriebenen Rechte ebenbürtige Quelle aufgefaßt. Bei der Vermehrung der Rechtsquellen war es für den gemeinen Mann notwendig geworden, die erforderliche Rechtskenntnis sich durch Nachfrage bei Sachverständigen zu verschaffen.[3] Eine Beherrschung des geschriebenen Rechts war ihm unmöglich geworden und um so mehr war es für ihn von Wert, den Gewohnheiten des Lebens[4]

---

[1] Für die Anziehungskraft dieser Schulen spricht Dig. V, 1. de judiciis fr. 18. § 1: *Si forte pater in provincia sit, ipse autem forte Romae vel studiorum causa vel alia justa ex causa agat.*

[2] Das hierdurch berechtigte geflügelte Wort von Leibniz, das den römischen Juristen ein „Rechnen mit Begriffen" nachrühmt, vermag jedoch leicht zu Mißverständnissen zu führen, weil dabei die praktisch-politische Denkweise der Römer übersehen werden kann. Vgl. Sohm, Inst. 4. Aufl. S. 71 und andererseits Pernice in v. Holtzendorffs Encyklopädie. 5. Aufl. I. S. 148. Näheres unten § 28.

[3] Paulus in Dig. XXXVII, 1. de bonor. poss. fr. 10 in fine: *consulendo prudentiores.*

[4] Vgl. Dig. I, 3. de legibus fr. 34 (Ulpianus): *Cum de consuetudine civitatis vel provinciae confidere quis videtur.*

vertrauen zu können. Überdies bedurfte es einer Rechtfertigung der vielen Änderungen, welche sich *extra ordinem* aus den prätorischen und kaiserlichen Anordnungen gegenüber dem alten *jus civile* vollzogen hatten, ohne daß sie sich unmittelbar auf das römische Verfassungsrecht stützen ließen, die aber den Beifall des Volkes fanden, weil sie sich seinen Bedürfnissen anpaßten. Darum wurde das alte Recht der Volksschlüsse zur Begründung des Gewohnheitsrechtes herangezogen. JULIAN lehrte, daß das stillschweigend erklärte Einverständnis des Volkes mit einem Rechtssatze einem ausdrücklichen Gesetzgebungsakte gleichstehen und mit dem Gesetz die gleiche Kraft haben sollte.[1]

Die Stärke dieses gesetzestilgenden (derogatorischen) Gewohnheitsrechtes zeigte sich namentlich gegenüber den zwölf Tafeln.[2]

Eine nachhaltige rechtserzeugende Kraft ist jedoch den Gewohnheiten dieser Zeit nur insoweit zuzuschreiben, als sie in die Thätigkeit der Berufsjuristen eindrangen und dort als feste Rechtsregeln geformt und erhalten wurden. In dieser Weise schuf namentlich die Thätigkeit des Centumviralgerichts in Erbschaftsprozessen einen Schutz des Pflichtteilserben (*querela inofficiosi testamenti*)[3] und das freie richterliche Ermessen (*officium judicis*) erzeugte die Haftung für Schadenersatz aus Vertragswidrigkeiten, Verzugszinsen und andere Nebenleistungen. Von solchen Verpflichtungen, die die richterliche Amtsgewalt ohne Befehl des Gesetzes oder des Magistrats auflegte, hieß es, daß sie *officio judicis praestantur*.[4]

---

[1] Digesta I, 3 de origine juris fr. 32 § 1: *Inveterata consuetudo pro lege non immerito custoditur, et hoc est jus quod dicitur moribus constitutum. nam cum ipsae leges nulla alia ex causa nos teneant, quam quod judicio populi receptae sunt, merito et ea, quae sine ullo scripto populus probavit, tenebunt omnes: nam quid interest suffragio populus voluntatem suam declaret an rebus ipsis et factis? quare rectissime etiam illud receptum est, ut leges non solum suffragio legis latoris, sed etiam tacito consensu omnium per desuetudinem abrogentur.* — Mit dem Grundgedanken dieser Stelle ist späterhin viel Mißbrauch getrieben worden.

[2] Vgl. GELLIUS; Noctes atticae XVI, 10, 7: *Ego vero, inquit ille* (nämlich ein Kenner des Rechtes, der eine Stelle der zwölf Tafeln auslegen sollte) *dicere atque interpretari hoc deberem, si jus Faunorum et Aboriginum didicissem.* Andererseits schrieb doch noch GAJUS in der zweiten Hälfte des zweiten Jahrhunderts seinen oben erwähnten Kommentar zu den zwölf Tafeln.

[3] Vgl. unten § 107.

[4] Vgl. Dig. XIX, 1. de actione empti vend. fr. 49. § 1 (HERMOGENIANUS): *Pretii sorte, licet post moram soluta, usurae peti non possunt, cum hae non sint in obligatione sed officio judicio praestentur.* Vgl: auch den Inhalt von Dig. XXII, 1 de usuris et fructibus et causis et omnibus accessionibus et mora.

III. Die Volksgesetzgebung ist noch unter Augustus von hoher Bedeutung (*leges Juliae*), insbesondere zur Reform des Eherechtes (*lex Julia de maritandis ordinibus* 736 *urbis* (18) und *Papia Poppaea* 9 *p. C.*) und des Freilassungswesens, das die römische Gemeinde mit unsauberen Elementen zu vergiften drohte.[1] Bald darauf büßte sie alle Bedeutung ein.[2] Auch die Augustischen Gesetze gaben als „*novae leges*“ Bedürfnissen und Anschauungen Ausdruck, die von dem Inhalte des *jus civile* in erheblichem Grade abwichen.[3]

Neben den allgemeinen Staatsgesetzen entstanden in dieser Zeit viele städtische Gemeindeordnungen. Sie waren teils auferlegte *leges datae*, teils autonome Schöpfungen der mit eigenem Gesetzgebungsrechte ausgestatteten Städte und Körperschaften.[4]

IV. Die Senatsschlüsse gewannen zunächst durch das Schwinden der Volksgesetze an Bedeutung. Zwar wurde ihnen nicht ausdrücklich eine Gesetzeskraft beigelegt, wohl aber erhielten sie eine solche durch die thatsächliche Veränderung der Machtverhältnisse. So erklärt es sich, daß Gajus eine solche Kraft der Senatsschlüsse als bestritten hinstellt.[5] Auch in ihrer Form erscheinen sie noch immer als bloße Wünsche gegenüber der Magistratur (*Senatus consulit non jubet*).[6]

---

[1] Vgl. unten § 43. Die beiden Gesetze werden häufig als *lex Julia et Papia Poppaea* zusammen genannt. Vgl. Puchta-Krüger, Institutionen. 10. Aufl. I. S. 297.

[2] Callistratus, Dig. XLVII, 21. de termino moto fr. 3, berichtet über eine *lex agraria quam divus Nerva tulit.*

[3] Vgl. Dig. XXXIV, 7. de reg. Catoniana fr. 5 (Ulpianus): *Regula Catoniana ad novas leges non pertinet.*

[4] Den Dörfern (*vici*) fehlt im römischen Altertume jede selbständige Gemeindeordnung, sie gehörten zu einer Stadtgemeinde, von der sie abhingen. Vgl. Rodbertus in Hildebrands Jahrb. für Nationalökonomie. IV. S. 355 Anm. 14.

[5] Gajus I, 4: *Senatus consultum est, quod senatus jubet atque constituit; idque legis vicem optinet, quamvis fuerit quaesitum.* Ubbelohde (Göttingische gelehrte Anzeigen. 1887. S. 144) behauptet wider Kuntze, Die Obligationen im römischen und heutigen Rechte und das *jus extraordinarium* der römischen Kaiserzeit. 1886. § 61, daß die Senatuskonsulte *jura legitima* verleihen, also *ipso jure* wirksam sein konnten. Arg. Ulpianus, Dig. XXIX, 2. de acqu. et om. her. fr. 6. § 2: *Sed et si legitima hereditas filio de lata sit ex senatusconsulto. Orfitiano matris idem erit probandum.* Wahrscheinlich lag eine Entwickelung vor, die mit einer Geltung der Senatschlüsse *auxilio magistratuum* begann und mit einer vollen Gesetzeskraft dieser Äußerungen endete.

[6] Beispiele: *S. C. Macedonianum* (Dig. XIII, 6 de senatusconsulto Macedoniano fr. 1 pr.): *placere, ne cui, qui filio familias mutuam pecuniam dedisset, ... actio petitioque daretur.* Dig. XXVI, 1. ad senatus consultum Vellejanum fr. 2. § 1:

Schließlich arteten jedoch diese Beschlüsse in eine unbedingte Zustimmung zu dem Antrage des Kaisers (*oratio principis*)[1] aus. Daher wurde späterhin der Wortlaut eines solchen kaiserlichen Antrages, der die Zustimmung des Senates gefunden hatte, statt des Senatsschlusses als die eigentliche Rechtsquelle behandelt.[2]

Der Inhalt der Senatsschlüsse kehrte sich namentlich gegen Übelstände, die in den höheren Gesellschaftsklassen empfunden wurden, so z. B. gegen die Unzulänglichkeit des auf die älteren landwirtschaftlichen Verhältnisse berechneten civilen Erbrechts, gegen das leichtsinnige Schuldenmachen der Haussöhne (vgl. § 127), gegen eine Ausbeutung der weiblichen Leichtgläubigkeit zu Bürgschaftzwecken (§ 133) und dergleichen mehr.

IV. Die *edicta magistratuum* stehen, wenn auch nicht rechtlich, so doch thatsächlich unter kaiserlicher Oberaufsicht. Gegenüber den abweichenden Satzungen der Prätoren sanken die alten Civilrechtssätze nunmehr vielfach zu einem bloßen Scheine herab.[3] Es entwickelte sich ein reichhaltiges *jus honorarium*, das zwar nur *auxilio praetoris*, nicht *ipso jure* galt, sich aber dennoch in allen Rechtszweigen neben das *jus civile* stellte. Dieses blieb, auch wo es dem *jus praetorium* widersprach, als *nudum jus Quiritium* immerhin noch für den Fall in Kraft, daß die abweichenden Edikte des Magistrats etwa wieder wegfielen oder aus irgend einem Grunde außer Anwendung blieben. Die Stütze, welche die Macht des Princeps den Beamten gewährte, scheint ihren Abänderungsbestrebungen gegenüber dem alten Civilrechte vorteilhaft gewesen zu sein.[4] Andererseits mögen die Magistrate die Neigung zu einem selbständigen Vorgehen mehr und mehr verloren haben, so daß namentlich der Inhalt der prätorischen Edikte zur Unabänderlichkeit erstarrte. Eine amtliche Anerkennung erlangte diese Krystallisation unter

---

Arbitrari senatum recte atque ordine facturos ad quos de ea re in jure aditum erit, si dederint operam, ut in ea re senatus voluntas servetur. Der Senat verfuhr hierbei ebenso wie einige Volksgesetze, die von den Magistraten im einzelnen Falle besondere Befehle verlangten, ohne die sie den Richter nicht verbanden, z. B. die *lex Cincia* (Ulpianus, Fragm. I, 1. ff.). Litteratur bei Sohm, Inst. § 14. Anm. 10. 11. Vgl. auch Dig. 43, 4. ne vis fiat ei fr. 3. § 2.

[1] Über das Antragsrecht des Kaisers vgl. Vita Marci 10. Es war kein ausschließliches Vorrecht des Kaisers. Vgl. Pernice in v. Holtzendorffs Encyklopädie. I. 5. Aufl. S. 140.

[2] Vgl. Paulus in Dig. V, 3. de her. pet. fr. 22: *Nam et in oratione divi Hadriani ita est; Dispicite, patres* etc.

[3] Schultze, Privatrecht und Prozeß. S. 388.

[4] Ein Symptom hierfür zeigt sich z. B. darin, daß der Kaiser die bloß prätorische Erbfolge gegenüber der civilrechtlichen kräftigte. Gajus II, 120.

Hadrian.[1] Salvius Julianus stellte im Auftrage des Kaisers aus den Edikten des *praetor urbanus*, des *praetor peregrinus* und der kurulischen Ädilen das *„edictum perpetuum“* zusammen,[2] welches die Hauptergebnisse der prätorischen Rechtsschöpfungen in der Form eines Gesetzbuches enthielt. Es wurde vom Senate bestätigt und durfte von den nachfolgenden Prätoren nicht mehr abgeändert werden, wenigtens nicht ohne kaiserliche Genehmigung.[3]

Um die Wiederherstellung des Textes dieses Ediktes aus seinen in anderen Urkunden, insbesondere in Justinians Pandekten erhaltenen Bruchstücken haben sich vornehmlich Giphanius (1596), Jacobus Gothofredus (Fontes quatuor, 1653[4]) und Rudorff, De jurisdictione edictum (Leipzig 1869) verdient gemacht. Ihre Arbeiten sind jedoch überholt durch das mustergültige Werk von Otto Lenel, Das edictum perpetuum (Leipzig 1883).[5]

Neben diesem *edictum* bestand fortan auch für die Provinzen ein einheitliches ständiges *edictum provinciale*.[6]

---

[1] Rudorff, Die Julianische Ediktredaktion, Zeitschr. für Rechtsg. III. S. 1 ff. Lenel, Beiträge zur Kunde des prätorischen Edikts. 1878; derselbe, Zeitschr. der Savignystiftung. II. S. 14 ff. III. S. 104 ff. IV. S. 112 ff

[2] Vgl. hierüber auch Krüger, Geschichte der Quellen und Litteratur des röm. Rechts. § 13. S. 86 ff. Rudorff, Röm. Rechtsgeschichte. II. § 97. S. 26 ff.

[3] Dies ist streitig. Vgl. hierzu Schultze, Privatrecht und Prozeß. I. 1883. S. 533 ff., besonders S. 539: „Die Privatrechtszeugung durch die einzelnen Magistrate war mit dem monarchischen Prinzip schlechtweg unverträglich.“ Vgl. ferner die Einleitungskonstitution zu Justinians Digesta tanta § 18: *Cum et ipse Julianus legum ac edicti perpetui suptilissimus conditor in suis libris hoc retulit, ut, si quid imperfectum inveniatur, ab imperiali sanctione hoc repleatur. et non ipse solus, sed et divus Hadrianus in compositione edicti et senatusconsulto quod eam secutum est, hoc apertissime definivit, ut, si quid in edicto positum non invenitur, hoc ad ejus regulas ejusque conjecturas et imitationes possit nova instruere auctoritas.* Vgl. aber auch Karlowa, Röm. Rechtsgeschichte. I. S. 630. — Das Wort *perpetuum* bedeutete nunmehr nicht, wie früher, „während der Amtsdauer des gegenwärtigen Magistrats“ (siehe oben S. 76), sondern „auf unbeschränkte Zeit“. Sohm, Inst. 4. Aufl. S. 56.

[4] Otto, Thesaurus. III. 242—247.

[5] Vgl. hierzu Lenel, Nachträge zum *edictum perpetuum*. Zeitschr. d. Savignystiftung. Rom. Abt. XII. S. 1 ff. Die wichtigsten Ergebnisse der im Texte genannten Arbeit sind von ihrem Verf. in der 5. und der 6. Auflage der Fontes juris Romani, cap. VII (p. 88 ff. 202 ff.) mitgeteilt. Hervorzuheben ist insbesondere Lenels Nachweis (*ed. perp.* S. 12 ff.), daß sich die Anordnung dieses *edictum perpetuum* an die Amtspflichten des Magistrats anlehnte. Hieraus wird uns auch die unübersichtliche Einteilung der Justinianischen Pandekten verständlicher, die in mehrfacher Hinsicht das *edictum perpetuum* als Vorbild benutzt hat.

[6] Sohm, Inst. 4. Aufl. S. 55. Pernice in v. Holtzendorffs Encyklopädie. I. 5. Aufl. S. 141.

VI. Mit dem Absterben der republikanischen Rechtserzeugungsformen verband sich ein **Aufschwung der kaiserlichen Gesetzgebungsthätigkeit.**[1] Sie entwickelte sich aus den obrigkeitlichen Befugnissen des Princeps allmählich zur höchsten und alleingültigen Rechtserzeugungsquelle.

Insoweit die kaiserlichen Anordnungen nicht als *leges datae*[2] auf einer besonderen Vollmacht des Senates oder Volkes beruhen, sind sie teils allgemeine Regeln, teils Verfügungen für den einzelnen Fall. Zu den ersteren gehören die an die Rechtsgenossen gerichteten *edicta*[3] und die für untergebene Behörden bestimmten *mandata*. Letztere konnten freilich auf eine Rücksicht von seiten des Volkes nur dann rechnen, wenn sie ihm zu diesem Zwecke mitgeteilt waren, wodurch sie aber gewissermaßen auch zugleich zu *edicta* wurden.[4]

Die Geltung der *edicta* und *mandata* bezog sich grundsätzlich auf die Lebensdauer ihres Urhebers, thatsächlich wurde aber diese Schranke nicht beachtet.[5]

Die kaiserliche Entscheidung einzelner Rechtsfälle bestand teils in der Schlichtung von Streitigkeiten *(decreta)*, teils in den Antworten auf Anfragen, welche von einem Richter oder einer Partei ausgingen *(rescripta)*.[6] Die *rescripta* hießen *epistolae*, wenn sie in einer besonderen Urkunde standen, *subscriptiones*, wenn sie unter die Anfrage geschrieben wurden. Solche *rescripta* galten auch im einzelnen Fall nur, wenn nicht der Kaiser in der Anfrage getäuscht worden war, d. h. weder eine *subreptio* noch eine *obreptio* vorlag.

---

[1] v. Savigny, System des heutigen Rechts. I. S. 121 ff. Vgl. Mommsen, Röm. Staatsrecht. II, 2. 3. Aufl. S. 881 ff. Abriß des röm. Staatsrechts. S 343 ff. Wlassak, Krit. Studien zur Theorie der Rechtsquellen. Graz 1884. S. 165 ff.

[2] Vgl. oben S. 13 Anm. 2.

[3] Nach Pernice gab es nur kaiserliche Edikte für den einzelnen Fall (v. Holtzendorffs Encyklopädie. I. S. 143). Vgl. dagegen die von ihm selbst angeführten Beispiele: Dig. L, 7 de legationibus fr. 5 (4). § 6 (Marcianus): *Praecipitur autem edicto Vespasiani omnibus civitatibus, ne plures quam ternos legatos mittant.* XLII, 5 de rebus auctor. judicis possidendis fr. 24. § 1 (Ulpianus): *Divus Marcus ita edixit: Creditor qui ob restitutionem aedificiorum crediderit, in pecunia, quae credita erit, privilegium exigendi habebit.*

[4] Ein Beispiel siehe Dig. XXIX, 1 de testam. mil. fr. 1 pr. Jeder Gesetzesbefehl enthält zugleich eine Anordnung an die Behörden, ihn zu beachten, und jeder Befehl an untergebene Beamte wird zum Gesetze, wenn er veröffentlicht wird, damit das Volk sich nach ihm richte.

[5] Vgl. Mommsen, Röm. Staatsrecht. II, 2. S. 909 ff.

[6] Diese *rescripta* wurden erst seit Hadrian zu einer häufig vorkommenden Erscheinung. Karlowa, Röm. Rechtsgeschichte. Bd. I. S. 360. Bremer in den Göttinger gelehrten Anzeigen. 1889. S. 429 ff.

(*Subreptio* war die Vorspiegelung einer falschen, *obreptio* die Unterdrückung einer wahren Thatsache.)[1]

Die *decreta* und *rescripta* bezweckten nicht als Rechtssätze zu gelten. Da aber auch in ihnen die Ansichten der höchsten Gerichtsstelle erkennbar hervortraten, so wirkte ihre Verbreitung thatsächlich ebenso wie die Veröffentlichung eines Rechtssatzes; denn auch ihnen paßten sich das Volksleben und die Rechtspflege an.[2]

Das Gleiche galt jedoch nicht für die kaiserlichen Ausnahmebestimmungen (*constitutiones personales*), z. B. Straferlasse im Wege der Begnadigung,[3] welche nicht über den besonderen Fall hinaus berücksichtigt werden wollten und sollten. Wie die Befugnis zu solchen Ausnahmeverfügungen, die wider das geltende Recht ging und ursprünglich nur dem Volke, später aber dem Senate zustand, auf den Kaiser übergegangen ist, ist unklar; daß er sie erlangt hat, ist zweifellos.[4]

Es konnten daher nur solche allgemeine Rechtssätze aus einzelnen Entscheidungen entnommen werden, die der Kaiser entweder absichtlich in ihnen anordnete, oder die er bei ihnen als selbstverständlich voraussetzte.

Der Gesamtname für alle kaiserlichen Erlasse war *constitutio*.[5]

VII. Eine neue aus der Kaisergewalt hergeleitete Entstehung von Rechtssätzen lag in den *responsa prudentium*. Pomponius erzählt,[6] daß in dieser Zeit zuerst nicht bloß Ratschläge

---

[1] Zur Verschleppung eines Rechtsstreites konnte das Recht, den Kaiser anzurufen, nicht mißbraucht werden; denn da, wo eine Partei es ausübte, wurde der Fortgang des Prozesses nicht unterbrochen. Dig. XLIX, 5. de appellationibus recipiendis vel non fr. 4.

[2] Dig. I, 4 de const. princ. (Ulpianus) fr. 1 § 1: *Quodcunque igitur imperator per epistolam et subscriptionem statuit vel cognoscens decrevit vel de plano interlocutus est vel edicto praecepit, legem esse constat.* Beispiele siehe bei Sohm, Inst. S. 74, Anm. 2. Daß die Rechtspflege auch die Berücksichtigung unbekannter kaiserlicher Entscheidungen vom Volke verlangt hat, wird zwar vielfach angenommen, ist aber nicht glaublich.

[3] Dig. I, 4 de constitutionibus principum fr. 1 § 2: *Plane ex his quaedam sunt personales nec ad exemplum trahuntur: nam quae princeps alicui ob merita indulsit vel si quam poenam irrogavit vel si cui sine exemplo subvenit, personam non egreditur.*

[4] Vgl. die vielen Verleihungen des *jus Italicum* Dig. L, 15 de censibus fr. 1.

[5] Daher werden die einzelnen Stellen im Codex Justinianus als Kaisergesetze in der Regel mit c. (*constitutio*) citiert. *De constitutionibus* schrieb Papirius Justus, vgl. Dig. II, 14 de pactis fr. 37.

[6] Dig. I, 2 de or. juris fr. 2 § 48. *Massurius Sabinus in equestri ordine fuit et publice primus respondit: posteaque hoc coepit beneficium dari, a Tiberio*

für einzelne Parteien, sondern öffentliche wissenschaftliche Urteile über schwebende Rechtshändel ausgesprochen wurden und der Kaiser bevorzugte Juristen zur Erteilung derartiger Aussprüche bevollmächtigte.[1] Sie waren zwar Prozeßentscheidungen (in bestimmten Formen), also keine allgemeinen Rechtssätze, aber dennoch erlangten solche frühere Entscheidungen in späteren ähnlichen Fällen, und damit auch die allgemeinen Regeln, die sich in ihnen ausprägten, aus denselben Ursachen Gesetzeskraft, aus denen eine solche den *decreta principum* zufiel.[2] Da ferner der Inhalt der *responsa* dieser Juristen aus ihren Schriften im voraus ersichtlich war, so wurden auch diese Werke vielfach in ähnlicher Weise beachtet wie Gesetzbücher. Nach ihrem Zwecke waren sie freilich, insofern sie nur altes berichteten, bloße Rechtsaufzeichnungen und, insofern sie neues boten, nur Triebfedern zur Bildung eines Gerichtsgebrauches. Thatsächlich aber wurden sie zu Verkörperungen neuer gültiger Rechtsregeln. Es ist sogar die Ansicht aufgestellt worden, daß schon damals der Kaiser nicht bloß den Gutachten, sondern auch den Büchern der Gelehrten eine verbindliche Kraft verlieh, sobald er ihren Verfassern das *jus respondendi* erteilte. Doch ist dies wohl für die ältere Kaiserzeit nicht richtig, und Justinians Ansicht, der in der Verleihung des *jus respondendi* eine vom Kaiser verliehene Ermächtigung *conscribendarum interpretandarumque legum* sah,[3] beruhte wohl auf einer Unkenntnis des wahren Sachverhaltes. Immerhin entstand aus dem *jus respondendi* „das Recht der Wissenschaft“ eine Summe von Regeln, die nur nach ihrer Wirkung, nicht nach ihrem Zwecke neue Rechtssätze waren. Da nun außerdem von dieser

---

Caesare hoc tamen illi concessum erat. — In ähnlicher Weise sollten in Deutschland die erst kürzlich beseitigten Sprüche der Fakultäten den Ergebnissen der Rechtswissenschaft einen Einfluß auf die Rechtspflege sichern. Über das Verhältnis des *publice respondere* zu den *responsa prudentium* vgl. Degenkolb, Krit. Vierteljahrschrift. XIV. S. 538. Bremer, Die Rechtsschulen. S. 16 ff.

[1] *Ex auctoritate principis* (Dig. I, 2 de or. jur. fr. 2 § 49), d. h. unter des Kaisers Gewähr. Vgl. Pernice in Jurist. Abhandlungen, Festgabe für Beseler. Berlin 1885. S. 70. Diese Vollmachterteilung hing wohl damit zusammen, daß der Kaiser *pontifex maximus* war. Sohm, Instit. 4. Aufl. § 15. S. 61. Vgl. oben S. 51 Anm. 3. S. 87 Anm. 6.

[2] Vgl. auch noch Gajus, Inst. I, 7: *Responsa prudentium sunt sententiae et opiniones eorum, quibus permissum est, jura condere. quorum omnium si in unum sententiae concurrunt, id, quod ita sentiunt, legis vicem obtinet; si vero dissentiunt, judici licet quam velit sententiam sequi; idque rescripto divi Hadriani significatur.* Vgl. hierzu Krüger, Rechtsquellen. S. 113. Pernice in v. Holtzendorffs Encyklopädie. I. 5. Aufl. S. 149 Anm. 1.

[3] Cod. I, 17 de vetere jure enucleando c. 1. § 4.

Wissenschaft ein Rückschlag auf den Inhalt aller übrigen Rechtsquellen, aus denen sie ihre Anregung entnahm, unausgesetzt ausging, so wurde sie zur bedeutsamsten Erscheinungsform des römischen Rechtes. Als solche bedarf sie einer besonderen Betrachtung.

2. Der Höhepunkt der römischen Rechtswissenschaft.

§ 28.

I. Überblick über die Rechtswissenschaft der älteren Kaiserzeit. Mit der Mehrung der Rechtsurkunden und der Schutzbedürfnisse wurde das Recht so unübersichtlich, daß seine unausgesetzte Verarbeitung einen besonderen Beruf ausfüllen mußte.[1] Dieser Aufgabe vermochte zunächst der Rechtsunterricht am besten zu genügen. Die zusammenfassenden Arbeiten der Rechtslehrer erhielten die mannigfachen Überlieferungen der älteren Zeit und bildeten zugleich eine Sammelstelle für die Fülle neuer Gedanken und Grundsätze,' die fortwährend in der Praxis auftauchten. Die Rechtslehrer sind daher auch zunächst die Hauptschriftsteller; späterhin, im zweiten Jahrhundert, treten die höchsten kaiserlichen Beamten, die zum Teil von der Erteilung des Rechtsunterrichtes zu ihren Stellungen aufgestiegen waren,[2] als juristische Schriftsteller in den Vordergrund. Mit Hilfe der praktischen Erfahrungen, die die Welthauptstadt und der Weltverkehr darboten, wurde nunmehr der in seinen Grundzügen bereits festgelegte Rechtsstoff mit einer Fülle von Beispielen durchsetzt und nach seinem Werte für das Volkswohl aus eigener Anschauung beurteilt. So gewann man die Gesichtspunkte zur Lösung vieler Streitfragen. Dadurch wuchs aber schließlich die juristische Litteratur zu einerunübersichtlichen Fülle an, an die sich ein Verfall im dritten Jahrhunderte unserer Zeitrechnung anschloß.[3]

Unter den Hilfsmitteln, die der Wissenschaft dieser Periode ersichtlich zu Gebote standen, ragt die hellenische Philosophie hervor. Auch die Philologie wurde vielfach benutzt (namentlich von

---

[1] Pomponius, Dig. II, 2 de origine juris fr. 2 § 13 bemerkt: *Quantum est enim jus in civitate esse, nisi sint, qui jura edere possint.*

[2] Im Kaiserreiche entwickelte sich überhaupt zuerst eine rein civile Carriere neben der militärischen Laufbahn. Hirschfeld, Untersuchungen auf dem Gebiete der röm. Verwaltungsgeschichte. 1877. S. 253 ff.

[3] Vgl. hierzu Hofmann, Der Verfall der röm. Rechtswissenschaft, kritische Studien zum röm. Rechte. 1885. S. 3—35; auch Esmarch, Röm. Rechtsgesch. 2. Aufl. S. 377. Krüger, Geschichte der Quellen und Litteratur des römischen Rechtes. S. 274. Hofmann warnt davor, den Verfall als einen ganz plötzlich eingetretenen anzusehen.

M. Antistius Labeo), doch macht sich die Unreife dieser Wissenschaft im Altertume gerade in den Rechtsquellen in wenig vorteilhafter Weise bemerkbar.[1] Sehr zweifelhaft ist, inwieweit die späteren Juristen, deren nichtrömische Abkunft uns bezeugt ist,[2] auch die juristische Litteratur der Provinzen, insbesondere deren Urteilssammlungen benutzt und so den römischen Gedankenschatz bereichert haben. Vermutungen, die in dieser Hinsicht neuerdings aufgestellt worden sind und auf Einflüsse des babylonischen, phönikischen und ägyptischen Rechtes hinweisen, müssen zur Zeit mit der größten Vorsicht aufgenommen werden, bis sichere Ergebnisse vorliegen.[3] Nur hinsichtlich des hellenischen Gedankenkreises ist eine starke Vermehrung der römischen Rechtsanschauungen von außen her bereits als sicher anzunehmen. Diese setzt sich namentlich in der Zeit nach Konstantin fort.[4] Auch die Redeweise der Juristen zeigt Spuren unrömischer Einflüsse.[5]

II. Die Arbeitsweise der Juristen in der älteren Kaiserzeit. Neben und aus dem Rechtsunterrichte und der von ihm beeinflußten Praxis entwickeln sich in der Kaiserzeit alle wesentlichen Formen der juristischen Schriftstellerei: Elementarlehrbücher (*institutiones*), Handbücher (*digesta*, später *pandectae* genannt),[6] Kommentare, namentlich *ad Sabinum* (d. h. zu der Civilrechtsaufzeichnung des Sabinus) und *ad edictum* (scil. *perpetuum*,

---

[1] Vgl. z. B. die bekannten Sätze: *Pignus appellatum est a pugno* (Dig. L, 16 de verb. sign. fr. 238 § 2. Gajus); *appellata est mului datio ab eo, quod de meo tuum fit* (Dig. XII, 1 de rebus cred. fr. 2 § 2. Paulus) u. dgl. m.

[2] Vgl. z. B. Dig. I, 15 de censibus fr. 1 pr. (Ulpianus).

[3] Vgl. hierüber Mitteis, Reichsrecht und Volksrecht in den östlichen Provinzen des röm. Kaiserreichs. Leipzig 1891. S. 17 ff.

[4] Vgl. über dies Eindringen hellenischer Rechtssätze in das spätere römische Recht vornehmlich das soeben angeführte Werk von Mitteis, Reichsrecht und Volksrecht u. s. w. und darüber A. Leist in der Zeitschrift der Savignystiftung. Rom. Abt. XIII. S. 378 ff.

[5] W. Kalb, Roms Juristen nach ihrer Sprache dargestellt. Leipzig 1890, und darüber Ernst Th. Schulze in der Zeitschrift d. Savignystiftung. XII. S. 100 ff., auch Wölfflin in der Krit. Vierteljahrschrift. XXXIII. N. F. XIV. S. 162 ff.

[6] Über den Begriff der *digesta* siehe Mommsen in der Zeitschr. f. Rechtsgeschichte. VII. S. 480 ff. und andererseits Krüger in der Zeitschr. d. Savignystiftung. Rom. Abt. VII. S. 94 ff., auch in der 10. Aufl. von Puchtas Institutionen. I. § 44 Anm. p. S. 260. Mommsen sieht in den *digesta* gesammelte Werke eines oder mehrerer Juristen, Krüger dagegen dogmatisch-kasuistische Bücher, die nach Gewohnheitsrecht, Gerichtsgebrauch und Gesetzen geordnet waren, während die *pandectae* nach seiner Meinung eine wissenschaftlichere Gliederung hatten.

oder auch *provinciale*), Monographieen jeder Art, kasuistische Werke (insbesondere Spruch- und Kontroversensammlungen), endlich allgemeine Rechtslehren, die freilich nur als gesammelte Sentenzen ohne systematische Einheit erscheinen.

Obwohl hiernach die rechtswissenschaftliche Arbeit dieser Zeit der Nachwelt vielfach als Vorbild gedient hat, so war dies doch niemals in aller und jeder Hinsicht möglich.[1]

Der Unterschied zwischen den Aufgaben der römischen und denen der heutigen Rechtswissenschaft ist jedoch nicht etwa darin zu suchen, daß die römische Arbeitsweise unergründlich oder vor der unserigen in ihren Haupteigentümlichkeiten verschieden gewesen wäre. Vielmehr entsprach die Art, in der die Juristen der älteren Kaiserzeit ihren Beruf auffaßten, durchaus denselben lebendigen Bedürfnissen, die überall auf einer höheren Kulturstufe wiederkehren. Sie haben durchweg den Stoff gesammelt, gedeutet und nach den Bedürfnissen der Rechtsanwendung in Begriffsbestimmungen oder allgemeine Regeln gefaßt und geordnet.[2] Was ihre Arbeiten dagegen von unseren gleichartigen Unternehmungen unterscheidet, das waren die besonderen Anschauungen ihrer Zeit, denen sie sich ebenso anpassen mußten, wie wir mit den gänzlich veränderten Umgebungen rechnen müssen, in denen unsere Rechtspflege wirken soll. So wissen wir, daß sich ihre Systematik an eine verschwundene Gerichtsverfassung anlehnte,[3] daß ihre Begriffsnamen aus längst beseitigten Formelsammlungen stammen[4] und ihre allgemeinen Regeln von der Ausdrucksweise der längst veralteten stoischen Erkenntnislehre bestimmt wurden.[5] In allen diesen Punkten ist es

---

[1] Vgl. zu dem folgenden PUCHTA, Institutionen. I. § 102. 10. Aufl. besorgt von KRÜGER. S. 271 ff.

[2] Der Satz *omnis definitio in jure civili periculosa est, parum est enim ut non subverti possit* von JAVOLENUS (Dig. L, 17 de regulis juris fr. 202) enthält nicht etwa eine Mißachtung der Definitionsthätigkeit (dies nimmt anscheinend PERNICE in v. HOLTZENDORFFS Encyklopädie. I. 5. Aufl. S. 147, an), sondern eine bedauerliche Wahrheit, die überall gilt. Begriffsbestimmungen können niemals die Unanfechtbarkeit mathematischer Formeln erreichen, weil das Wort an Unzweideutigkeit die Zahl nicht erreichen kann. Allerdings ist das Maß ihrer Anfechtbarkeit von der Sorgfalt abhängig, die auf ihre Herstellung verwendet wird.

[3] Vgl. z. B. die oben S. 97, Anm. 4 erwähnte Anordnung des *edictum perpetuum*.

[4] Vgl. das S. 79, Anm. 1, über *actio directa* und *utilis* Gesagte.

[5] ZIMMERN, Geschichte des röm. Privatrechts. I. 1826. S. 232. Vgl. H. GÖPPERT, Über einheitlich zusammengesetzte und Gesamtsachen im röm. Recht. Halle 1871. FISCHER, Das Problem der Identität und der Neuheit mit besonderer

unsere Aufgabe, ihre Gedanken, insoweit sie noch heute gelten, dem veränderten Prozeßrechte anzupassen und in die völlig umgestaltete Redeweise des Volkes und der philosophischen Grundanschauungen unserer Zeit zu übersetzen.

Allein noch bedeutsamer ist der Unterschied der staatsrechtlichen Grundlagen von damals und jetzt. Damals galt eine unumschränkte Gewalt der Kaiser, denen das Recht zur freien Umgestaltung der alten Gesetze zugefallen war, und die es folgeweise auch auf die von ihnen beauftragten Rechtspfleger zu übertragen vermochten.[1] Ganz anders unsere neueren Verfassungen, die jeden Übergriff der Rechtspflege und der Verwaltung in das Gebiet des Gesetzgebers verwerfen, weil sie eine bewußte ergänzende Neubildung oder Abschaffung von Rechtssätzen bestimmten Trägern der Gesetzgebungsgewalt zuweisen. Daß diese Errungenschaft der Neuzeit der Freiheit in der Behandlung des geschriebenen Rechtes gewisse Schranken auflegt, die der Jurisprudenz der Kaiserzeit fernblieben, ist ein Nachteil, der durch andere größere Vorteile unseres gegenwärtigen Rechtsstaates aufgewogen wird, aber nicht weggeleugnet werden darf. Auf ihm beruht auch der enge Zusammenhang, der damals zwischen den Vertretern der Staatsregierung und den Rechtslehrern bestand und die Erteilung des Rechtsunterrichts, wie uns wohl bezeugt ist, vielfach zu einer Vorstufe der höchsten Staatsämter machte.[2] Hierbei kommt auch noch in Betracht, daß die Praxis in einer Zeit, die ein festes Recht sucht, den Rechtsgelehrten, die aus den mannigfaltigen Rechtsgedanken des täglichen

---

Berücksichtigung der Spezifikation, in der Festgabe der Breslauer Juristenfakultät zum Doktorjubiläum v. Iherings. Breslau 1892. Laferrière,-Mémoire concernant l'influence du stoïcisme sur la doctrine des jurisconsultes Romains (Mémoires de l'académie des sciences morales et politiques. X. 1860. p. 579).

[1] Vgl. des Verf. Schrift: Roms Vergangenheit und Deutschlands Recht S. 114; vgl. aber auch hiergegen die Ausführungen von J. C. Naber in seinen Observatiunculae ex jure Romano (Mnemosyne. Bibliotheca philologica. Batavae 1893. S. 331 ff.). Dazu ist zu bemerken, daß die Befugnis der Richter zu einer gültigen Rechtserzeugung nicht bloß von dem Werte dessen, was sie zu leisten vermögen, abhängt, sondern verfassungsmäßig gewährleistet sein muß.

[2] Dies erscheint manchen (z. B. Pernice in v. Holtzendorffs Encyklopädie. I. S. 150) vom Standpunkte unserer heutigen Verhältnisse aus so auffallend, daß man dem Labeo um seiner Vornehmheit willen eine berufsmäßige Erteilung der Lehrthätigkeit an einer Rechtsschule abspricht. Vgl. dagegen Pomponius, Dig. 1, 2 de or. juris I, 2 (Labeo): *totum annum ita diviserat, ut Romae sex mensibus cum studiosis esset, sex mensibus secederet et conscribendis libris operam daret.* Vgl. hierzu auch Bremer, Die Rechtslehrer und Rechtsschulen. S. 1 ff.

Lebens und des Gerichtsverkehrs übersichtliche Darstellungen anfertigen, weit höhere Anerkennung zu gewähren pflegt, als ihren Nachfolgern, zu deren Zeiten bereits die wichtigsten Bedürfnisse der Rechtspflege befriedigt sind, geschenkt wird.[1]

Dazu kam der geringe Umfang des damals zu verarbeitenden geschichtlichen Materials. Auch die Römer haben die Überlieferung heilig gehalten und niemals das Recht lediglich aus den Wünschen und Anschauungen der Menge hergeleitet, ohne sie an die ererbten Gebote der Vergangenheit anzulehnen. Das entgegengesetzte Verfahren würde überall, bei der Verworrenheit der Gedanken, die sich innerhalb einer größeren Volksmasse in fortwährendem Wechsel befinden, die Rechtsordnung in kürzester Zeit zerstören. Allein die Zahl der schriftlichen Rechtszeugnisse war damals unendlich viel geringer, als sie es heute ist, und sie alle waren in der Muttersprache der römischen Juristen verfaßt. Die Sorge um den geschichtlich-philologischen Ballast, den wir mit uns führen, verzehrt den größten Teil der Kraft, den die Juristen des Altertums ungeschmälert auf ihre eigentliche Hauptaufgabe, die Anpassung des Überlieferten an die lebendigen Bedürfnisse ihrer Zeit, verwenden durften.

So erklärt sich auch, warum die geschichtliche Seite des Rechtes ihnen minder wichtig erschien, als uns.[2] Aber auch die dogmatischen Arbeiten, die Begriffsbestimmungen, die Regelbildungen und Anordnungsgrundsätze unterscheiden sich in ihrer mehr kühnen als sorgfältigen Gestaltungskraft und in ihrer mehr unbefangenen als tiefsinnigen Betrachtungsart in auffallender Weise von den

---

[1] Hieraus erklärt sich die von Bekker (Ernst und Scherz über unsere Wissenschaft. Leipzig 1892. S. 1 ff.) beklagte Abnahme in der Schätzung rechtswissenschaftlicher Arbeiten. Sie ergiebt sich aus der gegenwärtigen politischen Lage. Auch die Vergangenheit des deutschen Volkes weist je nach dem verschiedenen Bedürfnisse der Staatslenker und der Richter nach einer Erhaltung und Pflege des überlieferten Rechtsstoffes eine sehr verschiedenartige Schätzung derer auf, die sich damit befaßten.

[2] Eine Reihe von Aussprüchen, die wenigstens den Verdacht einer naturrechtlichen Anschauungsweise erwecken, stellt Pernice in v. Holtzendorffs Encyklopädie. I. 5. Aufl. S. 148 zusammen. Vgl. auch oben S. 24 Anm. 3 zu Dig. I, 3 de legibus fr. 20 u. 21. Um jedoch den Römern nicht Unrecht zu thun, muß man hervorheben, daß ihnen das natürliche Recht vielfach nur entweder ein überwundener Zustand war oder das für ihre Zeit und ihr Staatswesen Natürliche (so richtig Pernice a. a. O.). Daß sie dies gegenüber veralteten Satzungen, die für entschwundene Zeiten natürlich gewesen, allmählich aber unnatürlich geworden waren, vielfach hervorkehrten, entsprach durchaus ihrem Berufe.

gleichen Arbeiten der gegenwärtigen Rechtswissenschaft, die weit mehr aus gelehrten Studien als aus der Beurteilung des täglichen Lebens herausgewachsen ist.[1]

Dafür entbehrten aber die Juristen Roms einer Vergangenheit, wie sie heutzutage den inländischen Juristen einen lebendigen Gedankenaustausch mit dem Auslande sichert, und vor allem der Anlehnung an die Hilfswissenschaften, überhaupt der Einordnung ihres Lehrzweiges in ein größeres alle Zweige der Forschung umfassendes Unterrichtswesen. Von den Bedürfnissen der Rechtspflege und der Gunst der Herrscher war ihre Wissenschaft emporgehoben worden, sie verlor ihre Bedeutung, als diese ihre Stützen fortfielen.[2] Der Absolutismus der Militärkaiser scheint sie vornehmlich beseitigt zu haben.[3] Seit Konstantin ist nicht mehr der Rechtsunterricht, sondern das Kaisergericht als Mittelpunkt und Sammelstelle der Rechtsfortbildung anerkannt.[4]

III. Die einzelnen Juristen[5] sind in ihrer Verschiedenheit früher nur wenig beachtet worden.[6] Es war dies eine Folge davon, daß Justinian die in den Pandekten excerpierten Stellen so behandelt wissen wollte, als ob sie von ihm herrührten. Noch Sa-

---

[1] Vgl. Sohm, Institutionen. 4. Aufl. § 15 S. 70, 71, der mit Recht in der Aufzeichnung der Gebräuche des römischen Rechtsverkehrs eine Hauptleistung dieser Wissenschaft erblickt, und Pernice (v. Holtzendorffs, Encyklopädie. I. 5. Aufl. S. 147): „Der gewaltige Unterschied zwischen damals und jetzt aber ist, daß wir die Kunst der Analyse und Synthese an den römischen Juristen (nicht durch sie) gelernt haben."

[2] Die tiefe Kluft, die zwischen der „alexandrinischen Weisheit" der klassischen römischen Juristen und der Durchschnittsbildung ihrer Zeit bestand, ist namentlich von F. Hofmann hervorgehoben worden (Krit. Studien. Wien 1885. S. 18 ff.).

[3] Vgl. Esmarch, Röm. Rechtsgeschichte. 2. Aufl. S. 377. Vgl. auch Kuntze, Kursus des röm. Rechts. 2. Aufl. § 314 S. 198. Bezeichnend ist, wie schon Caligula über die Rechtsgelehrten dachte (Suetonius, Gajus 34): *Se mehercule effecturum ne qui respondere possint praeter eum.*

[4] Cod. I, 14 de legibus c. 1 (Constantinus): *Inter aequitatem jusque interpositam interpretationem nobis solis et oportet et licet inspicere.* c. 12 § 3 cod. (Justinianus): *Leges interpretari solum dignum imperio esse oportet.*

[5] Vgl. hierzu Zimmern, Geschichte des röm. Privatrechts. I. S. 236 ff. 1826. § 64 ff. Esmarch, Röm. Rechtsgeschichte. 2. Aufl. 1880. S. 344 ff. Kuntze, Kursus des röm. Rechts. 2. Aufl. 1879. §§ 310 ff. S. 195 ff. Karlowa, Röm. Rechtsgeschichte. Bd. I. S. 677 ff. Schulin, Lehrbuch der Geschichte des röm. Rechts. 1889. S. 104 ff. Krüger, Geschichte der Quellen und Litteratur. §§ 19 ff. S. 141 ff. Fitting, Über das Alter der Schriften röm. Juristen von Hadrian bis Alexander. 1860.

[6] Eine verdienstliche Ausnahme machte namentlich in dieser Hinsicht Cujacius (vgl. oben S. 45 Anm. 2).

VIGNY erschienen die klassischen Juristen als fungible (d. h. unter sich gleichartige und gleichwertige) Persönlichkeiten. Eine genauere Betrachtung hat jedoch inzwischen den Sinn für ihre Verschiedenheiten erweckt.[1] Für weitere Nachforschungen in dieser Richtung ist eine zuverlässige Grundlage dadurch gewonnen worden, daß die Pandektenauszüge nach ihren Autoren in ihrer vermutlichen ursprünglichen Reihenfolge zusammengestellt worden sind.[2]

Unter den Juristen sind zunächst zu erwähnen:

a) Die beiden Schulen (*scholae* oder *sectae*).[3] Sie stehen unter Häuptern, die einander nachfolgen.[4] Es ist streitig, ob diese Nachfolge eine wahre Besetzung von Lehrstühlen oder die Vorstandschaft in den Korporationen oder nur die Vorherrschaft innerhalb einer Gruppe gleichgesinnter Gelehrter betraf. Die erstere Ansicht ist wohl die nächstliegende.[5] Den Gegensatz der Schulmeinungen behandeln besonders ausführlich die Institutionen des Gajus, der sich selbst der einen Schule zuzählt. Bei ihm sind die *nostrae scholae auctores* die Sabinianer, die *diversae scholae auctores* die Prokulianer. Daß die Bildung dieser Gruppen eine rein zufällige war, ist nicht wahrscheinlich, wenn auch der Grund des Gegensatzes ihren Anhängern selbst kaum zum klaren Bewußtsein gekommen sein mag. Bis jetzt ist es noch nicht gelungen, den Eindruck, den ein Überblick über ihre einzelnen Streitfragen erweckt, in eine zweifellose Formel einzukleiden.[6] Auf die Entstehung des

---

[1] Vgl. DERNBURG, Pandekten. 3. Aufl. I. § 36. S. 79. BEKKER, Ernst und Scherz über unsere Wissenschaft. 1892. S. 118. Vgl. aber auch BRUNS-PERNICE in v. HOLTZENDORFFS Encyklopädie. I. 5. Aufl. S. 148.

[2] LENEL, Palingenesia juris civilis. 2 Bde. Lipsiae 1889. Eine ähnliche künstliche Wiedergeburt der excerpierten Schriften versuchte im vorigen Jahrhundert HOMMEL, Palingenesia librorum juris veterum. Lipsiae 1767.

[3] Vgl. oben S. 104. Anm. 2.

[4] Vgl. Dig. I, 2 de origine juris et omnium magistratuum et successione prudentium. Vgl. auch POMPONIUS eod. fr. 2 § 48: *Capitoni Massurius Sabinus successit, Labeoni Nerva.* § 51: *Huic successit Gajus Cassius Longinus.* § 52: *Nervae successit Proculus* etc. etc.

[5] Sie wird namentlich von BREMER, Die Rechtslehrer und Rechtsschulen im römischen Kaiserreich. 1868. S. 1 ff., 47 ff., vertreten. A. M. RUDORFF, Röm. Rechtsgeschichte. I. S. 154. PERNICE in v. HOLTZENDORFFS Encyklopädie. I. S. 150.

[6] Vgl. hierzu PERNICE in v. HOLTZENDORFFS Encyklopädie. I. S. 151 Anm. 3. Auch das von L. MAI, Der Gegensatz u. die Kontroversen der Sabinianer u. Prokulianer. Heidelberg 1887, Ausgeführte hat keinen rechten Beifall gefunden, vgl. hierüber KIPP in der Zeitschr. der Savignystiftung. Rom. Abt. X. S. 165 ff.

Gegensatzes wirft einiges Licht die *incorrupta libertas* des Labeo,[1] die späterhin als *libertas nimia et vecors* galt,[2] sowie der außerordentliche Neuerungstrieb, den dieser mit einem Festhalten an dem altrömischen Rechte zu vereinigen wußte. Er hat etwa 400 Bände verfaßt, aus denen eine Fülle von Citaten in spätere Schriftsteller übergegangen ist.[3]

Sein Gegner M. Atejus Capito war ein Anhänger des Kaisers.[4] Sein politischer Gegensatz zu Labeo wiederholt sich jedoch unter den beiderseitigen Nachfolgern der Schulhäupter nicht. Den Namen entlehnten die beiden Schulen von Nachfolgern ihrer Stifter, nämlich von Proculus, einem Anhänger des Labeo, und von Massurius Sabinus, dem Nachfolger des Capito.

Die wichtigsten Glieder in der Schule der Prokulianer waren nach Labeo: M. Coccejus Nerva *pater*, ein Freund des Tiberius, der Nachfolger Labeos und Vorgänger des Proculus, Nerva *filius*, ein juristisches Wunderkind,[5] Pegasus unter Vespasian, nach dem

---

[1] Tacitus, Ann. III, 7.

[2] Gellius, Noctes atticae XIII, 12. Übereinstimmend Pomponius, Dig. I, 2 de or. juris fr. 2 § 47: *Labeo noluit, cum offerretur ei ab Augusto consulatus, . . . honorem accipere.* Gegen einen Versuch, die juristische Eigenart Labeos aus seiner philologischen Richtung herzuleiten (Schanz, Philologus 1883. XLII. S. 309 ff.), haben sich mit gutem Grunde erklärt Bekker in der Zeitschr. der Savignystiftung VI. S. 75 ff. und Pernice (v. Holtzendorffs Encyklopädie. I. S. 151, Anm. 3). Vgl. überhaupt Pernice, Marcus Antistius Labeo, das römische Privatrecht im ersten Jahrhunderte der Kaiserzeit. I. (1873.) S. 14 ff. § 1 ff. Karlowa, Röm. Rechtsgeschichte. I. S. 662 ff. Krüger, Geschichte der Quellen und Litteratur des röm. Rechts. 1888. S. 141 ff.

[3] Von Labeo ist uns ebensowohl bezeugt, daß er dem altrepublikanischen Staatsrechte geneigt war, als daß er „*plurima innovare instituit*“ (Dig. I, 2 de origine juris fr. 2 § 47). Dieser Widerspruch löst sich m. E. dadurch, daß eine neue freie Auslegung des alten *jus civile* den kaiserlichen Neuerungsversuchen den Weg versperren mußte, indem sie den veränderten Lebensverhältnissen ohnedies Befriedigung gewährte. Dieser Umstand scheint mir in der Bemerkung von Pernice (v. Holtzendorffs Encyklopädie I. S. 152 Anm. Nr. 3 a. E.) übersehen zu sein.

[4] Tacitus III, 70. 75: *Capitonis obsequium dominantibus magis probabatur.* Dem entspricht seine Verwendung als Festordner bei den großen Säkularspielen unter Augustus (vgl. unten S. 115 Anm. 3). Zosimus II, 4 (Historia nova, ed. Mendelssohn. 1887. S. 58). Wissowa, Die Säkularfeier des Augustus. Marburger Festrede, 1894. Vgl. auch Dig. XXIII, 2. de ritu nuptiarum fr. 29. Da uns fast gar keine Spuren seiner Ansichten hinterlassen worden sind, so scheint er vorwiegend durch die Fülle seines Wissens und die Kraft seines Widerspruches gegen Labeos Schöpfungen gewirkt zu haben. Auf den abschüssigen Pfaden der Wissenschaft wird auch der Hemmschuh mit Recht hochgeschätzt.

[5] Dig. III, 1. de postulando fr. 1. § 3: *Qua aetate (annis decem et septem) aut paulo majore fertur Nerva filius et publice de jure responsitasse.*

die Prokulianer zuweilen auch Pegasianer genannt worden sind. P. Juventius Celsus *pater* und P. Juventius Celsus *filius* (T. Aufidius Hoenius Severianus), einer der hervorragendsten römischen Juristen, bekannt durch die scharfe Form seiner Urteile, vielfach von späteren Juristen citiert, endlich Neratius Priscus.[1]

Diesen Prokulianern steht eine Reihe bedeutsamer Sabinianer gegenüber, vor allem Massurius Sabinus selbst, einer der hervorragendsten Systematiker aller Zeiten.[2] Er ist der Verfasser der *tres libri juris civilis*, welche dem alten Civilrechte eine feste Form gaben. An dieses Werk lehnen sich die späteren Juristen mit ihren *libri ad Sabinum* an, welche in Wahrheit Bücher über das *jus civile* waren.[3] Diese Sabinus-Litteratur war so umfangreich, daß sie bei der Herstellung der Justinianischen Pandekten eine

---

[1] Auf die Frage eines Schülers Domitius Labeo, die ihm unangemessen zu sein schien, antwortet Celsus (Dig. XXVIII, 1. qui test. fac. possint fr. 27): *Aut non intelligo quid sit de quo me consulueris, aut valide stulta est consultatio tua.* Hiernach hieß eine übereilte Frage eine *quaestio Domitiana*, eine schroffe Antwort ein *responsum Celsinum*. Vgl. hierzu F. Hofmann, Kritische Studien. Wien 1885. S. 41 ff. Übrigens herrscht darüber Streit, ob der Fragesteller die sprichwörtlich gewordene unfreundliche Antwort wirklich verdient hat. Litteraturangaben finden sich in Puchtas Kursus der Institutionen. I. § 99 Note n. 10. Aufl. besorgt von Krüger. S. 259. — Zu bemerken ist auch noch, daß in jener Zeit ein Epikuräer Celsus eine Streitschrift ἀληθὴς λόγος gegen die Christen richtete, die uns aus ihrer Widerlegung von seiten des Kirchenvaters Origines bekannt ist. Es lebten aber damals mehrere bekannte Römer, die den Namen Celsus trugen (Keim, Celsus wahres Wort. Zürich 1873. S. 276 Anm. 1). Die Vermutung, daß der Verfasser jener Streitschrift der berühmte Jurist war, ist zwar früher auch von dem Verfasser dieses Lehrbuchs gebilligt worden (Roms Vergangenheit und Deutschlands Recht. 1889. S. 81), erscheint ihm aber jetzt ebenso bedenklich wie die unhaltbare Annahme, daß der römische Jurist Tertullianus der bekannte Kirchenvater gleichen Namens war. (Vgl. noch über Celsus Rothes Vorlesungen über Kirchengeschichte, hesausgeg. von Weingarten. Heidelberg 1875. S. 118. Planck, Theol. Studien und Krit. 1851. S. 882. Baur, Das Christentum und die christl. Kirche in den ersten drei Jahrhunderten. 2. Aufl. 1860. S. 382 ff.)

[2] Sohm (Inst. S. 64) bringt seine schlechten Vermögensverhältnisse mit der Gründung der Schule in Zusammenhang. Über sie vgl. Dig. I, 2. fr. 2 § 50: *Plurimum a suis auditoribus sustentatus est.* Vgl. auch noch Tacitus, Annal. XII, 12 und Gajus, Inst. II, 218.

[3] Auf die Anordnung dieser Schrift bezieht sich B. W. Leist, Geschichte der röm. Rechtssysteme. 1850. S. 44. Lenel, Palingenesia juris civilis. II. S. 1258. 1892. Kipp, Krit. Vierteljahrsschrift. XXXIII. N. F. XIV. (1891.) S. 543 ff. und Lenel, Das Sabinussystem, in der Festgabe der rechts- und staatswissenschaftlichen Fakultät von Straßburg zu v. Iherings Doktorjubiläum 1892. Schon Julius Caesar wollte das *jus civile ad certum modum redigere atque ex immensa diffusaque legum copia optima quaeque et necessaria in paucissimos conferre libros*

Hauptmasse der zu excerpierenden Schriften bildete (die sog. Sabinusmasse).[1]

Der Nachfolger des Sabinus, der unter Nero und Vespasian lebte, war G. Cassius Longinus, nach dem die Anhänger der Schule auch Cassianer hießen.[2] Er war ein Nachkomme zweier berühmter Juristen, des Servius Sulpicius[3] und des Tubero, und stammte aus der Familie des bekannten Gegners des Julius Cäsar, ein Umstand, der zu seiner Verbannung beitrug. Wahrscheinlich ist er der Gajus, von dem Julianus[4] spricht, jedenfalls nannte ihn Javolenus so.[5] Sein Nachfolger war Caelius Sabinus, der unter Vespasianus lebte. Javolenus Priscus stand unter Domitian und Trajan in hohen Ehren.[6] Unter Hadrian finden wir als Sabinianer Aburnius Valens, Tuscianus und namentlich den *praefectus urbi* Salvius Julianus (aus Hadrumetum in Afrika),[7] den Verfasser von *libri nonuginta digestorum* und des *edictum perpetuum*. Er war der Urheber vieler sprichwortartiger Sentenzen.[8] Sextus Pomponius ist ein nach seinen Lebensschicksalen unbekannter Jurist, dessen Schriften in den Pandekten Justinians viel benutzt sind. Von ihm stammt namentlich auch die Übersicht über die römische Rechtsgeschichte in Dig. I, 2 de or. juris fr. 2 *(liber singularis enchiridii)*. Sextus Caecilius Africanus[9] war der Verfasser mehrerer

---

Sueton, Jul. c. 44. Sanio, Rechtshistorische Abhandl. und Studien. I, 1. 1845. S. 68 ff.

[1] Vgl. Karlowa, Röm. Rechtsgeschichte. I. S. 575 u. Näheres unten § 35.

[2] Von Plinius, Ep. 7, 24 „*Cassianae scholae princeps et parens*" genannt. Tacitus, Ann. XII, 12: *Ea tempestate Cassius ceteros praeminebat peritia legum.*

[3] Vgl. oben S. 67.

[4] Dig. XXIV, 3 soluto matrimonio quaemadmodum dos petatur fr. 59.

[5] Dig. XLVI, 3. de solutionibus fr. 78: *Libro undecimo ex Cassio. In libris Gaji scriptum est.* Ob Cassius auch der *Gajus noster* des Pomponius (Dig. XLV, 3 de solutionibus fr. 3a) ist, ist streitig. Litteratur vgl. bei Krüger, Geschichte der Quellen u. s. w. S. 154.

[6] Vgl. Plinius, Ep. VI, 15, der im Anschluß an eine von Javolenus, wie es scheint, aus Versehen gethane unhöfliche Äußerung Zweifel an seiner „*sanitas*" äußert, womit nach Krüger a. a. O. (S. 162) nur auf „gelegentliche Wunderlichkeiten" angespielt sein kann.

[7] Vgl. H. Buhl, Salvius Julianus. I. 1886.

[8] Vgl. H. Buhl a. a. O. S. 108 ff.

[9] Der Name deutet wohl auf die Abstammung aus Afrika, weil im späteren Latein Africanus vielfach in demselben Sinne gebraucht wird wie Afer. Vgl. Spartianus, vita Hadriani XX, 14: *Hadrianus quando in Africam venit, ad adventum ejus post quinquennium pluit, atque ideo ab Africanis dilectus est.* Vgl. auch Cicero, ad fam. VIII, 8 u. 9. Varro, rer. rust. III, 13. (Dies wird hier hervorgehoben, weil es dem Verf. gegenüber bestritten worden ist.)

Schriften, deren Bruchstücke innerhalb der Pandekten durch ihre Schwierigkeit bekannt sind.[1]

Eine überaus rätselhafte Persönlichkeit ist Gajus, dessen bereits mehrfach erwähnte uns erhaltene *institutiones* unter Hadrian, Antoninus und Marcus Aurelius geschrieben, unter dessen Namen aber auch noch andere Schriften überliefert worden sind, namentlich Kommentare über die zwölf Tafeln zum Edikt des städtischen Praetors und zum *edictum provinciale.* Sehr streitig ist, ob Gajus ein Provinziale war[2] oder ein Römer.

b) Juristen außerhalb der beiden Schulen. Unter den Juristen, die neben den Schulen erwähnt, aber keiner von beiden zugeteilt werden, finden wir Aristo,[3] Plautius, Pedius und Atilicinus.[4] Bedeutsamer sind aber die Rechtsgelehrten, welche aus der Überwindung des Schulgegensatzes hervorgingen. Schon der Kommentar des Gajus scheut sich nicht, in einer einzelnen Frage die Schullehre der persönlichen Überzeugung zu opfern.[5] Auch sonst siegte wohl hier oder da die Meinung der einen Schule über die Ansicht der anderen.[6]

---

[1] H. Buhl, Afrikans Quästionen und ihr Verhältnis zu Julian. Zeitschr. der Savignystiftung II, 180 ff.

[2] Dafür namentlich Mommsen in den Jahrbüchern des gem. Rechts von Bekker und Muther, III (1859). S. 1 ff. Vgl. auch Kuntze, Der Provinzialjurist Gajus wissenschaftlich abgeschätzt. 1883. Die Institutionen des Gajus erwecken hierüber ernstliche Zweifel. Vgl. auch Mitteis, Reichsrecht und Volksrecht. S. 147. Über den Aufsatz von F. Cattaneo, Del nome de Gajo vgl. Schneider in der Zeitschr. der Savignystiftung. IV. S. 154 ff. und über die Gräcismen in der Sprache des Gajus Ernst Th. Schulze, ebenda XII. S. 117. Wenn es erlaubt ist, einer Reihe von unerwiesenen und unerweislichen Vermutungen noch eine neue hinzuzufügen, so soll hiermit auf die Möglichkeit hingedeutet werden, daß „Gajus“ ein Pseudonym war, das innerhalb der Sabinianischen Schule zu Ehren des Gajus Cassius Longinus, ihres vornehmsten Mitgliedes (vgl. oben S. 111 Anm. 2), entweder von einem oder vielleicht auch von verschiedenen Verfassern benutzt wurde. Eine nähere Begründung dieser Hypothese behält der Verfasser einer anderen Gelegenheit vor, weist aber schon hier auf die Thatsache hin, daß nur die Institutionen des Gajus den Schulgegensatz betonen, nicht die übrigen Gajanischen Schriften (wie Pernice in v. Holtzendorffs Encyklopädie. I. 5. Aufl. S. 151 bemerkt). Warum der Kaiser dem Gajus kein *jus respondendi* erteilt hat, würde dann allerdings nicht mehr zweifelhaft sein.

[3] Dig. XXXVII, 12 si a parente quis manumissussit fr. 5.

[4] Ferrini, Atilicinus, in der Zeitschr. der Savignystiftung. VII. S. 85 ff. Bedenken erweckt freilich ein Brief an Proculus: *Atilicinus Proculo suo salutem* (Dig. XXIII, 4 de pactis dotalibus fr. 17).

[5] Vgl. Gajus, Institutionen. III, 98.

[6] Nach Sohm, Institutionen. 4. Aufl. S. 67, trugen die Sabinianer den Sieg davon. In einzelnen Punkten ist uns dies allerdings bezeugt.

Daß nunmehr die höchsten kaiserlichen Beamten als Schriftsteller in den Vordergrund traten, hing mit der Vervollkommnung des Appellationswesens zusammen, namentlich mit der Anerkennung des Rechtes der oberstrichterlichen Entscheidung durch den kaiserlichen Gerichtshof. So gehörte Ulpius Marcellus dem Consilium von Antoninus Pius und Marc Aurel an, Qu. Cervidius Scaevola, der Lehrer des Kaisers Severus, war ein Ratgeber Marc Aurels, Tryphoninus im Consilium des Severus.

Unter den Juristen, die zugleich Schriftsteller und oberste Richter waren, befindet sich ein Dreigestirn, aus dessen Werken ein sehr großer Teil der Pandekten Justinians entnommen worden ist, und in dessen Leistungen man durch viele Jahrhunderte den Höhepunkt juristischer Weisheit und juristischer Darstellungskunst nicht ohne Grund bewundert hat: Papinianus, Ulpianus und Paulus.

Papinian, ein Schüler des Qu. Cervidius Scaevola, war *praefectus praetorio* unter Septimius Serverus, mit dem er gemeinsam den Rechtsstudien obgelegen hatte und verschwägert war, und Antoninus Caracalla. Er wurde auf dessen Befehl (212) hingerichtet, und zwar, wie Spartianus berichtet, als Märtyrer seiner juristischen Überzeugung, weil er den vom Kaiser an seinem Bruder Geta verübten Mord vor dem Senate und dem Volke zu rechtfertigen sich weigerte.[1] Er ist der Meister der *responsa*, unübertroffen in der Kunst, verwickelte Thatbestände in Kürze darzustellen und mit durchschlagenden Gründen zu beurteilen. An seine Schriften wurden von den Nachfolgenden zahlreiche *notae* angeknüpft.[2]

Domitius Ulpianus, der sich seiner Abstammung aus Tyrus rühmt,[3] war *praefectus praetorio* unter Antoninus Caracalla Elagabal und Alexander Severus. Er ist der Verfasser großer Kommentare zum Edikte und dem von Sabinus aufgezeichneten Civilrechte.[4] Durch die reiche Fülle lebensvoller Beispiele, durch eine überaus sachliche Benutzung der älteren Litteratur und durch das Streben,

---

[1] Spartianus VIII, 4, teilt dies freilich nur als ein Gerücht mit (*multi dicunt*). Demzufolge soll Papinian auf das Ansinnen des Kaisers erwidert haben: *Non tam facile parricidium excusari posse quam fieri.* Spartians Bericht stimmt mit den Mitteilungen anderer nicht überein. (Vgl. hierüber Bruns in Paulys Real-Encyklopädie der klassischen Altertumswissenschaft. V. S. 1141 unter Papinianus.) Darum wird seine Glaubwürdigkeit angezweifelt.

[2] Vgl. auch noch Mommsen, Zu Papinians Biographie, in der Zeitschr. der Savignystiftung. XI. S. 30.

[3] Dig. L, 15 de censibus fr. 1 pr.

[4] Vgl. über ihn Pernice, Ulpian als Schriftsteller, in den Sitzungsberichten der Berliner Akademie. 1885. S. 443 ff.

die Nützlichkeit der Rechtssätze überall hervorzusuchen und zum Leitsterne der Auslegung und der Analogie zu erheben, zeichnet er sich vor allen aus. Seine philosophische Bildung zeigt sich in seinem Hange zur allgemeinen Rechtslehre und seiner Herrschaft über philosophische Kunstausdrücke.[1]

Julius Paulus, dessen Herkunft ungewiß ist, war ebenfalls *praefectus praetorio* unter Alexander Severus. Er ist der Verfasser des sechsten Teiles der Digesten Justinians. Seine Sentenzen spielten im oströmischen Reiche neben den Institutionen des Gajus eine hervorragende Rolle.[2] Die überaus zahlreichen Schriften des Paulus,[3] unter denen sich gleichfalls ein Edikts- und ein Sabinuskommentar befinden, sind tiefsinniger und knapper als diejenigen Ulpians, aber minder klar und reichhaltig.[4] Diese drei vornehmlichsten Verfasser des Pandekteninhalts hatten mehrere minder bedeutende Zeitgenossen, die trotzdem einer Erwähnung nicht unwert sind. Unter ihnen findet sich ein Qu. Septimius Florens Tertullianus, den manche — aber mit Unrecht — mit dem bekannten Kirchenvater identifizieren.

Aus der Zeit nach Caracalla sind noch zu nennen Aelius Marcianus (Verfasser eines Institutionenwerkes, als Pfandrechtsjurist ausgezeichnet), Aemilius Macer und Julius Aquila. Unter den Nachfolgern der bedeutsamsten Juristen ragte Herennius Modestinus zur Zeit Gordians III. hervor. Der Titel seiner *pandectae* und die Sprache seines in Justinians Digesten stückweise überlieferten griechischen Buches über die Ablehnung von Vormundschaften weisen auf den steigenden Einfluß des östlichen Teiles des Reiches hin.[5]

---

[1] Über Ulpians Verhältnis zu Gallien vgl. BREMER in der Zeitschr. der Savignystiftung. II. S. 134 ff. IV. S. 84 ff.

[2] PERNICE in v. HOLTZENDORFFS Encyklopädie. I. S. 165.

[3] Vgl. über ihn K. WITTE in ERSCH und GRUBERS Encyklopädie. III, 14. S. 221 ff. Gegen eine Überschätzung Ulpians wendet sich vornehmlich PERNICE am oben (S. 112 Anm. 4) angezogenen Orte, gegen eine Überschätzung des Paulus v. IHERING (Der Besitzwille. Jena 1889. S. 274 ff.). SOHM, Institutionen, 4. Aufl. S. 68, zählt beide zu den Epigonen. Ähnlich F. HOFMANN, Krit. Studien im röm. Rechte. 2. Aufl. S. 18 Anm. 42a, und TEUFFEL, Geschichte der röm. Litteratur, neu bearbeitet von L. SCHWABE. § 375. 5. Aufl. S. 950. „Mit Papinian verglichen ist des Ulpianus und Paulus Thätigkeit überwiegend eine sammelnde und verarbeitende."

[4] Vgl. namentlich seinen Satz: *Non ex regula jus sumatur, sed ex jure quod est regula fiat* (Dig. L, 17 de reg. juris fr. 1), ein neuerdings oft citierter Ausspruch.

[5] SOHM, Institutionen. 4. Aufl. S. 69: „Das Beamtenrecht der sich schon

Die spätesten der in Justinians Sammlung aufgenommenen Juristen sind Hermogenianus und Aurelius Arcadius Charisius.

III. Rechtsurkunden der älteren Kaiserzeit.

§ 29.

I. Urkundliche Überlieferungen von Rechtssätzen der Kaiserzeit in der ursprünglichen Form ihrer Entstehung sind nur in geringem Umfange vorhanden.

a) Unter den *leges* und *senatusconsulta* ragt hervor die schon erwähnte *lex regia de imperio Vespasiani.*[1] Sie wurde im vierzehnten Jahrhundert entdeckt und befindet sich im kapitolinischen Museum zu Rom. Wir besitzen ferner mehrere *leges datae* für beschränkte Gebiete, namentlich die 1851 bei Malaga gefundenen *leges Salpensana* und *Malacitana*, Gemeindeordnungen des Kaisers Domitian, sowie eine 1876 in Portugal gefundene Bergwerks- und Gemeindeordnung *(lex metalli Vipascensis).*[2] Die wenigen aufgefundenen Senatsschlüsse beweisen durch ihren Inhalt, in welcher Mannigfaltigkeit derartige Satzungen ergangen sein müssen. Dahin gehört namentlich ein *S. C. de pago Montano*, ein *S. C. Claudianum de jure honorum Gallis dando*, zwei *S. C. C. de aedificiis non diruendis (Hosidianum* und *Volusianum)*, eine Marktordnung für ein nordafrikanisches Gebiet, ein erst 1888 aufgefundener Beschluß über Minderung der Ausgaben für Gladiatorenkämpfe und einige andere.[3]

b) Erlasse der Beamten und der Kaiser sind ebenfalls in verhältnismäßig geringer Zahl überliefert.[4] Es hängt dies wohl damit zusammen, daß die wichtigsten unter ihnen in die späteren Rechtssammlungen übergegangen sind.[5]

---

ankündigenden Monarchie und gewisse spitzfindige Fragen der Doktrin und Praxis waren seine sonderliche Neigung."

[1] Bruns, Fontes ed. VI. Nr. 53a S. 192. Sie war ein Senatsschluß, der vielleicht vom Volke genehmigt wurde. Vgl. Pernice in v. Holtzendorffs Encyklopädie I. 137. Mommsen, Röm. Staatsrecht. II, 2. S. 877 ff.

[2] Diese *lex metalli* ist von besonderem Werte zur Einsicht in das Auktionsund das Steuerwesen des röm. Reiches. Demelius in der Zeitschrift der Savignystiftung IV. S. 33 ff.

[3] Von besonderem Interesse für das römische Religionswesen sind die neuerdings aufgefundenen Bruchstücke des Senatsschlusses *de ludis saecularibus* (Bruns, Fontes ed. VI. p. 183). Er betrifft die großen Spiele, für die Qu. Horatius Flaccus das *carmen saeculare* als Festschrift verfaßt hat. Vgl. Wissowa, Die Säcularfeier des Augustus, Marburger Festrede, 1894.

[4] Vgl. Bruns, Fontes ed. VI. S. 231 ff.

[5] Über Registerbücher der röm. Kaiser (*commentarii*), die später von den Päpsten nachgeahmt worden sind: Bresslau in der Zeitschr. der Savignystiftung

8*

Von besonderem rechtsgeschichtlichen Interesse ist ein erst um 1879 in Nordafrika entdecktes Dekret des Kaisers Commodus *de salto Burunitano*, welches die älteste Spur einer Gebundenheit von Pächtern *(coloni)* an ihren Grund und Boden aufgedeckt hat.[1]

An der Grenzscheide der italischen Vorherrschaft und des spätrömischen Kaisertums stehen ein Edikt Diocletians, das den Spekulationen durch die Aufstellung fester Marktpreise eine Schranke zu setzen suchte,[2] und ein Edikt Konstantins *de accusationibus*.[3]

Zu erwähnen sind hier jedoch die vielfach überlieferten *tabulae honestae missionis (privilegia veteranorum)*.[4]

II. Die unmittelbar erhaltenen Werke juristischer Schriftsteller finden sich in Huschkes jurisprudentiae anteiustinianae quae supersunt.[5] Eine andere mustergültige Sammlung ist die Collectio librorum juris anteiustiniani (in usum scholarum ediderunt P. Krüger, Th. Mommsen, G. Studemund. Drei Bände.[6])

Unter diesen Schriften sind drei von besonderem Werte:

a) *Gaii institutiones*,[7] der Urtext der Institutionen Justinians. Eine nahezu vollständige Handschrift dieses vorher nur zum Teil bekannten Werkes wurde erst 1816 in Verona von Niebuhr ent-

---

VI. S. 243 ff. Eine Zusammenstellung der uns erhaltenen Kaiserkonstitutionen von Augustus bis Konstantin giebt Haenel, Corpus legum ab imperatoribus Romanis latarum. 1857. S. 1--195. Die uns unmittelbar überlieferten siehe in Bruns, Fontes ed. VI. S. 238 ff., 381 ff.

[1] Vgl. hierüber Mommsen, Hermes. XV. S. 385 ff., Karlowa, Röm. Rechtsgeschichte. Bd. I. S. 925.

[2] Eine Ausgabe von Mommsen siehe in der Schrift Blümners, Der Markttarif Diokletians. Berlin 1893.

[3] Bruns, Fontes ed. VI. S. 249.

[4] Bruns, Fontes ed. VI. S. 252; vgl. auch daselbst p. 238 ff. Mommsen, Gordians Dekret von Skaptoparene (jetzt in Bruns, Fontes ed. VI. S. 248), Zeitschr. der Savignystiftung. XII. S. 244 ff. (1868 im Gebiete des alten Thracien gefunden). Karlowa, Zur Inschrift von Skaptoparene (Heidelberger Jahrbücher. 1892. S. 141—146). Die von Mommsen (Zeitschr. der Savignystiftung X. S. 34) besprochene Inschrift von Kos (1881 zuerst veröffentlicht) enthält das Bruchstück eines Schreibens des Prokonsuls der Provinz Asia an die freie Stadt Kos und ist für das Appellationswesen der Kaiserzeit von Bedeutung.

[5] ed. V. Lipsiae 1886. Die Kühnheit, mit der in dieser Ausgabe die Texte behandelt sind, entspricht weit mehr älteren Vorbildern, als der vorsichtigen Arbeitsweise unserer neueren Philologie. (Bekker, Ernst und Scherz über unsere Wissenschaft. 1892. S. 117.)

[6] Vgl. zu dem Folgenden Krüger, Geschichte der Quellen und Litteratur des röm. Rechtes. Leipzig 1888. § 30. S. 243 ff.

[7] Bd. 1 der soeben angeführten *collectio*, herausgegeben von P. Krüger und W. Studemund.

deckt. Vermehrt wurde ihr Inhalt, der zuerst 1820 veröffentlicht worden war, durch neuere Bearbeitungen der Handschrift (eines Palimpsestes, in dem Schriften des Kirchenvaters Hieronymus über den Gajanischen Text hinüber geschrieben worden waren). STUDEMUND hat ein *upographum* des an vielen Stellen von ihm zuerst gelesenen *codex Veronensis* veröffentlicht.[1]

Der Text dieses Werkes hat zu der Vermutung Anlaß gegeben, daß es ein Kollegienheft war.[2]

b) Die *sententiae* des Paulus, gewöhnlich Pauli receptae sententiae genannt, ist uns vornehmlich (ebenso wie ein Auszug aus Gajus) im Westgotischen *breviarium Alaricianum* überliefert worden.[3]

c) Ulpiani liber singularis regularum 1549 aufgefunden, häufig als *Ulpiani fragmenta* citiert. Daneben sind noch 1835 minder umfangreiche Ulpiani fragmenta Vindobonensia von ENDLICHER in Wien entdeckt worden.[4]

---

[1] Für das Rechtsstudium ist zu empfehlen: Institutionum et regularum juris Romani syntagma exhibens Gaii et Justiniani institutionum synopsin etc. ed. et brevi annotatione instruxit R. GNEIST ed. II. Lipsiae 1880.

[2] DERNBURG, Die Institutionen des Gajus, ein Kollegienheft aus dem Jahre 161 nach Christus. 1869. In der That ist die Anpassung des Stoffes an die Fassungskraft des Anfängers eine so große, wie sie gewöhnlich nur im Rechtsunterrichte erreicht zu werden pflegt. Vielleicht haben wir sogar ein allmählich entstandenes tralaticisches Kollegienheft der sabinianischen Rechtsschule vor uns, von mehreren Lehrern hintereinander neu bearbeitet und veröffentlicht unter dem Namen eines Schulhauptes, des G. Cassius Longinus, der möglicherweise die ersten Grundzüge entworfen hatte (vgl. oben S. 111 Anm. 2—5). Auffallend ist jedenfalls, was SOHM (Institutionen. 4. Aufl. S. 67) hervorhebt, daß das Büchlein des Sabinianers über Ansichten von Angehörigen der anderen Schule berichtet, obwohl uns die Namen von solchen aus der Zeit, in der es abgeschlossen worden ist (unter M. Aurel), nicht überliefert worden sind. Daß der Herausgeber der *institutiones* nicht der Verfasser ihres Systems ist, nimmt auch KRÜGER an (a. a. O. S. 189).

[3] Vgl. über dieses unten § 34. Pauli libri quinque sententiarum befinden sich im tomus II der *Collectio* (s. oben S. 116 Anm. 6).

[4] Sämtliche Ulpianische Fragmente, sowie sonstige fragmenta minora saeculorum p. Chr. n. secundi et tertii finden sich in Bd II der Collectio librorum juris anteiustiniani. Vgl. auch noch über die in Ägypten entdeckten und 1879, 1880 und 1883 in Berlin und Paris veröffentlichten Papiniansfragmente: KRÜGER, in der Zeitschr. der Savignystiftung I. S. 93 ff., II. S. 83 ff., V. S. 166 ff., und HUSCHKE, ebenda V, S. 181 ff. KRÜGER, Geschichte der Quellen u. s. w. S. 246. Aus demselben Funde stammt ein nach Wien gelangtes Bruchstück aus dem zweiten und dritten Jahrhundert, über dessen Urheber Streit herrscht, das fragmentum de formula Fabiana, herausgegeben und erläutert von L. PFAFF und F. HOFMANN, Wien 1888, vgl. dazu KRÜGER in der Zeitschr. der Savignystiftung. IX. S. 144 ff., und GRADENWITZ, ebenda S. 394. Vgl. die Collectio

III. Urkundliche Überlieferungen von Rechtsgeschäften aus der älteren Kaiserzeit. Das Urkundenwesen entwickelte sich in dieser Periode namentlich dadurch, daß die Gefahr der Fälschung zu einer überaus vorsichtigen Form und Versiegelung wichtiger Schriftstücke Anlaß gab.[1] Dem entspricht auch ein Teil der uns erhaltenen Urkunden aus dieser Periode.[2] Unter ihnen sind hervorzuheben die siebenbürgischen Wachstafeln (mehr als vierzig Stück, in Siebenbürgen gefunden), die pompejanischen Quittungstafeln (1875 in großer Anzahl entdeckt), auch das im Jahre 108 in Marmor eingegrabene Testament des Dasumius.[3]

Merkwürdig sind auch die sog. Sepulkralmulten, Strafandrohungen auf Gräbern.[4] Von ihnen ist es zweifelhaft, ob sie zu einer Klage auf die angekündigte Strafe berechtigten.[5]

IV. Mittelbare Überlieferungen von Rechtsschöpfungen der älteren Kaiserzeit sind teils abschriftliche Wiederholungen ihres Wortlautes, teils bloße Berichte über ihren Inhalt. Die wichtigsten Beiträge zur Wiederherstellung der Rechtsschöpfungen der Kaiserzeit bis Konstantin enthalten die Pandekten Justinians. Ihnen und anderen juristischen Schriften entnehmen wir die Kenntnis einer Reihe von Gesetzestexten dieser Zeit, den Wortlaut der wichtigsten Senatsschlüsse[6], eine Reihe von Kaiserkonstitutionen[7] und den wesentlichsten Inhalt des *edictum perpetuum*,[8] endlich auch die Grundzüge der juristischen Litteratur.[9]

---

librorum juris anteiustiniani. Berolini. III. 1890. S. 299 (in deren Bd. II u. III noch mehrere andere beachtenswerte kleinere Bruchstücke zu finden sind).

[1] Pauli sententiae. V, 25. 6. Vgl. Bruns, Die sieben Zeugen des römischen Rechtes (Kleine Schriften, 1882. II, S. 5. 131 ff.). Brunner, Zur Rechtsgeschichte der römischen und germanischen Urkunde. 1880. I. S. 44 ff. Vgl. auch Pernice in v. Holtzendorffs Encyklopädie. I. S. 157 ff. Die Urkunden waren damals in der Regel Wachstafeln, an deren Stelle erst in späterer Zeit Papyrus und Pergament traten (Karlowa, Röm. Rechtsgeschichte. I. S. 995).

[2] Vgl. Bruns, Fontes ed. VI. S. 270 ff.

[3] Genauere Angaben siehe bei Krüger, Geschichte der Quellen u. s. w. S. 234 ff. Vgl. auch Eck, Neue pompejanische Geschäftsurkunden in der Zeitschr. der Savignystiftung. IX. S. 60 ff., 151 ff. und über ein 1886 gefundenes Statut der Elfenbeinarbeiter Gradenwitz, ebenda. XI. S. 72 ff., XII. S. 138 ff.

[4] Beispiele siehe in Bruns, Fontes ed. VI. S. 334 ff.

[5] Vgl. hierüber J. Merkel, Über die sogenannten Sepulkralmulten in der Göttinger Festgabe zu v. Iherings Doktorjubiläum. 1892. S. 79 ff.

[6] Vgl. oben S. 95 Anm. 6.

[7] Der ganze *codex Justinianus* besteht aus derartigen Vorschriften. S. unten § 35.

[8] Vgl. oben S. 97. [9] Vgl. oben S. 112.

Unter den mancherlei nichtjuristischen Schriften dieser Zeit, welche über ihr Recht Auskunft geben, ragen namentlich zwei Werke hervor: die Institutiones oratoriae (aus dem ersten Jahrhundert p. Chr. n.) von Quintilian („Schule und Spiegel der Advokaten, frisch wie heute geschrieben")[1] und die Noctes Atticae von Aulus Gellius (geboren um 130 p. Chr. n.), ein Buch, das in dem Streben, antiquarische Kuriositäten mitzuteilen, der Erhaltung vieler wertvoller Rechtsaltertümer (auch aus der ältesten Zeit) nützlich geworden ist.[2] Die Geschichtschreiber dieser Zeit können zur Feststellung ihres Rechtes nur mit größter Vorsicht benutzt werden.[3]

Drittes Kapitel. Das spätrömische Weltreich.[4]

I. Die Triebfedern und die Werkzeuge der spätrömischen Rechtsbildung.

1. Die Einheitsbestrebungen der spätrömischen Zeit.

§ 30.

I. Die Herstellung eines nach einheitlichen Grundsätzen gegliederten römischen Weltreiches. Das römische Volk war vom Kaiser Antoninus Caracalla mit der Masse der Reichs-

[1] Keller, Der röm. Civilprozeß. 5. Aufl. Leipzig 1876. § 55 a. E. S. 266.

[2] Von einer mittelbaren Rechtsüberlieferung berichtet Mommsen, Über einen ägyptischen Erbschaftsprozeß vom Jahre 124 v. Chr., in der Zeitschr. der Savignystiftung. XII. S. 284 ff. Über wichtige Inschriften der älteren Kaiserzeit vgl. Karlowa, Röm. Rechtsgeschichte. I. S. 814 ff. Von Bedeutung für das Verständnis des provinzialen Städterechts sind ferner die erst 1890 bekannt gewordenen und von Mommsen besprochenen Pamphylischen Inschriften (Zeitschr. der Savignystiftung. XI. S. 303).

[3] Vgl. das Bekenntnis des Flavius Vopiscus, Aurelianus c. 2 (Scriptores historiae Augustae ed. Peter, Lipsiae 1865): *Adserente Tiberiano, quod Pollio multa incuriose, multa breviter prodidisset, me contra dicente, neminem scriptorum quantum ad historiam pertinet non aliquid esse mentitum . . . jocundans: „Propterea scribe, inquit, ut libel, securus quod velis dices, habiturus mendaciorum comites, quos historicae eloquentiae miramur auctores."* Vgl. auch Mommsen, Röm. Staatsrecht. II, 2. 3. Aufl. Vorwort.

[4] Der Wert des folgenden Zeitabschnittes für das Recht der Nachwelt wird leicht unterschätzt. Vgl. hiergegen Cuq, Les institutions juridiques des Romains. Introduction par Labbé. Paris 1891. S. XXX. Mommsen, Abriß des röm. Staatsrechts. S. 362.

angehörigen zu einer Einheit vermischt worden.[1] Die große Masse der hierdurch Gleichberechtigten wurde von Diokletian und Konstantin mit einem einheitlichen Verwaltungsgesetze überspannt.[2]

Die Vorzugsstellung Italiens wurde zerstört, die republikanische Magistratur Roms unter die Oberaufsicht der kaiserlichen Beamten gestellt, die Steuerfreiheit des italischen Landes beseitigt. Gegen die Ausbeutungsgelüste der Statthalter und der Zollpächter schützten nunmehr die Besoldung der Beamten und eine strenge Disciplin. Der Soldatenstand festigt sich als Staat im Staate dadurch, daß Stellen im Heere vererblich werden[3] und durch eine weitere gesetzliche Absonderung des Kriegerstandes von bürgerlichen Geschäften.[4] Neben ihm heben sich das Beamtentum[5] und die Geistlichkeit aus der Masse des Volkes hervor. Konstantin gewährte dem Christentume, das den religiösen Gegensatz der Völker aufhob, zuerst Duldung, dann Anerkennung. Ein ökumenisches Konzil gab ihm eine Form, welche die ganze gebildete Welt umspannte. Unter Gratian und Theodosius I. wurde es zur Staatsreligion.[6]

Die Kaiser erzwangen nunmehr die Einigung der Religionen wie der Sekten und verwischten die mannigfachen Gegensätze der Dogmen und der Kulte sowie der von ihnen untrennbaren überlieferten Volksanschauungen. Auch auf dem Rechtsgebiete wurde zur Einheit hingestrebt. Die Verleihung des Bürgerrechts an fast alle Reichsgenossen hatte, wie schon die Ausnahmen beweisen, keineswegs die außerrömischen Volksrechte durch das römische Recht verdrängt, etwa so, wie später das napoleonische Gesetzbuch in den von Frankreich eroberten Gebieten das bisherige Recht aufgehoben hat.[7] Das neue Reichsrecht mußte vielmehr die alten Rechts-

[1] Siehe oben S. 83 Anm. 2.

[2] Vgl. Schiller, Geschichte der röm. Kaiserzeit. 1887. S. 28 ff. Mommsen, Ostgot. Studien, im Neuen Archiv der Gesellschaft für ältere deutsche Geschichtskunde. XIV. S. 460 ff.

[3] Karlowa, Röm. Rechtsgeschichte. I. S. 925 Anm. 2. S. 926.

[4] Cod. IX. 65 de locat. c. 31.

[5] Der Beamtenadel wurde von den Handelsgeschäften ausgeschlossen. Goldschmidt, Handbuch des Handelsrechts. 3. Aufl. I. S. 88 Anm. 133.

[6] Vgl. Burckhardt, Die Zeit Konstantins des Großen. 2. Aufl. 1880. Schiller, Geschichte der römischen Kaiserzeit. 1887. S. 203 ff.

[7] Daß sich das Recht schon zu Caracallas Zeit als eine „innere Einheit" fühlte (Sohm, Institutionen. 4. Aufl. S. 68), entspricht den neuesten Ergebnissen der Forschung nicht. Vgl. hierzu namentlich Mitteis, Reichsrecht und Volksrecht in den östlichen Provinzen des römischen Kaiserreichs, Leipzig 1891, insbesondere S. 161 ff. über die Fortdauer des partikulären Gewohnheitsrechtes Vgl. auch über das Vulgarrecht der römischen Provinzialen Brunner, Zur Rechts-

ordnungen Schritt für Schritt beseitigen, indem es dabei die Völker selbst zu einer neuen Masse verschmolz.[1] Den Höhepunkt erreicht die Aufhebung aller italischen Vorrechte erst unter Justinian,[2] als Italien von den Goten überschwemmt war und die gesamte Reichsmacht in Byzanz ihren Mittelpunkt fand. Erst jetzt wurden die noch brauchbaren Überreste des römischen Altertums und die ergänzenden oder abändernden Kaisergesetze der christlichen Zeit ausdrücklich mit Gemeingültigkeit für das gesamte Weltreich ausgestattet.[3] Damit wurde die Zulässigkeit einer außerordentlichen Rechtspflege nach freiem Belieben der Beamten grundsätzlich beseitigt und die Rechtskenntnis von gelehrten Studien abhängig gemacht.

II. Die Neugestaltung der Staatsorgane.[4] Die Reformen des Beamtentums unter Diocletian und Konstantin schufen eine völlig neue Organisation der Verwaltung und der Rechtspflege. Die Intercessionsrechte mehrerer nebeneinander stehender Träger derselben Amtsgewalt kamen in Wegfall. Was das Einspruchsrecht des Kollegen früher gewährte, das leistete fortan die Oberaufsicht des Vorgesetzten. Das alte Anklagerecht gegen den Beamten nach Ablauf der Amtsdauer verlor im wesentlichen seine Bedeutung; statt seiner verblieb den Verletzten ein Beschwerderecht. Die niedere Behörde mit dem kleineren Herrschaftsgebiete steht nunmehr „*sub*

---

geschichte der römischen und germanischen Urkunde. Berlin 1880. S. 113. 139; Deutsche Rechtsgeschichte I. S. 255 (ein Beispiel S. 201); auch Goldschmidt, Handbuch des Handelsrechts. 3. Aufl. 1891. S. 90—94. Krüger, Geschichte der Quellen und Litteratur des römischen Rechts. S. 345. Degenkolb, Rechtseinheit und Rechtsnationalität im altrömischen Reich. 1884 (Tübinger Festrede), endlich Mommsens Darstellung der römischen Provinzen im fünften Bande seiner römischen Geschichte.

[1] Bruns und Pernice in v. Holtzendorffs Encyklopädie. I. S. 136 setzen das Ende dieses Prozesses schon in das vierte Jahrhundert. Dagegen spricht unter anderem der Inhalt des syrischen Gesetzbuches aus dem fünften Jahrhundert (s. unten § 34). Bezeichnend ist, wenn es auch nicht gerade viel beweist, daß die Berufung auf einen Erwerbstitel, der ein Jahr alt war (eine Frist, binnen der man nach altrömischem Rechte eine bewegliche Sache ersitzen konnte und die Justinian beseitigt hat [vgl. unten §§ 89. 90]), noch zur Zeit dieses Kaisers *exceptio contractus Italici* hieß. Rubrica Cod. Justin. VII, 40: De annali exceptione Italici contractus tollenda.

[2] Vgl. M. Weber. Die röm. Agrargeschichte. 1891. S. 216 und überhaupt Jörs, Die Reichspolitik Kaiser Justinians. (Festrede.) Gießen 1893.

[3] Vgl. § 35. Doch scheint selbst diese Rechtseinigung in den Provinzen nicht völlig durchgedrungen zu sein. Hierfür spricht die spätere Geltung des in § 34 zu erwähnenden syrisch-römischen Rechtsbuches.

[4] Vgl. Mommsen, Abriß des römischen Staatsrechtes. 1893. S. 347 ff.

dispositione" der höheren Centralstelle des größeren Bezirkes, ein Vorbild der Ordnung der christlichen Kirche und des modernen Staates. Durch die Trennung der Militärgewalt von der Staatsverwaltung war jede Widersetzlichkeit der Untergebenen unmöglich gemacht und ihre Abhängigkeit namentlich dadurch gesteigert, daß alle Beamten zunächst immer nur auf ein Jahr bestellt wurden.[1]

Der Senat bildete neben dem engeren *consistorium* einen weiteren Staatsrat, dessen Mitglieder besondere Ehren genossen, aber auch besondere Lasten trugen.[2]

Die *praefecturae (Oriens, Illyricum, Italia, Gallia)* standen unter einem *praefectus praetoris* und umschlossen mehrere Diöcesen; jede Diöcese, die unter einem *vicarius* stand, umfaßte mehrere *provinciae,* denen *rectores* vorstanden. Den beiden Hauptstädten (Konstantinopolis und Rom) waren Stadtpräfekten *(praefecti urbi)* vorgesetzt. Die vom Senate geleitete Verwaltung dieser Hauptstädte vollzog sich außerhalb der allgemeinen Reichsverwaltung.[3]

Den Provinzialstädten war ihre Selbstverwaltung geblieben, die aber durch *curatores reipublicae* beaufsichtigt wurde.[4] Auch der Gerichtsbarkeit der städtischen Magistrate trat eine besondere Aufsichtsbehörde zur Seite (die *defensores plebis*).[5] Die Verantwortlichkeit der Gemeindebeamten für die Steuern machte ihre Stelle zu einer überaus drückenden,[6] sie wurde erblich und unverzichtbar, auch sorgte der Gesetzgeber dafür, daß sie nicht unausgefüllt blieb.[7]

Die Grundgedanken der neuen Ämterordnung sind die folgenden:

---

[1] KARLOWA, Röm. Rechtsgeschichte I. S. 873.

[2] KARLOWA. a. a. S. 891.

[3] Über die Fortdauer der Consulardatierung in dieser Zeit vgl. MOMMSEN, Neues Archiv der Gesellschaft f. ältere deutsche Geschichtskunde. XIV. S. 523 ff.

[4] Cod. Theodos. VIII, 12 de donationibus c. 8 § 1. KARLOWA, Röm. Rechtsgeschichte. I. S. 896.

[5] Eingesetzt auf Betreiben des *praefectus praetorio Probus*, der dadurch, wie v. BETHMANN-HOLLWEG (Der römische Civilprozeß. Bonn 1866. III. § 138 S. 107) bemerkt, „seinem Namen Ehre machte".

[6] Vgl. hierzu auch MOMMSEN, Röm. Geschichte. V. S. 549, und ZACHARIAE VON LINGENTHAL, Zeitschr. der Savignystiftung. IX. S. 260 ff. Schon seit dem zweiten Jahrhundert unserer Zeitrechnung war es schwierig die Dekurionenstellen zu besetzen, SOHM, Institutionen. 4. Aufl. S. 114 Anm. 2.

[7] Vgl. hierzu unten § 56 und KARLOWA, Röm. Rechtsgeschichte. I. S. 898, und über die Behandlung weggelaufener Dekurionen: WEBER, Die röm. Agrargeschichte. I. S. 257. Vgl. auch JUNG in den Wiener Studien (Zeitschr. für klass. Philologie). I. 1879. S. 187 ff.

a) Die höheren Staatsämter sind Würden *(dignitates)*, die in mehrere Rangklassen zerfallen,[1] die niederen bloße Pflichten *(officia)*, doch sind auch diese nunmehr den *servi publici* entzogen und ebenso wie die militärischen niederen Chargen benannt, nach deren Vorbild sich ein Subaltern-Beamtentum entwickelte.[2]

b) Die Hofämter und die obersten Staatsämter waren in dem spätrömischen, nicht erblichen Kaisertume noch nicht geschieden. Sie hießen *dignitates palatinae.*[3] Unter ihnen ragte der *quaestor sacri Palatii* hervor, der Justiz- und Gesetzgebungsminister.[4]

c) Neben erblichen gab es auch käufliche Beamtenstellen *(militiae)*.[5]

d) Die juristische Vorbildung der höheren Beamten erfolgte in den vom Staate geleiteten Rechtsschulen.[6] Die Machtstellung des Kaisers galt als unumschränkt.[7] Thatsächlich wurde sie trotzdem in vielfacher Hinsicht abgeschwächt. Das oberste geistliche Amt war von der Herrscherwürde abgelöst. Die Geistlichkeit wurde (namentlich von Justinian) mit wichtigen Aufgaben und Vorrechten ausgestattet und erlangte dadurch im späteren byzantinischen Reich den höchsten Einfluß. Die Provinzialpräfekten durften in ihren

---

[1] *illustres, spectabiles, clarissimi, perfectissimi, egregii* (PERNICE in v. HOLTZENDORFFS Encyklopädie. I. S. 161).

[2] Die ersten Keime des Subalternbeamtentums, in dem die Sklaven und Freigelassenen von früheren Soldaten verdrängt werden, finden sich schon in der älteren Kaiserzeit (HIRSCHFELD, Untersuchungen auf dem Gebiete der römischen Verwaltungsgeschichte. 1877. S. 251. KARLOWA, Röm. Rechtsgeschichte. I. S. 877). Vgl. v. BETHMANN-HOLLWEG, Der röm. Civilprozeß. 1866. § 142. S. 133 ff. Hiermit ging freilich eine starke Entwickelung des Sportelwesens Hand in Hand, wie es bei LYDUS, De magistratibus rei publicae Romanae, geschildert ist, einem Schriftsteller, der nach v. BETHMANN-HOLLWEG a. a. O. S. 6 „ganz ein Kind seiner erbärmlichen Zeit" war; vgl. auch noch über das Sportelwesen der späteren Kaiserzeit PERNICE, Amoenitates juris in der Zeitschr. der Savignystiftung VII. S. 120 ff.

[3] Im Gegensatz zu den *dignitates civiles* und *militares*. Die wichtigste Quelle für das Verständnis der spätrömischen Ämtergliederung ist die *notitia dignitatum* (ed. SEECK. Berolini 1876). Vgl. hierzu auch MOMMSEN, Neues Archiv der Gesellschaft für ältere deutsche Geschichtskunde. XIV. S. 460 ff. Nähere Angaben finden sich in KARLOWA, Röm. Rechtsgeschichte. I. S. 828 ff.

[4] Vgl. MOMMSEN am soeben angeführten Orte S. 451 ff. KARLOWA, Röm. Rechtsgeschichte. I. S. 833 ff.

[5] Cod. (Just.) VIII. 13 (14) de pignoribus c. 27 pr.: *ea (sc. militia) tamen vendi vel ad heredes sub certa definitione transmitti potest.*

[6] KARLOWA. Röm. Rechtsgeschichte. I. S. 1022 ff.

[7] Cod. (Just.) I. 14 de legibus c. 12: . . . *tam conditor quam interpres legum solus imperator juste existimabitur.*

Sprengeln im Namen des Kaisers *(vice sacra)* Urteile sprechen, gegen die es keine Berufung gab. Der Herrscher sah sich, da seine Würde rechtlich nicht erblich war, unausgesetzt von Palastrevolutionen und Aufständen bedroht und geriet dadurch in Abhängigkeit von dem einheitlich gegliederten Soldatenstande und der Geistlichkeit, deren Spitze sich bis zur Kirchenspaltung in Rom, also außerhalb des byzantinischen Herrschaftskreises. befand. Dazu kam ein Hofzeremoniell, das den Herrscher, indem es ihn schützte, zugleich dem Volke gegenüber abschloß. Daher bedurfte es besonders glücklicher Umstände, wie sie sich unter Justinian zusammenfanden, um dem Kaiser die volle Macht, welche das Recht ihm zuschrieb, auch in Wirklichkeit zu verleihen.

2. Die Ziele der Rechtsbildung seit Konstantin.

§ 31.

I. Allgemeines. Die Ziele der Gesetzgebung dieser Zeit wurden nicht bloß durch die bisher geschilderten Einheitsbestrebungen, sondern auch durch die veränderten religiösen Anschauungen und wirtschaftlichen Bedürfnisse bestimmt. Hierdurch kamen nicht nur viele Grundsätze des älteren Rechtes in Wegfall, sondern es entstanden auch neue Einrichtungen, die zum Teil in der nachrömischen Zeit wieder weggefallen sind, zum Teil aber sich erhalten haben.

II. Das Christentum vermochte im östlichen Rom nicht alle Überreste der heidnischen Anschauungen auf dem Gebiete des Rechts zu beseitigen,[1] trotzdem setzte es seinen Einfluß in klar erkennbarer Weise an den Punkten ein, in denen das Heidentum sein Ansehen vornehmlich eingebüßt hatte.[2] Es waren dies namentlich die Ohnmacht der heidnischen Priesterschaft gegenüber den zunehmenden Ausschweifungen, die zu weit getriebene Duldsamkeit gegen fremdartige, zum Teil geradezu verwerfliche Kulte, eine ver-

[1] Pernice in v. Holtzendorffs Encyklopädie I. S. 159. Selbst in unserer Zeit gilt eine völlige Übereinstimmung der Rechtssätze mit den Sittlichkeitsgeboten des Christentums für unerreichbar. (So ein Urteil der Juristenfakultät zu Leipzig. Seufferts Archiv. XXVIII. Nr. 136.) Es ist dies insofern auch richtig, als die oben S. 5 angeführten Erwägungen dies rechtfertigen. Man darf nicht die obersten Ziele des Rechtes, die immer nur innerhalb einer geschichtlichen Notlage und daher bloß unvollkommen erreichbar sind, als unumgängliche Rechtsgrundsätze hinstellen.

[2] Vgl. hierzu Seuffert, Konstantins Gesetze und das Christentum. Festrede. Würzburg 1891; und Troplong, De l'influence du christianisme sur le droit civil des Romains. Paris 1855.

kehrte Stellung der Gesetze zu der steigenden Sittenlosigkeit und endlich eine unzureichende Sorge für die untersten Stände, namentlich in den Provinzen, auf deren Kosten das italische Volk ernährt und durch Spiele belustigt worden war. Hieraus erklären sich die Richtungen, in denen sich der Rückschlag der neuen Ordnung gegen die früheren Zustände bewegte. Die Gesetze dieser Zeit weisen daher, ebenso wie die Lehren der Geistlichkeit, hierarchische, zelotische, asketische und mildthätige Strömungen auf.

Die hierarchischen Bestrebungen dieser Zeit fügten die christliche Geistlichkeit in das neugestaltete Gemeinwesen ein.[1] Während man den geistlichen Stand von bürgerlichen Geschäften ausschloß,[2] beförderte man den Großgrundbesitz der Kirche durch die Pflege der ihr gehörigen Emphyteusen (Erbpachtgüter).[3] Konstantin gab den Bischöfen eine weitgreifende Gerichtsgewalt (321), die jedoch späterhin zu einem bevorzugten Schiedsrichteramte herabgesetzt wurde. Nur den Geistlichen und den Mönchen sprach Justinian, gemäß den Beschlüssen von Konzilien, einen privilegierten Gerichtsstand vor ihren Oberen zu.[4]

Derselbe Kaiser gewährte den Bischöfen ein Beaufsichtigungsrecht gegenüber der Rechtspflege,[5] nachdem schon Honorius der Geistlichkeit die Oberaufsicht über das Gefängniswesen anvertraut hatte.[6]

Die steten Kirchenspaltungen und Religionskriege in dem von außen her gefährdeten Reiche führten zu einer Verfolgung aller, die sich nicht dem als richtig anerkannten Glauben anschlossen (Apostaten und Ketzer), namentlich zu deren Erbunfähigkeit. Den Juden wurde zwar Duldung, aber eine nur unvollkommene Rechtsfähigkeit gewährt.[7] Auch die strenge Form der Strafen in dieser Periode hängt mit ihrer zelotischen Denkweise zusammen.[8]

Neben diesen Mitteln zur Befestigung der neuen Weltreligion steht als Gesetzgebungsziel eine vielfache Pflege der von ihr gepredigten Tugenden der Askese und der Barmherzigkeit. Die aske-

---

[1] Über die Stellung der Bischöfe insbesondere vgl. Pernice in v. Holtzendorffs Encyklopädie I. S. 162; auch Seuffert, Konstantins Gesetze S. 18 ff.

[2] Vgl. nov. 123, c. 6.

[3] Vgl. unten § 85.

[4] Nov. 79. 83. 123, c. 21, 23.

[5] Nov. 86.

[6] Cod. Theodos. IX, 3 de custodia reorum c. 7.

[7] Karlowa, Röm. Rechtsgeschichte I. S. 935.

[8] Vgl. Seuffert, Konstantins Gesetze S. 13 ff.

tische Richtung[1] trat nicht nur in der Beförderung des Klosterwesens hervor, sowie in der Begünstigung des Witwenstandes,[2] sondern auch in der Anordnung von Strafen für grundlose Ehescheidungen und vorzeitige Wiederverheiratungen,[3] und namentlich in der Beseitigung aller solcher Vorschriften der heidnischen Zeit, welche als unkeusch erschienen, insbesondere des künstlichen Antriebes zur Kindererzeugung durch erbrechtliche Nachteile, die den Kinderlosigkeiten angedroht waren *(leges Julia et Papia Poppaea)*.[4] Auch die Möglichkeit Konkubinenkindern die Rechte ehelicher Sprößlinge zu gewähren, war ein erster Schritt zu dem allerdings erst nach Justinians Zeit erfolgten Verbote des Konkubinats, den die ältere Kaiserzeit als erlaubt anerkannt hatte.[5]

Der Gegensatz zwischen *honestiores* und *humiliores* wurde zwar aus der früheren Zeit übernommen, vielleicht in mancher Hinsicht sogar noch verschärft, aber schon ein Blick auf die Abstammung des Kaisers Justinian und seiner Gemahlin beweist, in welchem hohen Maße die bevorzugten Volksklassen sich nach unten hin geöffnet hatten, um frischen Zuzug in sich aufzunehmen. Mit der Begünstigung der Hilflosen hing sicherlich zusammen, daß die alten kunstvollen Geschäfts- und Prozeßformen, die in der Strenge ihrer Auslegungsgrundsätze die Freiheit des obrigkeitlichen Ermessens

---

[1] Vgl. Jung, Die Bevölkerungsverhältnisse des römischen Reiches (Wiener Studien, Zeitschr. für klassische Philologie. I. 1879. S. 199): „Kein Kirchenschriftsteller jener Zeit, der nicht über die ‚*pudicitia*‘ oder ‚*de castitate*‘ oder ‚*de virginitate*‘ einen Traktat geschrieben hätte.“

[2] Cod. VII, 40 de indicta viduitate nov. 22. c. 44.

[3] Vgl. unten § 54. Die von einer Synode unter Konstantin angeordnete Unlösbarkeit der Ehe vermochte nicht in das Recht einzudringen. Vgl. Seuffert a. a. O. S. 17 Anm. 5. Vgl. oben S. 96.

[4] Cod. Theodos. VIII, 16 de infirmandis poenis coelibatus et orbitatis c. un. (Seuffert, Konstantins Gesetze S. 15) und die Bestimmung Justinians (Cod. VI, 51 de caducis tollendis c. un.), welche die letzten Spuren dieser Gesetzgebung beseitigte. Vgl. ferner die Aufhebung des *S. C. Claudianum*, das unerlaubte Beziehungen zwischen freien Frauen und Sklaven ahndete (Inst. III, 12, § 2): *Quod indignum nostris temporibus esse existimantes ... non inseri nostris digestis concessimus.* Sehr eigentümlich erscheint uns freilich vom Standpunkte unserer heutigen Anschauungen die „*lex ipsi pudicitiae dedicata*“ Justinian, Cod. VI, 57 ad S. C. Orphit. c. 5 § 1, welche es für nötig findet, die Beziehungen der Ehefrauen der höchsten Beamtenklasse zu ihren vor der Heirat geborenen unehelichen Kindern durch ein besonderes Gesetz zu regeln.

[5] Vgl. unten § 54; auch Seuffert, Konstantins Gesetze S. 16 ff. und über die spätere Beseitigung des Konkubinats im byzantinischen Reiche: Zachariae von Lingenthal, Geschichte des griechisch-römischen Rechts. 3. Aufl. Berlin 1892. S. 57. 58.

hemmten und den Provinzialen fremdartige Fallstricke waren, mehr und mehr in Wegfall kamen.[1] Neue Formen, die in dieser Zeit entstehen, dienten vornehmlich zum Schutze gegen falsche Zeugen.[2]

Auch der altrömische Geschlechterstaat und seine Grundlage, die Gewalt des Hausherrn, wurde dem spätrömischen Reiche fremdartig. Einen Schlag gegen die Macht der alten Familien führte namentlich schon Konstantin dadurch, daß er neben den Geburtsadel den vom Kaiser verliehenen Patriciat stellte.[3] Diesem Streben entsprach es, daß nunmehr die Familien- und Erbordnung allmählich von allen Sätzen gesäubert wurde, die mit der altrömischen agnatischen Familienordnung zusammenhingen. Die Rechte der Gattin und der Hauskinder erhielten einen erhöhten Schutz, der die bisherige Familienordnung in ihren Grundlagen umgestaltete.[4]

Gerade diese Rechtsabänderungen waren von höchstem Werte für die spätere Aufnahme des justinianischen Rechtes in Westeuropa, insbesondere in Deutschland.

Ein Gleiches gilt von den ihnen verwandten Wohlthätigkeitsbestrebungen der Gesetze dieser Zeit. Die geringen, kaum zulänglichen Einnahmen des Staates verlangten eine lebendige Entfaltung der Privatwohlthätigkeit, und darum wurde gerade diese vom Gesetzgeber befördert.[5] So entstanden die Rechtsfähigkeit der milden Stiftungen *(piae causae)* und die Vorzugsrechte, die ihnen beim Bezahlen ihrer Schulden[6] und den für Kirchen und wohlthätige Anstalten bestimmten Vermächtnissen zu teil wurden.[7]

---

[1] Cod. IV, 57 de formulis et de impetratione actionum sublatis (Constantius et Constans): *Juris formulae aucupatione syllabarum insidiantes cunctorum actibus radicitus amputentur.* c. 1. Indem man ferner dem Richter die Befugnis nahm, nach seinem Ermessen Klagen zu gewähren und zu verweigern (c. 2 Cod. eodem), minderte man zwar grundsätzlich seine Macht; doch war dies bei der Unsicherheit der Rechtsquellen in dieser Zeit ohne erheblichen Erfolg. Auch die Verdrängung der *judices privati* durch Beamte war für die *humiliores* wohl kaum von besonderem Vorteile.

[2] Darüber, daß die italischen Urkundenschreiber die beseitigten Formen noch lange mit Zähigkeit festhielten, vgl. Brunner, Zur Rechtsgeschichte der römischen und germanischen Urkunde. I. Berlin 1880. S. 4.

[3] Vgl. Mommsen, Ostgotische Studien im Neuen Archiv der Gesellschaft für ältere deutsche Geschichtskunde. XIV. S. 483.

[4] Vgl. unten §§ 49. 53. 97. 157.

[5] Cod. I, 2 de sacrosanctis ecclesiis c. 12 § 2: *Quia humanitatis nostrae est prospicere egenis ac dare operam ut pauperibus alimenta non desint.* Vgl. c. 19. 22. 23 eod.

[6] Nov. 120. c. 6.

[7] Inst. IV, 6 de actionibus §§ 19. 23. 26. Nov. 120. c. 6. 131 c. 12.

In demselben Sinne begünstigte man den Loskauf von Gefangenen, dessen Anlässe damals häufig wiederkehrten.[1] Überhaupt erleichterten die Gesetze dieses Zeitabschnittes alle Geschäfte, welche dazu bestimmt sind, der Mildthätigkeit zu dienen, namentlich Schenkungsversprechen,[2] letztwillige Gaben an unbestimmte Personen (*personae incertae*) und formlose Vermächtnisse.[3] In diesem Sinne teilte insbesondere Justinian „mit verschwenderischer Hand fromme Privilegien aus".[4] Endlich gehört hierher das Übermaß von Nachsicht, welches dieser Zeitabschnitt den säumigen Schuldnern gewährte[5], ein bevorzugter Gerichtsstand „der mitleidswürdigen Personen" (*personae miserabiles*, d. h. Witwen, Waisen und Kranke)[6] und die Abschaffung der Gladiatorenspiele durch Konstantin.[7]

Diese bevormundende Richtung der Gesetze ging freilich vielfach so weit, daß sie auch solche Rechtsgrundsätze zerstörte, die für die Römer vom höchsten Werte waren und für uns nach der Aufnahme des justinianischen Rechtes in Deutschland wiedererworben werden mußten. Das spätrömische Recht beförderte in mehrfacher Hinsicht die Gleichheit auf Kosten der Freiheit. Die Selbstverwaltung der Stadtgemeinden wurde, wie schon erwähnt ist, durch die Erblichkeit der Ämter beschränkt, die Unabhängigkeit des Richteramtes war durch die Beseitigung der Laienrichter und die Strafgewalt der höheren Instanzen gegenüber den niederen geschmälert.

Der Übergang des Richteramtes auf das Beamtentum, dem in diesem Zeitabschnitte ein Fortfall des öffentlichen Gerichtsverfahrens folgte, scheint sich ganz allmählich vollzogen zu haben.[8] Seitdem die thatsächlich beobachtete Ständigkeit der Ämter überhandnahm,

---

[1] Nov. 108 c. 1 in fine.

[2] Cod. VIII, 54 de don. c. 35.

[3] Cod. VI, 42 de fideicommissis c. 22. Inst. II, 23 de fideicommissariis hered. § 12.

[4] Dernburg, Pandekten. I. 3. Aufl. § 211 Anm. 2. S. 487.

[5] Vgl. hierüber v. Ihering, Der Kampf ums Recht. 9. Aufl. 1889. S. 81 ff., bes. S. 83. Goldschmidt, Handbuch des Handelsrechts. 3. Aufl. I. S. 85 ff.

[6] Wetzell, System des ordentlichen Civilprozesses. 3. Aufl. 1878. § 38 Anm. 3. S. 461. Cod. III, 14 quando imp. c. un.

[7] Cod. Theodos. VII, 12 de gladiatoribus c. 1. Vgl. überhaupt zur Schätzung der mildherzigen Absichten dieses Zeitabschnittes: Hartmann, Archiv für civilistische Praxis. LXXIII. S. 353—356.

[8] In Cod. III, 3 de pedaneis judicibus c. 2 verbieten die Kaiser (Diokletian und Maximian) nicht den *praesides*, Privatmänner als Richter zu bestellen, sondern nur sich durch Überweisung der ihnen obliegenden Geschäfte

mußte der Wert der Urteilssprüche, welche von den Beamten *extra ordinem*, ohne daß ein Richter bestellt war, ergingen, den gesetzmäßigen Entscheidungen mehr und mehr gleichkommen, so daß die Parteien oft keinen Anlaß mehr dazu fanden, um die Bestellung der Richter zu bitten. Dadurch wurde der vor dem Magistrat oder seinem Beauftragten *(delegatus)* zu Ende geführte Prozeß aus einem außerordentlichen zu einem ordentlichen Verfahren.[1]

Allein nicht bloß die Beschaffenheit des Richters wechselte, auch seine Aufgabe. Sie sollte fortan in einer Bevormundung der Parteien bestehen.[2] Auch die Verwaltung der Vormundschaften tritt unter eine erhöhte Aufsicht der nunmehr im ganzen Reiche ständigen Gerichtsbehörden.[3] Diese vermögen infolge ihrer Ständigkeit neuen Aufgaben zu genügen, z. B. auch die Abwickelung der Konkurse dauernd zu beaufsichtigen.[4]

Auch auf die Beschränkung des allzu freien richterlichen Beliebens strebten die Gesetze mehrfach hin,[5] indem sie z. B. feste

---

an beauftragte Untergebene (*judices pedanei*) allzusehr zu entlasten. Vgl. Pernice in der Zeitschr. der Savignystiftung III. S. 103 ff. Die hier erwähnte Richterbestellung war „für den Präses eine Erleichterung, nicht eine Kompetenzschranke" (Pernice in den Festgaben für Beseler S. 77). Die früher herrschende Ansicht, welche in der erwähnten Vorschrift Diocletians eine Abschaffung der Privatrichter und somit einen Wendepunkt in der Geschichte des Prozeßrechts sah, findet sich noch bei Schultze, Privatrecht und Prozeß. I. 1883. S. 551.

[1] Dies veranlaßt Justinian zu der etwas eigentümlichen Bemerkung (Inst. IV, 15 de interd. § 8): *Quotiens extra ordinem jus dicitur, qualia sunt hodie omnia judicia*, d. h. was früher die Ausnahme war, gilt jetzt als die Regel.

[2] Cod. III, 1 de judicio c. 9 (Constantinus): *Iudices oportent imprimis rei qualitatem plena inquisitione discutere et tunc utramque partem saepius interrogare, ne quid novi addere desiderent.* Vgl. aber auch v. Bethmann-Hollweg, Röm. Civilprozeß. III. § 129 Anm. 6 S. 32.

[3] Constantinus, Cod. de adm. tut. § 37. c. 22. Inst. I, 24 de satisd. tut. § 6.

[4] Inst. III, 12 de successionibus sublatis pr. und dazu Ubbelohde in den Festgaben der Marburger Juristenfakultät für Wetzell. Marburg 1890. S. 1 ff. Vgl. hierzu auch v. Bethmann-Hollweg, Röm. Civilprozeß. III. § 159 S. 315 ff. L. Seuffert, Zur Geschichte und Dogmatik des deutschen Konkursrechtes. 1888. S. 16 ff. Endemann in der Zeitschr. für deutschen Civilprozeß. XII. S. 24 ff.

[5] Vgl. Cod. Justin. VII, 45 de sententiis c. 13: *Non exemplis, sed legibus judicandum est.* Ein merkwürdiger Vorläufer der Tendenz des kanonischen Rechtes die freie Beurteilung der Thatsachen und der Beweise dem Richter zu entziehen und ihn an feste Regeln zu binden, war auch Konstantins Vorschrift (Cod. Theodos. XI, 39 de fide testium et instrumentorum c. 3 § 1), daß zum Zeugenbeweise die Aussage von mindestens zwei Personen gehören sollte und die kirchliche Begründung dieses Grundsatzes aus der heiligen Schrift (Seuffert, Konstantins Gesetze. S. 21).

Enterbungsgründe aufstellten.[1] Dieses Streben führte schließlich zur Kodifikation des gesamten Rechtes (§ 35).

III. Die wirtschaftlichen Bedürfnisse des spätrömischen Reiches. Sie kennzeichnen sich namentlich durch einen Rückgang des Handels,[2] dem die christliche Doktrin nicht minder ungünstig war, als die Völkerwanderung und die Rechtsunsicherheit, die als Folge der richterlichen Willkür eintreten mußte.[3] Dazu kam, daß der Großhandel im kaiserlichen Rom in den Händen des Großgrundbesitzes lag,[4] und durch dessen wirtschaftlichen Verfall mit betroffen wurde.[5] An die Stelle des Verkehrs trat eine Bevorzugung des ruhigen Besitzes. Auch die wichtigsten Gewerbe erhielten sich neben der Sklavenarbeit in der Form von Zünften, deren Mitglieder aus einem vererblichen Rechte der Körperschaft angehörten.[6] Die Grundeigentümer *(possessores)* bildeten nunmehr eine bevorzugte Klasse, in der der Großgrundbesitzer vor dem kleinen ausgezeichnet wurde.[7] Die Grundsteuern waren die Haupteinnahme des Staates,[8] und der Ackerbau wurde wieder zur Hauptquelle der Volksernährung.[9]

---

[1] Nov. 115 unten § 108.

[2] Vgl. Goldschmidt, Handbuch des Handelsrechts. I. 3. Aufl. S. 85 ff.

[3] Die Einleitungskonstitution *tanta* zu den Digesten § 47: *et voluntate judicum magis quam legitima auctoritate lites dirimebantur.*

[4] Vgl. Rodbertus in Hildebrands Jahrb. für Nationalökonomie. IV. S. 344. Goldschmidt, Handbuch des Handelsrechts. I. 3. Aufl. S. 84 ff. Oertmann, Die Volkswirtschaftslehre des corpus juris civilis. Berlin 1891. S. 85.

[5] Über diesen Verfall vgl. das berühmte Wort des Plinius, Hist. naturalis XIII, 7, 3: *Latifundia perdidere Italiam, jam vero et provincias,* und hierzu J. Jung, Die Bevölkerungsverhältnisse des römischen Reiches (Wiener Studien, Zeitschr. für klass Philologie). I. 1879. S. 185. 193. Weber, Die römische Agrargeschichte. 1891. S. 250 ff. Über die bäuerlichen Verhältnisse unter Justinian vgl. auch noch Zachariae von Lingenthal, Zeitschr. d. Savigny-stiftung. IX. 275 ff.

[6] Vgl. über dieses spätrömische Kastenwesen namentlich Révillout, Etude sur l'histoire du colonat (Revue historique de droit français et étranger. 1856. S. 417 ff. 1857. S. 209 ff.). Mommsen, Hermes. XV. S. 410 ff. Karlowa, Röm. Rechtsgeschichte. I. S. 913 ff. Goldschmidt, Handbuch des Handelsrechts. I. 3. Aufl. S. 87. — Auch in der älteren Zeit besaß Rom keinen tüchtigen Mittelstand. Goldschmidt, a. a. O. S. 69.

[7] Vgl. Karlowa, Röm. Rechtsgeschichte. I. S. 902.

[8] Vgl. Karlowa, a. a. O. S. 903 ff.

[9] Mommsen, Abriß des röm. Staatsrechts. 1893. S. 363, führt den Verfall des Verkehrs im dritten Jahrhunderte auf die „bimetallistische Münzverschlechterung“ zurück und rühmt die von Diocletian und Konstantin durchgeführte „rationelle Goldwährung“.

Wir finden jetzt in einer Zeit der Hungersnot und der Kindesaussetzungen ein unfreies Bauerntum, dem das Recht die Freizügigkeit raubte, indem es sie unter die Aufsicht der Grundherren stellte und an ihre Scholle band *(coloni, servi terrae, glebae adscripti)*. (Auch Sklaven wurden untrennbarerweise an das von ihnen bebaute Grundstück gefesselt, so daß der Herr sie ohne dieses nicht mehr verkaufen durfte.)

Die Entstehung des an der Scholle haftenden Bauernstandes, dessen Mitglieder ebenso, wie die freien Gutspächter, *coloni* heißen, ist kaum aufklärbar,[1] ihre Beibehaltung in der Zeit der Sklavenwirtschaft läßt sich dagegen sehr wohl begreifen, da diese das Aufkommen eines freien Bauern- und Arbeiterstandes hinderte und zum Latifundienwesen hintrieb. Auch für freie Pächter entwickeln sich an Stelle der auf Zeit begründeten Pachtverhältnisse Erbzinsrechte (Emphyteusen), durch deren Begründung der Ackerbau gefördert wurde.[2]

In welchem hohen Maße die Landwirtschaft künstlicher Beförderung bedurfte, zeigte sich namentlich in einer Vorschrift, die dem Bebauer eines vernachlässigten Ackers *(ager desertus)* gegen-

---

[1] So MOMMSEN (Hermes XV. S. 408 ff.). Vgl. die einschlägige Litteratur in SCHULINS Lehrbuch der Geschichte des römischen Rechtes. § 66 Anm. 1. S. 273 und außerdem KARLOWA, Röm. Rechtsgeschichte. I. S. 918 ff. und WEBER, Die römische Agrargeschichte. 1891. S. 255 ff. Letzterem ist darin Recht zu geben, daß den Latifundienbesitzern eine Fesselung der Kleinpächter an die Scholle erwünscht sein mußte (dies ergiebt sich deutlich aus COLUMELLA, De re rustica I. c. 7, 3. 4). Doch betont W. zu wenig den Umstand, daß diese Neuerung den Gutsherren nicht bloß Rechte, sondern auch Pflichten auflegte. Die älteste Spur des Kolonats findet sich in dem *decretum Commodi* (siehe oben S. 116 Anm. 1), woselbst von einer *lex Hadriana* die Rede ist. (Von einer *lex Hadriana* spricht auch die kürzlich in Afrika entdeckte *ara legis Hadrianae*. BRUNS, Fontes ed. VI. S. 382 ff.). Ist dies die *lex a majoribus constituta*, welche nach Cod. XI, 51 (50) de colonis Palaestinis c. 11 die *coloni „quodam aeternitatis jure"* festhält? Oder gab diesem Institute eine *lex* nur den Anstoß und erst die Verwaltungspraxis die Ausbildung, etwa nach provinzialen, z. B. ägyptischen Vorbildern? (Über diese vgl. J. JUNG in der Histor. Zeitschr. XLII. N. F. VI. S. 551.) Es ist weiteren Forschungen vorbehalten, diese Punkte aufzuklären. Es scheint übrigens wahrscheinlich, daß Hadrian den von der Praxis eingeführten Kolonat nicht begünstigt, sondern grundsätzlich verworfen und vielleicht nur innerhalb bestimmter Grenzen geduldet hat. Vgl. Dig. XLIX, 14 de jure fisci fr. 3 § 6: *Divus etiam Hadrianus in haec verba rescripsit: Valde inhumanus mos est iste, quo retinentur conductores vectigalium publicorum et agrorum, si tantidem locari non possint. nam et facilius invenientur conductores, si scierint fore ut, si peracto lustro discedere voluerint, non teneantur.*

[2] Vgl. unten § 85.

über dem Grundherren einen Anspruch auf den Ersatz seiner Auslagen gab und, wenn er sie nicht binnen zwei Jahren erhielt, ihm das Eigentum an den bebauten Feldern verlieh.[1]

Schließlich setzte Justinian ein Noterbrecht fest, das jedem Kinde ein Miteigentum am Gute des Vaters sicherte[2] und hiernach die Kraft besaß, die großen Besitzungen allmählich zu zersplittern. Um so mächtiger traten dann in späterer byzantinischer Zeit die Vertreter des Staates und der Kirche durch ihren Großgrundbesitz den Reichsgenossen gegenüber.

II. Die Entstehungsformen des spätrömischen Rechtes.

§ 32.

I. Allgemeines. Das Bewußtsein eines scharfen Gegensatzes des spätrömischen Rechtes zu den Schöpfungen früherer Zeiten zeigt sich in der Unterscheidung der Rechtssätze dieser Periode in *jus* (sc. *vetus*) und *leges* (= *jus novum*).[3] *Jus* heißt das überlieferte Recht, das für die Gelehrten in den Schriften früherer Zeiten fortlebte und für das Volk aus den Gewohnheiten erkennbar wurde. *Leges* heißen die neugeschaffenen reichsrechtlichen Satzungen.

Die Gesetzgebung lag in dieser Zeit ausschließlich beim Kaiser. Seine Macht erschien als *νόμος ἔμψυχος*.[4] Er war zugleich der einzige Oberaufseher der richterlichen Auslegung.[5] Als eine feierliche Form allgemeiner Gesetze werden die „*sanctiones pragmaticae*“ erwähnt, deren Verhältnis zu den übrigen Vorschriften nicht aufgeklärt ist.[6]

Seine außerordentliche Macht bethätigt der Herrscher in dieser Zeit durch eine Fülle von Privilegien und Ausnahmebestimmungen. Dagegen verlor sich nunmehr der Grundsatz, auch einer einzelnen Entscheidung, die durch kaiserliches Reskript erfolgt ist, ohne weiteres die Bedeutung eines allgemeinen Rechtssatzes beizulegen,[7]

---

[1] Cod. XI, 59 (58) de omni agro deserto c. 8.

[2] Vgl. unten § 108.

[3] Puchta, Kursus der Institutionen. 10. Aufl., besorgt von Krüger. I. § 134 ff. S. 367 ff.

[4] Nov. 105 c. II. § 4.

[5] Cod. I, 14 de legibus c. 1. Constantinus und übereinstimmend Justinianus ebenda c. 12 § 3.

[6] Krüger, Geschichte der Quellen und Litteratur des römischen Rechts S. 270. Karlowa, Röm. Rechtsgeschichte. I. S. 937. Pernice in v. Holtzendorffs Encyklopädie. I. S. 164.

[7] Cod. I, 14 de leg. c. 2. 3 §§ 1. 12. Näheres hierüber, namentlich über

was mit der Schwierigkeit, solche Sprüche innerhalb eines großen Reiches zu verbreiten, sicherlich nicht außer Zusammenhang stand.

Den Einheitsbestrebungen des Reiches entsprach eine Vorschrift Konstantins, die jede Gewohnheit entkräftete, falls sie sich in bewußtem Widerspruche gegen geschriebenes oder zweifelloses Recht auflehnte.[1]

Man hat den klaren Sinn dieser Anordnung vielfach wegzudeuten gesucht, vielleicht deshalb, weil er für Deutschland gegenüber den Gesetzen Justinians undurchführbar war; denn bei uns kann die Frage, inwieweit der Inhalt der römischen Rechtsbücher gilt, ohne Rücksicht auf das Gewohnheitsrecht, das sie nur teilweise aufgenommen hat, überhaupt nicht beantwortet werden.[2] Zweifelhaft ist, ob Konstantin auch solchen gesetzwidrigen Gewohnheiten die Rechtswirksamkeit entziehen wollte, die in gutem Glauben aus Rechtsunkenntnis entweder neu entstanden oder aus früherer Zeit beibehalten wurden.[3]

Ohne Zweifel vermochte das Kaiserwort nicht die thatsächlich vorhandene Gesetzesunkenntnis aus der Welt zu schaffen und auch nicht unbewußte Neubildungen von Gewohnheiten zu verhindern, die sich einstellten, sobald man die überlieferten Rechtsurkunden auslegte. Von einer Rechtsfortbildung durch die Beamten ist nicht mehr die Rede. Da jedoch die Urteile der *praefecti praetorio* einer Berufung nicht unterlagen, so wurden ihre allgemeinen Verordnungen unter dem Namen „*formae*“ zuweilen wie Gesetze behandelt.[4] Eine rechtserzeugende Wissenschaft giebt es in dieser Zeit nicht mehr.

II. Das Verhältnis der *leges* zum *jus*. Die Kaisergesetze suchten das überlieferte alte Recht (*jus*) zu erhalten, zu verbreiten, zu ergänzen und zu verbessern. Die Verbesserung war zum Teil nur eine Vereinfachung, die den Stoff kürzte oder veraltete Gegen-

---

Justinians Regelung dieser Frage, s. Puchta (Krüger), Institutionen. 10. Aufl. I. § 131 S. 360 ff.

[1] Cod. VIII, 52 (53) quae sit longa consuetudo c. 2: *Consuetudinis ususque longaevi non vilis auctoritas, verum non usque adeo sui valitura momento, ut rationem vincat aut legem.*

[2] Diese Stelle ist also ganz sicher nicht aufgenommen worden, vgl. oben § 17.

[3] Dagegen spricht unter anderem, daß das syrisch-römische Rechtsbuch aus dem fünften Jahrhundert (§ 34 S. 138) in vielen Punkten von den römischen Gesetzen abwich.

[4] Schulin, Lehrbuch der Geschichte des röm. Rechts. § 31 Anm. 3. S. 102. Mommsen, Ostgotische Studien im Neuen Archiv der Gesellschaft für ältere deutsche Geschichtskunde. XIV. S. 523.

sätze (namentlich solche zwischen *jus civile* und *jus praetorium* oder zwischen *jus civile* und *jus gentium*) verschmolz. Daneben stehen aber auch wichtige Neuerungen (vgl. oben §§ 30 und 31).

III. Spätrömische Rechtsurkunden.

1. Rechtssammlungen vor Justinian.

a) Spätrömische Sammlungen im Reiche.[1]

§ 33.

I. Allgemeines. Die Rückkehr von der Beamtenwillkür zur Gesetzlichkeit der Rechtspflege war so lange undurchführbar, als der Rechtsstoff vorwiegend in unübersichtlicher und ungeordneter Form überliefert wurde. Dazu kam, daß allmählich die Benutzung der juristischen Litteratur sich nicht mehr, wie früher, auf die Schriftsteller beschränkte, denen das *jus respondendi* zugestanden hatte, sondern daß vielmehr die Parteien oder ihre Anwälte die Richter „durch Citatenkram zu verwirren“ suchten.[2]

II. Die Sammlung des *jus* war zunächst Privatsache. Einige Werke, welche sich dieser Aufgabe widmeten, spiegeln die geistige Dürftigkeit der Rechtskenntnisse jener Zeit ab.[3] Hierher gehören:

a) *Lex Dei, quam praecepit dominus ad Moysen (collatio legum Romanarum et Mosaicarum)*. Hier wird eine Fühlung zwischen dem römischen und dem mosaischen Rechte gemacht, ein kümmerlicher Anlauf zu der Herstellung eines Einklanges zwischen den Lehren des Religions- und des Rechtsunterrichtes, und zwar auf dem Gebiete des spätrömischen Strafrechts, das durch seine Strenge an die mosaische Gesetzgebung erinnert.[4]

---

[1] Vgl. das corpus juris Antijustinianei Bonn. 1835 ff. und das Corpus legum ab imperatoribus Romanis ante Justinianum, quae extra constitutionum codices supersunt, ed. Haenel, 1857, ferner Krüger, Geschichte der Quellen und Litteratur des röm. Rechts § 32 ff. S. 259 ff. Karlowa, Röm. Rechtsgeschichte I. S. 941 ff.; vgl. auch Mommsen, Die Benennung der Konstitutionensammlungen, in der Zeitschr. der Savignystiftung X. S. 345 ff.

[2] Pernice in v. Holtzendorffs Encyklopädie I. S. 165 Anm. 2.

[3] Sie finden sich in Huschkes Jurisprudentiae antejustinianae quae supersunt ed. V. p. 645 ff.

[4] Vgl. hierzu Bruns in der Erläuterung des von ihm und Sachau herausgegebenen syrisch-römischen Rechtsbuches S. 314, auch ebenda S. 45. 76. 77. 116. Karlowa, Röm. Rechtsgeschichte. I. S. 967 ff. Krüger, Geschichte der Quellen

b) Die von CUJACIUS sogenannte *consultatio veteris cujusdam jurisconsulti de pactis* aus der zweiten Hälfte des fünften oder aus dem Anfange des sechsten Jahrhunderts enthält Quellenauszüge mit dürftigen Zusätzen in der Form juristischer Ratschläge.

c) Die sog. *fragmenta Vaticana* sind Bruchstücke[1] einer Sammlung von Auszügen, deren privater Ursprung zweifelhaft ist, nach einem eigenartigen Anordnungsplane. Sie sind 1821 von ANGELO MAI entdeckt.[2] Ihr Ursprung fällt in die Zeit zwischen der Mitte des dritten und des fünften Jahrhunderts.

d) Nicht als Rechtsquelle entstanden, aber dennoch als solche verwendbar ist ein Schulbuch des Magister Dositheus unbestimmten Alters mit Übungen zum Übersetzen (*interpretamenta*), die zufälligerweise einen juristischen Inhalt haben.[3]

e) Eine Handschrift mit Scholien zu Ulpians *libri ad Sabinum* wurde 1880 von BERNARDAKIS entdeckt. Sie ist in der Zeit zwischen der Abfassung des Theodosischen und des Justinianischen Codex niedergeschrieben.[4]

III. Die Fürsorge der Kaiser für die Handhabung des *jus*.[5] Als Gegengewicht gegen die vollständige Unübersichtlichkeit der juristischen Litteratur wurde zunächst von Konstantin den Schriften Papinians dadurch ein erhöhtes Ansehen verliehen,[6] daß die Benutzung der *notae* späterer Schriftsteller zu diesem Autor verboten wurde.

Ferner wurden von Theodosius II. und Valentinian III. (426)[7]

---

und Litteratur des röm. Rechts S. 302 ff. — Die neueste Ausgabe (von MOMMSEN [1890]) findet sich in der Collectio librorum juris antejustiniani III. S. 136 ff.

[1] MOMMSEN, 1890, Collectio librorum juris antejustiniani III. S. 1 ff.

[2] Ein apographum veröffentlichte MOMMSEN 1860. Näheres siehe bei KARLOWA, Röm. Rechtsgeschichte I. 969 ff.

[3] KRÜGER, Geschichte der Quellen und Litteratur S. 251. Die Entstehung dieses Buches wurde früher in die ältere Kaiserzeit verlegt.

[4] Vgl. ZACHARIAE v. LINGENTHAL in den Monatsberichten der Berliner Akademie. 1881. S. 620 ff. LENEL, Zum Papyrus Bernardakis, in der Zeitschr. der Savignystiftung II. S. 233. KRÜGER, Die Sinai-Scholien zu Ulpians libri ad Sabinum ebenda IV. S. 1 ff. (daselbst ein apographum S. 5 ff.). Ausgaben: HUSCHKE, Jurisprudentiae antejustinianae ed. V. p. 815 ff. KRÜGER, Collectio librorum juris antejustiniani III. p. 269 ff.

[5] Vgl. PUCHTA, Kleine civilistische Schriften. 1851. S. 284. SANIO, Über die sogenannten Citiergesetze von Konstantin und Valentinian (Rechtshistorische Abhandlungen und Studien. 1845. S. 1 ff.). KRÜGER, Geschichte der Quellen und der Litteratur des röm. Rechts S. 262 ff.

[6] Cod. Theod. I, 4 de responsis prud. c. 1 (sog. Kassiergesetz).

[7] Cod. Theod. I, 4 de responsis prud. c. 3 (sog. Citiergesetz).

fünf Hauptjuristen als maßgebend aus der juristischen Litteratur hervorgehoben: Papinianus, Ulpianus, Paulus, Modestinus und Gajus.

Wahrscheinlich bestätigten die Kaiser, indem sie die Schriften den Gutachten gleichstellten, den bisherigen Gerichtsgebrauch und festigten das Ansehen der Werke des Gajus, hinter denen ein *jus respondendi* ihres Verfassers nicht stand. Inwieweit ihr Gesetz auch noch älteren Schriftstellern neben denen, die es nannte, eine Beachtung sichern wollte, ist dunkel und streitig.[1] Soviel steht fest, daß bald nachher von einer solchen Beachtung nicht mehr die Rede war.[2] Endlich verkündete Theodosius II. (429) seine Absicht, eine amtliche Sammlung des ganzen *jus* anfertigen zu lassen, eine Arbeit, die erst später in Justinians Pandekten wirklich ausgeführt worden ist.[3]

IV. Sammlungen der *leges* in der spätrömischen Zeit.

a) Privatsammlungen unbekannter Verfasser aus dem vierten Jahrhunderte sind der *codex Gregorianus* und der (wahrscheinlich zu seiner Ergänzung bestimmte) *codex Hermogenianus*.[4]

b) Eine kaiserliche Sammlung war der *codex Theodosianus*, veranlaßt von Theodosius II. und Valentinian III., die Grundlage des *codex Justinianus*, 438 im Ost- und im Westreiche veröffentlicht. Er umfaßt 16 Bücher.[5] Ihm schließen sich an die *novellae leges* (d. h. die nach dem *codex Theodosianus* entstandenen kaiserlichen Gesetze, die sog. posttheodosianischen Novellen).[6]

V. Vereinzelte Überlieferungen von Kaisergesetzen dieser Zeit finden sich in einer gallischen Sammlung aus dem fünften Jahrhundert, nach dem ersten Herausgeber Sirmond *constitutiones Sirmondi* genannt, und in einigen Inschriften.[7]

---

[1] Siehe Sohm, Institutionen S. 83 Anm. 2 und die daselbst Citierten, insbesondere auch Pernice in v. Holtzendorffs Encyklopädie I. S. 156 Anm. 2.

[2] Krüger, a. a. O. S. 264.

[3] Cod. Theodos. I, 1 de constitutionibus principum et edictis c. 5 und 6.

[4] Haenel, Codicis Gregor. et cod. Hermogeniani fragmenta, 1837, fasc. II. des Bonner Corpus juris Antijustinianei. Eine neue Ausgabe von Krüger enthält die Collectio librorum juris antejustiniani III. p. 221 ff.

[5] Der französische Jurist Jacobus Gothofredus († 1652) schrieb zu diesem Werke einen erst nach seinem Tode veröffentlichten Kommentar, der von sehr großem Werte für das Studium der Geschichte des spätrömischen Reiches ist.

[6] Der Name *novellae* für „spätere Gesetze" ist schon älter. Collatio XIV. 3, 6. Cod. Theodos. I, 1 de const. princ. c. 6 § 3. Krüger, Geschichte der Quellen und Litteratur des röm. Rechts S. 292 Anm. 2, vgl. dort über diese posttheodosianischen Novellen § 36 S. 293.

[7] Die Privatinschriften verschwinden mehr und mehr in späterer Zeit, und zwar, wie v. Bethmann-Hollweg, Der röm. Civilprozeß S. 2 unten S. 3 an-

b) Aufzeichnung römischer Rechtssätze neben unrömischen.

§ 34.

I. Die Überlieferungen römischen Rechtes in germanischen Rechtsbüchern[1] war eine Folge der Unterwerfung römischer Bürger unter die germanische Oberherrschaft. Es zeigte sich hier ein Unterschied der ostgotischen Verschmelzungspolitik, die in dem Streben, die Ergebnisse der römischen Bildung aufzunehmen, germanisches und römisches Recht mit höchst unvollkommenen Mitteln zu einen suchte,[2] von der Politik anderer germanischer Stämme.[3] Jene führte zu dem *edictum Theodorici* von Theodorich (476—526),[4] diese zu der *lex Romana Visigothorum* und der *lex Romana Burgundiorum*. Diese beiden Gesetzbücher galten neben anderen für die Germanen bestimmten Sammlungen, der *lex Germana Visigothorum* und der *lex Germana Burgundionum*, die nach dem Könige Gundobad (474—516) *Gundobada* hieß. Hierin bethätigte sich der Grundsatz der Personalität, d. h. einem jeden der beiden nebeneinander lebenden Stämme (Germanen und Römer) wurde ein besonderes Recht gegeben. Man muß dies auch für das Privatrecht der unter langobardische Herrschaft geratenen Römer annehmen, obwohl das römische Staatsrecht von den Langobarden zerstört und der Einfluß der unterworfenen Römer auf das Recht dieses siegreichen Volkes nur gering war.[5]

Die *lex Romana Visigothorum*, auch später *breviarium Alaricianum* (nach Alarich II.) genannt (506), galt in dem südfranzösischen Westgotenreiche. Sie enthält Auszüge aus römischen Schriften, auch

---

nimmt, unter dem Einflusse christlicher Anschauungen und der übergroßen Macht der Staatslenker.

[1] Vgl. hierzu Brunner, Deutsche Rechtsgeschichte. I (1887). S. 354 ff. Schröder, Lehrbuch der deutschen Rechtsgeschichte. Leipzig 1889. S. 227 ff. Sohm, Institutionen. 4. Aufl. S. 89 ff. Pernice in v. Holtzendorffs Encyklopädie. I. S. 176 ff.

[2] Vgl. hierüber Brunner, Deutsche Rechtsgeschichte. I. S. 365 ff. Jörs, Die Reichspolitik Kaiser Justinians. Festrede. Gießen 1893. S. 8 ff.

[3] Vgl. über die konservative Politik der Ostgoten Mommsen, Ostgot. Studien, im Neuen Archiv der Gesellschaft für ältere deutsche Geschichtskunde. XIV. S. 519 ff., besonders S. 523, ferner Brunner in v. Holtzendorffs Encyklopädie. 5. Aufl. I. S. 232. Schröder, Lehrbuch der deutschen Rechtsgeschichte. S. 229 ff.

[4] Bluhme in den Monumenta Germaniae legum tom. V. S. 145 ff. Vgl. Brunner, Deutsche Rechtsgeschichte. I. § 52 S. 365 ff.

[5] Vgl. Brunner. Deutsche Rechtsgeschichte. I. 1887. S. 369. Pernice in v. Holtzendorffs Encyklopädie. I. S. 179.

aus solchen, deren Bruchstücke in Justinians Rechtsbuch nicht übergegangen sind. Dahin gehören die ersten drei Bücher der Institutionen des Gajus, der sog. westgotische Gajus,[1] ferner der sog. *codex Theodosianus epitomatus*.[2]

Alle diese germanischen Aufzeichnungen haben gegenüber der justinianischen Sammlung einen überaus dürftigen Inhalt.[3] Trotzdem hat das *breviarium Alaricianum* in Westeuropa bis in das Mittelalter hinein eine nicht unbedeutende Verbreitung gefunden.[4]

Die *lex Romana Burgundionum* erhielt durch einen doppelten Mißgriff den seltsamen Namen Papian, indem in der fränkischen Zeit, in der man sie mit dem *breviarium Alaricianum* in eine Handschrift vereinte, die letzte Stelle dieses westgotischen Gesetzbuches zu ihr hinübergezogen und der Name ihres Verfassers Papinian in Papian verstümmelt wurde.

II. Eine orientalische Rechtssammlung, die *jus* und *leges* zugleich umschließt, sie aber in eigentümlichster Weise mit provinzialem Rechte vermischt, ist das syrisch-römische Rechtsbuch aus dem fünften Jahrhundert (auch *statuta imperatorum, libri βασιλικῶν, leges Constantini* genannt),[5] in syrischer, arabischer und armenischer Sprache überliefert. Dies Buch war für die *episcopalis audientia* (Cod. Just. I, 4), die bischöfliche Rechtsprechung bestimmt, die späterhin, auch unter osmanischer Herrschaft gegenüber den Christen erhalten blieb. Es enthält im Erb- nnd Familienrecht mancherlei selbständige Rechtsgedanken, die allem Anschein nach später auf Justinians Gesetzgebung von Einfluß waren, daneben aber auch viele andere Provinzialrechtssätze, z. B. eine eigenartige Erbfolgeordnung u. a. m.[6]

---

[1] Ein Auszug aus diesem *breviarium*, der dem neunten Jahrhundert entstammt, ist die *lex Romana Curiensis*. Brunner a. a. O. S. 361 ff.

[2] Vgl. H. F. Hitzig, Beiträge zur Kenntnis und Würdigung des sog. westgotischen Gajus, in der Zeitschr. der Savignystiftung. XIV. S. 187 ff.

[3] Näheres vgl. in Sohms Institutionen. 4. Aufl. S. 90 ff.

[4] Vgl. Fitting, Zeitschr. der Savignystiftung. VII. S. 86—90. Fitting, Die Anfänge der Rechtsschule zu Bologna (1888). S. 31.

[5] Herausgegeben von Bruns und Sachau. Leipzig 1880. Vgl. v. Hube, Zur Beleuchtung der Schicksale des sog. syrischen Rechtsbuches in der Zeitschr. der Savignystiftung III. S. 17 ff., und Nachträge dazu von E. Sachau, ebenda S. 21 ff.

[6] Vgl. die Erläuterung des Inhaltes dieses Gesetzbuches von Bruns in der angeführten Ausgabe von Bruns und Sachau S. 181 ff. Tewes (Grünhuts Zeitschr. für das Privat- und öffentliche Recht der Gegenwart. XIII. 1886. S. 527 ff.) weist auf die Ähnlichkeit zwischen diesem Gesetzbuche und dem Rechte der Mahomedaner des hanefitischen Ritus hin. Über die Nichtachtung,

2. Justinians Sammelwerk.

a) Inhalt.[1]

§ 35.

I. Justinians Einfluß auf das römische Recht bestand in der Beseitigung der zu seiner Zeit veralteten Texte, in der Herstellung einer eigentümlichen Form der uns durch ihn erhaltenen römischen Rechtsschöpfungen und in einer selbständigen Gesetzgebung, die sein Sammelwerk ergänzte und das ältere Recht vielfach umgestaltete.[2]

Den Hauptanteil an dieser Wirksamkeit hatte neben dem rechtskundigen Kaiser sein *quaestor sacri palatii: Tribonianus.*[3]

Die Hauptziele seiner Gesetzgebung waren, den Rechtsstoff zu vereinfachen[4] und von veralteten Bestandteilen zu säubern, um ihn dadurch verständlicher zu machen.[5] Andererseits sollen die noch

---

die der Verfasser des syrisch-römischen Rechtsbuches der römisch-hellenischen Weisheit bezeugt, vgl. Bruns a. a. O. S. 314.

[1] Vgl. Spangenberg, Einleitung in das römisch-justinianische Rechtsbuch. Hannover 1817. Krüger, Geschichte der Quellen und Litteratur des römischen Rechts. Leipzig 1888. §§ 42 ff. S. 322 ff.

[2] Vgl. Jörs, Die Reichspolitik Kaiser Justinians, akademische Festrede, Gießen 1893, in der auch der religionspolitische Hintergrund der justinianischen Gesetzgebung berücksichtigt ist.

[3] Zur Charakteristik des Kaisers und seines Gesetzgebungsministers vgl. Gibbon, History of the decline and fall of the Roman Empire. London 1838. c. 40—44. Ludewig, Vita Justiniani atque Theodorae Augustorum nec non Triboniani. Halae 1731. Ranke, Weltgeschichte IV, 2. S. 300 ff. (eine Kritik der Historia arcana des Procopius). Vgl. hierzu auch Troplong, De l'influence du christianisme sur le droit civil des Romains. Paris 1855, über Justinian: *Le christianisme lui avait donné les premisses, dans son bon sens hardi, il l'en a tiré les conséquences. Il a été grand ici, parceque il a été l'homme de son siècle.* Sehr streng urteilt dagegen Mommsen in den ostgotischen Studien II. (Neues Archiv für ältere deutsche Geschichtskunde XIV. S. 519), wenn er von Justinians in jeder Beziehung erbärmlichem Regimente redet. Über neuere Aufklärungen, die gegen die slawische Herkunft des Kaisers sprechen, vgl. Pernice in v. Holtzendorffs Encyklopädie I. S. 169, und über die Latinität Justinians Grupe in der Zeitschr. der Savignystiftung. XIV. S. 224 ff. Für den hochstrebenden Sinn des Kaisers spricht Codex V, 4 de nuptiis c. 23 pr.: *Nam ita credimus dei benevolentiam et circa genus humanum nimiam clementiam quantum nostrae naturae possibile est imitari, qui cottidianis hominum peccatis semper ignoscere dignatur et poenitentiam suscipere nostram et ad meliorem statum reducere; quod si circa nostro subjectos imperio nos etiam facere differamus nulla venia digni esse videbimur.*

[4] Vgl. Inst. de test. ord. II, 10. Eine *rudis forma* hält er für den Vorzug eines Rechtsinstitutes. Cod. V, 13 de rei uxor. act. c. 1 § 7.

[5] Cod. V, 13 de rei uxoriae actione c. 1 § 1 beweist die Fürsorge des

brauchbaren Schätze römischer Rechtskunde der Vergessenheit entrissen werden.

II. Die Entwickelungsstufen der justinianischen Gesetzgebung.

a) Die *constitutio Haec quae necessario*[1] vom 13. Februar 528 ordnete eine Verschmelzung und Ergänzung der drei *codices Theodosianus*, *Gregorianus* und *Hermogenianus* an.

b) Die *constitutio summae reipublicae* vom 7. April 529[2] veröffentlichte diesen älteren, uns nicht erhaltenen *codex*.

c) Die sog. *quinquaginta decisiones* (529—532) waren durchgreifende Reformgesetze, deren Notwendigkeit bei der Sammlung des Rechts sich herausstellte.[3]

d) Die *constitutio Deo auctore*[4] befahl unter Tribonians Leitung eine möglichst reichhaltige und möglichst knappe Sammlung von Auszügen aus *juris auctores* herzustellen. Der Doppelname dieser Sammlung, *pandectae* oder *digestae*, deutet auf Vollständigkeit und planmäßige Anordnung hin.[5] Sie enthält die Werke von 39 Schriftstellern in 50 Büchern. Um die geeigneten Auszüge aus den Schriften zu gewinnen, waren diese in drei Massen geteilt worden,[6] die man nach Bluhme die Sabinusmasse *(libri ad Sabinum)*, die Ediktsmasse *(libri ad edictum)* und die Papinianusmasse (kasuistische und praktische Schriften) nannte.

e) Die in ihrem Inhalt übereinstimmenden *constitutiones tanta*[7]

Kaisers für die *ignorantes et nescientes*. Sehr charakteristisch ist auch Cod. VII, 31 de usucapione transformanda et de sublata differentia rerum mancipi et nec mancipi c. 1 § 5 in fine: *sit et rebus et locis omnibus similis ordo, inutilibus ambiguitatibus et differentiis sublatis*.

[1] Als Einleitung dem *codex Justinianus* vorangestellt.

[2] Gleichfalls dem *codex Justinianus* vorangestellt.

[3] Es sind dies die *nostrae decisiones, per quas suggerente nobis Triboniano viro excelso quaestore antiqui juris altercationes placavimus*. Inst. I, 5 de libertinis § 3.

[4] Cod. Justin. I, 17 de vetere jure enucleando et auctoritate juris prudentiam, qui in digestis referuntur c. 1, auch als Einleitung den Digesten vorangestellt.

[5] Über die ältere Bedeutung dieser Worte siehe oben S. 103 Anm 6.

[6] Dies ist das wichtige Ergebnis der Forschungen von Bluhme, Die Ordnung der Fragmente in den Pandektentiteln. 1820. (Zeitschr. für gesch. Rechtswissenschaft. IV. S. 257 ff.) Vgl. hierzu auch Zachariae v. Lingenthal in der Zeitschr. der Savignystiftung. X. S. 255 ff.

[7] Den Digesten vorangestellt, aber auch in der lateinischen Fassung im Codex Justin. I, 17 (de vetere jure enucleando c. 2) enthalten. Eine genauere Einsicht dieser Verfügung ist für das volle Verständnis der Justinianischen

und *δέδωκεν*[1] publicierten die Pandekten (oder Digesten) am 16. Dezember 533 und verliehen ihnen vom 30. Dezember 533 ab Gesetzeskraft. Widerspruchslosigkeit der einzelnen Teile des Ganzen wird von Justinian behauptet, ist aber thatsächlich nicht vorhanden.[2] Wiederholungen[3] sind grundsätzlich vermieden. Nach diesem wertvollsten Teile der justinianischen Bücher nennt man die ihm gewidmete Wissenschaft Pandektendoktrin und die ausführlichste Vorlesung über das römische Recht Pandektenvorlesung und den Gesamtinhalt der justinianischen Rechtsbücher, Pandektenrecht.[4]

f) Die *constitutio Imperatoriam majestatem* veröffentlicht am 21. November 533 die Institutionen. Sie enthalten eine Überarbeitung der Institutionen des Gajus[5], in denen veraltete Teile gestrichen, die wichtigsten späteren Neuschöpfungen (in einem schlechten Latein) eingeschoben und Einschaltungen aus anderen Lehrbüchern, namentlich Ulpians Institutionen, gemacht worden sind.[6]

Auch die Institutionen sollten (vom 30. Dezember 533 ab) Gesetzeskraft haben.

g) Die Verwendung der justinianischen Sammlung für den (fünfjährigen) Rechtsunterricht bestimmte die *constitutio omnem reipublicae*, eine Einleitungskonstitution zu den Digesten, in Anlehnung an die Gebräuche der Rechtsschulen zu Justinians Zeit, deren Zahl dieser Kaiser verminderte.[7] Die Unterweisung der Studierenden sollte an

---

Rechtssammlung unerläßlich. v. d. Leyen, Ein Index zu den Digesten, in der Zeitschr. der Savignystiftung IV. S. 125 ff.

[1] Zur Kritik der *constitutio δέδωκεν* vgl. Zachariae v. Lingenthal, Zeitschr. der Savignystiftung. X. S. 288 ff.

[2] Vgl. const. tanta § 15: *Contrarium autem aliquid in hoc codice positum nullum sibi locum vindicabit nec invenitur, si quis suptili animo diversitatis rationes excutiet.* — Dieser *suptilis animus* ist dann späterhin oft genug in Rabulisterei ausgeartet.

[3] Sog. *Leges geminatae.*

[4] Sohm, Inst. 4. Aufl. S. 3. Regelsberger, Pandekten. I. S. 17.

[5] Daher ist in den Institutionen IV, 18 de publicis judiciis § 5 von „*Gajus noster*" die Rede.

[6] Über eine Arbeitsteilung bei der Redaktion, die unter der Leitung Tribonians den Professoren (*antecessores*) Theophilus und Dorotheus zufiel, vgl. Grupe, De Justiniani institutionum compositione (Diss. inaug. Argent.), 1884, der sich an einen Gedanken Huschkes anlehnt; vgl. hierüber Bekker in der Zeitschr. der Savignystiftung. Roman. Abt. VI. S. 71 ff. und auch Ferrini, De Justiniani institutionum compositione conjectanea, in derselben Zeitschr. XI. S. 106 ff.

[7] Näheres siehe bei Pernice in v. Holtzendorffs Encyklopädie. I. S. 173. 174. Karlowa, Röm. Rechtsgeschichte. I. S. 1022 ff.

den Text seiner Sammlung angelehnt werden, wobei jedoch ein Teil derselben dem Privatfleiße zur Kenntnisnahme überlassen bleiben sollte. Hierbei sind die Digesten in sieben Teile zerlegt, und zwar, wie es scheint, mehr aus Rücksicht auf den Umfang, als auf den Inhalt der Teile. Diese Zerlegung hat dann späterhin auf die Gestalt der Handschriften Einfluß ausgeübt.[1]

h) Die *constitutio „cordi“* veröffentlichte am 16. November 534 eine zweite Auflage des *codex Justinianus* (einen *codex repetitae praelectionis*). Er sollte vom 29. Dezember 534 Gesetzeskraft haben und beseitigte den alten *codex*, sowie die *quinquaginta decisiones*. Er zerfällt in zwölf Bücher; seine Anordnung lehnt sich in vielen Punkten an diejenige der Digesten an.

Leges restitutae sind griechische Gesetze im Codex, die in Italien im Mittelalter nach dem Grundsatze: *graeca sunt, non leguntur*, in den Handschriften weggelassen waren, aber später aus griechischen Quellen wieder in den Text eingeschoben worden sind.[2]

i) Die *novellae* („Nachtragsgesetze“)[3] sind die im sechsten Jahrhundert zur Ergänzung der justinianischen Sammlung erlassenen Gesetze. Sie stammen fast alle von Justinian selber her, doch sind auch einige Bestimmungen von *praefecti praetorio* und späteren Kaisern mit jenen Gesetzen Justinians überliefert worden.[4]

III. Die handschriftliche Überlieferung des justinianischen Gesetzgebungswerkes.[5]

Die drei Rechtsbücher Justinians (Institutionen, Pandekten, Codex) wurden jedes für sich handschriftlich überliefert.[6] Ebenso die *novellae*. Dagegen wird die Gesamtheit der dem Bologneser Studium des römischen Rechtes zu Grunde gelegten Texte seit ihrer Herausgabe durch Dionysius Gothofredus (1583) als ein Ganzes

---

[1] Vgl. Näheres bei v. Scheurl, Zeitschr. für Rechtsgeschichte. XII. S. 143. Karlowa, Röm. Rechtsgeschichte. 1. S. 1025 ff., bes. S. 1027 Anm. 3. Sohm, Inst. 4. Aufl. S. 11.

[2] K. Witte, Die leges restitutae des Justinianischen Codex. 1830.

[3] Sohm, Institutionen. 4. Aufl. S. 9.

[4] Der übliche, ungenaue Gesamtname „Justinianische Sammlung“ für die nach Deutschland als Gesetze aufgenommenen Rechtsbücher wird daher nur durch die Bezeichnung entschuldigt, in der diese Nachtragssgesetze zu den Digesten und dem Codex Justinians stehen.

[5] Spangenberg. Einleitung in das Römisch-Justinianeische Rechtsbuch. 1817. Krüger, Geschichte und Quellen der Litteratur des römischen Rechtes. § 52. S. 377 ff. Sohm, Institutionen. 4. Aufl. S. 10. Anhang zu § 5.

[6] Eine der ältesten Handschriften der Institutionen enthält die sog. Turiner Glosse. Siehe § 36.

mit dem Titel „*corpus juris civilis*“ bezeichnet.[1] Seine vier Teile waren zur Zeit der Glossatoren noch in fünf Büchern zugleich mit einigen nachrömischen Rechtsurkunden, namentlich den langobardischen *libri feudorum*, zusammengestellt, und zwar in der Mehrzahl der Handschriften in einer eigentümlichen Weise, die nicht wohl anders erklärt werden kann, als daraus, daß einzelne Teile der Handschriften früher, andere später gefunden und die Mittelstücke zuweilen später entdeckt worden sind, als Anfang und Ende.[2] So steht z. B. ein Mittelstück der Pandekten als liber II zwischen *digestum vetus* (lib. I) und *novum* (III) und heißt *infortiatum*, weil es an seinem Ende durch ein besonderes Stück, das von seinen Anfangsworten *tres partes* genannt wird, verstärkt worden ist, eine Verstärkung, die entweder deshalb geschah, weil man diesen Zusatz noch später gefunden hat, als die vorhergehenden Teile des Mittelstückes, oder weil man ihn aus dem *digestum novum* zu dem später gefundenen Mittelstücke der Handschrift, an das es sich anschloß, hinüberzog.[3] Neben den fünf Büchern dieser *littera vulgata*, die im gewöhnlichen Gebrauche der Glossatoren stand, ist als deren Mutterhandschrift die *lectio Florentina* (früher *Pisana*) von besonderem Werte. Sie rührt vielleicht schon aus dem sechsten Jahrhundert her und kam bei der Eroberung von Pisa (1406) aus dieser Stadt nach Florenz.[4]

In den Glossatorenhandschriften, deren vierten Band es bildete, waren die letzten drei Bücher *(tres libri)* losgelöst und in den fünften Band hinübergestellt. Neuere Entdeckungen sind dem Codex zu gute gekommen.[5]

---

[1] Die Wendung Justinians in Cod. V, 13 de rei uxoriae actione c. 1 pr.: *Rem in praesenti non minimam adgredimur, sed in omni poenae corpore juris effusam* enthält keinen technischen Ausdruck, ebensowenig wie Livius III, 34, der in dem Inhalte der zwölf Tafeln „*velut corpus omnis Romani juris*“ sieht.

[2] Krüger, Geschichte der Quellen und Litteratur, S. 382, hält freilich den Bericht des Odofredus über die (im 13. Jahrhundert in Bologna) stückweise geschehene Auffindung der dreiteiligen Handschriften für eine Erfindung und die Dreiteilung für nicht erklärbar.

[3] Hierfür spricht der Umstand, daß dieser zugeschlagene Teil mitten in einer Stelle (Dig. XXXV, 2 ad legem Falcidiam fr. 82) mit den Worten: *tres partes* beginnt und der Bericht des Juristen Placentinus († 1192), vgl. v. Savigny, Geschichte des röm. Rechtes im Mittelalter. III. S. 430.

[4] Grundlegend für die Einsicht in das Verhältnis der Florentina zu den Vulgathandschriften sind die Feststellungen Mommsens in der Vorrede zur Pandektenausgabe S. LXII ff. Vgl. auch Krüger, a. a. O. S. 383 und in der Zeitschr. der Savignystiftung. XI. S. 302 ff.

[5] Codicis Justiniani fragmenta Veronensia ed. Krüger. 1874.

Die den Glossatoren bekannten Novellen hießen als Ganzes *authenticum*, ihre in den Codex eingeschobenen Stücke *authenticae*.[1] Ob der Text dieses *authenticum* schon auf Justinians Befehl hergestellt worden ist, ist zweifelhaft.[2] Neben ihm steht ein Novellenauszug von einem Zeitgenossen Justinians *(epitome Juliani)*[3] und eine dritte im 16. Jahrhundert gefundene, noch umfangreichere Novellenhandschrift.

IV. Die beste Ausgabe des *corpus juris civilis* ist die editio stereotypa im Verlage von Weidmann in Berlin: Institutiones, recensuit P. Krüger, 1867. Digesta, rec. Th. Mommsen, 1870.[4] Codex Justinianus, rec. Krüger, 1877. Novellae, rec. Schöll seit 1880, bisher 5 fasciculi (134 N.).[5]

V. Citiermethode. Die einzelnen Stellen der Justinianischen Bücher wurden einstmals nach Anfangsworten citiert, später setzte man Zahlen daneben, schließlich blieb das Citieren nach bloßen Zahlen übrig. Doch pflegt man zu der Zahl der Titel auch ihre Überschrift *(rubrica)* zu setzen (z. B. Dig. I, 1 de justitia et jure), um die Richtigkeit der Zahl außer Zweifel zu stellen.

Die Citierweise der Justinianischen Texte ist am einfachsten bei den Novellen, die in Kapitel und Paragraphen zerfallen, während Institutionen, Digesten und Codex Bücher, Titel und Paragraphen in sich enthalten. In den Digesten und dem Codex finden wir jedoch die Paragraphen nicht wie in den Institutionen als Glieder der Titel. Diese Texte zerfallen vielmehr innerhalb der Titel in *leges* (bei den Digesten auch *fragmenta*, im Codex *constitutiones* genannt), und diese *leges* können in Paragraphen zerfallen. (Drei Bücher: *de*

---

[1] Ebenso wie Einschiebungen aus Gesetzen der Hohenstaufen *(authenticae Fridericianae)*.

[2] Vgl. dafür Zachariae v. Lingenthal in den Sitzungsberichten der Berliner Akademie. 1883. S. 993 ff. Dagegen Krüger, a. a. O. S. 357 Anm. 29.

[3] Julian war Professor in Konstantinopel. Vgl. Zachariae v. Lingenthal, Über den Antecessor Julianus in der Zeitschr. der Savignystiftung XII. 75 ff.

[4] Die Herstellung eines Wörterbuchs zu den Digesten ist auf Anregung Theodor Mommsens in Angriff genommen und im Auftrage der Kommission der Berliner Akademie der Wissenschaften für die Savignystiftung ausgearbeitet worden (vgl. Zeitschr. der Savignystiftung IV. S. 125 ff. VIII. S. 279 ff. IX. 1 ff. 98 ff.). Es ist, wie der Verfasser von maßgebender Seite erfährt, ungefähr zu derselben Zeit in den Druck gekommen wie dieses Lehrbuch.

[5] Schöll ist vor kurzem gestorben. Es wird jedoch durch einen anderen die Sammlung zum Abschluß gebracht werden. Eine neue vollständige Ausgabe der Novellae ohne fortlaufende lateinische Übersetzung von Zachariae v. Lingenthal findet sich in der Bibliotheca scriptorum graecorum et romanorum Teubneriana. Lipsiae 1891: *Imp. Iustiniani PP. A. novellae quae vocantur sive constitutiones quae extra codicem supersunt ordine chronologico digestae.*

legatis et fideicommissis 30—32, haben keine Titel, sondern nur *leges* [fragmenta]).

Da es sich empfiehlt, diejenige Zahl, auf die man beim Nachschlagen der Stelle zunächst achten muß, auch zuerst zu nennen, so beginnt man beim Citieren am besten mit der Angabe des Buches, fügt sodann den Titel nebst *rubrica* hinzu und erwähnt erst dahinter die *lex* mit der etwa nötigen Paragraphenzahl (Dig. I, 1 de justitia et jure fr. 1 § 1). Die Mehrzahl der Juristen citiert freilich in unbequemerer Art: fr. 1 § 1 Dig. de justitia et jure I, 1.

Eigentümlich ist, daß überall, wo mehrere Paragraphen hintereinander stehen, erst der zweite als § 1 bezeichnet ist, der erste aber als *principium* (gewissermaßen als Vorrede). *Eod.* oder *eodem titulo* heißt: „in demselben Titel, der vorher genannt war“, *h. t.* (= hoc titulo): „in dem Titel, von dessen Inhalte gerade die Rede war.“ Es bedeutet also z. B. in einem Aufsatze über die Miete Dig. h. t. so viel wie Dig. XIX, 2 locati conducti.

b) Spätere Schicksale der Justinianischen Sammlung.[1]

§ 36.

I. Allgemeines. Justinians Sammlung ist unter dem Drucke der Schwierigkeiten, den die Masse des Stoffes erzeugte, nur zu einer unvollkommenen Arbeit geworden, deren außerordentlicher Wert in ihren einzelnen Bestandteilen liegt, nicht aber in deren Zusammenfassung zu einem Ganzen. Die Überreste des Rechtes der früheren Zeit sind grundsätzlich von den Kaisergesetzen getrennt, während die Bedürfnisse der Rechtsanwendung schon damals verlangten, daß beides ineinander gearbeitet würde. Allein auch die Gruppierung der Pandektenfragmente lehnt sich an ein System an, das einer schon zu Justinians Zeit veralteten Gerichtsverfassung angepaßt war. In den einzelnen Titeln sind die Excerpte nach den Massen der benutzten Schriftsteller geordnet und somit fast ohne jede Rücksicht auf den Inhalt zusammengewürfelt. Einzelne (sog. *leges fugitivae* oder *erraticae*) sind an eine gänzlich unrichtige Stelle geraten. Die Anpassung der Texte an das Recht der späteren Zeit ist durch Weglassung und Einschaltungen (Interpolationen) geschehen.[2]

---

[1] Vgl. hierzu Salkowski, Lehrbuch der Institutionen. § 14 ff. S 59 ff.

[2] Die Einschiebungen nennt man *emblemata Triboniani*. Die Feststellung dieser Änderungen der ursprünglichen Texte von seiten der Kompilatoren,

Um die ungeheuere Masse von Auszügen in die Form eines Gesetzbuches umzuschmelzen, würden ihre Verfasser eine volle Übersicht über das Ganze haben besitzen müssen, wie sie niemals demjenigen zu teil wird, der eine Menge von Schriften erst bei der Herstellung der einzelnen Bruchstücke kennen lernt.

Der Unzuträglichkeit einer derartigen unverarbeiteten Stoffsammlung für die Bedürfnisse der Rechtspflege und des Rechtsunterrichtes trug man im Ostreiche auf andere Weise Rechnung, als in Westeuropa. Von Bedeutung war dabei das Verbot des Kaisers, das eine wirklich wissenschaftliche Umarbeitung des Stoffes untersagte, damit die Rechtssicherheit nicht darunter leide.[1]

Um nicht den Inhalt seines Werkes von ergänzenden Citaten überfluten zu lassen, verbot der Kaiser überhaupt die Benutzung der excerpierten Schriften als Belegstellen innerhalb der Praxis und innerhalb der schriftstellerischen Thätigkeit.[2] Auffallend ist dabei die Sorgfalt, mit der einer jeden einzelnen Stelle die Angabe der Schrift vorausgeschickt ist, aus der sie herrührt.[3]

Im Osten warf man sich vornehmlich auf Übersetzungen und Auszüge, im Westen dagegen, wo ein eingehendes Studium der Justinianischen Bücher erst im elften Jahrhundert zu Bologna

---

namentlich die Ermittelung der Interpolationen in den Pandekten, erfreut sich neuerdings einer so eifrigen Pflege, daß wir in ihr einen besonderen, wichtigen Zweig der neueren romanistischen Litteratur sehen müssen, in dem man die Redewendungen der Justinianischen Texte, die der Interpolation verdächtig sind festzustellen sucht. Vgl. namentlich Gradenwitz, Interpolationen in den Pandekten 1887 besprochen von Lenel in der Zeitschr. der Savignystiftung IX. S. 177 ff., ferner Gradenwitz in derselben Zeitschrift VI. S. 56 ff., VII. 1. S. 45 ff., ferner Eisele in dieser Zeitschrift VII. 1. S. 15 ff., X. S. 296 ff., XI. S. 1 ff., XIII. S. 118 ff. Schirmer, Die angeblichen Interpolationen bei Scaevola, in derselben Zeitschrift VIII. S. 155 ff. Vgl. auch Pernice in v. Holtzendorffs Encyklopädie. I. S. 171.

[1] Vgl. const. tanta § 21, woselbst auf schlimme Erfahrungen hingewiesen ist, die man mit den Kommentaren des *edictum perpetuum* gemacht hatte.

[2] *const. tanta* (δέδωκεν) Einleitung zu den Digesta und I, 17. Cod. de vetere jure enucleando c. 2 § 19 sagt: *Hasce itaque leges et adorate et observate omnibus antiquioribus quiescentibus: nemoque vestrum audeat vel comparare eas prioribus vel, si quid dissonans in utroque est, requirere, quia omne quod hoc positum est hoc unicum et solum observari censemus.* Pernice in v. Holtzendorffs Encyklopädie. 5. Aufl. I. S. 172 vermutet sogar, daß man die alten Schriften vertilgt hat. Der bloße Umstand, daß sie uns nicht überliefert sind, genügt jedoch nicht, um dies wahrscheinlich zu machen.

[3] Hiernach ist es nicht unwahrscheinlich, daß man wenigstens den Rechtslehrern nicht die Möglichkeit abschneiden wollte, sich durch Einsicht der Quellen zur Auslegung vorzubereiten. A. M. Pernice a. a. O.

wiederauflebte, auf Auslegungen, die sich schrittweise an den Text anlehnten, wie sie der Kaiser erlaubt hatte. So wurde eine voreilige Zusammenfassung des Inhaltes jener Sammlungen zu Gesamtübersichten zunächst verhütet.[1]

II. Die Schicksale der Sammlung im byzantinischen Reiche sind insofern für uns von Wert, als sie uns die Möglichkeit geben, aus ihren Ergebnissen Rückschlüsse auf den Sinn der Justinianischen Bücher zu machen, die freilich vielfach sehr unsicher sind. Dieser byzantinischen Zeit entstammt eine Übertragung der lateinischen Texte in das Griechische, eine Verschmelzung ihrer Teile und die Verkürzung ihres Inhaltes durch Auszüge.

a) Die Umwandlung der lateinischen Bücher in griechische Privatarbeiten über Justinians Rechtsbücher[2] geschah vornehmlich in der Form von Paraphrasen, so für die Institutionen durch Theophilus,[3] für die Pandekten durch Stephanus und einen anonymen Schriftsteller. Den Codex übersetzte Thaddäus.[4]

b) Die amtliche Übertragung des Justinianischen Rechtsbuches in das Griechische wurde im neunten Jahrhundert vom Kaiser Basilius Macedo veranlaßt und von Leo Philosophus als *τὰ βασιλικὰ νόμιμα* in 60 Büchern veröffentlicht.[5] Als Einleitung diente ein *πρόχειρον* (revidiert als *ἐπαναγωγὴ τῶν νόμων*), ein Seitenstück der Institutionen.[6] Die Randbemerkungen zu diesem Gesetzbuche heißen Scholien.[7]

c) Spätere Arbeiten suchen den Stoff zu vereinfachen. Ein Repertorium der sog. Tipucitus (von *τί ποῦ κεῖται*), stammt aus dem

---

[1] Vgl. § 21 *δέδωκεν* und *tanta*. Diese Stelle gestattet *παράτιτλα*, worunter wohl Einleitungen und Inhaltsübersichten verstanden werden sollten. Später sah man darin die Zusammenfügung von Parallelstellen.

[2] Pernice in v. Holtzendorffs Encyklopädie. I. S. 174, macht darauf aufmerksam, „daß von den vier Professoren, die bei der Abfassung der Gesetzbücher mitgewirkt hatten, wenigstens drei sofort griechische Arbeiten darüber schrieben".

[3] Ob die dem Theophilus zugeschriebene Arbeit von ihm herrührt, bezweifelt Ferrini, Institutionum graecae paraphrasis Theophilo antecessori vulgo tributa I.; dazu zunächst zustimmend Zachariae v. Lingenthal in der Zeitschrift der Savignystiftung V. S. 271 ff., dagegen ebenda X. S. 257 auf Grund später herausgegebener Scholien für die Autorschaft des Theophilus.

[4] Vgl. Zachariae v. Lingenthal, Über die griechischen Bearbeitungen des Codex in der Zeitschr. der Savignystiftung VIII. S. 1 ff.

[5] Basilicorum libri LX ed. E Heimbach. 6 Bde. 1833—1870.

[6] Ein Vorläufer war im 8. Jahrhundert eine *ἐκλογὴ τῶν νόμων* von Leo Isaurus.

[7] Vgl. Heimbach, a. a. O. Bd. VI. S. 191 ff.

zwölften Jahrhunderte. Im Jahre 1345 wurde ein Auszug (ἑξάβιβλος, πρόχειρον νόμων) von HARMENOPULOS verfaßt, der seit 1835 in Griechenland als Gesetzbuch gilt.[1]

III. Schicksale des römischen Rechts in Westeuropa. Das Absterben einer eingehenden Kenntnis der Justinianischen Sammlung hängt mit dem Einfluß der langobardischen Oberherrschaft über Italien zusammen. Trotzdem lebte die Pflege des römischen Rechtes in Unterricht und Praxis in Italien und in Frankreich fort.[2]

Es steht jedenfalls fest, daß in dieser Übergangszeit zwischen Justinian und der Glossatorenschule die Digesten in Italien in Nichtbeachtung gerieten,[3] während die Institutionen sich durchweg einer wissenschaftlichen Pflege erfreuten.[4] Im übrigen ist es sehr streitig, wie hoch man den Wert der gelehrten Arbeiten auf dem Rechtsgebiete veranschlagen soll.[5]

Unter den überlieferten Werken dieses Zeitabschnittes[6] finden wir Glossen, namentlich die sog. Turiner Glosse,[7] und juristische Schriften anderer Art.[8] Besondere Beachtung verdienen *Petri ex-*

---

[1] CONST. HARMENOPULI manuale legum ed. HEIMBACH 1851. Vgl. PERNICE in v. HOLTZENDORFFS Encyklopädie. 5. Aufl. I. S. 176.

[2] Auch in England wurde schon vor der Glossatorenzeit das römische Recht bearbeitet, vgl. FITTING, Zeitschr. der Savignystiftung VI. S. 181 ff.

[3] In Frankreich und Spanien blieb man überhaupt bei dem vorjustinianischen Rechte stehen. Vgl. KRÜGER, Geschichte der Quellen. S. 370.

[4] Schon hieraus ergiebt sich der Wert eines besonderen Studiums des Justinianischen Institutionentextes, der vornehmlich einer Verschmelzung der römischen Rechtssätze mit der germanischen Gedankenwelt den Weg bereitet hat.

[5] Für eine Anerkennung ihres Wertes streitet vornehmlich FITTING, gegen dessen Überschätzung CONRAT. Einen vermittelnden Standpunkt vertritt LANDSBERG in der Zeitschr. der Savignystiftung IX. S. 413 ff. Vgl. die in den nachfolgenden Anmerkungen angeführten Schriften FITTINGS und CONRATS und über die Rechtsschulen in Rom, Ravenna, Pavia auch RUDORFF, Röm. Rechtsgeschichte I. § 116. S. 326.

[6] FITTING, Zur Geschichte der Rechtswissenschaft am Anfange des Mittelalters. 1875. CONRAT (COHN), Geschichte der Quellen und Litteratur des röm. Rechts im früheren Mittelalter. I. 1891; vgl. dazu L. SEUFFERT in der Zeitschr. der Savignystiftung XIII. S. 366 ff. FITTING, Zur Geschichte der Rechtswissenschaft im Mittelalter, in der Zeitschr. der Savignystiftung VI. S. 94 ff., derselbe, Über neuere Beiträge zur Geschichte der Rechtswissenschaft im früheren Mittelalter, ebenda VII. S. 148 ff.

[7] v. SAVIGNY, Geschichte des röm. Rechts im Mittelalter II. S. 429 ff. FITTING, Über die sog. Turiner Institutionenglosse und den sog. Brachylogus. Halle 1870.

[8] Darunter die Epitome exactis regibus (CONRAT 1884) aus dem 12. Jahrhundert nach einer älteren Quelle hergestellt, vgl. hierüber FITTING in der Zeitschr. der Savignystiftung VI. S. 175 ff.

ceptiones (= excerptiones) legum Romanarum[1] und der um 1100 in Frankreich entstandene sog. *brachylogus juris civilis (corpus legum)*.[2] Neuere Forschungen nach weiteren Rechtsquellen dieses Zeitabschnittes hat es an glücklichem Erfolge nicht gefehlt.[3]

Aus dieser unvollkommenen Pflege des römischen Rechtes ist allem Anscheine nach eine gründlichere herausgewachsen.[4] Ihr diente um 1200 in Bologna Irnerius (auch Guarnerius), der Stifter der Glossatorenschule, unter deren Häuptern im 12. Jahrhundert namentlich Martinus und Bulgarus hervorragten. Die Postglossatoren (Kommentatoren. auch Konsiliatoren) suchten die Arbeiten ihrer Vorgänger den Bedürfnissen der Rechtsanwendung in der Form zusammenhängender Kommentare anzupassen.[5]

Aus der Säuberung der Rechtslehre von den Mißgriffen der scholastischen Philosophie und von philologisch-geschichtlichen Irrtümern entwickelte sich in Frankreich eine gleichzeitige Blüte der antiquarischen Richtung (Cujacius)[6] und der systematischen (Donellus, d. i. Doneau 1527—1591). Dieser, ein Zeitgenosse des Cujacius, stützte sich vornehmlich auf die Vorarbeiten des Italieners Alciatus und des Franzosen Connanus. In der Kunst der Zusammenfassung ist er unübertroffen.

---

[1] Fitting, Glosse zu den exceptiones legum Romanorum des Petrus. 1874. Eine Quelle dieses Werkes ist das von Conrat als Manuskript gedruckte Ashburnhamer Rechtsbuch. Vgl. hierüber Conrat in der Zeitschr. der Savignystiftung VIII. S. 262 ff.

[2] Fitting, Über die Heimat und das Alter des sog. Brachylogus nebst Untersuchungen über die Geschichte der Rechtswissenschaft in Frankreich im Anfang des Mittelalters. 1880. Salvioli, Die vatikanischen Glossen zum Brachylogus, in der Zeitschr. der Savignystiftung IV. S. 226 ff. — Minder wichtige Überlieferungen aus dieser Zeit siehe bei Krüger, Geschichte der Quellen und Litteratur. § 50. S. 370 ff.

[3] Vgl. Conrat, Das Florentiner Rechtsbuch, ein System röm. Privatrechts, 1882, und über eine zugleich aufgefundene Florentiner epitome codicis: Conrat in der Zeitschr. der Savignystiftung IV. S. 130 ff. Eine aus Pavia stammende Institutionenbearbeitung, die anscheinend dem 11. Jahrhundert entstammt, ist von Fitting neuerdings entdeckt worden (Fitting, Die Institutionenglosse des Gualcausus und die übrigen in der Handschrift 328 des Kölner Stadtarchivs enthaltenen Erzeugnisse mittelalterlicher Rechtslitteratur. Berlin 1891). Vgl. hierzu Landsberg in der Zeitschr. der Savignystiftung XII. S. 171 ff.

[4] Vgl. hierzu Fitting, Die Anfänge der Rechtsschule zu Bologna, 1888, und die von Landsberg in der Zeitschr. der Savignystiftung IX. S. 405 aufgeführten Bologneser Festschriften.

[5] Auf die Schule der Glossatoren und der Postglossatoren bezieht sich v. Savigny, Geschichte des röm. Rechts im Mittelalter. 6 Bde. 1815—31. 2. Ausgabe 1834—51. Vgl. hierzu auch oben S. 43 Anm. 2.

[6] Siehe oben S. 43 Anm. 4.

Die Nachfolger dieser bahnbrechenden Romanisten bemühten sich in Einzelnarbeiten die Rechtskenntnis zu fördern, und zwar die Holländer überwiegend in philologischer, die Deutschen in praktischer Richtung.[1] Daneben entwickelte sich die Naturrechtsschule, die das Recht von den römischen Quellen loslöste und es auf seine Brauchbarkeit hin zu prüfen unternahm, der Texte ihrer inneren Zusammengehörigkeit nach ordnete und ihre Grundgedanken ermittelte.

Nachdem man auf diese Weise die Einsicht in die Grundzüge der Quellen gewonnen hatte, lag auch die Beurteilung des Wertes, den sie für die Nachwelt haben, nicht fern. Auch dieser Kritik widmete sich vornehmlich die Naturrechtsschule, eine Strömung, die heutzutage mehr getadelt als verstanden wird, obwohl ihr die bedeutendsten Geister angehörten.[2] Die vielfach verbreitete Annahme, daß diese Schule die geschichtliche Natur des Rechtes völlig übersehen hat, ist übertrieben.[3] Dagegen litt diese Richtung an einer Überschätzung des Wertes, den die Nützlichkeitserwägungen und die Überzeugung eines einzelnen, noch so bedeutenden Mannes im besten Falle haben können, wenn man sie dem im überlieferten Rechte enthaltenen Niederschlage der Erfahrung von Jahrhunderten zur Seite stellt. Dazu trat die kosmopolitische und den wirklichen Trägern einer Regierungsgewalt meistens fremdartige Denkweise der Gelehrten, welche für die Verschiedenheit der Volksbedürfnisse nach Raum und Zeit keinen rechten Blick hatte. Der alte Glaube an die ewige Wahrheit der römischen Rechtsanschauungen verwandelte sich nunmehr in die Überzeugung von dem Dasein unwandelbarer Vernunft-

---

[1] Eine kurze Zusammenstellung der wichtigsten Namen in dieser späteren Entwickelung der Wissenschaft vgl. in Salkowskis Lehrbuch der Institutionen. 6. Aufl. 1892. §§ 14 ff. S. 59 ff. Für ein eingehenderes Studium empfiehlt sich namentlich Stintzing, Geschichte der deutschen Rechtswissenschaft. I. 1880. Bd. II ist 1884 nach dem Tode des Verfassers von Landsberg herausgegeben worden.

[2] Den hervorragenden Einfluß, den innerhalb dieser Schule der bekannte Philosoph Leibniz (1646—1716) ausgeübt hat, schildert G. Hartmann in den Festgaben der Tübinger Juristenfakultät zu R. v. Iherings Doktorjubiläum, 1892, S. 1 ff. — Eine Übersicht über die Naturrechtslehre von A. Merkel findet sich in v. Holtzendorffs Encyklopädie. 5. Aufl. I. S. 55 ff., vgl. auch Hölder, Philosophie und geschichtliche Rechtswissenschaft, Zeitschr. der Savignystiftung XI. Rom. Abt. S. 52 ff. und Bergbohm, Jurisprudenz und Rechtsphilosophie. 1892, auch oben S. 17.

[3] Vgl. hiergegen Godofr. Guil. L. B. de Leibniz, Nova methodus discendae docendaeque jurisprudentiae. Lipsiae et Halae 1748. S. 101. § 71: *Nam si accurate rem consideremus, omne jus civile magis facti est quam juris. Quia probandum est non ex natura rerum, sed ex historia seu facto.*

wahrheiten auf dem Rechtsgebiete. Hieraus entstanden mancherlei willkürliche Behauptungen und gefährliche Neuerungsgelüste.[1] Trotzdem beruht in vielen Punkten die spätere Rechtswissenschaft auf den Vorarbeiten der Naturrechtsschule. Zunächst hat sie die Gesetzgebung zur Beseitigung des Veralteten und zur Ergänzung und Verbesserung des Überlieferten angeregt. Ferner hat sie altgermanische und kanonistische Rechtsschöpfungen vom Untergange errettet. Überdies gab sie dazu Anlaß, über die allgemeinen ethischen, praktischen und politischen Erwägungen nachzudenken, die den römischen Verfassern der aufgezeichneten Texte vorgeschwebt haben müssen, und auf diesem Wege in den wahren Sinn der Quellen tiefer einzudringen.[2] Endlich führte die an dem Rechtsstoffe bethätigte zersetzende Kraft der Kritik zu der Zerlegung des Ganzen in seine Bestandteile und dadurch mittelbar zu einem in sich folgerichtigen System, überhaupt zu einer Darstellungsweise, die sich von den Quellen frei machte und den Redefrormen der Gegenwart anpaßte.

In allen diesen Punkten hat die jetzt herrschende geschichtliche Schule[3] die Erbschaft ihrer Vorgängerin angetreten. Dagegen weicht sie von ihr namentlich darin ab, daß sie die Denkbarkeit einer für alle Zeiten und Staaten auch nur in den Grundzügen völlig gleichen Rechtsordnung verwirft und in der Beurteilung des Rechtes dem Geiste des einzelnen eine nur untergeordnete und abhängige Stellung gegenüber dem geistigen Gesamtleben des Volkes (dem sog. Volksgeiste) zuweist. In der Entwickelung dieses Gesamtlebens erblickt sie die Quelle einer tieferen Einsicht in den Sinn der einzelnen Rechtsschöpfungen, die aus ihm herausgewachsen sind, und erläutert daher jeden Rechtsgedanken aus seiner Entstehungszeit. Auf die bedeutsame Rolle, welche innerhalb dieses Gesamtlebens der Völker die Zweckgedanken der einzelnen Volksglieder als rechtsfortbildendes Element spielen, hat mit besonderer Klarheit Rudolf v. Ihering hingewiesen.[4]

In diesem Sinne suchte auch der vorstehende geschichtliche

---

[1] Noch jetzt glauben viele, daß der Inhalt unserer Rechtsanschauungen nicht aus eigenen oder überlieferten Erfahrungen, sondern aus der angeborenen Logik folgt. In Wahrheit giebt die Logik dem Rechte nur die Form, nicht den Inhalt.

[2] Vgl. das oben S. 22 unter *e* Gesagte.

[3] Vgl. oben S. 46 und 47

[4] In seinen Hauptwerken: Der Geist des röm. Rechts auf den verschiedenen Stufen seiner Entwickelung. 1852—65. 5. Aufl. I. 1891, und Der Zweck im Recht. 1877. 1883. 3. Aufl. des ersten Bandes 1893

Abriß das Recht Roms darzustellen als das Ergebnis wandelbarer Schutzbedürfnisse des Staates und der Einzelnen, nicht aber als eine *ratio scripta*, die für alle Zeiten und Völker berechnet war, noch als das Erzeugnis einer unbestimmbaren Willkür, der wir etwa unser eigenes unbegründetes Belieben als gleichberechtigt an die Seite setzen dürften. Wir sahen vielmehr im Rechte Justinians eine Sammlung von drei Gruppen von Rechtssätzen. Die eine betrifft Veraltetes, was vergangenen Verhältnissen angepaßt war; die andere bezeichnet sogar vom Standpunkte unseres heutigen Rechtes einen Rückgang, durch den einstmals Fortschritte in anderer Richtung erkauft werden mußten. Dahin gehörte alles, was mit dem unausgesetzten *ruere in servitium* seit Augustus zusammenhing. Die dritte Gruppe endlich ist allein das römische Recht, das bei uns dauernd Wurzel gefaßt hat. Wenn es uns vielfach selbstverständlich erscheint, so kommt dies daher, weil wir seine Geschöpfe sind, die sich inmitten seines Einflusses entwickelt haben. Etwas für alle Menschen Selbstverständliches ist es aber nicht, auch nicht aus gemeingültigen logischen Sätzen abgeleitet, sondern eine wertvolle geschichtliche Errungenschaft, deren Erhaltung einer liebevollen Pflege bedarf.

Nirgends aber reicht dies lebendige römische Recht aus, um auch nur die Grundlagen unserer Rechtsordnung zu erläutern. Die nachrömische Rechtsgeschichte hat rüstig weitergearbeitet, als die römische zum Stillstand gekommen war. Ohne die altgermanische Freiheit des Richteramtes, die kanonische Fürsorge für ein gewissenhaftes Gerichtsverfahren, die moderne Festigung der Ämter gegen alle Willkür würde das, was am römischen Rechte wertvoll ist, nicht die volle Wirkung äußern, die es in Wahrheit bei uns hat. Darum hat Justinians Buch das byzantinische Volk, dem es bestimmt war, vor der Erstarrung nicht bewahrt; aber im Westen Europas ist es ihm gelungen, Kraft und Wohlstand der Völker zu beleben.

Vierter Abschnitt.

Die Aufgaben der Institutionenlehre.

Erstes Kapitel. Die Geschichte der Institutionenlehre.[1]

I. Die Herrschaft der Legalordnung.

§ 37.

I. Die Erläuterung der Institutionen nach der Legalordnung, d. h. in unmittelbarer Anlehnung an den Institutionentext entsprach sowohl dem Befehle Justinians,[2] als auch der Unübersichtlichkeit des von ihm gesammelten Stoffes. Die Auslegungen der Institutionen gehören daher zu den ältesten rechtswissenschaftlichen Arbeiten nach Justinian. Erwähnt wurde bereits die Institutienenparaphrase des Theophilus.[3] Sie beweist, daß man das kaiserliche Verbot der freien Behandlung der Texte schon in Justinians Zeit nicht allzu ängstlich auffaßte; denn sie erörtert den Text mit Beispielen und Beziehungen auf klassische Rechtswerke in freier Darstellung. Auch im griechischen Osten finden wir kurze Zusammenfassungen des Institutioneninhaltes *(σύντομοι* oder *indices).*[4]

Die vorglossatorischen Arbeiten des Westens[5] halten sich zunächst von einer unbedingten Anlehnung an die Texteswortefrei, sind aber meist dürftiger als diese. Die Glossatoren zu Bologna machten auch die Institutionen zum Gegenstande gelehrter Randbemerkungen. Aus ihrer Schule stammt die Abfassung mehrfacher Institutionenglossen.[6] Sie behandelten dabei die Institutionen nicht als Einleitung in die Rechtsbücher Justinians, sondern eher als einen Rückblick; denn sie glossierten sie in dem letzten (fünften) Bande der von ihnen glossierten Texte *(volumen parvum).* Erst in späteren

---

[1] Vgl. zu dem Folgenden Böcking, Pandekten des römischen Privatrechts aus dem Standpunkte unseres heutigen Rechtssystems oder Institutionen des gemeinen deutschen Civilrechts. 2. Aufl. 1853. §§ 23 ff. S. 77 ff.

[2] Siehe oben S. 146 Anm. 1.

[3] Siehe oben S. 147 Anm 3.

[4] Über diese griechischen Summae vgl. Zachariae v. Lingenthal in der Zeitschr. der Savignistiftung V. S. 272.

[5] Siehe oben S. 148 ff.

[6] Vgl. Böcking, Pandekten (Institutionen). 2. Aufl. § 26 S. 124 Anm. 4, und v. Savigny, Geschichte des röm. Rechts im Mittelalter. IV. S. 93. 122. 143. 189. 198. 222. 254. 282. 310. V. 16.

Ausgaben dieser Texte kamen die Institutionen wieder an die ihnen von Justinian zugedachte Stelle.

Neben den Glossen der Institutionen finden wir auch zur Glossatorenzeit kurze Zusammenfassungen ihres Inhaltes *(summae)*.[1]

Eine hervorragende Rolle spielte der Institutionentext bei dem Eindringen der römischen Rechtsbücher in die Gedankenwelt des deutschen Volkes. Verdeutschungen dieses am besten geordneten Teiles der Justinianischen Sammlung waren hierbei bahnbrechend. Die Institutionen wurden in Deutschland mehrfach herausgegeben[2] und übersetzt.[3] Auch auf die Institutionenvorlesungen wurde ein großes Gewicht gelegt.[4] Als Hilfsmittel des Anfangsunterrichtes wurden die Institutionen auch außerhalb der Hochschulen geschätzt.[5]

Unter den späteren zahlreichen Kommentatoren der philologisch-antiquarischen Richtung ragen namentlich Franzosen, Holländer und Deutsche hervor.[6] Dabei wurde auch bereits (vorwiegend in

---

[1] Namentlich schrieb Azo († 1230) neben seiner berühmten Summa zum Codex auch eine Summa institutionum. v. Savigny a. a. O. V. S. 96. — Über eine Summa institutionum von Placentinus, die sich in der Dombibliothek zu Vich in Catalonien befindet, berichtet auf Grund von Abschriften die ihm aus Spanien zugesandt worden sind, Fitting in der Zeitschr. der Savignystiftung XIV. S. 182 ff.

[2] Im 15. Jahrhundert sind sie etwa zwölfmal von deutschen Druckern veröffentlicht worden. Stintzing, Geschichte der populären Litteratur des römisch-kanonischen Rechts in Deutschland. 1867. Einl. S. XXXIX.

[3] Dahin gehören die Verdeutschungen der Institutionen von Thomas Murner, Fuchsberger und Gobler. Vgl. hierzu Stobbe, Geschichte der deutschen Rechtsquellen. II. 1864. S. 38. Stintzing, Geschichte der deutschen Rechtswissenschaft. I. 1880. S. 83.

[4] Der Institutionarius (Professor für Institutionen) verbrachte fünf bis sieben Jahre mit seiner Vorlesung. Stintzing, Geschichte der populären Litteratur des römisch-kanonischen Rechts in Deutschland. 1867. Einleitung S. XXVIII. Noch im Anfange unseres Jahrhunderts lag der Schwerpunkt des romanistischen Unterrichts in den Institutionen. So Pfaff, Rede auf Franz von Zeiller. Wien 1891. S. 21.

[5] Vgl. Stölzel, Die Entwickelung des gelehrten Richtertums in deutschen Territorien. I. 1872. S. 110. „Moritz (der nachherige Landgraf Moritz der Gelehrte), der schon in seiner Jugend die ihm verbotenen Nachtwachen verwandte, die Institutionen zu lesen, repetierte dieselben 1605 mit Joh. Rhoding (einem hessischen Rechtsgelehrten), um sie selbst jungen Edelleuten vortragen zu können."

[6] Vgl. Böcking, Pandekten (Institutionen). 2. Aufl. § 26 S. 155 Anm. 5. Über das Compendium quatuor librorum institutionum von Nicolaus de Bruxella (auch de Capella) vgl. Rivier in dem Extrait des bulletins de l'académie royale de Belgique. 2me sér. t. 38 No. 11. 1874. Stintzing, Geschichte der deutschen Rechtswissenschaft. I. S. 339. Vgl. ferner Matthaeus Wesenbecks Scholia et argumenta institutionum (1569) bei Stintzing a. a. O. S. 365.

Frankreich) das Bedürfnis erkannt, die Institutionen von vornherein mit dem gegenwärtigen vaterländischen Rechte zu vergleichen.[1] Selbst für das deutsche Recht wurde diese für den Rechtsunterricht höchst nützliche Gegenüberstellung des römischen und des heimischen Rechtes von SCHILTER unternommen.[2]

Bald darauf trennte man jedoch die Lehre vom deutschen Recht, um sie vor Entstellungen zu schützen, aus gutem Grunde von der Wissenschaft des römischen Rechts. Hiermit mag es wohl zusammenhängen, daß die von SCHILTER angebahnte, richtige Behandlungsweise der Institutionen, so viel bekannt ist, in Deutschland ohne Nachahmung blieb.

II. Der Fortfall der Legalordnung.

§ 38.

I. Vorgeschichte.[3] Sowohl der Aufschwung des philologisch-antiquarischen Wissens, der die Texte überall ergänzte, als auch der Unterrichtszweck führte die Institutionenlehre über die wörtliche Auslegung der Texte hinaus. Die schriftstellerischen Formen und Namen derartiger Arbeiten sind mannigfaltig (*synopses, praelectiones, nuclei, dissertationes, exercitationes, quaestiones, disputationes, observationes, theses, paratitla* u. dgl. m.).

Bezeichnend für den schulmeisterlichen Geist, der der deutschen Rechtslehre im 17. und 18. Jahrhundert vielfach eigentümlich war, sind die Hilfsbücher mit Gedächtnisversen, mnemonischen Bildern, Fragen und Antworten in rotem und schwarzem Druck u. dgl.[4]

II. Die Befreiung der Pandektenlehre von der Anordnung der Justinianischen Digesten war das Ergebnis einer völligen Umgestaltung der unter dem Einfluß unzulänglicher Kenntnisse und einer verkehrten Arbeitsweise entstandenen Darstellungs- und Anschauungsformen. Man bezeichnete diesen Umschwung, der mit dem Verfalle der scholastischen Philosophie Hand in Hand ging, als einen Sieg des *mos docendi Gallicus* über den *mos Italicus*.[5]

---

[1] Vgl. die bei SPANGENBERG a. a. O. S. 325 und 326 Angeführten.

[2] JOH. SCHILTER (Prof. zu Straßburg † 1705), Institutiones juris ex principiis juris naturae, gentium et civilis tum Romani, tum Germanici ad usum fori hodierni accommodatae, Lipsiae 1685; Jurisprudentiae totius tam Romanae quam Germanicae legitima elementa. Argentor. 1698.

[3] Vgl. SPANGENBERG a. a. O. S. 307 ff. BÖCKING, Pandekten (Institutionen). 2. Aufl. § 26 S. 124 ff.

[4] Näheres hierüber siehe bei BÖCKING, a. a. O. S. 126.

[5] Vgl. STINTZING, Geschichte der deutschen Rechtswissenschaft. 1880. I. S. 102 ff. BURCKHARD, Andreas Gaill (Festrede). Würzburg. 1887. S. 5 ff.

Jetzt wurden die Texte nach ihrer Zusammengehörigkeit geordnet, und die Naturrechtsschule, deren Kritik ihren Gedankeninhalt zersetzte, war ihrer systematischen Gliederung nach einem einheitlichen Plane durchaus förderlich.[1]

So gelangte man zu einem ebenso übersichtlichen wie folgerichtigen Systeme der Pandektenlehre.[2] Auch für die Institutionen zeigten sich Einflüsse ähnlicher Art. In den Kommentaren wurde nur noch die Anordnung der Titel festgehalten, nicht aber die Reihenfolge der einzelnen Sätze in den Titeln. So in dem seiner Zeit sehr einflußreichen Institutionenkommentar von Höpfner (1783).[3]

III. Die gänzliche Loslösung von der Legalordnung vollendete sich in unserem Jahrhundert dadurch, daß die Institutionenlehre in ihrer Anordnung mehr und mehr an die Reihenfolge der Pandektenlehre angepaßt wurde, zunächst in Grundrissen[4], sodann in den neueren Lehrbüchern.[5] Nur wenige Gesamtdarstellungen des römischen Rechtes suchen sich neuerdings noch in den Rahmen der Justinianischen einzufügen.[6]

---

[1] Vgl. oben S. 150.

[2] Als Verfasser dieses Systems wird mit Unrecht Heise (1778—1851) genannt; vgl. dessen Grundriß eines Systems des gemeinen Civilrechts zum Behuf von Pandekten-Vorlesungen. 3. verbesserte Ausgabe. 2. Abdruck. Heidelberg 1822, über die Grundgedanken des Systems S. 16. 157. 212; insbesondere S. IX: „Die systematische Anordnung des Ganzen ist keineswegs neu, sondern schon in manchen andern Lehrbüchern befolgt worden."

[3] Theoretisch-praktischer Kommentar über die Heineccischen Institutionen von Dr. Ludwig Julius Friedrich Höpfner. 8. Aufl. von Weber. 2. Abdruck 1833.

[4] Vgl. Haubold, Institutionum lineamenta. 1814. L. Pernice, Geschichte. Altertümer und Institutionen des römischen Rechts. 2. Aufl. Halle. 1824 u. a.

[5] Eine Übersicht über diese siehe für die ältere Zeit Böcking, Pandekten (Institutionen). 2. Aufl. § 26 S. 124 ff.; neuere (auch ausländische) Werke in v. Czyhlarz, Lehrbuch der Institutionen des römischen Rechtes. 2. Aufl. 1893. S. XI. Charakteristisch ist der Titel des Böckingschen Werkes in der 2. Auflage (Bonn 1853): Pandekten des römischen Privatrechts aus dem Standpunkte unseres heutigen Rechtssystems oder Institutionen des gemeinen Deutschen Civilrechts.

[6] Zu ihnen gehört namentlich Baron, Geschichte des römischen Rechts. Erster Teil: Institutionen und Civilprozeß. Berlin 1884. Seine Anordnung ist aber nicht ohne Widerspruch geblieben (vgl. Schollmeyer in der Zeitschr. der Savignystiftung VI. S. 279, dessen Bedenken auch dem Plane dieses Lehrbuches widerstreiten würden, jedoch darum nicht ausschlaggebend sind, weil sie das Maß allgemeiner Vorkenntnisse, das heutzutage ein Lehrbuch voraussetzen darf, zu gering veranschlagen). Einen interessanten Versuch, die neuere Pandektenlehre unter die Einteilungsgrundsätze der Justinianischen Institutionen zurückzuführen, machten die Pandekten von Brinz (Erlangen. 1857 u. 1860. 2. Aufl.

Die dienstbare Stellung, die der Institutionenlehre von alters her gegenüber der Pandektenwissenschaft zukam, erklärt vollkommen, warum sie sich in ihrem Anordnungsplane den veränderten Gewohnheiten ihrer Herrin angepaßt hat.[1]

Zweites Kapitel. Die gegenwärtigen Aufgaben der Institutionenlehre.[2]

I. Der Stoff der Institutionen.

§ 39.

I. Die Abgrenzung des Institutioneninhalts gegenüber der Pandektenlehre. Justinian bestimmte seine Institutionen zur Einleitung in das Verständnis seiner anderen Sammelwerke,[3] durchdrungen von der richtigen Einsicht, daß seine Pandekten und sein Codex ohne Vorbereitung nicht verstanden werden könnten. So lange die Pandektenlehre eine rein exegetische war, bereiteten die Institutionen zugleich auf ihren Inhalt und auf das Verständnis der Quellen vor. Als aber die Wissenschaft des Pandektenrechtes sich von den Texten freimachte und die Institutionenlehre ihr als ihr Trabant nachfolgte, da bewahrte sie zwar das eine Ziel, der Pandektenlehre den Weg zu bereiten, verlor aber dabei ihre eigentliche Hauptbestimmung, die Kunst der Quellenauslegung zu lehren. Heutzutage gewährt sie zwar einen Überblick über die gegenwärtige, von der Naturrechtsschule vorbereitete Darstellungsweise[4] des römischen Rechtes, nicht aber über die von ihr gänzlich verschiedenen Darstellungen desselben Gegenstandes, die wir in Justinians Büchern

---

1873 ff.). Doch hat dieser Anordnungsplan des nach seinem Inhalte hochgeschätzten Werkes einen erheblichen Einfluß nicht ausgeübt und ist auch wohl für das Pandektenrecht schwerlich zu empfehlen.

[1] Eine Rechtfertigung dieses Verhaltens versucht Hölder, Institutionen des röm. Rechtes. 3. Aufl. 1893. Vorwort S. VII, gegen Muther, Die Reform des juristischen Unterrichts. 1873. Daß der Verfasser dieses Lehrbuchs unbedingt auf Muthers Standpunkt steht, wird sich aus dem Nachfolgenden ergeben.

[2] Vgl. Muther, Die Reform des jur. Unterrichts (eine akademische Antrittsvorlesung). 1873.

[3] Const. tanta § 11: *Totius eruditionis prima fundamenta atque elementa ponere, quibus juvenes suffulti possint graviora et perfectiora legum scita sustentari.* So auch noch jetzt mit Recht Sohm, Institutionen. 4. Aufl. S. VIII: „Vorbereitung, das ist alles, was Institutionen zu gewähren imstande sind."

[4] Siehe oben S. 151.

finden. Wie sehr beide voneinander abweichen, vermag jeder Anfänger sofort zu begreifen, sobald er ein gangbares Pandektenlehrbuch und das *corpus juris civilis* nebeneinander hält. So hat sich vielfach die irrige Meinung verbreitet, daß eine besondere Institutionenlehre neben den Pandekten überflüssig sei. Dadurch ist aber eine empfindliche Lücke in unserm Unterrichtswesen entstanden, die nirgends klarer zu Tage tritt, als bei denen, die das Studium der Institutionen vernachlässigt haben. Sie sind in der Regel nicht dazu fähig, die Lehrbücher auf ihre Quellenmäßigkeit zu prüfen, und dazu geneigt, heutige und römische Rechtsanschauungen zu verwechseln und zu vermengen.

Dazu kommt, daß die Herstellung einer besonderen Institutionenlehre zur Vorbereitung der Pandekten heutzutage noch nötiger ist, als sonst. Neben den Institutionen hat sich eine allgemeine Rechtslehre entwickelt, die „juristische Encyklopädie“, ein Lehrzweig, der eine Aufgabe zu lösen sucht, die von manchen als noch ungelöst bezeichnet wird[1]: die Herstellung von Institutionen des heutigen Rechtes.[2] Diese allgemeine Rechtslehre greift über das private und das römische Recht hinaus, während der Stoff der Institutionen viel zu sehr auf einen Teil des Rechtsgebietes beschränkt werden muß, um noch als Einleitung zum Ganzen brauchbar zu sein.[3] Die Institutionen sind seitdem nicht mehr ein kleiner Katechismus der Rechtslehre, sondern nur noch ein kleiner Katechismus des römischen Privatrechts.

Andererseits hat sich der Inhalt der Pandektenlehre in höherem Maße als früher von dem Inhalte der Institutionen abgewendet. Das von der Legalordnung befreite neuere Pandektensystem dient vornehmlich den Bedürfnissen der Rechtsanwendung. Dieser Umstand hat den Gesamtdarstellungen der Pandektenlehre, mögen sie nun zum Lehrzweck verfaßt sein oder nicht, allmählich die Bedeutung von Handbüchern der Rechtspflege verschafft und damit der Wissenschaft, der sie dienen, eine immer mehr steigende Rücksicht auf die Anschauungen der Gerichtshöfe aufgedrängt.[4] Hieraus

---

[1] So Hölder in der Vorrede zur 3. Auflage seiner Institutionen, S. VII. In der That bedarf die allgemeine Rechtslehre noch vielfach der Vervollkommnung und namentlich auch der Teilnahme, die ihr gebührt.

[2] Schon Leibniz verlangte die Herstellung solcher Institutiones juris universi (nova methodus discendae docendaeque jurisprudentiae). 1748. § 54 S. 81.

[3] Deshalb sind §§ 1—36 dieses Lehrbuches oben vorangeschickt worden.

[4] Man vergleiche die Pandektenwerke von v. Vangerow (1850. 7. Aufl. 1863) und von Bekker (Bd. I. 1886 Bd II. 1889) miteinander, um die volle Stärke dieser Bewegung sich zu veranschaulichen.

erklärt sich das berechtigte Bestreben der neueren Pandektenlehre, alle veralteten Bestandteile der römischen Rechtsbücher aus sich auszustoßen[1] und der Institutionenlehre zuzuschieben.

Dies darf aber nicht soweit gehen, daß sich die Institutionen von dem Inhalte des nachrömischen Rechtes, namentlich von der Beachtung der grundsätzlichen Unterschiede des römischen und des heutigen Rechtes gänzlich loslösen. Auch der Anfänger bedarf, wenn er in das Recht zur Zeit Justinians eindringt, eines Seitenblickes auf das Recht der Gegenwart, und eines Maßstabes für die Sonderung des Veralteten vom Brauchbaren, ohne den das Quellenstudium für die Bildung seiner juristischen Anschauungen leicht verhängnisvoll werden kann.[2]

Gegen die hierdurch drohende Überlastung des Institutioneninhaltes schützt aber

II. die richtige Abgrenzung der Institutionen gegenüber der römischen Rechtsgeschichte. Es wurde schon oben[3] hervorgehoben, daß zwar ein Überblick über die Geschichte des römischen Rechtes für das Verständnis der Institutionen unerläßlich ist, aber umgekehrt die eingehende Prüfung der Einzelfragen der römischen Rechtsgeschichte eine Kenntnis der Institutionenlehre voraussetzt. Daraus erklärt sich, daß man lange Zeit hindurch die äußere (mehr summarische) Rechtsgeschichte von der inneren schied,[4]

---

[1] Am weitesten geht hierin Bekkers genanntes Werk; auch in Windscheids verbreiteten Pandekten (7. Aufl. 1891) tritt die Rechtsgeschichte durchweg in den Hintergrund, während z. B. Barons Pandekten (8. Aufl. 1893) und Dernburgs Pandekten (3. Aufl. 1892) auf rechtsgeschichtliche Erläuterungen grundsätzlich nicht verzichten.

[2] Noch jetzt gilt daher vielfach das Wort von Leibniz, Nova methodus discendae docendaeque jurisprudentiae. 1748. p. 134: *inseruntur juventuti falsae opiniones de republica hodierna.* Über die Notwendigkeit einer Vorbereitung der Pandektenlehre vgl. v. Savigny, System des römischen Rechts. I. Vorrede S. XXXVIII. Das im Texte Gesagte enthält nicht nur ein Grundgesetz der Rechtslehre, sondern eine Hauptregel für alle Geisteswissenschaften. Sie ruhen sämtlich auf geschichtlicher Grundlage, und darum gilt für sie alle der Erfahrungssatz, daß jemand, der nicht einmal die Gegenwart versteht, die er sieht, noch viel weniger die Vergangenheit begreifen kann, die er nicht sieht. Von der Welt- und Menschenkenntnis unserer Zeit müssen wir daher in der Rechtslehre ausgehen, sodann zu den Quellen hinabsteigen, um von dort wieder zur Gegenwart zurückzukehren. So muß man auch die Institutionen behandeln.

[3] S. 47 ff.

[4] Schon bei Leibniz finden wir diesen Unterschied zwischen innerer und äußerer Rechtsgeschichte so aufgefaßt, daß unter jener ein summarischer Überblick, unter dieser eine eingehende Begründung der Geschichte des Rechtes verstanden wird: *Jurisprudentia historica est vel interna vel externa: Illa ipsam*

eine Sonderung, die neuerdings mit Recht als nicht völlig durchführbar angesehen wird.[1]

Durch den Aufschwung der Wissenschaft des römischen Staatsrechtes hat sich jedoch in der neuesten Zeit der Stoff der sog. äußeren Rechtsgeschichte unausgesetzt vermehrt. Hieraus erklärt sich das Streben, auch diesen Lehrzweig zu entlasten und die Rechtsaltertümer (sog. innere Rechtsgeschichte) mehr und mehr den Institutionen zuzuschieben.[2] Man darf jedoch in dieser Aufnahme geschichtlichen Stoffes in die Institutionen nicht zu weit gehen. Die Institutionen dürfen nicht zu einem Ablagerungsplatze für die minder wertvollen und anregenden Bestandteile der römischen Rechtsüberlieferungen werden. Ihre althergebrachte summarische Form muß allerdings beibehalten werden,[3] jedoch ohne Verkürzung des noch gültigen Inhaltes, der dem veralteten gegenüber nicht in ein ungebührliches Mißverhältnis treten darf.

Wir kommen hiernach zu dem Ergebnisse, daß der Inhalt der Rechtsaltertümer nur soweit in die Institutionenlehre gehört, als eine Kenntnis für die Auslegung der Justinianischen Bücher nötig ist. Mit Recht wird also eine Befreiung der Institutionen von ihrem antiquarischen Ballaste als dringendes Bedürfnis bezeichnet,[4] doch

---

jurisprudentiae substantiam ingreditur, haec adminiculum tantum est et requisitum. Vgl. Nova methodus discendae docendaeque jurisprudentiae. Lipsiae et Halae. 1748. §§ 29 u. 30 S. 53 ff.

[1] Vgl. Brunner in v. Holtzendorffs Encyklopädie. 5. Aufl. I. S. 215 über innere und äußere Rechtsgeschichte: „Ausdrücke, die wenig passen, weil das Ganze eines Organismus nicht mit dessen Außenseite zusammenfällt und ebensowenig die einzelnen Glieder die innere Seite desselben bilden.“

[2] Nach Eck (in seinem Aufsatze über römisches Recht in dem Werke: Die deutschen Universitäten. Berlin 1893. S. 310) fällt zur Zeit die frühere sog. innere römische Rechtsgeschichte den Institutionen zu, während man die früher sog. äußere Rechtsgeschichte der heute noch Rechtsgeschichte genannten Vorlesung zuzuteilen pflegt. Das Verfahren unserer Lehrbücher ist übrigens in diesem Punkte kein einheitliches.

[3] Noch jetzt fallen nach Ecks Berechnung (in seinem Aufsatze über römisches Recht in dem Werk: Die deutschen Universitäten. 1893. S. 312) auf die Institutionenvorlesung zur Zeit durchschnittlich 60 Stunden, während die Pandekten mit Einschluß des Erbrechtes im Durchschnitte 260 Stunden beanspruchen.

[4] Vgl. Sohm, Institutionen. Vorrede S. VIII. Noch treffender drückt sich Sohm in der Vorrede zu seinem Kirchenrecht, 1892, S. VII, aus: „Die Vergangenheit ist nicht tot. Sie lebt inmitten der Gegenwart. Die einstmals lebendige will die Altertumswissenschaft, die heute noch lebendige will die Geschichtswissenschaft erblicken.“ Im Sinne dieser Worte muß die Institutionenlehre der Geschichts- und nicht der Altertumswissenschaft zugeteilt werden, wenn sie nicht ihren Vorbereitungszweck verfehlen soll.

darf dabei die Vorbereitung zur Quellenexegese keinen Schaden leiden.

III. Ergebnis. Die Aufgabe der gegenwärtigen Institutionenlehre ist hiernach die Rückkehr zu ihrem ursprünglichen Ziele, der Vorbereitung zur Quellenexegese, wobei wir[1] ebenso, wie Justinian das Recht seiner Zeit dem Gajanischen Texte erläuternd hinzusetzte, das gegenwärtige Recht in seinen Grundzügen dem Justinianischen Rechte beifügen müssen.

Die Institutionen sollen daher weder eine Übersicht über das heutige, noch über das Justinianische Recht sein, sondern vielmehr eine einleitende Übersicht über den Inhalt des nach Deutschland aufgenommenen Justinianischen Gesetzbuches. Es ist nicht Justinians Recht, sondern Justinians Buch, das wir in den Institutionen schildern müssen. Sein Recht verschwand im Laufe der Zeiten, sein Buch erwies eine dauernde Lebenskraft, deren Ende für uns unabsehbar ist. Auch wenn die Pandektenlehre vom bürgerlichen Reichsrechte verdrängt werden sollte,[2] so würden dennoch an ihrer Stelle so, wie es jetzt neben ihr der Fall ist, die Pandektenexegese und die Institutionenlehre ein Bindeglied zwischen den Rechtsgebieten aller gesitteten Völker bilden.

II. Die Anordnung der Institutionenlehre.[3]

§ 40.

I. Die Tauglichkeit der Anordnung der Justinianischen Institutionen für die Lehrzwecke der Gegenwart ergiebt sich nicht ohne weiteres aus der Notwendigkeit, den Inhalt dieses Buches zur Grundlage des Studiums zu machen, sondern aus den Grundgedanken des Institutionensystems.[4] Die drei Hauptteile entstammen dem Kommentar des Gajus:

a) *Jus quod ad personas pertinet* (Rechte für und an Personen) I, 3—I, 26.

b) *Jus quod ad res pertinet* (Rechtssätze über Vermögensstücke, und zwar über ihren Erwerb) II, 1—IV, 5.[5]

[1] Nach Schilters Beispiele (siehe oben S. 155 Anm. 2).

[2] Vgl. hierüber Stammler, Die Behandlung des römischen Rechtes in dem juristischen Studium nach Einführung des deutschen Reichs-Civilgesetzbuches. Freiburg i. B. 1885. S. 12 ff.

[3] Vgl. hierzu Böcking, Pandekten (Institutionen). 2. Aufl. § 28 S. 128 ff.

[4] Vgl. zu dem Folgenden Rudorff, Zeitschr. für Rechtsgeschichte III. S. 62 ff.

[5] Daß eine Erwerbsordnung vorliegt, wird oft übersehen, auch ist be-

c) *Jus quod ad actiones* (Prozeßverhandlungen) *pertinet* IV, 6—IV, 18.

Diese Einteilung beantwortet zwei Hauptfragen:

1) Wem gewährt das Privatrecht Vorteile? (Antwort: den *personae*).

2) Welche Vorteile gewährt es? (Antwort: Vermögenserwerb [*res*] und Gerichtsschutz [*actiones*]).[1]

II. Mängel der Legalordnung. Von geringer Bedeutung ist der Umstand, daß die drei Teile in vier Bücher zerlegt worden sind (offenbar aus Rücksicht auf die Gleichmäßigkeit des Umfanges der Bücher). Empfindlicher sind die Lücken des Werkes, die daraus zu erklären sind, daß der Gajanische Urtext der Institutionen älter ist, als das Justinianische Recht und daher diejenigen Rechtszweige vernachlässigt, die zur Zeit seiner Entstehung erst im Werden waren, namentlich das Pfandrecht,[2] die *superficies*, die *emphytheusis*[3] und das Familiengüterrecht, insbesondere das eheliche Vermögensrecht.[4] Auch ist das veraltete Prozeßrecht der Gajanischen Institutionen von Justinian weggestrichen und in kümmerlicher Weise ergänzt worden.

Diese Lücken lassen sich mit Leichtigkeit ergänzen.

III. Die scheinbaren Gefahren eines Widerspruches zwischen dem Institutionen- und dem Pandektensystem erweisen sich bei genauer Betrachtung als nicht vorhanden. Beide Systeme unterscheiden: 1) Personenrecht, 2) Familienrecht, 3) Sachen-

---

hauptet worden (vgl. v. Brinz, Pandekten. 2. Aufl. I. S. 88) unter Bezugnahme auf Rudorff (s. die vorige Anmerkung), daß die *res* in der römischen Dreiteilung von *personae*, *res* und *actiones* nur die greifbaren Sachen sind, nicht die *res incorporales*, vgl. dagegen den klaren Wortlaut von Inst. II, 2 und Gajus II, 12—14. Über die Bedeutung des Wortes *res* in den Institutionen s. unten § 81.

[1] Diese Sonderung der Privatrechtsvorteile in Erwerb und Schutz entspricht dem Gedanken Ulpians Dig. I, 3 de legibus fr. 41 (libro II institutionum): *Totum autem jus consistit aut in adquirendo aut in conservando aut in minuendo: aut enim hoc agitur quemadmodum quid cujusque fiat, aut quemadmodum quis rem vel jus suum conservet aut quomodo alienet aut amittet.* — Daß die Lehre vom *minuere* nicht besonders behandelt wird, ist leicht erklärbar; denn in der Regel macht überall da, wo jemand etwas verliert, ein anderer einen Erwerb, so daß die Verlustlehre in der Erwerbslehre miterledigt werden konnte.

[2] In dem Leipziger Dekanatsprogramm von Kuntze, 1893: „Zur Geschichte des römischen Pfandrechts", wird dargelegt, daß die Grundlegung des dinglichen Pfandrechts erst in der Kaiserzeit beginnt und das Institut erst nach Hadrian ausgebildet worden ist.

[3] Siehe unten §§ 85—88.

[4] Vgl. unten § 53.

recht, 4) Erbrecht, 5) Forderungsrecht, 6) Aktionenrecht. Nur pflegen die Pandektisten das Forderungsrecht vor das Erbrecht und das Familienrecht hinter das Sachenrecht und das Forderungsrecht zu stellen, auch das Aktionenrecht mit dem Personenrecht zu einem allgemeinen Teile zu verbinden. Daß diese kleinen Abweichungen des Gajanischen Institutionensystems von der üblichen Pandektenordnung verwirren könnte, wird niemand behaupten dürfen.

Dagegen würde es ein Rückschritt hinter die Naturrechtszeit sein, wenn die Behandlung der Institutionen auch in den einzelnen Titeln sich sklavisch an den Text anlehnen wollte. Eine Umstellung der Titel soll aber im folgenden grundsätzlich vermieden werden, damit das Lehrbuch durchweg neben dem Texte gelesen werden kann.

Auch können wir heutzutage den Fortschritten der Systematik darin Rechnung tragen, daß wir der Gajanisch-Justinianischen Einteilung durch Zusammenfassung der Titel in Gruppen und der Gruppen in Zweige eine reichere Gliederung geben und dadurch den tieferen Sinn dieses Anordnungsplanes aufdecken. Auch dies ist durch das nachfolgende Buch hindurch überall versucht worden.

IV. Endergebnis. Wir bedürfen für unsere Zeit besonderer Institutionenlehrbücher nicht, sondern nur eines Kommentars zu Justinians Lehrbuch, der das Verständnis dieser Schrift vom Standpunkte unserer gegenwärtigen Denkweise ermöglicht und uns in den Sinn ihrer Einteilung einführt. Während also die übliche Behandlung der Institutionen nur in der Anordnung, aber nicht im Inhalte „über das römische Recht hinaus“ geht, will die nachfolgende Darstellung in beiden Punkten den entgegengesetzten Weg einschlagen.

Zweiter Teil.

Die Institutionenlehre.[1]

Einleitung.

Die allgemeinen Rechtslehren in Justinians Institutionen (Inst. I, 1).

§ 41.

I. Die Einleitungslehren der Institutionen betreffen das Verhältnis zwischen Recht und Sittlichkeit (I, 1) und einen allgemeinen Unterschied der Rechtssätze, nach dem Umfange ihrer Geltung (II, 2), welcher in der Einteilung des Buches eine wichtige Rolle spielt (vgl. unten §§ 44 und 70), den Unterschied zwischen dem *jus naturale*, dem *jus gentium* und dem *jus civile*.

II. Die sittliche Grundlage des Rechts wird in der *constans ac perpetua voluntas jus suum cuique tribuens* gesehen. Hiernach erscheint das Recht als eine Regel des Zusammenlebens, nach dem Gebote der allgemeinen Menschenachtung[2] unter Berücksichtigung der zur Zeit geschichtlich gegebenen Machtverhältnisse. Diese letztere Schranke erklärt die große Mannigfaltigkeit der nach

---

[1] Der nachfolgende zweite Teil dieses Buches enthält einen Kommentar der Justinianischen Institutionen, der sich in seiner Reihenfolge an die einzelnen Titel anlehnt und überall eine Einleitung zu deren Studium zu bilden sucht. Ein Abdruck des Textes des in dieser Weise erläuterten Werkes erschien überflüssig, da eine bei dem Studium dieses Lehrbuches fortlaufende Benutzung der mustergültigen Institutionen-Ausgabe von Krüger ihn ersetzen kann. Über den Umfang der angeführten Litteratur vgl. das am Schlusse des Vorwortes Gesagte, auch Sohm, Vorrede der Institutionen. 4. Aufl. S. IX. Über anderweitige Lehrbücher, deren Studium das Nachfolgende zu ergänzen vermag, s. oben S. 156 Anm. 5.

[2] Vgl. Cicero, De legibus I, 12 c. 34: *Necessarium, ut nihilo sepse plus quam alterum diligat.* Auf diesem Sittlichkeitsgebote beruht der Gleichheitsgedanke, der einer jeden Rechtsordnung zu Grunde liegt (Puchta [Krüger], Institutionen. I. § 8. 10. Aufl. S. 12), aber immer nur unvollkommen unter Berücksichtigung der augenblicklichen Notlage durchführbar ist.

Zeit und Ort verschiedenen Einflüsse, die dem Rechte seinen Inhalt aufprägt und die *jurisprudentia* zu einer *divinarum atque humanarum rerum notitia* macht (I, 1 § 1), ferner die Notwendigkeit, dem Studium dieser Fülle des Stoffes eine einleitende Übersicht vorauszuschicken (I, 1 § 2). Auch unter den drei Sittengeboten, ohne deren regelmäßige Befolgung eine Rechtspflege undurchführbar sein würde: *Honeste vivere, alterum non laedere, suum cuique tribuere* (I, 1 § 3)[1], ist das dritte für die ungelehrte Mehrzahl der Staatsgenossen nur durch Beobachtung und Nachahmung guter Beispiele (*honeste vivere*) durchführbar.

III. Die Dreiteilung des Rechtes in *jus naturale, gentium* und *civile* darf nicht mit den gegenwärtigen Bedeutungen der ähnlichen Worte Naturrecht, Völkerrecht und Civilrecht verwechselt werden.

a) Das *jus naturale* im Sinne der Institutionen (I, 2 § 1) beruht auf einer Lehre des Altertums[2], welche das Zusammenleben der Tiere mit den Regeln des menschlichen Verkehrs zu gemeinsamen, vom Naturtriebe bestimmten Regeln zusammenzufassen suchte, ohne dabei die sittlichen Triebe des Menschen, die das menschliche Verhalten von dem Leben des Tieres trennen, abzuleugnen. Da jedoch Sitte und Recht nicht eigentlich darauf hinzielen, die Naturtriebe des Menschen zu befriedigen, sondern darauf, sie in vernünftiger Weise zu beschränken, so ist die römische Vermischung des Rechtes mit dem Naturgebote[3] zwecklos und irreführend.

Unrichtig ist es daher auch, wenn der Institutionentext das Recht (richtiger die Sitte) der vorstaatlichen Zeit für einen reinen Ausdruck des Naturgebotes ansieht, während auch diese Urformen des Zusammenlebens von Überlieferungen beeinflußt und nach Raum und Zeit verschieden sind. Im übrigen unterscheidet sich dies römische *jus naturale* als ein Inbegriff der Anschauungen unentwickelter Naturvölker in hohem Maße von dem modernen Naturrechte (vgl. oben S. 150), das auf dem Boden einer hochentwickelten Wissenschaft von Gelehrten aufgestellt worden ist.

In der Bemerkung, daß die Sklaverei dem *jus naturale* wider-

---

[1] Vgl. Cicero, De officiis I, 5, 14: *In hominum societate tuenda, tribuendoque suum cuique, et rerum contractarum fide (sc. versatur honestum).*

[2] Cicero, De republ. III, 11, 19: *Non enim mediocres viri, sed maxumi et docti Pythagoras et Empedocles unam omnium animantium condicionem juris esse denuntiant.*

[3] v. Czyhlarz, Lehrbuch der Institutionen. 2. Aufl. 1893. S. 33, hebt mit Recht hervor, daß Naturtrieb und *naturalis ratio* zweierlei sind.

strebt,[1] erblickt man vielfach zugleich den Ausdruck eines unnatürlichen Zurückstrebens zu einem goldenen Zeitalter der allgemeinen Freiheit und Gleichheit, dessen Recht nicht bloß als Ausgangs-, sondern zugleich als Zielpunkt der geschichtlichen Entwickelung aufgefaßt wird.

Möglich ist freilich auch, daß diese Beurteilung der Sklaverei nur eine geschichtliche Thatsache feststellt, weil sich diese Einrichtung erst innerhalb der den Römern bekannten Geschichte entwickelt hat.[2]

b) Das *jus gentium* wird einerseits als das Recht, das bei allen Völkern gilt, geschildert,[3] während es andererseits mit großer Deutlichkeit als ein für alle Völker in Rom geltendes Recht bezeichnet wird (d. h. natürlich nur für alle zum Rechtsschutze zugelassenen Völker), mit anderen Worten als ein Recht für Bürger und rechtsfähige Nichtbürger; denn der Bürger genoß alle Rechte, die sein Heimatstaat dem Ausländer gab, nicht aber der Ausländer die Rechte des Bürgers.[4]

Dieser scheinbare Widerspruch,[5] der sich auch in der neueren Wissenschaft bemerklich macht,[6] findet seine Lösung dadurch, daß

---

[1] Dig. L, 17 de reg. juris fr. 32 (Ulpianus): *Quod ad jus naturale attinet omnes homines aequales sunt*, und Florentinus, Dig. I, 5 de stat. hom. fr. 4 § 1: *Dominio alieno contra naturam subicitur.* Ähnlich Marcianus, Dig. XII, 11 de natalib. rest. fr. 2. Vgl. Schneider, Zur Geschichte der Sklaverei im alten Rom. Zürich 1892. S. 37 ff. Cuq, Les institutions juridiques des Romains. Paris 1891. Préface par Labbé S. XII. Puchta (Krüger), Institutionen. I. § 8. 10. Aufl. S. 12.

[2] Vgl. den nächsten Paragraphen. Gewöhnlich sieht man in Ulpians Worten nur eine Wiederholung der stoischen Lehren, die für die Menschenwürde des Sklaven auf sittlichem (nicht auf rechtlichem) Gebiete eintraten. Vgl. Schneider, a. a. O. S. 37 ff.

[3] Vgl. Inst. II, 1 § 1: *Apud omnes populos peraeque custoditur.*

[4] Cicero, De officiis III, 17, 69: *Societas enim est ... latissime quidem quae pateat, hominum inter homines interior eorum, qui ejusdem gentis sunt: proprior eorum, qui ejusdem civitatis. Itaque majores aliud jus gentium, aliud jus civile esse voluerunt (quod civile, non idem continuo gentium, quod autem gentium idem civile esse debet).* Näheres vgl. unten §§ 44. 70 ff. und in Sohm's Institutionen. 4. Aufl. § 12 S. 39 ff., bes. 46 Anm. 2.

[5] Pernice, in v. Holtzendorffs Encyklopädie. I. 5. Aufl. S. 122, nimmt eine mehrfache Bedeutung des Wortes *jus gentium* an.

[6] Vgl. hierzu Krüger, Geschichte der Quellen und Litteratur des röm. Rechtes § 6 S. 39 ff. Karlowa, Röm. Rechtsgeschichte. II, 1. S. 114. 163. 164. 182 ff. 360 ff. 417. v. Savigny, System des heutigen röm. Rechts I. § 22 S. 109 ff. Vgl. auch Mommsen, Röm. Staatsrecht III. S. 601 ff., bes. 604. Baron, Peregrinenrecht und jus gentium (Festgabe für R. v. Ihering). 1892, und daselbst S. 33 eine Übersicht der wichtigsten Litteratur über diesen Gegenstand und nament-

zur Zeit des Altertums die besonderen Rechtsordnungen der Völker sehr verschiedenartig waren, und nur diejenigen Rechtssätze sich bei allen Völkern, die damals in freundschaftlichem Verkehre standen, wiederholten, welche neben den eigenen Staatsbürgern auch den befreundeten Peregrinen Vorteile gewährten, weil sich gerade diese Sätze im gegenseitigen Verkehre auf dem Boden der Staatsverträge und des Herkommens allmählich entwickelt hatten. Ihr Hauptinhalt betraf den Schutz des Ausländers im Inlande.[1]

Die Anerkennung dieses Rechtes für einen größeren Umfang von Völkern und seine eingehendere Entwickelung gehören allerdings erst der späteren Zeit an. Daraus darf man aber nicht, wie gewöhnlich geschieht, folgern, daß die Grundgedanken dieses Rechtzweiges erst spät und allmählich entstanden sind.[2] Sie sind vielmehr uralt[3] und deshalb dem vorstaatlichen *jus naturale* verwandt.

IV. Die Einteilung des Rechts in *jus scriptum* und *non scriptum*[4] (Inst. I, 2 §§ 3 ff.) sondert nicht genügend das ohne Schrift entstandene und das ohne Schrift fortgepflanzte Recht.[5] Die Einteilung der Rechtsurkunden in *leges*, *plebiscita*, *senatusconsulta*, *principum placita*, *magistratuum edicta* und *responsa prudentium* bezieht sich nur auf die römische Rechtsgeschichte, nicht auf das Recht der Justinianischen Zeit, in der alle älteren Rechtsurkunden

---

lich auch Puchta (Krüger), Institutionen. I. § 9. 10. Aufl. S. 12. Jörs, Röm. Rechtswissenschaft. 1888. I. S. 129 ff.

[1] Cuq, Les constitutions juridiques des Romains. Paris 1891. S. 487 ff. Das eigentliche Völkerrecht, das die gegenseitigen Beziehungen des einen Staates zu den anderen regelt, gehörte nicht gänzlich zum *jus gentium* und bildete sicherlich nicht seinen wichtigsten Bestandteil. Vgl. hierzu auch noch Ad. Schmidt, Die Lehre vom Gewohnheitsrecht (Universitätsprogramm). Leipzig 1881. Wlassak, Römische Prozeßgesetze. II. 1891. S. 132 ff. 359. Dernburg, Pandekten. I. § 20 Anm. 8. 3. Aufl. S. 46.

[2] Die Ansicht, daß die Keime des *jus gentium* erst in einem entwickelteren Verkehrsleben zu suchen sind, muß als die herrschende bezeichnet werden, vgl. Pernice in v. Holtzendorffs Encyklopädie I. 5. Aufl. S. 122, woselbst auch eine Zusammenstellung des Hauptinhaltes des *jus gentium* zu finden ist; vgl. auch Sohm, a. a. O., v. Czyhlarz, Lehrbuch der Institutionen. 2. Aufl. 1893. S. 31. Voigt, Römische Rechtsgeschichte I. 1892. S. 152 ff. Von diesem Standpunkte erscheint die römische Gleichstellung des *jus gentium* mit dem *jus naturale* schwer begreiflich. — Richtig ist dagegen, daß ein Teil des *jus gentium* sich erst in späterer Zeit entwickelt hat.

[3] So Inst. II, 1 § 11. Vgl. hierzu auch v. Czyhlarz, a. a. O. S. 33.

[4] Ein Seitenstück der hellenischen *ἄγραφα νόμιμα*. Cuq, Les institutions juridiques des Romains. I. Paris 1891. S. 62.

[5] Siehe oben § 6 S. 13, Zeile 2 von unten, woselbst es heißen muß „comprobavit", nicht „comprobarit". Vgl. auch Cuq, a. a. O. S. 62 Anm. 4: Mais, à Rome, la coutume équivaut à la loi tandisqu'à Sparte elle tient lieu de loi.

entweder beseitigt oder von Justinian durch die Aufnahme in seine Sammlung zu Kaisergesetzen erhoben worden sind.[1]

Erstes Buch.

Die Rechtsgenossen (personae).

Erster Abschnitt. Die Vorbedingungen der Rechtsfähigkeit.

I. Natürliche Vorbedingungen eines Anteils am Rechtsschutze.

§ 42.

I. Der Zweck des Rechtsschutzes ist, einen Einfluß auf die Schicksale der Außenwelt zur beliebigen Benutzung zu gewähren (s. oben S. 33). Einen Rechtsschutz kann daher nur derjenige erhalten, von dem oder für den ein solcher Einfluß ausgeübt werden kann, und zwar einen Privatrechtsschutz nur ein solcher, dem dadurch eine von den anderen abgesonderte Lebensführung ermöglicht wird (vgl. oben § 12 S. 31. 32). In dieser Hinsicht sind nicht bloß Menschen rechtsfähig, sondern auch herrenlose Verwaltungen für einen bestimmten Zweck (sog. juristische Personen[2], d. h. nicht greifbare Rechtsträger, z. B. die Staatskasse, die Städte, rechtsfähige Vereine[3] u. dgl.).[4] Solche künstlich erzeugte Rechtsträger nennen die Römer *corpora*, d. s. in der römischen Redeweise wirklich wahrnehmbare

---

[1] Vgl. oben § 32 S. 146 Anm. 2 cst. tanta (δέδωκεν) § 23: *Leges autem nostras, quae in his codicibus, id est institutionum seu elementorum et digestorum vel pandectarum posuimus, suum optinere robur . . . sancimus . . . in omne aevum valituras et una cum nostris constitutionibus pollentes.*

[2] *Persona* bedeutet die Rolle in einem Schauspiele, im übertragenen Sinne alles, was irgendwo eine besondere Rolle spielt, im juristischen Sinne jeden, der die Rolle eines Berechtigten spielt, d. h. des Rechtsschutzes teilhaftig ist.

[3] Beispiele aus alter Zeit sind die angeblich von Numa gegründeten Handwerkerinnungen (Plutarch, Numa 17, 10), ein *mercatorum collegium* für die Verpflegung der Stadt (Livius II, 27, 5); vgl. Mommsen, De collegiis et sodaliciis Romanorum. 1843. Dernburg, Pandekten I. § 60 Anm. 8. 3. Aufl. S. 141 über die *publicani*. Ein interessanter Fund der neueren Zeit ist das von Mommsen (Zeitschr. der Savignystiftung XII. S. 147) geschilderte Bildwerk, aus dem die Beschaffenheit der Privilegienladen (*scrinia*) der stadtrömischen Korporationen hervorgeht.

[4] Vgl. zu dem folgenden Karlowa, Röm. Rechtsgeschichte. II, 1. S. 59 ff.

Dinge, während die Neueren ihnen vielfach das thatsächliche Vorhandensein abstreiten, indem sie in ihnen bloße Fiktionen sehen,[1] obwohl ihre Vermögensverwaltung an Einfluß hinter der wirtschaftlichen Thätigkeit lebendiger Menschen nicht zurücksteht. Freilich ist zu ihrem rechtlichen Dasein nicht unbedingt die lebendige Thätigkeit ihrer Verwalter nötig. Vielmehr gehören zu dem Begriffe dieser künstlich erzeugten Rechtsträger alle Fälle einer rechtlich zugelassenen Vermögensverwaltung ohne einen lebenden Herrn nach Maßgabe eines Statuts oder einer Observanz (d. i. einer die Verwalter verpflichtenden Gewohnheit). Die juristische Person kann daher auch vorübergehend bestehen, wenn ihr jede Verwaltung fehlt.[2] Sie beruht dann lediglich 1) auf der lebendigen Kraft der Erinnerung an ihre Entstehungsgeschichte (z. B. an die rechtsgültige Gründung eines Vereins) oder an ihren früheren Bestand, einer Kraft, die eine verlorene Verwaltung wiederzuerzeugen vermag,[3] und 2) auf der Anerkennung, welche die Rechtsordnung der Entstehungsgeschichte oder dem früheren Bestande einer solchen herrenlosen Zweckverwaltung zu teil werden läßt. Das Vermögen einer solchen vorübergehend führerlosen wirtschaftlichen Macht ist zwar augenblicklich „herrenlos, aber nicht rechtlos“ (Brinz).[4]

Die herrenlosen Verwaltungen zu einem bestimmten Zwecke, von deren Zulässigkeit die juristische Persönlichkeit abhängt, sind da unentbehrlich, wo gewisse Güter einem Personenkreise nutzbar werden sollen, der nicht in allen seinen Gliedern sogleich bestimmbar ist, (z. B. den jedesmaligen Bürgern einer Stadt[5]), auch da, wo ein Vermögensstück zugleich mehreren nützen, aber doch dem Verfügungsrechte der Einzelnen gänzlich entzogen sein soll.[6] Die Zulassung

---

[1] Hölder (Archiv f. civil. Praxis Bd. 80 S. 2) will diese *corpora* „unkörperliche Personen“ nennen. Vgl. hierzu Cicero topica VI, 27 u. darüber u. § 81.

[2] So wenn in Kriegsnöten eine ganze Gemeinde auseinanderläuft, von der zu erwarten ist, daß sie sich später wieder zusammenfinden wird. Entscheidend ist nur, ob das *corpus habere permissum* ist (Gajus, Dig. III, 4 quod cujuscunque univ. nom. fr. 1 pr.).

[3] Solche Erinnerungen, die aufgezeichnet sind oder im Gedächtnis der Menschen fortleben, sind keine Fiktionen (wie z. B. Puchta-Krüger, Institutionen. 10. Aufl. II, § 191 S. 6 annimmt), sondern etwas Wirkliches, Seelenzustände, psychologische Realitäten; daher juristische Personen niemals auf bloßen Einbildungen beruhen. Wahrnehmbar werden freilich derartige Dinge erst von dem Augenblicke ab, in dem eine lebendige Verwaltung ihre Thätigkeit beginnt.

[4] Hierzu Karlowa, Röm. Rechtsgeschichte. II, 1. S. 59 ff. Voigt, Röm. Rechtsgeschichte. I. § 71 S. 804 ff.

[5] Ulpiani Fragm. XXII, 5: *incertum corpus est.*

[6] Dig. III, 4 quod cujuscumque universitatis nomine vel contra eam

dieser Rechtsform widerspricht hiernach nicht der Regel: *Omne jus hominum causa constitutum est*,[1] sondern ist ihr dienstlich.[2]

Man darf eine derartige juristische Person übrigens nicht ein „Zweckvermögen" nennen.[3] Sie hat ein Zweckvermögen, ist aber kein Zweckvermögen. Verfehlt ist es daher auch, Stiftungsgüter, die von einem Unbeteiligten verwaltet werden, als *universitates rerum* den von beteiligten Mitgliedern durch Mehrheitsbeschlüsse verwalteten *universitates personarum* gegenüber zu stellen;[4] denn auch das Vermögen der *universitas personarum* bildet eine *universitas rerum*, und die verwaltende Personenmenge deckt sich in der Regel nicht mit denen, für die das Gut überhaupt bestimmt ist, weil es auch zukünftigen Gliedern der Gesamtheit dienen soll.

Der Verkümmerung des Genossenschaftswesens in der spätrömischen Zeit entspricht der Umstand, daß die Institutionen Justinians diesen Rechtszweig nur gelegentlich berühren (II, 1 pr. § 6) und im *jus personarum* gänzlich unerwähnt lassen.

II. Die Dauer der Rechtsfähigkeit des Menschen wird durch ihren Zweck bestimmt. Er erhält sie nicht früher und nicht länger, als sie ihm nützlich sein kann, d. h. frühestens von der Geburt ab und spätestens bis zum Tode. Irrigerweise hat man vielfach auch schon das Kind im Mutterleibe für rechtsfähig gehalten (*nasciturus pro jam nato habetur*),[5] indem man einzelne Ausnahmebestimmungen verallgemeinerte. Es werden nämlich einem schon empfangenen, aber noch nicht geborenen Kinde für den Fall, daß es als lebendes Wesen zur Welt kommt, Erwerbsgelegenheiten, namentlich Erbschaften, die ihm zufallen würden, wenn es schon

---

agatur fr. 7 § 1 (Ulpianus): *Si quid universitati debetur, singulis non debetur. nec quod debet universitas, singuli debent.*

[1] Hermogenianus, Dig. I, 4 de statu hominum fr. 2.

[2] Vgl. v. Ihering, Geist des röm. Rechts. 4. Aufl. III. 1 S. 355 ff. Hieraus erklärt sich auch die den Römern geläufige Verwechselung der Ausdrücke *municipes* und *municipium*. Vgl. Festus, *municeps* und *municipium* L. 142. P. 131. P. 127.

[3] Diesen Ausdruck hat namentlich Brinz empfohlen (Pandekten I. 1. Aufl. S. 979 ff.), vgl. auch Karlowa, Röm. Rechtsgeschichte II, 1. S. 197.

[4] So z. B. Puchta (Krüger), Institutionen. 10. Aufl. II. § 192 S. 10.

[5] Dig. XXV, 4 de inspiciendo ventre fr. 1 § 1 (Ulpianus): *Partus enim antequam edatur. mulieris portio est vel viscerum.* Zu allgemein redet daher auch Dig. I, 5 de statu hominum fr. 7 (Paulus): *Qui in utero est perinde ac si in rebus humanis esset custoditur, quotiens de commodis ipsius partus quaeritur: quamquam alii antequam nascatur, nequaquam prosit;* vgl. auch Dig. L, 16 de verborum significatione fr. 231. I, 13. Inst. § 4.

lebte, offengehalten.[1] Allein auch hier hat es, während es sich im Mutterleibe befindet, nur eine bloße Anwartschaft und daher noch keine gegenwärtigen Rechte aus dem für eine spätere Zeit vorbehaltenen Erwerbe.

Todeserklärungen Verschollener, die heutzutage vorkommen, sind dem römischen Rechte fremd. Sie haben sich erst in nachrömischer Zeit gewohnheitsrechtlich gebildet, als nach den Prozeßregeln des Mittelalters die freie Beweiswürdigung der Gerichte grundsätzlich beschränkt worden war. In Rom entschied der Richter nach freiem Ermessen darüber, ob er vom Tode eines Verschollenen überzeugt war.

III. Die Entstehung der juristischen Personen beruht nicht, wie vielfach angenommen worden ist, lediglich auf einem Staatsbefehle. Der Staat verleiht zwar den juristischen Personen ihre Rechtsfähigkeit, aber er erzeugt nicht die thatsächlichen Vorbedingungen, von denen das Dasein einer rechtsfähigen herrenlosen Zweckverwaltung abhängt.

Solche Vorbedingungen können auch ohne rechtliche Anerkennung eintreten und wirksam werden, d. h. es können sich rechtlose herrenlose Zweckverwaltungen bilden. So namentlich da, wo verbotene Vereine über Geldmittel thatsächlich verfügen. Das römische Recht der Kaiserzeit gestattete die beliebige Herstellung herrenloser Vermögenswirtschaften nicht,[2] doch scheint es, daß grundsätzlich da, wo ein Verein erlaubt wurde, ihm auch das Recht der selbständigen Vermögensherrschaft zufiel. Anders im heutigen Rechte, das die bloße Erlaubnis eines Vereins von der ihm gewährten Rechtsfähigkeit sondert und diese nicht ohne weiteres an jene anknüpft.[3]

Von der Ausübung der Staatshoheit thatsächlich gesondert ist

---

[1] Dig. V, 4 si pars hered. fr. 3 (Paulus): *Antiqui libero ventri ita prospexerunt, ut in tempus nascendi omnia ei jura integra reservarent.*

[2] Die 12 Tafeln gaben den erlaubten Vereinen das Recht „*pactionem quam velint sibi ferre*". Dig. XLVII, 22 de collegiis fr. 4. Darin sehen manche (m. E. nicht mit Recht) eine Anerkennung des Grundsatzes der freien Bildung von Körperschaften, vgl. Dernburg, Pandekten I, § 63 Anm. 4, vgl. auch Pernice, M. Antistius Labeo. I. S. 289 ff.

[3] Dig. XLVII, 22 de collegiis fr. 1 pr. Dig. III, 4 quod cujuscunque universitatis nomine vel contra eam agatur fr. 1 § 1 (Gajus): *Quibus autem permissum est corpus habere collegii societatis sive cujusque alterius eorum nomine, proprium est ad exemplum reipublicae habere res communes, arcam communem et actorem sive syndicum, per quem tamquam in re publica, quod communiter agi fierique oporteat, agatur, fiat.*

die kaiserliche Staatskassenverwaltung *(fiscus)*,[1] welche in der älteren Kaiserzeit neben die republikanische Kassenverwaltung *(aerarium)* trat und sich späterhin mit ihr vereinigte. Sie ist gleich den übrigen Inhabern von Vermögensrechten der Gerichtsgewalt unterthan (wenn auch durch viele Vorzüge begünstigt).

Die älteste Zeit bezeichnete als Herrn des Staatsgutes den *populus Romanus*.[2]

Die (noch heute gültige) privatrechtliche Gleichstellung der Staatskassenverwaltung mit jedem beliebigen Rechtsgenossen erleichtert ihr das Anknüpfen von Verkehrsbeziehungen, die man nur einem Gleichberechtigten gern gewährt, nicht aber einem solchen, der im Streitfalle Richter in eigener Sache sein will.

Zu den selbständigen Trägern einer Vermögensmacht rechnen die Römer auch die noch unerworbene Erbschaft (zwischen dem Tode des Erblassers und dem Erwerbe von seiten des Erben), deren Verwaltung in jedem Augenblicke durch Erbschaftsantritt vom Erben aufgenommen werden kann.[3]

Die spätrömische Zeit war namentlich (unter dem Einflusse des Christentums) der Rechtsfähigkeit der Stiftungen zu einem frommen Zwecke *(piae causae)* günstig.[4]

---

[1] Ihr Vermögen ist nicht zu verwechseln mit dem Privateigentume des Kaisers *(patrimonium Caesaris)*. Hölder, Institutionen. 3. Aufl. S. 59. Vgl. über das „Staatsvermögensrecht" Karlowa, Röm. Rechtsgeschichte. II, 1. S. 1 ff.

[2] Daß sie dieses Gut nicht vor Gericht, sondern nur im Verwaltungswege geschützt hat, wird vielfach behauptet (vgl. Pernice, M. Antistius Labeo. I. S. 263. Sohm, Institutionen. 4. Aufl. S. 100 und die dort S. 105 Anm. 2 Angeführten). Es ist dies keineswegs sicher; denn auch den Vereinen wurde ihre Vermögensfähigkeit *ad exemplum reipublicae* gewährt, Dig. III, 4 quod. cujusq. univ. nomine fr. 1 § 1, vgl. auch Dig. L, 16 de verb. sign. fr. 16 (Gajus): *Civitates enim privatorum loco habentur* und über die Vertragsnatur der für den Staat vereinbarten *leges contractus*. Pernice, Parerga II. in der Zeitschr. der Savignystiftung V. S. 111, sowie über die Rechtsfähigkeit der Gemeinden derselbe, M. Antistius Labeo. I. S. 277 ff. Die Kirche als Ganzes hatte auch im spätrömischen Rechte keine Privatrechtsfähigkeit, da sie mit dem Staate eng verknüpft war. Puchta (Krüger), Institutionen. 10. Aufl. II. § 191, 5 S. 8.

[3] Vgl. Pernice, M. Antistius Labeo. I. S. 358 ff. Dig. LXVI, 1 de fidejuss. fr. 22 (Florentinus): *Hereditas personae vice fungitur, sicuti municipium et decuria et societas.*

[4] Cod. I, 2 de sacros. eccles. c. 26. Vgl. Dernburg, Pandekten I. § 63 Anm. 8. 3. Aufl. S. 150 und über Stiftungen überhaupt Pernice, M. Antistius Labeo. I. S. 254 ff.

II. Rechtliche Vorbedingungen des vollen Schutzes.[1]

1. Freiheit.

a) Die Rechtsstellung der Unfreien im Staate.

α) Die Sklaven (Inst. I, 3).

§ 43.

I. Der Sklavenstand erscheint den Römern als eine Menschenklasse, die vornehmlich zur Übernahme der Handarbeit für andere und zur Ausfüllung abhängiger Stellungen bestimmt ist.[2] Der nachrömische Wegfall der Sklaverei hat daher nicht bloß die Rechtsfähigkeit aller Menschen mit sich gebracht, sondern auch das Privatrecht in vielen anderen Punkten (z. B. der Zulassung freier Stellvertreter, der Ausbildung des Gewerberechtes u. dgl.) umgestaltet.

II. Die rechtliche Stellung der Sklaven.[3] Der Sklave wird nur durch seinen Herrn geschützt, nicht durch die Rechtsordnung. Darum ist er rechtlos (ἀπρόσωπος).[4]

Seine Vernunft und seine Menschenwürde sind jedoch auch vom Standpunkte des Rechts nicht völlig unbeachtet geblieben. Daher ist er, wenn auch nicht Rechts-, so doch Religionsgenosse.[5] Aus Rechtsverletzungen machte sich der Sklave haftbar,[6] und seine Verträge waren zwar klaglos, und deshalb ohne volle Kraft, aber trotzdem nicht ohne jede Wirkung.[7] Es erklärt sich dies daraus, daß

---

[1] *Tria enim sunt quae habemus, libertatem, civitatem, familiam* (Paulus) Dig. IV, 5 de capite minutis fr. 11.

[2] Eine Übersicht über die Formen der uns quellenmäßig bezeugten Arbeit der römischen Sklaven findet sich in Voigt, Röm. Rechtsgeschichte. I. S. 118 ff., eine Schilderung des verhängnisvollen Einflusses der Sklaverei auf die wirtschaftliche Entwickelung Roms in v. Ihering, Geist des röm. Rechts. II, 1 § 34 S. 234 ff. („Der Sklave, der böse Feind der römischen Gesellschaft").

[3] Vgl. hierzu Pernice, M. Antistius Labeo. I. S. 113 ff.

[4] Theophilus, Paraphrasis gr. instit. zu III, 17 pr. Inst. I, 16 § 4: *Nullum caput habuit inst. Caput* ist wohl soviel wie πρόσωπον oder *persona* (vgl. oben S. 168 Anm. 2). Über verschiedene Deutungen dieses Wortes siehe Pernice, M. Antistius Labeo. I. S. 59 Anm. 19. Da *caput* so viel als der Besitz der Rechtsfähigkeit ist, so bedeutet *capitis diminutio* dessen Minderung. Inst. I, 16.

[5] Dig. IX, 7 de religiosis fr. 2 pr. (Ulpianus): *Locum in quo servus sepultus est religiosum esse.*

[6] Ohne dies wäre die Sklaverei ein Freibrief für Verbrechen gewesen. Vgl. hierzu jedoch auch Wlassak, Röm. Prozeßgesetze. II. S. 114 ff.

[7] Sie wirken nicht civiliter, aber wenigstens naturaliter, vgl. Dig. XLIV, 7 de oblig. et act. fr. 14 (Ulpianus): *Servi ex delictis quidem obligantur et, si*

die Sklaven, trotz ihrer rechtlichen Vermögensfähigkeit, thatsächlich von den Herren mit Vermögensmassen *(pecula)* ausgestattet wurden, die sie in selbständiger Weise bewirtschaften durften.[1]

III. Die Entstehung der Sklaverei erklärt sich aus der Notlage, in der sich in uralter Zeit ein siegreiches Volk gegenüber der Rachsucht eines überwundenen Feindes befand. Ursprünglich wurde der besiegte Feind getötet; daß man ihn späterhin durch Knechtung unschädlich machte und ihm so das Leben rettete, wird daher in dem Institutionentexte als ein Fortschritt hingestellt.

Dies Recht der Knechtung des gefangenen Feindes war ein gegenseitiges. Auch in der Gefangennahme eines Bürgers durch einen Kriegsgegner sieht das römische Recht einen Freiheitsverlust. Doch ging man in dieser Anerkennung feindlicher Rechte nicht etwa so weit, daß man den aus der Gefangenschaft in die Heimat entflohenen Mitbürger noch als Sklaven eines fremden Herrn behandelte. Man gab ihm vielmehr ein Heimkehrrecht *(jus postliminii)* bei seiner Rückkunft über die Reichsgrenze.[2] Ja sogar in der Beerbung des in der Gefangenschaft Gestorbenen blieb seine Unfreiheit außer Betracht, insbesondere rettete man die Gültigkeit seines Testaments durch die Annahme, daß er schon bei der Gefangennahme gestorben wäre.[3]

In späterer Zeit bedurfte das mächtige Reich vielleicht dieser milderen Form einer Vernichtung der Gefangenen nicht mehr;[4] inzwischen war jedoch die Sklavenarbeit der römischen Gesellschaft unentbehrlich geworden.

IV. Die Fortpflanzung des Sklavenstandes. Die Sklaverei entstand durch Geburt von einer Mutter, die während der ganzen Dauer der Schwangerschaft Sklavin gewesen war. Der Stand des Er-

---

manumittantur, obligati remanent. ex contractibus autem civiliter quidem non obligantur, sed naturaliter et obligantur et obligant. denique si servo, qui mihi mutuam pecuniam dederat, manumisso solvam, liberor. (Eine solche Leistung gilt als Zahlung, nicht als Schenkung.) Vgl. auch Dig. XV, 1 de peculio fr. 41.

[1] Vgl. hierüber unten § 45.

[2] Institutionen I, 12. § 5. Ulpianus, Dig XLIX, 15 de captiv. fr. 16: *Retro creditur in civitate fuisse, qui ab hostibus advenit.*

[3] Sog. fictio legis Corneliae Dig. XXVIII, 1 qui test. fac. possunt fr. 12, XLIX, 15 de captivis fr. 18 (Ulpianus): *In omnibus partibus juris is qui reversus non est ab hostibus, quasi tunc decessisse videtur, cum captus est.*

[4] Für die Ehefrauen der Gefangenen galt Dig. XLIX, 15 de captivis fr. 12 § 4 (Tryphoninus): *Tametsi maxime velit et in domo ejus sit, non tamen in matrimonio est* und nach fr. 14 § 1 ebenda (Pomponius): *Non ut pater filium, ita uxorem maritus jure postliminii recipit: sed consensu redintegratur matrimonium.*

zeugers war für die Rechtslage bei diesen, wie bei allen anderen unehelichen Kindern gleichgültig.[1]

V. Der Freiheitsverlust als Strafe.[2] Auch zur Strafe gewisser Übelthaten wurde der Eintritt in die Knechtschaft verhängt. So z. B. wenn ein Freier betrüglicherweise die Rolle eines Sklaven übernahm, damit sein Helfershelfer ihn als solchen verkaufte und hinterher den gewonnenen Preis mit ihm teilte. Jugendliches Alter (unter 20 Jahren) galt dabei als Strafmilderungsgrund.

Auch die Zwangsarbeit in den Bergwerken erniedrigte den durch sie Bestraften zu einem herrenlosen *servus poenae*.[3]

Jede dieser Ausstoßungen aus dem Kreise der Freien mindert die Rechtstellung dessen, der von ihr betroffen wird, im weitesten Umfange und heißt daher *capitis diminutio maxima*.[4]

β) Die Freigelassenen (Inst. I, 4—7).

§ 44.

I. Der Eintritt des Sklaven in die Freiheit vollzog sich vornehmlich durch Freilassung *(manumissio)* von seiten ihres Herrn. Diese konnte von Todes wegen geschehen *(testamento)*[5] oder unter Lebenden, und zwar im letzteren Falle ursprünglich in zwei Formen. Entweder wurde die Freilassung, die zugleich die Bürgerschaft vermehrte und das Vermögen des Freilassers minderte, bei dem Censor angemeldet *(manumissio censu)*,[6] oder der Freilasser ließ sich in einem Scheinprozesse von einem Dritten, einem *adsertor*,[7] der für den Sklaven Freiheitsrechte verfocht, besiegen, so daß der Freizulassende

---

[1] Ulpianus, Frgm. V, 8: *Conubio interveniente liberi semper patrem sequuntur, non interveniente conubio matris condicioni accedunt.* Ebenso Dig. I, 5 de statu hominum fr. 24. Ausnahmen dieses Grundsatzes siehe in Hölder, Institutionen. 3. Aufl. S. 57.

[2] Inst. I, 16 § 1, die schwerste Form des bürgerlichen Todes. Vgl. Dig. L, 17 de regulis juris fr. 209 (Ulpianus): *Servitutem mortalitati fere comparamus.*

[3] Inst. a. a. O. I, 16 § 1.

[4] Vgl. den soeben citierten § 1 Inst. I, 16.

[5] Näheres siehe unten § 115 zu Inst. II, 24.

[6] Vgl. Degenkolb in der Tübinger Festgabe zu v. Iherings Doktorjubiläum S. 127 ff. Ulpianus, Fragm. I, 8: *Censu manumittebantur olim qui lustrali censu Romae jussu dominorum inter cives Romanos censum profitebantur.*

[7] Der Sklave durfte nicht selbst seine Freiheit vor Gericht behaupten, er bedurfte eines Vorkämpfers, vgl. des Verfassers Artikel *adsertor* in der neuen Bearbeitung von Paulys Realencyklopädie der klass. Altertumswissenschaft, herausgegeben von Wissowa. Vgl. auch über den *adsertor libertatis* Zitelmann, Das Recht von Gortyn S. 79 ff., und über die *proclamatio in libertatem* Schlossmann in der Zeitschr. der Savignystiftung XIII. S. 225 ff.

durch Urteilsspruch für frei erklärt wurde *(manumissio vindicta)*.[1] Es ist dies eine Form eines Scheinprozesses *(in jure cessio)*. Diese *in jure cessio* ließ das ältere römische Recht mehrfach zu,[2] um ein Prozeßverfahren einzukleiden, bei dem ein Verzichtender die Rolle eines Verurteilten und ein Erwerber diejenige des siegreichen Prozeßgegners übernahm.[3] Dieses Verfahren vereinfachte sich späterhin (nach dem Absterben des Census?) zu einer formlosen Freilassung vor der Obrigkeit.[4]

Der christlichen Zeit gehörte die Freilassung in der Kirche (*in ecclesia*) an.[5] Auch die Freilassung vor Zeugen *(inter amicos)* oder durch eine schriftliche Urkunde *(per epistulam)*[6] war eine Schöpfung des neueren Rechtes.

---

[1] Vindicta ist ein Stab, mit dem im Eigentumsstreite jede der beiden Parteien den Prozeßgegenstand berührte: v. IHERING (Geist des röm. Rechts. I. 5. Aufl. S. 163) sieht in diesen eigentümlichen Kreuzen scheinbarer Waffen eine Form, die an die ältere Zeit der Selbsthilfe erinnerte. Vgl. KARLOWA, Röm. Rechtsgeschichte. II, 1. S. 130 ff.

[2] Eine Übersicht aller Arten der *in jure cessio* findet sich in SOHM, Institutionen. 4. Aufl. S. 32 Anm. 4.

[3] Vgl. v. IHERING, Geist des röm. Rechts. 4. Aufl. II, 2. S. 437. 485. 533. 537. III, 210. Es ist möglich, daß diese Rechtsform der *in jure cessio* entstand, um Geschäfte durchzuführen, die das Gesetz nicht zuließ (sog. „Schleichwege des Lebens", vgl. v. IHERING, Geist des röm. Rechts. 4. Aufl. III. S. 262 ff.). Es ist aber auch möglich, daß eine niedrige Stufe der Rechtsentwickelung aus Sparsamkeit in der Zulassung von Rechtsformen hier, wie sonst, einen und denselben Akt zu zwei Zwecken verwendete, nämlich zur Entscheidung von Prozessen und zur Entäußerung von Rechten. Je nach der einen oder der anderen Ansicht ist die *manumissio vindicta* älter oder jünger als die *manumissio censu*. Für ein hohes Alter der *in jure cessio* spricht zwar LIVIUS II, 5, doch wird dessen Bericht über den zuerst *vindicta* freigelassenen Sklaven Vindicius von PUCHTA (KRÜGER), Institutionen. 10. Aufl. II. S. 88 nicht mit Unrecht als ein „trockner antiquarischer Spaß" angesehen. Die fragm. Vat. 20 bezeugen eine Erwähnung der *in jure cessio* in den zwölf Tafeln. Vgl. hierzu FRANZ KLEIN, Sachbesitz und Ersitzung. 1891. S. 31 ff. SOHM, Institutionen. S. 32 nimmt an, daß die *in jure cessio* schrittweise entstanden ist. — PERNICE in v. HOLTZENDORFFS Encyklopädie. 5. Aufl. I. S. 108 vermutet, daß es zunächst eine rechtliche Form der Freilassung nicht gab und die thatsächlich Freigelassenen zu Klienten wurden. Vgl. auch noch PERNICE in der Zeitschr. der Savignystiftung. Roman. Abt. IX. S. 253, und DEMELIUS, Die confessio im röm. Civilprozeß. 1880. S. 98 ff.

[4] ULPIANUS, Fragm. I, 7. Dig. XL, 2 de manum. vind. fr. 8: *et si lictoris praesentia non esset.*

[5] Cod. Theod. de manum. in eccl. 4. 7 (CONSTANTINUS): *in ecclesiae gremio.* Heidnische Vorläufer dieser Freilassungsform s. bei MITTEIS, Reichsrecht und Volksrecht. 1891. S. 100.

[6] Cod. VII, 6 de Latina libert. toll. c. un. § 1. 2. 5 (JUSTINIANUS): *Sed et qui domini funus pileati* (die *pilea* war ein Kennzeichen des freien Standes)

Auch ohne Freilassung von seiten des Herrn konnte in einigen Ausnahmefällen die Freiheit entweder zur Belohnung des Sklaven oder zur Bestrafung des Herrn erworben werden.[1]

Die Freiheit konnte nicht bloß verliehen, sondern auch ersessen werden. Dies geschah, wenn jemand die Stellung eines Freien längere Zeit hindurch genoß.[2]

II. **Die rechtsgeschichtliche Bedeutung der Freilassungen.** Die älteste Zeit, in der die Sklaven zum großen Teile aus Kriegsgefangenen bestanden und die auswärts kämpfenden Herren in ihrem Haushalte vertraten, hatte keine Veranlassung zu einem Übermaße in der Vornahme von Freilassungen.[3] Dagegen trieben die Römer am Ende der Republik vielfach Mißbrauch mit diesen Geschäften, durch welche die Reichen sich bei Lebzeiten ein zahlreiches Gefolge sicherten und für den Todesfall einen „langen Leichenzug".[4] Dadurch füllte sich die Bürgerschaft mit unsauberen Elementen, die das Übergewicht der Römer über die anderen Völker des Reiches gefährdeten. Dieser Umstand fand namentlich zur Zeit des Augustus Beachtung.[5] Dem entsprach eine scharfe Sonderung der Freigelassenen in verschiedene Gruppen; es entstand infolge einer *lex Junia (Norbana)*[6] ein besonderer Stand von Freigelassenen minderen Rechtes, deren Freilassung keine vollgültige gewesen war, die *Latini Juniani*.[7] Ihnen wurde es durch erbrechtliche

---

antecedunt, vel in ipso lectulo stantes cadaver ventilare videntur si hoc ex voluntate fiat testatoris vel heredis, fiunt ilico cives Romani.

[1] Vgl. Hölder, Institutionen. 3. Aufl. S. 120. v. Czyhlarz, Lehrbuch der Institutionen. 2. Aufl. 1893. S. 55.

[2] Vgl. Puchta (Krüger), Institutionen. II. 10. Aufl. § 212. S. 87.

[3] Vgl. zu dem Folgenden Schneider, Zur Geschichte der Sklaverei im alten Rom. Zürich 1892.

[4] Schneider, a. a. O. S. 19.

[5] Vgl. Suetonius, Octavianus 40: *Magni praeterea existimans, sincerum atque ab omni colluvione peregrini ac servilis sanguinis incorruptum servare populum: civitatem Romanam parcissime dedit et manumittendi modum terminavit.*

[6] Um 772 urbis (19 p. Chr.) Gajus III, 56. Die Entstehungszeit des Gesetzes und sein Name ist zweifelhaft. Da es in den Institutionen des Gajus (I, 21 ff., vgl. auch Ulpianus, Fragm. III) in eingehender Weise behandelt ist, so hat es vielfachen neueren Forschungen zum Gegenstande gedient. Vgl. Mommsen in den Jahrb. des gemeinen Rechts, herausgegeben von Bekker und Muther. II. S. 338 ff. Schneider in der Zeitschr. der Savignystiftung. Roman. Abteilung. V. S. 225 ff. VI. S. 186 ff. VII. S. 31 ff. Hölder ebenda VI. S. 205 ff. Karlowa, Röm. Rechtsgeschichte. I. S. 621. Puchta (Krüger), Institutionen. 10. Aufl. II. S. 90 § 213 Anm. u.

[7] Näheres über diesen Stand der Latini Juniani siehe in § 47 II, a, γ, γγ.

Beschränkungen unmöglich gemacht, römisches Bürgervermögen an sich zu bringen oder ihr eigenes Vermögen den gesetzlichen Erbrechten ihrer Freilasser zu entziehen.[1] Noch ungünstiger war die Stellung der Freigelassenen des untersten Grades, die nach der *lex Aelia Sentia* 757 urbis (4 p. Chr.) den überwundenen Völkern gleichgestellt wurden, die sich der Willkür der römischen Sieger preisgegeben hatten *(peregrini dediticii)*. Sie waren (zum Schutze der Stadt vor verbrecherischem Gesindel) aus der Nähe Roms verbannt.[2]

Diese beiden Klassen von Freigelassenen minderen Rechts sind in Justinians Gesetzbuche verschwunden. Geblieben ist aber eine andere Schöpfung der soeben erwähnten *lex Aelia Sentia*, das Verbot, durch Freilassungen die eigenen Gläubiger zu schädigen, d. h. ihnen auf solche Weise in den befreiten Sklaven ein Befriedigungsmittel zu entziehen (eine Abart der noch heutzutage bedeutsamen *alienatio in fraudem creditorum*). Geblieben ist auch das von dem erwähnten Gesetze aufgestellte Erfordernis eines gewissen Alters des Freilassers (durch Justinian von 20 auf 17 Jahre herabgesetzt[3]). Es schützte gegen die Gefahren jugendlicher Unüberlegtheit. Der Mangel dieses Alters mußte ursprünglich durch den Beschluß eines besondern Freilassungsrates ersetzt werden.[4]

Eine andere Schranke der Freilassungen wurde von Justinian als gehässig *(invida)* beseitigt, nämlich die *lex Fufia Caninia* 762 urbis (8 p. Chr.), welche den letztwilligen Freilassungen ein bestimmtes Maß vorgeschrieben hatte.[5]

Alle diese Erleichterungen des Erwerbes der Freiheit waren Vorläufer der erst im nachrömischen Rechte erfolgten Aufhebung der Sklaverei, die sich mehr und mehr in sittlicher wie in wirtschaftlicher Hinsicht als nachteilig erwiesen hatte.[6]

III. Der Stand der Freigelassenen. Die Erziehung durch freie Eltern galt für ein so wichtiges Gut, daß keiner, der als Sklave geboren war und daher eine Zeit lang unter dem Drucke der Sklaverei gelebt hatte, als *ingenuus* (d. i. ein durch seine Geburt

---

[1] Gajus III. 56.

[2] Gajus I, 13. Dahin gehörten die Freigelassenen, die während der Sklaverei durch schwere Strafen gebrandmarkt waren; vgl. unten § 47 II, b.

[3] Noch weiter ging Nov. 119 c. 2, die allen Mündigen testamentarische Freilassungen gestattete.

[4] Ulpianus, Fragm. I, 13: *Dominum qui minor viginti annorum est, prohibet servum manumittere, praeterquam si causam apud consilium probaverit.*

[5] Gajus I, 42 ff.

[6] Vgl. oben S. 131 und schon Varro, Res rust. I, 17, 2: *Gravia loca utilius esse mercenariis colere quam servis.*

Vollberechtigter) galt. Darum fehlten den Freigelassenen die vollkommenen Geburtsrechte *(natalia)*, so daß sie unter einem Schutzrechte *(patronatus)*[1] ihres Freilassers verbleiben mußten, in dem eine gewisse Gewähr für ihre angemessene Lebensführung lag. Dies Recht wurde übrigens zuweilen von den Patronen so sehr mißbraucht, daß der Staat hiergegen Schutz gewährte.[2]

Die Freigelassenen erlitten auch im öffentlichen Rechte Zurücksetzungen, welche sogar ihre Nachkommen berührten.[3] Doch konnte der Kaiser die fehlenden Geburtsrechte verleihen *(natalium restitutio)*. Justinian[4] beseitigte für alle Freigelassenen diese Zurücksetzungen, indem er ihnen das *jus aureorum anulorum* gab, d. i. das Recht den goldenen Ring, das Kennzeichen der freien Geburt zu tragen.[5]

IV. Eine Zwischenstufe zwischen den Freien und den Freigelassenen bildeten die schon auf der Eingangsschwelle der Freiheit stehenden *statuliberi*,[6] das sind Sklaven, denen der Eintritt in die Freiheit für einen späteren Zeitpunkt in Aussicht gestellt war.

---

[1] Vgl. Dig. XXXVII, 15 de obsequio fr. 9 (Ulpianus): *Liberto et filio semper honesta et sancta persona patris ac patroni videri debet.* Baron, Institutionen. § 18 S. 39 ff.

[2] Dig. XLIV, 5 quar. rer. act. fr. 1 § 5 (Ulpianus): *Quae onerandae libertatis causa stipulatus sum, a liberto exigere non possum;* vgl. auch Dig. XLVII, 10 de injuriis fr. 7 § 2 und überhaupt Salkowski, Lehrbuch der Institutionen. 6. Aufl. § 38 S. 123 ff.

[3] Näheres vgl. in Mommsen, Röm. Staatsrecht III. S. 420 ff. Abriß des röm. Staatsrechts S. 52 ff.

[4] Nov. 78 c. 1. 2. 5.

[5] Dig. XL, 10 de jure aureorum anulorum fr. 5 (Paulus): *Is qui jus anulorum impetravit, ut ingenuus habetur, quamvis in hereditate ejus patronus non excludatur;* vgl. auch Dig. XXXVIII, 2 de bonis libert. fr. 3 pr. (Ulpianus): *Vivit quasi ingenuus moritur quasi libertus.* Vgl. Sohm, Institutionen. 4. Aufl. S. 110: „Das öffentliche Recht der byzantinischen Despotie, in welchem die alte Bürgerfreiheit ihren Untergang gefunden hat, ist gegen den Makel der Geburt unempfindlich.“ Dabei mag auch mitgesprochen haben, daß das, was das Elternhaus an Erziehung zu wünschen übrig ließ, im spätrömischen Reiche vielfach von der Kirche ergänzt wurde.

[6] Vgl. Dig. XL, 7 de statuliberis fr. 1 pr. (Paulus): *Statuliber est, qui statutam et destinatam in tempus vel conditionem libertatem habet.* Ebenda fr. 29 (Pomponius): *Statuliberi a ceteris servis nostris nihilo paene differunt.* fr. 33 eod. tit. (Papinianus): *Statuliberorum jura per heredem fieri non possunt duriora.* Ulpiani fragm. II, 1—6. Karlowa, Röm. Rechtsgeschichte. II, 1 S. 138.

b) Die Stellung der Sklaven zu ihren Herren.

α) Die Herrengewalt (potestas dominica).

§ 45 (Inst. I, 8).

I. **Die hausherrliche Gewalt** umfaßte wahrscheinlich zunächst alle dauernden Hausgenossen.[1] Im neuesten römischen Rechte giebt es nur noch eine Gewalt an Sklaven und an Kindern;[2] denn die Herrschaft über die Gattin *(manus)* oder über fremde Kinder, die im eigenen Hause vorübergehend verweilen *(mancipium)*, ist verschwunden. Im heutigen Rechte ist auch die *potestas dominica* in Wegfall geraten, doch trat hierdurch eine Lücke im Schutze der Arbeitsbetriebe ein, welche von neueren Gesinde- und Gewerbeordnungen ausgefüllt worden ist, da die römischen Vorschriften über freie Dienstboten und Arbeitsgehilfen sich auf dem Boden der Sklavenwirtschaft nur wenig entwickelt haben.

II. **Der Inhalt der *potestas dominica*** an Sklaven unterschied sich vom Eigentume an leblosen Sachen und Tieren[3] vornehmlich dadurch, daß der Herr zur Bestrafung seiner unbotmäßigen Unfreien die Obrigkeit zu Hilfe rufen konnte,[4] und daß er die Menschenwürde des Sklaven nicht völlig mißachten durfte, weil die Obrigkeit in der Kaiserzeit den Sklaven vor Grausamkeiten seines Herrn schützte.[5]

Eine gewisse Selbständigkeit erlangte der Sklave dadurch, daß der Herr ihm einen Teil seines Vermögens als Sondergut *(peculium)* zur Verwaltung nach eigenem Ermessen des Sklaven, aber auf jederzeitigen Widerruf anvertrauen konnte.[6] Indem die Herren ihren

---

[1] Dig. L, 16 de verb. sign. 195 § 2 (ULPIANUS): *Pater autem familias appellatur, qui in domo dominium habet* (der mit Befehlsgewalt ausgestattete Haushaltungsvorstand).

[2] Dig. XXIV, 1 de don. inter vir. et uxorem fr. 3 § 3 (ULPIANUS): *Verbum potestatis non solum ad liberos trahimus, verum etiam ad servos.*

[3] Vgl. VARRO, Res rust. I, 17, 1: *Instrumentum ... vocale, in quo sunt servi, semivocale, in quo sint boves, neutrum, in quo sunt plaustrum etc.*

[4] Dig. I, 12 de off. praef. urbi fr. 1 § 5 (ULPIANUS): *Si quis servum suum adulterium commisisse dicat in uxorem suam, apud praefectum urbi erit audiendus.*

[5] Vgl. Dig. I, 12 de off. praef. urbi fr. 1 § 8. Zweifelhaft bleibt, ob in der berüchtigten Stelle (Inst. I, 8 § 2): *Expedit enim reipublicae ne quis re sua male utatur* (ähnlich GAJUS I, 53) das „*male*" auf Unzweckmäßigkeit oder auf Schlechtigkeit hindeutet. GAJUS fährt allerdings a. a. O. fort: *qua ratione et prodigis interdicitur bonorum suorum administratio*, doch hat JUSTINIAN dies nicht aufgenommen.

[6] Vgl. Dig. XVI, 1 de peculio fr. 5 §§ 3 u. 4 (ULPIANUS): *Peculium dictum (est) quasi pusilla pecunia sive patrimonium pusillum. Peculium autem Tubero*

Sklaven derartige Vermögensmassen und an ihnen gewisse Befugnisse zuteilten,[1] wurde das Herrenhaus vielfach thatsächlich zu einem nach dem freien Belieben des Eigentümers regierten Staat im Staate.[2] Hiermit hing der Grundsatz zusammen, daß der Herr Dritten gegenüber für das Verhalten seiner unfreien Hausgenossen verantwortlich war.[3]

Eine Haftung der Arbeitsherren für die Verletzungen Dritter durch seine freien Arbeitsgehilfen, wie sie die neuere Gesetzgebung in gewissen Fällen eingeführt hat, war dem römischen Rechte fremd.[4]

β) Fälle einer beschränkten Knechtschaft.

§ 46.

I. Veraltetes. Im römischen Hause lebten unter Umständen freie Römer zwar in keiner eigentlichen Sklaverei, aber doch in einem knechtschaftsähnlichen Zustande. Nicht alle diese Freiheitsbeschränkungen haben sich bis in das neueste römische Recht hinein erhalten. Verschwunden ist im Justinianischen Rechte der dem Gläubiger zugesprochene Schuldknecht *(addictus)*,[5] da die Schuldhaft in Privatgefängnissen in Wegfall gekommen war.[6]

---

sic definit, — — — —, *quod servus domini permissu separatum a rationibus dominicis habet, deducto inde si quid domino debetur.* Vgl. Pernice, M. Antistius Labeo. I. S. 121 ff. 380 ff. Karlowa, Röm. Rechtsgeschichte. II, 1. S. 112 ff. 192. Vgl. auch über den Zusammenhang des Namens mit dem den Sklaven überlassenen Kleinvieh Cuq, Les institutions juridiques des Romains. Paris 1891. S. 195 (Varro, Lingua Latina V, 19, 95) und überhaupt zur altrömischen Absonderung des veräußerlichen Viehbestandes *(pecunia)* von den Stücken des bleibenden Hausstandes (der *familia*) Karlowa a. a. O. S. 75 ff.

[1] Vgl. über diese unten §§ 96 und 97. Auch auf deutschrechtliche Unfreiheitsverhältnisse ist der Begriff des *peculium* später angewandt worden.

[2] Vgl. Macrobius, Sat. I, 11, 11: *Majores nostri ... servos familiares appellaverunt.* Plinius, Ep. VIII, 16: *Permitto servis quoque testamenta facere eaque ut legitima custodio. Mandant rogantque, quod visum. Pareo ut jussus. Dividunt, donant, relinquunt, dumtaxat intra domum. Nam servis res publica quaedam et quasi civitas domus est.* — Vgl. hierzu auch A. Schmidt, Die Persönlichkeit des Sklaven. 1868. Pernice, M. Antistius Labeo. I. S. 113. Vgl. auch Varro, Res rust. I, 17, 5: *Dandaque opera ut habeant peculium et conjunctas conservas, e quibus habeant filios. Eo enim fiunt firmiores.*

[3] Art und Umfang seiner Haftung sollen unten in § 163 Erwähnung finden.

[4] Zu allgemein spricht daher Dig. L, 17 de regulis juris fr. 149 (Ulpianus): *Ex qua persona quis lucrum capit, ejus factum praestare debet.*

[5] Quinctilianus, Inst. orat. V, 10, 60: *Qui servus est, si manumittatur, fit libertinus, non itidem addictus.* VII, 3, 27: *Ad servum nulla lex pertinet addictus legem habet* (sc. tab. III der zwölf Tafeln). Bruns, Fontes ed. VI. S. 20.

[6] Cod. IX, 5 de privatis inhibendis. v. Bethmann-Hollweg, Der röm. Civilprozeß. III. S. 314. § 158 Anm.

Von Konstantin beseitigt wurde die knechtsähnliche Lage der Gladiatoren *(auctorati)*.[1]

II. Überreste der beschränkten Knechtschaft im neuesten römischen Rechte. Eine Art von Pfandhaftung lag auf dem, der auf Kosten eines andern von den Feinden aus der Gefangenschaft losgekauft worden war *(ab hostibus redemptus)*. Dieser blieb bis zur Auslösung einer Gewalt des Käufers unterthan, die diesem für seine Auslagen Sicherheit gewährte,[2] eine Rechtsregel, die zum Loskaufe gefangener Landsleute in der Fremde für Rechnung ihrer abwesenden Angehörigen ermutigt haben mag.[3] Justinian gab den in dieser Weise Losgekauften das Recht, sich durch fünfjährige Dienste von der Herrschaft des Käufers zu befreien.[4]

b) Dem alten Rechte entstammt die vorläufige Knechtschaft des Freien, den ein anderer in gutem Glauben als seinen Knecht thatsächlich beherrscht *(bona fide serviens)*.[5] Dieser durfte vor einer richterlichen Anerkennung seiner Freiheit den Dienst nicht verlassen. Ohnedies würde die willkürliche Behauptung, frei zu sein, jedem Sklaven eine vorläufige Befreiung von seiner Arbeitspflicht gewährt haben.[6]

c) Eine Art von Leibeigenen waren die *coloni (inquilini, servi terrae, originarii, adscripticii)*.[7] Ihre Gebundenheit wurde durch eine längere thatsächliche Dauer zur Rechstspflicht; auch zur Bestrafung des Bettelns[8] trat sie ein (ein Seitenstück der in unserer Zeit üblichen Einsperrung gewisser Bettler in Arbeitshäuser). Die hierdurch der Freizügigkeit Beraubten waren einem *jus vitae ac necis* des Herrn nicht unterthan, wohl aber einer *potestas*, die sie und ihre Erben an ihre Scholle band.[9] Dafür mußte ihnen der

---

[1] Vgl. Cod. XI, 44 de gladiatoribus penitus tollendis.

[2] Dig. XLIX, 15 de capt. fr. 12 § 7. 8. 15.

[3] Vgl. hierzu Karlowa, Röm. Rechtsgeschichte. II, 1. S. 126 ff.

[4] Cod. VIII, 50 des postliminio c. 20 § 2.

[5] Inst. II, 9 § 4. Dig. XLI, 1 de adquir. rer. dom. fr. 23 pr. (Ulpianus): *Qui bona fide alicui servit, sive servus alienus est sive bonus liber est quidquid ex re ejus cui servit, adquisit, ei adquirit, cui bona fide servit.* Pernice, M. Antistius Labeo. II. S. 170 ff.

[6] Über den Gegensatz zwischen der wahren *libertas* und dem bloßen *in libertate morari* vgl. Voigt, Röm. Rechtsgeschichte. I. 1892. S. 346 ff.

[7] Cod. XI, 52 de colonis Thracensibus c. 1 § 1 (Theodosius): *Licet condicione videantur ingenui, servi tamen terrae ipsius cui nati sunt aestimentur.*

[8] Cod. XI, 26 de mendicantibus validis c. 1. Wer den Bettler anzeigte, erlangte an ihm Patronatsrechte.

[9] Über die Entstehung dieses Verhältnisses s. oben S. 131 Anm. 1.

Herr eine „*patroni sollicitudo*“ (schutzherrliche Fürsorge) gewähren.[1] Die Nachbildung dieses Verhältnisses in Deutschland hat vielfach zum Ausbruche der Bauernkriege beigetragen. Im Laufe der deutschen Rechtsgeschichte sind übrigens späterhin alle diesem Kolonate ähnlichen Abhängigkeitsverhältnisse beseitigt worden. Die letzten Spuren der bäuerlichen Unfreiheit sind freilich erst in unserem Jahrhundert verschwunden und haben in der Ausgestaltung des Sonderrechtes bäuerlicher Güter mancherlei Nachwirkungen hinterlassen.

2. Das Bürgerrecht.

a) Die Zugehörigkeit zum Staate.

§ 47.

I. Das Bürgerrecht (*civitas* oder *jus Quiritium*)[2] wird in den Institutionen nicht als Vorbedingung voller Rechtsfähigkeit, sondern nur gelegentlich erwähnt,[3] weil es an seiner früheren Bedeutung im neuesten Rechte viel verloren hat.

Dieser in den Institutionen vorausgesetzte Rechtszustand ist nur als das Endergebnis der Rechtsgeschichte verständlich.

II. Die Entwickelung des Justinianischen Fremdenrechtes ist in den wichtigsten Punkten zweifelhaft.[4]

Als Ausgangspunkt der Entwickelung müssen wir die Rechtlosigkeit des Ausländers betrachten,[5] der da, wo kein besonderer Vertrag vorlag, dem Inlande als Feind gegenüberstand.

Dieser Grundsatz hatte aber zu allen Zeiten Ausnahmen. Wir finden schon früh in Rom Gastfreunde unter dem Rechtsschutze des *jus gentium* und ihres eigenen Heimatsrechtes. Sie heißen *hostes* = *hospites* (den Feind nannte man ursprünglich *perduellis*).[6] Man darf sie nicht als Halbbürger auffassen; denn die wahren

---

[1] Cod. XI, 52 (51) c. 1 § 1 cit: *Sed possessor eorum jure utatur et patroni sollicitudine et domini potestate.*

[2] Ulpianus, Fragm. III, 1.

[3] Inst. I, 16 § 2.

[4] Vgl. hierzu Mommsen, Abriß des röm. Staatsrechts. 1893. S. 56 ff. Sohm, Institutionen. § 22. 4. Aufl. S. 112 ff. Baron, Institutionen. § 9, Baron, Peregrinenrecht und jus gentium. 1892. S. 19. Wlassak, Röm. Prozeßgesetze. II. 1891. Cuq, Les institutions juridiques des Romains. Paris 1891. S. 396 ff.

[5] Dig. XLIX, 15 de captivis fr. 15.

[6] Varro, De lingua latina V, 3: *Nam tum eo verbo (hostis) dicebant peregrinum qui suis legibus uteretur, nunc dicunt eum, quem tum dicebant perduellem.* Vgl. hierzu v. Ihering, Geist des röm. Rechts. I. 5. Aufl. § 16. S. 225 ff.

Halbbürger, die sog. *cives non optimo jure*,[1] bildeten eine besondere Gruppe zwischen den Vollbürgern *(cives optimo jure)* und den mit einer beschränkten Rechtsfähigkeit ausgestatteten Nichtbürgern.

Unter den Nichtbürgern müssen wir die *Latini* und die *peregrini* unterscheiden.

a) Die *Latini* stellen wiederum drei verschiedene Hauptstufen der Rechtsfähigkeit dar:

α) *Latini* mit vollem *commercium*[2] und mit *connubium*,[3] d. h. mit dem Rechte auf Benützung aller römischen Geschäftsformen und Abschluß vollgültiger Ehen mit Gliedern des römischen Volkes. Sie sind im Staatsrechte Ausländer, im Privatrechte Inländer. Zu den in solcher Weise bevorzugten *Latini* gehörten ursprünglich alle Genossen des latinischen Bundes, was durch den latinischen Krieg in Wegfall kam.[4] Hiervon blieb nur der Grundsatz übrig, daß die Angehörigen der sog. *priscae coloniae Latinae* (d. h. der Kolonien aus der Zeit des alten latinischen Bundes) die volle privatrechtliche römische Bürgerstellung für ihre Angehörigen besaßen.[5] Den schroffsten Gegensatz zu diesen bevorzugten Latini bildeten

β) die *Latini peregrinorum numero*;[6] dies waren diejenigen *Latini*, denen bei der Auflösung des Bundes die alten Rechte gänzlich entzogen waren.

Die bisher erwähnten *Latini* verschmolzen sich infolge des Bundesgenossenkrieges mit den *cives* (s. oben S. 74). Neben ihnen gab es aber auch noch:

γ) *Latini* mit einer mittleren Rechtsstellung zwischen Fremden und Bürgern, latinische Verkehrsgenossen.

---

[1] *Cives sine suffragio.* Mommsen, Abriß des röm. Staatsrechts. S. 54. 55 spricht ihnen zwar Fähigkeit zu rechter Ehe und rechtem Eigentume, aber nicht zu römischer Ehe und römischem Eigentume zu. Es ist dies aber sehr zweifelhaft.

[2] Ulpianus, Fragm. XIX, 5: *Commercium est emendi vendendique invicem jus.*

[3] Ulpianus, Fragm. V, 3: *Conubium est uxoris jure ducendae facultas.* Dem *commercium* und dem *conubium* der Römer entsprach bei den Hellenen die ἔγκτησις und die ἐπιγαμία. Mitteis, Reichsrecht und Volksrecht. S. 73.

[4] Livius VIII, 14, 10: *Ceteris Latinis populis connubia commerciaque inter se adimerunt et concilia.* Diese Stelle wird freilich von Puchta (Krüger), 10. Aufl. II. S. 105 § 217 Anm. n anders aufgefaßt. Nach ihm sind nur die Beziehungen der latinischen Völker unter sich, nicht diejenigen mit Rom damals aufgehoben worden. Ein solcher Eingriff in Rechte, die außerhalb des römischen Staatswesens lagen, ist jedoch nicht wahrscheinlich.

[5] Festus, Priscae und prisci. (F. 241. P. 229.)

[6] Gajus I, 79.

αα) Bürger latinischer Städte, denen ein Anteil an den Rechten der Römer gegeben war, der sich nach den besonderen Staatsverträgen bestimmte.[1]

Diesen latinischen Halbbürgern von Geburt waren gleichgestellt:

ββ) die *Latini coloniarii*, d. h. die Bürger neuerer Kolonien, denen Rom die Rechte der soeben erwähnten Latiner verliehen hatte, ebenso, wie einstmals den *priscae coloniae* die altlatinischen Rechte zu teil geworden waren.

Insoweit diese Kolonien in Italien lagen, wurden auch diese *Latini*, sowie alle anderen vorher erwähnten am Ende der Republik nach dem Bundesgenossenkriege römische Bürger. Nur die außeritalischen *Latini coloniarii*[2] behielten ihre Sonderstellung, bis auch sie durch Kaiser Antoninus das Bürgerrecht erlangten.[3] Seitdem sind die einzigen *Latini* im Reiche:

γγ) Die latininischen Freigelassenen *(ad similitudinem antiquae Latinitatis introducti)*.[4] Man darf vermuten, daß die Latiner, denen das *commercium* in Rom zustand, in der Zeit, in der ihnen das Bürgerrecht noch nicht verliehen war, zwar Freilassungen vornehmen, aber ihren Freigelassenen nicht mehr Rechte übertragen konnten, als sie selbst hatten,[5] also namentlich kein *conubium* mit den Römern. Außerdem stand der Freiheit solcher latinischer Freigelassenen wahrscheinlich nur unter dem Schutze des Prätors, nicht unter dem römischen Volksrechte. Diese Volksklasse kann nach den Bundesgenossenkriegen nur noch aus wenigen von *Latini coloniarii* Freigelassenen bestanden haben. Ihnen gesellten sich wohl schon vorher diejenigen zu, die in unvollkommener Weise freigelassen waren, aber doch vom Prätor als Freie behandelt wurden, und bildeten mit ihnen den Stand der minderwertigen Freigelassenen.[6]

---

[1] So gab es z. B. für gewisse Latini das Recht, selbst nach Rom als Bürger überzusiedeln, während ihre Kinder zu Hause bleiben mußten. Livius XLI, 8 und hierzu Rudorff, Röm. Rechtsgeschichte I. § 11 Anm. 5.

[2] Gajus III, 56.

[3] Siehe oben S. 83 Anm. 2. Dig. I, 5 de statu hominum fr. 17 (Ulpianus): *In orbe Romano qui sunt, ex constitutione imperatoris Antonini cives Romani effecti sunt.*

[4] So Justinianus (Cod. VII, 6 de Latina libertate tollenda c. un. § 1). Vgl. v. Vangerow, Über die Latini Juniani, 1833, und oben S. 177 Anm. 6.

[5] Vgl. Karlowa, Röm. Rechtsgeschichte II. 1 S. 138. Plinius, Ep. X, 4: *Est enim peregrinae conditionis, manumissus a peregrina.*

[6] Daß diese Volksklasse schon vor der *lex Junia Norbana* im Gegensatze zu den *liberti cives* nach ihren ursprünglichen Mitgliedern, den Freigelassenen der Latiner, den Namen der *liberti Latini* führten, ist uns zwar nicht überliefert, aber wohl nicht unmöglich.

Dem unbeschränkten Ermessen des Magistrats, von dem ihr Schutz zunächst abhing, setzte nunmehr die *lex Junia Norbana* eine Grenze.[1] Sie gab zwar ihnen allen eine gesetztlich begründete Freiheit, namentlich denen, die wegen unzulänglicher Rechte des Freilassers oder einer ungenügenden Form der Freilassung nach Civilrecht überhaupt nicht hatten frei werden können, allein diese Freiheit, die sie gab, war eine unvollkommene; denn ihr fehlte das Recht zu letztwilligen Verfügungen, sowie die Erb- und die Eheschließungsrechte gegenüber der Bürgerschaft.[2] Seit dieser *lex Junia* heißen die Angehörigen der minderberechtigten Klasse von Freigelassenen *Latini Juniani.*[3] Die allgemeine Verleihung des Bürgerrechts durch den Kaiser Antoninus betraf diese *Latini Juniani* nicht.[4] Dagegen sind sie im justinianischen Rechte verschwunden.

b) Zu den Peregrinen gehörten:

α) Ausländer mit dem Rechte freundnachbarlichen Verkehrs. Diese wurden durch das *jus gentium*, und zwar schon in ältester Zeit, oder durch besondere römische Gesetze geschützt[5] oder auch durch Edikte, welche ihnen gewisse Befugnisse zuwiesen; wo aber diese Normen nicht ausreichten, standen sie unter dem Schutze und dem Zwange ihres Heimatrechtes, jedoch nur insoweit, als die Obrigkeit es für angemessen hielt, es anzuerkennen: natürlich war der hierfür zuständige *praetor peregrinus* (vgl. oben S. 84) an den Inhalt der römischen Staatsverträge gebunden.[6]

β) Die Peregrinen innerhalb des römischen Reichsverbandes waren ursprünglich von den befreundeten Ausländern noch nicht verschieden. Aus ihrem Kreise hoben sich heraus:

αα) Die mit dem *jus Italicum* beliehenen Provinzialen. Sie trugen die römischen Rechtsgrundsätze in das Reich hinein[7] und

---

[1] Vgl. oben S. 177 Anm. 6.

[2] Näheres Gajus III, 55 ff.

[3] Gajus III, 56: *Quia lex eos perinde esse voluit atque qui . . . ex urbe Roma in Latinas colonias deducti Latini coloniarii esse coeperunt.* — Seitdem hatten also auch die von *Latini coloniarii* Freigelassenen nicht bloß kraft obrigkeitlicher Verfügung, sondern auch kraft Gesetzes nahezu dieselben Rechte, wie ihre Freilasser.

[4] Ebensowenig, wie sie den Ausländern die Befugnis gab, sich im Reiche als Bürger anzusiedeln. Pernice in v. Holtzendorffs Encyklopädie. I. 5. Aufl. S. 136.

[5] Institutionen II, 1 de rer. div. § 11. A. M. anscheinend Sohm, Institutionen. 4. Aufl. S. 43.

[6] Man denke an den zweiten Handelsvertrag mit Karthago. Vgl. Sohm, Institutionen. 4. Aufl. S. 40.

[7] Vgl. Heisterbergk, Name und Begriff des jus Italicum. 1885.

hatten Bürgerrechte ebenso wie die außerrömischen Bürgergemeinden mit Selbstverwaltung, denen dieses Recht besonders verliehen war (*municipia*).[1]

ββ) Die mit dem Rechte der latinischen Kolonien bewidmeten Provinzialen hatten, wie alle *Latini*, Verkehrsrechte[2] (vgl. oben S. 185).

γγ) Die Provinzialen mit eigenem Volksrechte unter eigener Verwaltung.[3] Zu ihnen gehörten namentlich auch die Athener[4], überhaupt alle *socii populi Romani*, Verbündete, die in Wahrheit allerdings Untergebene waren.[5]

Eine solche *societas* entwickelte sich mehrfach aus einem bloßen Staatsvertrage (*foedus* oder *amicitia*), bei dem die Gleichberechtigung des fremden Staates anerkannt worden war.

δδ) Peregrinen mit eigenem Volksrechte, aber ohne Selbstverwaltung. Sie bildeten in der älteren Kaiserzeit die Mehrheit der Provinzialen.

εε) In der ungünstigsten Rechtslage befanden sich die *peregrini dediticii*, die sich den Römern auf Gnade oder Ungnade übergeben hatten,[6] heimatlose Reichsangehörige, ohne Staat und ohne Recht,[7] wenn auch wohl nicht ohne jeden Schutz, da die Obrigkeit sie nach ihrem Ermessen beschirmen konnte.[8] Zu ihnen ge-

---

[1] Vgl. Dig. L, 1 ad municipalem fr. 1 § 1 (Ulpianus): *Et proprie quidem municipes appellantur muneris participes, recepti in civitatem, ut munera nobiscum facerent sed nunc abusive municipes dicimus suae cujusque civitatis cives, utputa Campanos, Puteolanos.*

[2] Vgl. Gajus I, 96: *Aut majus est Latium aut minus; majus est Latium, cum et hi, qui decuriones leguntur, et ei, qui honorem aliquem aut magistratum gerunt, civitatem Romanam consecuntur; minus Latium est, cum hi tantum, qui vel magistratum vel honorem gerunt, ad civitatem Romanam perveniunt,* eine erst von Studemund (vgl. oben S. 117) vollständig gelesene Stelle.

[3] Die Bedeutung der Verschiedenheit der vielfachen Volksrechte in ihrem Verhältnisse zum römischen Reichsrecht ist namentlich aufgeklärt durch das bahnbrechende Werk von Mitteis, Reichsrecht und Volksrecht in den östlichen Provinzen des römischen Kaiserreichs. Leipzig 1891.

[4] Mommsen, Röm. Geschichte. V. S. 236. Sogar Fürsten gab es bis zu Trajans Zeit innerhalb des römischen Reiches. (Mommsen, a. a. O. S. 289.)

[5] Dig. XLIX, 15 de captivis fr. 7 § 1 (Proculus): ... *foedere comprehensum est, ut is populus alterius populi majestatem comiter conservaret.*

[6] Gajus I, 14. 26: *Qui ... victi se dederunt. Pessima itaque libertas eorum est, qui dediticiorum numero sunt.* Vgl. oben S. 178.

[7] Von ihnen redet ein Fragment, über das zu vergleichen ist M. Cohn in der Zeitschr. der Savignystiftung II. S. 90 ff., bes. S. 98 ff. und die dort angeführten, auch Schneider ebenda VI. S. 201 ff.

[8] Die Absorptionspolitik, die gegen Alba Longa geübt worden war, mußten

hörten die Bruttier und die Juden nach der Auflösung ihres Staatswesens.[1]

Alle diese inländischen *peregrini* haben durch die Ausdehnung des römischen Bürgerrechtes und die anschließende Entwickelung ihre Sonderstellung verloren (s. oben S. 83).

ζζ) Der republikanischen, wie der Kaiserzeit gehört der Verlust des Bürgerrechts zur Strafe an.[2] Es geschah durch Ausstoßung aus der Bürgerschaft.

ηη) Die spätrömische Zeit kannte eine neue Form der Fremden an, die im Reiche mit eigenem (nicht römischen) Rechte angesiedelten Barbaren *(laeti)*.[3]

γ) Rechtlose Peregrinen waren auch noch im neuesten römischen Rechte[4] alle Angehörigen eines Volkes, das dem römischen Reiche feindlich war oder, was dem gleichgestellt wurde, außer jeder Beziehung zu ihm stand.[5] Diese Ausländer durften, auch wenn sie waffenlos und friedlich waren, nach dem Rechte des Altertums als Sklaven eingefangen werden.[6] Ihre privatrechtliche Gleichstellung mit den befreundeten Ausländern gehört erst der nachrömischen Zeit an.

III. Das Recht der Fremden zu Justinians Zeit. Aus dem Kreise der fremden Völker, welche mit Rom in Verbindung getreten waren, war eines nach dem anderen in der Regel zunächst in ein unabhängiges, dann in ein abhängiges Bündnis, später in provinziale Abhängigkeit und schließlich in der Kaiserzeit in ein allgemeines Reichsbürgerrecht hineingezogen worden. Ebendeshalb

---

die Römer sehr bald aufgeben; sie konnten daher überwundene Staaten nur entweder unter Oberaufsicht stellen oder ihre Angehörigen rechtlos machen.

[1] Mitteis, Reichsrecht und Volksrecht. S. 34. Über die Freigelassenen, die den *peregrini dediticii* gleichgestellt waren, vgl. oben S. 178. Gajus I, 13 ff. 26 ff.

[2] Vgl. Institutionen I, 16 §§ 2. 6. Dig. XLVIII, 19 de poenis fr. 17 § 1. Hartmann, Über Rechtsverlust und Rechtsfähigkeit der Deportierten, Zeitschr. der Savignystiftung. IX. S. 42. Der Verlust des Bürgerrechts stand in der Schwere seiner Folgen auf der Mittelstufe zwischen dem Verluste der Freiheit und dem Fortfalle der bisherigen Familienrechte. Er heißt daher *capitis diminutio media.* Inst. I, 16 § 2.

[3] Cod. Theod. V, 4 de bonis militum c. 3, vgl. Baron, Institutionen § 25 n. 3. Jörs, Die Reichspolitik Kaiser Justinians. 1893. S. 7. Selbst die siegreichen Goten waren im römischen Sinne Peregrinen, Pernice in v. Holtzendorffs Encyklopädie. 5. Aufl. I. S. 179. Über den Unterschied der *laeti* von den *liti* vgl. Schröder, Lehrbuch der deutschen Rechtsgeschichte. 1889. S. 39 ff.

[4] A. M. anscheinend Sohm, Institutionen. 4. Aufl. § 22 S. 115.

[5] Dig. XLIX, 15 de captivis fr. 5 § 2.

[6] Dig. XLIX, 15 fr. 2. fr. 5 § 2. fr. 24.

nimmt man vielfach an, daß schließlich auf dem Privatrechtsgebiete der eines Rechtsschutzes teilhaftige Peregrin schlechterdings dem Reichsgenossen gleichgestellt wurde,[1] und daß daher zu Justinians Zeit der Gegensatz zwischen *jus civile* und *jus gentium* völlig beseitigt war.[2]

Trotzdem gilt auch noch im Justinianischen Rechte der Grundsatz, daß der befreundete Peregrin nur am *jus gentium*, nicht am *jus civile* Anteil hat.[3]

Die Ehe zwischen Bürgern und Ausländern war nur ein *matrimonium juris gentium*, aus dem eine väterliche Gewalt über die Kinder nicht entstand (vgl. unten § 51). Das Recht zu testamentarischem Erwerbe sowie zur Führung einer Vormundschaft über einen Reichsbürger fehlte auch noch in der neuesten Zeit dem Fremden.[4] Über die Ersitzungsfähigkeit der Peregrinen siehe § 89. Dieser Rechtszustand der Ausländer ist also der richtigen Ansicht nach auch im neuesten römischen Rechte nicht weggefallen, während allerdings das heutige Recht der civilisierten Völker unter den Einflüssen ihrer früheren Zusammengehörigkeit in der mittelalterlichen Weltkirche und ihres gegenwärtigen Zusammenhanges im neueren Weltverkehr[5] dem Ausländer grundsätzlich dieselben Privatrechte giebt, wie dem Inländer.[6]

IV. Der Erwerb des Bürgerrechts vollzieht sich durch *origo* (Geburt) oder Aufnahme in den Staatenverband.[7] Der bloße Wohnsitz (*domicilium*) gewährt kein Bürgerrecht, sondern nur einen

---

[1] So bezeichnet z. B. PERNICE in v. HOLTZENDORFFS Encyklopädie. 5. Aufl. I. S. 101 die allgemeine gleiche Berechtigung des Individuums im Privatrechte als das Endergebnis der römischen Entwickelung. Ebenso HÖLDER, Institutionen § 73 Anm. S. 17.

[2] Vgl. auch SOHM, Institutionen. 4. Aufl. S. 229.

[3] Vgl. Dig. XLVIII, 19 de poenis fr. 17 § 1 (MARCIANUS): *Item quidam ἀπόλιδες sunt, hoc est sine civitate, ut sunt in opus publicum perpetuo dati et in insulam deportati, ut ea quidem, quae juris civilis sunt, non habeant, quae vero juris gentium sunt, habeant.* Eine Anwendung des Grundsatzes, daß der *civis* an allen Rechten des *jus gentium* Anteil hat, liegt auch in Dig. XXXVIII, 16 de gradibus fr. 10 § 4 (PAULUS): *Qui est adgnatus, et cognatus est, non utique autem, qui cognatus est, et adgnatus est.*

[4] Vgl. Institutionen I, 13 § 2: *Jure civili data ac permissa (sc. tutela).*

[5] Ausnahmen vgl. z. B. in der Reichscivilprozeßordnung § 102 (Kautionspflicht der Ausländer) und § 24 (ein besonderer Gerichtsstand für Ausländer).

[6] Daß dies noch jetzt nichts Selbstverständliches ist, ersieht man aus den vielfachen Verfolgungen der ausländischen Arbeiter, die durch ihren Mitbewerb den inländischen die Löhne verkürzen.

[7] Näheres hierüber siehe in HÖLDERS Institutionen. 3. Aufl. S. 127. 128; auch bei PUCHTA (KRÜGER), Institutionen. 10. Aufl. II. § 218 S. 108 ff.

Gerichtsstand,[1] während er nach heutigem Rechte auch für die Rechts- und Handlungsfähigkeit von Bedeutung ist.[2]

b) Die Zugehörigkeit zur Kirche.

§ 48.

I. Der Ausgangspunkt der römischen Entwickelung auf dem Gebiete der religiösen Verschiedenheiten lag in der dem Altertume eigentümlichen Verschmelzung des Staatswesens mit der Religionspflege. Die ältere Kaiserzeit duldete hiernach ebenso, wie sie die Landesrechte der Provinzen schonte, auch ihre Landesreligionen, desgleichen auch alle Sekten, welche nicht als gefährlich erschienen, stellte sie aber unter römische Oberaufsicht. Die Verfolgung solcher Religionsgenossenschaften, welche ausnahmsweise als gefährlich galten, geschah in der Regel nicht in der Form einer Schmälerung der Rechtsfähigkeit ihrer Angehörigen.[3]

II. Die christliche Kaiserzeit suchte den Widerstand weiter und einflußreicher Kreise wider die angestrebte Einheit der Kirchenlehre dadurch zu durchbrechen, daß sie die Rechtsfähigkeit der Gegner des Christentums minderte oder authob.

Den Juden wurde auch in der christlichen Zeit nur eine unvollkommene Rechtsfähigkeit gewährt, dagegen erlitten die Abtrünnigen (Apostaten) und die Ketzer (*haeretici*, die von der Lehre der Kirchenkonzilien abwichen) die Nachteile der Testier- und der Erbunfähigkeit, welche sie von ihren Familien loslösten; einzelne Sekten wurden sogar der Vermögensfähigkeit beraubt. Die Heiden (*pagani*) wurden zwar rechtlich zurückgesetzt, aber nicht als rechtlos behandelt.[4]

III. Die Beseitigung dieser Grundsätze ist eine Errungenschaft der neueren Rechtsentwickelung, welche nach heftigen Kämpfen zu dem Grundsatze der Gleichberechtigung der Glaubensbekenntnisse und zur privatrechtlichen Gleichstellung der Christen mit den Nichtchristen geführt hat. So das Reichs- (ursprünglich Bundes-) gesetz vom 3. Juli 1869.[5]

---

[1] Cod. X, 40 de incolis c. 7 § 1 (Diocletianus).

[2] Vgl. Pernice, M. Antistus Labeo. I. S. 98 ff.

[3] Über die Sonderstellung der Juden in der älteren Kaiserzeit vgl. Mommsen, Röm. Geschichte V. S. 497. 549, und Mitteis, Reichsrecht und Volksrecht. S. 34.

[4] Cod. I, 5 de haeret. c. 4. 5. Paganus heißt in späterer Zeit „der Heide“, in früherer Zeit der „Nichtsoldat“. Vgl. Hölder, Institutionen. 3. Aufl. S. 131.

[5] Vgl. über diese Entwickelung Merkel in der 5. Auflage der v. Holtzendorffschen Encyklopädie. I. S. 21.

3. Die Gewaltfreiheit (sui juris esse).

a) Die hausväterliche Gewalt.

α) Die Rechtslage der Hauskinder (Inst. I, 8, 9).

§ 49.[1]

I. Überblick über die Geschichte der väterlichen Gewalt. Die älteste Zeit gab dem Hausvater *(paterfamilias)*[2] gegenüber dem Sohne eine unumschränkte Herrschergewalt *(jus vitae ac necis)*.[3] Eine Schranke fand sie zunächst nur in den Einflüssen der Geistlichkeit, der *gens* und des Censors.

Hiermit hing zusammen, daß ursprünglich nur der Hausherr,[4] nicht das Hauskind, eigene Rechte haben konnte.[5] Verpflichtungen konnten freilich auch die Hauskinder übernehmen, nur ihre Darlehnsfähigkeit war beschränkt.[6] (Vgl. unten § 127.)

Die Gewalt der Hausherren sank mit dem Anwachsen der obrigkeitlichen Macht.

II. Rechtliches Schwanken der väterlichen Gewalt. Sie umfaßte schon in alter Zeit, trotz ihrer Fülle doch nicht das Recht, das Kind im Inlande zum Sklaven zu machen[7] oder auch

---

[1] Näheres siehe unten §§ 97. 101. 102. 107. 109. 118. 162. v. Ihering, Geist des röm. Rechts. 4. Aufl. II, 1. § 32 S. 186 ff. Pernice, M. Antistius Labeo. I. 93 ff. 110 ff. 158 ff. Karlowa, Röm. Rechtsgeschichte. II, 1. S. 70 ff. B. W. Leist, Alt-Arisches jus gentium. 1889. S. 467 ff. Vgl. auch Cuq, Les institutiones juridiques des Romains. Paris 1891. S. 63 ff. 152 ff.

[2] *Paterfamilias* heißt strenge genommen nicht Hausvater, sondern Hausherr. Dig. L, 16 de verborum significatione fr. 195 § 2 (Ulpianus): *Pater autem familias appellatur, qui in domo dominium habet, recteque hoc nomine appellatur, quamvis filium non habeat; non enim solam personam ejus, sed et jus demonstramus: denique et pupillum patrem familias appellamus.*

[3] Ulpianus, Fragm. IV, 1: *Sui juris sunt familiarum suarum principes, id est pater familiae itemque mater familiae.*

[4] Salkowski, Lehrbuch der Institutionen. 6. Aufl. § 50 S. 123 nimmt auch für das ältere Recht nur eine Gebundenheit, keine Abwesenheit der Rechtsfähigkeit von Hauskindern an. Vgl. Gajus II, 87. 96: *Cum enim istarum personarum nihil suum esse possit.* Dagegen Ausnahmen siehe Dig. XLIV, 7 de obl. et act. fr. 9. fr. 13. Puchta, Institutionen. II. S. 114. 115. Pernice, M. Antistius Labeo. I. S. 160 ff.

[5] Dig. XLIV, 7 de obl. et act. fr. 39 (Gajus). *Filiusfamilias ex omnibus causis tamquam paterfamilias obligatur.*

[6] In der Frage darüber, ob die Haustöchter Schulden machen konnten, steht Gajus III, 104 in Studemunds Lesart, der Baron beistimmt (Institutionen § 7, 3 a. E. S. 14), im Widerspruch mit Dig. XIV, 6 ad S. C. Macedon. fr. 9 § 2 (Ulpianus): *Hoc senatusconsultum et ad filias quoque familiarum pertinet.* Dies läßt jene Lesart als bedenklich erscheinen.

[7] Cod. VIII, 46 (47) de patria potestate c. 10 (Constantinus): *Libertati a*

nur zu verstoßen.[1] Nur zu vorübergehender Hausabhängigkeit *(mancipium)* durfte es veräußert werden. Konstantin linderte außerdem die Ernährungssorgen armer Väter[2], indem er erlaubte, neugeborene Kinder *(sanguinolenti)* mit Wiedereinlösungsrecht als Sklaven zu verkaufen.[3]

Tötung eines verbrecherischen Hauskindes ohne vorherige Untersuchung galt schon zu Hadrians Zeit als Mord.[4] Die Obrigkeit verlangte von den Hausvätern, vor der Tötung des Kindes,[5] sogar vor jeder schärferen Züchtigung,[6] um ihre Genehmigung ersucht zu werden. Die Sitte (nicht das Recht) ließ sogar schon in der vorchristlichen Kaiserzeit die Väter geradezu als bloße Vermögensverwalter erscheinen, die für ihre Kinder arbeiten.[7]

In der Abschwächung des *judicium domesticum* des Hausvaters zu einem bloßen Erziehungsrechte ist das Deutsche Recht noch weit über das römische hinausgegangen, da es der Gewalt des

---

majoribus tantum impensum est, ut patribus, quibus jus vitae in liberos necisque potestas olim erat permissa, eripere libertatem non liceret. Das Recht, ungeratene Kinder als Sklaven in das Ausland zu verkaufen, muß trotzdem für die ältere Zeit angenommen werden. CICERO, de oratore I, 40, 181. Das spätrömische Recht verwirft diese Befugnis Cod. IV, 43 de patribus qui filios distraxerunt c. 1 (DIOCLETIANUS et MAXIMIANUS). Vgl. des Verf. Ausführungen in den Festgaben der Marburger juristischen Fakultät für WETZELL. 1890. S. 147.

[1] Vgl. des Verf. Artikel *abdicatio* in der neuen Bearbeitung von PAULYS Realencyklopädie der Altertumswissenschaft (herausgegeben von WISSOWA).

[2] Über die Unterstützung von Staats wegen in der älteren Kaiserzeit vgl. oben S. 86.

[3] Cod. IV, 43 de patribus qui filios distraxerunt c. 2 (CONSTANTINUS): *Si quis propter nimiam paupertatem egestatemque victus causa filium filiamve sanguinolentes vendiderit, venditione in hoc tantummodo casu valente emptor obtinendi ejus servitii habeat facultatem. Liceat autem ipsi qui vendidit vel qui alienatus est aut cuilibet alii ad ingenuitatem propriam eum repetere, modo si aut pretium offerat potest valere, aut mancipium pro (hoc?) ejusmodi praestet.* Über die vielen Kinderaussetzungen zu Konstantins Zeit vgl. PERNICE in v. HOLTZENDORFFS Encyklopädie. I. 5. Aufl. S. 163.

[4] Dig. 48, 9 de l. Pompeja fr. 5 (MARCIANUS): *Nam patria potestas in pietate debet, non atrocitate consistere.*

[5] Dig. XLVIII, 8 dig. ad l. Cornel. de sic. fr. 2 (ULPIANUS): *Inauditum filium pater occidere non potest, sed accusare eum apud praefectum praesidemve debet.*

[6] Cod. VIII, 46—47 de patria potestate c. 3 (ALEXANDER).

[7] Dig. XXVIII, 2 de liberis et postumis fr. 11 (PAULUS): *In suis heredibus evidentius apparet continuationem domini eo rem producere, ut nulla videatur hereditas fuisse, quasi olim hi domini essent, qui etiam vivo patre quodammodo domini existimantur.* Vielfach sieht man freilich in dieser Bemerkung einen Rechtsgrundsatz, den man sogar in die älteste Zeit verlegt. S. unten § 102 IV. § 109 II u. III.

Vaters grundsätzlich nur eine vorübergehende Daseinsberechtigung bis zur wirtschaftlichen Selbständigkeit des Sohnes zuschreibt.[1] Vgl. unten § 57 III. a. E.

Anders das römische Recht, das den Zusammenhalt der Familie durch die Gewalt des noch lebenden Stammesoberhauptes als Regel festhielt, so daß bejahrte Hauskinder auch noch zu Justinians Zeit keine Seltenheit waren. Darum sonderte es die öffentlichen Gewaltverhältnisse auf das Schärfste von den häuslichen und erlaubte dem Sohne, auch seinem Vater Befehle des öffentlichen Rechtes zu erteilen.[2]

III. Dem Bedürfnisse nach einer wirtschaftlichen Selbständigkeit erwachsener Kinder dienten die *peculia*.[3] Das Kaiserrecht ging jedoch weiter. Es gewährte den Hauskindern an dem Gegenstande gewisser Erwerbsarten freies Eigentum; schließlich beließ Justinian dem Vater nur noch ein bloßes Nießbrauchsrecht an dem Erwerbe des Hauskindes, der ihm nicht vom Vater zukam (dem sog. *peculium adventicium*), im Gegensatze zu dem vom Vater gewährten *peculium profecticium*,[4] das im Eigentume des Gebers verblieb. Aber auch dieses Nießbrauchsrecht am Kindeserwerbe ist von mehreren Ausnahmen durchbrochen (Näheres s. § 97).

Die deutsche Praxis gestattet sogar einen Vermögenserwerb des Kindes aus dem Gute des Vaters. Die alte Rechtsunfähigkeit der Hauskinder besteht daher nur noch im Familienrechtsgebiete und nur insoweit, als verheiratete Hauskinder an den Sprößlingen ihrer Ehe eine väterliche Gewalt nicht haben können.[5] Da jedoch heutzutage bei oder vor der Heirat eines Hauskindes die väterliche Gewalt in der Regel wegfällt, so ist auch dieser Überrest der altrömischen Hausabhängigkeit von geringer Bedeutung.

---

[1] Das älteste deutsche Recht gab freilich dem Vater sogar die ihm vom römischen Rechte versagte Befugnis, das Kind zu verkaufen. Vgl. Schröder, Lehrbuch der deutschen Rechtsgeschichte. 1889. S. 61 Anm. 73.

[2] Dig. I, 6 de his qui sui juris sunt fr. 9 (Pomponius): *Filius familias in publicis causis loco patris familias habetur, veluti ut magistratum gerat, ut tutor detur.*

[3] Siehe § 45 S. 180 und unten §§ 97. 162.

[4] Vgl. Inst. II, 9 per quas personas nobis adquiritur § 1: *Quod ex patris occasione profectum est.*

[5] Dig. XLVIII, 5 ad leg. Juliam de adulter. fr. 22 (21) (Ulpianus).

β) Die Entstehung der Hauskindschaft.

αα) Die Vorstufen einer natürlichen Entstehung der Hauskindschaft (Inst. I, 10).

ααα) *Das Verlöbnis.*[1]

§ 50.

I. Das Verlöbnis *(sponsalia)* ist ein formloses gegenseitiges Eheversprechen.[2] Statt der Brautleute können auch ihre Gewalthaber den Vertrag abschließen, wobei ein Sohn unter allen Umständen widersprechen darf,[3] eine Tochter nur bei Unwürdigkeit des ihr bestimmten Bräutigams.[4]

Zur Gültigkeit des Vertrages wird ein Alter von nur 7 Jahren erfordert,[5] ein Satz, der im neueren deutschen Partikularrechte aufgegeben worden ist.

Eine bei dieser Abrede hingegebene *arrha sponsalicia* verlor der, der die Aufhebung des Verlöbnisses verschuldete.[6] Ein doppeltes Verlöbnis zur gleichen Zeit begründete Infamie.[7]

II. Der Schutz gegen einen Bruch des Verlöbnisses war im römischen Rechte anders, als im altlatinischen,[8] ein nur mittelbarer und unvollkommener, weil der Zwang zur Eheschließung für unzulässig galt.[9] In dieser Hinsicht wich erst die deutsche Praxis

---

[1] Vgl. v. Ihering, Geist des röm. Rechts. II, 1 4. Aufl. § 33 S. 228 ff. Karlowa, Röm. Rechtsgeschichte. II, 1 S. 176 ff.

[2] Dig. XXIII, 1 de sponsalibus fr. 1 (Florentinus): *Sponsalia sunt mentio et repromissio nuptiarum futurarum.* Fr. 4 § 1 (Ulpianus): *Denique constat et absenti absentem desponderi posse et hoc cotidie fieri.*

[3] Dig. XXIII, 1 de sponsalibus fr. 13 (Paulus): *Filio familias dissentiente sponsalia nomine ejus fieri non possunt.*

[4] Dig. XXIII, 1 de sponsalibus fr. 11—13: *Si indignum moribus vel turpem sponsum ei pater eligat.*

[5] Dig. XXIII, 1 de sponsalibus fr. 14 (Modestinus): *In sponsalibus contrahendis aetas contrahentium definita non est ut in matrimoniis. quapropter et a primordio aetatis sponsalia effici possunt, si modo id fieri ab utraque persona intellegatur, id est si non sint minores quem septem annis.*

[6] Vgl. Puchta (Krüger), Institutionen. 10. Aufl. II. S. 401 Anm. k.

[7] Dig. III, 2 de his qui notantur infamia fr. 1 (Julianus): *Infamia notatur ... qui ... bina sponsalia binasve nuptias in eodem tempore constitutas habuerit.*

[8] Über dieses berichtet Gellius, Noctes atticae IV, 4. Streitig ist, ob dasselbe auch nach altrömischem Rechte galt; vgl. hierüber Karlowa, Röm. Rechtsgeschichte. II, 1. S. 176 ff. v. Ihering, Geist des röm. Rechts. II, 1. S. 228 ff.

[9] Dig. XLV. 1 de verb. obl. fr. 134 pr. (Paulus): *Quia inhonestum visum est vinculo poenae matrimonia abstringi sive futura sive jam contracta.*

von den römischen Grundsätzen ab, während das neuere Reichsrecht zu ihnen zurückkehren soll.[1]

Trotzdem wurden die Strafen des Ehebruchs von der Ehe auf das Verlöbnis in entsprechender Weise übertragen.[2] Endlich verlor jeder, der ohne Grund ein Verlöbnis auflöste, das Recht, die Brautgeschenke zurückzuverlangen. Dieser Anspruch galt nach Konstantins Vorschrift nur für die Hälfte der Geschenke in dem Falle, daß die Brautleute sich geküßt hatten (*osculo interveniente*), d. h. wohl immer dann, wenn die Verlobung nicht bloß unter Abwesenden bestanden hatte.[3]

βββ) Die Formen der Ehe.[4]

§ 51.

I. Die Ehe erscheint nach ihrer Stellung in Justinians Institutionen als dasjenige Zusammenleben von Mann und Frau, welches als Quelle der väterlichen Gewalt vom Rechte anerkannt ist, mit anderen Worten: als eine Verbindung, deren Sprößlinge[5] volle Kindesrechte haben sollen. Zugleich wird die Ehe, wie sie sein soll, als eine ungetrennte Lebensgemeinschaft von Mann und Frau bezeichnet.[6]

Die Ehe findet sich im alten Rom in doppelter Gestalt, entweder als eine privatrechtliche Unterordnung der Frau unter den Mann (Ehe mit *manus*) oder als Gleichstellung der beiden Gatten

---

[1] Entwurf eines bürgerlichen Gesetzbuches für das deutsche Reich § 1227.

[2] Dig. XLVIII, 5 ad l. Juliam fr. 14 (13) § 3 (Ulpianus): *Divi Severus et Antoninus rescripserunt, etiam in sponsa hoc idem vindicandum, quia neque matrimonium qualecumque nec spem matrimonii violare permittitur.* Dem Reichsstrafrechte ist dieser Satz fremd.

[3] Cod. V, 3 de donationibus ante nuptias c. 16. Vgl. Bruns, Syr. Rechtsbuch. S. 262. Manche sehen hierin ein Sonderrecht für Spanien. Vgl. Arndts, Pandekten. § 413 Anm. 2. Baron, Pandekten. § 346.

[4] Voigt, Röm. Rechtsgeschichte. I. §§ 68 ff. S. 777 ff. und die dort § 68 Anm. 1 Angeführten. Karlowa, Röm. Rechtsgeschichte. II, 1. S. 151 ff. Cuq, Les institutions juridiques des Romains. Paris 1891. S. 204 ff.

[5] Darauf beruht auch die Rechtsvermutung: *Pater est, quem nuptiae demonstrant* (Dig. II, 4 de in jus vocando fr. 5) (Paulus), s. unten § 55.

[6] Dig. XXIII, 2 de ritu nuptiarum fr. 1 (Modestinus): *Nuptiae sunt coniunctio maris et feminae et consortium omnis vitae, divini et humani juris communicatio,* d. h. eine vom Rechte gebilligte sittliche Pflicht zu einem möglichst ungetrennten Zusammenleben. Eine Folgerung daraus ist Dig. L, 1 ad municipalem fr. 38 § 3: *Item rescripserunt mulierem, quamdiu nupta est, incolam ejusdem civitatis videri, cujus maritus ejus est, et ibi unde originem trahit, non cogi muneribus fungi.*

mit getrennten Herrschaftskreisen (Ehe ohne *manus*).[1] Eine besondere eheliche Gütergemeinschaft ist dem römischen Rechte fremd. Allerdings kennt das römische Recht die *societas omnium bonorum;* doch war diese keineswegs bloß unter Gatten möglich, ja nicht einmal, wie es scheint, unter ihnen üblich.[2]

Die Ehe mit *manus* machte die Frau rechtlich zur Haustochter,[3] ohne ihre von der Sitte geheiligte Stellung als Hausherrin dadurch auszuschließen. Diese Ehe löste sie von der väterlichen (agnatischen) Familie los und gab ihr ganzes Gut, sowie allen späteren Erwerb in das Eigentum des Mannes.[4]

In der alten Zeit scheint dieses Verhältnis zwischen Mann und Frau dem weiblichen Schutzbedürfnis so sehr entsprochen zu haben, daß es selbst da nach einiger Zeit eintrat, wo es anfangs nicht begründet war (s. unter III).[5]

II. Die förmliche Schließung der Manusehe[6] vollzog sich in zwei Formen:

a) Ein Vorrecht der Patricier war die *confarreatio*, eine religiöse Feier, bei der *panis farreus* (Opferbrot) verwendet wurde.[7]

b) Plebejer sowie Patricier, welche sich der *confarreatio* entziehen wollten, konnten statt ihrer einen Scheinkauf *(mancipatio)* abschließen, bei dem durch Nebenvertrag dem Erwerber der Braut die Rechte eines *pater familias* eingeräumt wurden. Dieser Scheinkauf, der die Beteiligten zum Ehebunde einte, hieß *coemptio.*[8]

---

[1] Cicero, Topica III, 14: *Genus enim est uxor; ejus duae formae, una matrumfamilias, eae sunt, quae in manum convenerunt, altera earum, quae tantummodo uxores habentur.*

[2] Die *divini et humani juris communicatio* der Gatten (Dig. XXIII, 2 fr. 1 cit.) ist daher nur eine durch die Sitte geheiligte thatsächliche Gebrauchsgemeinschaft des beiderseitigen Gutes.

[3] Gajus I, 115 filiae loco incipit esse. Gellius, Noctes atticae XVIII, 6, 9.

[4] Gajus, Institutionen II, 90, 98.

[5] Die mehrfach (auch vom Verfasser dieses Buches) verteidigte Ansicht, daß diese Eheform ursprünglich ein patricisches Vorrecht war, läßt sich nicht aufrecht erhalten. Vgl. auch Czyhlarz, Lehrbuch der Institut. 2. Aufl. S. 220 unten.

[6] Von den alt-arischen Urformen der Eheschließung handelt B. W. Leist, Alt-Arisches jus gentium. Jena 1889. S. 125 ff. 133 ff.

[7] Gajus I, 112: *Per quoddam genus sacrificii, quod Jovi farreo fit, in quo farreus panis adhibetur.* Vgl. hierzu Karlowa, Röm. Rechtsgeschichte. II, 1. S. 155 ff.

[8] Ob dieses Geschäft aus einem ernstlichen Brautkaufe herausgewachsen ist, ist zweifelhaft. Vgl. Gajus I, 113: *Emit eam mulierem is cujus in manum convenit.* Daß ein Brautkauf namentlich bei den Hellenen bestand und in der Darbringung von Hochzeitgeschenken fortdauerte, darüber vgl. Mitteis, Reichsrecht und Volksrecht. Leipzig 1891. S. 67. Ein solcher Kauf der Braut war

In späterer Zeit wurde dieses Geschäft zur Eingehung von Scheinehen mißbraucht. Das alte Recht gab den gewaltfreien Frauen gewisse Befugnisse nur in dem Falle, daß sie eine vollwirksame Ehe abschlossen oder früher abgeschlossen hatten. Dahin gehörten die Befreiung von ihrem Vormunde, die Freiheit von besonderen Tempelsteuern (*sacra*) und die Fähigkeit zur Testamentserrichtung.[1] Deshalb verschafften sich die Römerinnen alle diese Vorzüge durch Eingehung einer Scheinehe mit *manus* durch *coemptio*.[2]

III. Die Umwandlung einer formlos geschlossenen Ehe ohne Gewalt des Gatten in eine Ehe mit einer solchen Gewalt geschah durch einjähriges Zusammenleben (*usu*).[3] Wollte hier der Mann die Gewalt über seine Frau erlangen, so mußte er

---

eine *mancipatio* (vgl. unten § 79). Bei diesem Geschäfte wurde nach der herrschenden Meinung ursprünglich der Kaufpreis dem Verkäufer wirklich zugewogen, später nur in symbolischer Form überreicht. Nach dieser Annahme kann die *coemptio* einer gewaltfreien Braut erst vorgekommen sein, als die wirkliche Übergabe des Preises nicht mehr erfolgte. Der Bräutigam würde ja sonst den Preis an sich selbst gezahlt haben, da alles Vermögen der Frau mit dem Erwerbe der *manus* ihm zufiel. Vgl. hierzu auch noch die Anmerkung von Rudorff in Puchta-Krügers Institut. 10. Aufl. II. S. 292, und Cuq, Les institutions juridiques des Romains. 1891. S. 221 Anm. 2.

[1] Vielleicht nur die Fähigkeit zur Testamentserrichtung ohne vormundschaftliche Zustimmung. So Karlowa, Die Formen der römischen Ehe und Manus. 1868. S. 107. Es ist aber auch möglich, daß die alten Römer einem Mädchen, das noch nicht aus dem Elternhause herausgekommen war, nicht genug Urteilskraft zutrauten, um ihr zu gestatten, daß sie einen fremden Erben ihren nächsten Verwandten vorzog.

[2] Die *tutores legitimi* (das waren diejenigen, die kraft ihrer Verwandtschaft Vormünder waren) ließen es sich übrigens nicht gefallen, daß ihr Mündel ihnen durch eine solche Scheinehe den Stuhl vor die Thüre setzte. Cicero pro Flacco XXXIV, 84. Karlowa, Die Formen der röm. Ehe. 1868. S. 102 ff. Pernice, M. Antistius Labeo I. S. 193 ff. Alle diese *coemtiones* geschahen *fiduciae causa*, d. h. auf Treu und Glauben. Die Frau vertraute dabei darauf, daß der Scheingatte die Heirat nicht ernst nehmen würde. Zur größeren Vorsicht wurden hierbei Greise als Scheinkäufer der eheherrlichen Gewalt verwendet (*senes coemptionales*). Über diese „juristischen Notlügen“ vgl. v. Ihering, Geist des röm. Rechts. 4. Aufl. III, 1. § 58. S. 282 ff. Kuntze, Kursus des röm. Rechts. 2. Aufl. 1879. § 793 S. 556. Karlowa, Formen der römischen Ehe und Manus. Bonn 1868. S. 102 ff.; Röm. Rechtsgeschichte II, 1. S. 299. Baron, Institutionen § 30a.

[3] Gajus, Inst. I. § 110: *Olim itaque tribus modis in manum conveniebant. usu farreo, coemptione.* v. Czyhlarz, Lehrbuch der Institutionen S. 221 nimmt an, daß ursprünglich eine solche formlose Ehe überhaupt keine Ehe war. Auch Bernhöft (Zeitschr. f. vergleich. Rechtsw. S. 197) geht davon aus, daß er ursprünglich nur ein Konkubinat war. Dies ist m. E. nicht erweislich. Für die Kinder eines derartigen Bundes würde dies sehr hart gewesen sein.

sie ein Jahr lang (gewissermaßen ein Probejahr) an sich fesseln.[1] Während dieses Jahres gab der Frau die Formlosigkeit der Eheschließung das Recht, sich vorher seiner Gewalt zu entziehen und dadurch die gesetzlichen Kindeserbrechte im Vaterhause zu bewahren. Sie konnte dies erreichen, indem sie das Zusammenleben aufhob *(usurpatio)*.[2] Kehrte sie zum Manne zurück, etwa, weil sie ihren Schritt bereute, so lief das Jahr, in dem der Mann die Gewalt erwerben konnte, von neuem. Ein solches Hemmnis des allmählichen Erwerbs der eheherrlichen Gewalt bedurfte der Unterscheidung von einem kurzen Besuche der Frau im Elternhause oder bei Freunden mit der Absicht der Rückkehr. Ein Merkmal dafür gewährte das Recht dadurch, daß es den gesetzlichen Mindestbetrag einer gültigen *usurpatio* bestimmte. Er wurde auf drei Nächte festgesetzt *(usurpatio trinoctii)*.[3] Diese Unterbrechung war vielleicht das Mittel, mit dem die römischen Frauen späterhin in jedem einzelnen Falle verhinderten, daß sich ihre formlose Ehe in ein Gewaltverhältnis verwandelte. Dies geschah wahrscheinlich solange, bis diese Umwandlung gänzlich außer Gebrauch gekommen war, in einer Zeit, in der die Stärke der Staatsgewalt das alte übergroße Schutzrecht des Ehegatten mehr und mehr entbehrlich gemacht hatte.[4]

Auch die förmlichen Eheschließungen kamen nicht mehr vor oder verloren ihre Bedeutung für das Privatrecht.[5] Schon in der

---

[1] Dargun (Mutterrecht und Raubehe: Gierkes Untersuchungen zur Deutschen Rechtsgeschichte. XVI. 1883. S. 102) nimmt an, daß die älteste römische Ehe eine Raubehe war (vgl. über diese Eheschließungsform Kohler, Zeitschr. f. vergleich. Rechtswissenschaft. V. [1884] S. 334 ff.), indem er in der Sage vom Raube der Sabinerinnen nur die Ausschmückung der Thatsache sieht, daß die Römer in vorgeschichtlicher Zeit die meisten Frauen aus dem benachbarten Sabinerlande raubten. Vgl. Macrobius, Sat. I, 15. 21: *Feriis autem vim cuiquam fieri piaculare est. Ideo tunc vitantur nuptiae, in quibus vis fieri virginibus videtur.* Es liegt daher nahe, zu vermuten, daß der *usus* ursprünglich dazu diente, Raubehen zu kräftigen und zu heilen (vgl. Sohm, Institutionen. 4. Aufl. S. 338 Anm. 3). Dadurch wird freilich weder die spätere Beibehaltung dieser Rechtsform erklärt, noch die einjährige Frist.

[2] Dig. XII, 3 de usurpationibus et usucapionibus fr. 2 (Paulus): *Usurpatio est usucapionis interruptio.*

[3] Gajus I, 111. Gellius, Noctes att. III, 2. § 12. Gelegenheitsbesuche außerhalb des Hauses von so langer Dauer mochten in alter Zeit schon aus wirtschaftlichen Gründen schwerlich üblich gewesen sein; vgl. hierzu auch Sohm, Institutionen. 4. Aufl. S. 339.

[4] Vgl. auch Bernhöft, Zeitschr. f. vergl. Rechtswissenschaft VIII. (1886) S. 197. 198 über den Ursprung der gewaltfreien Ehe.

[5] Tac., Ann. IV, 16. Gajus I, 136.

älteren Kaiserzeit ist daher die *manus* verschwunden, so daß die Frau in vermögensrechtlicher Hinsicht nicht mehr in das Haus des Mannes eintrat.[1]

IV. Die Eheschließung der späteren Zeit besteht nur noch in einem formlosen Vertrage,[2] der nun nicht mehr eine Vorstufe des Gewalterwerbs durch *usus* ist.

Bei einer Verheiratung unter Abwesenden scheint eine *deductio in domum mariti* erforderlich gewesen zu sein.[3] Die Fähigkeit zum Ehevertrage wurde für Männer schon mit 14, für Mädchen mit 12 Jahren erworben.[4]

Eine Anmeldung der Frau bei dem Censor war vorgeschrieben, doch nicht so, wie unsere reichsrechtliche Mitwirkung der Standesbeamten, ein Erfordernis der Gültigkeit der Ehe.[5]

V. Die Ausländerehe. Die Ehe ohne *manus* war immerhin ein *justum matrimonium inter cives*[6] und unterschied sich dadurch von dem bloßen *matrimonium juris gentium*, d. i. der Ehe unter Bürgern

---

[1] Czyhlarz, Lehrbuch der Institutionen. 2. Aufl. S. 222, bemerkt hierzu mit Recht, daß diese unnatürliche Trennung zwischen Frau und Mann eine befriedigende Gestaltung des römischen ehelichen Güterrechts verhindert hat.

[2] Dig. XXIII, 2 de ritu nuptiarum fr. 2 (Paulus): *Nuptiae consistere non possunt nisi consentiunt omnes, id est qui coeunt quorumque in potestate sunt;* vgl. auch Dig. L, 17 de reg. juris fr. 30 (Ulpianus): *Nuptias non concubitus sed consensus facit*, und über den Consens des Gewalthabers Karlowa, Röm. Rechtsgeschichte II, 1. S. 171. Baron, Institutionen § 28 S. 58.

[3] Dig. XIII, 2 de ritu nuptiarum fr. 5 (Pomponius): *Mulierem absenti per litteras ejus vel per nuntium posse nubere placet, si in domum ejus deduceretur.* Es hatte dies den guten Sinn, Brautleuten, die zum Abschluß eines Ehevertrages unter Abwesenden veranlaßt worden waren, noch im letzten Augenblicke ein Rücktrittsrecht offen zu lassen. Hölder, Institutionen. 3. Aufl. S. 261, unterscheidet Eheschließungen unter Abwesenden und unter Anwesenden nicht, vgl. aber auch Baron, Institutionen § 31, u. Karlowa, Röm. Rechtsgeschichte. II, 1. S. 180. „Mit der abwesenden Frau kann daher überhaupt noch keine Ehe eingegangen werden.“ Dig. XXIV, 1 de donat. inter virum et uxorum fr. 66 bezieht sich nicht auf die Eheschließung unter Abwesenden.

[4] Das deutsche Reichsrecht verlangt 20 und 16 Jahre; vgl. § 28 des Reichsgesetzes vom 6. Februar 1875.

[5] Gellius, Noctes atticae IV, 20: *Cum ita, uti mos erat censor dixisset: ‚ut tu ex animi tui sententia uxorem habes?‘ ‚habeo equidem‘, inquit ‚uxorem, sed non herede ex animi mei sententia‘. Tum censor sum, quod intempestive lascivisset, in aerarios rettulit, causamque hanc joci scurrilis apud se dicti subscripsit.*

[6] Ulpianus, Fragm. V, 2: *Justum matrimonium est, si inter eos, qui nuptias contrahunt conubium sit;* und hierzu Karlowa, Röm. Rechtsgeschichte. II, 1. S. 71: „Auch durch römisches Gesetz verliehenes *connubium* hat . . . keineswegs Fähigkeit zu römischen Familienrechten zur Folge.“ Dies scheint mir zweifelhaft.

und Fremden, denen gegenüber ein *connubium* nicht bestand.[1] Aus diesem *matrimonium juris gentium* entwickelte sich nach römischem Rechte keine väterliche Gewalt, während die *manus* über die Mutter, so viel wir sehen, niemals eine Vorbedingung der väterlichen Gewalt war. Dem heutigen Rechte ist diese unvollkommene Ehe zwischen In- und Ausländern gänzlich fremd.[2]

γγγ) *Ehehindernisse.*

§ 52.[3]

I. Der Schutz der guten Sitte durch die rechtlichen Ehehindernisse.[4] Eine scharfe Sonderung der Familien und eine ersprießliche häusliche Erziehung, wie sie beide im römischen Recht erstrebt wurden, sind undurchführbar ohne die strengste sittliche Reinheit des Familienlebens. Darum verwirft dieses Recht die Bigamie und schneidet alle Heiratspläne unter den nächsten Verwandten von vornherein ab, indem es ihre Verwirklichung als *incestus* brandmarkt. Als *incestus juris gentium* war die Ehe unter allen in gerader Linie Verwandten ebenso verpönt, wie sie es heute ist.[5] Die Scheu vor solchen Ehen verbot sogar die Verheiratung mit den Geschwistern der Verwandten in aufsteigender Linie, sog. *respectus parentelae.* (Anders das deutsche Reichsrecht.) Das noch bei uns gültige Eheverbot unter Geschwistern war im römischen Reiche zwar für die Römer, nicht aber für alle Völker verbindlich (*incestus juris civilis*). Hinsichtlich der Ehen entfernterer Verwandter war das Recht der Kaiserzeit, dessen verwickelte Verkehrsverhältnisse den inneren Zusammenhang der Familien gelockert hatten, freier als einerseits das ältere und andererseits das spätere, namentlich als das kanonische Recht.[6] Die deutsche Reichsgesetzgebung ist auf diesen freien Standpunkt zurückgekehrt.[7]

---

[1] Vgl. hierzu SOHM, Institutionen. 4. Aufl. S. 339, und näheres über die Entwickelung dieses *matrimonium juris gentium*, das ursprünglich wohl nur als Konkubinat angesehen wurde, sowie seine rechtliche Behandlung in VOIGT, Röm. Rechtsgeschichte I. S. 778 ff., und in KARLOWA, Röm. Rechtsgeschichte II, 1. S. 70. 71. 93. 182 ff. [2] Vgl. oben S. 189.

[3] Vgl. KARLOWA, Röm. Rechtsgeschichte II. S. 172 ff.

[4] Vgl. GAJUS I, 59 ff.

[5] Dig. XXIII, 2 de ritu nuptiarum fr. 39 pr. (ULPIANUS).

[6] Vgl. HÖPFNER, Institutionen-Kommentar zu unserem Titel I, 10. KARLOWA, Röm. Rechtsgeschichte II, 1. S. 175. BARON, Institutionen § 28. S. 58. Die größere oder geringere Strenge, mit der das Recht das Familienleben gegen Heiratsgedanken in seiner Mitte schützt, hängt mit dem Maße der Gunst zusammen, den der Staat zu verschiedenen Zeiten den Eheschließungen entgegengebracht hat. In der römischen Rechtsgeschichte war daher die mittlere Zeit die nachsichtigste.

[7] Vgl. Reichsgesetz vom 6. Juli 1875 § 33.

Die Schwägerschaft (d. h. die Beziehung zu den Verwandten des früheren Gatten) konnte gleichfalls ein Ehehindernis bilden.[1] Der Reinheit des Familienlebens dient auch ein Senatsschluß,[2] der dem Vormunde und seinem Sohne die Ehe mit dem Mündel vor abgelegter Rechnung untersagt und dadurch einem Mißbrauche der vormundschaftlichen Gewalt vorbeugt.[3]

Dem Gebote der Sitte entsprach ferner aus alter Zeit die Unzulässigkeit einer Verletzung des Trauerjahres von seiten der Witwe durch eine vorzeitige Wiederverheiratung.[4] Eine solche Heirat zog Infamie nach sich (was erst im kanonischen Rechte beseitigt worden ist) und hatte in der christlichen Kaiserzeit Vermögensnachteile zur Folge.[5]

Ein Gegengewicht gegen Ehebruchsgelüste ist endlich das Verbot einer Ehe zwischen den Ehebrechern und ihren Mitschuldigen, das sich im heutigen deutschen Reichsrechte erhalten hat.[6] Konstantin verbot auch noch die Ehe zwischen dem Entführer und der Entführten.[7]

II. Veraltete römische Ehehindernisse hingen mit politischen Rücksichten zusammen, die der Gegenwart fremd sind:

a) Das *conubium* zwischen Patriciern und Plebejern wurde schon durch die *lex Canuleja*, 309 urbis (445), erkämpft.

b) Die *lex Julia de maritandis ordinibus* errichtete unter Augustus in einer Zeit, in der unlautere Elemente sich in die herrschenden

---

[1] Strenger ist auch hier das spätrömische Recht: Cod. V, 5 de incestis et inutilibus nuptiis c. 5. 8. Gajus I, 63. Die römische *adfinitas* deckt sich übrigens keineswegs mit unserer heutigen Schwägerschaft, sondern umfaßt vielmehr diejenigen Angehörigen zweier Familien, die durch eine Heirat in eine besonders nahe Verbindung getreten sind. Vgl. hierüber des Verfassers Artikel: *Ad finis* in der neuen Bearbeitung von Paulys Realencyklopädie des klass. Altertums (herausg. von Wissowa).

[2] Dig. XXIII, 2 de ritu nuptiarum fr. 59 (Paulus): *Ne tutor pupillam vel filio suo vel sibi nuptam collocet.*

[3] *Ne pupillae in re familiari circumscribantur ab his, qui rationes eis gestae tutelae reddere compelluntur.* Dig. XXIII, 2 de ritu nuptiarum fr. 64 § 1 (Callistratus). Vgl. fr. 66. 67 eodem. Ähnlich, wenn auch minder streng, § 37 des Reichsgesetzes vom 6. Februar 1875.

[4] Ähnlich § 35 des Reichsgesetzes vom 6. Juli 1875.

[5] Der Zweck dieses Verbots ist ein doppelter: das *more majorum lugeri* und die Verhütung einer *turbatio sanguinis.* Dig. III, 2 de his qui not. inf. fr. 11 §§ 1. 2 (Ulpianus).

[6] Reichsgesetz vom 6. Februar 1875 § 33, 5.

[7] Das Verbrechen der Entführung spielte eine bedeutendere Rolle als heutzutage in der spätrömischen Zeit, in der es schwer war, einen Hausstand zu gründen, der die Eltern der Braut dazu ermutigte, der beabsichtigten Heirat zuzustimmen.

Kreise hinaufdrängten, eine Scheidewand zwischen dem Senatorenstande und den Familien der Infamen, von denen eine besondere mißachtete Klasse sogar von der Ehe mit allen Freigeborenen ausgeschlossen wurde.[1] Die Gleichheitsbestrebungen des Kaisers Justinian beseitigten diese Vorschrift.[2]

c) Das römische Recht versagt den Eintritt in den Ehestand zwar den Verschnittenen (Kastraten), deren Zeugungsunfähigkeit in der Regel erkennbar hervortritt, nicht aber den übrigen *spadones*, deren Zeugungsfähigkeit leicht Zweifeln unterliegen kann.[3]

Dem neueren Rechte Deutschlands ist diese Ausnahmevorschrift ebenso fremd, wie die Zulässigkeit der Kastration.

Die Unabhängigkeit der Reichsgewalt gegenüber den provinzialen Unterthanen wurde dadurch erhöht, daß den Statthaltern und den Provinzialsoldaten eine Ehe mit Töchtern derselben Provinz untersagt war.[4]

Auf den religionspolitischen Gründen der spätrömischen Zeit beruhte das Verbot der Ehen zwischen Juden und Christen (s. oben § 48 a. E.).

δδδ) Fürsorge des Rechts für den Ehestand.[5]

§ 53.

I. Allgemeines. Das römische Recht sieht in der Ehe die Pflanzstätte der Staatsgenossenschaft und begünstigt daher die Eheschließung, die eheliche Haushaltung und die Fortdauer des ehelichen Bandes. Alle diese Begünstigungen sind freilich nur mittelbare Einflüsse auf das eheliche Leben, dessen angemessene Gestaltung dem Gewissen der Einzelnen, der Religion und der Sitte (nament-

---

[1] Dig. XXIII, 2 de ritu nupt. fr. 44 pr. 16 pr. (Paulus). Ulpianus, Fragm. XIII, 1, 2. Auf dem Boden schroffer Standesunterschiede entsprang auch Ulpians Wort Dig. XXV, 7 de concubinis fr. 1 pr.: *Cum honestius sit patrono libertam concubinam quam matrem familias habere.*

[2] Nov. 117 c. 6.

[3] Dig. XXIII, 3 de jure dotium fr. 39 § 1 (Ulpianus): *Si spadoni mulier nubserit, distinguendum arbitror castratus fuerit necne, ut in castrato dicas dotem non esse: in eo qui castratus non est, quia est matrimonium, et dos et dotis actio est.*

[4] Dig. XXIII, 2 de ritu nupt. fr. 38 pr. (Paulus): *Si quis officium in aliqua provincia administrat, inde oriundam vel ibi domicilium habentem uxorem ducere non potest.* Ähnliche Anschauungen beschränken noch jetzt thatsächlich die Ehen der Diplomaten mit Ausländerinnen.

[5] Vgl. v. Czyhlarz, Ehe und eheliches Güterrecht der Römer, in der Prager juristischen Vierteljahrsschr. Wien 1893. XXV (IX). (Mir nur im Sonderabdrucke zugänglich.)

lich auch in älterer Zeit der censorischen Rechtspflege) überlassen blieb.[1]

II. Die rechtliche Beförderung des Abschlusses von Ehen erfolgte namentlich seit Augustus, als die Volksneigung sich mehr und mehr vom Ehestande abwandte[2] und das Streben nach einem Übergewichte der Römer über die anderen Reichsgenossen eine starke Fortpflanzung des herrschenden italischen Volkes verlangte. Hieraus entstand:

a) Die Pflicht der Väter, ihre Töchter auszustatten, ursprünglich nur von der Sitte geboten,[3] wurde in der Kaiserzeit zu einer Rechtspflicht erhoben, die sogar unter Umständen auch der Mutter obliegen sollte,[4] deren gegenwärtige Fortdauer aber nicht unbestritten ist.

b) In derselben Zeit erlangten die Hauskinder das ihnen noch heutzutage zustehende Recht, einen grundlosen Widerstand ihres Vaters gegen eine von ihnen geplante Ehe durch Richterspruch zu brechen (sog. *actio de supplendo consensu*).[5]

c) Die *lex Julia et Papia Poppaea,*[6] 757 und 762 urbis (4 und 9 p. Chr.), beförderte die Eheschließung, namentlich die Wiederverheiratung und die Kindererzeugung[7] dadurch, daß sie den Unver-

---

[1] Ein anschauliches Bild der Ergänzung des alten ehelichen Rechtes durch die Sitte vgl. in v. Iherings, Geist des röm. Rechts II. Abt. 1. 4. Aufl. S. 195 ff.

[2] Vgl. auch Cicero, De legibus III, 7.

[3] Die Sitte legte sogar Geschwistern eine solche Pflicht auf, vgl. Plautus, Trinumm. III, 2, 64 (639 ff.): *Ne mihi famam differant me germanam meam sororem in concubinatum tibi sic sine dote dedidisse magis quam in matrimonium.*

[4] Dig. XXIII, 2 de ritu nuptiarum fr. 19 (Marcianus): *Liberos, quos habent in potestate . . . coguntur in matrimonium collocare et dotare.*

[5] Dig. XXIII, 2 de ritu nuptiarum fr. 19 cit. Vgl. Wlassak, Röm. Prozeßgesetze II. S. 162.

[6] Jörs, Über das Verhältnis der *lex Julia de marit. ordin.* zur *lex Papia Poppaea.* Diss. Bonn 1882. Baron, Institutionen § 37 S. 74 ff. Karlowa, Röm. Rechtsgeschichte. I. S. 618. II, 1. S. 121. 216 ff.

[7] Vgl. Dig. XXXV, 1 de conditionibus fr. 64 (Terentius Clemens): *Legem enim utilem rei publicae, subolis scilicit procreandae causa latam, adjuvandam interpretatione.* Vgl. Jörs, Die Ehegesetze des Augustus, Marburg 1894, und daselbst Anm. 1 genauere Litteraturangaben. Jörs benutzt Dichterstellen zu dem Nachweise dafür, daß den im Texte erwähnten noch ein älteres Ehegesetz (727 urbis) vorangegangen ist. — Diese Vorschriften erst nach heftigem Widerstande des Volkes zustande gekommen und wurden durch spätere Gesetze (vgl. Tacitus, Ann. III, 25) und Senatsschlüsse ergänzt. Vgl. Ulpianus, Fragm. XIII —XVIII. Paulus, Rec. sent. IV, 9. Gajus I, 143. II, 206. 286. Auf die *leges de maritandis ordinibus* bezieht sich auch das *carmen saeculare* des Festdichters der Säkularspiale Quintus Horatius Flaccus v. 17 ff.: *Patrumque pro-*

heirateten *(coelibes)* und den Kinderlosen *(orbi)* erbrechtliche Nachteile zufügte.[1] Anders die christliche, welche in sittlicher Hinsicht strengeren Anschauungen huldigte und überdies an Volksernährungssorgen litt. Sie begünstigte sogar mehrfach den Witwenstand, namentlich dadurch, daß sie an die Wiederverheiratung Nachteile anknüpfte *(poenae secundarum nuptiarum)*. Die letzten Überreste des Rechtes der *lex Julia et Papia Poppaea* wurden von Justinian als verwerflich weggestrichen,[2] nachdem es schon von Konstantin fast völlig beseitigt worden war.[3]

II. Das eheliche Güterrecht verfolgt vornehmlich zwei Ziele. Es bestimmt:

a) Ausnahmen von dem allgemeinen Vermögensrechte aus besonderer Rücksicht auf die ehelichen Verhältnisse. Dahin gehört namentlich die Ungültigkeit der Schenkungen unter Ehegatten (vgl. unten § 95).

b) Das eheliche Güterrecht im eigentlichen Sinne, d. h. die Regelung der Vermögensverhältnisse der Gatten im Hinblick auf ihr Zusammenleben, sucht die wirtschaftlichen Lebensbedingungen des ehelichen Haushaltes den allgemeinen Zuständen und Anschauungen der Zeit anzupassen. Es beruhte bei der Manusehe auf einer vollen Einheit des beiderseitigen Vermögens in der uneingeschränkten Herrschaft des Mannes,[4] bei der freien Ehe dagegen auf Gütertrennung.

Die unleidlichen Folgen, welche diese Trennung für die Lage des unvermögenden Mannes einer reichen Frau hatten, führten zu der Einrichtung der *dos*, des römischen ehelichen Haushaltungsgutes.

---

speres decreta super jugandis feminis prolisque novae feraci lege marita. Vgl. Wissowa, Die Säkularfeier des Augustus. Marburger Festrede. 1894.

[1] Die erbrechtlichen Nachteile waren nicht die einzigen, die man den Unverheirateten auferlegte. Ihre Zulassung zu den Säkularspielen war z. B. eine Vergünstigung, die nur ausnahmsweise erteilt wurde. Vgl. Bruns, Fontes ed. VI. S. 183. Vollen Schutz gegen die Nachteile der Kinderlosigkeit gewährte das *jus trium vel* (bei freigelassenen Frauen) *quatuor liberorum*, das zuweilen als Privileg verliehen wurde, um die fehlenden Kinder zu ersetzen.

[2] Cod. VI, 51 de caducis tollendis c. un. § 1: *Lex Papia ... invidiosum suum amittat vigorem.*

[3] Vgl. Seuffert, Konstantins Gesetze und das Christentum. Festrede 1891. S. 15. Honorius und Theodosius bestimmten (Cod. VIII, 58 de jure liberorum c. 1): *Nemo post hoc a nobis jus liberorum petat, quod simul hac lege omnibus concedimus.*

[4] Gajus, Institutionen II, 98: *Quam in manum ut uxorem receperimus, ejus res ad nos transeunt.* Cod. V, 14 de pactis c. 8 (Theodosius und Valentinianus): *Ut vir in his rebus, quas extra dotem mulier habet, quas Graeci parapherna dicunt, nullam, uxore prohibente, habeant communionem.*

Diese *dos* deckt sich keineswegs mit der gesamten Mitgift, die von der Frau in das Haus des Mannes gebracht wird, sondern betrifft dasjenige Vermögen, das von der Frau oder für sie dem Manne gegeben wird, um während der Ehe dem Haushalte und nach Auflösung der Ehe der Versorgung der Gattin zu dienen. Nach der *dos* nennt man das römische Recht des getrennten Gutes Dotalsystem, weil bei ihm eine *dos* möglich, wenn auch nicht in jedem einzelnen Falle notwendig ist.[1] Die Rückgabe der *dos* nach Auflösung der Ehe ist durch eingehende Vorschriften geregelt.[2]

Hierbei und auch sonst[3] begünstigte Justinian die Frau und ihre Familie mehrfach auf Kosten des Mannes. Die Beseitigung des altrömischen Vorzugs der väterlichen Familie vor der mütterlichen war ein Hauptziel seiner Politik. Darum sind die Gedanken seines Rechtes in Deutschland vielfach auf Widerstand gestoßen.[4]

III. Rechtliche Hindernisse der Ehescheidung (*divortium* oder *repudium*[5]) waren dem altrömischen Rechte fremd,[6] nicht aber dem *fas*, das nur wenige Scheidungsgründe aufstellte.[7] Ohne ihr Vorhandensein war eine patricische Ehe, die mit *confarreatio*

---

[1] Die beiden Hauptwerke über das Dotalrecht sind: Bechmann, Das röm. Dotalrecht. 2 Bde. 1863. 1867. Czyhlarz, Das röm. Dotalrecht. 1870. Über den Zweck oder richtiger die Zwecke der *dos* vgl. Bechmann a. a. O. S. 107. Vgl. Kuntze, Kursus des röm. Rechts S. 625. Wendt, Pandekten § 301. Karlowa, Röm. Rechtsgeschichte II, 1. S. 195 ff. Vgl. auch des Verfassers Ausführungen in der Zeitschrift der Savignystiftung XIV. § 276. Bechmann bemerkt a. a. O. S. 109: „Die Aussicht auf eine reiche Mitgift hat zuversichtlich mehr Ehen gestiftet, als die Furcht vor den Strafen des Cölibats."

[2] Von ihnen kann in Anlehnung an Justinians Institutionen-System erst unten § 157 die Rede sein.

[3] Vgl. über die *donationes propter nuptias* unten § 95, über den *fundus dotalis* § 96 und § 157.

[4] Näheres s. unten §§ 117 ff.

[5] Das *divortium* ist eine Abrede, das *repudium* eine einseitige Kündigung (Dig. XXIV, 2 de divortiis et repudiis fr. 2 § 1 (Gajus): *Divortium autem vel a diversitate mentium dictum est vel quia in diversas partes eunt, qui distrahunt matrimonium. In repudiis autem, id est renuntiatione comprobata sunt haec verba: ‚tuas res tibi habeto'.* Über das gegenseitige Verhältnis der Begriffe *divortium bona gratia* und *divortium communi consensu* vgl. Cohn (Conrat) in der Zeitschr. für Rechtsgeschichte V. S. 198 und überhaupt zur Ehescheidungslehre Karlowa, Röm. Rechtsgeschichte II, 1. S. 186 ff.

[6] Cod. VIII, 38 (39) de inutil. stipul. c. 2 (Alexander): *Libera matrimonia esse antiquitus placuit.* Cod. V, 17 de repudiis c. 5 § 2 (Diocletianus et Maximianus): *Invitam autem ad maritum redire nulla juris praecepit constitutio.*

[7] Vgl. hierzu Karlowa, Röm. Rechtsgeschichte II, 1. S. 185 ff. Baron, Institutionen § 32. S. 68 Anm. 7. Schulin, Lehrbuch der Geschichte des röm. Rechts. 1889. S. 225 ff.

eingegangen war, wohl schwerlich auflösbar; denn die Trennung eines solchen Bundes setzte eine priesterliche *diffarreatio* voraus.[1] Die durch *coemptio* geschlossene Ehe konnte jedoch dadurch gelöst werden, daß man die Frau wie eine Haustochter emancipierte oder ihrem Vater remancipierte.[2]

Die formlose Ehe war, sofern nicht etwa ein *usus* hinzugetreten war, immer in freier Form lösbar. Trotzdem soll die Sitte alle Ehescheidungen jahrhundertelang verhindert haben.[3] Jedenfalls waren sie lange Zeit hindurch nur auf Grund eines besonderen *judicium domesticum* zulässig, zu dem Verwandte und Freunde zugezogen werden mußten.[4] Scheidungsverbote kennt das römische Recht nur in einigen Ausnahmefällen.[5] Eine Scheidungsform wurde durch die *lex Julia de adulteriis* angeordnet.[6]

Scheidungsstrafen wurden wegen Unsitte des schuldigen Teils

---

[1] Festus: *diffarreatio, . . . quia fiebat farreo libo adhibito.* Gajus I, 137.

[2] Gajus I, 137 (sc. quae coemptionem fecit): *Haec autem virum repudio misso proinde compellere potest* (sc. ut se remancipit), *atque si ei nunquam nupta fuisset.* Die hauptsächlich den vornehmeren Ständen angehörigen gewaltunterworfenen Frauen haben es wahrscheinlich zur Zeit des Sittenverfalles nicht mehr ertragen, daß die gewaltfreien Gattinnen ihrem Manne gegenüber unabhängiger sein sollten, als sie.

[3] Daß Sp. Carvilius Ruga (520 urbis) die erste Ehescheidung vorgenommen hat, gilt mit Recht nicht als glaublich (Gellius IV, 3. XVII, 21). Puchta (Krüger), Institutionen. 10. Aufl. II. S. 404. Karlowa, Röm. Rechtsgeschichte II, 1. S. 188.

[4] Karlowa, Röm. Rechtsgeschichte II, 1. S. 188 ff.

[5] Vgl. Gellius, Noctes atticae X, 15, 23: *Matrimonium flaminis nisi morte dirimi jus non est.* Dig. XXIV, 2 de divortiis fr. 11 pr.: ait. lex: *Divortii faciendi potestas libertae, quae nupta est patrono, ne esto.*

[6] Dig. XXIV, 2 de divortiis fr. 9 (Paulus): *Nullum divortium ratum est, nisi septem civibus Romanis puberibus adhibitis praeter libertum ejus, qui divortium faciet.* Die Stelle bezeugt ausdrücklich, daß ein Freigelassener des Scheidungslustigen bei dem Akte zugegen sein mußte. Schlesinger dagegen (Zeitschrift für Rechtsgeschichte. V. S. 198) übersetzt das *praeter libertum* folgendermaßen: „Wobei ein etwa zugezogener Freigelassener des sich Scheidenden nicht mitgezählt wird." Diese Übersetzung ist gezwungen, zumal es heißt: *„praeter libertum"*, nicht *„praeter libertos"*. Doch scheinen die meisten an die wohl bezeugte Notwendigkeit, den *libertus* zuzuziehen, nicht zu glauben; vgl. z. B. schon Rudorff, Röm. Rechtsgeschichte I. § 36 Anm. 16 S. 89 und Salkowski, Institutionen. 6. Aufl. S. 148, Czyhlarz, Institutionen. 2. Aufl. S. 230, Hölder, Institutionen. 3. Aufl. S. 262. Richtig Puchta-Krüger, Institutionen. 10. Aufl. II. S. 404. M. E. muß das Erfordernis der Zuziehung eines Freigelassenen, da eine andere Erklärung fehlt, als ein Scheidungsvorrecht der wohlhabenderen Klassen gedeutet werden, die allein Freigelassene besaßen (vgl. des Verfassers Festschrift: Roms Vergangenheit und Deutschlands Recht. 1889. S. 77).

(propter mores) schon in der älteren Kaiserzeit aufgestellt,[1] die christliche Zeit belegt sogar alle grundlosen Scheidungen mit Vermögensstrafen.[2] Das Verbot der grundlosen Scheidung entstammt erst dem kanonischen Rechte, aus dem es in unser gegenwärtiges Recht übergegangen ist.

(εεε) *Außereheliche Verbindungen von Mann und Frau* (Inst. I, 10 § 12).[3]

§ 54.

I. Der Konkubinat ist das dauernde Zusammenleben eines Mannes mit einer Frau, ohne Absicht, ihr die Stellung einer Gattin zu gewähren,[4] d. h. ohne die Zusicherung der vollen Kindesrechte für die etwa entstehenden Sprößlinge des Bundes.[5] Derartige Beziehungen wurden im römischen Rechte geduldet, doch mußten sie, falls eine *femina honesta* sich auf sie einließ, öffentlich bekannt gemacht werden,[6] während sie im kanonischen Rechte verboten waren.[7] Auch in Deutschland ist er daher nicht erlaubt und außer Zusammenhang mit den deutschrechtlichen Erscheinungen der Mißheirat

---

[1] Ulpianus, Fragm. VI, 12. 13. Ein besonderes *judicium de moribus* auf Scheidungsstrafe, das Justinian (Cod. V, 17 de repudiis et iudicio de mor. subl. c. 11 § 2 b) als eine Schöpfung des alten Rechts erwähnt, wird aus der *lex Maenia de dote* (578 urbis) hergeleitet. Vgl. über diese lex Voigt, Röm. Rechtsgeschichte I. S. 789 ff. (§ 69) und die dort Angeführten.

[2] Cod. V, 17 de repudiis c. 11 pr. § 1. Nov. 22 c. 15. 16. 17. Nov. 117. c. 13. N. 127. N. 134 c. 11.

[3] Paul Gide, De la condition de l'enfant naturel et de la concubine dans la législation Romaine, Paris 1880, besprochen vom Verfassers dieses Lehrbuches in der Krit. Vierteljahrsschr. XXIII (N. F. IV). S. 345 ff. Vgl. auch Kuntze, Kursus des röm. Rechts. § 795. S. 557 ff.

[4] Pauli Sentent. II, 20 § 1: *Concubina igitur ab uxore solo dilectu separatur.* Dig. XXXII de leg. II fr. 49 § 4 (Ulpianus): *Nisi dignitate nihil interest.* Die der Gattin gewidmete höhere Achtungsbezeugung zeigt sich in der Zusicherung der vollen Rechte für die etwa zu erzeugenden Kinder. Über eine seltsame Entstellung der angeführten Bemerkung des Paulus bei den Westgoten vgl. Savigny, Geschichte des röm. Rechts im Mittelalter II. S. 60 Anm. c.

[5] So ist wohl die Wendung „*uxor liberorum quaerendorum causa*" aufzufassen. Ulpianus, Fragm. III, 3. Vgl. Puchta (Krüger), Institutionen. 10. Aufl. II. S. 396. Dig. XXV, 7 de concubinis fr. 4 (Paulus).

[6] Dies erschien wohl nötig, damit man sie nicht für eine rechtmäßige Gattin hielt. Dig. XXV, 7 de concubinis fr. 3 pr. (Marianus). Es hängt dies damit zusammen, daß man in der Kaiserzeit die Frauenwelt in zwei Klassen gliederte und nur der einen bevorzugten einen vollen Schutz gegen Antastung ihrer weiblichen Ehre gab. Vgl. Bernhöft, Zeitschr. für vgl. Rechtswissenschaft VIII. S. 198.

[7] Vgl. oben S. 125 Anm. 1.

und der Ehe zur linken Hand *(disparagium)*, welche lediglich auf nachrömische Standesunterschiede Bezug haben.

Der römische Konkubinat setzte ein dauerndes Zusammenleben voraus[1] und wurde von dem gelegentlichen, außerehelichen Beischlafe *(stuprum* oder *fornicatio)* unterschieden.

II. Die rechtliche Bedeutung des Konkubinats[2] bestand zunächst lediglich in seiner Befreiung von den Strafen des *stuprum* (Schändung).[3] Späterhin wurden die Konkubinenkinder, welche immerhin aus einer dauernden Neigung hervorgegangen und in ihrer Erziehung nicht ohne väterlichen Einfluß waren, mit unvollkommenen Rechten ausgestattet. Nur sie hießen *naturales liberi*, nicht aber die unehelichen Kinder, die als Sprößlinge einer flüchtigen Neigung zu ihrem Erzeuger in keine dauernde Beziehung traten. Die unvollkommenen Rechte der Konkubinenkinder bestanden in Ansprüchen auf Ernährung (§ 152), in der Fähigkeit zum Erwerbe der Rechte ehelicher Kinder (§ 56) und in außerordentlichen Erbbefugnissen (§ 118).

Dieselben Rechte wurden in Deutschland von der Praxis nicht bloß den Brautkindern, sondern allen unehelichen Kindern beigelegt, so daß die Rechtssätze des römischen Konkubinats zur Vorstufe der deutschrechtlichen Änderung des römischen Satzes: „*Spurii sine patre sunt*" geworden sind.

III. Das *contubernium* ist vom Konkubinate unterschieden.[4] Es ist die dauernde Lebensgemeinschaft von Mann und Weib unter Sklaven oder unter Freien und Sklaven.[5]

---

[1] PAULI Sent. II, 20: *Eo tempore, quo quis uxorem habet, concubinam habere non potest.* Den mehrfachen Konkubinat verbot Justinian. Nov. 18 c. 5 89 c. 12 §§ 4. 5.

[2] Dig. XXV, 7 de concub. fr. 3 § 1 (MARIANUS): *Extra legis (i. e. legis Juliae de adulteriis) poenam est.*

[3] Dig. XLVIII, 5 ad leg. Jul. fr. 35 (34) pr. (MODESTINUS): *Stuprum committit qui liberam mulierem consuetudinis causa non matrimonii continet, excepta videlicet concubina.*

[4] Vgl. VARRO, Rer. rust. I, 17, 5: *Dandaque opera ut habeant peculium et conjunctas conservas, a quibus habeant liberos. Eo enim fiunt firmiores.*

[5] Verwandtschaften aus solchen Sklavenehen waren nicht völlig bedeutungslos. Dig. II, 4 de in ius. vor. fr. 4 § 3 (ULPIANUS)). XXIII, 2 de ritu nuptiarum fr. 8. 14. §§ 2. 3. Inst. I, 10 de nupt. § 10.

ββ) Die Entstehung der väterlichen Gewalt.

ααα) *Die natürliche Entstehung der väterlichen Gewalt.*

§ 55.

I. Als regelmäßige Entstehungsgründe, die im natürlichen Laufe der Dinge die väterliche Gewalt hervorrufen, betrachtet das römische Recht:

a) die eheliche Erzeugung, zu der in ältester Zeit noch ein besonderes *„tollere“* (Anerkennung des Kindes durch Aufheben) hinzukommen mußte,[1]

b) den Tod oder den sonstigen Fortfall eines Gewalthabers, dem zugleich Kinder und Kindeskinder unterworfen waren. Hierbei werden die Söhne nicht bloß gewaltfrei, sondern auch zu Hausvätern ihrer ehelichen Abkömmlinge, welche sich bis dahin ebenso, wie sie selbst, in der Gewalt desselben Hausherrn befunden hatten.[2]

II. Den Nachweis der ehelichen Vaterschaft unterstützt die Vermutung, daß der Ehemann der Mutter eines Kindes dessen Vater ist,[3] sofern das Kind nicht zu spät (d. h. erst 10 Monate nach Auflösung der Ehe) geboren ist.[4] Ist es zu frühe (d. h. in den ersten 181 Tagen der Ehe) geboren, so kann seine Rechtmäßigkeit vom Ehemanne angefochten werden.[5]

Gegen Unterschiebung eines Kindes schützten nach römischem Rechte den Ehemann und seine Familie besondere Vorsichtsmaßregeln. Die Frau wurde einer Untersuchung unterworfen, um ihre Schwangerschaft festzustellen, und bewacht.[6] Bei uns sind diese römischen Einrichtungen ungebräuchlich.

III. Die Begründung der väterlichen Gewalt ist das natürliche Mittel zur Herstellung der agnatischen Familie, d. i. der Gesamtheit der nach Rechtssatz zusammengehörigen Namensgenossen.

---

[1] Vgl. v. Czyhlarz, Lehrbuch der Institutionen. 2. Aufl. S. 244 Anm. Über ähnliche Gebräuche bei den Griechen und den Germanen vgl. Cuq, Les institutions juridiques des Romains. 1891. S. 162. Anm. 1.

[2] Ulpianus, Fragm. 2: *Si mortis avi tempore pater eorum in potestate sit.*

[3] *Pater est, quem nuptiae demonstrant.* Dig. I, 5 de statu hom. fr. 12 (Paulus). XXXVIII, 16 de suis et legit. fr. 3 § 11. 12 (Ulpianus): *Post decem menses mortis natus non admittitur ad legitimam hereditatem. De eo autem, qui centensimo octagensimo secundo die natus est, Hippocrates scripsit et divus Pius pontificibus rescripsit justo tempore videri natum.*

[4] Dig. XXXVIII, 16 de suis fr. 3 § 11 cit.

[5] Dig. I, 6 de his qui sui juris sunt fr. 6 (Ulpianus): *Si fingamus afuisse maritum verbi gratia per decennium, reversum anniculum invenisse in domo sua, placet nobis Juliani sententia hunc non esse mariti filium.* Cod. V, 27 de naturalibus liberis c. 11 § 4 (Justinianus).

[6] Dig. XXV, 4 de inspiciendo ventre custodiendoque partu.

Zu der agnatischen Familie gehören aber nicht alle Namensgenossen schlechtweg. Die „Namensvettern"[1] bilden vielmehr eine *gens*, soweit ihre Familienverhältnisse dies gestatteten.[2] Die Agnaten sind dagegen Verwandte, die durch Geburt oder ein ihr gleichlautendes Rechtsgeschäft (Kindesannahme) Abkömmlige desselben Stammvaters geworden, durch Männer miteinander verbunden[3] und nicht durch ein Rechtsgeschäft vom Hause des Stammvaters losgelöst worden sind. *agnatio* ist demnach eine Verwandtschaft, die durch Männer vermittelt und nicht durch die Aufgabe einer väterlichen Gewalt oder durch eine Kindesannahme zerstört worden ist.[4] Jede künstliche Aufhebung der väterlichen Gewalt, bei der ihr Träger noch zu seinen Lebzeiten dieses Recht aufgiebt *(datio filiae in manum, datio filii filiaeve in adoptionem, emancipatio)*, zerreißt zugleich das Agnationsband zwischen dem Kinde und seiner Nachkommenschaft und dem bisherigen Vater, sowie seinen Agnaten.[5] Sie raubt also dem Kinde agnatische Familienrechte und alle Anwartschaften auf solche Rechte (z. B. auf Erbbefugnisse).[6] Darum ist sie selbst dann, wenn sie das Kind selbständig macht, eine Minderung seiner Rechtsfähigkeit *(capitis diminutio)*, wenn auch nur eine *capitis diminutio minima.*[7] Ebenso tritt der Gewaltfreie, der sich in die Gewalt eines Wahlvaters begiebt, damit aus seiner agnatischen Familie heraus.

---

[1] Sohm, Institutionen. 4. Aufl. S. 336.

[2] Wie weit dies der Fall war, ergiebt sich aus Cicero, Top. VI, 29: *Gentiles sunt inter se qui eodem nomine sunt. Non est satis. Qui ab ingenuis oriundi sunt. Ne id quidem satis est. Quorum majorum nemo servitutem servivit.* (Es war also zur Fesstellung der Zugehörigkeit zu einer *gens* eine Art Ahnenprobe nötig.) *Abest etiam nunc. Qui capite non sunt deminuti. Hoc fortasse satis est. Nihil enim video, Scaevolam pontificem ad hanc definitionem addidisse.*

[3] Dig. XXVI, 4 de legitimis tutoribus fr. 7 (Gajus): *Quasi a patre cognati.*

[4] Gajus III, 10. Vgl. des Verf. Artikel *agnatio* in Paulys Realencyklopädie (neue Ausgabe von Wissowa) und die dort Angeführten, auch Karlowa, Röm. Rechtsgeschichte II, 2. S. 74.

[5] Bei der *datio in manum* geschieht dies dem Manne zu Liebe, die anderen Fälle mochten wohl ursprünglich nur vorkommen, wenn das aus der Familie losgelöste Kind auf Nimmerwiedersehen in die Ferne (z. B. in eine Kolonie) zog.

[6] Vgl. Cicero, Top. VI, 29 oben Anm. 2 und Dig. IV, 5 de capite minutis fr. 6 (Ulpianus): *Capitis enim minutio (sc. minima) privata hominis et familiae ejus jura, non civitatis amittit.*

[7] Vgl. Institutionum I, 16. Cuq, Les institutions juridiques des Romains. 1891. S. 199. Als die Schwere dieses Rechtsverlustes mit der wachsenden Be-

Die römische Agnation wird durch Männer vermittelt, ist aber nicht auf Männer beschränkt. Auch Frauen können in einer agnatischen Familie stehen. Eine Frau kann sogar nach dem Wegfall ihres Gewalthabers ein Familienoberhaupt darstellen, dagegen vermag sie nicht durch die Geburt von Kindern ihre eigene agnatische Familie fortzupflanzen.[1]

Eine alleinstehende gewaltfreie Frau kann daher ihre väterliche Familie vertreten, aber nicht für die Fortdauer dieser Familie über ihren Tod hinaus Sorge tragen.[2] Ihre ehelichen Kinder gebiert die Frau vielmehr der agnatischen Familie des Mannes,[3] uneheliche haben keine agnatischen Verwandten. Dagegen begründet die Geburt von einer Frau ebenso, wie die eheliche Zeugung von seiten eines Mannes zwischen dem Kinde und den Verwandten der Mutter oder des ehelichen Erzeugers, eine *cognatio*, d. h. eine vom Recht anerkannte Blutsgemeinschaft.

Der Agnationsverband unterschied sich daher als eine politisch bedeutsame Gruppe der Träger desselben Namens von den Gruppen der rechtlich zusammengehörigen Blutsverwandten, d. h. der von demselben Familienhaupte durch Geburt oder durch eheliche Zeugung Abstammenden. Uneheliche Kinder treten nur in die mütterliche, nicht in die väterliche Verwandtschaft, wie ja auch nur jene, nicht diese, ihre Erziehung und Lebensweise bestimmt.

Die kognatische Verwandtschaft ist für einen jeden eine mehrfache, da derselbe Mensch mehrere Stammväter (verschiedenen Namens) hat. Sie war daher als Grundlage von Familiengruppen, die mit öffentlichen Rechten ausgestattet wurden, ungeeignet. Darum hatte zwar jeder Agnat die Rechte der Kognaten, nicht aber umgekehrt jeder Kognat die agnatischen Rechte. Da jedoch in der

deutung der natürlichen Blutsverwandtschaft *(cognatio)* im späteren Rechte abgenommen hatte (Gajus I, 158: *Quia civilis ratio civilia quidem jura corrumpere potest, naturalia vero non potest)*, suchte man den Namen der *capitis diminutio minima* des Emancipierten auf andere Art zu erklären. Dig. IV, 5 de capite minutis fr. 3 § 1 (Paulus): *Emancipato filio et ceteris personis capitis minutio manifesto accidit, cum emancipari nemo possit, nisi in imaginariam servilem causam deductus.* (Vgl. über den Sinn der letzten Worte unten §§ 56. 57 S. 214. 218.)

[1] Nur vom Vater, nicht von der Mutter gilt das Wort Ulpians, Dig. L, 16 de verb. signif. fr. 195 § 2: *Cum paterfamilias moritur, quodquot capita ei subjecta fuerint, singulas familias incipiunt habere.*

[2] Dig. L, 16 de verb. signif. fr. 195 § 5 (Ulpianus): *Mulier autem familiae suae et caput et finis est.*

[3] Dig. I, 6 de his qui sui juris sunt fr. 4 (Ulpianus): *Qui ex me et uxore mea nascitur, in mea potestate est.*

spätrömischen Zeit die Familie nicht mehr ein Glied der Volkgemeinde ist, so hat Justinian die Erb- und Vormundschaftsrechte der Agnaten beseitigt und die mütterlichen Verwandten den väterlichen gleichgestellt.[1] Dadurch verschmolzen die Familien untereinander und verloren mit ihrer früheren Geschlossenheit auch ihre frühere Macht.[2]

βββ) Die künstliche Erzeugung der väterlichen Gewalt.

§ 56.

I. Die beiden Hauptformen einer künstlichen Erzeugung der väterlichen Gewalt sind die Kindesannahme *(adoptio)* und die Erhebung des unehelichen Kindes zum ehelichen *(legitimatio)*. Jene ist uralt, diese eine Ausgeburt der mildherzigen Bestrebungen des spätrömischen Rechtes. Eine dritte Form, bei der der Vater mit seinen Kindern zugleich das römische Bürgerrecht und dadurch auch die Gewalt über sie erlangte, gehört dem veralteten Rechte der *Latini Juniani* an. (S. oben S. 186.)[3]

II. Die Adoption (Wahlkindschaft)[4] konnte seit ältester Zeit in der Annahme entweder eines gewaltfreien Kindes *(adrogatio)* oder eines fremden Hauskindes bestehen.[5] Sie diente zur Kräftigung der Geschlechter, denen es am Nachwuchs fehlte, auch wohl, namentlich in späterer Zeit,[6] dazu, die natürlichen Nachteile der Kinderlosigkeit zu mindern.

---

[1] Das Mutterrecht (d. h. die Zusammengehörigkeit der von der Mutterseite her Verwandten) ist der richtigen Meinung nach dem römischen Gemeinwesen immer fremd gewesen. Eine Erörterung dieser zweifelhaften Ausgeburt einer niedrigen Bildungsstufe gehört daher nicht hierher. Vgl. hierzu Bernhöft, Zeitschr. für vergleich. Rechtswissenschaft. VIII. S. 401. Cuq, Les institutions juridiques des Romains. 1891. S. 69 ff.

[2] Über die Behandlung der Familie im alten und im neueren römischen Rechte vgl. Voigt, Röm. Rechtsgeschichte I. § 12 S. 113 ff.

[3] Wenn bei der Eheschließung ein Römer bei dem anderen Teile, der dem Stande der *Latini Juniani* angehörte, ein römisches Bürgerrecht irrigerweise vorausgesetzt hatte, und wenn ein latinisches Ehepaar ein einjähriges eheliches Kind aufzuweisen vermochte, so konnte der Gatte Bürgerrecht und väterliche Gewalt erlangen, wenn er dem Magistrate den Sachverhalt nachwies *(causae probatio erroris causa et per anniculum)*. Gajus I, 29 ff. 67 ff. 93 ff. Näheres bei v. Czyhlarz, Lehrbuch der Institutionen. 2. Aufl. S. 245 ff.

[4] Vgl. zu dem Folgenden des Verf. Artikel *adoptio* und *adrogatio* in Paulys Realencyklopädie der klassischen Altertumswissenschaft (neue Ausgabe von Wissowa) und die dort Angeführten, ferner Karlowa, Röm. Rechtsgeschichte II, 1. S. 93 ff. 243 ff.

[5] Dig. I, 7 de adoptione fr. 1 § 1 (Modestinus): *Adoptantur filiifamilias, adrogantur, qui juris sui sunt.* Eine eingehendere Vergleichung der beiden Formen siehe in Ulpians fr. VIII.

[6] Die Annahme unmündiger Waisenkinder war dem ältesten Rechte fremd.

a) Die *adrogatio*, die der Volksgenossenschaft ein Familienhaupt entzog und es in die Familie des Wahlvaters einreihte, mußte durch *rogatio populi in comitiis calatis* geschehen,[1] nach der sie *adrogatio* hieß.[2]

Neben der Arrogation unter Lebenden erwähnen einzelne Quellenstellen auch noch eine *adoptio per testamentum*, deren Fähigkeit, agnatische Familienrechte zu verleihen, mit Unrecht bestritten wird.[3] Dem spätrömischen Rechte ist diese Form der Kindesannahme allerdings fremd.

Das Bestätigungsrecht des Volkes zog späterhin der Kaiser an sich *(adrogatio per rescriptum principis)*, wodurch dieses Geschäft auch Frauen und Kindern möglich wurde.[4] Dadurch entstand das Bedürfnis, unmündige Waisenkinder gegen unredliche Arrogationsgelüste falscher Freunde zu schützen. Es geschah dies von seiten des Kaisers Antoninus Pius durch mehrfache Sondervorschriften.[5]

b) Die Annahme fremder Hauskinder in die eigene Gewalt vollzog sich späterhin ohne Volksgenehmigung *(imperio magistratus)*. Daß dagegen in der ältesten Zeit bei dieser Abänderung des Familienstandes die *comitia calata* gefragt worden sind, wird mit gutem Grunde neuerdings vielfach vermutet.[6]

Aus dem Streben, diese umständliche Verhandlung zu umgehen, würde es sich wohl erklären lassen, daß die *adoptio*, soweit wir sie kennen, uns nur in der Form eines simulierten Geschäftes entgegentritt,[7] nämlich als ein Scheinverkauf, bei dem der Vater sein Kind

[1] Die Form des Antrages an die Volksversammlung überliefert uns Gellius, Noctes atticae V, 19, 9: *Ejus rogationis verba haec sunt: Velitis, jubeatis, uti L. Valerius L. Titio tam jure legeque filius siet, quam si ex eo patre matreque familias ejus natus esset, utique ei vitae necisque in eum potestas siet, uti patri endo filio est. Haec ita uti dixi, ita vos Quiritis rogo.*

[2] Gajus I, 99: *Quia et is, qui adoptat, rogatur, id est interrogatur, an velit eum, quem adopturus sit, justum filium esse: et is, qui adoptatur, rogatur, an id fieri patiatur, et populus rogatur, an id fieri jubeat.*

[3] Vgl. des Verf. angeführten Artikel *adoptio* Abs. 2 (oben S. 212 Anm. 4) und die dort Angeführten, auch Cuq, Les institutions juridiques des Romains. 1891. S. 236. Das berühmteste Beispiel ist die Kindesannahme des Octavian im Testamente des C. Julius Caesar. App. b. civ. III. 14. 94. Dio Cass. XLV, 3. 4. 5. Ein solches Testament bedurfte der Bestätigung durch die Kurien, vgl. v. Czyhlarz, Lehrbuch der Institutionen. 2. Aufl. S. 247 Anm.

[4] Dig. I, 7 de adopt. et emancip. fr. 21 (Gajus): *Nam et feminae ex rescripto principis adrogari possunt.*

[5] Gajus I, 102. Näheres siehe im Institutionentexte I, 11 § 3.

[6] Vgl. Sohm, Institutionen. 4. Aufl. S. 418. Dernburg, Pandekten III. § 30 Anm. 3.

[7] Gajus I, 134. Vgl. Karlowa, Röm. Rechtsgeschichte II, 1. S. 242 ff.

aus seinem Hause hinausgab, und ein nachfolgender Scheinprozeß, in dem der Wahlvater das Kind als das seinige dem Scheinkäufer abstritt und dieser sich verurteilen ließ.[1] Bei Söhnen mußte der Vater einen dreifachen Scheinkauf vornehmen, um zu dem gewünschten Ziele zu gelangen. Den ersten beiden Verkäufen folgte dann jedesmal eine Freilassung von seiten des Scheinkäufers, durch die das Kind zunächst in die Herrschaft seines Vaters zurückfiel; erst der dritte Verkauf zerstörte die väterliche Gewalt nach dem Zwölftafelsatze: „*pater si filium ter venumduit, filius a patre liber esto*".[2]

Man sieht neuerdings den ursprünglichen Zweck dieses Satzes in einer Bestrafung des Vaters, der seinen Sohn zu dreifacher Vermietung mißbraucht hatte.[3] Es ist aber auch sehr wohl möglich, daß der Zwölftafelsatz eine Regelung des Emancipationswesens bezweckte. Von alters her muß es nämlich dem Gewalthaber, dem der Vater seinen Sohn zu vorübergehender Unterthänigkeit (*mancipium*) hingegeben hatte, erlaubt gewesen sein, diesen Sohn freizulassen, wenn etwa dessen Vater während dieses Unterthänigkeitsverhältnisses gestorben war (*si filius a patre liber erat*). Wenn nun die zwölf Tafeln bestimmten, daß eine dreimalige Hingabe des Sohnes und eine dreimalige Freilassung, die sich daran anschloß, den Sohn vom Vater freimachen soll, so gaben sie damit die Möglichkeit einer Emancipation auch bei Lebzeiten des natürlichen Vaters.

Diese macht es zugleich möglich, auch eine *datio in adoptionem* auf ähnliche Weise vorzunehmen für den Fall, daß das vom Vater befreite Kind nicht in die Gewaltfreiheit entlassen wurde, sondern statt dessen in die Hausherrschaft eines neuen Vaters, des Wahlvaters, kam.

Der Zweck einer solchen Vorschrift läßt sich sehr wohl ohne die Vermutung eines Strafzweckes daraus allein erklären, daß man die Verantwortung für den Austritt des Sohnes aus seiner agnati-

---

[1] Eine Form der schon oben S. 176 Anm. 2 erwähnten *in jure cessio:* Gajus I, 134: *Ab eo is, qui adoptat, vindicat apud praetorem, filium suum esse, et illo contra non vindicante a praetore vindicanti filius addicitur.*

[2] Tab. IV, 2 in Bruns, Fontes ed. VI p. 21. Gajus I, 132.

[3] v. Ihering, Geist des röm. Rechts. 4. Aufl. II. S. 185. Es ist dies jetzt wohl herrschende Meinung. Sohm, Institutionen. 4. Aufl. S. 33. v. Czyhlarz, Lehrbuch der Institutionen. 2. Aufl. S. 240. 248. Was wir von der altrömischen Sitte wissen, stimmt jedoch nicht recht zu der Annahme, daß ein solcher Mißbrauch der väterlichen Gewalt häufig genug war, um eine Strafbestimmung nötig zu machen. Es würde das auch eine recht eigentümliche Strafe gewesen sein, da von ihr der Helfershelfer des Schuldigen, der Käufer des Sohnes, zunächst den Hauptvorteil gehabt haben würde.

schen Familie und für die schwerwiegenden Folgen dieses Schrittes nicht bloß dem Vater allein, sondern auch noch einem Unparteiischen auflegen wollte. Daß keine der beiden bedeutsamen Erklärungen, die Weggabe des Kindes von seiten des Vaters und die Freigabe des Kindes von seiten des vorübergehenden Gewalthabers, überstürzt werden durfte, ist sicherlich zu begreifen. Darum mußten sie dreimal erfolgen, wie auch sonst schwerwiegende Äußerungen einer dreifachen Vornahme bedurften.[1] — Vielleicht prüfte sogar der vorübergehende Gewalthaber in alter Zeit den Sohn zunächst darauf hin, ob er dazu geeignet sei, aus der Zucht des väterlichen Hauses herauszutreten, ehe er ihn freiließ.[2]

Mit Töchtern und Enkeln nahm man es nicht so streng; wahrscheinlich weil bei ihnen das Bedürfnis einer Loslösung aus der väterlichen Gewalt häufiger vorlag. So z. B. mögen oft zunächst die Söhne allein emancipiert worden sein, und später, wenn sie sich (etwa in einer Kolonie) einen Hausstand gegründet hatten, ihre Frauen oder ihre Kinder, um ihnen nachzureisen. Insbesondere mögen auch Bräute aus der väterlichen Gewalt entlassen worden sein, um sich zur Eheschließung mit ihrem Bräutigam in die Fremde zu begeben. Auch mögen die Enkelkinder vielfach vom Großvater dem zunächst allein emancipierten Sohne, ihrem natürlichen Vater, hinterher in die väterliche Gewalt hingegeben worden sein. Alles dies erklärt, warum man mit der Fortgabe dieser Hausgenossen aus der Gewalt des Hausherrn weniger Umstände machte als mit derjenigen von Söhnen.[3] Bei der Dürftigkeit der Quellen muß dahingestellt

---

[1] So z. B. wenn der Pfandgläubiger durch dreifache Mahnung des Pfandschuldners ein Verkaufsrecht am Pfande erwirkt (Dig. XIII, 7 de pigneraticia actione fr. 4), ferner, wenn die Obrigkeit zunächst dreimal eine Vorladung erläßt *(evocatio tribus edictis)*, ehe Ungehorsamsfolgen eintreten (Pauli rec. sententiae V, 5a, 7). Es erinnert dies unwillkürlich an den bekannten Aberglauben über die Erfordernisse der Teufelsbeschwörung. Vgl. ferner Tab. II, 3. III, 5. 6. Bruns, Fontes ed. VI. S. 20. 21 und hierzu des Verf. Ausführungen in den Festgaben der Marburger juristischen Fakultät für Wetzell. 1890. S. 148 ff.

[2] Darauf deutet möglicherweise hin Gajus I, 141: *Ac ne diu quidem in eo jure detinentur homines, sed plerumque hoc fit dicis gratia uno momento.* Noch deutlicher aber spricht für eine längere Dauer der Zeit, in der ursprünglich der *pater fiduciarius* die Tauglichkeit des Kindes zur Befreiung von der väterlichen Gewalt zuweilen geprüft haben mag, Gajus I, 135. Anders erklärt diese Dauer v. Ihering, Geist des röm. Rechts II, 2. 4. Aufl. S. 533: „Es lag in der römischen Weise, auch eine Komödie mit einem gewissen Ernst und Anstand aufzuführen.“ Obwohl dies richtig ist, so pflegte doch der nüchternpraktische Sinn dieser Römer Ausartungen eines solchen Strebens vorzubeugen.

[3] Vgl. Gajus I, 132: *Emancipatione desinunt liberi in potestate parentum*

bleiben, ob diese Erleichterung des Austrittes aus der väterlichen Gewalt für Töchter und Enkel auf altem Gewohnheitsrechte beruhte oder auf einer Bestimmung des Zwölftafelgesetzes oder auf dessen Auslegung.[1]

Im justinianischen und im heutigen Rechte vollzieht sich die Adoption in der Form eines gerichtlichen Vertrages.[2] Diese Erleichterung eines Geschäftes, das dem beteiligten Kinde keineswegs immer ungefährlich ist, fand jedoch ihr Seitenstück in einer Abschwächung seiner Rechtsfolgen. Ursprünglich hatte die Annahme eines fremden Kindes die volle Wirkung einer Arrogation gehabt. Dies war nun bereits unmöglich bei der Annahme eines Kindes von seiten einer Frau, einem Geschäfte, das dem späteren Rechte angehört. Diese Annahme konnte eine Gewalt nicht begründen; denn eine mütterliche Gewalt ist dem römischen Rechte fremd.[3] Darum entstand hier nur ein erbrechtliches Kindesverhältnis. Justinian hat aber auch sonst der Annahme von Kindern aus einer fremden Familie (der sog. *adoptio minus plena*) nur eine einzige Wirkung belassen, die Gewährung eines gesetzlichen Kindeserbrechtes gegenüber dem Wahlvater.[4] Nur da, wo jemand einen eigenen Abkömmling an Kindesstatt annimmt, dieser also nicht in ein fremdes Haus eintritt, sondern nur im eigenen seine Stellung wechselt (z. B. aus einem Enkel ein Sohn wird), da soll die Kindesannahme noch immer vollwirksam sein *(adoptio plena)*, weil hier die natürliche Liebe zwischen den Beteiligten gegen eine unvernünftige Kindesannahme Sicherheit bietet.[5]

---

esse, sed filius quidem tribus mancipationibus, ceteri vero liberi, sive masculini sexus sive feminini una mancipatione exeunt de parentum potestate. Lex enim XII tabularum tantum in persona filii de tribus mancipationibus loquitur his verbis, si pater filium ter venumduit, a patre filius liber esto.

[1] Das letztere wird mit Recht meistens angenommen. Es ist wohl das Natürlichste. Die XII Tafeln mögen es für Töchter und Enkel zunächst bei der alten Emancipation durch Volksschluß belassen haben.

[2] Cod. VIII, 47 (48) de adopt. c. 11 (JUSTINIAN): *Praesente eo qui adoptatur et non contradicente nec non eo qui eum adoptat.*

[3] Eine solche Gewalt, d. i. eine Steigerung der mütterlichen Vormundschaft, will der Entwurf des deutschen bürgerlichen Gesetzbuches jetzt einführen (§§ 1538 ff.). Vgl. auch Code civile art. 372 ff.

[4] Hierin lag eine offensichtliche Ungunst gegen das Bestreben, die eigene Familie durch Aufnahme fremder Glieder zu kräftigen, die den Bestrebungen des spätrömischen Rechtes durchaus entspricht. Vgl. oben S. 127.

[5] Siehe § 2 des Institutionentextes (I, 11 de adopt.): *Quia in unam personam concurrunt et naturalia et adoptionis jura.*

Gegen unerwünschte *adrogationes* und *adoptiones* gab das römische Recht den agnatischen Verwandten des Adoptivvaters keinen Schutz.[1]

III. Adoptionsschranken sichern gegen die Herstellung unpassender und namentlich unnatürlicher Abhängigkeitsverhältnisse *(adoptio naturam imitatur).* Einem mehrfachen Ein- und Austritte derselben Person in ein fremdes Haus beugt das Recht vor.[2] Der Altersunterschied zwischen Wahlvater und Wahlkind muß 18 Jahre (eine *plena pubertas*) betragen. Dem Kastraten, dem eine offensichtliche Unfähigkeit zum natürlichen Erwerbe väterlicher Rechte fehlt, wird vom römischen Rechte auch der künstliche Erwerb der Vaterrechte ebenso versagt, wie die Stellung eines Gatten.[3]

IV. Die Möglichkeit einer *legitimatio* war ein Vorrecht der Konkubinenkinder *(naturales liberi)*, das der christlichen Kaiserzeit entstammt. Es ist in Deutschland auf alle unehelichen Kinder ausgedehnt worden. Eine (bei uns veraltete) Ausgeburt der beklagenswerten Lage der *decuriones* in den spätrömischen Stadtgemeinden,[4] der Folge ihrer Haftung für die einzutreibenden Steuern war der Erwerb ehelicher Kindschaft seitens der *curiae dati*, der zu Dekurionen gemachten oder mit Dekurionen verheirateten unehelichen Kinder (sog. *legitimatio per oblationem curiae*).[5] Erhalten hat sich dagegen die Legitimation durch nachfolgende Ehe mit der Mutter des unehelichen Kindes *(per subsequens matrimonium)* oder durch eine Verfügung des Herrschers *(per rescriptum principis).*[6] Das römische Recht gewährt den Verwandten des Vaters keinen Schutz gegen einen unerwünschten Familienzuwachs aus einer solchen Begründung ehelicher Kinderrechte.[7] (Anders neuere Gesetzbücher.)

---

[1] Anders § 1620, 2 des Entwurfes des bürgerlichen Gesetzbuches f. d. D. R. im Sinne des neueren Rechtes.

[2] Dig. I, 7 de adopt. fr. 37 § 1 (Paulus): *Eum, quem quis adoptavit, emancipatum vel in adoptionem datum iterum non potest.*

[3] Vgl. hierüber oben § 52 S. 202 c und Dig. I, 7 de adopt. fr. 15 § 2 (Ulpianus): *In adrogationibus cognitio vertitur, num forte minor sexaginta annis sit, qui adrogat, quia magis liberorum creationi studere debeat.*

[4] Vgl. oben S. 122 Anm. 6 u. 7.

[5] Siehe den Institutionentext I, 10 §. 13.

[6] Cod. V, 27 de natural. liberis c. 11 § 3. (Justinianus): *Et multo magis, si quis mulierem, quam in contubernio suo habuerat, praegnantem fecerit, postea autem adhuc gravida muliere constituta dotalia fecerit instrumenta et puer vel puella editus vel edita est, justa patri suboles nascatur.*

[7] Es zeigt sich auch hierin die spätrömische Ungunst gegen die Macht einzelner Familien. S. oben S. 127 und auf dieser Seite (217) oben Anm. 1.

γ) Der Verlust der väterlichen Gewalt (Inst. I, 12).

§ 57.

I. Grundgedanke. Da die Römer von einer politischen Bedeutung der Familie ausgingen, so bildete für sie die Hauskindschaft ein Verhältnis für das ganze Leben, nicht ein bloßes Erziehungsmittel, und dies dauerte daher grundsätzlich so lange, als Vater und Kind lebten, oder bis der Vater in einer gesetzlich anerkannten Form auf sein Recht verzichtete. Eine solche Form war ursprünglich die *datio filiae in manum*, vielleicht auch der Verkauf eines unmündigen Kindes in das Ausland, der schon vor Diokletian wieder beseitigt wurde.[1] Die Verstoßung *(abdicatio)* von Kindern, die dem griechischen Rechte eigentümlich war, kennt das römische Recht nicht.[2]

Hauptsächlich dienten die *datio in adoptiouem* und die *emancipatio* der Loslösung des Kindes von der väterlichen Gewalt.[3]

Die *emancipatio* ist die Entlassung des Kindes aus der Hausabhängigkeit. Sie vollzog sich in älterer Zeit mit ähnlichen schwerfälligen Förmlichkeiten, wie die *datio in adoptionem*, nur folgte hier dem Scheinverkaufe, der die bisherige Gewalt zerstörte und bei Söhnen ein dreimaliger sein mußte,[4] nicht, wie bei der *adoptio*, die Annahme des Kindes von seiten eines Dritten nach, sondern vielmehr statt dessen eine Freilassung durch den sog. *pater fiduciarius*, d. i. den Scheinkäufer *(extraneus manumissor)*. Dadurch erhielt dieser fremde Geschäftsgehilfe dem Kinde gegenüber die Stellung eines Patrons. Um dies zu verhindern, wurde es üblich, das vom Vater losgelöste Kind nicht freizulassen, sondern es dem Vater zurückzuverkaufen. Dieser Rückverkauf gab dem Erwerber nicht mehr seine frühere Gewalt, die er unwiederbringlich verloren hatte, sondern nur diejenige des Rückverkäufers, und kraft ihrer konnte er, was er als Vater nicht vermocht hatte, nämlich das Kind selbst

---

[1] Vgl. oben S. 191 Anm. 7.

[2] Vgl. des Verf. Artikel *abdicatio* in PAULYS Realencyklopädie (neue Ausgabe, besorgt von WISSOWA).

[3] Wenn man an die altrömische Sitte der Koloniengründung denkt, bei der es sich um Auswanderungen auf Nimmerwiedersehen handelte, so kommt man zu der Überzeugung, daß diese Loslösungen von Vater und Kind uralt und wahrscheinlich Sache des Volksbeschlusses waren. Später entstanden ist hierbei nur die Form des Verkaufes und der nachfolgenden Freilassung. Über ihren Zweck vgl. oben S. 213 ff.

[4] Vgl. § 56 und ULPIANUS X, 1: *Liberi parentum potestate liberantur emancipatione, id est si posteaquam mancipati fuerint, manumissi sint.*

freilassen und dadurch Patronatsrechte erwerben.[1] Er hieß dann *parens manumissor.*[2]

Justinian stellte auch hier an die Stelle dieser Umschweife eine gerichtliche Erklärung des Vaters *(emancipatio Justiniana)*, nachdem schon Anastasius eine Entbindung von der väterlichen Gewalt durch Kaiserreskript zugelassen hatte *(emancipacio Anastasiana)*.[3]

II. Zur Strafe des Vaters konnte die väterliche Gewalt durch einen obrigkeitlichen Zwang zur Emancipation beseitigt werden,[4] sie erlosch nach spätrömischem Rechte ohne weiteres in einigen wenigen Ausnahmefällen, z. B. wegen Aussetzung des Kindes.

III. Die Berufsstellung des Kindes befreite es von der väterlichen Gewalt nur, wenn es *flamen Dialis* oder *virgo vestalis* wurde,[5] im Justinianischen Rechte bei seinem Aufsteigen zur Würde eines Bischofs oder Patriciers. Im deutschen Rechte wurden die Kinder von der Gewalt ihres Vaters ohne weiteres durch ihre wirtschaftliche Selbständigkeit frei, nach neuerem Sonderrechte sogar schon durch die bloße Großjährigkeit.[6]

IV. Daß der bürgerliche Tod des Vaters oder des Kindes

---

[1] Vgl. Gajus, Epit. 1, 6 § 3 (zu Gajus I, 132): *Tamen cum tertio manipatus fuerit filius a patre naturali fiduciario patri, hoc agere debet naturalis pater, ut ei a fiduciario patre remancipetur, et a naturali patre manumittatur, ut, si filius ille mortuus fuerit, ei in hereditate naturalis pater, non fiduciarius succedat.* Vgl. über diese „Krümmung" des Geschäftes v. Czyhlarz, Lehrbuch der Institutionen. 2. Aufl. S. 251.

[2] Die Gleichstellung eines solchen Vaters mit einem Patron war übrigens keine unbedingte. Vgl. Dig. XXXVII, 15 de obsequiis fr. 10 (Tryphoninus): *Nec quisquam dixit jurejurando obligari filium patri manumissori ut libertum patrono: nam pietatem liberi parentibus, non operas debent.*

[3] Cod. VIII, 48 (49) de emanc. c. 5 (Anastasius): *Infantes . . . et sine consensu etiam hoc modo sui juris efficiuntur.*

[4] Dig. I, 7 de adopt. fr. 32 (Papinianus): *Nonnunquam autem impubes qui adoptatus est audiendus erit, si pubes factus emancipari desideret idque causa cognita per judicem statuendum erit.* Vgl. jedoch auch Inst. I, 12 § 10, woselbst das „*paene*" zu beachten ist.

[5] Gajus I, 130. Gellius, Noctes atticae I, 12 §§ 9. 13. Diese Befreiung vollzog sich „*sine capitis deminutione*" (Gellius a. a. O.), d. h. ohne Verlust der agnatischen Familienrechte. Vgl. oben S. 210 Anm. 6). A. M. Karlowa, Röm. Rechtsgeschichte II, 1. S. 264 ff. Die Erbrechte der *virgo Vestalis* wurden allerdings dadurch beeinträchtigt, daß sie vom *pontifex maximus* zu ihrem geistlichen Berufe *veluti bello capta abducebatur* (Gellius I, 12 § 13); andere civilrechtliche Folgen des Verlustes der agnatischen Familienrechte scheinen jedoch nicht eingetreten zu sein. Vgl. Gajus III, 114.

[6] So der Entwurf des bürgerlichen Gesetzbuches für das Deutsche Reich § 1557. Vgl. Code civile art. 372, 384.

die väterliche Gewalt zerstörte, erklärt sich daraus, daß diese Gewalt ein Vorrecht des römischen Bürgers ist.[1]

b) Die Abhängigkeit von einem fremden Hausherrn.

§ 58.[2]

I. Die vorübergehende Abhängigkeit der Hauskinder von einem fremden Hausherrn ist im Justinianischen Rechte weggefallen, doch ist uns in dem Namen der Emancipation eine Erinnerung an diese Kinder *in mancipio* erhalten worden. Eine solche Abhängigkeit fremder Kinder im eigenen Hause wird erwähnt als die Folge der *noxae datio* eines Hauskindes. Dies war die Hingabe des Hauskindes vom Hausvater an einen Fremden, dem es einen Schaden zugefügt hatte,[3] ferner bei den Scheingeschäften zum Zwecke einer *datio in adoptionem* oder einer *emancipatio* (vgl. §§ 56. 57).[4] Wahrscheinlich aber war diese Rechtsform ursprünglich dazu bestimmt, entweder eine Abhängigkeit der freien Dienstboten von ihrer Herrschaft herzustellen oder auch, was wohl noch wahrscheinlicher ist (wenn es auch nicht bewiesen werden kann) dazu, Pflegekinder, die zur Erziehung einem befreundeten Hause anvertraut worden waren, unter die gebührende Aufsicht des Pflegevaters zu stellen.[5]

II. Die Rechtsstellung der Hauskinder im fremden Hause war, wie der Ausdruck *in mancipio* erweist, der *servitus* gleichartig, doch nicht völlig gleich. Die schuldige Rücksicht auf den freien Stand des abhängigen Kindes mußte vielmehr von dem vorübergehenden Gewalthaber beachtet werden, sonst machte er sich wegen Beleidigung haftbar.[6]

---

[1] GAJUS I, 129. ULPIANUS X, 3: *Neque autem peregrinus civem Romanum, neque civis Romanus peregrinum in potestate habere potest.*

[2] Vgl. v. IHERING, Geist des röm. Rechts II, 1. 4. Aufl. S. 163 ff. 184 ff. II, 2. S. 532 ff. KUNTZE, Kursus des röm. Rechts. 2. Aufl. 1879. § 797 S. 559. v. CZYHLARZ, Lehrbuch der Institutionen. 2. Aufl. S. 252. 253. KARLOWA, Röm. Rechtsgeschichte II, 1. S. 18. 233—249.

[3] Vgl. GAJUS, IV, 76 ff. Siehe unten § 163.

[4] GAJUS I, 123. Vgl. auch über ältere Scheingeschäfte dieser Art mit besonderem Zwecke LIVIUS XLI, 8.

[5] Es ist eine bekannte Sitte des Altertums, Söhne zu Erziehungszwecken eine Zeit lang im Hause eines Freundes leben zu lassen. Der Pflegesohn der späteren Zeit *(alumnus)* unterlag freilich keiner rechtlichen Gewalt des Pflegevaters. Vgl. SALKOWSKI, Lehrbuch. 6. Aufl. S. 162.

[6] GAJUS I, 141: *In summa admonendi sumus, adversus eos, quos in mancipio habemus, nihil nobis contumeliose facere licere.*

Wurde einem Verheirateten, der sich *in mancipio* befand, ein Kind geboren, so sollte der Rechtslage dieses Kindes keinesfalls aus der Abhängigkeit seines Vaters ein Nachteil erwachsen.[1]

III. Die Dauer dieser vorübergehenden Dienstbarkeit fremder Kinder hing nicht vom Belieben des Herrn ab. Vielmehr mußte sie aufgehoben werden, sobald ihr Zweck erfüllt war.[2]

Zweiter Abschnitt.
Die Unfähigkeit zu eigener Rechtsausübung (Bevormundung).

I. Die Bevormundung der Unmündigen (Inst. I, 13 §§ 1. 2).

1. Das Umfangsgebiet der römischen tutela.[3]

§ 59.

I. Bevormundung im weiteren Sinne ist die staatlich geregelte Fürsorge für Schutzbedürftige.[4] Sie erscheint in Rom in zwei Formen: *tutela* und *cura,* die dem Gegensatze von Vormundschaft und Pflegschaft in der neueren deutschen Redeweise nicht entsprechen.[5] Neuerdings unterscheidet man Vormünder und Pfleger nach dem Umfange der Schutzpflicht, und zwar dahin, daß der Vormund für alle Angelegenheiten seines Schützlings sorgen soll, der Pfleger nur für einzelne bestimmte. Dem römischen *tutor*

---

[1] Näheres s. GAJUS I, 135.

[2] Coll. leg. Mos. et Rom. II, 3: *Per hominem liberum noxae deditum si tantum adquisitum sit, quantum damni dedit, manumittere cogendus est a praetore.* Vgl. auch GAJUS I, 138—140. Hatte das Kind *in mancipio* keine Schuld zu sühnen, so fiel seine Abhängigkeit nach bestimmter Zeit (mit dem *lustrum*) fort. Seitenstücke dieses Satzes im mosaischen und im römischen Rechte in v. IHERING. Geist des röm. Rechts. 4. Aufl. II. S. 184 Anm. 274.

[3] Vgl. KARLOWA, Röm. Rechtsgeschichte II, 1. S. 75 ff. 269 ff.

[4] Vgl. v. CZYHLARZ, Lehrbuch der Institutionen. 2. Aufl. S. 254: „Die Vormundschaft ist ein Surrogat für die fehlende hausväterliche Gewalt." CICERO, De officiis. I, 25. GELLIUS, Noct. atticae V, 13: *Constabat ex moribus populi Romani.*

[5] Diese unrömische Redeweise beherrscht namentlich die preußische Vormundschaftsordnung vom 5. Juli 1875 und den Entwurf des bürgerlichen Gesetzbuches f. d. D. R.

konnten aber auch bloß einzelne Geschäfte anvertraut werden,[1] während manchen *curatores* (z. B. dem *curator furiosi*) alle Angelegenheiten des Schutzbefohlenen zugeteilt wurden.[2]

Das Unterscheidungsmerkmal des *tutor* gegenüber dem *curator* lag vielmehr darin, daß er ein Sittenpfleger war, dem eine Gehorsamspflicht geschuldet wurde.[3]

Dem Befehlsrechte des *tutor* unterstand die Person des Mündels. Ihm lag die Aufsicht über dessen ganze Lebensführung ob, nicht bloß die Sorge für sein Wohl. *Tutor personae datur, curator rei*, d. h. der *tutor* ist ein Befehlsherr, kein bloßer Besorger fremder Angelegenheiten.[4]

Diese Erziehungsgewalt des *tutor* fehlte allen *curatores*, auch dem *curator furiosi*, obwohl ihm nicht bloß eine Vermögenspflege, sondern auch die sonstige Fürsorge für das Wohl des Pfleglings anvertraut wurde.[5]

Die soeben erläuterte Redeweise der Römer ist bei uns in Vergessenheit geraten, daher sich der erwähnte unrömische Unterschied zwischen Vormund und Pfleger entwickelt hat. Die sachliche Verschiedenheit der den *curatores* obliegenden Fürsorge und den Befehlsrechten des *tutor* ist dadurch aber nicht beseitigt worden.

---

[1] Vgl. Institutionum I, 2 de auct. tut. § 3. Ulpianus, Fragm. 11, 22.

[2] Vgl. Dig. XXVII, 10 de curatoribus furioso et aliis extra minores dandis fr. 7 pr. (Julianus): *Consilio et opera curatoris tueri debet non solum patrimonium, sed et corpus et salus furiosi.*

[3] Dig. XXVI, 7 de administratione et periculo tut. fr. 12 § 3 (Paulus): *Cum tutor non rebus dumtaxat, sed etiam moribus pupilli praeponatur.* Ebenso Dig. XXVI, 1 de tutelis fr. 1 pr. (Paulus), übereinstimmend mit Inst. I, 13 de tutelis § 1: *Tutela est, ut Servius definit, vis ac potestas in capite libero ad tuendum eum, qui propter aetatem sua sponte se defendere nequit, jure civili data ac permissa.* Gewöhnlich betont man zu sehr, daß die *tutela* ursprünglich eine *potestas* (d. i. ein Privatrecht) und späterhin ein *onus* (d. i. ein öffentliches Amt) war. Vgl. z. B. v. Czyhlarz, Lehrbuch der Institutionen. 2. Aufl. S. 254. Salkowski, Lehrbuch der Institutionen. 6. Aufl. S. 179. Die Vormundschaft war und ist zu allen Zeiten beides; allerdings tritt in verwickelten Verhältnissen mehr die Last, in einfachen mehr die Gewalt in den Vordergrund. Diese Eigentümlichkeit teilt die *tutela* übrigens mit allen Herrschaftsverhältnissen.

[4] Die übliche Deutung dieses Rechtssprichwortes erläutert es daraus, daß der *tutor* seinem Schützlinge bei dem Abschlusse von Rechtsgeschäften gegenwärtig beistehen mußte, der Kurator auch abwesend derartige Geschäfte des Pfleglings genehmigen durfte (s. unten S. 234). Vgl. v. Czyhlarz, Lehrbuch der Institutionen. 2. Aufl. S. 255. Salkowski, Lehrbuch der Institutionen. 6. Aufl. S. 180.

[5] Siehe oben Anm. 2.

II. Die Weibervormundschaft. Vormünder mit Befehlsrechten giebt es im neuesten römischen Rechte nur für unmündige Waisenkinder, im älteren auch für gewaltfreie Frauen.[1] Dieses Verhältnis tritt uns jedoch in den Rechtsquellen bereits in verkümmerter Gestalt entgegen.[2] Der Thatkraft der Römerinnen gelang es schon früh, die Macht ihrer Vormünder herabzudrücken, die sie wohl ebensowenig ertragen mochten, als die Einflüsse des Censoramtes.[3]

Schon in der älteren Kaiserzeit erscheinen die *tutores mulierum* nicht mehr als Träger einer Befehls- oder Erziehungsgewalt, deren Dasein in alter Zeit überhaupt nicht bezeugt ist, sondern nur aus dem Namen *tutor* gefolgert werden kann. Ihre Macht liegt vielmehr lediglich nur noch darin, daß der Vormund bei gewissen Geschäften der Frau mitwirken muß.[4] Je mehr die Frauen in der steigenden

---

[1] Gajus I, 144: *Veteres enim voluerunt feminas, etiamsi perfectae aetatis sint, propter animi levitatem in tutela esse.* Nach der herrschenden Lehre diente die Weibertutela zunächst nicht dem Schutze der Frauen, sondern dem Besten ihrer Verwandten, deren Erbrechte durch den weiblichen Leichtsinn gefährdet schienen (v. Ihering, Geist des röm. Rechts. 4. Aufl. II. S. 189 ff. Hölder, Institutionen. 3. Aufl. S. 286, v. Czyhlarz, Lehrbuch der Institutionen. 2. Aufl. S. 259; Salkowski, Lehrbuch der Inst. 6. Aufl. S. 187). In Wahrheit wird sie wohl beiden Zwecken zugleich gedient haben.

[2] Pernice (M. Antistius Labeo I, S. 189) bemerkt durchaus zutreffend: „Die *tutela muliebris* muß man sich der *tutela impuberum* ursprünglich ganz gleichartig vorstellen. Sie erstreckte sich jedenfalls früher über das ganze Leben der Frau gleichmäßig.“

[3] Die Kämpfe Catos mit der römischen Frauenwelt sind bekannt.

[4] Vgl. Ulpianus, Fragm. XI, 27: *Tutoris auctoritas* (d. i. das Vollwort, durch das sich der Vormund als den verantwortlichen Urheber des Geschäftes ausgab) *necessaria est mulieribus quidem in his rebus. si lege, aut legitimo judicio agant, si se obligent, si civile negotium gerant, si libertae suae permittant, in contubernio alieni servi morari, si rem mancipii alienent.* Ulpianus, XI, § 25: *Pupillorum pupillarumque tutores et negotia gerunt et auctoritatem interponunt, mulierum autem tutores auctoritatem dumtaxat interponunt.* Über den Unterschied von *auctoritas* und *gestio* vgl. A. Pernice, Labeo I. S 184 ff. Jene ergänzt die Thätigkeit des Mündels, diese ersetzt sie. — Auffallend ist, daß zur *coemptio* nur die gesetzlichen Vormünder zustimmen mußten, nicht aber die letztwillig bestellten, vgl. oben S. 197 Anm. 2. Man kann dies daraus erklären, daß die Frauen das Recht der eigenmächtigen *coemptio* nur den letzteren abgetrotzt haben. Vielleicht aber war die *coemptio* darum des vormundschaftlichen Vollwortes nicht bedürftig, weil sie ursprünglich, als der Preis der Braut noch wirklich zugewogen wurde, bei gewaltfreien Frauen undenkbar war; denn alles, was jemand einem Mädchen gezahlt hätte, die zu gleicher Zeit in seine Gewalt kam, würde er an sich selbst geleistet haben. Arg. Gajus II, 88: *Cum ... mulier in manum convenit, omnes ejus res ... coemptionatori acquiruntur.* Vgl. oben S. 196. 197 A. 8. — Bechmann freilich meint, daß die eherechtliche *mancipatio* immer nur ein imaginäres Geschäft war. (Der Kauf. I. 1876. S. 167.)

Macht der Obrigkeit einen ausreichenden Schutz gefunden hatten, desto entbehrlicher wurde die Geschlechtsvormundschaft.[1] So kam es dahin, daß der Anteil der Weibervormünder an der Vermögensverwaltung der Frauen da, wo er erforderlich war, erzwungen werden konnte und die Frau ihrem Beschützer einen Einblick in ihre Angelegenheiten grundsätzlich verwehrte. Unter Claudius wurde sogar die Weibervormundschaft insoweit aufgehoben, als sie den Agnaten zukam, die mit ihrer Sorge für die Erhaltung des Familienreichtums den Frauen besonders unangenehm sein mochten.[2]

Dem Absterben dieses Schutzverhältnisses entsprach die Leichtigkeit, mit der das Amt des Weibervormundes von seinem Inhaber auf einen anderen übertragen werden konnte. Fand sich ein Nachfolger zu seiner Übernahme bereit, so durfte ihm der gesetzliche Weibervormund das Bevormundungsrecht mit Zustimmung des Magistrats überlassen.[3] Bei letztwilliger Bestellung eines Vormundes konnte sogar der Frau erlaubt werden, sich statt dieses Beschützers einen anderen zu wählen, entweder nur einmal *(optio angusta)* oder mehrmals *(optio plena)*.[4]

Schließlich verloren sich die letzten Spuren der Weibervormundschaft in der späteren Kaiserzeit, vielleicht zugleich mit dem öffent-

---

[1] Auf niedriger Bildungsstufe folgt das Bedürfnis nach einer Weibervormundschaft nicht bloß aus der *infirmitas sexus* (Ulpianus, Fragm. XI, 1), sondern auch aus der Unzulänglichkeit der Staatsgewalt. So hat auch innerhalb der deutschen Rechtsgeschichte die steigende Macht der Obrigkeit die Frauen von der Fürsorge besonderer Vormünder befreit. — Gajus I, 190 versteht weder den Zweck dieser Einrichtung, noch kennt er ihre ursprüngliche Gestalt: *Feminas vero perfectae aetatis in tutela esse, fere nulla pretiosa ratio suasisse videtur.* Gajus geht hierbei davon aus, daß gar keine Weibertutel besser sein würde, als eine so einflußlose, wie es die Frauenvormundschaft seiner Zeit war.

[2] Gajus I, 157 *(lex Claudia)*.

[3] Diese Übertragung geschah in der bekannten Form des Scheinprozesses *(in jure cessio)*, vgl. oben S. 176 Anm. 2. Karlowa, Röm. Rechtsgeschichte II, 1. S. 381 ff. Gajus I, 168: *Agnatis et patronis et liberorum capitum manumissoribus permissum est feminarum tutelam alii in jure cedere; pupillorum autem tutelam non est permissum cedere, quia non videtur onerosa, cum tempore pubertatis finiatur.* Diese Begründung befriedigt nicht. In Wahrheit galt eine einfache Abtretung des Vormundschaftsamtes wohl deshalb bei Unmündigen als unzulässig, weil die Gefahr, daß es einem unwürdigen Nachfolger überlassen werden könnte, bei Kindern schlimmer erscheinen mußte als bei Frauen. Vgl. hierzu auch Hölder, Institutionen. 3. Aufl. S. 283. v. Czyhlarz, Lehrbuch der Institutionen. 2. Aufl. S. 261. Karlowa, Röm. Rechtsgeschichte II, 1. S. 299.

[4] Gajus I, 150 ff. Pernice, M. Antistius Labeo I. S. 192. v. Czyhlarz, Lehrbuch der Institutionen. 2. Aufl. S. 260. Karlowa, Röm. Rechtsgeschichte II, 1. S. 154. 268.

lichen Gerichtsverfahren, in dem den Frauen ihre Vertretung durch einen Mann wohl oftmals erwünscht gewesen sein mag.

III. Die Alterstutel bezog sich auf Unmündige (*impuberes*, das sind männliche Kinder unter 14, weibliche unter 12 Jahren[1]), nicht aber auf Mündige unter 25 Jahren (sog. Minderjährige, d. h. *minores viginti quinque annis*). Doch konnte auch der Minderjährige sich einen *curator* (nicht aber einen *tutor*) bis zur Großjährigkeit erbitten.[2] Verpflichtet war er jedoch hierzu nicht, sondern erhielt wider seinen Willen einen *curator* nur in einigen Ausnahmefällen.[3]

Den ersten Anlaß zur Erbittung solcher Kuratoren gab die *lex Plaetoria* aus der Mitte des sechsten Jahrhunderts der Stadt, welche wegen der Übervorteilung von Minderjährigen[4] eine Haftung des Schuldigen und die Gewährung einer *exceptio (legis Plaetoriae)* anordnete. Ohne Angabe eines besonderen Grundes wurde der *curator* dem Minderjährigen sogar erst seit M. Aurel gegeben.[5]

In Deutschland wurde im 16. Jahrhundert die Fortdauer der Altersvormundschaft bis zur Großjährigkeit ausgedehnt, so daß die gegenwärtigen Vormünder aus *tutores impuberum* zu *tutores minorum* geworden und die *curatores minorum* dadurch weggefallen sind.

Hiernach hat man gewohnheitsrechtlich und in neueren Gesetzen auch die Handlungsfähigkeit der Minderjährigen auf diejenigen der Unmündigen herabgedrückt. Das römische Recht vermied dagegen eine solche Entmündigung erwachsener Personen. Allerdings gewährte es den mündigen Minderjährigen eine *restitutio in integrum*

---

[1] Näheres siehe unten § 64. ULPIANUS, Fragm. XI, 28. KARLOWA, Röm. Rechtsgeschichte II, 1. S. 173 ff. 271 ff.

[2] Der wirklichen Großjährigkeit steht die Verleihung der Großjährigkeitsrechte *(venia aetatis)* gleich. Konstantin verlangte für ihre Gewährung ein Alter von 20 Jahren bei Männern, von 18 bei Frauen (Cod. II, 44 (45) de his qui veniam aetatis impetraverunt c. 2 pr. § 1). Sie geschah nach römischen Rechten durch kaiserliche Verfügung, heutzutage erfolgt sie durch richterliche Anordnung.

[3] So bei Prozessen *(in litem)* und dem Empfange einer Zahlung von seiten des *minor*, wenn der Zahlende es wünschte. Dig. IV, 4 de minoribus fr. 7 § 2 (ULPIANUS): *Si minor conveniat debitorem adhibere debet curatores, ut ei solvatur pecunia. ceterum non ei compellitur solvere.*

[4] Wahrscheinlich eine civilrechtliche Haftung, vgl. PFAFF und HOFMANN, Fragmentum de formula Fabiana. Wien 1888. S. 38 ff., auch KRÜGER, Zeitschr. der Savignystiftung. Roman. Abt. IX, 149 ff. KARLOWA, Röm. Rechtsgeschichte II, 1. S. 271 ff. 306 ff. PUCHTA-KRÜGER, Institutionen. 10. Aufl. II. S. 74.

[5] CAPITOLINUS, Marcus X, 12: *De curatoribus vero, cum ante non nisi ex lege Laetoria vel propter lasciviam vel propter dementiam darentur, ita statuit ut omnes adulti curatores acciperent non redditis causis.*

gegenüber ihren Rechtsgeschäften, jedoch nur, falls sie dabei übervorteilt *(capti)* waren.[1] Ebendeshalb war es für sie nicht gefährlich, daß sie sich ohne weiteres verpflichten durften.[2] Veräußerungen dagegen waren den Minderjährigen versagt, sobald sie einen *curator* hatten, da sie ihren Gegenstand denen, die sie vornehmen, leicht völlig entziehen, so daß er nicht wieder auffindbar ist. Deshalb glauben viele, daß den Minderjährigen auch die Übernahme von Schulden ohne Zustimmung ihrer Kuratoren verwehrt gewesen sein muß und sie ohne diese über ihr Vermögen überhaupt nicht verfügen konnten.[3] Für fremde Vermögensmassen konnten sie jedenfalls auf Grund einer Vollmacht gültige Verfügungen treffen.[4]

2. Die Entstehung der Vormundschaft.

a) Letztwillige Vormundsbestellung (Inst. I, 13. 3—5. I, 14).[5]

§ 60.

I. Der Erwerb der Vormundschaft richtete sich in erster Linie nach dem letzten Willen des Gewalthabers, den der Vormund ersetzen soll.[6] Auch seinen Kindern im Mutterleibe darf der

---

[1] Dig. IV, 4 de minoribus viginti quinque annis fr. 1 § 1 (Ulpianus): *Praetor edicit: Quod cum minore quam viginti quinque annis natu gestum esse dicetur, uti quaeque res erit, animadvertam.*

[2] Dig. XLV, 1 de verbor. obl. fr. 101: *Puberes (etiam) sine curatoribus suis possunt ex stipulatu obligari.* Der Sinn dieser Stelle ist übrigens bestritten.

[3] Vgl. statt vieler Sohm, Institutionen. 4. Aufl. S. 136. 369. 5. Aufl. S. 140. 383.

[4] Man drückt dies vielfach (vgl. z. B. Sohm, a. a. O. Anm. 3) so aus, daß die mündigen Minderjährigen unter Vormundschaft zwar handlungsfähig, aber bezüglich ihres Vermögens verfügungsunfähig waren und noch sind. Der Redeweise des Volkes ist diese Unterscheidung zwischen Handlungs- und Verfügungsfähigkeit fremd. Im allgemeinen versteht man unter Handlungsfähigkeit die Fähigkeit, kraft Ermächtigung eines Rechtssatzes über die eigene oder eine fremde Rechtslage gültige Anordnungen zu treffen, und sondert diese Fähigkeit in die vollständige (unbeschränkte) und die unvollständige oder beschränkte Handlungsfähigkeit. Die Handlungsfähigkeit ist nicht zu verwechseln mit der Rechtsfähigkeit (siehe oben S. 168).

[5] Karlowa, Röm. Rechtsgeschichte II, 1. S. 276.

[6] Vgl. Ulpianus XI, 14: *Uti legassit super pecunia tutelave suae rei, ita jus esto.* Diese berühmten Zwölftafelworte sprechen darum von einer *tutela rei*, weil die schutzbedürftigen Nachkommen des Testators in der Regel auch sein Vermögen erbten (vgl. v. Brinz, Pandekten. III. 2. Aufl. S. 95). „Daß ein Erblasser, der unmündige Kinder hat, ihnen im Testamente einen Vormund einsetzt, ist, wie im römischen Recht, so auch in der ägyptischen Praxis der vornehmste Delationsgrund gewesen", bemerkt Gradenwitz im Hermes, Zeitschr.

sterbende Vater durch einen letzten Willen einen Vormund bestellen.[1] In dem seltenen Falle, daß ein Vater ein unmündiges Kind aus seiner Gewalt entlassen hatte,[2] verlor er nach der Vorschrift des Gesetzes mit seiner väterlichen Herrschaft das Recht letztwilliger Vormundsernennung, allein die Obrigkeit bestätigte trotzdem eine solche Ernennung ohne weiteres *(sine inquisitione)*, während der von einem anderen als dem Vater durch Testament ernannte Vormund nur nach vorheriger Prüfung der Sachlage *(ex inquisitione)* bestätigt werden konnte.[3]

Einer Bestätigung der vom Gewalthaber für seine Hauskinder bestellten Vormünder bedurfte es nicht. (Anders das deutsche Recht.) Bei Frauen *in manu* stand im älteren Rechte dem Gatten die Ernennung des Vormundes zu.[4]

II. Die Ernennungsform. Die Vormundsernennung mußte in einem Testamente geschehen oder in einer durch Testament bestätigten letztwilligen Urkunde (Kodizill). Die im neueren deutschen Rechte zugelassene letztwillige Vormundsbestellung in öffentlichen Urkunden, die weder den Formvorschriften für Testamente, noch denen für Kodizille genügen,[5] war den Römern unbekannt.

III. Die letztwillig ernannten Vormünder heißen zuweilen *tutores dativi (= testamentarii)*.[6] Anderweitig heißt aber *datio*

---

für klassische Philologie, XXVIII. S. 329. Veraltete Ernennungsformen siehe Gajus I, 149.

[1] Dig. L, 17 de reg. jur. 73 § 1 (Scaevola): *Nemo potest tutorem dare cuiquam nisi eis quem in suis heredibus, cum moritur, habuit habiturusve esset, si vixissit.* Vgl. aber auch Gajus I, 146.

[2] So etwas mag z. B. vorgekommen sein, wenn ein Großvater seinen Sohn emancipierte und in eine Kolonie geschickt, den unmündigen Enkel aber zunächst in der Gewalt zurückbehalten hatte, sodann aber, nachdem dessen Vater draußen sich einen Hausstand gegründet hatte, den Enkel emancipierte, um ihn seinem Vater nachzusenden. Wenn in einem solchen Falle der Vater des Kindes starb, so mochte der Großvater, der es emancipiert hatte, wohl das Bedürfnis fühlen, ihm für den Fall seines eigenen Todes einen Vormund zu ernennen.

[3] Dig. XXVI, 3 de confirm. tut. fr. 2 pr. (Neratius): *Mulier liberis non recte testamento tutorem dat: sed si dederit, decreto praetoris vel proconsulis ex inquisitione confirmabitur.* Vgl. auch fr. 1 § 2 eodem.

[4] Vgl. hierzu oben S. 224 Anm. 4.

[5] Vgl. z. B. § 17, 2 der preußischen Vormundschaftsordnung v. 5. Juli 1875

[6] So ausdrücklich in Ulpians Fragm. IX, 14: *Testamento nominatim tutores dati confirmantur lege duodecim tabularum his verbis: uti legassit super pecunia tutelave suae rei, ita jus esto: qui tutores dativi appellantur.* Auch unser Institutionentitel I, 13 spricht durchweg vom letztwilligen *dare* eines *tutor.*

tutoris nicht die letztwillige, sondern vielmehr die obrigkeitliche Ernennung des *tutor*.[1]

Diese letztere Redeweise gilt heutzutage als die eigentlich technische,[2] so daß man die *tutores dativi* grundsätzlich von den *testamentarii* unterscheidet.

b) Gesetzliche Vormundschaften (Inst. I, 15 und 16).[3]

§ 61.

I. *Tutela legitima* nennt man die Vormundschaft, welche in zweiter Linie dann eintritt, wenn es an einem letztwillig bestellten Vormunde fehlt. *Legitima* heißt sie, weil ihr Inhaber nicht durch eine besondere Willenserklärung bezeichnet ist, sondern durch das Gesetz.

Diese Vormundschaftsart diente nicht bloß dem Wohle des Mündels, sondern daneben auch demjenigen seiner Verwandten, welche als Vormünder für die Erhaltung eines Vermögens sorgten, das ihnen selbst vielleicht als Erbschaft zufallen konnte.[4]

Das altrömische Recht berief daher zu ihr den gesetzlichen Erben des Mündels, den nächsten männlichen Agnaten, der wahrscheinlich in älterer Zeit unter der obervormundschaftlichen Aufsicht der *gens*, später ohne Zweifel unter derjenigen des Magistrates stand.[5]

Was die Institutionen Justinians über die *tutela legitima* berichten, ist später durch Justinian selbst von Grund aus umgestaltet worden. Des Kaisers spätere Reformen haben die agnatische Erbfolge ebenso wie die agnatischen Vormundschaftsrechte in der *novella* 118 (und 127) völlig weggestrichen und kognatischen Verwandten übertragen (s. § 124). Seitdem ist auch die noch in den Institutionen scharf betonte Bedeutung der *capitis diminutio minima*, d. h. des Verlustes der agnatischen Familienrechte für das Vormundschaftsrecht nahezu bedeutungslos geworden.[6] Vielmehr raubt eine

---

[1] Vgl. Dig. XXVI, 1 de tutelis fr. 6 § 1 (ULPIANUS) und über diese Verschiebung des Sprachgebrauchs VOIGT, Röm. Rechtsgeschichte I. 1892. S. 837.

[2] Vgl. z. B. SOHM, Institutionen. 4. Aufl. S. 373. 5. Aufl. S. 386.

[3] KARLOWA, Röm. Rechtsgeschichte II, 1. S. 276 ff.

[4] So ausdrücklich Dig. XXVI, 4 de legitimis tutoribus fr. 1 pr. (ULPIANUS): *Ut qui sperarent hanc successionem, idem tuerentur bona, ne dilapidarentur.*

[5] GAJUS I, 155. Über den Begriff des Agnaten siehe oben S. 210, über die Erbrechte der Agnaten unten § 119.

[6] Vgl. über *capitis diminutio* oben S. 210.

Emancipation seit den genannten Novellen nur noch die künstlich begründeten Verwandtschaftsrechte zwischen dem Adoptivvater, sowie seinen Agnaten und dem adoptierten Kinde (ein Satz, dessen Fortdauer in Deutschland überdies nicht unbestritten ist).

Unpassend ist überhaupt die Stellung der *capitis diminutio* in Justinians Institutionen (ebenso in denen des Gajus I, 159 ff.). Sie erscheint als Tilgungsgrund der agnatischen Vormundschaftsrechte, während diese keineswegs die einzigen Rechte waren, die sie zerstörte.

II. Neben der gesetzlichen Berufung von Agnaten (später Kognaten) zur Vormundschaft giebt es noch drei andere gesetzliche Vormundschaften:

a) die Vormundschaft des Patrons und des Patronskindes.[1] Sie hieß *legitima*, weil sie durch die entsprechende Anwendung einer Erbrechtsvorschrift der 12 Tafeln gewonnen worden war, indem man einen grundsätzlichen Parallelismus zwischen den gesetzlichen Berufungen zur Erb- und zur Vormundschaft annahm (*ubi emolumentum hereditatis, ibi onus tutelae*).[2]

b) die Vormundschaft eines ehemaligen Hausvaters (*parens manumissor*) gegenüber dem emancipierten Kinde. Sie war eine Ausgeburt der alten Emancipationsform, welche, wie wir sahen,[3] dem Vater, falls er sie selbst vornahm, die Rechte eines *patronus* verschaffte.

c) die *tutela* der Brüder über ihre Geschwister, die von dem inzwischen verstorbenen Vater aus der Gewalt entlassen waren.[4] Sie kam ihnen *jure civili* nicht zu, da solche Brüder nicht mehr Agnaten ihrer emancipierten Geschwister waren. Nur in ihrer Eigenschaft als Kinder des *quasi patronus* (d. i. des gemeinsamen Vaters), der ihre Geschwister freigelassen hatte, konnten sie Vormundschaftsrechte geltend machen. Diese *tutela* heißt noch in Justinians Institutionen *fiduciaria*, weil sie ursprünglich aus dem *pactum fiduciae* herrührte, durch welches sich der Vater neben dem Scheinverkaufe des Kindes die Beihilfe des Käufers zu den ferneren Emancipationsverhandlungen sicherte. Es drängt sich hier die Frage auf, warum nicht der gleiche Name (*tutor fiduciarius*) auch dem *parens manu-*

---

[1] Dig. XXVI, 4 de legitimis tutoribus fr. 1 pr. (Ulpianus): *Legitimae tutelae lege duodecim tabularum adgnatis delatae sunt et consanguineis, item patronis, id est his qui ad legitimam hereditatem admitti possunt.*

[2] Vgl. oben in der Lehre von der *interpretatio* S. 24 Anm. 4.

[3] Vgl. oben S. 219 Anm. 1.

[4] Dig. XXVI, 4 de legit. tut. fr. 4 (Modestinus): *Quo (sc. patre) defuncto si liberi perfectae aetatis existant, fiduciarii tutores fratris vel sororis efficiuntur.*

missor zukam, da doch auch dieser seine Vormundschaft nicht unmittelbar aus dem Gesetze herleitete, sondern aus dem *pactum fiduciae* und der durch dieses *pactum* vermittelten Freilassung des Kindes. Trotzdem ist ein solcher Vater *tutor legitimus*.[1] Es rührt dies wohl daher, daß die *tutela* eines derartigen Patrons immerhin in einem gesetzlich anerkannten Rechte des *manumissor*, nämlich seiner väterlichen Gewalt, seine oberste Quelle hatte; hinsichtlich der erwähnten Vormundschaft der Brüder war dies aber nicht der Fall.

Durch die *novella* 118, c. 2, nach welcher die Brüder eines unmündigen Kindes schon als gesetzliche Erben zur Vormundschaft kommen können (s. § 124), ist deren außerordentliche *tutela fiduciaria* zwecklos geworden.

Das neuere deutsche Recht, in dem sich die Emancipationen und mit ihnen die Fälle einer Schutzbedürftigkeit der emancipierten Kinder und ihrer Abkömmlinge vermehrt haben, neigt dazu, nicht bloß früheren Hausvätern, sondern überhaupt Verwandten der aufsteigenden Linie gesetzliche Vormundschaftsrechte über ihre schutzbedürftigen Abkömmlinge einzuräumen, Seitenverwandten aber, die eine mindere Gewähr verwandtschaftlicher Zuneigung darbieten, die gleichen Befugnisse zu versagen.[2]

III. Einer Bestätigung der gesetzlichen Vormünder bedarf es zwar nach deutschem, nicht aber nach römischem Rechte (sog. *confirmatio juris Germanici*).

c) Obrigkeitliche Bestellung von Altersvormündern (Inst. I, 20).[3]

§ 62.

I. Entstehung. Das Bedürfnis zu einer Ernennung von Altersvormündern durch die Obrigkeit mußte überall da eintreten, wo weder ein letzter Wille dem Mündel einen Vormund setzte, noch ein zur Vormundschaft gesetzlich berufener Angehöriger vorhanden

---

[1] Dig. XXVI, 4 de leg. tut. fr. 3 § 10 (Ulpianus): *Si parens filium vel filiam vel nepotem vel neptem vel deinceps impuberes, quos in potestate habeat, emancipit, vicem legitimi tutoris sustinet.*

[2] Vgl. die Preuß. Vormundschaftsordnung vom 5. Juli 1875, § 12. 17, 5 und 6. Entwurf eines bürgerlichen Gesetzbuches für das Deutsche Reich § 1635, 3 und 4. Damit ist der Gedanke, daß die Vormundschaft nur dem Wohle des Mündels dienen soll, nicht demjenigen seiner Familie, völlig durchgedrungen.

[3] Karlowa, Röm. Rechtsgeschichte II, 1. S. 284 ff., Pernice, Parerga, Ztschr. der Savignystiftung. Roman. Abt. XIV. S. 177 ff.

war, oder auch da, wo es angemessen erschien, an die Stelle des eigentlich berechtigten Vormundes einen anderen zu setzen. Diese prätorische Vormundsernennung wurde durch besondere Gesetze geregelt,[1] und zwar war sie in Rom nach der *lex Atilia*[2] an eine Mitwirkung der Mehrheit der Volkstribunen geknüpft, während die Statthalter in den Provinzen nach einer *lex Julia et Titia* ohne jede derartige Beschränkung Vormünder bestellen durften.[3]

II. Die spätere Entwickelung beseitigte den Anteil der Tribunen an diesem Akte. Durch Kaiservorschrift erhielten zunächst die Konsuln, später der *praetor tutelaris* und der *praefectus urbi* ein Bestellungsrecht.[4] Die christliche Kaiserzeit betraute bei geringeren Vermögensmassen sogar die Municipalmagistrate mit der Vormundsbestellung, die sie im Vereine mit den ersten Stadtgeistlichen oder anderen Behörden vornehmen mußten.

In Deutschland ging das Bestellungsrecht auf die Gerichte über, die hierbei nach Partikularrecht durch besondere Behörden (Gemeindewaisenräte) unterstützt werden.[5]

III. Die obrigkeitliche Ernennung eines Weibervormundes beruhte gleichfalls auf der *lex Atilia*[6] und wurde durch Senatsschlüsse in einigen Fällen besonders angeordnet.[7]

IV. Da die Vormundsernennung in Rom geschehen mußte, so verlief öfters eine geraume Zeit, in der kein *tutor* vorhanden war. Von besonderer Wichtigkeit war daher die Haftung des *pro-*

---

[1] Dig. XXVI, 1 de tut. fr. 6 § 2 (Ulpianus): *Tutoris datio neque imperii est neque iurisdictionis, sed ei soli competit cui nominatim hoc dedit vel lex vel senatusconsultum vel princeps.*

[2] Nach diesem Gesetze heißt der obrigkeitlich bestellte Vormund „*tutor Atilianus*". Gajus I, 185.

[3] Vgl. über diese Gesetze Voigt, Röm. Rechtsgeschichte I. 1892. S. 887 ff. Voigt setzt das Alter des *lex Atilia*, das gewöhnlich auf 443 urbis verlegt wird, auf 587 urbis fest und sieht in der *lex Julia et Titia* zwei Gesetze, deren Alter er zu bestimmen sucht. Vgl. auch Karlowa a. a. O. S. 285.

[4] Näheres hierüber siehe bei Jörs, Untersuchungen zur Gerichtsverfassung der römischen Kaiserzeit. Festgabe für R. v. Ihering. 1892. S. 4 ff.

[5] Vgl. auch noch über die Pflicht, Vormünder zu erbitten, Dig. XXVI, 6 qui petant tutores fr. 2 § 2 (Modestinus): *Quae mater vel non petierit tutores idoneos filiis suis vel prioribus excusatis rejectisve non confestim aliorum nomina dederit, jus non habeat vindicandorum sibi bonorum intestatorum filiorum.*

[6] Ulpianus, Fragm. XI, 18: *Lex Atilia jubet mulieribus pupillisve non habentibus tutores dari.* Voigt, Röm. Rechtsgeschichte I. S. 887, bezieht Livius XXXIX, 19, 7 (Hispala Fecenia) auf die *lex Atilia*. Ebenso Karlowa, a. a. O. S. 285.

[7] Gajus I, 173. 180. 181. Ulpianus XI, 20. 22. 23.

tutor, d. i. des freiwilligen, unbeauftragten Vertreters eines fehlenden Vormundes.[1]

3. Die vormundschaftliche Vermögensverwaltung.[2]

§ 63.

I. Allgemeines. Überall und zu jeder Zeit sorgen die Vormünder für die Erhaltung und Pflege des Vermögens ihres Mündels, das sie neben ihm und statt seiner bewirtschaften dürfen[3]. Allein die Formen, in denen dies geschieht, namentlich die Fürsorge für die notwendigen Schuldversprechen, Veräußerungen und Rechtsstreitigkeiten, die das Mündelgut berühren, waren einem Wandel unterworfen. Einen reinen Erwerb kann der Mündel auch ohne Vormund machen.[4] Veräußerungen, die nicht in Schenkungen bestehen und sich in den Grenzen einer vernünftigen Verwaltung halten, sind dem Vormunde unbedingt gestattet.[5] Hinsichtlich des Erwerbes von Forderungen und der Übernahme von Schulden wich aber das römische Recht von dem unsrigen ab. Bei uns gilt hier durchweg die Zulässigkeit freier Stellvertretung vor Gericht und im Abschlusse von Rechtsgeschäften.[6] Das römische Recht besaß diesen Grundsatz noch nicht. Dies zeigte sich im Vormundschaftsrechte nicht minder, als bei der Verwendung solcher Vertreter, die von ihren Geschäftsherren beauftragt waren.

---

[1] So v. Ihering, Geist des röm. Rechts. 4. Aufl. II, 2. S. 271. Vgl. Dernburg, Pandekten III. § 53. 3. Aufl. S. 91.

[2] Vgl. auch Näheres über die Veräußerungsbefugnisse der Vormünder unten zu Institutionen II, 8 (§ 96 des Lehrbuches).

[3] Dig. XXVI, 7 de adm. tut. fr. 27 (Paulus): *Tutor, qui tutelam gerit quantum ad providentiam pupillarem domini loco haberi debet.* Ähnlich die bei Pernice, M. Antistius Labeo I. S. 185 Anm. 7 Angeführten.

[4] Gajus III, 107: *Alium sibi obligare etiam sine tutoris auctoritate potest.* Vgl. jedoch auch III. 109: *Sed quod diximus de pupillo, utique de eo verum est, qui jam aliquem intellectum habet* (d. i. der *infantia major*). Die Stelle ist im ferneren Inhalte lückenhaft. Vgl. auch Dig. XLVI, 6 rem pupilli fr. 6 (Gajus): *Nam si praesens sit et fari potest, etiamsi ejus aetatis erit, ut non intelligat quid agat, tamen propter utilitatem receptum est recte eum stipulari.*

[5] Cod. V, 37 de admin. c. 16 (Diocletianus und Maximianus): *Non omni titulo rerum pupilli potestatem alienandi tutores habent, sed administrationis tantum causa distrahentes, quae venum eis dare licet justam causam possidendi comparantibus praestant.*

[6] Ein klares Bild aller praktischen Folgen dieses Unterschiedes des römischen und des gegenwärtigen Rechtes, der übrigens vielfach ohne Grund in Abrede gestellt worden, ist nicht leicht zu erlangen. Es ist aber für das Verständnis der Quellen unerläßlich. Vgl. hierzu namentlich noch unten die §§ 96. 97. 170.

Bei uns prozessiert und kontrahiert der Vormund in der Regel allein für den Mündel und mit unmittelbarem Einflusse auf dessen Vermögen. Mitwirkung des Mündels bei diesen Handlungen ist zwar auch noch jetzt möglich, aber nicht geboten. Ebenso ist es auch bei uns zwar erlaubt, aber nicht nötig, daß der Vormund zunächst auf eigene Kosten oder mit Übernahme einer Schuld auf das eigene Vermögen für den Mündel ein Geschäft abschließt, um später mit ihm abzurechnen (sog. mittelbare Vertretung). Die Regel bildet aber heutzutage die unmittelbare Vertretung des Mündelgutes, zu der man den Vormund bei der Übernahme des Amtes ausdrücklich zu bevollmächtigen pflegt (durch ein sog. *tutorium*).

Anders das römische Recht. Vor Gericht tritt der Vormund entweder neben dem Mündel auf oder statt seiner.[1] Bei Geschäftsabschlüssen galt aber entweder eine mittelbare Vertretung, bei der der Vormund die für den Mündel hervorgerufenen Geschäftsfolgen zunächst auf sein Vermögen übernahm und später auf das Mündelgut übertrug, oder, was die Regel war, ein Zusammenwirken des Vormundes mit dem Mündel.[2] Dieses gemeinsame Vorgehen gab dem Mündel gegen willkürliche Handlungen des Vormundes einen Schutz, den ihm unser gegenwärtiges Recht, weil es dem Vormunde die alleinige Verfügung über das Mündelgut gewährt, nicht mehr zu geben vermag. Der Mündel erschien dabei als die eigentliche Geschäftspartei,[3] der Vormund aber als verantwortlicher Urheber *(auctor)* des Geschäftsabschlusses *(auctoritatem interponere)*.[4] Um

---

[1] Die rechtlichen Folgen der römischen Prozeßvertretung können erst unten (§ 170) erörtert werden, vgl. hierzu Dig. XXVI, 7 de administratione et periculo tutorum fr. 1 § 2 (Ulpianus): *Sufficit tutoribus ad plenam defensionem* (d. h. gegen den ihnen etwa drohenden späteren Vorwurf der Pflichtwidrigkeit), *sivi ipsi judicium suscipiant sive pupillus ipsis auctoribus.* Dig. XXVI, 7 de administratione et peric. fr. 3 (Marcellus): *Tutoris praecipuum est officium, ne indefensum pupillum relinquat.*

[2] v. Czyhlarz scheint anzunehmen (Lehrbuch der Institutionen. 2. Aufl. S. 257), daß der *tutor* nach altem Rechte die Befugnis freier und unmittelbarer Stellvertretung gehabt hat, weil er *vice domini* war. (Dig. XXVI, 7 de adm. tut. fr. 27, vgl. oben S. 232 Anm. 3.) Allein das „*vice domini esse*“ ist ein Vergleich und jeder Vergleich hinkt. Wenn der Vormund wirklich freie Vertretungsbefugnisse ohne Zuziehung des Mündels gehabt hätte, so würde sich wohl schwerlich das kunstvolle Recht der *auctoritatis interpositio* entwickelt haben. Vgl. auch das von Pernice über die ergänzende Natur der Vormundschaft Gesagte (M. Antistius Labeo I. S. 184).

[3] Anders heutzutage da, wo etwa der Vormund es für gut findet, den Mündel zum Geschäftsabschlusse zuzuziehen.

[4] Vgl. Pernice, M. Antistius Labeo I. S. 186: „*Auctor* bedeutet von jeher und ausnahmslos denjenigen, der eine mangelhafte Willenserklärung vermehrt,

in solcher Weise an der eigenen Vermögensverwaltung mitzuwirken, mußte der Bevormundete über die *infantia* (7 Jahre) hinausgekommen sein und dadurch die Fähigkeit zur Abgabe rechtsgeschäftlicher Erklärungen erlangt haben, ohne daß man im übrigen auf den Grad seiner geistigen Entwickelung Gewicht legte.[1] Der *tutor* mußte „*praesens auctor fieri*" d. h. die Verantwortlichkeit für die Gültigkeit des Geschäftes neben dem selbstthätigen Mündel übernehmen und ihm dadurch einen persönlichen Schutz gegen Übervorteilung bei dem Geschäftsabschlusse zuwenden.[2]

Bei Prozessen zwischen Vormund und Mündel bedurfte dieser eines besonderen *tutor praetorius*,[3] ungeachtet des Satzes: *Tutorem habenti tutor non datur*,[4] der für diesen Fall nicht galt.[5] Statt des *tutor praetorius* wurde später (etwa seit Wegfall des mündlichen Verfahrens?) ein bloßer Kurator bestellt.[6]

In unserer Zeit bewirkt die Befugnis des Vormundes zur unmittelbaren Vertretung des Mündels, daß die römische *auctoritas tutoris* dem gegenwärtigen Rechte fremd ist.

II. Die Oberaufsicht über die Vormundschaftsverwaltung war wohl ursprünglich eine Sache der *gens*, wo diese fehlte, vielleicht der Geistlichkeit, später sicherlich des Censors. Je mehr die Macht dieser Behörden abnahm und je mehr der Verkehr die größeren Familiengruppen zersprengte und die Vermehrung der Gerichtsbehörden die Obrigkeit dem Einzelnen näherrückte, desto mehr mußte ein Übergang der Obervormundschaft von den Verwandten des Schützlings auf den Staat vorteilhaft erscheinen.

---

voll macht", und hierzu Anm. 12 über verschiedene etymologische Versuche, sowie S. 187 über anderweitige Verwendung des Wortes *auctoritas*. Vgl. ferner über *auctoritas* Karlowa, Röm. Rechtsgeschichte II, 1. S. 164. 278 ff. 294. 374. 387 ff. 465 ff. A. Leist, *Auctoritas*, in Paulys Realencyklopädie für klassische Altertumswissenschaft (neue Ausgabe, besorgt von Wissowa).

[1] Dig. XXIX, 2 de acquir. vel omiss. hereditate fr. 9 (Paulus): *Pupillus si fari possit, licet hujus aetatis sit, ut causam adquirendae hereditatis non intellegat, quamvis non videatur scire hujusmodi aetatis puer (neque enim scire neque decernere talis aetas potest, non magis quam furiosus), tamen cum tutoris auctoritate hereditatem adquirere potest: hoc enim favorabiliter eis praestatur.*

[2] Daraus erklären viele das „*tutor personae datur*", siehe oben S. 222 Anm. 4.

[3] Gajus I, 184.

[4] Inst. I, 23 de curat. § 5.

[5] Eine andere Ausnahme siehe Ulpianus, Fragm. XI, 22.

[6] Inst. I, 21 de auct. tut. § 3.

III. Damit hängt zusammen, daß die mittelbare Vertretung der Mündel durch die Vormünder vielfach geradezu die Folgen einer unmittelbaren nach sich zog; denn die Obrigkeit gab den Mündeln aus Geschäften, die der Vormund ohne sie für das Mündelgut abgeschlossen hatte, unter Umständen *actiones utiles*,[1] und auch umgekehrt ließ man die Mündel aus Verpflichtungen, die der Vormund für ihr Vermögen übernommen hatte, mit *actiones utiles* belangen.[2]

Ferner verbot eine *oratio divi Severi* (195 n. Chr.)[3] die Veräußerung der Grundstücke auf dem Lande und der landwirtschaftlichen Grundstücke in der Stadt ohne obrigkeitliche Genehmigung.[4] Konstantin erschwerte die vormundschaftliche Verwaltung zur größeren Sicherung des Mündels dadurch, daß er dieses Verbot auf alle wertvollen Mündelsachen (mit wenigen Ausnahmen) erweiterte, eine Vorschrift, die wahrscheinlich mit der erleichterten Zugänglichkeit der richterlichen Behörden zusammenhing.[5]

In Deutschland hat sich das Recht, Veränderungen zu genehmigen, zu einer dauernden obrigkeitlichen Aufsicht über die Vormundschaftsverwaltung ausgedehnt. Das neuere Recht beschränkt jedoch die Zahl der Geschäfte, bei denen der Vormund der Zustimmung des Gerichts oder eines Gegen- oder Nebenvormundes bedarf.

4. Das Ende der Altersvormundschaft (Inst. I, 22).

§ 64.

I. Das natürliche Ende der Vormundschaft ist nach deutschem Rechte die Großjährigkeit, d. i. das vollendete 25., im neueren Reichsrechte das 21. Lebensjahr. In Rom erlosch die Vormundschaft mit der Mündigkeit. Diese wurde ursprünglich durch Beschluß der Familie geregelt,[6] später trat sie bei Frauen mit dem vollendeten

---

[1] Der Ausdruck *actio utilis* ist oben erklärt auf S. 80.

[2] Vgl. Näheres bei Windscheid, Pandekten II. § 442 Anm. 7. Aufl. S. 606.

[3] Wörtlich mitgeteilt von Ulpian (Dig. XXVII, 9 de reb. eor. fr. 1 § 2): „*Praeterea, patres conscripti, interdicam tutoribus et curatoribus, ne praedia rustica vel suburbana distrahant*" etc.

[4] Dernburg, Pandekten II. § 50 Anm. 1 erklärt diese Bevorzugung der unbebauten Güter aus der Feuersgefahr, die den Häusern drohte. Vielleicht hing sie aber auch damit zusammen, daß die unredliche Veräußerung eines Ackers leichter verborgen bleibt, als diejenige eines Wohnhauses, die eine größere Anzahl von Personen berührt und daher mehr Staub aufwirbelt, also seltener vorkommt.

[5] Cod. V, 37 de administratione tutorum et curatorum c. 22.

[6] Siehe des Verfassers Artikel *aetas* in Paulys Realencyklopädie der

12. Lebensjahre ein, bei Männern mit dem vollendeten 14. Abweichende Ansichten, welche die Geschlechtsreife bei Männern durch Untersuchung der Körperbeschaffenheit feststellen wollten, wurden von Justinian als unanständig verworfen.[1]

II. Ungewöhnliche Beendigungsgründe der Vormundschaft waren:

a) der Eintritt eines Endpunktes, den ein letzter Wille der Vormundsernennung beigefügt hatte. Der Obrigkeit war ein solcher Zusatz verwehrt.[2]

b) der Tod des Vormundes oder des Mündels (auch der bürgerliche Tod, d. h. der Verlust der Freiheit und des Bürgerrechts).

c) der Austritt des gesetzlichen Vormundes aus seiner agnatischen Familie, als deren Vertreter er galt.[3] Er entzog ihm die Vormundschaft so lange, als sie ein agnatisches Recht war.[4] Dieser Endigungsgrund griff bei dem letztwillig oder dem von der Obrigkeit ernannten Vormund nicht Platz.

d) die Ablehnung des Vormundschaftsamtes aus gesetzlichen Gründen (s. § 67).

e) die Absetzung des verdächtigen Vormundes durch die Obrigkeit (§ 68).

II. Die Vermögenspflege ohne Befehlsrechte (Cura) (Inst. I, 23).

§ 65.[5]

I. *Cura* war das vom Staate anerkannte Schutzrecht ohne Sittenpflege und folgeweise ohne Befehlsgewalt. Es gab im römi-

---

klassischen Altertumswissenschaft (neue Ausgabe, besorgt von Wissowa) und die dort Angeführten, auch noch Karlowa, Röm. Rechtsgeschichte II, 1. S. 173.

[1] Ulpianus, Fragm. XI, 28: *Puberes autem Cassiani quidem eum esse dicunt, qui habitu corporis pubes apparet, id est qui generare possit; Proculejani autem eum, qui quatuordecim annos explevit; verum Prisco visum, eum puberem esse, in quem utrumque concurrit, et habitus corporis et numerus annorum.*

[2] Die obrigkeitliche Vormundsernennung gehörte zu den *actus legitimi qui non recipiunt diem vel condicionem* (Dig. I, 17 de reg. jur. fr. 77 [Papinianus]): *Actus legitimi, qui non recipiunt diem vel condicionem, veluti (e)mancipatio, acceptilatio, hereditatis aditio, servi optio, datio tutoris, in totum vitiantur per temporis vel conditionis adjectionem).* Karlowa, Röm. Rechtsgeschichte II, 1. S. 379.

[3] Dig. IV, 5 de capite min. fr. 7 pr. (Paulus): *Quia agnatis deferuntur (sc. legitimae tutelae), qui desinunt esse familia mutati.* Vgl. oben S. 210.

[4] Dieser Satz ist der richtigen Meinung nach durch die Beseitigung der agnatischen *tutela legitima* (Nov. 118 c. 5, siehe oben S. 228) weggefallen.

[5] Vgl. hierzu Pernice, M. Antistius Labeo I. S. 225 ff. Karlowa, Röm.

schen Rechte allgemeine (umfassende) und besondere (eingeschränkte) Kuratelen; jene betrafen alle Angelegenheiten eines Schützlings, diese einzelne Schutzbedürfnisse eines solchen (z. B. die *cura absentis*) oder auch mehrerer Schützlinge mit widerstreitenden Bedürfnissen. So mußte und muß namentlich bei der *cura bonorum* im Konkurse und der *cura hereditatis jacentis*, d. i. der Pflegschaft für eine noch nicht erworbene Erbschaft eines Verstorbenen, das Schutzbedürfnis mehrerer Rechtsgenossen, nämlich aller an der Verwaltung Beteiligten, beachtet und nach den Vorschriften des Rechtes befriedigt werden.[1]

II. Die allgemeinen (umfassenden) Kuratelen werden in der deutschen Redeweise vielfach nicht nur als Vormundschaften bezeichnet (vgl. oben S. 221), sondern auch im neueren Rechte hinsichtlich der letztwilligen[2] und gesetzlichen Berufung ebenso behandelt (vgl. oben § 59). Die Hauptfälle der römischen *cura* waren aber:

a) die *cura puberum minorum (XXV annis)*. Diese ist in Deutschland von der verlängerten Altersvormundschaft verschlungen worden (vgl. oben § 59).

b) die den Wahnsinnigen bestellte *cura*, die nach den zwölf Tafeln den Agnaten zustand.[3] Nach späterem Rechte mochte diese Fürsorge wohl nicht immer ausreichend scheinen, darum kam es auf, dem Wahnsinnigen einen Kurator von seiten der Obrigkeit bestellen zu lassen. Dadurch geriet die agnatische Kuratel in Wegfall.

In lichten Zwischenräumen *(dilucida intervalla)* hat auch der Wahnsinnige volle Handlungsfähigkeit.[4] (Anders neuere Gesetze bezüglich der entmündigten Geisteskranken.)

Rechtsgeschichte II, 1. S. 301—310. Vgl. auch Voigt, Röm. Rechtsgeschichte I. S. 280. 281.

[1] Irreführend ist die Einteilung in Personal- und Realkuratelen. Jeder Kurator wird für Vermögensstücke bestellt und jeder arbeitet zum Wohle eines oder mehrerer Rechtsgenossen. Vgl. Adamkiewicz, Der Rechtsbegriff der Kuratel, 1892, und dazu des Verfassers Ausführungen in den Beiträgen zur Erläuterung des deutschen Rechts XXXVII. S. 158.

[2] Anders Ulpianus, Fragm. XII, 1: „*Curatores aut legitimi sunt, id est qui ex lege duodecim tabularum dantur, aut honorarii, id est qui a praetore constituuntur.* Die *curatores legitimi* kamen im spätrömischen Rechte in Wegfall.

[3] Cicero, De invent. II, 50, 148: *Lex est: si furiosus est, agnatorum gentiliumque in eo pecuniaque ejus potestas est* und hierzu Karlowa, Röm. Rechtsgeschichte II. S. 73 ff.

[4] Cod. VI, 22 qui facere test. c. 9 § 1 (Justinianus). Cod. V, 70 de curatore furiosi c. 6 § 1 (idem): *Per intervalla, quae perfectissima sunt, nihil curatorem agere, sed ipsum posse furiosum, dum sapit, et hereditatem adire et omnia alia facere quae sanis hominibus competunt.* In dieser Hinsicht trügt der Schein sehr oft.

c) Die Unvernunft, die in einer verschwendorischen Lebensführung liegt, veranlaßte die zwölf Tafeln, den Verschwender dem Wahnsinnigen gleichzustellen und ihn durch obrigkeitliche Verfügung von der Verwaltung seines Vermögens auszuschließen.[1] Die Gleichstellung dessen, *cui bonis interdictum est,* mit dem Wahnsinnigen wurde jedoch keineswegs mit voller Strenge durchgeführt.[2]

Die gewohnheitsrechtliche Entmündigungsform in Verbindung mit anderen Berichten[3] beweist, daß dies nur ursprünglich nur zur Erhaltung des nicht aus einem Testamente[4] ererbten Familiengutes und nur zum Besten der Nachkommen geschah; die spätere Zeit erachtete schon die bloße Gefahr einer wirtschaftlichen Selbstvernichtung für einen Entmündigungsgrund. Hiernach wurden auch außerhalb der Grenzen des alten Rechts Verschwender von der Obrigkeit entmündigt und unter Kuratel gestellt.[5]

Auch hier verdrängten die *curatores honorarii* allmählich die gesetzlichen Kuratoren.

d) Kränkliche Personen *(personae debiles)* erhielten Kuratoren auf ihren besonderen Wunsch.

e) Kuratelen für einzelne Angelegenheiten kommen mehrfach vor, insbesondere auch als Nebenkuratelen neben einer Vormundschaft oder Hausherrngewalt, wo diese für sich allein dem Kinde

---

[1] Die Form dieser Verfügung siehe in Paulus, Rec. sent. III 4a, 7. Vgl. auch Dig. XXVII, 10 de curatoribus furiosis et aliis extra minores dandis fr. 1 pr. (Ulpianus): *Lege duodecim tabularum prodigo interdicitur bonorum suorum administratio, quod moribus quidem ab initio introductum est.*

[2] Dig. XLV, 1 de verb. obl. fr. 6 (Ulpianus): *Is cui bonis interdictum est, stipulando sibi acquirit, tradere vero non potest vel promittendo obligari,* stellt den entmündigten Verschwender dem Unmündigen gleich, vgl. aber auch Dernburg, Pandekten I. § 57. 3. Aufl. S. 132, wonach der erklärte Verschwender auch verpflichtende Geschäfte, z. B. Erbschaftsantretungen, vornehmen darf, wenn sie ihm vorteilhaft sind; vgl. auch oben S. 20 Anm. 4. Richtig auch v. Czyhlarz, Lehrbuch der Institutionen. 2. Aufl. S. 71.

[3] Ulpianus XII, 2. 3: *Lex duodecim tabularum furiosum, itemque prodigum, cui bonis interdictum est, in curatione jubet esse agnatorum* § 3. *A praetore constituitur curator, quem ipse praetor voluerit, libertinis prodigis, itemque ingenuis, qui ex testamento parentis heredes facti male dissipant bona. Hic enim ex lege curator dari non poterat, cum ingenuus quidem non ab intestato, sed ex testamento heres factus sit patri; libertinus autem nullo modo patri heres fieri possit, qui nec patrem habuisse videtur, cum servilis cognatio nulla sit.*

[4] Nach altrömischer Auffassung war, wie es scheint, nur der vom Gesetz als Glied der Familie Berufene dazu verpflichtet, das Gut der Familie zu erhalten.

[5] Ulpianus, Fragm. XII, 4: *Praeterea dat curatorem etiam ei qui nuper pubes factus idonee negotia sua tueri non potest.* Dig. XXVII, 10 de curat. fur. fr. 1 pr. (Ulpianus): *Sed solent hodie praetores vel praesides, si talem ho-*

keinen ausreichenden Schutz gewähren.[1] So namentlich, wenn ein Unmündiger gegen seinen Vormund einen Rechtsstreit führt.[2]

III. Die Bestellung der Kuratoren ist nach dem Wegfalle der *curatores legitimi* lediglich eine Sache der Obrigkeit geworden; die letztwillige Ernennung eines *curator* kann daher nicht anders wirksam werden als durch eine obrigkeitliche Bestätigung.[3]

III. Gemeinsame Vorschriften für alle vormundschaftlichen Schutzverhältnisse.

1. Sicherheitsleistungen der Vormünder und Pfleger (Inst. I, 24).

§ 66.

I. Die Sicherheitsleistungspflicht der Vormünder und der Kuratoren scheint sich erst innerhalb der römischen Praxis entwickelt zu haben. Sie wurde vorwiegend den gesetzlichen Vormündern auferlegt, weil diese zu ihrem Amte kamen, ohne daß vorher ihre Zuverlässigkeit von irgend einer Seite geprüft worden war.[4] Aber auch unter anderen Vormündern kam sie in Betracht, falls mehrere nebeneinander standen. Eine solche mehrhäuptige Vermögensverwaltung ist sehr schwerfällig, wenn alle, die sie leiten, an jeder Verwaltungshandlung teilzunehmen verpflichtet und berechtigt sind. Darum gab man jedem einzelnen Mitvormund die Befugnis, durch Sicherheitsleistung einen Zwang auf die anderen dahin auszuüben, daß diese entweder die gleiche Sicherheit stellten oder auf ihren Anteil an der Verwaltung verzichten mußten. Auch ohne derartige Angebote einer Sicherheit sorgte man dafür, daß ein solches mehreren Vormündern zugefallenes Amt thunlichst an einen einzigen aus ihrer Mitte *(tutor gerens)* kam, so daß die anderen als bloße *tutors honorarii* mit Aufsichtsrechten neben ihm standen.[5] Sogar ohne eine solche Geschäftsteilung sollte in der

---

minem invenerint, qui neque tempus neque finem expensarum habet, sed bona sua dilacerando et dissipando profudit, curatorem ei dare exemplo furiosi. Vgl. über die Entwickelung dieses Rechtszweiges namentlich Ubbelohde, in Grünhuts Zeitschr. für Civilrecht und Prozeß IV. S. 671 ff.

[1] Vgl. z. B. Dig. XXVI, 1 de tutelis fr. 6 § 4 (Ulpianus): *Ei cujus pater in hostium potestate est ... curator substantiae dari debet, ne in medio pereat.* Dig. XVII, 10 de curat. fur. fr. 2 (Paulus): *Sed et aliis dabit proconsul curatores, qui rebus suis superesse non possunt.*

[2] Vgl. oben § 63 S. 234 und Inst. I, 21 de auct. tut. § 3.

[3] Inst h. t. I, 23 § 1. [4] Gajus I, 199. 200.

[5] Unbefangene Dritte konnten nicht in Zweifel sein, ob ein gültig bestellter Vormund *tutor gerens* oder bloß *honorarius* war. So erklärt es sich

Regel bei derartigen Vormundschaften einer für alle auftreten dürfen.[1]

Eine gesetzliche Sicherheitsleistungspflicht für alle Vermögensmassen von einer bestimmten Größe[2] gehört erst dem neuesten römischen Rechte an. Das gemeine deutsche Recht stellt die Sicherheitsleistungspflicht als Regel hin,[3] während das neuere Recht in diesem Punkte, wie auch sonst, den Druck der Vormundschaft möglichst zu lindern sucht.

Die Form der Sicherheitsleistung war nach römischem Rechte die Stellung von Bürgen *(satisdatio)*.[4] Diese hafteten dafür *rem pupilli salvam fore.* Gerichtliche Versicherung der Tauglichkeit eines Vormundes galt als Bürgschaftsübernahme für dessen Amtsführung und auch die gerichtliche Empfehlung eines bestimmten Vormundes machte den *postulator* und *nominator* haftbar.[5]

II. Die Gemeindebehörden, welche ihre Pflicht, eine genügende Sicherheit zu verlangen, verletzt hatten, hafteten nach römischem Rechte in zweiter Linie hinter dem Vormunde für die Schädigungen des Mündels, die der Vormund verschuldet hatte.[6] In der deutschen Praxis erweiterte sich dieser Rechtssatz zu einer (in zweiter Linie stehenden) Haftung der Vormundschaftsrichter für alle Pflichtwidrigkeiten des Vormundes, eine Folge der deutschrechtlichen ständigen Oberaufsicht über die vormundschaftliche Verwaltung.

---

wohl, daß die *auctoritatis interpositio* eines *tutor honorarius* dem dritten Vertragsgenossen gegenüber im Zweifel gültig war, aber dennoch, sofern sie nicht auf Wunsch des *gerens* geschehen war, als pflichtwidrig galt. Puchta, Vorlesungen. 1847. § 352 S. 192. v. Czyhlarz, Lehrbuch der Institutionen. 2. Aufl. S. 258.

[1] Cod. V, 59 de auctor. praest. c. 5 (Justinianus), woselbst Näheres über das ältere Recht zu finden ist. Vgl. auch Ulpianus, Fragm. XI, 26.

[2] Inst. I, 20. § 5.

[3] Vgl. Dernburg, Pandekten III. § 51 Anm. 1. 3. Aufl. S. 89.

[4] Diese Kautionsform hat sich im Mittelalter hier, wie in vielen anderen Fällen, verloren.

[5] Dig. XVII, 7 de fidejussoribus et nominatoribus fr. 4 § 3 (Ulpianus): *Fidejussores a tutoribus nominati si praesentes fuerunt et non contradixerunt et nomina sua referri in acta publica passi sunt, aequum est perinde teneri, atque si jure legitimo stipulatio interposita fuisset. eadem causa videtur adfirmatorum, qui scilicet, cum idoneos esse tutores adfirmaverint, fidejussorum vicem sustinent.* Im heutigen Rechte gilt dies nicht, und zwar wohl deshalb, weil die Tauglichkeit des Vormundes bei uns von Amts wegen weit genauer geprüft wird als in Rom.

[6] Die höheren Magistrate traf diese Vorschrift nicht. Dig. XXVII, 8 de magistrat. conveniendis fr. 1 § 1 (Ulpianus): *Neque praetor neque quis alius, cui tutoris dandi ius est, hac actione tenebitur.*

β) **Ablehnungsrechte der Vormünder und Pfleger** (Inst. I, 25).[1]

§ 67.

I. Das Recht, eine Vormundschaft abzulehnen, scheint für testamentarische Vormünder unbeschränkt gewesen zu sein.[2] Für andere Vormünder (und Kuratoren) entwickelten sich mit dem Volksreichtume, der eine größere Mannigfaltigkeit und Schwierigkeit der Vermögensverwaltungen nach sich zog, feste Grundsätze über das Ablehnungsrecht.

Die Ablehnungsgründe beruhen teils auf Rücksichten, die dem Bedürfnisse des Mündels geschenkt werden, teils auf Nachsicht gegenüber dem Drucke, den das Vormundschaftsamt in besonderen Fällen ausübt.

Der zuerst erwähnten Anschauung entstammte wohl auch das später beseitigte Recht des zur Vormundschaft Berufenen, einen anderen als tüchtigeren Vormund vorzuschieben (sog. *potioris nominatio*).[3] Aus Rücksicht auf die eigene Lage erhielt der Vormund eine Befreiung von seinem Amte, wenn er mehrere eigene Kinder ernähren mußte (je nachdem er in Rom lebte oder in Italien oder in einer Provinz, wurden drei oder vier oder fünf vorausgesetzt), wenn er durch ein Staatsamt in Anspruch genommen, wenn er über 70 Jahre alt war und in ähnlichen Fällen. Zuweilen deckt sich das Ablehnungsrecht mit der Unfähigkeit zur Vormundschaft, welche auch ohne Ablehnung von Amts wegen berücksichtigt werden muß. Zu den Unfähigkeitsgründen gehört namentlich das weibliche Geschlecht, dem die Tauglichkeit zum Vormundschaftsamte nur gegenüber eigenen Abkömmlingen zugesprochen wird,[4] und nach römischem Rechte

---

[1] Vgl. hierzu PERNICE, Parerga, in der Zeitschrift der Savignystiftung V. S. 25 ff. Fragm. Vatic. 123—247.

[2] ULPIANUS, Fragm. XI, 17: *si abdicaverit se tutela, desinit esse tutor.* Man wollte wohl niemandem die Macht geben, seinem Mitbürger eine Vormundschaftslast durch einfache letztwillige Verfügung endgültig aufzubürden. Dieser Grundsatz ist im neuesten römischen Recht weggefallen, wodurch sich die Pflicht zur Übernahme von Vormundschaften verschärft hat.

[3] Fragm. Vaticana 157: *Tunc demum excusandus est, qui prius datus fuerat, si is, quem nominaverit, et potior necessitudine et idoneus re fideque nec absens deprehendatur.* Der naheliegende Mißbrauch dieses Rechts aus Arbeitsscheu scheint es in späterer Zeit in Wegfall gebracht zu haben. Vgl. Fragm. Vaticana 158: *Pars orationis imperatoris Severi: Promiscua facultas potioris nominandi, nisi intra certos fines cohibeatur, ipso tractu temporis pupillos fortunis suis privabit.*

[4] Ähnlich auch noch das neuere Recht. Dig. XXVI, 1 de tutelis fr. 18 (NERATIUS): *Id munus masculorum est.* Dig. XXVI, 1 de tutelis fr. 16 pr. (GAJUS): *Tutela plerumque civile officium est.* Cod. V, 35 quando mulier

die Zugehörigkeit zum Soldatenstande.[1] Nach spätrömischem Rechte werden Bischöfe und Mönche durch ihre Unfähigkeit zu Vormundschaften in der Absonderung von weltlichen Geschäften unterstützt.

II. Eine sog. *excusatio necessaria* (erzwungene Ablehnung) fand da statt, wo das *jus civile* eine Unfähigkeit zur Vormundschaft nicht festgesetzt hatte, der Prätor aber dennoch eine solche anzunehmen Anlaß fand.[2] So namentlich bei Minderjährigkeit des durch letzten Willen oder Gesetz berufenen Vormundes. Justinian hat aus diesem Mangel einen gesetzlichen Unfähigkeitsgrund gemacht, so daß das alte Verfahren bei minderjährigen Vormündern, bei dem ein obrigkeitlicher Ablehnungszwang Platz griff, nunmehr überflüssig wurde.

III. Eine besondere Ablehnungsfrist war auf 50 Tage, bei weiterer Entfernung des Berechtigten vom Vormundschaftsgerichte auf einen noch längeren Zeitraum, festgesetzt. Diese Vorschrift ist für Deutschland darum überflüssig geworden, weil nach dem gemeinen Rechte alle Vormünder besonders vorgeladen und bestätigt werden müssen (sog. *confirmatio Germanica*) und hierbei zur Geltendmachung eines Ablehnungsgesuches genügende Gelegenheit finden.

2. Absetzung unzuverlässiger Beschützer (Inst. I, 26).[3]

§ 68.

I. Die Absetzung *(remotio)* unzuverlässiger oder verdächtiger Vormünder oder Pfleger war schon in den 12 Tafeln vorgesehen. In der Kaiserzeit wurde diese Einrichtung erweitert und näher ausgebildet.

Zu dem Antrage auf eine solche Absetzung ließ man da, wo es angemessen schien, selbst Frauen als Sachwalter der Bevormun-

---

tutelae officio fungi potest c. 1 (Alexander): *Ultra sexum feminae infirmitatis tale officium est.* Nov. 118 c. 5: *Mulieres enim etiam nos tutelae munus subire prohibemus, nisi mater aut avia sit.* Noch nachsichtiger ist das neuere Recht, vgl. § 1640, 4 Entwurf des bürgerlichen Gesetzbuches f. d. D. R.

[1] Das neuere deutsche Recht sucht auch hier die scharfe Absonderung des Soldaten- und des geistlichen Standes von den anderen Volksklassen, die dem spätrömischen Rechte eigentümlich war, zu mildern. Vgl. § 41 Reichsmilitärgesetz vom 2. Mai 1874. Dernburg, Das Vormundschaftsrecht der preußischen Monarchie. 2. Aufl. 1876. § 48. S. 127.

[2] Vgl. Dig. XXVI, 1 de tutelis fr. 17 (Paulus): *Complura senatusconsulta facta sunt, et in locum furiosi et muti et surdi tutoris alii tutores dentur.* Dig. XXVII, 1 de excusationibus fr. 12: *Furor autem non in totum excusat, sed efficit, ut interim curator detur.*

[3] Karlowa, Röm. Rechtsgeschichte II, 1. S. 281 ff.

deten zu,[1] und Minderjährige durften gegenüber ihren eigenen Kuratoren die Absetzung beantragen.

II. Eine Nebenfolge der Absetzung war die Infamie des Abgesetzten, zuweilen auch seine Bestrafung nach obrigkeitlichem Ermessen.

Zweites Buch.

Das Vermögensrecht (jus quod ad res pertinet).

Einleitung in das Vermögensrecht.

I. Die Vermögensgegenstände (Inst. II, 1. pr. — § 10).

§ 69.

I. Patrimonium (eigentlich Vatergut)[2] bezeichnet das Vermögen eines Rechtsgenossen. Die Herrenlosigkeit einer Sache (*res extra patrimonium*) kann eine zufällige[3] oder eine nach Rechtssatz notwendige sein. Was herrenlos sein muß, ist deshalb auch dem Verkehr entzogen (*extra commercium*),[4] doch giebt es (der richtigen Ansicht nach) gewisse Gegenstände, z. B. Gemeindesachen, welche zwar der Gemeinde gehören, aber dennoch als Gemeingebrauchssachen dem Verkehre entzogen sind und daher nach römischem Rechte überhaupt nicht Gegenstand eines gültigen Rechtsgeschäftes sein konnten, so daß es unmöglich war, sie zum Zielpunkte einer Handelsspekulation zu machen, solange ihnen nicht ihre gemein-

---

[1] Das Recht zu gerichtlichen Anträgen (*jus postulandi*) für andere war sonst nach römischen Grundsätzen den Frauen grundsätzlich versagt. Dig. III, 1 de postul. fr. 1 § 5 (Ulpianus): *Ne contra pudicitiam sexui congruentem alienis causis se immisceant, ne virilibus officiis fungantur mulieres: origo vero introducta est a Carfania improbissima femina quae inverecunde postulans et magistratum inquietans causam dedit edicto.* — Bei uns können Frauen in Amtsgerichtssachen als Vertreterinnen und Beistände thätig werden.

[2] Zur Erklärung des Wortes dient wohl der Umstand, daß ursprünglich nur *patresfamilias* Rechte haben konnten. Vgl. oben S. 191.

[3] Herrenlosigkeit der wilden Tiere, die noch nicht gefangen oder die aus der Gefangenschaft in die natürliche Freiheit zurückgekehrt sind. Dig. XLI, 1 de adqu. rer. dom. fr. 1 § 1 (Gajus): *Omnia igitur animalia, quae terra mari coelo capiuntur, id est ferae bestiae et volucres (et) pisces, capientium fiunt.*

[4] Vgl. v. Ihering, Geist des röm. Rechts. 4. Aufl. III, 1 § 61 S. 360 ff. und Voigt, Röm. Rechtsgeschichte I. § 34 S. 870 ff.

nützige Bestimmung abgestreift war.[1] Anders die deutsche Praxis. Sie gestattet über solche Sachen im voraus Verträge abzuschließen für den Fall, daß sie späterhin dem Verkehre zurückgegeben werden sollten.

Zu den Gemeingebrauchssachen des Staates gehören auch die öffentlichen Flüsse;[2] sogar die dem Privateigentume unterworfenen Ufer unterliegen im Interesse der Schiffahrt gewissen Gemeingebrauchsrechten.[3] Dies gilt jedoch nur von den Flüssen, nicht von den Bächen, und zwar nach römischem (anders als nach deutschem) Rechte nicht bloß von den schiffbaren, sondern von allen, die das ganze Jahr hindurch nicht austrocknen.[4] Die Gemeingebrauchssachen des Staates werden von seinem gewöhnlichen Vermögen unterschieden, das nicht jedermann zugänglich ist, sondern nur den zu seiner Verwaltung berufenen Staatsvertretern.[5]

II. *Res extra patrimonium* sind nach Rechtssatz:

a) Gemeingebrauchssachen, die nach ihrer natürlichen Beschaffenheit nicht von einzelnen für sich dauernd festgehalten

---

[1] Vgl. Dig. I, 8 de rer. divisione et qualitate fr. 1 pr. (GAJUS): *Quae publicae sunt, nullius (= nullius hominis) esse creduntur, ipsius enim universitatis esse creduntur.* Vgl. auch Dig. L, 16 de verborum signif. fr. 15 (ULPIANUS): *Bona civitatis abusive „publica" dicta sunt: sola enim ea publica sunt, quae populi Romani sunt.* — *Extra commercium* und *extra patrimonium* ist hiernach zweierlei. A. M.: VOIGT, Röm. Rechtsgeschichte I. § 34 S. 370, der in dem *commercium* die Empfänglichkeit eines Grundstückes für das Privateigentum sieht. — Das Staatseigentum an den Gemeingebrauchssachen ist übrigens vielfach angezweifelt, teils für die ältere Zeit (vgl. SOHM, Institutionen. 4. Aufl. § 46 S. 213. CZYHLARZ, Lehrbuch der Institut. 2. Aufl. S. 76), teils auch noch für die Gegenwart. Für die Vereinbarkeit des Staatseigentums mit dem Gemeingebrauchsrechte DERNBURG, Pandekten I. § 71 Anm. 5. 4. Aufl. S. 167 und in eingehender Ausführung UBBELOHDE, Fortsetzung von Glücks Pandektenkommentar, Serie der Bücher 43 und 44. Bd. IV. Abt. 1. S. 28 ff.

[2] Auch ihnen streitet z. B. HÖLDER (Institutionen. 3. Aufl. S. 64) die Zugehörigkeit zum Privateigentume des Staates ab.

[3] Dig. I, 8 de rerum divisione fr. 5 pr. (GAJUS): *Riparum usus publicus est jure gentium sicut ipsius fluminis. itaque navem ad eas appellere, funes ex arboribus ibi natis religare, retia siccare et ex mare reducere, onus aliquid in his reponere cuilibet liberum est, sicuti per ipsum flumen navigare. sed proprietas illorum est, quorum praediis haerent: qua de causa arbores quoque in his natae eorundem sunt.*

[4] Dig. XLIII, 13 de fluminibus fr. 1 § 3 (ULPIANUS): *Publicum flumen Cassius esse definit, quod perenne sit; haec sententia, quam et Celsus probat, videtur esse probabilis.*

[5] Dig. XVIII, 1 de contrahenda emptione fr. 6 pr. (POMPONIUS): *Publica, quae non in pecunia populi, sed in publico usu habeantur, ut est campus Mar-*

werden können und darum allen zur beliebigen Benutzung offen stehen (*res naturali jure omnium communes*). Dahin gehören die Luft, das fließende Wasser, die Meeresflut und das von ihr regelmäßig überspülte Ufer, sofern nicht ein Bauwerk, das der Meeresströmung standhält, den Baugrund aus dem frei zugänglichen Uferlande heraushebt und einem Privateigentume unterwirft.[1]

b) Herrenlos waren nach römischem Rechte die *res divini juris*, das sind solche, die nicht unter Privatrechtsschutze standen, sondern nur durch die Mittel der Religion und des Strafrechtes vor grundlosen Angriffen bewahrt wurden. Es waren dies:

α) die *res sacrae*, das sind die dem Gottesdienste geweihten Sachen (*deo consecratae*);[2]

β) die Begräbnisstätten (*res religiosae*)[3] (zu beachten ist, daß der Ausdruck *res religiosae* im nachrömischen Kirchenrechte eine andere Bedeutung erhalten hat, nämlich das Vermögen der frommen Stiftungen bezeichnet);[4]

γ) die durch besonders strenge Strafen geschützten Gemeingebrauchssachen (*res sanctae*),[5] namentlich die Stadtmauern.[6]

In Deutschland werden auch die *res divini juris* als Privateigentum geschützt, entweder zu Gunsten der Kirchengenossenschaften oder anderer Gemeinden. Daher sind sie heutzutage nicht mehr herrenlos.[7]

---

tius. Ebenda fr. 72 § 1: *Si res non in usu publico, sed in patrimonio fisci erit, venditio ejus valebit.* Vgl. hierzu Karlowa, Röm. Rechtsgeschichte II. S. 8 ff.

[1] *Quamdiu aedificium manet*, Dig. II, 8 de divisione rerum et qual. fr. 6 pr. (Marcianus).

[2] Vgl. Cicero, Pro domo 49, 127: *Video enim esse legem veterem tribuniciam, quae vetet, injussu plebis aedes, terram, aram consecrare.*

[3] Gajus, Institutionen II, 4: *Religiosae qui diis Manibus relictae sunt.* Vgl. § 9 Inst. h. t. II, 1. *Relictae* heißt nach Hölder, Institutionen. 3. Aufl. S. 63: „verfallen“ nicht „zugeeignet“. Vgl. hierzu Ubbelohde a. a. O. (S. 244 Anm. 1) S. 10 ff.

[4] Richter-Dove, Kirchenrecht. § 305 Anm. 8.

[5] Vgl. Dig. I, 8 de rer. divisione fr. 8 (Marcianus): *Sanctum est quod ab injuria hominum defensum atque munitum est.* Sie sind nur *quodammodo*, d. h. nicht in jeder Hinsicht *divini juris*, aber jedenfalls dem Privateigentum entzogen (Gajus, Instit. II, 8. Inst. II, 1 § 9. In einem weiteren Sinne waren *res sanctae* alle vom *fas* befriedeten Sachen, z. B. auch das Haus des Privatmannes. Vgl. Cicero, Pro domo 41, 109: *Quid est sanctius, quid omni religione munitius, quam domus uniuscujusque civium?* Vgl. v. Czyhlarz, Lehrbuch der Institutionen. 2. Aufl. S. 75.

[6] Dig. I, 8 de rerum divisione fr. 11 (Pomponius): *Nam et Romuli frater Remus occisus traditur ob id, quod murum transcendere voluerit.*

[7] Es hängt dies damit zusammen, daß sich im Mittelalter die kirchlichen Anstalten vielfach nur unter dem Schutze mächtiger Privateigentümer entwickeln konnten.

II. Die Grundzüge der römischen Erwerbsordnung.[1]

§ 70.

I. Die Anordnung des *jus quod ad res pertinet* ist eine Erwerbsordnung. „Wir finden hier den allseitig wirksamen Erwerb, der für alle oder doch für einen unbegrenzten Kreis von Mitmenschen Geltung hat, scharf von dem einseitig wirksamen Erwerbe, der sich gegen bestimmte Rechtsgenossen kehrt, unterschieden. Dieser einseitig wirksame Erwerb liegt in dem Entstehen einer Forderung oder in einer Schuldbefreiung für einen Rechtsgenossen gegenüber einem bestimmten anderen. Der all- oder vielseitig wirksame Erwerb betrifft das Sachen- und das Erbrecht (Abschnitt I, Inst. II, 1—III, 13), d. h. er ist entweder Einzelerwerb (Kapitel I, §§ 71—97) oder Gesamterwerb (Kapitel II, §§ 98—125). Der einseitige Erwerb betrifft das Forderungsrecht (Abschnitt II, Inst. III, 13—IV, 5).

II. Die Erwerbsformen des Sachenrechtes werden wiederum nach ihrem Ursprunge eingeteilt:

a) Erwerbsformen des *jus gentium* (II, 1—II, 5). Dieses *jus vetustius* deckt sich hier so ziemlich mit dem *jus naturale,* d. i. dem vorstaatlichen, also dem bei der Gründung Roms bereits im Völkerverkehre gültig gewesenen Rechte (siehe oben § 41).[2]

b) Die Erwerbsformen des *jus civile* (II, 6) zeigen sich in Justinians Institutionen im Zustande starker Verkümmerung, da eine Reihe von ihnen durch die Erwerbsformen des *jus gentium* verdrängt worden ist. Hieraus erklärt sich auch wohl, warum Gajus in seinen Institutionen II, 65 ff. die Erwerbsformen des *jus naturale* hinter diejenigen des *jus civile* stellt, Justinian aber die umgekehrte Anordnung beobachtet.

Die Einteilung der Erwerbsformen in *civiles* und *naturales* war, wie oben ausgeführt ist,[3] noch zu Justinians Zeit nicht bedeutungslos, weil das *jus civile* den Peregrinen keine Rechte gewährte. Da dieser Grundsatz auf dem Privatrechtsgebiete nicht mehr gilt und

---

[1] Vgl. Karlowa, Röm. Rechtsgeschichte II, 1. S. 360 ff.

[2] Die falschen Auffassungen vom Wesen des *jus gentium* (s. oben S. 166) haben das Verständnis des Institutionensystems nahezu unmöglich gemacht. Allein selbst die Meinungen derer, die das *jus gentium* zwar richtig auffassen, aber glauben, daß eine Unterscheidung vom *jus civile* schon zu Justinians Zeit weggefallen war (z. B. Sohm, Institutionen. 5. Aufl. S. 236), lassen die Systematik der Institutionen unbegreiflich erscheinen. Bei einer richtigen Einsicht in ihren wahren Sinn würde man sie nicht so leichten Herzens aufgegeben haben.

[3] S. 167.

dieselben Erwerbsgründe für Ausländer wie für Inländer wirksam sind. so ist die Einteilungsweise der Justinianischen Erwerbsordnung überall in der neueren Pandektenlehre mit Recht aufgegeben worden. Dadurch hat sie jedoch ihren Wert als Einleitung in das Quellenstudium nicht verloren und soll deshalb im folgenden beibehalten werden.

Erster Abschnitt.

Vermögenserwerb mit allseitiger (dinglicher) Kraft. Sachen- und Erbrecht.

(Inst. II, 1—III, 13.)

Erstes Kapitel. Erwerb einzelner Vermögensstücke.

(Inst. II, 1—II, 9).

I. Die Erwerbsgründe des jus gentium (Inst. II, 1—II, 5).[1]

1. Der Erwerb körperlicher Sachen.

a) Der Inhalt des Eigentums.[2]

§ 71.

I. Der Zweck des Eigentumsschutzes. Der Entstehung des von der Sitte oder der Staatsordnung anerkannten Eigentums ist dunkel. Man vermutet vielfach, daß das Alleineigentum aus dem Gesamteigentume der Familie[3] oder auch der Völkerschaft herausgewachsen ist, indem bloße Gemeingebrauchsrechte zu Alleingebrauchsrechten erstarkten. Es ist aber auch möglich, daß es aus der unumschränkten Herrschaft umherschweifender oder in der Einsamkeit angesiedelter Familienhäupter seinen Ursprung hat, indem diese ihre Selbständigkeit bei dem Eintritt in einen Staatsverband nur zum Teile aufopferten. Es ist ferner aber auch sehr wohl möglich, daß beide Entstehungsarten nebeneinander standen oder endlich auch, was das Wahrscheinlichste ist, daß die noch heute wirkenden

---

[1] Dig. XLI, 1 de adquir. rer. dom. fr. 1 pr. (Gajus): *Quarundam rerum dominium nanciscimur jure gentium, quod ratione naturali inter omnes homines peraeque servatur, quarundam jure civili, id est jure proprio civitatis nostrae et quia antiquius jus gentium cum ipso genere humano proditum est, opus est, ut de hoc prius referendum sit.*

[2] Cuq, Les institutions juridiques des Romains. Paris 1891. S. 74 ff. 244 ff. Karlowa, Röm. Rechtsgeschichte II, 1. S. 345 ff. Voigt, Röm. Rechtsgeschichte I. §§ 34 und 38. S. 370 ff. und 419 ff.

[3] So z. B. Sohm, Institutionen. 5. Aufl. S. 393.

Ursachen der Beibehaltung des Eigentums zu allen Zeiten stark genug waren, um Eigentumsverhältnisse zu erzeugen.

Dieser Beibehaltungszweck des Eigentums, d. h. der Vorteil, den seine Anerkennung durch den Staat gewährt, springt in die Augen. Das Eigentum giebt die Mittel zu einer von den Befehlen der Obrigkeit unabhängigen Lebensführung, Berufswahl und Berufserfüllung, indem es eine ungestörte Benutzung der Arbeitsfelder, der Arbeitsmittel und der Arbeitserzeugnisse nach eigenen Plänen gewährt und hierdurch nicht bloß den Einzelnen befriedigt, sondern auch zugleich zum Wohle der Gesamtheit den Arbeitstrieb und die Arbeitskraft anspannt und entwickelt. Es ergiebt sich dies aus der Beobachtung des erkennbaren Einflusses, den überall in unserer Umgebung das Streben nach dem Erwerbe der unentbehrlichen Lebensmittel auf das Verhalten der Menschen ausübt.

Auch wo (wie das z. B. in der Wüste oder im Urwalde der Fall zu sein pflegt) ein Schutz des Eigentumes fehlt, da suchen sich die Einzelnen die Eigentumsvorteile durch List und Gewalt zu verschaffen.

Der Nutzen, den das Eigentum gewährt, ist daher zunächst nicht vom Staate geschaffen worden, sondern er hat ihn nur geschützt und an besondere Vorbedingungen geknüpft.[1]

II. Das Kennzeichen des Eigentums ist die Abhängigkeit der Schicksale eines Gegenstandes von dem Belieben seines Herrn. Das Eigentum ist demnach der einem Rechtsgenossen zustehende Vorteil aus einer Abhängigkeit der Schicksale eines körperlichen Gegenstandes von seinen Entschließungen, die nur durch besondere Verbote oder durch ausnahmsweise begründete Befugnisse anderer geschmälert werden darf.[2]

Vergleichbar dem *jus vitae ac necis* des Hausvaters ist namentlich das Zerstörungsrecht des Eigentümers gegenüber der Sache, d. h. das Recht zur Aufhebung ihrer Fähigkeit, den menschlichen Bedürfnissen in der bisherigen Weise weiter zu dienen (z. B. Ver-

---

[1] Dig. XLI, 2 de adquir. vel. am. poss. fr. 1 § 1 (Paulus): *Dominiumque rerum ex naturali possessione coepisse Nerva filius ait.*

[2] Sog. Eigentumsschranken. Ungenau ist daher die viel verbreitete Bezeichnung des Eigentums als einer „unumschränkten" Herrschaft (vgl. z. B. Salkowski, Institutionen. 6. Aufl. S. 206). Richtig v. Czyhlarz, Lehrbuch der Institutionen. 2. Aufl. S. 80. Vgl. Dig. L, 16 de verborum signific. fr. 25 (Paulus): *Recte dicimus eum fundum totum nostrum esse, etiam cum usus fructus alienus est.* Die Rechte, die den Nachbarn oder anderen aus den gesetzlichen Eigentumsschranken erwachsen, nennt man Legalservituten. Vgl. z. B. Dig. XLIII, 27 de arboribus caedendis. XLIII, 28 de glande legenda. Andere Beispiele bei Hölder, Institutionen. §§ 144. 145.

brennung alten Gestrüppes, Tötung eines Tieres u. dgl.). Wo dieses Zerstörungsrecht aus Rücksicht auf fremde Bedürfnisse beschränkt ist (z. B. bei dem römischen Erbzinsmanne), da liegt trotz der vollsten Nutzungsrechte ein Eigentum nicht vor. Ursprünglich hielten sogar die Römer die Abgabe einer Fruchtquote an die Staatskasse oder die Grundsteuer, welche den Eigentümer dazu zwingt, eine Rente aus dem Gute herauszuwirtschaften, für unverträglich mit dem wahren, echten Eigentume, indem sie dem steuerpflichtigen Gutsbesitzer in der Provinz nicht als *dominus*, sondern nur als *possessor* bezeichneten.[1] Als aber auch den italischen Gutsbesitzern Grundsteuern auferlegt wurden, da verschwand diese Unterscheidung. Eine Spur hinterließ sie darin, daß in den Quellen (namentlich im Codex Justinianus) der Gutseigentümer häufig als *possessor* (Gutsbesitzer) bezeichnet wird,[2] trotz der scharfen Unterscheidung, welche die Römer sonst zwischen Besitz und Eigentum machen (s. unten IV). Justinian hat übrigens ausdrücklich alle rechtlichen Unterschiede zwischen italischen und anderen Grundstücken beseitigt.[3]

III. Arten des Eigentums.

a) Verschwunden ist im neuesten römischen Rechte das besondere *dominium ex jure Quiritium*.[4] Dieses war den Peregrinen unzugänglich und an Provinzialgrundstücken unmöglich, beides im Gegensatze zu dem bloß prätorischen Eigentume *(in bonis habere, in bonis esse)*.[5] Der Unterschied blieb namentlich Sklaven gegen-

---

[1] Gajus II, 7: *Set in provinciali solo placet plerisque solum religiosum non fieri, quia in eo solo dominium populi Romani est vel Caesaris, nos autem possessionem tantum vel usumfructum habere videmur.* Vgl. hierzu v. Czyhlarz, Lehrbuch der Institutionen. 2. Aufl. S. 92, auch Hölder, Institutionen. 3. Aufl. S. 146 ff. v. Czyhlarz nimmt zwei Arten von Grundbesitz in den Provinzen an, einen rechtlich fest geschützten und einen ohne festes Recht den Besitzern belassenen. In Wahrheit dürfte aber in Rom aller Provinzialgrundbesitz dem Rechte nach zu der letzteren, der thatsächlichen Übung nach zur ersteren Klasse gehört haben, bis die thatsächliche Übung zum Rechte erstarkte.

[2] Vgl. z. B. Cod. I, 55 de defensoribus civit. c. 8 pr.

[3] Cod. VII, 31 de usucapione transformanda c. un. § 5: *Sit et rebus et locis omnibus similis ordo, inutilibus ambiguitatibus et differentiis sublatis.*

[4] Vgl. Cod. VII, 25 de nudo ex jure Quiritium tollendo c. un. (Justinianus): *Antiquae subtilitatis ludibrium per hanc decisionem expellentes nullam esse differentiam patimur inter dominos, apud quos vel nudum ex jure Quiritum vel tantummodo in bonis reperitur, quia nec hujusmodi esse volumus distinctionem, nec ex jure Quiritum nomen, quod nihil aenigmate discrepat nec umquam videtur neque in rebus apparet, sed est vacuum et superfluum verbum, per quod animi juvenum qui ad primam veniunt legum audientiam, perterriti ex primis eorum cunabulis inutiles legis antiquae dispositiones accipiant.*

[5] Über die verschiedenen Formen, in denen dieses bloß prätorische Eigen-

über von Bedeutung,[1] auch als bereits das quiritische Eigentum in den wichtigsten Punkten zu einem wertlosen *(nudum) jus Quiritium* geworden war.[2]

Seitdem das *jus praetorium* im *edictum perpetuum* eine nahezu gesetzliche Bedeutung erlangt hatte (vgl. oben S. 98) und die Richter ebenso band wie das *jus civile*, hatte dieser Unterschied sich überlebt. Justinian hat ihn ausdrücklich beseitigt,[3] freilich ohne daß es seinen Kompilatoren gelang, alle seine Spuren aus den gesammelten Texten auszumerzen.

b) Das Miteigentum ist das äußerlich ungeteilte, aber nach Rechtssatz *(juris intellectu)* in mehrere Anteile zerspaltene Eigentum.[4] Hier werden die Rechte des Eigentümers teils von jedem Einzelnen ausgeübt (z. B. das Betreten des Miteigentumsgrundstücks),[5] zum größeren Teile sind sie jedoch hier einer gemeinsamen Ausübung vorbehalten, die eine Einigung der Beteiligten voraussetzt. Jeder von ihnen kann jederzeit Teilung verlangen (s. unten § 157) und dadurch den unangenehmen Folgen der Uneinigkeit ausweichen.

IV. Eigentum und Besitz.[6] Während das Eigentum auf

---

tum geschützt wurde. vgl. v. Czyhlarz, Lehrbuch der Institutionen. 2. Aufl. S. 91.

[1] Vgl. Ulpianus, I, 16: *Qui tantum in bonis, non etiam ex jure Quiritium servum habet, manumittendo Latinum facit.*

[2] Gajus III, 166. Ulpianus, Fragm. XIX, 20: *Si servus alterius in bonis, alterius ex jure Quiritium sit, ex omnibus causis adquirit ei, cujus in bonis est.* Die meisten unterscheiden noch im vorjustinianischem Rechte das nichtrömische Eigentum der Peregrinen und an Provinzialgrundstücken von dem römischprätorischen Eigentume (vgl. z. B. Hölder, Lehrbuch der Institutionen. 3. Aufl. S. 147. Salkowski, Lehrbuch der Institutionen. 6 Aufl. S. 207). v. Czylarz, Lehrbuch der Institutionen. 2. Aufl. S. 92, spricht von einem *dominium ex jure gentium.* M. E. geben die Quellen dazu keinen Anlaß. Alles peregrinische Eigentum war vielmehr bloß prätorisches (vgl. Gajus I, 54. II, 40. 41) und das Provinzialeigentum hieß *possessio* (vgl. oben S. 249 Anm. 1).

[3] Vgl. über die Praxis zu Justinians Zeit Cod. VII, 25 c. un.: *Ex jure Quiritium nomen, quod nihil aenigmate discrepat nec umquam videtur nec in rebus apparet.* Oben S. 249 Anm. 4.

[4] Dig. XIII, 6 commod. fr. 5 § 15 (Ulpianus): *Et ait duorum quidem in solidum dominium vel possessionem esse non posse: nec quemquam partis* (d. h. eines körperlichen Teiles) *corporis dominum esse, sed totius corporis pro indiviso* (= ohne körperliche Teilung) *pro parte* (= zu einem ideellen Anteile) *dominium habere.*

[5] Zu allgemein spricht daher Dig. X, 3 comm. divid. fr. 28 (Papinianus): *Sabinus (ait) in re communi neminem dominorum jure facere quidquam invito altero posse. unde manifestum est prohibendi jus esse: in re enim pari potiorem causam esse prohibentis constat.*

[6] Karlowa, Röm. Rechtsgeschichte II, 1. S. 310 ff.

dem Gebote der Sitte oder Rechtsordnung ruht, das gegen Störungen Schutz giebt und daher auch ein Recht auf Sachbesitz *(jus possidendi)* gewährt, ist der Sachbesitz selbst davon verschieden.[1] Dieser Sachbesitz besteht in dem Genusse eines doppelten Vorteils: der Zugänglichkeit einer bestimmten Sache und der begründeten Hoffnung, sie nicht von anderen willkürlicherweise angetastet zu sehen. Eine solche Hoffnung kann auf der Furcht beruhen, die der Besitzer anderen einflößt, aber auch auf der Gewissenhaftigkeit der Mitmenschen. Gegenüber der unredlichen Übermacht ist der Besitz immer zunächst wehrlos.[2] Eine unbedingte Sicherheit gegen rechtswidrige Überfälle gehört daher nicht zum Besitzbegriffe. Ihm genügt eine Sachlage, die nach dem natürlichen Laufe der Dinge redliche Menschen von eigenmächtiger Berührung einer dem Besitzer zugänglichen Sache abhält (und zwar auch ohne Aufklärung der Frage, wem die Sache gehört). Der Besitz ist hiernach die Sicherheit gegenüber willkürlichen Berührungsgelüsten redlicher Mitmenschen hinsichtlich einer zugänglichen Sache.[3] Ein solcher Zustand setzt eine Rechtsordnung nicht voraus, er ist auch ohne eine solche, z. B. in einem Urwalde oder in einer Wüste, möglich,[4] wie er innerhalb des Staates auch dem Diebe und dem Räuber zukommt. Natürlich aber bedarf der Besitz dort stärkerer Verteidigungsmittel, um bei den Mitmenschen Beachtung zu finden, als es unter dem Schutze der Obrigkeit der Fall ist, deren Bereitwilligkeit zur Hilfe den Besitzstand der Rechtsgenossen kräftigt. Daher kann man im Staate in vielen Fällen mit leichter Mühe einen sicheren Besitz genießen, in denen man das Gleiche in der Wildnis nicht würde thun können.[5]

---

[1] Dig. XLI, 2 de adquir. poss. fr. 12 § 1 (Ulpianus): *Nihil commune habet proprietas cum possessione,* und derselbe in Dig. XLIII, 17 uti possid. fr. 1 § 2: *Separata esse debet possessio a proprietate.* Nichtjuristen verwechseln fortwährend Besitz und Eigentum.

[2] Man beachte nur die Schutzlosigkeit des Besitzes an offenen Feldern zur Nachtzeit.

[3] Dig. XLI, 12 de adquir. vel amitt. poss. fr. 3 § 13 (Ulpianus): *Nerva filius res mobiles excepto homine, quatenus sub custodia nostra sunt, hactenus possideri, id est, quatenus si velimus, naturalem possessionem nancisci possimus.*

[4] Vgl. auch Dig. XLI, 2 de acquir. vel am. possess. fr. 1 (Paulus): *Possessio appellata est, ut et Labeo ait, a sedibus quasi positio, quia naturaliter tenetur ab eo qui ei insistit.*

[5] So ist zu deuten Dig. XLI, 2 de acquir. vel amitt. possess. fr. 49 pr. (Papinianus): *Cum plurima ex jure possessio mutuetur.* Vgl. auch Cod. VII, 32 de adquir. poss. c. 10 (Constantinus): *Nemo ambigit possessionis duplicem esse rationem aliam, quae iure consistit, aliam, quae corpore.*

Nach einer bahnbrechenden Schrift v. SAVIGNYS[1] hat man sich daran gewöhnt, den Besitz als „thatsächliche Herrschaft über eine Sache" zu bezeichnen, wobei das Wort „Herrschaft" unklar bleibt. Eine kurze, gegen Mißdeutungen völlig geschützte Begriffsbestimmung läßt sich jedoch für einen so allgemeinen Sachverhalt überhaupt nicht aufstellen.[2]

Der Besitz kann vom Besitzer selbst in sichtbarer Weise ausgeübt werden. Der Besitzer kann sich aber auch dabei eines Besitzvertreters bedienen, der sich statt seiner in die Besitzlage hineinstellt, während der Herr selbst abwesend ist.[3] Einen solchen Besitzvertreter, der dem äußeren Anscheine nach dem Besitzer gleicht, nennt man neuerdings Detentor, die Römer nennen ihn *possessor naturalis (sc. tantum naturalis)*, auch zuweilen schlechtweg *possessor (scilicet alieno nomine)*.[4] Das Unterscheidungsmerkmal zwischen einem solchen Besitzvertreter und einem Besitzherren liegt lediglich in der Entstehungsgeschichte des Besitzstandes *(causa possessionis)*. Diese muß jeder in der Frage, ob er für einen anderen besitzt oder nicht, gegen sich gelten lassen.[5] Mit diesem Besitzvertreter eines Abwesenden darf man nicht den Gehilfen verwechseln, der als ein bloßes Besitzwerkzeug in Gegenwart seines Herrn für diesen eine Sache entgegennimmt oder festhält, z. B. der Diener, der neben dem Herrn dessen Mantel trägt. Dieser ist auch nicht einmal *naturalis possessor*. Das Gleiche gilt von dem, der neben einem Besitzer sich in einer fremden Sache befindet,[6] entweder mit

---

[1] Das Recht des Besitzes. 1. Aufl. 1803. 7. Aufl. (von RUDORFF) 1865.

[2] Sie gleicht immer nur einem Portrait, das im besten Falle seinem Urbild ähnlich, niemals aber gleich ist.

[3] Dig. XLI, 2 de adquir. vel amitt. possessione fr. 9 (GAJUS): *Generaliter quisquis omnino nostro nomine est in possessione veluti procurator, hospes, amicus, nos possidere videmur.*

[4] Dig. XLI, 2 de acquir. vel amitt. possessione fr. 12 (ULPIANUS): *Naturaliter videtur possidere is qui usum fructum habet.* Cod. VII, 30 communia de usucapionibus c. 1 (ALEXANDER): *Qui ex conducto possidet, quamvis corporaliter teneat, non tamen sibi, sed domino rei creditur possidere.* Dig. XLI, 2 de acquir. vel am. poss. fr. 18 pr. (CELSUS): *Possidet, cujus nomine possidetur, procurator alienae possessioni praestat ministerium.*

[5] Dig. XLI, 2 de acquir. vel amitt. possessione fr. 3 § 19 (PAULUS): *Illud quoque a veteribus praeceptum est, neminem sibi ipsum causam possessionis mutare posse.* Vgl. v. CZYHLARZ, Lehrbuch der Institutionen. 2. Aufl. S. 84. KARLOWA, Röm. Rechtsgeschichte II, 1. S. 312.

[6] Ein solcher Nebenbesitzer war nach römischem Rechte auch der eingewiesene Gläubiger. Dieser übte durch seine unerwünschte Anwesenheit im Grundstücke des Schuldners auf letzteren einen Druck aus, den das gegenwärtige Recht nicht mehr kennt. Vgl. L. SEUFFERT, Zur Geschichte u. Dogmatik

dessen Erlaubnis, z. B. als sein Gast oder sein Diener, oder auch aus einem besonderen Rechte, z. B. als Mieter einer Schlafstelle.[1]

V. Die Vorteile des Besitzes sind mancherlei.[2] Namentlich giebt er ein Anrecht auf die Beklagtenrolle im Eigentumsprozesse,[3] daher *possessor* oft so viel bedeutet wie der Beklagte. Ferner ist der Besitz bedeutsam als Vorbedingung mehrerer Eigentumserwerbsformen, namentlich der *occupatio, traditio* und der *usucapio* (§§ 72. 79. 89). Der Besitz ist aber auch Gegenstand eines vorläufigen gerichtlichen Schutzes gegen unerlaubte Eigenmacht.[4] Hiernach giebt es also ein Recht auf Besitzschutz *(jus possessionis)*, das an die Thatsache des Besitzes zwar angeknüpft ist, aber nicht mit ihr verwechselt werden darf.[5] Auf dieser Verwechselung der Besitzlage *(possessio)* mit dem Besitzschutze *(jus possessionis)* beruht vornehmlich der unfruchtbare Streit darüber, ob der Besitz ein Recht ist.[6] Es giebt in Wahrheit sowohl ein *factum possessionis* (das *possessio* heißt), als auch ein *jus possessionis*.[7] Beide Erscheinungen treffen in der Regel zusammen, ausnahmsweise können

---

des deutschen Konkursrechts. 1888. S. 4 ff. CICERO, Pro Quinctio cap. 27, 85, vgl. ferner Dig. XLI, 2 de acquir. poss. fr. 10 § 1 (ULPIANUS): *Rei servandae causa, legatorum, damni infecti non possident, sed sunt in possessione custodiae causa.* Nach GAJUS IV, 153 ist auch unser *colonus „nostro nomine in possessione"*. Der Ausdruck *„in possessione (sc. aliena) esse"* ist hiernach kein technischer; er gilt von jedem Nichtbesitzer, der sich in einer Sache (z. B. einem Grundstücke oder einem Wagen) entweder als Vertreter des abwesenden Besitzherrn, oder neben dem anwesenden, z. B. als sein Begleiter, befindet.

[1] Dig. XLI, 2 de adquir. poss. fr. 10 § 1 (ULPIANUS): *Conduxit quidem praedium, precario autem rogavit, non ut possideret, sed ut in possessione esset.*

[2] Vgl. Dig. XLIII, 16 de vi fr. 6 (PAULUS): *In interdicto unde vi tanti condemnatio facienda est, quanti intersit possidere: et hoc jure nos uti Pomponius scribit, id est tanti rem videri, quanti actoris intersit: quod alias minus esse alias plus: nam saepe actoris pluris interesse hominem retinere, quam quanti is est, veluti cum quaestionis habendae aut rei probandae gratia aut hereditatis adeundae intersit eum possideri.* Vgl. hierzu auch KARLOWA, Röm. Rechtsgeschichte II. S. 342 ff.

[3] Es hängt dies sicherlich mit der Erfahrungsthatsache zusammen, daß die Mehrzahl der Besitzer auch ein Recht zum Besitze hat, und daß jeder, der einen ruhigen Besitzstand stört, zunächst eigennütziger Absichten verdächtig erscheint. Vgl. Dig. XLIII, 17 fr. 2 (PAULUS): *Qualiscunque possessor hoc ipso quod possessor est, plus juris habet, quam ille qui non possidet.* Idem Dig. L, 17 de regulis juris fr. 128 pr.: *In pari causa possessor potior haberi debet.*

[4] Vgl. unten § 176.

[5] Vgl. gegen diese Verwechselung namentlich BEKKER, Das Recht des Besitzes bei den Römern. Leipzig 1880. S. 33.

[6] Dagegen namentlich v. SAVIGNY in seinem genannten Werke, dafür unter anderem HÖLDER, Institutionen. 3. Aufl. S. 141.

[7] Vgl. hierzu v. IHERING, Geist des röm. Rechts. 4. Aufl. III. S. 365.

sie aber auch auseinanderfallen, so nach römischem Rechte bei dem thatsächlichen Besitze, den sich jemand an einer *res sacra* verschaffte und zu erhalten wußte. Hier war eine Besitzlage vorhanden, die das Recht nicht schützte, also ein Besitzstand ohne Besitzschutz, mit anderen Worten eine *possessio* ohne *jus possessionis*,[1] daher in einer freieren Redeweise hier auch das *possidere* verneint wird.

Allein auch dies *jus possessionis*, das der Staat, um Faustrechtszustände zu vermeiden, sogar dem Diebe und dem Räuber gewährt, unterscheidet sich dadurch von allen anderen Rechten, daß das Gesetz es nur ungern einräumt, um das kleinere von zwei Übeln zu wählen,[2] und daß der Erfolg einer Ausübung dieses Rechtes ein bloß vorläufiger und vielleicht nur vorübergehender ist; denn schließlich muß der unredliche Besitzer, wenn er auch gegen die Eigenmacht des wirklichen Berechtigten zunächst geschützt ist, auf dessen Klage späterhin doch noch aus dem Besitze weichen. Der Besitz ist also, selbst dann, wenn er geschützt ist, vom Eigentume immer noch dadurch verschieden, daß sein Schutz ein bloß unvollkommener und vorläufiger ist. Wie es neben dem Eigentume einzelner ein Miteigentum giebt, so giebt es auch neben dem Einzelbesitze einen Mitbesitz. Es ist dies die Lage mehrerer Unabhängigen, die sich an einer ihnen zugänglichen Sache gegenseitig Berührungsrechte zugestehen, jedoch von Seiten aller anderen jede eigenmächtige Berührung verbitten.[3]

VI. Die Hauptarten des Eigentumserwerbes. Der Eigentumserwerb ist entweder:

a) ein Eigentumsursprung, sog. originärer (ursprünglicher) Erwerb (§ 72—78), bei dem im Erwerbe ein neues Eigentum entsteht, oder

b) eine Eigentumsnachfolge, sog. derivativer (abgeleiteter) Erwerb, d. i. der Erwerb eines schon vorher bestehenden Eigentums, abgeleitet von dem, dem es bisher gehört hat (§§ 79. 80). Dieser heißt Rechtsvorgänger oder *auctor*.[4]

---

[1] Vgl. Dig. XLI, 2 de acquir. vel amitt. possess. fr. 30 § 1 (PAULUS): *Locum religiosum aut sacrum non possumus possidere, etsi contemnamus religionem et pro privato eum teneamus sicut hominem liberum.*

[2] Vgl. hierüber namentlich v. IHERING, Über den Grund des Besitzschutzes. 2. Aufl. 1869.

[3] Vgl. auch Dig. XLI, 2 de adquir. vel amitt. possess. fr. 3 § 5 (PAULUS): *Ex contrario plures eandem rem in solidum possidere non possunt. Contra naturam quippe est, ut, cum ego aliquid teneam, tu quoque id tenere videaris ... non magis enim eadem possessio apud duos esse potest, quam ut tu stare videaris in eo loco, in quo ego sto, vel in quo ego sedeo, tu sedere videaris.*

[4] Vgl. über dieses Wort oben S. 233 Anm. 4. Der Rechtsvorgänger heißt

b) Der Eigentumsursprung.

α) Die Erbeutung herrenloser Sachen (Inst. II, 1 § 12—19).[1]

§ 72.

I. Die Hauptformen des Erwerbes herrenloser Sachen sind die Jagd, die Kriegsbeute und die Aneignung lebloser Naturschätze.

II. Die Jagd war in der römischen Zeit, deren Schußwaffen denen der Gegenwart an Leistungsfähigkeit nicht gleichkamen, völlig freigegeben.[2] Während das deutsche Recht sie an Grund und Boden knüpfte, vielfach sogar als ein Vorrecht des Staates (Regal) behandelte und noch jetzt ihre Ausübung von besonderen Bedingungen abhängig macht, waren diese Schranken dem römischen Rechte fremd. Sogar das unbefugte Jagen auf fremdem Boden verschaffte dem erfolgreichen Schützen Eigentum an seiner Beute.[3] Jagdbar waren alle wilden Tiere, sofern sie nicht gezähmt oder sofern sie etwa nach der Zähmung wieder wild geworden waren. Der Kreis der wilden Tiere war im Altertume größer, als er es heutzutage ist. Die Institutionen zählen zu ihnen noch die Bienen,[4] die Pfauen und die Tauben.

III. Die Kriegsbeute[5] erschien in ältester Zeit als eine regelmäßige Erwerbsform.[6] Dem neueren Völkerrechte ist diese weitgehende Plünderungsbefugnis fremd geworden. Wurde dem Feinde seine Beute abgejagt, so fiel sie nur dann an den früheren Eigentümer zurück, wenn sie nach Staatsverträgen oder kriegsrechtlichen Gebräuchen einem besonderen Heimkehrrechte (*jus postliminii*, von

---

auctor entweder, weil er der Urheber des Erwerbes, oder weil er der Mehrer eines fremden Vermögens ist.

[1] Karlowa, Röm. Rechtsgeschichte II, 1. S. 411 ff. Voigt, Röm. Rechtsgeschichte I. S. 409 ff.

[2] Dig. XLI, 1 de acquir. rer. dominio fr. 1 § 1 (Gajus): *Omnia animalia, quae terra mari caelo capiuntur, id est ferae bestiae et volucres (et) pisces, capientium fiunt.*

[3] Dig. XLI, 1 de adquir. rer. dominio fr. 3 § 1 (Gajus): *Nec interest quod ad feras bestias et volucres, utrum in suo fundo quisque capiat an in alieno.*

[4] Die in § 14 Inst. h. t. II, 1 getroffene Entscheidung kann hiernach heutzutage nicht mehr gelten.

[5] Vgl. zu dem Folgenden v. Ihering, Geist des röm. Rechts I. § 10 5. Aufl. S. 107 ff. und Karlowa, Röm. Rechtsgeschichte II, 1. S. 5 über *praeda*.

[6] Gajus IV. 16: *Maxime sua esse credebant quae ex hostibus cepissent.* Vgl. ferner Dig. XLI, 1 de adquir. rer. dominio fr. 5 § 7 (Gajus): *Quae ex hostibus capiuntur, jure gentium statim capientium fiunt.* Eodem fr. 51 § 1 (Celsus): *Quae res hostiles apud nos sunt, non publicae sed occupantium fiunt.*

limen, die Grenze[1]) unterlag. Nach Cicero[2] war dies der Fall bei Schiffen, Sklaven, Pferden und Maultieren (vielleicht weil diese Gegenstände in der Regel nach ihren besonderen Merkmalen leicht wiedererkennbar und zugleich für die Truppenbeförderungen und für die Kriegsmärsche sehr wertvolle Hilfsmittel waren).[3] Die heutige Anwendbarkeit eines solchen Heimkehrrechtes ist zweifelhaft.

IV. Der Erwerb lebloser herrenloser Naturschätze, so wie der Fischfang, war in Rom gleichfalls rechtlich unbeschränkt. Anders das neuere Recht, das die Schranken dieses Erwerbes beständig vermehrt.[4]

V. Jede Erbeutung setzt einen Besitzerwerb voraus. Dieser vollzieht sich durch Erwerb einer thatsächlichen Beherrschung der Sache.[5] Dazu gehört sowohl die Herstellung einer sicheren Berührungsmöglichkeit *(corpore acquirere)*,[6] als auch ein hiermit verbundener und hierdurch geäußerter Erwerbswillen *(animus possessionis acquirendae)*. Dieser muß sich auf eine bestimmte Sache richten.[7] Nach einem berühmten Ausspruche des Theophilus[8] kennzeichnet sich die Absicht des Besitzerwerbswillens durch eine ψυχὴ δεσπόζοντος, weil sein Ausdruck ein stillschweigendes allseitiges Berührungsverbot in sich schließt.

---

[1] Dig. XLIX, 15 de captivis fr. 19 pr. (Paulus): *Postliminium est jus amissae rei recipiendae ab extraneo et in statum pristinum restituendae.*

[2] Cicero, Top. VIII, 36. Vgl. hierzu v. Czyhlarz, Lehrbuch der Institutionen. 2. Aufl. S. 65, aber auch Sohm, Institutionen. 5. Aufl. S. 231.

[3] Paulus, Dig. XLIX, 15 de capt. fr. 19 pr., spricht allgemeiner: *Quod bello amisimus aut etiam citra bellum, hoc si rursus recipiamus dicimur postliminio recipere. idque naturali aequitate interductum est, ut qui per injuriam ab extraneis detinebatur, is, ubi in fines suos redisset, pristinum jus suum reciperet.*

[4] Vgl. hierzu v. Ihering, Scherz und Ernst in der Jurisprudenz. Leipzig 1884. S. 127 ff.: Das Okkupationsrecht an herrenlosen Sachen einst und jetzt. Eine romanistische Elegie.

[5] Vgl. Voigt, Röm. Rechtsgeschichte I. S. 411: „Im besonderen aber gestaltet sich die Okkupation des Mobile zum *capere rem* und des Immobile zum *ingredi fundum*."

[6] Dig. XLI, 1 de acquir. rer. dominio fr. 5 § 1 (Gajus) im wesentlichen übereinstimmend mit § 18 Inst. II, 1. Vgl. hierzu auch Karlowa, Röm. Rechtsgeschichte II, 1. S. 335 ff.

[7] Dig. XLI, 2 de adquir. poss. fr. 3 § 1 (Paulus): *Apiscimur possessionem corpore et animo, neque per se animo, aut per se corpore.* Vgl. hierzu aber auch v. Ihering, Der Besitzwille. 1889. S. 269 ff.; auch über das Erlöschen des Besitzes *corpore et animo* Hölder, Institutionen. 3. Aufl. S. 151 und unten § 276 Anm. 1. 6.

[8] Paraphrasis zu § 2 Institutionum III, 29. Vgl. zu dem Folgenden Arndts, Pandekten § 135 Anm. 4.

Ist der Gedanke eines solchen Verbotes einmal geäußert, so bedarf es eines besonderen bewußten Besitzerhaltungswillens nicht mehr. Der anfänglich geäußerte Wille der Ergreifung wirkt vielmehr weiterhin auf das Verhalten der Mitmenschen,[1] bis das Verbot, das er in sich schließt, in irgend einer Art erledigt ist.[2]

Die auf den Besitzerwerb gerichtete Willensäußerung kann dem Beginne der Berührungsmöglichkeit auch vorausgehen.[3] Die Berührungsmöglichkeit kann man sich aber auch durch einen beauftragten Vertreter verschaffen; der Erwerbswille des Herrn äußert sich dann in dem Auftrage, den er diesem Vertreter erteilt.[4]

VI. Der Erwerb an den losgelösten Früchten der eigenen Sache wird in Justinians Institutionen zur Erbeutung gestellt. Den heutzutage herrschenden Ansichten entspricht dies nicht. Die meisten stellen die Trennung der Frucht von der Hauptsache einer Zerspaltung dieser letzteren gleich und erblicken daher in dem Eigentume an der Frucht nur ein fortdauerndes Eigentum an dem losgelösten Theile der Hauptsache.[5] Hierbei übersieht man die wirtschaftliche Bestimmung der Frucht, als selbständige Sache behandelt zu werden.[6] Das römische Recht versteht nämlich unter Früchten

---

[1] So ist auch wohl zu verstehen Pauli rec. sent. V, II § 1: *Retinere (sc. possessionem) tamen nudo animo possumus, sicut in saltibus hibernis aestivisque contingit.* Vgl. über die fortdauernde Nachwirkung eines Besitzerwerbsaktes namentlich Strohal, Succession in den Besitz nach römischem und deutschem Recht. 1885. S. 124 ff.

[2] Gegen falsche Auffassungen des Besitzwillens kehrt sich namentlich v. Ihering, Der Besitzwille. 1889. Die Bezeichnung der Absicht eines allseitigen Störungsverbotes als *animus domini* ist darum unpassend, weil sie auch außerhalb jeder Staatsordnung vorkommen und im Staate auch von einem Räuber ausgehen kann, der weder Eigentümer sein kann noch will. Vgl. auch Karlowa, Röm. Rechtsgeschichte II, 1. S. 332 ff.

[3] Dig. XLI, 2 de acquir. vel amitt. poss. fr. 18 § 2 (Celsus): *Si venditorem quod emerim deponere in mea domo jusserim, possidere me certum est, quamquam id nemo dum attigerit.*

[4] Paulus, Rec. sent. V, 211: *Possessionem acquirimus corpore et animo, animo utique nostro, corpore aut nostro aut alieno.*

[5] Auch nach v. Czyhlarz, Lehrbuch der Institutionen, 2. Aufl. S. 99, bleibt der Eigentümer der Hauptsache Eigentümer der losgetrennten Früchte. Voigt, Röm. Rechtsgeschichte I. S. 413, nimmt an, daß die Auffassung des Fruchterwerbes, die in ihm einen selbständigen Erwerbsgrund sieht, erst das Ergebnis einer Entwickelung ist.

[6] Vgl. hierzu auch noch Dig XXII, 1 de usuris fr. 25 pr. (Julianus): *Omnis fructus non jure seminis sed jure soli percipitur.* Dig. VI, 1 de rei vind. fr. 5 § 2 (Ulpianus): *Si equam meam equus tuus praegnantem fecerit, non esse tuum, sed meum, quod natum est.* Dig. XLIV, 2 de exc. rei jud. fr. 7 § 3

solche Erzeugnisse, die bei der angemessenen Behandlung einer Sache immer wieder aus ihr gewonnen werden können.[1]

β) Der Eigentumserwerb an einem bisher fremden Stoffe.

αα) Eigentumsänderungen an und in Flüssen (Inst. II, 1 §§ 20—24).[2]

§ 73.

I. Allgemeines. Die Eigentum verleihende Kraft des Staates muß die Naturkraft der Flüsse berücksichtigen, weil diese an manchen Stellen den Privatbesitz unmöglich macht oder seine Grenzen verwischt. Daher geben und nehmen die Flüsse Eigentum, wie die Grenzrichter es durch ihre Sprüche thun.[3]

II. Veränderungen der Eigentumsrechte durch die Gewalt des Flusses giebt es in verschiedenen Formen:

a) Unmerkliche Ab- und Anspülungen *(adluviones)*.[4]

b) Dauernde Überflutung eines neuen Bettes oder dauernde Abwendung des Flusses vom alten *(alveus derelictus)*.

c) Anschwemmung losgerissener Grundstücksteile an ein fremdes Land (sog. *avulsio*).[5] Dieser Vorfall giebt jedoch nur dann, wenn Wurzeln aus dem abgerissenen Stücke heraus in das fremde Ufer hinübergewachsen sind, dem Herrn des Ufers Eigentum an dem Zuwachse. Nach dem älteren Rechte sollten Verwischungen der Grenzen durch Flüsse bei den *agri limitati* außer Betracht bleiben, d. h. dort, wo der Grundstücksumfang amtlich durch *agri mensores* abgesteckt worden war.[6] Dies ist im neueren Rechte verschwunden, weil es das *agri limitati* in der alten soeben genannten Bedeutung nicht mehr kennt. Wenn dieser Satz trotzdem in die Pandekten

---

(Ulpianus): *Haec enim (sc. fructus) nondum erant in rebus humanis, sed ex ea re sunt, quae petita est.* Richtig Hölder, Institutionen. 3. Aufl. S. 159.

[1] Vgl. über den Fruchtbegriff v. Petražycki, Die Lehre vom Einkommen. 1893. S. 221 ff.; auch Oertmann, Die Volkswirtschaftslehre des corpus juris civilis. 1891. S. 71. 115 ff.

[2] Vgl. über diesen „Erwerb nach Uferrecht" Karlowa, Röm. Rechtsgeschichte II, 1. S. 429 ff., auch des Verfassers Artikel adluvio, aqua, alveus derelictus und avulsio in der neuen Bearbeitung von Paulys Realencyklopädie der klassischen Altertumswissenschaft (herausgegeben von Wissowa).

[3] Vgl. Dig. XLI, 1 de acquir. rer. dom. fr. 30 § 3 (Pomponius): *Flumina enim censitorum vice funguntur, ut ex privato in publicum addicant et ex publico in privatum.*

[4] Dig. XLI, 1 de acquir. rer. dom. fr. 7 § 1 (Gajus) übereinstimmend mit § 20 Inst. h. t. II, 1.

[5] Dig. XLI, 1 de acquir. rer. dom. fr. 7 § 2 (Gajus) ebenso wie § 21 Inst. h. t. II, 1.

[6] Festus, Ep. p. 116 (Dig. XI, 1 de acquir. rer. dom. fr. 16). Rudorff,

aufgenommen worden ist,[1] so ist es wohl im Sinne Justinians auf alle solche Grundstückserweiterungen durch Flüsse zu beziehen, welche eine abgesteckte Reichsgrenze überschreiten.[2]

III. Die im Flusse auftauchende Insel *(insula in flumine nata)* erfuhr bei verschiedenen Strömen eine verschiedene Behandlung. Bei einzelnen, nicht bei allen öffentlichen Flüssen war alles, was auf ihnen entstand, *res publica*, d. h. eine Gemeingebrauchssache, und befand sich als solche im Staatseigentume (vgl. § 68). Dies traf dann auch die Inseln, die in solchen Strömen auftauchten.[3] Dieses Sonderrecht einzelner Flüsse ist nicht nach Deutschland eingedrungen. Wo ein solches Ausnahmerecht im römischen Reiche nicht galt, da wurde die *insula* dem *alveus derelictus* gleichgestellt,[4] d. h. an die nächsten Ufernachbarn bis zur Mittellinie ebenso verteilt, als wenn sie ein Stück eines *alveus derelictus* gewesen wäre. Man gab also jedem Ufereigentümer dasjenige Stück der Insel, das diesseits der Mittellinie vor seinem Grundstücke lag. Lag dieses Stück mehreren Ufernachbarn gegenüber, so mußten sie es unter sich dadurch teilen, daß sie von der Uferecke, an der ihre Ländereien zusammenstießen, die kürzeste Linie nach der Mittellinie zogen als Grenzlinie ihrer Inselanteile. Nur da, wo die Ufer gerade und parallel sind, sind derartige nächste Linien senkrechte, weil sonst die Mittellinie eine Kurve ist, auf die man keine senkrechten fällen kann.[5]

Gromatische Institutionen, im zweiten Bande der „Schriften der römischen Feldmesser" Berlin 1852. S. 284 ff. Karlowa, Röm. Rechtsgeschichte II, 1. S. 430. 462.

[1] Dig. XLI, 1 de acquir. rer. dom. fr. 16 (Florentinus): *In agris limitatis jus alluvionis locum non habere constat: idque et divus Pius constituit et Trebatius ait agrum, qui hostibus devictis ea condicione concessus sit, ut in civitatem veniret, habere alluvionem neque esse limitatum: agrum autem manu captum limitatum fuisse, ut sciretur, quid cuique datum esset, quid venisset, quid in publico relictum esset.*

[2] Darauf weist auch der nähere Inhalt des fr. 16 cit. hin. Vgl. des Verfassers angeführten Artikel adluvio. Über die völkerrechtliche Behandlung der Flüsse als Kennzeichen der Landesgrenze vgl. v. Holtzendorffs Handbuch des Völkerrechts. 1887. II. § 47. S. 284.

[3] So ist zu deuten Dig. XLI, 1 de adquir. rer. dom. fr. 65 § 4 (Labeo): *Si id quod in publico innatum aut aedificatum est, publicum est, insula quoque, quae in flumine publico nata est, publica esse debet.* Vgl. Ubbelohde, Glücks Pandektenkommentar. 43. 44. IV. Teil. S. 379. Anders Dernburg, Pandekten I. § 207 Anm. 10. 4. Aufl. S. 490.

[4] So richtig Sohm, Institutionen. 5. Aufl. S. 237. Vgl. über den *alveus derelictus* Dig. XLI, 1 de adquir. rer. dom. fr. 7 § 5: *Quod si toto naturali alveo relicto flumen alias fluere coeperit, prior quidem alveus eorum est, qui prope ripam praedia possident, pro modo latitudinis cujusque praedii, quae latitudo prope ripam sit.*

[5] Dadurch, daß man diese einfache mathematische Wahrheit übersah, ge-

Zur Veranschaulichung dieses Rechtssatzes dient die nachfolgende Zeichnung:

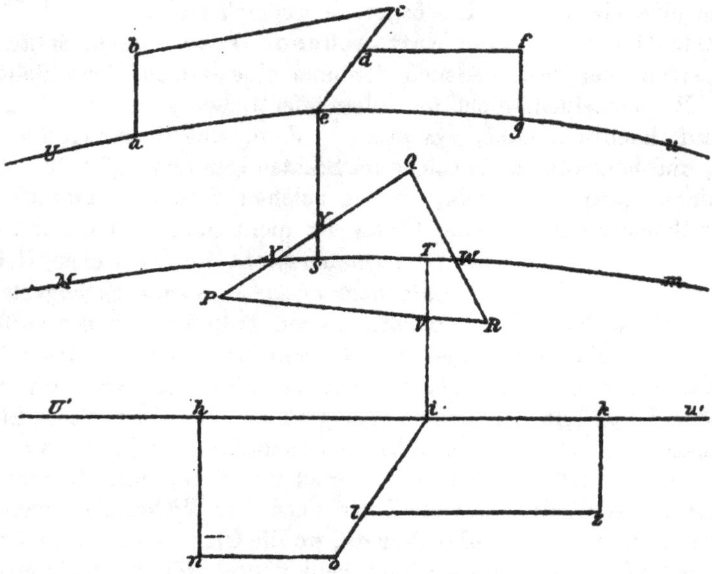

Uferlinien = *Uu* und *U'u'*. — Mittellinie des Flusses: *Mm*. — Ufergrundstücke: *abce, dfge, hion, ilzk*. — Insel im Flusse: *PQR*. — Uferecken: *e, i*. — Kürzeste Linien von den Uferecken nach der Mittellinie: *eS* und *iT*.

Es erhalten

a) der Eigentümer von *abce* = *XYS*,

b) „ „ „ *degf* = *QYSW*,

c) „ „ „ *hion* = *XPVT*,

d) „ „ „ *ilzk* = *TWRV*.

ββ) **Der Eigentumserwerb durch Umgestaltung eines fremden Stoffes** (Inst. II, 1 §§ 25. 26).[1]

§ 74.

I. **Die Entwickelung des Erwerbs aus Spezifikation.** Das älteste Recht scheint davon ausgegangen zu sein, daß Umwandlungen oder Umformungen eines Stoffes ihn seinem Eigentümer nicht

riet die ganze Lehre in Verwirrung. Vgl. die neuere Litteratur in Windscheids Pandekten I. § 185 Anm. 7. Aufl. S. 556, insbesondere Zirndorfer, Zur Lehre von der insula in flumina nata, Zeitschr. der Savignystiftung IV. 233 ff. Dernburg, Pandekten. 4. Aufl. I. § 207 S. 490. Ubbelohde, a. a. O. (S. 259 Anm. 3) S. 403 ff.

[1] Vgl. Karlowa, Röm. Rechtsgeschichte II, 1. S. 427 ff.

entziehen.[1] Wenigstens haben die Sabinianer diesen Satz festgehalten.[2]

Die Prokulianer dagegen sprachen dem Verarbeiter eines Stoffes das Arbeitsergebnis dann zu, wenn er zu einer neuen (d. h. neuen Bedürfnissen dienenden) Sache umgestaltet[3] und daher seiner bisherigen Verwendbarkeit für den früheren Eigentümer beraubt worden war. Zweifelhaft ist, ob auch unredlichen Arbeitern ein derartiges Enteignungsrecht zugesprochen werden sollte, doch ist dies zu verneinen.[4]

Justinian billigt eine Mittelmeinung, welche dem Stoffeigentümer sein altes Eigentumsrecht dann wahrt, wenn die Sache in die alte Form zurückführbar ist (damit der Eigentümer wieder in die Lage zu kommen vermag, ebenso, wie vorher, über die Verwendung des Stoffes in beliebiger Weise zu verfügen).[5] So bei geformtem Metall, das wieder eingeschmolzen werden kann. Ist dagegen die frühere beliebige Verwendbarkeit des alten Stoffes völlig verschwunden, weil die umgestaltete Sache nicht wieder in die vorherige

---

[1] Vgl. hierzu Gajus, Dig. XLI, 1 de adquir. rer. dom. fr. 7 § 7 in Verbindung mit dem Institutionentexte.

[2] Gajus II, 79. Vgl. auch Dig. X, 4 ad exhib. fr. 12 § 3 (Paulus): *Quod ex re nostra fit, nostrum esse verius est*, d. h. wenn mich das Recht gegen eine einfache Wegnahme meiner Sache schützt, so sichert es mich auch gegen eine solche, die mit Umgestaltung des Weggenommenen verbunden ist.

[3] Umänderungen, die die Verwendbarkeit der Sache zu ihren bisherigen Zwecken nicht beeinträchtigen, gelten nicht als Spezifikationen und sind ohne Einfluß auf das Eigentum an ihrem Gegenstande. Dig. XLI, 1 de adquir. rer. dom. fr. 26 § 2 (Paulus): *Si meam lanam infeceris, purpuram nihilo minus meam esse Labeo ait, quia nihil interest inter purpuram et eam lanam, quae in lutum aut caenum cecidisset atque ita pristinum colorem perdidisset.*

[4] Vgl. Dig. XLI, 3 de usurpationibus fr. 4 § 20 (Paulus): *Si ex lana furtiva vestimentum feceris, verius est, ut substantiam spectemus, et ideo vestis furtiva erit.* Das Recht darf nicht unredliche Handlungen begünstigen, indem es an sie einen Erwerb anknüpft. Der Fall in Dig. XXIV, 1 de donationibus inter virum et uxorem fr. 29 § 1 (Pomponius): *Si vir uxori lanam donavit et ex ea (ea ex ea?) lana vestimenta sibi confecit, uxoris esse vestimenta Labeo ait,* betrifft keine eigentlich unredliche Handlungsweise.

[5] Nur dann hat er ein vernünftiges Interesse daran, statt der bloßen Entschädigung die Sache selber zu erhalten. Wer z. B. aus seinem Blei Knöpfe gießen wollte, während ein anderer daraus Kugeln gegossen hat, der kann immer noch einen wohl verständlichen Wunsch haben, dieses Blei zurückzuverlangen, um es in die ursprünglich beabsichtigte Form umzugießen. Wer dagegen aus Thon Figuren fertigen wollte, während ein anderer Röhren daraus gebrannt hat, dem muß es erwünschter sein, wenn er in Geld entschädigt wird, als wenn ihm Sachen gegeben werden, auf die er nicht gerechnet hat, und die er vielleicht nicht brauchen kann.

Gestalt zurückführbar ist, so wird der Verfertiger der neuen Form dagegen geschützt, sie für einen anderen hergestellt zu haben. Ihm fällt dann das Eigentum der Sache zu, und er muß den Stoffeigentümer entschädigen. Wenn jemand einen eigenen Stoff zugleich mit einem fremden zu einer neuen Sache verarbeitet, so erwirbt er auf alle Fälle Eigentum an dem Arbeitsergebnisse.

II. **Die eigentümliche Darstellung** dieser Erwerbsform in den Institutionen hängt mit Lehren der stoischen Philosophie zusammen.[1]

γγ) Der Eigentumserwerb durch unzerstörbare Anfügung eines fremden Stoffes an den eigenen.

αα) *Die Vermischung zweier Stoffe verschiedener Eigentümer* (Inst. II, 1 §§ 27. 28).

§ 75.

I. **Die absichtliche oder unabsichtliche Vermischung flüssiger Stoffe** *(confusio)* führt zu einem Miteigentume, das den bisherigen Eigentümern der vermengten Massen an dem neuen Ganzen zufällt und zwar im Verhältnisse des Wertes dieser Massen, bei gleichartigen Massen also pro *rata ponderis*.[2] Es ist hierbei zu beachten, daß in diesem Falle dem Miteigentümer nicht bloß, wie bei dem Miteigentume an einer einzelnen Sache, ein Recht auf richterliche Teilung des Ganzen zugesprochen wird. Er erhält vielmehr ohne weiteres ein klagbares Anrecht auf einen entsprechenden Teil der Masse, ja es wird ihm bei einer solchen Vermischung sogar ausnahmsweise gestattet, zunächst seinen Antrag auf einen unbestimmten Teil zu richten, der dann erst im Laufe des Verfahrens in seiner Höhe festgesetzt wird.[3]

Das nur für Vermischungsfälle ausdrücklich anerkannte Abteilungs- oder Abschöpfungsrecht, wonach jeder aus der gemeinsamen Masse seinen Anteil ohne weiteres herausnehmen kann, wird aber überhaupt allen Miteigentümern dann zugesprochen werden dürfen,

---

[1] Vgl. Fischer, Das Problem der Identität und der Neuheit mit besonderer Berücksichtigung der Spezifikation, in den Festgaben der Breslauer Juristenfakultät zu v. Iherings Doktorjubiläum. 1892. 2. Teil. S. 1 ff.

[2] Dig. VI, 1 de rei vindicatio fr. 3 § 2 (Ulpianus): *Pomponius scribit, si quid quod ejusdem naturae est ita confusum est atque commixtum, ut deduci et separari non possint, non totum, se pro parte esse vindicandum. ut puta meum et tuum argentum in massam redactum est: erit nobis commune, et unusquisque pro rata ponderis quod in massa habemus vindicabimus, etsi incertum sit, quantum quisque ponderis in massa habet.*

[3] Dig. VI, 1 de rei vindicatione fr. 76 § 1: *Incertae partis vindicatio datur, si justa causa interveniat.* Gaj. IV, 54.

wenn der Gegenstand ihres Rechtes eine Menge von Sachen ist, die untereinander gleichwertig sind.[1] So z. B. wenn zwei Miterben in einem Weinkeller eine Anzahl Flaschen derselben Sorte erwerben.

II. Die Vermischung fester, durcheinander geschüttelter Körper führt, wenn sie auf Abrede beruht, zu demselben Ergebnisse, gleichviel ob die Absonderung auflöslich ist oder nicht.[2] Die unauflösliche Verbindung solcher Sachen wird der *confusio* ausdrücklich gleichgestellt,[3] und man wird diese Gleichstellung auch auf unabsichtliche unauflösliche Vermischungen solcher Sachen zu beziehen haben. Es läßt sich in der That kein Grund dafür angeben, daß auf die Flüssigkeit oder Festigkeit vermischter Dinge von Rechts wegen irgend welches Gewicht gelegt werden soll. Man nimmt jedoch vielfach an, daß die in § 28 Inst. h. t. II, 1 erwähnte *actio pro modo frumenti* ein Sonderrecht für die untrennbare Mischung trockener Körper enthält, während diese Stelle bei genauerer Betrachtung von einer trennbaren Vermischung redet.[4] Es ergiebt sich somit der Satz, daß bei allen trennbaren und untrennbaren Vermischungen flüssiger oder fester Körper der Besitzer sich einen unbestimmten Klagantrag dessen gefallen lassen muß, der bei der trennbaren Verbindung seine Stücke und bei der untrennbaren seinen Anteil am Gewinn von ihm verlangt.[5]

---

[1] Die untereinander gleichwertigen Sachen (z. B. Öl, Getreide, Wein), die in mehrfacher Hinsicht durch Rechtssatz ausgezeichnet sind, nennt man fungibele Sachen, weil sie *in genere suo functionem recipiunt*, Dig. XII, 1 de rebus creditis fr. 2 § 1 (Paulus), d. h. ihre Verkehrsbedeutung von ihren Gattungseigenschaften herleiten, nicht von den besonderen Eigenschaften der einzelnen Stücke (wie z. B. ein Pferd, ein Bild, ein Grundstück). Man nennt sie auch vertretbare, weil bei ihrer Lieferung jedes Stück der Gattung jedes andere vertreten kann. Die Römer nennen sie *res, quae pondere, numero, mensura consistunt* (fr. 2 § 1 cit.). Vgl. Arndts, Pandekten § 51, und Roguin, Les choses fongibles et les choses de consommation (extrait du recueil inaugural de l'université Lausanne). 1892.

[2] So z. B., wenn der eine seine Rüben mit den Erbsen eines anderen in beiderseitigem Einverständnisse vermischt, damit sie zusammen gekocht werden.

[3] Vgl. Dig. VI, 1 de rei vind. fr. 3 § 2 cit.: *Confusum est atque commixtum.* Vgl. Dernburg, Pandekten I. § 210. Anm. 2. 4. Aufl. S. 496.

[4] Es heißt: *Aestimare debet, quale cujusque frumentum fuerit*, nicht: „*quanti*". Auch wird die dort besprochene Vermischung von Getreidemassen mit dem Falle verglichen, daß sich Tiere des einen in die Herde des anderen verirrt haben, einer zweifellos trennbaren Vermischung.

[5] Die Reichscivilprozeßordnung hat für diesen Fall die Möglichkeit eines unbestimmten Antrages nicht ausdrücklich offen gehalten. Vgl. § 230, 2.

ββ β) *Die Anfügung einer Nebensache an eine Hauptsache.*[1]

§ 76 (Inst. II, 1 §§ 29—34).

I. Die Verbindung verschiedener aneinander gefügter Sachen *(accessio)*.[2] Die römischen Juristen unterschieden überhaupt die durch menschliche Thätigkeit zusammengefügten Sachen (*συνημμένα*) von den durch Naturkraft zu einem Ganzen aneinander gefügten Stoffteilen[3] und den getrennten Sachen, die nur durch die gleiche Benennung vereint werden.[4] Die künstliche Verbindung von zwei Sachen verschiedener Herren zerstört und begründet (der richtigen Meinung nach) dann kein Eigentum, wenn sie lösbar ist.[5] Unlösbar ist aber nicht bloß die Trennung, welche nicht durchgeführt werden kann (so, wenn Wurzeln verschiedener Pflanzen zu einem unentwirrbaren Knäuel durcheinander gewachsen sind), sondern auch eine solche Trennung, die nach Rechtssatz den bisherigen Eigentümern der Teile nicht gewährt wird (rechtliche Untrennbarkeit).

II. Fälle der rechtlichen Untrennbarkeit.

a) Durch eine besondere Vorschrift der zwölf Tafeln ist zu Gunsten des Häuserbaues und der Weinkultur jedes *tignum* (d. h. wohl Baumaterial) *aedibus vineaeve junctum* als untrennbar behandelt.[6]

b) Auch sonst sind Trennungen da unzulässig, wo sie eine Beschädigungs- und Entwertungsgefahr mit sich bringen, d. h. wo der Wert der getrennten Teile zusammen geringer sein würde, als der

[1] Karlowa, Röm. Rechtsgeschichte II, 1. S. 434 ff.

[2] Vgl. den Artikel des Verfassers accessio in Paulys Realencyklopädie der klassischen Altertumswissenschaft (herausgegeben von Wissowa).

[3] Ἡνωμένα von ἑνόω ich vereinige. Der Begriff dieses Naturganzen *(homo, lapis, similia)* ist nicht, wie vielfach geschieht, mit den sog. *res unitae*, d. h. den künstlich hergestellten, aber nach Rechtssatz unlösbaren Verbindungen, z. B. Einpflanzungen zu verwechseln.

[4] Vgl. Dig. XLI, 3 de usurp. et usuc. fr. 30 pr. (Pomponius): *Tria autem genera sunt corporum, unum, quod continetur uno spiritu et Graece ἡνωμένον vocatur, ut homo, tignum, lapis et similia: alterum quod ex contingentibus, hoc est pluribus inter se cohaerentibus constat, quod συνημμένον vocatur, ut aedificium, navis, armarium: tertium, quod ex distantibus constat, ut corpora plura non (?) soluta, sed uni nomini subjecta, veluti populus, legio, grex.*

[5] Auf Lösung richtet sich dann die *actio ad exhibendum*, auf Herausgabe die *rei vindicatio*. Beide pflegt man heutzutage zu verbinden. Dig. VI, de rei vindicatione fr. 23 § 5 (Paulus): *Item quaecunque aliis juncta sive adjecta accessionis loco cedunt* (hier bedeutet „*accessio*“ eine trennbare Verbindung) *ea quamdiu cohaerent dominus vindicare non potest, sed ad exhibendum agere potest, ut separentur et tunc vindicentur.*

[6] Dig. XLVII, 3 de tigno juncto fr. 1 pr. (Ulpianus): *Quod providenter lex efficit, ne vel aedificia sub hoc praetextu diruantur vel vinearum cultura turbetur.*

Wert des ungetrennten Ganzen, die Trennung also ein Stück des Nationalvermögens vernichten würde.

Ob schon das alte Recht solchen Erwägungen Rücksicht schenkte, ist zweifelhaft. In der Kaiserzeit sind jedoch eine Reihe physisch möglicher Trennungen rechtlich nicht zulässig,[1] und zwar solche, die den Wert der Sache bedrohen, weil sie die Unversehrtheit der Teile gefährden würden.[2] Bei solchen untrennbaren Verbindungen (Accessionen) entsteht, wenn die verbundenen Stücke völlig gleichartig und gleichwertig sind, ein Miteigentumsverhältnis.[3] Mit einem solchen Verhältnisse ist jedoch den Wünschen der Beteiligten gewöhnlich nicht gedient. In der Regel werden daher bei den verbundenen Teilen Haupt- und Nebensache voneinander unterschieden. Der Herr der Hauptsache erhält das Ganze und muß den Herrn der Nebensache entschädigen.[4]

III. Das Erkennungsmerkmal der Hauptsache bei einer rechtlich unlösbaren Verbindung:

a) Wo ein Grundstück mit beweglichen Sachen (Baumaterialien oder Pflanzen) in untrennbarer Weise verbunden wird, da gilt es immer als Hauptsache *(superficies solo cedit)*.[5]

---

[1] Vgl. Dig. VI, 1 de rei vindicatione fr. 23 § 2 (Paulus); siehe S. 266 Anm. 3.

[2] Vgl. Dig. XXX de leg. I fr. 26 § 2 (Ulpianus) in einem ähnlichen Falle: *In his tamen rebus partem dare heres conceditur, quae sine damno dividi possunt. sin autem vel naturaliter indivisae sint vel sine damno divisio earum fieri non potest, aestimatio ab herede omnimodo praestanda est.* Bei metallischen Verbindungen hieß die ohne Entwertungsgefahr lösbare Zusammenfügung *adplumbatura*, die unlösbare *ferruminatio* (Dig. VI, 1 de rei vindic. fr. 23 § 5). Vgl. die in des Verfassers Artikel adplumbatio (Paulys Realencyklopädie für klassische Altertumswissenschaft, neue Ausgabe von Wissowa) Angeführten.

[3] So bei zwei gleichen Röhren, die in rechtlich untrennbarer Weise zusammengefügt sind.

[4] Dig. VI, 1 de rei vindicatione fr. 23 § 4 (Paulus): *In omnibus igitur istis, in quibus mea res per praevalentiam alienam rem trahit meamque efficit, si eam rem vindicem per exceptionem doli mali cogar pretium ejus quod accesserit dare.* v. Czyhlarz, Lehrbuch der Institutionen. 2. Aufl. S. 96 ff., unterscheidet hiernach mit Recht zwei Verbindungsarten, die Koordination, die zum Miteigentume führt, und die Accession.

[5] *Superficies solo cedit.* Gajus II, 73—75. Es erklärt sich aus dem Übergewicht an Wert, den der bleibende Grund über vergängliche Bauwerke und Anpflanzungen zu haben pflegt. Vgl. Dig. XLI, 1 de adquir. rerum dominio fr. 26 (Paulus): *Arbor ..., ubi coaluit, agro cedit.* Vgl. hierzu auch Sohm, Institutionen. 5. Aufl. S. 240: „Die Freskomalerei wird immer Accession bedeuten, niemals Spezifikation."

b) Bei der untrennbaren Verbindung beweglicher Sachen miteinander fehlt es an einem klar bestimmten Merkmale dafür, welcher Teil des zusammengesetzten Gegenstandes als die Hauptsache gilt, deren Herr ein Anrecht auf das Ganze erhält gegen die Verpflichtung, den Eigentümer der Nebensache zu entschädigen.[1] Auf die Größe des Umfanges oder des Wertes, den die verbundenen Stücke vor ihrer Vereinigung hatten, wird zwar allerdings gelegentlich Gewicht gelegt, allein nicht in den Quellenbeispielen einer untrennbaren Verbindung.[2] So wird z. B. bei einem Schiffe der Kiel als die Hauptsache bezeichnet.[3]

Es scheint hiernach, als ob nach römischem Rechte derjenige Teil als der wichtigere gelten soll, der durch die Verbindung in höherem Maße an Brauchbarkeit gewonnen hat. — Es stehen sich hier die Erwerbswünsche beider Teile gegenüber. Beide können nicht zugleich befriedigt werden. Nichts liegt daher näher, als daß von den beiden Erwerbsbedürfnissen das stärkere bevorzugt wird. Das stärkere Bedürfnis an der Erhaltung und an dem Erwerbe des Ganzen hat aber der, dessen Teil der bei einer Zerlegung der Gesamtsache in höherem Maße entwertet werden würde. So ist z. B. ein Kiel für sich allein schwerer verwertbar, als das übrige Schiffsholz.[4]

Hauptsache ist hiernach bei einer Verbindung beweglicher Gegenstände diejenige, die durch die Trennung des Verbundenen in höherem Maße an Brauchbarkeit verlieren würde.

IV. Zwei Erwerbsformen, die Spezifikation und die untrennbare Vereinigung, fallen dann zusammen, wenn ein Stoff auf der Grundlage eines anderen eine neue Form und eine neue wirtschaftliche Bedeutung gewinnt, so z. B. die Farbe bei dem Gemälde

---

[1] v. Czyhlarz, Lehrbuch der Institutionen, nimmt mit anderen an (S. 98), daß der Eigentümer der Hauptsache demjenigen der Nebensache nur „aus grundloser Bereicherung" hafte. Allein grundlos im Sinne des Rechtes ist sein Erwerb nicht, er beruht auf einer *justa causa dominii acquirendi*, der *accessio*.

[2] Dig. XXXIV, 2 de auro legato fr. 19 § 13: *Perveniamus et ad gemmas inclusas argento auroque. et ait Sabinus auro argento cedere. ei enim cedit cujus major est species.* Allein diese Stelle spricht nicht vom Eigentumserwerbe durch Verbindung, sondern von zwei Vermächtnissen, unter denen das eine das andere nach sich zieht.

[3] So Dig. VI, 1 de rei vindicatione fr. 61 (Julianus): *Proprietas totius navis carinae causam sequitur.* Andere Beispiele siehe in Dig. VI, 1 de rei vindicatione fr. 23 § 2 (Paulus): *Si quis rei suae alienam rem ita adjecerit, ut pars ejus fieril, veluti si quis statuae suae brachium aut pedem alienam adiecerit, aut scypho ansam vel fundum, vel candelabro sigillum, aut mensae pedem, dominium ejus totius rei effici vereque statuam suam dicturum et scyphum plerique recte dicunt.*

[4] Man beachte in diesem Sinne den Inhalt der Anm. 4 S. 265.

und die Tinte bei der Schrift. Hier geht nach römischem Rechte der Eigentümer der Grundlage dem Eigentümer des verarbeiteten Stoffes und dem Verarbeiter vor.[1]

Es kann dies aber nur da gelten, wo der aufgetragene Stoff von der Unterlage abgewaschen werden kann; wo er sie so durchdringt, wie bei uns Tinte und Druckerschwärze das Papier beeinflussen, auf dem sie stehen, da ist eine Spezifikation der Grundlage anzunehmen, keine bloße Verbindung.[2]

Als eine Ausnahmevorschrift verordnete Justinian, daß ein Gemälde der Tafel, auf der es steht, unbedingt vorgehen, also in das Eigentum des Malers fallen soll. Es ist dies aber wohl auf solche Bilder zu beschränken, die den Wert ihrer Grundlage mindestens verdoppeln.[3]

δδ) Der Eigentumserwerb durch redliche Fruchtziehung aus einer fremden Sache (Inst. II, 1 §§ 35—38).[4]

§ 77.

I. Frucht ist (vgl. oben § 72 a. E.), was bei angemessener Behandlung einer Sache immer wieder aus ihr gewonnen werden kann. Sklavenkinder waren hiernach keine Früchte, weil die Verwendung der Sklaven zur Züchtung von Nachkommen nicht als zulässig galt. Zugleich schützte diese Ablehnung des Fruchtbegriffes bei Sklavenkindern in vielen Fällen gegen eine grausame Trennung von Mutter und Kind, da sie verhinderte, daß dieses dem Nießbraucher verblieb, wenn die Mutter zum Eigentümer zurückkehrte.[5]

II. Der Fruchterwerb des Eigentümers. Die natürliche Frucht fällt bei ihrer Trennung von der Hauptsache deren Eigen-

---

[1] Dig. VI, 1 de rei vindicatione fr. 23 § 3 (Paulus): *Necesse est ei cedere quod sine eo esse non potest.*

[2] Was die Institutionen von der Schrift sagen (§ 33 h. t. II, 1), das kann heutzutage nur noch bei Schiefertafeln u. dergl. Anwendung finden.

[3] Sohm unterscheidet mit Recht zwischen einer bloß bemalten Leinwand und einem Gemälde auf Leinwand (Institutionen 5. Aufl. S. 240). Es würde nicht unpassend sein, wenn man Justinians Vorschrift über Gemälde in entsprechender Weise auf Werke der bildenden Kunst anwendete, die in der Form einer rückführbaren Spezifikation zustande kommen (vgl. oben § 74). So z. B. wenn ein Künstler eine Figur aus minderwertigem Metalle formt.

[4] Karlowa, Röm. Rechtsgeschichte II, 1. S. 419 ff.

[5] Über die „*dura separatio*" *ancillae a partu* vgl. Dig. XXIII, 3 de jure dat. fr. 10 § 2 (Ulpianus): *Si servi subolem ediderunt, mariti lucrum non est* und Dig. XXXIII, 7 de instructo vel instrumento legato fr. 12 § 7 (idem): *Neque enim duram separationem injunxisse credendus est,* und hierzu Schneider, Zur Geschichte der Sklaverei im alten Rom. Zürich 1892. S. 27, auch Karlowa, Röm. Rechtsgeschichte II, 1. S. 103 ff., Voigt, Röm. Rechtsgeschichte I. S. 418.

tümer zu (s. oben § 72 am Ende), sofern ihm nicht ein zum Fruchtbezug Berechtigter nach besonderer Rechtsregel vorgehen soll.

Der Pächter leitet sein Fruchterwerbsrecht lediglich aus einer Anweisung des Eigentümers und aus dessen Rechte ab.[1]

III. Fruchtbezugsberechtigte, die dem Eigentümer der Hauptsache vorgehen, sind:

a) der Emphyteuta, der Erbzinsmann des römischen Rechtes (s. § 85);

b) der redliche Besitzer der fruchttragenden Sache. Ihm wird *(pro cura et cultura)*[2] das Recht gegeben, sich durch Verzehrung oder Veräußerung der Früchte zu bereichern, ohne für diese *fructus consumpti* dem Eigentümer ersatzpflichtig zu sein *(fructus consumptos suos facit,* eine ungenaue Redewendung).[3] Nur die Früchte, welche noch vorhanden sind, wenn der wahre Eigentümer ihm vor Gericht die Sache abverlangt (die sog. *fructus extantes*), muß er herausgeben.[4] Daher erwirbt er zunächst an den gezogenen Früchten Eigentum, wie ein wirklicher Grundherr.[5] Dieser Grundsatz schützte die redlichen Sachbesitzer vor empfindlichen Durchkreuzungen ihrer Wirtschaftspläne durch unerwartete Aussprüche,[6] wenn es auch ungewiß bleibt, ob er zu diesem Zwecke aufgestellt worden ist;

c) der Nießbraucher, der jedoch (anders als der Emphyteuta und der *bonae fidei possessor*) an den *fructus separati nondum percepti* kein Eigentum erwirbt. Die Fruchtergreifung zieht hier eine

---

[1] Dig. XXXIX, 5 de donationibus fr. 6 (ULPIANUS): *Sed si is quia me ... mercede conduxerat, ut paterer eum sibi jure eximere, si antequam eximat, me paenituerit, meus lapis durat.* Dig. XLVII, 2 de furtis fr. 62 (61) § 8 (AFRICANUS): ... *colonum, quia voluntate domini eos percipere videatur, suos fructus facere.*

[2] D. h. „zum Besten der Landwirtschaft"; vgl. des Verfassers Ausführungen in der Zeitschr. der Savignystiftung. Roman. Abt. XIV. S. 281.

[3] Dig. XLI, 1 de acquir. rer. dom. fr. 40. Vgl. BUCHENAU, Rechtliche Natur des Fruchterwerbes des redlichen Besitzers. Göttingen 1839. S. 8 ff., und KARLOWA, Röm. Rechtsgeschichte II, 1. S. 423 ff. SALKOWSKI, Lehrbuch, 6. Aufl. S. 244, scheint hier eine Interpolation zu vermuten. Diese Vermutung hat auch der russische Romanist KROMLOW (Separation als Eigentumserwerbsart des gutgläubigen Besitzers, 1868) ausgesprochen, wie SERG. VON NIKONOFF mitteilt.

[4] Cod. III, 32 de rei vindicatione c. 22 (DIOCLETIANUS): *Certum est mala fide possessores omnes fructus solere cum ipsa re praestare, bona fide vero extantes, post litis contestationem vero universos.*

[5] Dig. XXII, 1 de us. et fruct. fr. 25 § 1 (JULIANUS): *Porro bonae fidei possessor in percipiendis fructibus id juris habet, quod dominis praediorum tributum est.*

[6] So v. PETRAZYCKI, Die Fruchtverteilung beim Wechsel des Nutzungsberechtigten. 1892. S. 185 ff.

scharfe Grenze zwischen den Erträgnissen, welche dem Nutznießer zufallen, und denen, die nach Beendigung seines Rechtes vom Eigentümer gewonnen werden dürfen. Der Erbe des Nießbrauchers hat namentlich hiernach mit der Sache gar nichts mehr zu schaffen, darf also auch nicht auf ihr die abgefallenen Früchte auflesen.[1]

ss) Der Eigentumserwerb durch Auffindung eines Schatzes (Inst. II, 1 § 39).[2]

§ 78.

I. Der Schatz ist eine ihrer Beschaffenheit nach lange verborgen gewesene Sache, deren Eigentümer bei ihrer Auffindung nicht mehr ermittelt werden kann.[3] Die Neueren betrachten den Schatzerwerb als eine Abart der Erbeutung einer herrenlosen Sache. Anders Justinians Institutionen.

Der Schatz fällt zur Hälfte dem Grundeigentümer, zur Hälfte dem Finder zu, während das ältere Recht den Finder hatte leer ausgehen lassen.[4] Für verlorene Sachen, die keine Schätze waren, deren Eigentümer also nach dem äußeren Anscheine noch ermittelt werden konnten, gewährte das römische Recht keinen gesetzlichen Finderlohn (anders das deutsche Gewohnheitsrecht).

II. Der Schatz, der in einer herrenlosen Sache gefunden ist, fällt gänzlich dem Finder zu. So Hadrianus (§ 39 Inst. II, 1) auch für Schätze, die zufällig in einem *locus sacer* oder *religiosus* gefunden wurden. Die *divi fratres* (Marc Aurel und Lucius Verus) gaben jedoch die Hälfte derartiger Schätze dem *fiscus*,[5] eine Rechtsänderung, die wohl nur aus Versehen in den Institutionen unerwähnt geblieben ist. (Heutzutage sind diese Sachen nicht mehr herrenlos, vgl. oben § 69.)

---

[1] Der Entwurf eines bürgerlichen Gesetzbuches für das Deutsche Reich will dies ändern (§ 794).

[2] Viele (z. B. SALKOWSKI, Lehrbuch der Institutionen. 6. Aufl. S. 226) stellen diese Lehre zur *occupatio*. Anders mit Recht JUSTINIANS Institutionen.

[3] Vgl. Dig. XLI, 1 de adquir. rer. dom. fr. 31 § 1 (PAULUS): *Thesaurus est vetus quaedam depositio pecuniae, cujus non extat memoria, ut jam dominum non habeat.* Allgemeiner Cod. X, 15 de thesauris c. un.: *Thesaurum (id est condita ab ignotis dominis tempore vetustiore mobilia).* — Über die Mehrdeutigkeit des Wertes *thesaurus* vgl. VOIGT, Röm. Rechtsgeschichte I. § 36 Anm. 40.

[4] Vgl. ANDRÉ, Die Lehre vom Schatz nach römischem und gemeinem Recht. Berlin 1884. (Dissertation.) S. 7 ff. 20 ff. KARLOWA, Röm. Rechtsgeschichte II, 1. S. 439.

[5] Dig. XLIX, 14 de jure fisci fr. 3 § 10 (CALLISTRATUS): *Si in locis fiscalibus vel publicis religiosisve aut in monumentis thensauri reperti fuerint, divi fratres constituerunt, ut dimidia pars ex his fisco vindicaretur.*

c) Die Eigentumsnachfolge (der Erwerb eines fremden Eigentumsrechtes).

α) Die freiwillige Eigentumsüberlassung (Inst. II, 1 §§ 40—48).

§ 79.

I. Der Warenaustausch geschieht überall entweder durch sofort erfüllte Verträge oder durch bloße Zusicherungen oder endlich durch Abreden, die von der einen Seite sogleich, von der anderen aber erst später erfüllt werden sollen. Dem Abschlusse der Vorausbezahlungs- und der Bargeschäfte, sowie der Erfüllung der Kreditgeschäfte dient die freiwillige Eigentumsüberlassung. Sie besteht immer in einer Entäußerungserklärung von der einen und in einer Äußerung des Erwerbswillens von der anderen Seite, zwei Vorbedingungen, zu denen jedoch das Recht sehr häufig noch weitere Erfordernisse hinzufügt.

Das römische Recht insbesondere kannte für diese beiden Willensäußerungen zunächst drei Formen: die *mancipatio*, die *in jure cessio* und die *traditio ex justa causa.*

II. Die zu Justinians Zeit veralteten Formen der Eigentumsüberlassung.

a) Die *mancipatio* war der Erwerb einer Sache oder eines gewaltunterworfenen Menschen mit Erz und Wage durch Aneignung der Sache[1] mit bestimmten Worten[2] vor fünf Zeugen und einem Abwäger, der, wahrscheinlich, als man das Geld noch zuwog und noch nicht zahlte, das richtige Gewicht des Kaufpreises feststellte,[3] späterhin aber nur noch die Wage als Symbol des Geschäfts-

---

[1] Ulpianus, Fragm. XIX, 6: *Res mobiles non nisi praesentes mancipari possunt et non plures simul, quam quot manu capi possunt; immobiles autem etiam plures, et quae diversis locis sunt, mancipari possunt.*

[2] Gajus I, 119: *Eaque res ita agitur: adhibitis non minus quam quinque testibus civibus Romanis puberibus et praeterea alio ejusdem condicionis, qui libram aeneam teneat, qui appellatur libripens, is qui mancipio accipit aes tenens ita dicit: hunc ego hominem ex jure Quiritium meum esse. ajo isque mihi emptus esto hoc aere aeneaque libra.* Vgl. über dies Geschäft namentlich Bechmann, Der Kauf nach gemeinem Rechte I. 1876. S. 68 ff. Mancipationsformulare siehe in Bruns, Fontes ed. VI. S. 288 ff. Vgl. auch Karlowa, Röm. Rechtsgeschichte II. 1. S. 363 ff.

[3] Es ist dies keineswegs unstreitig. B. W. Leist, Mancipation und Eigentumstradition S. 7 ff., nimmt an, daß dieses Geschäft immer ein Formalakt war. Vgl. hierzu Bechmann, Kauf I. S. 62 ff. 155. Die herrschende Meinung bringt die Umwandlung der Preiszahlung in eine symbolische Handlung in Zusammenhang mit den von den Decemvirn eingeführten Münzen. Bechmann, a. a. O. S. 167. Pernice in v. Holtzendorffs Encyklopädie. 5. Aufl. I. S. 106. Sohm, Institutionen. 5. Aufl. S. 26. Karlowa, Röm. Rechtsgeschichte II, 1. S. 365 ff.

abschlusses hielt.[1] Eine Preiszahlung fand in der Zeit, aus der allein uns die Formen des Geschäfts überliefert sind, nur zum Scheine statt. Der Käufer schlug mit einem kleinen Erzstücke zunächst an die Wage,[2] dann überreichte er es dem Veräußerer als ein Symbol der Kaufsumme.[3] Daneben finden wir in einigen besonderen Fällen *(venditio uno nummo)*[4] noch einen weiteren Scheinpreis, den *sestertius nummus unus.*[5]

Dies Scheingeschäft konnte ebenso gut einem wahren Kaufe dienen wie einer Schenkung. Einer Äußerung darüber, wie es hinsichtlich der Gegenleistung unter den Parteien gehalten werden sollte, bedurfte es nicht.[6] Der Abschluß dieses förmlichen Geschäfts war ein Vorrecht der römischen Bürger.[7] Zugleich war es auf bestimmte Arten von Sachen beschränkt, die hiernach *res mancipi (= mancipii)* hießen[8] und dadurch als Gegenstände eines rein nationalen Verkehrs aus der

---

[1] In den Zeugen sieht man vielfach (vgl. z. B. v. Ihering, Geist des röm. Rechts I. 5. Aufl. S. 149 Anm. 58a) Vertreter der fünf Volksklassen. Vgl. dagegen Gajus II, 25: *praesentibus amicis.* Wahrscheinlicher ist aber wohl die Annahme, daß jede Partei ursprünglich zwei Freunde als Zeugen stellte und beide zusammen einen unparteiischen fünften Zeugen dazu fügten. Man beachte hierzu auch, daß man ursprünglich von den Zeugen wohl nicht bloß eine spätere Aussage vor Gericht erwartete, sondern auch im Notfalle einen Beistand bei der Selbsthilfe. (So mit Recht v. Ihering, Geist des röm. Rechts I. 5. Aufl. S. 144.) Überhaupt darf man die Förmlichkeiten des Geschäftes nicht als „Feierlichkeiten" bezeichnen. Vgl. dagegen Bechmann, Kauf I. S. 76 Anm. 2: „Ein feierliches Geschäft kann auch nicht wohl an blökenden und schreienden Vierfüßlern vollzogen werden."

[2] Dies Anschlagen diente nach der Vermutung v. Iherings (Geist des röm. Rechts. 4. Aufl. II, 2 S. 539 Anm. 707) ursprünglich dazu, am Klange die Echtheit des Metalls zu prüfen, ehe man der anderen Partei zumutete, es anzunehmen.

[3] Gajus I, 119: *Aere percutit libram idque aes dat ei, a quo mancipio accipit, quasi pretii loco.* Vgl. Sohm, Institutionen § 11. 5. Aufl. S. 26 ff. 34 ff.

[4] Vgl. Gajus II, 252 (unten § 114) und Karlowa, Röm. Rechtsg. II, 1. S. 376 ff.

[5] Vgl. auch noch v. Savigny, Geschichte des röm. Rechts im Mittelalter II. S. 186 Anm. e, über den „*nummus usualis dominicus unus*", von dem noch in späteren Urkunden die Rede ist.

[6] Darüber, ob eine solche Äußerung über die *causa mancipationis* neben der imaginären *causa emptionis* in die abzugebende Erklärung aufgenommen werden konnte, vgl. v. Czyhlarz, Lehrbuch der Institutionen. 2. Aufl. S. 102 und Karlowa, Röm. Rechtsgeschichte II, 1. S. 369. Auch für die *in jure cessio* ist dies zweifelhaft, vgl. v. Czyhlarz, a. a. O. S. 103.

[7] Gajus I, 119: *Imaginaria quaedam venditio, quod et ipsum jus proprium civium Romanorum est.* Vgl. auch Ulpiani fragm. XIX, 4: *Mancipatio locum habet inter cives Romanos et Latinos coloniarios Latinosque Junianos eosque peregrinos, quibus commercium datum est.*

[8] Gajus, Inst. II, 22: *Mancipii vero res sunt, quae per mancipationem ad alium transferuntur; unde etiam mancipium res sunt dictae.* Vgl. Voigt, Röm.

großen Masse der Verkaufsgegenstände herausgehoben wurden. Zu diesen *res mancipi* gehörten die italischen Grundstücke und die Felddienstbarkeiten an ihnen, die Sklaven und die altitalischen Zugtiere.[1]

Man hat die Auszeichnung dieser Sachen mit dem alten Beutewesen in eine Beziehung gesetzt.[2] Nach der herrschenden Meinung bestimmten Rücksichten auf die Landwirtschaft ihren Kreis. Es ist aber auch sehr wohl möglich, daß hierbei Rücksichten der Landesverteidigung den Ausschlag gaben; denn die *res mancipi* waren durchweg Sachen, die man sicherlich nicht gern Ausländern überließ, wenn von ihrer Seite eine Kriegsgefahr drohte.[3]

Durch die Gültigkeit der Nebenverträge *(leges mancipii)*, die mit der *mancipatio* verbunden werden konnten, wurde die *mancipatio* zu den verschiedensten Zwecken tauglich.[4] So wurde sie namentlich durch ein beigefügtes *pactum fiduciae*[5] zu einem Hilfsgeschäfte der *datio in adoptionem* und der *emancipatio*,[6] zu der ältesten Form einer rechtsgültigen Verpfändung,[7] sowie auch des Privattestaments,[8] und diente überhaupt den verschiedenartigsten Zwecken.[9]

Rechtsgeschichte I. S. 428 ff., welcher der Meinung ist, daß *mancipium* in dieser Wendung nicht soviel bedeutete, wie *mancipatio*, sondern so viel wie *legitimum dominium* (S. 433). Eine Beschränkung des Eigentums *ex jure Quiritium* auf die *res mancipi* in der älteren Zeit vermutet v. Ihering, Jahrb. f. Dogmatik. XXIII. S. 204 Anm. 2.

[1] Ulpianus XIX, 1: *Praedia in Italico solo ... item jura praediorum rusticorum ... item servi et quadrupedes quae dorso collove domuntur, velut boves, muli, equi, asini.* Vgl. auch Gajus II, 15. 16. Der Getreidehandel mit Peregrinen war schon in alter Zeit für die Volkernährung bedeutsam (vgl. Liv. I, 35), und sein Gegenstand gehörte nicht zu den *res mancipi*.

[2] Vgl. Puchta-Krüger, Institutionen II. § 238. 10. Aufl. S. 198 ff. und daselbst insbesondere S. 199 Anm. aa über die Möglichkeit einer Anwendung der Mancipationsformen bei *res nec mancipi*.

[3] Vgl. Sohm, Institutionen. 5. Aufl. S. 222: „Der Grundstock des bäuerlichen Vermögens und zugleich des Nationalvermögens." Vgl. auch ebenda S. 223, ferner Hölder, Institutionen. 3. Aufl. S. 205, auch Karlowa, Röm. Rechtsg. II, 1. S. 354 ff.

[4] Tab. VI, 1: *Cum nexum faciet mancipiumve, uti lingua nuncupassit, ita jus esto* (Festus, Nuncupatae p. 173). Vgl. hierzu v. Ihering, Geist des röm. Rechts. 4. Aufl. II, 2. S. 545 ff.

[5] Vgl. über dieses namentlich v. Ihering, Geist des röm. Rechts II, 2. 4. Aufl. S. 530 ff Eck, Neue pompejanische Geschäftsurkunden, Zeitschr. der Savignystiftung IX. S. 60 ff. und Oertmann, Die Fiducia im röm. Privatrecht. Berlin 1890. Sohm, Institutionen. 5. Aufl. S. 35 ff.

[6] Vgl. oben S. 214 und S. 218. [7] Vgl. unten § 86.

[8] Vgl. § 99 und über die *mancipationes dicis causa* Karlowa, Röm. Rechtsgeschichte II, 1. S. 240 ff.

[9] Eingehenderen Erörterungen und Zweifeln unterzogen wurde neuerdings namentlich die sog. *fiducia cum amico contracta* (Gajus II, 60). Der richtigen

b) Die Eigentumsübertragung durch einen Scheinprozeß *(in jure cessio)*, bei der sich der Veräußerer einer Sache zu Gunsten des Erwerbers verurteilen ließ und diesem das Eigentum zugesprochen wurde.[1]

Eine derartige Form sicherte dem Geschäfte eine öffentliche Beurkundung. Sie war bei *res mancipi* ebenso wirksam wie bei *res nec mancipi*, galt aber für unbequemer als die *mancipatio*.[2]

c) Die *traditio (ex justa causa)*, d. i. die Eigentumsüberlassung durch Übergabe.[3] Zu ihr gehören zwei Willensäußerungen: eine Besitzüberlassung, der die Angabe eines rechtlich erlaubten Zweckes *(justa causa)*[4] ausdrücklich oder stillschweigend beizufügen ist,[5] und ein auf diese Überlassung bezüglicher Besitzerwerb dessen, dem die Sache zugewendet werden soll.

Meinung nach war dies wohl ein Fall, in dem ein Freund von einem anderen eine Sache erhielt, nicht bloß, um sie aufzubewahren, sondern auch um sie im Notfalle vor Gericht zu verteidigen. Vgl. Heck, Niemeyer und Göppert in der Zeitschr. der Savignystiftung X. S. 82 ff. XII. S. 297 ff., XIII. 317 ff., und die von Heck, a. a. O. X. S. 83 Anm. Angeführten.

[1] Ulpianus, Fragm. XIX, 9. 10: *In jure cessio quoque communis alienatio est et mancipi rerum et nec mancipi. quae fit per tres personas, in jure cedentis, vindicantis, addicentis: in jure cedit dominus; vindicat is, cui ceditur; addicit praetor.* Vgl. über die *in jure cessio* und ihre Vorgeschichte oben S. 175 Anm. 3 und die dort Angeführten.

[2] Gajus, Inst. II, 25: *Quod enim ipsi per nos praesentibus amicis agere possumus, hoc non interest (nec) necesse cum majore difficultate apud praetorem aut apud praesidem provinciae agere.*

[3] Gajus, Inst. II, 19: *Res nec mancipii ipsa traditione pleno jure alterius fiunt.* Die *traditio* entstammt dem *jus gentium.* Vgl. Gajus, Dig. XLI, 1 de adquir. rer. dom. fr. 9 § 3 und hierzu Karlowa, Röm. Rechtsgeschichte II, 1. S. 416 ff.

[4] Diese einseitige Nebenerklärung des Tradenten *(causa traditionis)* verwechselt man vielfach mit der Abrede beider Teile über den Traditionszweck, einem Geschäfte, das aus zwei gegenseitigen Erklärungen besteht. Vgl. z. B. v. Czyhlarz, Lehrbuch der Institutionen. 2. Aufl. S. 104. Haben beide Parteien verschiedene *justae causae* im Auge, so zerstört dieser Dissens die Gültigkeit des Geschäftes nicht, da es durch die *justa causa* des Tradenten allein genügend gestützt wird. Dig. XLI, 1 de adquir. rer. dominio fr. 36 (Julianus): *Cum in corpus quidem quod traditur consentiamus, in causis vero dissentiamus, non animadverto, cur inefficax sit traditio, veluti si ego credam, me ex testamento tibi obligatum esse, ut fundum tradam, tu existimes ex stipulatu tibi eum deberi.* Die Vereinigung dieser Stelle mit Dig. XII, 1 de rebus cred. fr. 18 pr. muß der Pandektenlehre vorbehalten bleiben.

[5] Erhellt z. B. aus dieser Nebenerklärung eine Schenkungsabsicht gegenüber dem Gatten des Tradenten, so ist die Tradition nichtig (s. unten § 95 II a). Vgl. Dig. XLI, 1 de adquir. rer. domin. fr. 31 pr.: *Numquam nuda traditio transfert dominium, sed ita, si venditio aut aliqua justa causa praecesserit,*

Bei der Übergabe einer verkauften Sache insbesondere geht das Eigentum nach römischem Rechte nicht eher auf den Käufer über, als bis dieser den Preis gezahlt hat oder der Preis ihm gestundet worden ist. Dieser Satz schützt den Veräußerer gegen Dritte, denen der Käufer die Sache widerrechtlich weiterveräußert hat, obwohl sie von ihm noch nicht bezahlt war. Das neuere Recht will diesen Schutz fallen lassen.[1]

Daß der Veräußerer dabei zugegen ist, wenn der Erwerber den ihm überlassenen Gegenstand ergreift, ist nicht nötig.[2] Wohl aber wird die Gegenwart des Erwerbers bei der Sache im Augenblicke des Erwerbes der richtigen Meinung nach in der Regel vorausgesetzt, und zwar wohl als Schutzwehr gegen Verwechselungen des ergriffenen Gegenstandes mit einem anderen, der überlassen werden sollte.[3] Da, wo zwar nicht durch die Anwesenheit der Sache, wohl aber auf andere Art ein Schutz gegen Verwechselungen gegeben war, scheinen die Römer ihre Gegenwart nicht unbedingt verlangt zu haben.[4] Keinesfalls brauchte die Gegenwart eine völlig unmittelbare zu sein.[5] Von einem Besitzerwerbe kann aber auch hier, wie bei der Okkupation, nur dann die Rede sein, wenn die Sache dem Erwerber zugänglich geworden ist.[6]

---

propter quam traditio sequeretur. Ebenso Ulpianus, Fragm. XIX, 7: *Harum rerum (sc. nec mancipi) dominium ipsa traditione adprehendimus, scilicet si ex justa causa traditae sint nobis.*

[1] Vgl. Entwurf des bürgerlichen Gesetzbuches für das Deutsche Reich § 874.

[2] Dig. de adquir. rer. dominio fr. 21 § 1 (Pomponius): *Si rem meam possideas et eam velim tuam esse, fiet tua, quamvis possessio apud me non fuerit.* Dig. XXXIX 5 de donat. fr. 6 (Ulpianus): *Qui saxum mihi eximere de suo permisit donationis causa, statim cum lapis exemptus est meus fit.* Vgl. auch Brunner, Traditio per epistolam, in der Zeitschr. der Savignystiftung. IV. S. 142 ff.

[3] Dig XLI. 2 de adquir. vel am. poss. fr. 1 § 21: *Si jusserim venditorem procuratori rem tradere, cum ea in praesentia sit, videri mihi traditam Priscus ait, idemque esse, si nummos debitorem jusserim alii dare non est enim corpore et tactu necesse adprehendere possessionem, sed etiam oculis et affectu argumento esse eas res quae propter magnitudinem ponderis moveri non possunt, ut columnas, nam pro traditis eas haberi si in re praesenti consenserint.*

[4] Vgl. fr. 1 § 21 cit. a. E.: *Et vina tradita videri, cum claves cellae vinariae emptori traditae fuerint.*

[5] Dig. XLVI, 3 de solutionibus fr. 79 (Javolenus): *Pecuniam, quam mihi debes, aut aliam rem si in conspectu meo ponere te jubeam: efficitur, ut et tu statim libereris et mea esse incipiat: nam tum quod a nullo corporaliter ejus rei possessio detinetur, adquisita mihi et quodammodo manu longa tradita existimanda est*

[6] Darum kann man zwar Balken, die auf der frei zugänglichen Straße

Durch einen bloßen Vertrag kann die Besitzübergabe nicht ersetzt werden.[1] Hierdurch wird der Vorteil erreicht, daß im Verkehrsleben die unerwünschte thatsächliche Trennung der Sachen von ihren Eigentümern erschwert wird, weil der Übergang der Sache von Hand zu Hand sie in der Regel verhindert. Durch *nuda voluntas* (d. h. eine einfache Willenserklärung) kann trotzdem das Eigentum dann übertragen werden, wenn schon eine solche einfache Äußerung den vollen Thatbestand einer Übergabe enthält. Dies geschieht insbesondere da, wo jemand eine fremde Sache für einen anderen besitzt und dieser ihm erlaubt, sie fortan für sich zu besitzen (sog. *brevi manu traditio*),[2] z. B. wenn jemand sich jene Erlaubnis hinsichtlich einer geliehenen Sache vom Verleiher erkauft.[3] Eine sichtbare Weggabe der Sache ist zum Eigentumsübergange auch dann nicht nötig, wenn jemand z. B. sein Grundstück verkauft und zugleich, ohne es zu übergeben, mietet, also aus der Lage eines Besitzherren zu derjenigen eines bloßen Besitzvertreters (Detentors) hinabsteigt (sog. *constitutum possessorium*).

Eine sog. *traditio in incertam personam* vollzieht sich z. B. bei dem *jactus missilium*, d. i. dem Auswerfen von Geschenken unter das Volk, sobald die ausgeworfene Sache von einem bestimmten Menschen aus dem Kreise derer, denen sie zugedacht ist, aufgegriffen wird.[4]

---

legen, nicht aber Fässer, die in einem fremden Keller enthalten sind, durch bloßes Ankreiden einem andern übertragen. Dig. XVIII. 6 de periculo et commodo fr. 1 § 2, 15 § 1.

[1] Cod. II, 3 de pact. c. 20 (Diocletianus): *Traditionibus et usucapionibus dominia rerum, non nudis pactis transferuntur.* — Es ist übrigens auch nicht richtig, in der Besitzübergabe einen Vertrag von besonderer Art zu sehen. Der Übergebende richtet zwar bei ihr immer eine Erklärung an den Empfänger, dieser aber kann seinen Erwerbswillen auch in der Abwesenheit des Tradenten äußern und braucht ihn nicht an den Tradenten zu richten. Gegenseitige Willenserklärungen gehören somit nicht zu diesem Geschäfte, also ist es auch kein Vertragsschluß. — Anders die herrschende Meinung, die früher auch von dem Verfasser dieses Lehrbuches vertreten wurde. Näheres gehört in die Pandektenlehre.

[2] Dig. XLI, 1 de adquir. rer. dom. fr. 9 § 5 (Gajus): *Interdum etiam sine traditione* (d. h. ohne eine sichtbare Übergabe, nicht aber ohne ein gültiges Traditionsgeschäft) *nuda voluntas domini sufficit ad rem transferendam, veluti si rem, quam commodavi aut locavi tibi aut apud te deposui, vendidero tibi: licet enim ex ea causa tibi non tradiderim, eo tamen, quod patior eam ex causa emptionis apud te esse, tuam efficio.*

[3] Sohm, Institutionen. 5. Aufl. S. 228: „Der Mieter, welcher die Sache gekauft hat, hat eine andere Gewalt über die Sache als zuvor."

[4] Dig. XLI, 1 de adquir. rer. dom. fr. 9 § 7 (Gajus) übereinstimmend mit Instutionum II, 1 § 46. Der Empfänger ist freilich auch hier immer eine *persona certa*.

Verschieden von dieser Traditionsart ist die *derelictio*, d. i. die einseitige Preisgabe des Besitzes und des Eigentums an einer Sache.[1] Bei der *derelictio* verbleibt jedoch das Eigentum in der Zeit zwischen der Aufopferung der Sache vom bisherigen Herrn und der Ergreifung der Sache von einem anderen nicht, wie bei der *traditio*, dem, der sein Recht aufgiebt, sondern es erlischt sogleich. Anders eine ältere Ansicht,[2] aus der wohl erklärt werden muß, warum die Institutionen die *traditio in incertam personam* neben der *derelictio* erwähnen (II, 1 § 47).

V. Das Absterben der *mancipatio* und der *in jure cessio*. Die zwölf Tafeln fanden beide Geschäfte vor und bestätigten sie.[3] Für die Übertragung von *res mancipi* waren sie unentbehrlich. Das prätorische Recht machte sie jedoch auch hier nahezu überflüssig, indem es schon der bloßen *traditio* einer *res mancipi ex justa causa* zwar nicht die Kraft der Eigentumsübertragung gab (dies konnte der *praetor* nicht), wohl aber dem Erwerber aus einem solchen Geschäfte einen Schutz gewährte, der dem Eigentumsschutz nahezu gleichwertig war. Diesem Erwerber und allen seinen Rechtsnachfolgern wurde nämlich eine Klage gegeben, die nicht bloß gegen Dritte, sondern auch gegen den Rechtsvorgänger und seine Nachfolger durchgriff (*actio Publiciana*). Daneben erhielt er auch noch eine Einrede, die *exceptio rei venditae et traditae*, die gleichfalls ihn und seine Nachfolger gegen Ansprüche des Veräußerers und seiner Rechtsnachfolger sicherte.[4] Mit anderen Worten: Die *traditio* einer *res mancipi* übertrug kein civilrechtliches, sondern nur prätorisches Eigentum. Seitdem nun das letztere als ein dem ersteren gleichwertiges Recht

---

[1] So z. B. beim Wegwerfen verwelkter Blumensträuße. Man sagt in solchem Falle, daß der Besitz *animo*, d. h. durch Willensäußerung, aufgegeben wird. Vgl. Dig. L, 17 de regulis juris fr. 153 (Paulus): *Ut igitur nulla possessio acquiri nisi animo et corpore potest, ita nulla amittitur, nisi in qua utrumque in contrarium actum est*, und hierzu Arndts, Pandekten § 142 Anm.

[2] Dig. XLI, 7 pro derelicto fr. 2 § 1 (Paulus): *Sed Proculus non desinere eam rem domini esse, nisi ab alio possessa fuerit: Julianus desinere quidem omittentis esse, non fieri autem alterius, nisi possessa fuerit, et recte.* Vgl. hierzu Dig. IX, 4 de nox. act. fr. 38 § 1. (Keine Haftung für einen preisgegebenen Sklaven oder für ein weggejagtes Tier.)

[3] Fragm. Vat. 50. Die Frage, ob es schon in der älteren Zeit eine *traditio* der *res nec mancipi* gab, hängt mit der Ansicht über die Entstehungszeit des *jus gentium* zusammen und wird daher vielfach verneint (vgl. z. B. Sohm, Institutionen. 5. Aufl. § 27 S. 27: „Der Mancipationskauf war die einzig gültige Form des Kaufgeschäftes"). Keinesfalls kann zu irgend einer Zeit ein Recht gegolten haben, nach dem das tägliche Brot nur durch einen Scheinprozeß (*in jure cessio*), also nur an Gerichtstagen erworben werden konnte.

[4] Vgl. hierzu Dernburg, Pandekten I. § 216. 4. Aufl. S. 506 ff. und unten § 155.

anerkannt war, hatte sich die *mancipatio* als Übertragungsform überlebt.[1] Justinian beseitigt sie eigentlich nicht, sondern bestätigt nur den Gerichtsgebrauch, der sie bereits beseitigt hatte.[2] In dem Ausdrucke *emancipatio* lebt jedoch die Erinnerung an das alte Geschäft fort.

Die *in jure cessio* verlor sich im spätrömischen Reiche zugleich mit dem Formelwesen der älteren Zeit.[3] An ihre Stelle trat wohl eine Beurkundung wichtigerer Veräußerungen vor Gericht, die jedoch nach römischen Rechte nur ganz ausnahmsweise (vgl. § 95) unerläßlich war.

In dem Grundbuchwesen der Gegenwart ist dieser Rechtszweig völlig umgestaltet worden.

β) Der Eigentumsübergang ohne Willenserklärung des bisherigen Herrn.

§ 80.

I. Ein Eigentumsübergang ohne Willenserklärung des bisherigen Herrn ist möglich:

a) durch Befehl der Obrigkeit;

b) ohne jede Willenserklärung durch gesetzliche Vorschrift (sog. *transitus legalis*), die unter gewissen thatsächlichen Vorbedingungen Eigentum von dem bisherigen Herrn auf einen anderen übergehen läßt.

Von einigen dieser Erwerbsformen bleibt es ungewiß, ob sie dem *jus civile* oder dem *jus gentium* angehören. Bei ihnen muß man sich in der Beantwortung dieser Frage an naheliegende Vermutungen halten.

II. Obrigkeitliche Eigentumsentziehungen des *jus gentium* sind:

a) Einziehung durchgeschmuggelter Zollgegenstände (sog. *commissa*).[4]

b) Enteignung eines Grundstückes. Sie war nach prätorischem Rechte möglich, wenn den Vorschriften für den Fall einer Gefährdung von Nachbargrundstücken nicht genügt war.[5] Falls nämlich dem Nachbarn eines Grundstücks von diesem aus ein Einsturzdrohte, so konnte er verlangen, daß der Eigentümer ihn wegen des Ersatzes

---

[1] Über die letzten Spuren der *mancipatio* vgl. v. Czyhlarz, Lehrbuch der Institutionen. 2. Aufl. S. 102, aber auch v. Savigny, Geschichte des röm. Rechts im Mittelalter. S. 186 Anm. e.

[2] Vgl. oben S. 249 Anm. 4.

[3] Vgl. oben S. 127 Anm. 1.

[4] Dig. XXXIX, 4 de publicanis fr. 14 (Ulpianus): *Quod commissum est, statim desinit ejus esse qui crimen contraxit dominiumque rei vectigali adquiritur.*

[5] Karlowa, Röm Rechtsgeschichte II, 1. S. 479 ff.

des drohenden Schadens sicherstellte *(cautio damni infecti, infecti = nondum facti*[1]) oder duldete, daß der Gefährdete in sein Grundstück eingewiesen wurde *(aut cavere aut carere*[2]). An diesen Zwang, den die Einweisung *(missio ex primo decreto)* auf den Herrn des Grundstücks ausübte, schloß sich nach einiger Zeit ein noch schärferer an. Bei einer zweiten Einweisung *(missio ex secundo decreto)* wurde der bisherige Eigentümer aus der Sache vertrieben. Der Eingewiesene erwarb jedoch auch jetzt noch nicht die Sache sofort (wie vielfach behauptet wird), sondern erst nach einer bestimmten Frist.[3]

c) ein rechtskräftiges Urteil, das dem wahren Eigentümer sein Recht aberkennt und einem anderen zuspricht. Es gewährt zwar dem Sieger kein Eigentum, wohl aber die wichtigsten Eigentumsvorteile, weil der Inhalt dieses Spruches gegenüber dem Besiegten und dessen Rechtsnachfolgern Geltung hat.[4]

d) obrigkeitliche Wiederherstellung eines verlorenen Eigentums. Sie ist durch eine Ausnahmeverfügung möglich aus Gründen, die eine solche Anordnung rechtfertigen *(in integrum restitutio)*. Wenn z. B. die Sache des einen, der schuldlos abwesend war, von einem anderen ersessen wird, so kann hinterher dieser Erwerb durch einen Spruch der Behörde rückgängig werden.[5] Die neuere Rechtsentwickelung ist derartigen Ausnahmeverfügungen nicht günstig.[6]

---

[1] Dig. XXXIX, 1 de damno infecto fr. 2.

[2] Dig. XXXIX, 2 de damno infecto fr. 9 pr. (Ulpianus): *Ut dominus vitiosarum aedium aut damnum sarciat aut aedibus careat.*

[3] *per longum tempus.* Dig. XXXIX, 1 de damno infecto fr. 12. 15 § 27. Heutzutage pflegt diese Angelegenheit in einfacherer Weise erledigt zu werden, (s. Pandektenrecht). Litteratur über die rätselhafte Vorgeschichte dieser *cautio damni infecti* (Gajus IV, 31) siehe Sohm, Institutionen. 5. Aufl. § 35. Anm. 14 S. 158. Karlowa, Röm. Rechtsgeschichte II, 1. S. 481. Das Civilrecht gab bei drohendem Schaden eine *legis actio damno infecti*, das prätorische ein Recht auf *cautio.* Das letztere Verfahren wird als das bequemere gerühmt, muß also wohl das schnellere gewesen sein. Darum ist es nicht recht glaublich, daß, wie v. Bethmann-Hollweg vermutet (Civilprozeß I. S. 204 Anm. 13), die civilrechtliche *actio* mit einer sofortigen Pfändung des gefahrdrohenden Grundstücks begonnen hat.

[4] Diese Erwerbsform ist nicht zu verwechseln mit der *adjudicatio.* Vgl. unten § 93. Über den Zuschlag des unverkäuflichen Pfandes an den Pfandgläubiger vgl. unten § 96.

[5] Dig. IV, 6 ex quibus causis majores viginti quinque annis in integrum restituuntur fr. 1 § 1 (Ulpianus): *Verba autem edicti talia sunt: Si cujus quid de bonis, cum is metus (metu?) aut sine dolo malo rei publicae causa abesent, inve vinculis hostiumque potestate esset (deminutum esse?) ... dicetur, ... in integrum restituam.*

[6] Dem Entwurfe des bürgerlichen Gesetzbuches für das Deutsche Reich sind sie fremd. Sie griffen über die Eigentumsgewährung weit hinaus. S. unten. § 153.

III. Als gesetzlicher Eigentumserwerb des *jus gentium* ist anzusehen:

a) Der Verlust des Miteigentumsanteils an einem Grundstücke, wenn der, dem er gehört, einen anderen Miteigentümer 4 Monate lang nicht für Ausbesserungskosten entschädigt hat.[1]

b) Der Verlust des Eigentums tritt zu Gunsten eines Besitzers ein, gegen den vom Eigentümer unerlaubte Selbsthilfe geübt worden ist.[2]

c) Das Eigentum an einem unbebauten Acker geht an den, der ihn zwei Jahre lang bebaut, verloren.[3]

Andere Fälle des gesetzlichen Eigentumsüberganges sind dem *jus civile* zuzuzählen (s. unten § 93).

2. Der Erwerb unkörperlicher Sachen.

a) Einleitende Übersicht (Inst. II, 2).

§ 81.

I. Die unkörperlichen Sachen. Das Wort *res* bezeichnet in den Quellen sowohl einen engeren als auch einen weiteren Begriff. Im engeren Sinne heißen nur solche Dinge *res*, die greifbar, also mit dem Tastsinne wahrnehmbar sind.[4] Diese Bedeutung ist sicherlich die ältere. Cicero rechnet nur das Greifbare zu dem eigentlich Wirklichen, alles andere zählt er zu dem, *quod intelligitur*, gleichviel ob es ein Phantasiegebilde ist, oder ein nicht greifbarer, und nicht als Ganzes sichtbarer, aber trotzdem wahrnehmbarer Thatbestand ist.[5] Wir finden neben dieser älteren engeren Redeweise noch eine

---

[1] Dig. XVII, 2 pro socio fr. 52 § 10 (Ulpianus): *Socius, qui cessantis cessantiumve portiones insulae restituerit, quamvis aut sortem cum certis usuris intra quattuor menses, postquam opus refectum erit, recipere potest, exigendique privilegio utetur aut deinceps propriam rem habebit, potest tamen pro socio agere ad hoc, ut consequatur, quod sua intererat.*

[2] Cod. VIII, 4 unde vi c. 7 (Valentinianus, Theodosius et Arcadius): *Sin vero alienarum rerum possessionem invasit, non solum eam possidentibus reddat, verum etiam aestimationem earundum rerum restituere compellatur.* Die gegenwärtige Geltung dieser Vorschrift ist zweifelhaft. Vgl. Dernburg, Pandekten I. § 125. 4. Aufl. S. 297.

[3] Ein Rechtssatz, der eine Ausgeburt des spätrömischen Latifundienwesens ist. Cod. XI, 59 (58) de omni agro deserto c. 8. Vgl. oben S. 182 Anm. 1.

[4] Dig. I, 8 de divisione rerum et qualitate fr. 1 § 1 (Gajus): *Corporales sunt, quae tangi possunt, veluti fundus homo vestis aurum argentum et denique aliae innumerabiles.*

[5] Cicero, Topica VI, 27: *Esse ea dico, quae cerni tangive possunt ... Non esse rursus ea dico, quae tangi demonstrarive non possunt, cerni tamen animo atque intelligi possunt, ut si usucapionem, si tutelam, si gentem, si*

weitere, nach der nicht bloß feste Körper, sondern auch wahrnehmbare Thatsachen,[1] auch solche Gruppen von Thatsachen, die zusammengehören (sog. Thatbestände), als *res* bezeichnet werden *(res incorporales)*. Eine solche Thatsachengruppe liegt aber überall vor, wo ein Recht vorhanden ist; denn zum Dasein jedes Rechtes gehört ein doppelter Thatbestand: 1. die Geltung eines Rechtssatzes, der es zuläßt (z. B. die allgemeine Anerkennung des Eigentumserwerbs durch untrennbare Verbinduug) und 2. bestimmte Ereignisse, die im einzelnen Falle eingetreten und nach diesem Rechtssatze wirksam geworden sind (z. B. eine einzelne bestimmte untrennbare Verbindung). Dieses Zusammentreffen von Ereignissen hat als Ganzes für den, dem es zu gute kommt, denselben Wert, wie ein greifbarer Gegenstand, und wird daher diesen Gegenständen als gleichartige *res incorporalis* an die Seite gestellt.[2]

Die Gleichstellung von Sachen und Rechten zeigt sich auch darin, daß der Begriff der Teilbarkeit auf sie übertragen ist. Es giebt eine volle Teilbarkeit von Rechten, nach der die Teilstücke gänzlich gesondert sind (so z. B. bei Forderungen auf eine Summe von Sachen, die unter sich gleichwertig sind), und eine bloß gedankenmäßige Teilung *(intellectu)* von Rechten, die einen Zusammenhang der Teilstücke übrig läßt. Sie greift z. B. beim Miteigentume Platz, das jedem Miteigentümer zwar keinen Teil, aber doch einen „Anteil"[3] gewährt, d. i. eine *pars indivisa*, einen bloß gedachten Teil, der nicht sinnlich wahrgenommen werden kann.[4]

II. Die Hauptarten der unkörperlichen Sachen gliedern sich nach dem Umfange und dem Inhalte des Einflusses, den sie gegenüber dem Verhalten der Mitmenschen gewähren.

a) Die absoluten (allseitigen) Rechte sind solche, die auf einem allseitigen Störungsverbote beruhen. Zu ihnen gehören:

α) Die Sachenrechte *(jura in re sc. corporali)*, das sind solche

---

agnationem definias. Wir sprechen heutzutage auch diesen Erscheinungen die Existenz nicht mehr ab.

[1] Dig. L, 16 de verborum signific. fr. 23 (Ulpianus): *Rei appellatione et causae et jura continentur.* Hier entspricht *res* etwa dem, was Kant „Materie" nennt. Vgl. oben S. 33 Anm. 1. In der Besitzlehre bedeutet (bei dem *corpore acquirere*) sogar auch *corpus* nur eine Thatsache, nicht einen greifbaren Gegenstand. Vgl. oben S. 256 Anm. 6.

[2] Die Realität der Rechte ist daher ein Seitenstück der Realität juristischer Personen, die gleichfalls nur in einem Thatbestande liegt, vgl. oben S. 169.

[3] So Brinz, Pandekten. 2. Aufl. I. § 131. S. 478.

[4] Vgl. Dig. XLV, 3 de stipul. serv. fr. 5 (Ulpianus): *Servus communis sic omnium est non quasi singulorum totus, sed pro partibus utique indivisis, ut intellectu magis partes habeant quam corpore.* Siehe hierzu oben S. 250 b.

Rechte, die das Schicksal eines bestimmten körperlichen Gegenstandes dauernd berühren:[1]

αα) das Eigentum. Dies wird jedoch nirgends als eine *res incorporalis* erwähnt, weil sein Wert sich mit demjenigen seines Gegenstandes (also einer *res corporalis*) deckt. Als Wertgegenstand ist also das Eigentum an einer Sache nichts anderes als die Sache selbst;

ββ) die Rechte an fremden Sachen. Sie unterscheiden sich vom Eigentume dadurch, daß sie dem Berechtigten nicht einen beliebigen, sondern einen nach seinem Inhalte bestimmten Einfluß auf die Schicksale ihres Gegenstandes gewähren. Die Hauptarten sind:

ααα) die Dienstbarkeiten (§§ 82—84):

βββ) die eigentumsähnlichen Nutzungsrechte (§ 85)

γγγ) die Pfandrechte an Sachen (§§ 86. 87).

Die Anerkennung dieser Rechte neben dem Eigentume geschieht deshalb, weil eine und dieselbe Sache, z. B. ein Grundstück, den Bedürfnissen mehrerer Rechtsgenossen in der Art dienstlich sein kann, daß sie dem einen oder einigen unter ihnen nur zu einem ganz bestimmten Zwecke (z. B. um darüber zu gehen) nötig ist, während sie im übrigen die Verfügung über die Schicksale dieser Sache einem anderen zu überlassen in der Lage sind.[2] Wo ein solches beschränktes Bedürfnis ein geringfügiges und vorübergehendes ist, da genügt in der Regel für den, der es fühlt, eine Forderung des Inhalts, daß eine solche teilweise geschehende Nutzung geduldet werde. Zuweilen giebt auch die Rechtsordnung grundsätzlich in manchen Fallen nur ein persönliches Recht auf Beeinflussung fremder Sachen, um das Eigentum nicht zu sehr durch das Überhandnehmen dauernder allseitiger Rechte dieser Art zu entwerten. Darum erlaubt das römische Recht grundsätzlich nicht die Belastung der eigenen Sache mit beliebigen dinglichen Rechten anderer.[3]

---

[1] Nur die Schicksale einer Sache brauchen von dem Rechte berührt zu werden, wenn ein *jus in re* vorliegen soll, nicht die Sache selbst. Es zeigt sich dies namentlich bei den *servitutes prohibendi* (z. B. *ne prospectui officiatur* u. dergl.; vgl. unten § 83). Da manche *jura in re* auch die Schicksale von Rechten zu berühren vermögen, so giebt es auch „Rechte an Rechten". z. B. Nießbrauchsrechte oder Pfandrechte an Forderungen. Es ist dies zuweilen mit Unrecht bestritten worden.

[2] Vgl. Salkowski, Lehrbuch der Institutionen. 6. Aufl. S. 257: „Alle *jura in re aliena* bezwecken die volle ökonomische Nutzung der Sache."

[3] Über die praktischen Vorzüge, die das dingliche Recht vor der bloßen Forderung hat, vgl. v. Czyhlarz, Lehrbuch der Institutionen. 2. Aufl. S. 118.

γγ) Allseitig geschützte Erwerbsmöglichkeiten. Jagdrechte, Fischereirechte, geistiges Eigentum u. dgl. kommen im nachrömischen Rechte häufig vor. Justinians Institutionen erwähnen nur eines dieser Rechte, die Befugnis, eine Erbschaft, zu der man berufen ist, nach Belieben zu erwerben oder auszuschlagen.[1] Dieses Recht auf den Erbschaftserwerb ist von dem Rechte aus dem Erbschaftserwerbe verschieden und hat seinen besonderen Wert; denn der zum Antritte einer Erbschaft Berechtigte kann von dem Nächstberufenen dafür bezahlt werden, daß er die Erbschaft ausschlägt.[2] Auch durfte das Recht zum Erbantritte von gesetzlichen Erben, jedenfalls nach dem Rechte der älteren Kaiserzeit (ob auch noch im neuesten römischen Rechte, ist zweifelhaft) veräußert werden.[3] Dies Recht auf einen Erbschaftsantritt ist nicht zu verwechseln mit dem Rechte aus einem vollendeten Erbschaftserwerbe. Dieses letztere ist nichts als eine Zusammenfassung aller einzelnen in der Erbschaft enthaltenen Rechte, nicht aber ein für sich bestehendes besonderes Vermögensstück.

b) Die durch einseitigen Rechtsbefehl geschützten Rechte (Forderungen). Vgl. §§ 120ff. Ihnen stehen in vielen Punkten die dinglichen Ansprüche gleich, die gegen eine bestimmte Person gehen, die ein dingliches Recht des Klägers beeinträchtigt (vgl. §§ 158ff.), z. B. der Anspruch des Eigentümers gegen einen bestimmten Besitzer auf Herausgabe der Sache *(rei vindicatio)*.

II. Erwerbsformen bei unkörperlichen Sachen sind:

a) Erwerb einer unkörperlichen Sache auf Kosten eines anderen:

α) durch die Bestellung eines dinglichen Rechtes vom Eigentümer der Sache (sog. konstitutiver Erwerb). So z. B. wenn

---

119. Sie zeigen sich namentlich dann, wenn jemand die Befugnis, eine Sache zu benutzen, einem anderen einräumt und sodann diese Sache einem Dritten veräußert. Dieser muß ein dingliches Recht an der Sache dulden; ein bloßes persönliches Recht auf deren Benützung, das sich gegen seinen Vorgänger richtet, geht ihn aber nichts an (Kauf bricht Miete).

[1] Dig. L, 16 de verb. sign. fr. 151 (Terentius Clemens): *Delata hereditas intellegitur, quam quis possit adeundo consequi.*

[2] Der Nachfolger wird dabei die Unkosten der Erbschaftsregulierung von dem Werte der Nachlaßmasse in Abzug bringen, wenn er den Preis, den er zahlen will, bestimmt.

[3] Ulpianus, Frgm. XIX, 13. 14: *Antequam adeatur, in jure cedi potest ab herede legitimo ... si antequam adeatur, hereditas in jure cessa sit, proinde heres fit, cui cessa est, ac si ipse heres legitimus esset.*

jemand an seinem Grundstücke seinem Nachbarn ein Wegerecht für dessen Grundstück einräumt.

Diesem Erwerbe ähnlich ist die Herstellung einer Forderung von seiten des Schuldners durch eine Zusage (z. B. durch ein Schenkungsversprechen).

β) Erwerb aus der Übertragung eines Rechtes von dem ersten Erwerber oder einem seiner Nachfolger auf einen neuen Berechtigten (sog. translativer Erwerb).

Er ist nicht bei allen Rechten möglich (§ 84).

b) Erwerb durch den Fortfall einer unkörperlichen Sache, d. h. entweder einer dinglichen Belastung, z. B. eines Wegerechts, zum Vorteile des belasteten Eigentümers oder einer Forderung zum Besten des Schuldners (liberatorischer Erwerb).[1]

b) Erwerb der Dienstbarkeiten und der Befreiung von ihnen.

α) **Begriff, Arten und Entstehung der Dienstbarkeiten** (Inst. II, 3).[2]

§ 82.

I. Begriff. Die *servitus rei* besteht in der dauernden und nach ihrem Inhalte bestimmten Abhängigkeit einer Sache von einem Nichteigentümer. *(nulli res sua servit).*[3] Durch die größere Beschränktheit ihres Inhaltes unterscheidet sie sich von den dem Eigentume ähnlichen Nutzungsrechten (der Erbpacht und Verwandtem), welche der Sache gegenüber alle Befugnisse mit Ausnahme des Zerstörungsrechtes geben.

II. Arten. Die Dienstbarkeiten entwerten das Eigentum der dienenden Sache so sehr, daß sie von der Rechtsordnung nur innerhalb bestimmter Schranken anerkannt sind. Diese Beschränkungen richten sich entweder auf den Inhalt der Dienstbarkeiten, der bei den Grunddienstbarkeiten von den dauernden Bedürfnissen des herrschenden Grundstückes abhängt (§ 84 II), oder auf die Dauer des Rechtes, da der Bestand der persönlichen Dienstbarkeiten von der Lebenszeit des Berechtigten abhängt.[4] Die Grunddienstbar-

---

[1] Deshalb erwähnen Justinians Institutionen in ihrer Erwerbsordnung auch diesen Verlust von Rechten (vgl. Inst. II, 4 § 3. 4. II, 1a).

[2] Karlowa, Röm. Rechtsgeschichte II, 1. S. 492 ff. Voigt, Röm. Rechtsgeschichte I. S. 441 (insbesondere über die Entstehungszeit der Servituten).

[3] Dig. VIII, 2 de servitutibus pr. 26 (Paulus), d. h. die Dienste, die eine Sache ihrem Herrn leistet, nennt man nicht *servitus rei.* Wohl aber giebt es bei Sklaven eine *servitus personae.*

[4] Dig. VIII, 1 de servitutibus fr. 1 (Marcianus): *Servitutes aut personarum sunt, ut usus et ususfructus, aut rerum ut servitutes rusticorum praediorum et urbanorum.*

keiten sind die älteren. Die persönlichen Dienstbarkeiten sind wohl erst auf dem Boden der letztwilligen Verfügungsfreiheit erwachsen.

III. Inhalt der Dienstbarkeiten. Die Dienstbarkeiten geben entweder die Befugnis, immer wieder etwas von Zeit zu Zeit zu thun (*servitutes faciendi*), oder eine dauernde Anstalt, z. B. einen Vorbau, auf fremdem Boden zu haben (*servitutes habendi*), oder zu einem dauernden Verbote, welches das freie Belieben des Belasteten beschränkt, z. B. nicht höher zu bauen, *altius non tollendi (servitutes prohibendi)*. Ihr Gegenstand ist stets eine körperliche Sache.[1] Die Last, welche diese Rechte der dienenden Sache auflegen, besteht bei den *servitutes faciendi* und *habendi* in einem Dulden (*in patiendo*), bei den *servitutes prohibendi* in einem Unterlassen (*in non faciendo*).

Dauernde Leistungspflichten, die auf einer Sache ruhen (Reallasten), nennt der Römer nicht *servitus rei (servitus in faciendo consistere non potest)*.[2]

Auch in der Freiheit von einer gesetzlichen Eigentumsschranke kann eine Dienstbarkeit liegen, sofern dadurch der Nachbar belästigt wird; so, wenn man zum Nachteile des Nachbars ausnahmsweise höher bauen darf, als das Gesetz es erlaubt.[3]

IV. Die Erwerbsformen der Servituten sind nur deshalb in den Institutionen zu dem Vermögenserwerbe des *jus gentium* gestellt, weil die dem *jus civile* angehörigen Erwerbsarten im neuesten römischen Rechte fast gänzlich weggefallen sind. Eine Ausnahme ist namentlich die letztwillige Servitutbestellung, die *jure civili* durch Legat erfolgte.[4] Weggefallen sind dagegen die *manci-*

---

[1] Dig. XXXIII, 2 de usu et usufructu fr. 1 (Paulus): *Nec usus nec ususfructus itineris actus viae aquaeductus legari potest quia servitus servitutis esse non potest.*

[2] Dig. VIII, 1 de servitutibus fr. 15 § 1 (Pomponius): *Servitutium non ea natura est, ut aliquid faciat quis, veluti viridia tollat aut amoeniorem prospectum praestet, aut in hoc ut in suo pingat, sed ut aliquid patiatur aut non faciat.* Bei der *servitus oneris ferendi* ist die Pflicht zur Ausbesserung der lasttragenden Mauer nur etwas Nebensächliches neben der Pflicht, die Last zu dulden. Dig. VIII, 5 si servitus vindicetur fr. 6 § 2 (Ulpianus): *Ut possit quis defendere jus sibi esse cogere adversarium reficere parietem ad onera sua sustinenda. Labeo autem hanc servitutem non hominem debere, sed rem, denique licere domino rem derelinquere scribit.*

[3] Hölder, Institutionen. 3. Aufl. § 177. Dig. VIII, 2 de servitutibus praed. urb. fr. 2 (Gajus): *Urbanorum praediorum jura talia sunt: altius tollendi et officiendi luminibus vicini aut non extollendi: item stillicidium avertendi in tectum vel aream vicini aut non avertendi: item immittendi tigna in parietem vicini et denique projiciendi protegendique ceteraque istis similia.* Näheres bleibt der Pandektenlehre vorbehalten.

[4] Dig. VIII, 4 communia praediorum tam urbanorum quam rusticorum

patio und die *in jure cessio*[1] (vgl. § 79), sowie die durch eine *lex Scribonia* beseitigte *usucapio servitutum*.[2]

Im neuesten römischen Rechte entstehen Dienstbarkeiten:

a) durch Willenserklärung des Eigentümers an den Erwerber in der Form eines Vertrages (*pactum*) mit einer *stipulatio* (d. h. einer mündlichen Abrede unter Anwesenden, welche für Vertragsbruch eine Strafe festsetzt).[3] In Deutschland genügt auch die Abrede unter Abwesenden zur Herstellung einer Dienstbarkeit; allerdings verlangt eine verbreitete Meinung hierzu eine dem prätorischen Rechte entsprechende *quasi-traditio*, d. i. eine Einräumung des Rechts von seiten des Eigentümers, der die thatsächliche Benutzung dieses Rechtes von seiten des Erwerbers folgt.[4] Eine besondere Art vertragsmäßiger Bestellung war die *deductio servitutis*, durch die jemand, der seine Sache veräußerte, für sich selbst eine Dienstbarkeit vorbehielt;[5]

b) durch obrigkeitliche Verfügung; es konnte (aus religiösen Gründen) das Recht auf ein *iter ad sepulcrum* fremden Grundstücken auferlegt werden. — Über *adjudicatio* s. unten § 93.

c) Durch Gesetzesvorschrift kann auch ohne jede Willenserklärung ein Nießbrauch entstehen; so namentlich in der Regel für

---

fr. 16 (Gajus): *Potest etiam in testamento heredem suum quis damnare, ne altius aedes suas tollat, ne luminibus aedium vicinarum officiat, vel ut patiatur cum tignum in parietem immittere, vel ut patiatur vicinum per fundum suum vel heredis ire agere aquamve ex eo ducere.*

[1] Gajus, II, 29: *Sed jura praediorum urbanorum in jure cedi possunt, rusticorum vero etiam mancipari possunt.*

[2] Dig. XLI, 3 de usurp. fr. 4 § 28 (29) (Paulus): *Eam usucapionem sustulit lex Scribonia, quae servitutem constituebat, non etiam quae libertatem praestat sublata servitute.* Vgl. Karlowa, Röm. Rechtsgeschichte II, 1. S. 545 ff.

[3] Dies galt ursprünglich nur für Dienstbarkeiten *in provincialibus praediis.* Gajus II, 31: *Quia ne ipsa quidem praedia mancipationem aut in jure cessionem recipiunt.*

[4] Dig. VIII, 3 de servitutibus praed. rust. fr. 1 § 2 (Ulpianus): *Traditio plane et patientia servitutum inducet praetoris officium.* Dig. VIII, 1 de servitutibus fr. 20 (Javolenus): *Quotiens via aut aliquid jus fundi emeretur, cavendum putat esse Labeo per te non fieri, quo minus eo jure uti possit nulla ejusmodi juris vacua traditio esset. ego puto usum ejus juris pro traditione possessionis accipiendum esse.*

[5] Fragm. Vatic. 50. Über einen besonderen Zweifelsfall vgl. Sohm, Institutionen. 4. Aufl. S. 429 Anm. 1. Der ältere Peregrinenverkehr, der wohl vornehmlich darauf berechnet war, alle Geschäfte mit Ausländern möglichst glatt abzuwickeln, kannte diese *deductio* nicht. Vat. fragm. 47: *Civili enim actione constitui potest (sc. ususfructus), non traditione, quae juris gentium est.* Anders das spätere Recht. Vgl. VII, 1 de ususfr. fr. 32. Dig. VIII, 4 comm. praed. fr. 3. 6 pr.

den Hausvater zu Gunsten des Vermögens, das sein Kind von außen her erwirbt (sog. *bona adventicia regularia).* Vgl. § 49 und unten § 96.

d) Nach prätorischem Rechte können Dienstbarkeiten in derselben Zeit, wie Grundstücke ersessen, d. h. durch eine längere Ausübung erworben werden (sog. *longa quasi possessio*). Dies galt jedenfalls dann, wenn zugleich das Grundstück, für das eine Dienstbarkeit ausgeübt wurde, mit dieser ersessen worden war.[1] Die herrschende Lehre nimmt jedoch (wohl mit Unrecht)[2] an, daß nach römischem Rechte die Ersitzung immer dann einen Erwerb von Dienstbarkeiten begründet, wenn jemand für sein Eigentum während der Ersitzungszeit (§ 90) ein solches Recht in fehlerfreier Weise ausübt.[3]

V. Die Befreiung von Dienstbarkeiten geschieht:

a) durch einen Verzicht, den der Berechtigte dem Eigentümer erklärt;[4]

b) wenn Recht und Last in demselben Vermögen zusammentreffen (Konfusion). Hier heben sie sich auf,[5] so z. B. wenn der Berechtigte das dienende Grundstück erwirbt;

---

[1] Dig. XLI, 3 de usurp. fr. 10 § 1 (Ulpianus): *Hoc jure utimur, ut servitutes per se nusquam longo tempore capi possint, cum aedificiis possint,* eine Stelle, in der viele nur das Ergebnis einer unrichtigen Interpolation sehen, vgl. z. B. Arndts, Pandekten. § 189 Anm. 1. Nach ihrem Wortlaute läßt sie eine Ersitzung dann zu, wenn jemand ein Grundstück in dem Glauben erworben hat, daß mit ihm eine Dienstbarkeit verbunden sei, und nunmehr diese ausübt, während er zugleich das Grundstück unter den Bedingungen besitzt, die zu dessen Ersitzung genügen.

[2] Vgl. auch Dig. XLI, 1 de adquir. rer. dom. fr. 43 § 1 (Gajus): *Incorporales res traditionem et usucapionem non recipere manifestum est.*

[3] Vgl. statt vieler Dernburg, Pandekten I. § 252. 3. Aufl. S. 609 ff. Vgl. insbesondere Dig. VIII. 5 si servitus vindicetur fr. 10 pr. (Ulpianus): *Si quis diuturno usu et longa quasi possessione jus aquae ducendae nactus sit, non est ei necesse docere de jure, quo aqua constituta est, veluti ex legato vel alio modo sed utilem habet actionem, ut ostendat per annos forte tot usum se non vi non clam non precario possedisse.*

[4] Gajus II, 30. Dig. XXIII, 3 de jure dotium fr. 66. Die letztere Stelle besagt nur, daß jemand, der zu einem Verzicht auf einen Nießbrauch verpflichtet ist, sich von dieser Pflicht nicht dadurch befreien kann, daß er sein Recht ungehörigerweise einem Dritten abtritt. Er behält vielmehr das Recht trotz dieser Abtretung und muß darauf dem Belasteten gegenüber verzichten. Litteratur siehe in Arndts, Pandekten. § 193 Anm. 1. Vgl. auch Dig. VIII, 6 quemadmodum servitutes amittuntur fr. 8 pr. (Paulus): *Si per fundum tuum via mihi debeatur et permisero tibi in eo loco, per quem via mihi debetur, aliquid facere, amitto jus viae.*

[5] Dig. VIII, 6 quemadmodum servitutes amittuntur fr. 1 (Gajus): *Servitutes praediorum confunduntur, si idem utriusque praedii dominus esse coeperit.*

c) wenn der Untergang der dienenden Sache die Fortdauer der Last, die auf ihr ruhte, unmöglich macht;[1]

d) die Befreiung von Dienstbarkeiten wird in der Regel durch Ablauf derselben Zeit erlangt, die zur Ersitzung einer körperlichen Sache (§§ 89. 90) bestimmt ist, und zwar in der Regel durch bloßen Nichtgebrauch (*non usus*) des Rechtes.[2] Wo jedoch das Dasein eines solchen Rechtes in sichtbarer Weise hervortritt (wie z. B. das Recht, einen Balken in eine fremde Mauer dauernd einzuschieben, das in einer unverschlossenen Öffnung der Mauer, die den Balken aufzunehmen bestimmt ist, zu Tage tritt), da schützt dieser sichtbare Zustand den Berechtigten gegen die Folgen eines Nichtgebrauches. Hier gehört zur Beseitigung der Dienstbarkeit durch Zeitablauf eine besondere *usucapio libertatis* (d. i. der Besitz der Sache im Zustande der Freiheit, z. B. des dienenden Hauses, nachdem das für den Balken bestimmte Loch vermauert ist). Diese Freiheitsersitzung bedarf desselben Zeitraumes der für die Ersitzung von Grundstücken angeordnet ist (vgl. unten §§ 89. 90).[3]

β) Die Grundstücksdienstbarkeiten (Inst. II, 3).[4]

§ 83.

I. Die Zugehörigkeit der Grunddienstbarkeit zu dem herrschenden Grundstücke (*praedium dominans*) zeigt sich darin, daß ihre Ausübung jedem Eigentümer eines Grundstücks zusteht, also den Wert dieses Gutes und damit das Vermögen seines Herrn steigert.[5] In bildlichem Sinne werden diese Rechte daher Grund-

---

[1] Dig. VII, 4 quibus modis ususfr. amittitur fr. 2 § 2 (Ulpianus): *Certissimum est exustis aedibus nec areae nec cementorum usumfructum deberi.*

[2] Pauli rec. sent. III, 6, 30: *Non utendo amittitur ususfructus, si possessione fundi biennio non utatur vel rei mobilis anno.* Über die Verlängerung der Frist durch Justinian s. unten § 90. Solche eigentumsentwertende Befugnisse, die lange nicht benutzt werden und deshalb überflüssig erscheinen, werden im römischen Rechte nicht mehr als schutzwürdig angesehen.

[3] Dig. VIII, 2 de servitutibus praediorum urbanorum fr. 6 (Gajus): *Haec autem jura similiter ut rusticorum quoque praediorum certo tempore non utendo pereunt: nisi quod haec dissimilitudo est, quod non omnimodo pereunt non utendo, sed ita, si vicinus simul libertatem usucapiat. veluti si aedes tuae aedibus meis serviant, ne altius tollantur, ne luminibus mearum aedium officiatur, et ego per statutum tempus fenestras meas praefixas habuero vel obstruxero, ita demum jus meum amitto, si tu per hoc tempus aedes tuas altius sublatas habueris alioquin si nihil novi feceris, retineo servitutem. item si tigni immissi aedes tuae servitutem debent et ego exemero tignum, ita demum amitto jus meum, si tu foramen, unde exemptum est tignum, obturaveris et per constitutum tempus ita habueris: alioquin si nihil novi feceris, integrum jus suum permanet.*

[4] Karlowa, Röm. Rechtsgeschichte II, 1. S. 494 ff.

[5] Dig. XXXIX, 1 de operis novi nuntiatione fr. 5 § 9 (Ulpianus): *Postea,*

stückseigenschaften[2] und die herrschenden Grundstücke selbst Berechtigte genannt.[3]

Alle Grunddienstbarkeiten sind unteilbar und unübertragbar.[4]

II. Der Umfang der Grunddienstbarkeiten bestimmt sich nach einem ständigen Bedürfnisse des jedesmaligen Eigentümers des herrschenden Grundstücks.[5] Wo eine bei Grundstücken übliche Dienstbarkeit, z. B. ein Wegerecht, ausnahmsweise vom Grundstückseigentume losgelöst ist und nicht dem jedesmaligen Herrn eines Grundstücks, sondern einem einzelnen bestimmten Berechtigten zustehen soll, da spricht man von irregulären Servituten.[6]

III. Städtische und ländliche Grunddienstbarkeiten.[7] Da die Häuser *praedia urbana* heißen[8] und die unbebauten Flächen *praedia rustica*, so bezeichnen die Worte: *servitutes praediorum urbanorum* als Gegensatz der *servitutes praediorum rusticorum* nach allgemeinen Sprachregeln ebenso wohl die Dienstbarkeiten, die an Häusern, als diejenigen, die für Häuser bestehen. In einem besonderen technischen Sinne bedeutet aber dieser Ausdruck die

---

quam jus suum deminuit, alterius auxit, hoc est postea quam servitutem aedibus suis imposuit, contra servitutem fecit.

[2] Dig. L, 16 de verbor. sign. fr. 86 (Celsus): *Quid alia sunt jura praediorum quam praedia qualiter se habentia: ut bonitas, salubritas, amplitudo?* Vgl. hierzu Enneccerus, Über Begriff und Wirkung der Suspensivbedingung und des Anfangstermins. 1871. S. 76 ff.

[3] Dig. VIII, 4 comm. praed. fr. 12 (Paulus): *Cum fundus fundo servit, vendito quoque fundo servitutes sequuntur. aedificia quoque fundis et fundi aedificiis eadem condicione serviunt.* Es hat nicht an hervorragenden Juristen gefehlt, welche diese Redewendung alles Ernstes beim Wort genommen und von einer juristischen Persönlichkeit der herrschenden Grundstücke gesprochen haben, obwohl doch für diese Grundstücke Rechte anderer Art als Servituten sicherlich nicht erworben werden können.

[4] Dig. VIII, 4 comm. praed. fr. 6 § 1 (Ulpianus): *Per partes servitus imponi non potest, sed nec adquiri.* Vgl. jedoch Dig. VIII, 1 de servitutibus fr. 8 § 1 (Paulus): *Si praedium tuum mihi serviat, sive ego partis praedii tui dominus esse coepero sive tu mei, per partes servitus retinetur, licet ab initio per partes adquiri non poterat.*

[5] Dig. VIII, 2 de serv. praed. urb. fr. 28 (Paulus) (vgl. hierzu M. Weber in der Zeitschr. der Savignystiftung XIV. S. 290): *Servitutes praediorum perpetuas causas habere debent, et ideo neque ex lacu neque ex stagno concedi aquae ductus potest.* Dig. VIII, 1 de serv. fr. 15 pr. (Pomponius).

[6] Vgl. hierzu Hölder, Institutionen. 3. Aufl. S. 177.

[7] Dig. VIII, 2 de servitutibus praediorum urbanorum. Dig. VIII, 3 de servitutibus praediorum rusticorum. Dig. VIII, 4 communia praediorum tam urbanorum quam rusticorum.

[8] Dig. L, 16 de verb. sign. fr. 198 (Ulpianus): *Urbana praedia omnia aedificia accipimus, non solum ea quae sunt in oppidis.*

„städtischen", d. i. in der Stadt üblichen, also vornehmlich für Häuser bestimmten Dienstbarkeiten. Es sind das dieselben, deren Vorhandensein in einem dauernden Zustande hervortritt,[1] weil gerade diese Rechte eine Ausgeburt des engen städtischen Zusammenlebens waren. Ebenso sind die *servitutes praediorum rusticorum* im technischen Sinne die ländlichen, d. h. auf dem Lande üblichen Grunddienstbarkeiten.[2] Daher kann in diesem Sinne eine „städtische" Dienstbarkeit, z. B. *altius non tollendi*, auch auf einem unbebauten Lande ruhen und umgekehrt.[3] Daß der Schutz der städtischen Dienstbarkeiten jünger ist als derjenige der ländlichen, ergiebt sich aus der Entwickelung des städtischen Zusammenlebens.[4]

IV. Zwischen Grundstücken, die voneinander entfernt sind, dürfen Grunddienstbarkeiten nicht bestellt werden, ein Grundsatz, der allzu großen Belastungen des Eigentums entgegenwirkt.[5] Doch war das römische Recht bei dieser Beschränkung der Dienstbarkeiten auf benachbarte Ländereien mit dem Begriffe der Nachbarschaft nicht allzu streng.[6]

V. Die wichtigsten und ältesten ländlichen Grunddienstbarkeiten sind die Wegerechte.[7] Ihr Umfang hat sich in Anlehnung

---

[1] In diesem Sinne wird namentlich die schon oben (S. 287 Anm. 3) erwähnte *usucapio libertatis*, als Eigentümlichkeit der *servitutes praediorum urbanorum* dargestellt.

[2] Beispiele siehe in Dig. VIII, 3 de serv. pr. rust. fr. 1 § 1 (Ulpianus): *In rusticis computanda sunt aquae haustus, pecoris ad aquam adpulsus, jus pascendi, calcis coquendae, harenae fodiendae.*

[3] Vgl. hierzu auch Hölder, Institutionen. 3. Aufl. S. 175.

[4] Vgl. Dig. VI, 2 de Publiciana in rem actione fr. 11 § 1: *Si de usufructu agatur tradito, Publiciana datur: itemque servitutibus urbanorum praediorum per traditionem constitutis vel per patientiam (forte si per domum quis suum passus est aquaeductum transduci): item rusticorum, nam et hic traditionem et patientiam tuendam constat.* Hiernach scheint die (erst später eingeführte) *quasi traditio* zunächst nur für städtische Dienstbarkeiten bestimmt gewesen zu sein.

[5] Dig. VIII, 5 si servitus vindicetur fr. 2 § 1 (Ulpianus): *Servitutem enim nemo vindicare potest quam is qui dominium in fundo vicino habet, cui servitutem dicit deberi.*

[6] Näheres siehe in Dernburg, Pandekten I. § 240 Anm. 11. 4. Aufl. S. 585. v. Czyhlarz, Lehrbuch der Institutionen. 2. Aufl. S. 210. Bei den für Häuser bestimmten Servituten scheint man alle Gebäude, denen die Dienstbarkeit nützlich war, noch als benachbarte angesehen zu haben, bei den anderen Dienstbarkeiten würde die gleiche Auffassung zu unerträglichen Ergebnissen geführt haben. Dig. VIII, 3 de serv. praed. rust. fr. 7 § 1.

[7] Vgl. M. Voigt, Über das System der Wege im alten Italien (Berichte

an italische Anschauungen entwickelt, die unseren deutschen Zuständen in vielen Punkten nicht mehr entsprechen.[1]

γ) Unvererbliche Dienstbarkeiten (Inst. II, 4. 5).[2]

§ 84.

I. Die auf die Lebensdauer des Berechtigten beschränkten Dienstbarkeiten (persönlichen Dienstbarkeiten)[3] haben einen verschiedenartigen Umfang. Sie gewähren zuweilen ein Alleinbenutzungsrecht, zuweilen eine bloße Befugnis zu einer bestimmten Mitbenutzung neben einem anderen Benützer der Sache.

II. Die umfangreichste persönliche Dienstbarkeit ist der Nießbrauch; er gewährt Alleinbenutzungsrecht mit vollem Fruchtbezug und mit der Pflicht zur Schonung der dauernd fruchterzeugenden Eigenschaften seines Gegenstandes (*salva rei substantia*[4]). Ihm nahe steht der *usus*, das Gebrauchsrecht an einer Sache mit einem begrenzten Fruchtziehungsrechte, das auf die höchst persönlichen Bedürfnisse des Berechtigten beschränkt ist.[5] Diesem *usus* fehlt das Anrecht auf den vollen regelmäßigen Fruchtertrag, und insofern ist er allerdings „*sine fructu*".[6] Da der Nießbrauch hiernach einen Inhalt hat, der durch die Erträge der Sache bestimmt ist, nicht durch besondere Bedürfnisse des Berechtigten, so ist er im Gegen-

---

über die Verhandlungen der Sächsischen Gesellschaft der Wissenschaften, philologisch-historische Klasse 1872. S. 29 ff.).

[1] Vgl. z. B. Dig. VIII, 4 de servitutibus fr. 7 pr. (Paulus): *Qui actum* (d. i. ein Recht des Viehtriebes) *habet, et plostrum ducere potest.* fr. 8 eod. (Gajus): *Viae latitudo ex lege duodecim tabularum in porrectum octo pedes habet, in anfractum, id est ubi flexum est, sedecim.*

[2] Karlowa, Röm. Rechtsgeschichte II, 1. S. 583 ff.

[3] „Höchstens lebenslänglich" nennt sie Sohm, Institutionen. 5. Aufl. S. 252 ff.

[4] Paulus (Dig. VII, 1 de usufructu) fr. 1 übereinstimmend mit pr. Inst. h. t. II, 4. Das Wort *substantia* hat hier übrigens keine streng naturwissenschaftliche, sondern eine wirtschaftliche Bedeutung, da es auch vergängliche Nießbrauchsgegenstände giebt.

[5] Dig. VII, 8 de usu et habitatione fr. 12 § 1 und 2 (Ulpianus): *Et lignis ad usum cottidanum et horto et pomis et holeribus et floribus et aqua usurum, non usque ad compendium, sed ad usum, scilicet non usque ad abusum . . . ex his quae in fundo nascuntur, quod ad victum sibi suisque sufficiat sumpturum . . . etiam cum convivis et hospitibus posse uti . . . etiam modico lacte usurum.* Fr. 15 pr. eod. (Paulus): . . . *et domo et servo ita uteretur, ut nihil aliis fructuum nomine superesset.*

[6] Dig. VII, 8 de usu et habitatione fr. 1 § 1 (Gajus): *Constituitur etiam nudus usus, id est sine fructu.* Fr. 2 pr. eod. (Ulpianus): *Cui usus relictus est, uti potest frui non potest.*

satze zum *usus* teilbar[1] und seiner Ausübung nach übertragbar. Dem Rechte nach gehört freilich auch der übertragene Nießbrauch noch immer dem Veräußerer; denn er erlischt bei dessen Tode.[2]

III. Der Nießbraucher schließt als Besitzvertreter (Detentor) den Herrn von der Benutzung und Bewirtschaftung der Sache aus. Darum haftet er ihm für eine angemessene Behandlung der Sache[3] in ihrer bisherigen Benutzungsart[4] und für ihre Rückgabe am Ende des Nießbrauchsrechtes.[5] Diese Pflicht lag jedoch dem Nießbraucher nach römischem Rechte nicht kraft Gesetzes ob,[6] sondern sie mußte durch ein besonderes Versprechen *(cautio usufructuaria)* übernommen werden.[7] (Anders die deutsche Praxis.)

IV. Ein bloßes Nießbrauchsabbild *(quasi ususfructus)* ist die Lage dessen, dem Sachen zur Benutzung überlassen sind, die nur durch Veräußerung oder Aufzehrung benutzt werden können, z. B. Lebensmittel oder Brennmaterialien. Der Vorteil der Rechtslage eines *quasi usufructuarius* besteht darin, daß er die vorher fremden Sachen veräußern oder verzehren darf, ohne ihren Wert von da ab bis zum Endpunkte seines Rechts verzinsen zu müssen. Dagegen muß er entweder diesen Wert oder Sachen derselben Art dem Eigentümer erstatten, wenn die Zeit seines Rechts abgelaufen ist.[8] Diese Rechtsform entwickelt sich zunächst infolge eines Senats-

---

[1] Dig. VII, 8 de usu fr. 19 (Paulus): *Frui quidem pro parte possumus, uti pro parte non possumus.* Vgl. auch Dig. VII, 1 de usufr. fr. 5.

[2] Dig. X, 2 fam. ercisc. fr. 15: *Nec enim a persona discedere sine interitu sui potest.*

[3] Dig. VII, 1 de usufructu fr. 13 § 4 (Ulpianus): ... *Non debet neque arbores frugiferas excidere neque villam diruere nec quidquam facere in perniciem proprietatis.*

[4] Dig. VII, 1 de usufr. fr. 13 § 4 (Ulpianus): *Si forte voluptuarium fuit praedium, viridaria vel gestationes vel deambulationes arboribus infructuosis opacas atque amoenas habens, non debebit dejicere, ut forte hortos olitorios faciat vel aliud quid, quod ad reditum spectat.* Dig. eod. tit. fr. 9 pr. (Ulpianus): *Cogi eum posse recte colere.*

[5] Dem Nießbraucher einer Herde lag noch besonders ob, diese aus dem Nachwuchse zu ergänzen. Dig. VII, 1 de usufr. fr. 68 § 2 (Ulpianus): *Debebit ex adgnatis gregem supplere.*

[6] Wahrscheinlich wohl, weil das Nießbrauchsrecht aus letztwilligen Parteibestimmungen erwachsen ist, nicht aus der Fürsorge eines Gesetzgebers.

[7] Dig. VII, 9 usufructuarius quemadmodum caveat fr. 1 pr. (Ulpianus): *Si cujus rei ususfructus legatus sit, aequissimum praetori visum est de utroque legatarium cavere: et usurum se boni viri abitratu et, cum ususfructus ad eum pertinere desinit restituturum quod inde extabit.*

[8] Dig. VII, 5 de usufr. earum rerum, quae usu consumuntur vel minuuntur fr. 7 (Gajus): *Si vini olei frumenti ususfructus legatus erit, proprietas*

schlusses über die Nießbrauchsbestellung für eine ganze Vermögensmasse, eine noch heutzutage (namentlich zu Gunsten von Witwen) häufige Verfügung. Wenn man die Erträge einer solchen Masse veranschlagt, so pflegt man dabei auch solche Bestandteile in Betracht zu ziehen, die (wie z. B. der Inhalt des Weinkellers) veräußert oder verzehrt werden sollen; denn auch solche Sachen lassen sich in Geld umsetzen, und dieses wirft durch Verzinsung einen Nutzen ab.[1]

V. *Habitatio* und *operae servorum* werden neben dem *usus aedium* und *servorum* erwähnt.[2] Der Redeweise unserer Zeit ist eine ähnliche Sonderung für das Wohnrecht fremd. Die Römer aber unterscheiden die Befugnisse aus dem *usus aedium* von den Rechten aus der *habitatio*. Dort erlauben sie dem Berechtigten nur neben sich einen Mieter anzunehmen (z. B. in eine Schlafstelle),[3] hier gestatten sie die Weitervermietung an einen Mieter, der statt des Berechtigten die Wohnung benutzt. Der Umstand, daß *capitis deminutio (sc. minima)* und *non usus* die *habitatio* und die *operae* nicht zerstörten, legt die Vermutung nahe, daß es sich bei ihnen um bloß gelegentliche Benutzungsrechte handelte, die außerhalb der regelmäßig bewohnten Räume und der gewöhnlichen Lebensführung ausgeübt werden sollten, etwa bei einem jedesmaligen Aufenthalte an einem fremden, nur zuweilen aufgesuchten Orte. Dies würde erklären, warum der Austritt aus dem Vaterhause und der Eintritt in ein neues Vaterhaus diese Rechte nicht berührte, deren Benutzung sich außerhalb des Herrschaftskreises des Berechtigten und seines Hausherrn befand, und auch, warum der Berechtigte,

---

ad legatarium transferri debet et ab eo cautio desideranda est, ut, quandoque is mortuus aut capite deminutus sit, ejusdem qualitatis res restituatur, aut aestimatis rebus certae pecuniae nomine cavendum est. quod et commodius est.

[1] Dig. VII, 5 de usufructu earum rerum, quae usu consumuntur vel minuuntur fr. 1 (Ulpianus): *Senatus censuit, ut omnium rerum, quas in cujusque patrimonio esse constaret, ususfructus legari possit: quo senatus consulto inductum videtur, ut earum rerum, quae usu tolluntur vel minuuntur, possit ususfructus legari.* v. Czyhlarz (Lehrbuch der Institutionen. 2. Aufl. S. 122) bemerkt: „Der Quasiususfructus stimmt nur wirtschaftlich mit dem Usufructus überein, juristisch ist er von ihm verschieden."

[2] Dieser Punkt scheint unter den römischen Juristen streitig gewesen zu sein. Vgl. Dig. VII, 7 de operis servorum fr. 5 und Dig. XXXV, 2 ad leg. Falc. fr. 1 § 9. Ulpian sagt VII, 8 de usu fr. 10 pr. eodem: *Idem paene esse legatum usus et habitationis Papinianus consensit*, führt aber fort: *Nec non utendo amittitur nec capitis diminutione*, vgl. auch Sohm, Institutionen. 5. Aufl. S. 253.

[3] Dig. VII, 8 de usu fr. 4 (Ulpianus): *Secundum haec et si pensionem percipiat, dum ipse quoque inhabitat, non erit ei invidendum.*

der die Sache eine längere Zeit nicht brauchte, sie nicht durch *non usus* verlor, da seine Befugnis auf eine unausgesetzte Ausübung überhaupt nicht berechnet war.[1]

VI. Die Lebensdauer des Berechtigten bestimmt den Höchstbetrag der Dauer aller dieser Befugnisse. Aus Scheu vor einer Verewigung des Nießbrauches ist er sogar dann, wenn er juristischen Personen zusteht, auf 100 Jahre beschränkt.[2] Eine kürzere Frist kann aber den persönlichen Dienstbarkeiten durch Rechtsgeschäft gestellt werden. Für den Nießbrauch wird vielfach (aber wohl mit Unrecht) behauptet, daß er nach neuerem römischen Rechte durch Parteibestimmung den Erben und Erbeserben des Berechtigten zugewandt und dadurch die Bewirtschaftungsform, in der sich sein Gegenstand gerade befindet, verewigt werden darf.[3]

c) Erwerb anderer dinglicher Rechte und der Befreiung von ihnen.[4]

α) Erbzinsrechte und Ähnliches.

§ 85.

I. Das römische Erbzinsrecht[5] entstand aus zwei Wurzeln, nämlich aus italischen und aus oströmischen Erbzinsverhältnissen: jene hießen nach den jährlichen Abgaben *(vectigal) agri vectigales*, diese nach ihrem wirtschaftlichen Zwecke, der Beförderung des Ackerbaues, Emphyteusen *(agri emphyteuticarii)*, vgl. *rubrica* Dig. VI. 3: *Si ager vectigalis, id est emphyteuticarius petatur.* Die Anerkennung dieser römischen Bepflanzungsrechte, welche in Deutschland neben eine Fülle ähnlicher nachrömischer Gebilde getreten sind, erhöhte die Betriebsamkeit der Landbebauer gegenüber der nachlässigeren Arbeit der Sklaven und der Zeitpächter, indem sie den Erbzinsleuten

---

[1] Vgl. hierzu auch Hölder, Institutionen. 3 Aufl. S. 179.

[2] Dig. VII, 1 de usufr. fr. 56 (Gajus): *Periculum enim esse videbatur, ne perpetuus fieret. — Et placuit centum annos tuendos municipes, quia is finis vitae longaevi hominis est.*

[3] Litteratur siehe in Windscheids Pandekten. I. § 215. Anm. 7. 7. Aufl. S. 647; vgl. auch Dernburg, Pandekten I. § 246. 4. Aufl. S. 599. Wenn dieser Satz wirklich bestände, so würde vom volkswirtschaftlichen Standpunkte aus der gesetzgebenden Gewalt seine Beseitigung empfohlen werden müssen.

[4] Über die Ursache der in den folgenden Paragraphen ausgefüllten Lücke der Justinianischen Institutionen siehe oben Seite 162 Anm. 2 und 3.

[5] Vgl. hierzu Matthiass in den Jahrb. f. Nationalökonomie XLII. S. 503 ff. und über die *vectigalia* Karlowa, Röm. Rechtsgeschichte II, 1. S. 17 ff.

die Veräußerlichkeit und Vererblichkeit ihrer Befugnisse gewährte. Es geschah dies zunächst auf den Domänen des Kaisers, später am Kirchengute, schließlich auch an Privatländereien.[1] Dem Gutsherrn gebührt hier die Erhebung einer regelmäßigen Abgabe *(canon, pensio)*.[2] Gegen einen allzu häufigen Wechsel der Erbzinsleute sichert ihn eine besondere Abgabe, die ihm bei jeder Veräußerung des Gutes zufällt *(quinquagesima pars pretii*, sog. *laudemium)*. Wider eine Verschleuderung des Grundstücks ist er aber durch ein Vorkaufsrecht *(jus protimiseos)* geschützt, und gegenüber einer Verwüstung des Gutes steht ihm nach Justinians Vorschrift die Befugnis zu, den pflichtwidrigen Erbzinsmann wegen Mißwirtschaft zu vertreiben (sog. Privation). Durch seine Abhängigkeit von diesem Verbote der Verwüstung unterscheidet sich der Erbzinsmann vom Eigentümer. Im übrigen hat er vor dem Nießbraucher das Recht voraus, die Bewirtschaftungsform der Sache nach Belieben abzuändern.[3]

II. Das Erbnutzungsrecht an einem festen Einbau in ein Grundstück (= *superficies*) (neuerdings Platzrecht genannt) kommt an Häusern, namentlich solchen, die erst von Nutzungsberechtigten gebaut werden sollen, an Stockwerken und an Zimmern vor, ist aber wohl auch an Bäumen möglich.[4] Es ist im Zweifel veräußerlich und vererblich.[5] Deshalb will die herrschende Meinung im Widerspruche mit den Quellen[6] es nicht als eine ausnahmsweise vererbliche, besonders umfangreiche Dienstbarkeit aner-

---

[1] Vgl. v. Czyhlarz, Lehrbuch der Institutionen. 2. Aufl. S. 129.

[2] Der *canon* ist eine wahre, der Grundsteuer nachgebildete Reallast. So richtig: Pernice, Parerga (Zeitschr. der Savignystiftung. V. S. 84 ff.).

[3] Dig. VI, 3 si ager vectigalis id est emphyteuticarius petatur fr. 1 § 1 (Paulus): *Qui in perpetuum fundum fruendum conduxerunt a municipibus, quamvis non efficiantur domini, tamen placuit competere eis in rem actionem adversus quemvis possessorem, sed et adversus ipsos municipes.* Vgl. auch fr. 3 eod.: *Idem est et si ad tempus habuerint conductum nec tempus conductionis finitum sit.*

[4] Vgl. Degenkolb, Platzrecht und Miete. 1867. A. Schmidt, Das Recht der Superficies (Zeitschr. der Savignystiftung. XI. S. 121 ff.), auch über die Vorgeschichte v. Czyhlarz, Lehrbuch der Institutionen. 2. Aufl. S. 127 und Salkowski, Lehrbuch der Institutionen. 6. Aufl. S. 274.

[5] Dig. XLIII, 18 de superfic. fr. 1 § 6 (Ulpianus): *Quia autem etiam in rem actio de superficie dabitur, petitori quoque in superficiem dari et quasi usumfructum sive usum quendam ejus esse et constitui posse per utiles actiones credendum est.*

[6] Dig. XXX de leg. I. fr. 86 § 4: *Valet legatum, si superficies legata sit ei, cujus in solo fuerit, licet is dominus soli sit: nam consequetur, ut hac servitute liberetur et superficiem lucrifaciat.*

kennen.[1] Dies pflegt man daraus zu rechtfertigen, daß der Superficiar weitgreifende Rechte hat, die zuweilen selbst über diejenigen eines Nießbrauchers hinausgehen,[2] und daß er sogar den Gegenstand seines Rechtes zerstören kann, sofern dadurch die Rechte anderer nicht berührt werden. Der Volksmund spricht daher ohne weiteres von „Eigentum" an Häusern oder Stockwerken. Dies ist ungenau. Der Superficiar eines Hauses kann es z. B. nicht, wie ein Eigentümer, in der Weise auf Abbruch verkaufen, daß der Käufer an dessen Stelle ein anderes errichten darf.

III. Die *agri vectigales* und die Rechte des Superficiarius haben sich erst in der Kaiserzeit entwickelt. Darum sind sie in den Institutionen des Gajus und Justinian nicht als besondere *res incorporales* neben den Dienstbarkeiten aufgeführt.[3]

β) Pfandrechte.

αα) Die Sachpfänder.

§ 86.

I. Die Pfandrechte an Sachen sind dingliche Rechte, weil sie allen Rechtsgenossen gegenüber die Schicksale ihres Gegenstandes beeinflussen. Ihr Wert liegt nicht in einer Befriedigung, die ihre Ausübung (etwa wie diejenige eines Wegerechtes) für sich allein gewährt, sondern in dem Sicherungszwecke, zu dem sie ein Mittel ist. Dieser besteht aber darin, den Berechtigten gegen die Nichterfüllung einer Schuld zu schützen.[4] Hiernach erscheinen sie als dienstbare (accessorische) Rechte, welche die Erfüllung einer Forderung (der sog. Hauptforderung) gewährleisten, m. a. W.: sie sind Rechte auf die dauernde Beeinflussung einer Sache, zu dem Zwecke, dadurch eine erwartete Schuldzahlung zu sichern. Die Formen dieser Beeinflussung bestehen teils darin, daß der Gläubiger dem Schuldner die Pfandsache vorenthält, teils in der Veräußerung des Pfandes,

[1] Gewöhnlich geht man davon aus (vgl. statt vieler Hölder, Institutionen. 3. Aufl. S. 173), daß es ein Begriffsmerkmal der Dienstbarkeiten ist, an eine Person oder ein Grundstück unlöslich angeknüpft zu sein. In Wahrheit sieht man aber dabei in einem Grundsatze, der Zweckmäßigkeiten entstammt, mit Unrecht eine logische, also unabänderliche Notwendigkeit. — A. Schmidt, a. a. O., führt mit Recht aus, daß der Superficiar den Charakter eines bloßen *conductor* keineswegs völlig abgestreift hat.

[2] Vgl. v. Czyhlarz, Lehrbuch der Institutionen. 2. Aufl. S. 128.

[3] Vgl. über die Emphyteuse unten § 138 zu Inst. de loc. III, 24. Gajus III, 145.

[4] Dig. XX, 1 de pignoribus fr. 5 § 2 (Marcianus): *Dare autem quis hypothecam potest sive pro sua obligatione sive pro aliena.*

die nach neuerem römischen Rechte mit jedem wahren Pfandrechte verbunden ist.[1] Dagegen ist es dem Pfandgläubiger verboten, sich für den Fall, daß die Hauptschuld nicht bezahlt wird, zu seiner Sicherung den Anfall des Eigentums am Pfande auszubedingen (*lex commissoria*), da eine solche Abrede leicht zu wucherlichen Ausbeutungen mißbraucht werden kann.[2]

II. Die Formen des Sachpfandes. Man darf vermuten, daß die Hingabe einer Sache zum Pfande, bei der der Empfänger ein bloßes Zurückbehaltungsrecht erhielt, uralt ist.[3] Ein dingliches Recht, das auch von unbeteiligten Dritten beachtet werden mußte, entwickelte sich jedoch erst später, und zwar:

a) nach *jus civile* als Nebenvertrag (*pactum fiduciae*) zu den civilrechtlichen Veräußerungsgeschäften der *mancipatio* und der *in jure cessio*. Obwohl ein durch *mancipatio* (oder *in jure cessio*) mit *pactum fiduciae* bestelltes eigentumsartiges Pfandrecht keineswegs der einzig mögliche Gegenstand des Nebenvertrages der *fiducia* war, so war es doch der wichtigste,[4] und eine solche Verpfändung wird deshalb vielfach schlechtweg *fiducia* (sc: *cum creditore*) genannt.[5] Sie gewährte dem Gläubiger mehr, als er brauchte, nämlich volles Eigentum, und damit auch die Möglichkeit, den Schuldner durch eine vertragswidrige vorzeitige Veräußerung des Pfandes an einen Dritten in treuloser Weise zu schädigen. Er mußte jedoch sein Eigentum, wenn die Hauptschuld getilgt und damit der Pfandzweck erfüllt war, dem Verpfänder zurückgewähren.[6] Im spätrömischen

---

[1] Vgl. hierzu unten § 92.

[2] Cod. VIII, 34 (35) de pactis pignorum et de commissoria lege in pignoribus rescindenda c. 3 pr. (CONSTANTINUS): *Quoniam inter alias captiones praecipue commissoriae pignorum legis crescit asperitas, placet infirmari eam et in posterum omnem ejus memoriam aboleri.* Über die Vorgeschichte dieser *lex commissoria* vgl. PERNICE in der Zeitschr. der Savignystiftung. V. S. 134. Eine der niedrigen Kulturstufe eigentümliche, dem entwickelten römischen Rechte fremde Form der Pfandsicherheit lag in der Befugnis des Gläubigers, das Pfand zu vernichten (*pignus caedere*); vgl. M. VOIGT, Berichte über die Verhandlungen der sächs. Akademie der Wissenschaften. 1888. S. 272: Nur einer geldarmen Zeit kann eine solche Schuldsicherung durch einen drohenden Racheakt erträglich gewesen sein.

[3] Die Verpfändung der eigenen Person oder einer Sache war sogar wahrscheinlich die älteste Verpflichtungsform. Vgl. SOHM, Institutionen. 4. Aufl. § 11 Anm. 13, S. 39 und die dort Citierten.

[4] Vgl. oben S. 272.

[5] Vgl. GAJUS II, 59. 60. PAULUS, Rec. sent. II, 13, 3. 5. 6.

[6] Versäumte er bei dieser Rückübertragung die notwendigen Mancipationssolennitäten, so durfte der Verpfänder durch eine *usureceptio* von der Dauer eines Jahres den Mangel dieses Rückerwerbes heilen. GAJUS II, 59.

Rechte ist diese Pfandform mit der *mancipatio* und *in jure cessio* verschwunden. Ihre Spuren sind an vielen Stellen aus den in Justinians Sammlung aufgenommenen Schriften ausgemerzt worden.

Eine andere gleichfalls veraltete Pfandform war die Verpfändung der Grundstücke von Bürgen bei Verträgen mit einer Stadtgemeinde *(praediorum obligatio)*.[1]

b) Das prätorische Pfandrecht entwickelte sich in mehreren Formen, die noch heutzutage bestehen.[2]

α) Das *pignus traditum* = *pignus* schlechtweg oder Faustpfand giebt dem Pfandgläubiger Besitzrechte.[3] Durfte er die Früchte des Pfandes zur Befriedigung seiner Ansprüche ziehen, so hieß das Pfand ἀντίχρησις.[4]

β) Als *pignus conventum*,[5] Vertragspfand oder *hypotheca*.[6] Das Faustpfand setzte eine Übergabe der Sache voraus, die *hypotheca* einen bloßen Pfandvertrag. Der Schutz dieses Vertragspfandes hängt mit dem Latifundienwesen zusammen, das die Gutsherren veranlaßte, ihre Ländereien zu verpachten und sich wegen der Pachtzinsen durch ein Pfandrecht an dem Wirtschaftsinventar des Pächters zu sichern. Von diesem Falle aus, der dem Prätor besonders schutzbedürftig erschien,[7] erweiterte sich das Vertragspfand zu einer allgemeinen Einrichtung. Die verhältnismäßig späte Entwickelung dieser Hauptform der Verpfändung erklärt, warum das Pfandrecht

[1] Vgl. Hölder, Institutionen. 3. Aufl. S. 189. Lex Malacitana c. 63. 64. Gajus II, 61. Karlowa, Röm. Rechtsgeschichte II, 1. S. 54 ff.

[2] Auf seine Entstehung bezieht sich das Leipziger Dekanatsprogramm von Kuntze (1893): „Zur Geschichte des römischen Pfandrechts."

[3] Dig. XIII, 7 de pigneraticia actione fr. 35 § 1 (Florentinus): *Pignus manente proprietate debitoris solam possessionem transfert ad creditorem. potest tamen et precario et pro conducto debitor re sua uti.*

[4] Dig. XX, 1 de pignoribus et hypothecis fr. 11 § 1: *Si ἀντίχρησις facta sit et in fundum aut in aedes aliquis inducatur, eo usque retinet possessionem pignoris loco, donec illi pecunia solvatur, cum in usuras fructus percipiat aut locando aut ipse percipiendo habitandoque.* Vgl. auch Dig. XX, 2 in quibus causis pignus vel hypotheca tacite contrahitur fr. 8 (Paulus): *Cum debitor gratuita pecunia utatur, potest creditor de fructibus rei sibi pigneratae ad modum legitimum usuras retinere.*

[5] Dig. XX, 1 de pign. fr. 35 (Labeo): *Insula, quam tibi ex pacto convento licuit vendere.*

[6] Dig. XIII, 7 de pigner. actione fr. 9 § 2 (Ulpianus): *Proprie pignus dicimus, quod ad creditorem transit, hypothecam, cum non transit nec possessio ad creditorem.* Anscheinend abweichend Marcianus, Dig. XX, 1 de pign. fr. 5 § 1: *Inter pignus autem et hypothecam tantum nominis sonus differt,* d. h. hinsichtlich des Rechtsinhalts, nicht hinsichtlich der Entstehungsweise.

[7] v. Czyhlarz, Lehrbuch der Institutionen. 2. Aufl. S. 134.

nicht in Justinians Institutionen neben den Dienstbarkeiten, sondern nur gelegentlich erwähnt ist.[1]

γ) Das *pignus testamentarium* ist das letztwillig bestellte Pfand.[2]

δ) Das *pignus in causa judicati captum* ist das Recht aus einer richterlichen Auspfändung.[3] Es ist dem Vertragspfande nur ähnlich, nicht gleich.

ε) *Pignus praetorium* heißt das Pfandrecht aus irgend einer obrigkeitlichen Einweisung.[4] Auch von ihm gilt das soeben vom *pignus in causa judicati captum* Gesagte.

ζ) Das sog. *pignus legale (tacitum)* ist das Pfandrecht, das ohne jede besondere Willenserklärung in gewissen Fällen entsteht.[5] Hier kann ein Eigentümer ohne jede Verpfändungserklärung *(tacite)* Pfandrechte ins Leben rufen.[6] So z. B. ein Mieter, der Möbel *(invecta et illata)* in eine Wohnung bringt, für die er Mietzins schuldet,[7] und der Pächter, der durch seinen Pachtvertrag die Früchte für den Zins haftbar macht.[8]

III. Die Befreiung von einem Pfande unterliegt ähnlichen Grundsätzen, wie die Befreiung von einer Dienstbarkeit, insoweit sich nicht aus dem besonderen Sicherheitszwecke des Pfandrechtes Abweichungen ergeben.[9] Dieser bewirkt namentlich, daß der Bestand des Pfandes in der Regel von der Fortdauer der Hauptschuld

---

[1] Institutionum II, 8. § 1. IV, 6 § 7. IV, 15 § 3.

[2] Dig. XXXIV, 1 de alim. legat. fr. 12 (Paulus): *Lucius Titius libertis suis cibaria et vestiaria annua certorum nummorum reliquit et posteriore parte testamenti ita cavit: obligatos eis (esse volo) ob causam fideicommissi fundos meos illum et illum, ut ex reditu eorum alimenta supra scripta percipiant.*

[3] Cod. VIII, 22 (23) si in causa judicati pignus captum sit c. 1 (Antoninus): *Res ob causam judicati ejus jussu, cui jus jubendi fuit, pignoris jure teneri ac distrahi posse saepe rescriptum est.*

[4] Cod. VIII, 21 (22) de praetorio pignore.

[5] Z. B. nach Dig. XLIX, 14 de jure fisci fr. 46 § 3 (Hermogenianus): *Fiscus semper habet jus pignoris.*

[6] Cod. VIII, 14 (15) in quibus causis pignus tacite contrahitur c. 2 (Antoninus): *Certum est ejus qui cum fisco contrahit bona veluti pignoris titulo obligari, quamvis specialiter id non exprimitur.*

[7] Dig. XX, 2 in quibus causis pignus vel hypotheca tacite contrahitur fr. 4 pr. (Neratius): *Eo jure utimur, ut quae in praedia urbana inducta illata sunt pignori esse credantur, quasi id tacite convenerit.*

[8] Dig. XX, 2 in quibus causis pignus fr. 7 (Pomponius): *In praediis rusticis fructus qui ibi nascuntur tacite pignori esse domino fundi locati, etiamsi nominatim id non convenerit.*

[9] Vgl. Salkowski, Lehrbuch der Institutionen. 6. Aufl. S. 287.

abhängt.[1] Eine bloße Teilzahlung vermag das Pfand auch nicht zum Teile zu befreien.[2]

IV. Der gegenwärtige Wert des römischen Pfandrechts ist geringer als derjenige anderer Rechtszweige. Die Verpfändung war den Römern nur ein Mittel, aus vorübergehender Geldverlegenheit herauszukommen, nicht, wie unsere Hypotheken, eine Form dauernder Kapitalanlage, deren sich die Gläubiger zur Verwertung ihres Vermögens bedienten.[3] Hieraus erklärt sich, daß nicht das römische, wohl aber das deutsche Recht die Grundstückspfänder einer besonderen rechtlichen Regelung unterstellt.

Allein auch die leichte Verpfändbarkeit beweglicher Pfänder, wie sie das römische Recht kennt, widersteht den Zielen des neueren Rechtes. Dieses ist der Verpfändung unentbehrlicher Gegenstände ungünstig, indem es die bloßen Vertragspfänder an beweglichen Sachen teils entwertet, teils sogar verbietet.[4] Insbesondere sucht es der Gefahr entgegenzutreten, die daraus erwächst, daß Eigentümer unsichtbare Pfänder betrüglicherweise bei der Veräußerung oder nochmaligen Verpfändung des Pfandstückes verschweigen können.

ββ) Seitenstücke des Sachpfandes.

§ 87.

I. Die Verpfändung von Rechten ist soweit möglich, als sie zur Sicherung eines Gläubigers in ihrer Ausübung gehemmt oder in Geld umgesetzt werden können.[5] Ist das Recht dauernd ausübbar (z. B. ein Nießbrauch), so kann dem Pfandgläubiger die Inhabung der Sache faustpfandweise übertragen werden.[6] Ist es nicht in solcher

---

[1] Dig. XIII, 7 de pigneraticia actione fr. 9 § 3: *Omnis pecunia exsoluta esse debet aut eo nomine satisfactum esse ut nascatur actio pigneraticia* (sc. auf Rückgabe des Pfandes an den Verpfänder).

[2] Dig. XLV, 1 de verborum obligationibus fr. 85 § 6 (Paulus): *Non prodest ad pignus liberandum partem creditori solvere.* Dig. XXI, 2 de evictionibus fr. 65 (Papinianus): „*Propter indivisam pignoris causam.*"

[3] Die dem Altertume nächstliegende Form der Kapitalanlage war die Anschaffung tüchtiger Sklaven.

[4] Vgl. § 40 Reichskonkursordnung. § 709 Reichscivilprozeßordnung. § 1145 des Entwurfs eines bürgerl. Gesetzbuchs f. d. D. R. kennt nur Faustpfänder, nicht Vertragspfänder an beweglichen Sachen.

[5] Dig. XX, 1 de pignor. fr. 9 § 1 (Gajus): *Quod emptionem venditionemque recipit, etiam pignerationem recipere potest,* und ebenda fr. 11 § 3 (Marcianus): *Jura praediorum urbanorum pignori dari non possunt: igitur nec convenire possunt ut hypothecae sint.*

[6] Dig. XX, 1 de pignor. fr. 11 § 2 (Marcianus): *Usufructus an possit pignori hypothecae dari, quaesitum est, sive dominus proprietatis convenerit sive*

Weise ausübbar (z. B. eine Darlehnsforderung), so kann dem Gläubiger durch einen Verpfändungsvertrag das Recht zur Verwertung des Pfandgegenstandes eingeräumt werden.

Dem Forderungspfande *(pignus nominis)* ähnlich ist das Pfandrechtspfand *(pignus pignoris, subpignus*, Afterpfand). Bei ihm sind zwei Schuldverhältnisse und drei Beteiligte vorhanden, von denen der eine in dem einen Schuldverhältnisse als Gläubiger berechtigt und in dem andern als Schuldner verpflichtet ist.[1] Die Beteiligten sind: der Eigentümer des Pfandes, sein Gläubiger und dessen Gläubiger (Afterpfandgläubiger), dessen Schuldforderung gegen den Afterpfandgläubiger dadurch gesichert werden soll, daß er das Pfandrecht seines Schuldners ausüben darf. Der Pfandgegenstand haftet hiernach dem Afterpfandgläubiger zu seiner Befriedigung insoweit, als beide Schuldbeträge sich decken *(quatenus utraque pecunia debetur)*.[2]

Aus dieser Vielseitigkeit des Pfandrechtsinhalts erklärt sich auch die Möglichkeit der Verpfändung eines ganzen Vermögens (Generalhypothek),[3] eines Geschäftes, das von der neueren deutschen Gesetzgebung als verkehrsfeindlich aus ähnlichen Gründen bekämpft wird, wie das Vertragspfand.[4]

II. Die Verwertung der verpfändeten Rechte ist nach deren Beschaffenheit und nach der besonderen Abrede bei der Verpfändung verschieden. Es kann ein Eigentümer z. B. seine Sache so verpfänden, daß der Gläubiger, um sich im Notfalle zu befriedigen, einem Dritten ein dingliches Recht (z. B. einen Nießbrauch) an ihr gegen Entgelt bestellen darf (sog. konstitutive, d. i. rechtsbegründende Verpfändung). Es kann aber auch ein dinglich Berechtigter, dessen Recht übertragbar ist (z. B. ein Erbzinsmann), dem Pfandgläubiger die Befugnis einräumen, dieses Recht zu seiner Befriedigung im Notfalle zu verkaufen und also auf einen Dritten zu übertragen (sog. translative, d. i. rechtsübertragende Verpfän-

---

ille qui solum usumfructum habet. Vgl. hierzu v. Czyhlarz, Lehrbuch der Institutionen. 2. Aufl. S. 136.

[1] So z. B. wenn jemand seinem Hauswirte Miete schuldet und selbst an den Möbeln seines Aftermieters ein Pfandrecht erlangt.

[2] Dig. XX, 1 de pignoribus fr. 13 § 2 (Marcianus): *Cum pignori rem pigneratam accipi posse placuerit, quatenus utraque pecunia debetur pignus secundo creditori tenetur.*

[3] Dig. XX, 1 de pignor. fr. 6 (Ulpianus): *Obligatione generali rerum, quas quis habuit habiturusve sit, ea non continebuntur, quae verisimile est quemquam specialiter obligaturum non fuisse. ut puta supellex, item vestis relinquenda est debitori, et ex mancipiis quae in eo usu habebit, ut certum sit eum pignori daturum non fuisse.*

[4] Vgl. oben S. 299.

dung). Die Verwertung einer verpfändeten Forderung steht dem Pfandgläubiger nicht bloß in der Weise zu, daß er das verpfändete Recht verkaufen, sondern auch dadurch, daß er es zu seiner Sicherung ausüben darf.[1]

γ) Der Erwerb von Forderungen und die Befreiung von Schulden.

§ 88.

I. Die Forderungen sind in Justinians Institutionen (II, 2 § 2) als *res incorporales* erwähnt. Trotzdem wird der Erwerb, den jemand dadurch macht, daß er eine Forderung erlangt, und derjenige, den ein Schuldner erreicht, indem er von seiner Verpflichtung frei wird, von den Erwerbsformen des Sachen- und Erbrechtes getrennt behandelt (vgl. III, 13 ff. § 126 ff.), weil ein solcher Erwerb nicht, wie diese Thatbestände, gegen Dritte wirkt, sondern nur zwei Beteiligte berührt.

II. Die Übertragung der Forderungen von ihrem alten Gläubiger auf einen neuen (Cession) kann erst in der Anspruchslehre besprochen werden (s. unten § 166), weil sie neben den Forderungen auch die dinglichen Ansprüche betrifft.

II. Erwerbsgründe des jus civile.[2]

1. Arten.

a) Die Ersitzung[3] (Inst. II, 6. §§ 1—13).

α) Begriff und Arten.

§ 89.

I. Allgemeines. Die bisher erwähnten Erwerbsformen des *jus gentium* vermochten nicht bloß prätorisches Eigentum, sondern auch civiles zu gewähren, zur Zeit als dieses noch vom nichtcivilen unterschieden war, nämlich dann, wenn der Erwerber ein Bürger war.[4] Daneben stehen als civilrechtliche Erwerbsformen solche, die nur für Bürger bestimmt waren. Die Institutionen erwähnen nur zwei

---

[1] Dig. XIII, 7 de pign. art. fr. 18 pr. (Paulus): *Si convenerit, ut nomen debitoris mei pignori tibi sit, tuenda est a praetore haec conventio, ut et te in exigenda pecunia et debitorem adversus me, si cum eo experiar, tueatur.*

[2] Hier wie sonst, wo von dem *jus civile* im Gegensatze zu dem *jus gentium* die Rede ist, muß man sich gegenwärtig halten, daß der durch dieses Wort bezeichnete Begriff etwas anderes ist, als das *jus civile*, das zu dem *jus praetorium* in Gegensatz gestellt wird (vgl. oben S. 97).

[3] Karlowa, Röm. Rechtsgeschichte. II, 1. S. 387 ff.

[4] So richtig v. Czyhlarz. Lehrbuch der Institutionen. 2. Aufl. S. 93.

civilrechtliche Erwerbsformen: Ersitzung (§§ 89—91) und Erwerb aus einer Veräußerung des Fiskus oder des Regenten (§ 92). Die übrigen sind teils zu Justinians Zeit weggefallen, teils anderweitig innerhalb der Institutionen erwähnt (z. B. der Erwerb von Erbschafts- oder Vermächtnissachen),[1] teils stillschweigend zu Einrichtungen des *jus gentium* geworden.[2]

II. Die Ersitzung. Uralt und allen Völkern gemeinsam ist der Gedanke, daß Vorfälle, deren Bild in der Erinnerung der Menschen bereits verblaßt ist, nicht zur Grundlage eines erfolgreichen gerichtlichen Anspruches geeignet sind. Wo aber die Zeit die Spur der Beweise für die Entstehung einer bestimmten Sachlage völlig verwischt, verleiht sie, auch ohne daß dies besonders bestimmt ist, dem ungegründeten Besitze den Schein und die Kraft der Rechtmäßigkeit und zerstört den Wert wohlbegründeter Rechte. Daß der Richter dieser Kraft des Zeitablaufes Rechnung tragen und deshalb alle unvordenklichen Zustände, d. h. solche, deren Beginn nicht mehr aufklärbar ist, als rechtlich begründete ansehen soll,[3] ist in den römischen Quellen nur für einige Fälle des Wege- und Wasserrechtes anerkannt und wird daher von der herrschenden Lehre (mit Unrecht) nicht als eine allgemeine selbstverständliche Regel des römischen Rechtes angesehen.[4]

Auf besonderer Vorschrift beruht jedenfalls die Regel, daß nach einer gesetzlich bestimmten Frist ein Recht auch dann in Wegfall kommen soll, wenn seine Entstehung noch erweisbar sein würde (Verjährung im eigentlichen Sinne), und zwar entweder so, daß ein anderer dieses Recht erwirbt (erwerbende Verjährung), oder so, daß es völlig zu Grunde gehen soll (erlöschende Verjährung). Eine erwerbende Verjährung dieser Art ist die Entstehung des Eigentumes

---

[1] Vgl. Ulpianus, Fragm. XIX, 7: *Lege nobis adquiritur legatum ex lege duodecim tabularum, sive mancipi res sint sive nec mancipi.*

[2] Vgl. Ulpianus, Fragm. XIX, 2: *Singularum rerum dominium nobis adquiritur mancipatione, traditione, usucapione, in iure cessione, adiudicatione, lege,* und Varro, Rerum rusticarum II, 10 § 4: *In emptionibus dominium legitimum sex fere res perficiunt: si hereditatem justam adiit; si, ut debuit, mancipio ab eo accepit, a quo jure civili potuit; aut si in jure cessit, qui potuit cedere, et id ubi oportuit, aut si usu cepit; aut si e praeda sub corona emit; tumve cum in bonis sectioneve cuius publice veniit.*

[3] Vgl. Dig. XXXIX, 3 de aqua fr. 2 pr. (Paulus): *Vetustas, quae semper pro lege habetur, minuendarum scilicet litium causa.*

[4] Das gemeine Recht der Gegenwart kennt eine genauer geregelte sog. unvordenkliche Verjährung, die im kanonischen Rechte entwickelt ist. Ihre Beseitigung ist wahrscheinlich. Näheres siehe bei Dernburg, Pandekten I. § 160. 4. Aufl. S. 378.

aus längerem Besitze während einer gesetzlich bestimmten Zeit (Ersitzung oder *usucapio*).[1] Bei ihr wird auch das noch so klar erweisliche Eigentum des bisherigen Herrn der Sache aufgehoben. Als den Zweck dieser Erwerbsform erwähnen die Quellen die Förderung der Sicherheit des Eigentums, die allerdings Schaden leiden würde, wenn der andauernde Besitz durch die Behauptung längst vergangener Thatsachen angefochten werden könnte.[2]

Diese erwerbende Verjährung erleichtert nicht bloß dem, der sich auf sie berufen kann, den Beweis des Eigentumsrechtes,[3] sondern schafft geradezu neues Recht. Sie war ein Vorrecht der *cives* und darum den Peregrinen versagt.[4] Daß dies noch im Rechte Justinians galt, entspricht nicht der herrschenden Meinung, wird aber durch die Stellung dieses Rechtszweiges in der Ordnung der Institutionen erwiesen. Im deutschen Rechte kann auf diesem Gebiete von einer Zurücksetzung der Ausländer nicht mehr die Rede sein.[5] Weggefallen ist die Kraft der Ersitzung, prätorisches Eigentum in civiles zu verwandeln,[6] weil der Unterschied zwischen diesen Eigentumsarten beseitigt worden ist (oben S. 250).

---

[1] Siehe Inst. h. t. II, 6 pr. und Dig. XLI, 3 de usurp. et usucap. (Modestinus): *Usucapio est adiectio dominii per continuationem possessionis temporis lege definiti.*

[2] Dig. XLI, 3 de usurp. et usucap. fr. 1 (Gajus): *Bono publico usucapio introducta est, ne scilicet quarundam rerum diu et fere semper incerta dominia essent, cum sufficeret dominis ad inquirendas res suas statuti temporis spatium.* Ebenso Inst. h. t. pr.

[3] Dieser Vorteil wird gewöhnlich überschätzt, weil man an den Nachweis des Eigentums viel zu strenge Erfordernisse stellt. Näheres vgl. bei v. Czyhlarz, Lehrbuch der Institutionen. 2. Aufl. S. 108.

[4] Vgl. Gajus II, 65: *Usucapionis jus proprium est civium Romanorum.* Hierauf beruht die Regel: *Adversus hostem aeterna auctoritas* (Cicero, De officiis I, 12 § 37), ein in seinem Sinne streitiger Satz. Vgl. darüber Baron, Peregrinenrecht und jus gentium S. 8 ff., dessen Polemik zuzustimmen ist. Der Sinn des Satzes ist wohl folgender: Wer von einem Ausländer eine Sache kaufweise erworben hatte, dem haftete dieser deshalb als *auctor* ohne jede zeitliche Beschränkung, falls die Sache nicht ihm, sondern einem römischen Bürger gehörte; denn der Peregrin konnte nicht ersitzen, und aus einem Kaufe oder Verkaufe, den er abgeschlossen hatte, konnte kein Rechtsnachfolger eine Ersitzung herleiten. Diese Entwertung des Handels mit Peregrinen mochte sich auch noch im spätrömischen Verkehre rechtfertigen, zu dessen Zeit sich unter den Ausländern im Reiche viele unzuverlässige Glieder halbbarbarischer Völker befanden.

[5] Vgl. auch oben § 41 S. 166.

[6] Gajus, Inst. II, 41: *Nam si tibi rem mancipi neque mancipavero neque in iure cessero, sed tantum tradidero, in bonis quidem tuis ea res efficitur, ex iure Quiritium vero mea permanebit, donec tu eam possidendo usucapias: semel*

III. Wir unterscheiden neuerdings **zwei Ersitzungen**, eine kürzere (sog. ordentliche) und eine längere (sog. außerordentliche). Die letztere (die sog. *praescriptio longissimi temporis*) besteht in der von Justinian angeordneten Unanfechtbarkeit des Besitzes eines redlichen Erwerbers, der durch die (in der Regel) dreißigjährige Verjährung des Eigentumsanspruches gesichert ist.

Die Verjährung der Eigentumsklage schloß zwar immer den Berechtigten und alle seine Nachfolger gegenüber dem Besitzer und allen seinen Nachfolgern von der Sache aus, sie gab aber dem, der hieraus einen Vorteil hatte, noch kein Eigentumsrecht, d. h. keine Befugnis, sich gegenüber unbeteiligten Dritten als einen Erwerbsgrund geltend zu machen.

Justinian hat ihr jedoch diese Kraft beigelegt, und zwar, wie es scheint, in Anlehnung an eine bereits vorhandene Auslegung älterer Rechtsquellen.[1]

Diese längere Ersitzung nennt man außerordentliche, im Gegensatze zu der kürzeren oder ordentlichen. Die Quellen wenden das Wort *usucapio* auf dieses Rechtsgebilde nicht an, sondern nur auf die kürzere Ersitzung.

IV. **Die ordentliche Ersitzung der neuesten römischen Zeit** beruht darauf, daß Justinian zwei Ersitzungsrechte verschmolzen hat, ein civilrechtliches und ein prätorisches, das vornehmlich für die Peregrinen und die Provinzgrundstücke bestimmt gewesen war. Jenes war die *usucapio*, dieses hieß *longi temporis praescriptio* (d. i. die Einrede des prätorischen Erwerbs durch lange Zeit). Die *usucapio* wurde in den 12 Tafeln *usus auctoritas* genannt (Rechtsurheberschaft der längeren Benutzung) und erforderte bei Grundstücken einen zweijährigen, bei beweglichen Sachen einen einjährigen

enim impleta usucapione proinde pleno iure incipit, id est in bonis ex iure Quiritium tua res esse, ac si ea mancipata vel in iure cessa esset.

[1] Cod. VII, 39 de praescriptione XXX vel XL annorum c. 8 pr.: *Si quis emptionis vel donationis vel alterius cuiuscumque contractus titulo rem aliquam bona fide per decem vel viginti annos possederit et longi temporis exceptionem contra dominos eius vel creditores hypothecam eius praetendentes sibi adquiserit posteaque fortuito casu possessionem eius rei perdiderit, posse eum etiam actionem ad vindicandam eandem rem habere sancimus. hoc enim et veteres leges, si quis eas recte inspexerit, sanciebant.* § 1. *Quod si quis eam rem desierit possidere cujus dominus vel is, qui suppositam eam habebat exceptione triginta vel quadraginta annorum expulsus est, praedictum auxilium non indiscrete, sed cum moderata divisione ei praestare censemus, ut, si quidem bona fide ab initio eum rem tenuit, simili possit uti praesidio, sin vero mala fide eam adeptus est, indignus eo videatur.*

Besitz (*Usus auctoritas fundi biennium, ceterarum rerum annus esto*).[1] Die zur *longi temporis praescriptio* erforderliche Besitzdauer betrug 10 Jahre *inter praesentes*, d. h. gegenüber einem in derselben Provinz wohnenden Eigentümer, 20 Jahre *inter absentes*.[2] Justinian setzte dieselbe Frist für alle, auch für die italischen Grundstücke fest, die bis dahin das Vorrecht der zweijährigen Ersitzung gehabt hatten,[3] und erhöhte die Ersitzungszeit für bewegliche Sachen von einem Jahre auf drei,[4] damit den Eigentümern ein längerer Zeitraum, als vorher, gewährt werde, um ihre abhanden gekommenen Sachen wiederzuerlangen.[5]

β) Erfordernisse einer gültigen Ersitzung.

§ 90.

I. Allgemeines. Die Ersitzung birgt die Gefahr in sich, völlig unberechtigte Erwerbsarten zu kräftigen und zu begünstigen. Darum verlangt sie einerseits gewisse Erfordernisse, die dem Ersitzenden wenigstens den Schein des Rechtes gewähren (§ 90). Zu-

---

[1] So Cicero, Topica IV, 23. Gajus, Inst. II, 42: *Usucapio autem mobilium quidem rerum anno completur, fundi vero et aedium biennio; et ita lege XII tabularum cautum est.* Vgl. auch Gajus II, 54 und 46: *Item provincialia praedia usucapionem non recipiunt.* — Die Kürze dieser Zeit, die den bisherigen Eigentümern zur Verfolgung ihrer Sachen verblieb, stand jedenfalls mit der Durchsichtigkeit der Lebensverhältnisse in dem älteren Rechte im Zusammenhange.

[2] Näheres hierüber siehe in v. Czyhlarz, Lehrbuch der Institutionen. 2. Aufl. S. 111.

[3] Cod. VII, 31 de usucap. transform. c. un. pr. (Justinianus): *Cum nostri animi vigilantia ex iure Quiritium nomen et substantiam sustulerit et communes exceptiones in omni loco valeant, id est decem vel viginti vel triginta annorum vel si quae sunt aliae maioris aevi continentes prolixitatem, satis inutile est usucapionem in Italicis quidem solis rebus admittere, in provincialibus autem recludere.* § 1. *Ideo per praesentem legem et in Italicis solis rebus, quae immobiles sunt vel esse intelleguntur sicut annalem exceptionem, ita et usucapionem transformandam esse censemus, ut tantummodo et hic decem vel viginti annorum vel triginta et aliarum exceptionum tempora currant, huiusmodi angustiis penitus semotis.*

[4] Diese Erhöhung war für die Peregrinen eine Erniedrigung der Erwerbszeit, da sie bisher 10 oder 20 Jahre zur Ersitzung brauchten. Dig. XLIV, 3 de div. temp. praescript. fr. 3 (Modestinus): *Longae possessionis praescriptionem tam in praediis quam in mancipiis locum habere manifestum est.* fr. 9 (Marcianus): *Rescriptis quibusdem divi Magni Antonini cavetur, ut in rebus mobilibus locus sit praescriptioni diutinae possessionis.*

[5] Cod. VII, 31 de usucapione transformanda c. un. § 2: *Si quis alienam rem mobilem seu se moventem in quacumque terra sive Italica sive provinciali bona fide per continuum triennium detinuerit, is firmo iure eam possideat, quasi per usucapionem ei adquisitam.*

gleich kennt sie Ausnahmen und Ersitzungshindernisse, deren Nachweis ihre Kraft ausschließt (§ 91).

II. Die Erfordernisse der ordentlichen Ersitzung (sog. *condicio usucapiendi*) sind:

a) ein Erwerb der Sache, der zu den regelmäßigen Formen des Verkehrs gehört. Sie verlangt daher einen *titulus*, d. i. eine dem äußeren Anscheine nach genügende Erwerbsthatsache (*causa domini acquirendi*).[1] Ursprünglich bezeichnete das Wort *titulus* vielleicht ein bestimmtes Erwerbsformular, späterhin eine bestimmte Erwerbsform.[2] Beispiele solcher Titel sind *pro emptore*, *pro soluto*, *pro donato*, *pro dote*, *pro legato*, *pro suo* (ein allgemeiner Name für die sonst nicht benannten Erwerbsgründe).[3] Auch die entschuldbare irrige Überzeugung davon, daß eine (nach Raum und Zeit) bestimmte Erwerbsthatsache, z. B. ein Kaufabschluß mit nachfolgender Übergabe, vorliegt (sog. *titulus putativus*), vermag den Titel zu ersetzen, nicht aber die bloße Annahme, daß wohl irgend ein Ereignis dieser Art, an das der Besitzer keine bestimmte Erinnerung hat, früher irgend einmal vorgefallen sein möge,[4] z. B. daß ein Buch, das er besitzt, ihm wohl irgend einmal geschenkt sei.

---

[1] Bei einer wirklich genügenden Erwerbsthatsache bedarf es keiner Ersitzung. Eine solche giebt auch ohnedies Eigentum. Streitig ist, ob das Erfordernis des Titels erst einer späteren Zeit entstammt. Vgl. Karlowa, Röm. Rechtsgeschichte II, 1. S. 388 ff.

[2] Nach Hugo im Civilistischen Magazin IV. S. 144 ff. bedeutet *titulus* so viel wie „Aufschrift, Überschrift, Name, Vorwand, das, was man anführt, das, worauf man sich beruft". Ähnlich Unterholzner, Ausführliche Entwickelung der gesamten Verjährungslehre, 2. Aufl. besorgt von Schirmer. 1858. I. S. 322 Anm. 333. Nach Vaniçek, griechisch-lateinisches etymologisches Wörterbuch I. 1877. S. 154 ist *titulus* eigentlich „Ehrenname, dann Name". So ist denn auch der Titel des Ersitzenden ein Vorgang, dem einer der Namen zukommt, die für Erwerbsformen üblich sind. In der besonderen Benennung, die ein derartiger Vorgang im Verkehre erlangt hatte, sah man wohl mit Recht ein Kennzeichen dafür, daß er eine allgemein anerkannte Erwerbsform war und darum zur Ersitzung führen konnte. Franz Klein, Sachbesitz und Ersitzung. Berlin 1891. S. 429, sieht in den *tituli*: „Aufschriften der einzelnen Besitzerwerbs-Schemata".

[3] Vgl. die Rubriken von Dig. XLI, 4. 5. 6. 8. 9. 10. Über einen besonders wichtigen Titel vgl. Ubbelohde, Die usucapio pro mancipato. Marburg 1873. Gratulationschrift für F. W. Roestell.

[4] Inst. II, 6 de usucap. et longi temp. possess. § 11: *Error autem falsae causae usucapionem non parit. veluti si quis, cum non emerit, emisse se existimans possideat: vel cum ei donatum non fuerat, quasi ex donatione possideat.* Dig. XLI, 4 pro emptore fr. 11 (Africanus): *Quod volgo traditum est eum, qui existimat se quid emisse nec emerit, non posse pro emptore usucapere, hactenus verum esse ait, si nullam iustam causam eius erroris emptor habeat: nam si forte servus vel procurator, cui emendam rem mandasset, persuaserit ei se emisse*

Die außerordentliche Ersitzung verlangt den Nachweis eines Titels nicht, aber dafür eine längere Ersitzungszeit.

h) Der ununterbrochene Besitz der Sache während der bestimmten Zeit ist Ersitzungserfordernis. Als Besitzherr, nicht als Besitzvertreter (*detentor*) eines anderen muß der Ersitzende die Sache gehabt haben, um Eigentum zu erwerben. Die Besitzzeit eines Vorgängers, von dem er sein Recht an der Sache herleitet, darf er sich dabei anrechnen. Diese Anrechnungsbefugnis stand ursprünglich nur dem Erben zu (sog. *successio in possessionem*).[1] Bei der Besitznachfolge unter Lebenden (sog. *accessio possessionis*) wurde sie in der Zeit des Weltverkehrs dem Käufer gewährt. Erst Justinian, der Begünstiger wohlthätiger Geschäfte, gab sie auch dem Beschenkten (Inst. h. t. II, 7, § 12).

III. Die Unterbrechung der Ersitzung (*usurpatio*)[2] kann durch Besitzentziehung oder den Beginn eines Prozesses[3] wider den Besitzer geschehen. Die Annahme einer symbolischen Unterbrechung (*surculo defungendo*) ist aus dem Mißverständnis einer bildlichen Redewendung hervorgegangen.[4]

Überhaupt macht ein jeder Besitzverlust[5] den Erwerb aus Ersitzung unmöglich, wenn bis dahin die Ersitzungszeit noch nicht abgelaufen ist. Er tritt ein, wenn entweder die Sache dem Besitzer

---

atque ita tradiderit, magis esse, ut usucapio sequatur. Vgl. auch noch Dig. XLI, 10 pro suo fr. 5. Dig. XLI, 3 de usurp. et usuc. fr. 27.

[1] Dig. XLI, 3 de usurp. et usucap. fr. 20 (Javolenus): *Possessio testatoris ita heredi procedit, si medio tempore a nullo possessa est.* fr. 40 (Neratius): *Coeptam usucapionem a defuncto posse et ante aditam hereditatem impleri constitutum est.*

[2] Vgl. Karlowa, Röm. Rechtsgeschichte II, 1. S. 401 ff.

[3] Dig. XLI, 3 de usurp. fr. 5 (Gajus): *Naturaliter interrumpitur possessio, cum quis de possessione vi deicitur vel alicui res eripitur. quo casu non adversus eum tantum, qui eripit, interrumpitur possessio, sed adversus omnes nec eo casu quicquam interest, is qui usurpaverit dominus sit nec ne: ae ne illud quidem interest, pro suo quisque possideat an ex lucrativa causa.* Fragm. iur. Rom. Vatic. 12: *Ante pretium solutum dominii quaestione mota pretium emptor restituere non cogetur, nisi maximi fideiussores evictionis offerant, tametsi ignorans possidere coeperit; nam usucapio frustra conplebitur anticipata lite.* Vgl. auch Inst. IV, 17 de offic. iudic. § 3. Näheres siehe im Pandektenrecht.

[4] Cicero, de or. III, c. 28. Vgl. Puchta, Institutionen § 239 n. x. 10. Aufl. besorgt von Krüger, II. S. 205. 206. Cicero will hier nur sagen: Wer einem Grundbesitzer nur einen Zweig von einem Baume abreißt, der hat ihm noch lange nicht das Grundstück entrissen. Zu starken Erfolgen gehören auch starke Mittel. Dies werde von manchen jüngeren Philosophen und Rednern nicht genugsam erwogen.

[5] Vgl. oben in der Dereliktionslehre S. 276; auch Karlowa, Röm. Rechtsgeschichte II, 1. S. 399 ff.

unzugänglich geworden ist und damit auch sein Wunsch, nicht in der Berührungsmöglichkeit gestört zu werden,[1] seinen Inhalt verloren hat, oder wenn er diesen früher geäußerten Wunsch in erkennbarer Weise aufgegeben und damit die Sicherheit einer ungestörten Berührung verloren hat.[2] Ein solcher Verzicht setzt die Veräußerungsfähigkeit dessen voraus, der ihn vornimmt.[3]

c) Die Ersitzungszeit gilt als abgelaufen, sobald ihr letzter Tag begonnen hat.[4]

γ) **Ausnahmen der Ersitzung.**

§ 91.

I. Allgemeines. Die Ersitzungsverbote, die als Ausnahmen die Gefahren der Ersitzung mindern sollen, sind teils ein Gegengewicht gegen Unredlichkeit (Nr. II u. III), teils eine erhöhte Sicherung bevorzugter Eigentümer.

---

[1] Dig. XLI, 2 de adq. vel amitt. poss. fr. 3 § 13 (Paulus): *Nerva filius res mobiles excepto homine, quatenus sub custodia nostra sint, hactenus possideri, id est quatenus, si velimus, naturalem possessionem nancisci possimus. nam pecus simul atque aberravit aut vas ita exciderit, ut non inveniatur, protinus desinere a nobis possideri, licet a nullo possideatur: dissimiliter atque si sub custodia mea sit nec inveniatur, quia praesentia eius sit et tantum cessat interim diligens inquisitio.* Fr. 25 pr. (Pomponius): *Si id quod possidemus ita perdiderimus, ut ignoremus, ubi sit, desinimus possidere.*

[2] Grundstücke gelten nicht schon dann als unzugänglich, wenn ein anderer sie widerrechtlich betreten hat, sondern nur, wenn dieser den früheren Besitzer nicht hineinläßt oder der frühere Besitzer es erkennbar macht, daß er es nicht wagt, den Eindringling hinauszuweisen. Dig. XLI, 2 de adqu. vel am. poss. fr. 3 § 7. 8 (Paulus): *Sed et si animo solo possideas, licet alius in fundo sit, adhuc tamen possides. Si quis nuntiet domum a latronibus occupatam et dominus timore conterritus noluerit accedere, amisisse eum possessionem placet.* Auch für Sklaven galt etwas Besonderes: Dig. XLI, 2 de adq. vel amitt. poss. fr. 47 (Papinianus): *earum quidem rerum, quae ratione vel anima carent, confestim amittitur possessio, homines autem retinentur, si revertendi animum haberent.* Vgl. auch fr. 15 eodem.

[3] Dig. XLI, 2 de adq. vel am. poss. fr. 27 (Proculus): *Si is, qui animo possessionem saltus retineret, furere coepisset, non potest, dum fureret, eius saltus possessionem amittere, quia furiosus non potest desinere animo possidere.* Dig. XLI, 2 de adqu. vel amitt. poss. fr. 29 (Ulpianus): *Possessionem pupillum sine tutoris auctoritate amittere posse constat, non ut animo, sed ut corpore desinat possidere: quod est enim facti, potest amittere. alia causa est, si forte animo possessionem velit amittere: hoc enim non potest.*

[4] Dig. XLIV, 3 de div. temp. fr. 15 pr. (Venulejus): *In usucapione ita servatur, ut, etiamsi minimo momento novissimi diei possessa sit res, nihilominus repleatur usucapio, nec totus dies exigitur ad explendum constitutum tempus.*

II. Dem unredlichen Erwerber (*malae fidei possessor*) ist die Ersitzung versagt.[1] Das römische Recht sah hierbei nur auf den Augenblick des Erwerbes, nicht auf die spätere Zeit. Wer eine Sache redlich erworben hatte und hinterher erfuhr, daß der Veräußerer sie ihm nicht hatte überlassen dürfen, weil sie einem Dritten gehörte, dem gaben die Römer das Recht, abzuwarten, bis der Eigentümer sie einfordern werde, versagten ihm also den Fortlauf der Ersitzung nicht.[2] Strengere Anforderungen an die Redlichkeit des Ersitzenden stellt das kanonische und das heutige Recht, die in einer solchen nachträglichen Kenntnis vom Eigentume eines anderen eine *mala fides superveniens* erblicken.[3]

Als unzulänglich gilt ein solches gutes Gewissen, das nur auf einem Rechtsirrtume beruht.[4] Wer bei dem Erwerbe einer Sache weiß, daß sie nicht dem Veräußerer, sondern einem Dritten gehört, kann in der Regel nicht als redlich gelten.[5] Dennoch gewährte das

---

[1] Zweifelhaft ist, ob dies schon in der ältesten Zeit galt (vgl. PERNICE, M. Antistius Labeo II. S. 152 ff.). v. CZYHLARZ, Lehrbuch der Institutionen. 2. Aufl. S. 109. Bei dem Kaufe, bei dem unredliche Bestrebungen besonders gefährlich sind, wurde das gute Gewissen des Erwerbers, der ersitzen sollte, nicht nur bei der Übergabe, sondern schon bei dem Vertragsschlusse verlangt. Dig. XLI, 3 de usurp. et usuc. fr. 48 (PAULUS): *In ceteris causis solutionis tempus inspicitur neque interest, cum stipulor, sciam alienum esse nec, ne: sufficit enim me putare tuum esse, cum solvis: in emptione autem et contractus tempus inspicitur et quo solvitur: nec potest pro emptore usucapere, qui non emit, nec pro soluto, sicut in ceteris contractibus.* Ähnlich LXI, 4 Dig. pro emptore fr. 2 pr. Vgl. aber auch Dig. XLI, 3 de usurp. et usuc. fr. 10 pr.

[2] Cod. VII, 31 de usucapione transform. c. un. § 3 (JUSTINIANUS): *Ab initio bona fide eam capiat.* Ebenso Dig. XLI, 4 pro emtore fr. 7 § 4 (JULIANUS): *Initium rursus reciperatae possessionis spectari oportet.* Vgl. auch noch über die Geschichte der sog. *mala fides superveniens* PERNICE, M. Antistius Labeo II. 1878. S. 194 ff. KARLOWA, Röm. Rechtsgeschichte II, 1. S. 402, auch 423.

[3] Veraltet ist daher auch, was PAPINIANUS, Dig. XLI. 3 de usurp. et usuc. fr. 43 pr., sagt: *Heres eius, qui bona fide rem emit, usu non capiet sciens alienum, si modo ipsi possessio tradita sit: continuatio vero non impedietur heredis scientia.*

[4] Dig. XXII, 6 de juris ignor. fr. 4 (POMPONIUS): *Juris ignorantiam in usucapione negatur prodesse: facti vero ignorantiam prodesse constat.* So ist auch zu deuten GAJUS II, 47: *Item olim mulieris, quae in agnatorum tutela erat, res mancipi usucapi non poterant, praeterquam si ab ipso tutore auctore traditae essent: nam ita lege XII tabularum cautum erat.* Vgl. hierzu jedoch unten S. 310 Anm. 2 d und Näheres über die *bona fides* überhaupt bei PERNICE, M. Antistius Labeo II. 1878. S. 143 ff., namentlich S. 207 ff.

[5] Unredlichkeit und *scire rem alienam* decken sich also in der Regel. Vgl. GAJUS II, 43: *Si modo eas bona fide acceperimus, cum crederemus, eum, qui*

ältere Recht in einigen veralteten Ausnahmefällen aus besonderen Gründen sogar dem *sciens rem alienam* eine Ersitzungsbefugnis. Es waren dies Fälle, in denen Besitzverhältnisse aus ganz besonderen Gründen von der Rechtsordnung durch Zeitablauf in Rechte umgewandelt wurden,[1] obwohl sie ohne diese Gründe[2] als unredlich gegolten

---

traderet, dominum esse. Ebenso Dig. L, 16 de verb. sign. fr. 109 (Modestinus): *Bonae fidei emptor esse videtur, qui ignoravit eam rem alienam esse, aut putavit eum, qui vendidit, ius vendendi habere, puta in procuratorem aut tutorem esse.*

[1] Vgl. Pernice, M. Antistius Labeo II. S. 230:. „Die *bona fides* hat ihre Grundlage in der Sittlichkeit, daher kann eine *mala fides* dann nicht angenommen werden, wo das Wissen von der Unrechtmäßigkeit des Besitzes ausnahmsweise nicht als unsittlich erscheint, und umgekehrt ist die *bona fides* nicht als vorhanden anzusehen, wo trotz dem Glauben an das Recht die Innehabung der fremden Sache eine Unsittlichkeit in sich schließt."

[2] Es gehören hierher folgende Fälle Gajus II, 52 ff.: *a*) Die alte *usucapio pro herede* machte eine Nachlaßplünderung, die zwischen dem Tode des Erblassers und dem Antritte des Erben geschehen war, unanfechtbar. In der Kaiserzeit fiel sie als *improba ac lucrativa* weg: einer niedrigen Kulturstufe, in der die Staatskasse noch nicht die erblosen Nachlaßmassen einzog, mochte es natürlich erscheinen, daß man sich der vom Erben vernachlässigten Erbschaftssachen zunächst ohne weiteres als herrenloser Güter bemächtigte. Vgl. Gajus II, 55: *Quare autem omnino tam improba possessio et usucapio concessa sit, illa ratio est, quod voluerunt veteres maturius hereditates adiri, ut essent, qui sacra facerent, quorum illis temporibus summa observatio fuit, et ut creditores haberent, a quo suum consequerentur,* und hierzu v. Ihering, Scherz und Ernst in der Jurisprudenz. Leipzig 1884. S. 137 ff.

b) Bei der Rückgabe von Sachen, die auf Treu und Glauben (*fiduciae causa*) fortgegeben waren, um später zurückgegeben zu werden, konnten mangelnde Förmlichkeiten der Rückübertragung durch den Ablauf der Ersitzungszeit geheilt werden. Gajus II, 59 ff. Vgl. oben S. 272 Anm. 5—9.

c) Gajus II, 61: *Item si rem obligatam sibi populus vendiderit, eamque dominus possederit, concessa est usureceptio. sed hoc casu praedium biennio usurecipitur: et hoc est, quod volgo dicitur, ex praediatura possessionem usurecipi: nam qui mercatur a populo, praediator appellatur.* — Hiernach kam der Käufer eines dem Staate verhafteten Grundstückes, der es auch nach geschehenem Erwerbe dem bisherigen Eigentümer beließ, ohne ihn zu vertreiben, ungefähr in die Lage eines Schenkers, der seine Gabe nur während der Ersitzungszeit widerrufen durfte. Es mag dies mit besonderen Sitten des Altertums zusammengehängt haben. Vgl. hierzu Ranke, Weltgeschichte II, 1. S. 64: „Der Senat . . . nahm sich der Verurteilten an. Die Güter derselben, welche eingezogen und um einen gewissen Preis an die Plebejer veräußert worden waren, kauft der Senat diesen um den nämlichen Preis ab und giebt sie den verurteilten Geschlechtern zurück."

d) Der Fall der *Rutiliana constitutio* (Vat. fragm. 1), nach der der Verkauf einer Frau, dem die Mitwirkung ihres Vormundes fehlte, durch Ersitzung heilbar war, hängt mit dem Verfalle der Weibervormundschaft zusammen. (Vgl. oben S. 223 ff.)

und eine Begünstigung nicht erlangt haben würden. Alle diese absonderlichen Fälle sind dem spätrömischen Rechte fremd.[1]

III. Zum Schutze des ruhigen Besitzes wird auch dem redlichen Erwerber in besonders schlimmen Fällen eines Besitzverlustes die Ersitzung versagt: Nach den zwölf Tafeln und einer sie ergänzenden *lex Atinia*[2] sind alle entwendeten Sachen (*res furtivae*, vgl. § 145) und nach einer *lex Julia et Plautia* auch die gewaltsam erbeuteten in der Hand derer, die sie in redlicher Weise erwerben, der ordentlichen Ersitzung entzogen.[3]

Wenn der durch eine Entwendung geschädigte Eigentümer die Sache zurückverlangt hat, so wird er von da ab gegen eine spätere Ersitzung derselben Sache nicht mehr geschützt.[4]

IV. Die Staatskasse, der Herrscher, die Minderjährigen (nach dem prätorischen Rechte) und die Kirchen, sowie die milden Stiftungen (bezüglich ihrer Grundstücke) sollen durch Ersitzung keinen Schaden leiden. Das öffentliche Interesse der Sicherung aller Eigentumsverhältnisse, dem die Ersitzung dient, wurde hier nach den spätrömischen Anschauungen durch noch stärkere Rücksichten des Gemeinwohls überboten. Auf ähnlichen Gesichtspunkten beruht auch die Unmöglichkeit, Sachen, die dem Privateigentume entzogen sind, in ein solches durch Ersitzung hineinzuziehen.[5]

---

[1] Seitenstücke dieses allmählichen Erwerbes eines bewußt Rechtlosen siehe oben beim *usus* in der Manusehe S. 197, III und bei der *missio ex secundo decreto* in ein gefahrdrohendes Nachbargrundstück (S. 278 Anm. 3).

[2] Gellius, Noct. atticae XVII, 7, 1: *Quod subreptum erit, ejus rei aeterna auctoritas esto.*

[3] Gajus II, 45: *Sed aliquando etiamsi maxime quis bona fide alienam rem possideat, nunquam tamen illi usucapio procedit, velut si qui rem furtivam aut vi possessam possideat; nam furtivam lex XII tabularum usucapi prohibet, vi possessam lex Julia et Plautia.* Cod. VI, 1 de fugit. servis c. 1 (Diocletianus et Maximianus): *Servum fugitivum sui furtum facere et ideo non habere locum nec usucapionem nec longi temporis praescriptionem manifestum est, ne fuga servorum dominis suis ex quacumque causa fiat damnosa.*

[4] Dig. XLI, 3 de usurp. et usuc. fr. 4 § 6 (Paulus): *Quod autem dicit lex Atinia, ut res furtiva non usucapiatur, nisi in potestatem eius, cui subrepta est, revertatur, sic acceptum est, ut in domini potestatem debeat reverti, non in eius utique, cui subreptum est. igitur creditori subrepta et ei, cui commodata est, in potestatem domini redire debet.*

[5] Gajus, Inst. II, 48: *Item liberos homines et res sacras et religiosas usucapi non posse manifestum est.* Dig. XLI, 3 de usurp. et usuc. fr. 9 (Gajus): *Usucapionem recipiunt maxime res corporales, exceptis rebus sacris, sanctis, publicis populi Romani et civitatium, item liberis hominibus.* In allen diesen

b) Der Erwerb aus der Veräußerung einer fremden Sache (Inst. II, 6 § 14).

§ 92.

I. Allgemeines. Die Ersitzung ist nach römischem Rechte in der Regel der einzige Schutz des redlichen Erwerbers gegen eine unerwartete Entziehung der erworbenen Sache. Das neuere deutsche Recht geht (in einer gewissen Fühlung mit dem altdeutschen Rechte) in derselben Richtung noch weiter und gewährt dem redlichen Erwerber vielfach sofort, d. h. ohne den Ablauf einer Ersitzungszeit, Eigentum.[1] Das römische Recht stellte dagegen die Sicherung des Eigentümers gegen einen Verlust seiner Sache zu hoch, um ihm seine Rechte gegenüber dritten redlichen Besitzern zu verkürzen oder zu verkümmern *(ubi meam rem invenio, ibi vindico)*.[2]

II. Eine Ausnahme des unbedingten römischen Eigentumsschutzes gegen Dritte hängt mit der Staatsallmacht der Kaiserzeit zusammen. Wer von der Staatskasse oder vom Regenten etwas erwirbt, soll auf keinen Fall durch einen Rechtsmangel des Veräußerers eine Enttäuschung erleiden. Der Fiskus und der Regent haben daher das Vorrecht, jedem redlichen Dritten, der von ihnen erwirbt, das ihm zugedachte Recht zu gewähren, auch wenn sie es selbst nicht haben.[3] Bei uns haben, wie schon erwähnt wurde, auch Privatleute unter besonderen Umständen ein ähnliches Recht.[4]

c) Anderweitige Erwerbsformen des Civilrechtes.

§ 93.

I. Veraltete Eigentumsgewährungen des *jus civile* sind:

a) die *mancipatio* und die *in jure cessio* (s. oben § 79);

b) der Zuschlag der vom Staate erworbenen und sodann veräußerten Beute, die äußeren oder inneren (proskribierten) Feinden abgenommen war, insbesondere die Anweisung des *ager publicus* an

Fällen spricht man von einer fehlenden Ersitzungsfähigkeit der Sachen (sog. *res inhabiles*).

[1] Vgl. Artt. 306. 307 des Deutschen Handelsgesetzbuches.

[2] Dig. XLI, 1 de acquirendo rerum dominio fr. 20 pr. (ULPIANUS): *Traditio nihil amplius transferre debet vel potest ad eum, qui accipit, quam est apud eum, qui tradit.*

[3] Cod. VII. 37 de quadr. praescr. c. 2 pr. (ZENO): *Data volentibus licentia intra quadriennium contra sacratissimum aerarium, si quas sibi competere actiones existimant, exercere, ita tamen, ut post elapsum quadriennium nec sacratissimum fiscum licere sibimet quibuslibet actionibus pulsare cognoscant.*

[4] Vgl. oben Anm. 1. Noch weiter geht der Entwurf des bürgerlichen Gesetzbuches f. d. D. R. § 877.

Private *(assignatio)*.[1] An die Stelle dieser Veräußerungsform trat im neueren Rechte die Übergabe von seiten eines Vertreters der Staatskasse an den einzelnen Erwerber (s. § 92). Früher nannte man die von Staats wegen verteilten Äcker *agri quaestorii*, und bei dem Verkaufe des Vermögens eines Rechtsgenossen von seiten des Staates die Erwerber *sectores*,[2] vielleicht, weil sie durch ihr Verhalten bewirkten, daß aus der veräußerten Vermögensmasse für die Gläubiger Teile ausgeschnitten wurden.

III. Gültige Fälle eines Zuschlages von Eigentums- (oder anderen dinglichen) Rechten:

a) Das rechtsbegründende Zuschlagsurteil *(adjudicatio)* im Teilungsverfahren unter Miteigentümern, Miterben oder Grenznachbarn.[3]

b) Zuschlag der zum Zwecke einer Zwangsvollstreckung abgepfändeten und veräußerten Sachen an den Erwerber.[4]

c) Expropriationen (Enteignungen von Staats wegen) sind auch dem römischen Rechte nicht unbekannt, doch ist in Deutschland dieser Rechtszweig völlig neu geregelt worden.[5]

IV. Der civilrechtliche Erwerb ohne Willenserklärung wird zuweilen *transitus legalis* genannt.[6] Zu ihm gehören insbesondere:

a) der gesetzliche regelmäßige Nießbrauchserwerb seitens des Vaters am Erwerbe des Kindes (§ 97),

b) der Rückfall einer *dos* vom Manne an den Rückemptänger (§ 157),

c) nachträglicher Verlust einer Erbschaft oder eines Vermächtnisses wegen Unwürdigkeit des Erwerbers (sog. *bona ereptoria*), der

---

[1] Näheres siehe bei Karlowa, Röm. Rechtsgeschichte II, 1. S. 16 ff.

[2] Näheres über diese *sectio* siehe unten § 125.

[3] Eine Form des abgeleiteten Erwerbes vgl. Sohm, Institutionen. 4. Aufl. S. 223: „Die richterliche *adjudicatio* überträgt das Miteigentum des einen Prozeßführenden auf den anderen.“ Ähnlich v. Czyhlarz, Lehrbuch der Institutionen. 2. Aufl. S. 107. Ulpianus, XIX, 16: *Adjudicatione dominium nanciscimur per formulam familiae herciscundae, quae locum habet inter coheredes; et per formulam communi dividundo, cui locus est inter socios et per formulam finium regundorum quae est inter vicinos.* In dieser Hinsicht steht dem römischen Rechte eine Abänderung bevor. Vgl. unten § 157.

[4] Dig. XLII, 1 de re iud. fr. 15 § 3 (Ulpianus): *Si pignora, quae capta sunt, emptorem non inveniant, rescriptum est ab imperatore nostro et divo patre eius, ut addicantur ipsi, cui quis condemnatus est, addicantur autem utique ea quantitate quae debetur.*

[5] Über die *addictio* im Civilprozesse und bei der *in jure cessio* vgl. Karlowa, Röm. Rechtsgeschichte II. 1. S. 134. 244. Sohm, Institutionen. 5. Aufl. S. 32. 225.

[6] Vgl. oben S. 277.

in einigen Fällen zu Gunsten des Fiskus, in anderen zu Gunsten anderer Berechtigter eintrat.[1]

2. Allgemeine Erwerbsregeln des Civilrechtes.

a) Die Unentgeltlichkeit des Erwerbes (Inst. II, 7).

α) Der Erwerb durch Rechtsgeschäfte überhaupt.[2]

§ 94.

1. Unter Geschäften eines Rechtsgenossen *(negotia alicujus)* versteht man alle Handlungen, die zu seinem Besten geschehen. Manche Geschäfte bedürfen, um zu wirken, einer besonderen Ermächtigung des Rechtes nicht (z. B. Füttern des Viehes, Bearbeitung einer Sache u. dergl. m.). Von größerer Bedeutung sind jedoch die auf eine rechtliche Ermächtigung gegründeten Willensäußerungen, d. h solche, deren Erfolg eines besonderen Rechtsschutzes bedarf, und zu denen daher die Rechtsordnung durch Zusage dieses Schutzes im voraus ermutigt. Dies sind die Rechtsgeschäfte im weiteren Sinne.[3] zu ihnen gehören auch z. B. die Erbeutungen und ähnliche Rechtshandlungen. Sie alle setzen eine bewußte Willensäußerung voraus. Besonderen Vorschriften unterworfen, und daher gewöhnlich in einem engeren Sinne Rechtsgeschäfte benannt, sind lediglich die Anordnungen über einen bestimmten Privatrechtskreis von seiten eines Herrn oder seines Vertreters, also zur Wahrnehmung bestimmter Willensäußerungen *(= leges privatae)*.[4] Sie bilden das Gebiet der sog. Privat-Autonomie.

Die *lex privata* ist bald eine einseitige Willensäußerung, bald eine Mehrheit gegenseitiger übereinstimmender Willenserklärungen *(conventio, pactum, consensus)*. Ihr Inhalt wird durch Auslegung in

---

[1] Näheres siehe bei Dernburg, Pandekten III. § 60. 3. Aufl. S. 104 ff.

[2] Diese für das Civilrecht entwickelten Regeln fanden begreiflicherweise auch im *jus gentium* da, wo es passend schien, entsprechende Anwendung. Vgl. Voigt, Röm. Rechtsgeschichte. § 27 S. 808 ff. Die Lehre vom Rechtsgeschäft ist von den römischen Juristen als Ganzes noch nicht entwickelt worden. Die Vereinigung der Quellenaussprüche auf diesem Gebiete zu einem Gesamtbilde gilt als eine der schwierigsten Aufgaben der Pandektenlehre.

[3] Vgl. Sohm, Institutionen. 5. Aufl. S. 130: „Die von Recht zu willensgemäßer Wirkung bestimmte Willenserklärung der Privatpersonen."

[4] Die Quellen gebrauchen freilich das Wort *lex* bei Rechtsgeschäften gewöhnlich in einer engeren Bedeutung. Vgl. Näheres hierüber bei Pernice, Labeo III, 1. 1892. S. 19 ff.

ähnlicher Weise gewonnen, wie derjenige eines Gesetzes (vgl. oben § 8 S. 22 ff.), und zwar vom Standpunkte dessen, zu dessen Wahrnehmung sie bestimmt (an den sie gerichtet) ist.

Letztwillige Erklärungen richten sich an jedermann, den ihr Inhalt zu berühren vermag. Deshalb darf man sie nicht allzu streng beim Worte nehmen, sondern muß unbedingt nach ihrem wahren Ziele forschen und sie für ungültig ansehen, wenn ihr Inhalt dem nicht entspricht.[1] Im Verkehre unter Lebenden, namentlich bei Austauschgeschäften, darf dagegen der richtigen Meinung nach keine Partei verlangen, daß ein unzweideutiger Ausdruck eines Gedankens aus ihren verborgenen Neben- und Hintergedanken gedeutet, berichtigt oder widerlegt werde. Ist freilich der Wortlaut einer Erklärung unklar oder zweideutig und stimmt das Gedachte nicht zu dem Gesagten, so ist die Erklärung ohne die erwünschte rechtliche Kraft.[2]

II. Besondere Geschäftsformen. Die Form einer Willenserklärung ist vielfach eine beliebige. Die formlose Willenserklärung wird *nuda voluntas* genannt. Das Wort *voluntas* bedeutet daher zuweilen eine Erklärung, zuweilen einen inneren Gedanken, dem eine Erklärung zum Ausdrucke verhelfen soll. Im neuesten römischen Rechte ist entsprechend der Mannigfaltigkeit der im Reiche vereinten Völker die Formlosigkeit der Willenserklärungen die Regel. Das ältere römische Sonderrecht dagegen verlangte in der Regel eine Form und zwar eine stilistische (sog. innere Form), zuweilen auch gewisse Nebenumstände der Willenserklärung, z. B. die Zuziehung von Zeugen (sog. äußere Form). Diesem äußeren Forma-

---

[1] XXVIII, 5 de hered. inst. fr. 9 pr.: *Quotiens volens alium heredem scribere alium scripserit in corpore hominis errans, veluti ‚frater meus' ‚patronus meus', placet neque eum heredem esse qui scriptus est, quoniam voluntate deficitur, neque eum quem voluit, quoniam scriptus non est.*

[2] Dig. XXXIV, 5 de rebus dubiis fr. 3: *In ambiguo sermone non utrumque dicimus, sed id duntaxat quod volumus. Itaque, qui aliud dicit quam vult, neque id dicit, quod vox significat, quia non vult neque id, quod vult, quia id non loquitur.* Die Ansicht, daß der Inhalt dieser Stelle lediglich auf zweideutige und unklare Äußerungen zu beschränken ist, vertritt namentlich der Verfasser dieses Lehrbuches in seiner Schrift: Der Irrtum bei nichtigen Verträgen. 1882. I. S. 184 ff. Doch hat seine Ansicht vielen Widerspruch erfahren. Näheres gehört in das Pandektenrecht. Zu einer weitergreifenden Verwertung der angeführten Stelle verleitet allerdings das sehr allgemein redende Dig. XLIV, 7 de obl. et act. fr. 57 (Pomponius): *In omnibus negotiis contrahendis, sive bona fide sint sive non sint, si error aliquis intervenit, ut aliud sentiat puta qui emit aut qui conducit, aliud qui cum his contrahit, nihil valet quod acti sit. et idem in societate quoque coeunda respondendum est, ut, si dissentiant aliud alio existimante, nihil valet ea societas, quae in consensu consistit.*

lismus, der namentlich gegen falsche Zeugen schützt, ist das neueste Recht keineswegs ungünstig (vergl. z. B. das § 95 über die Schenkung Gesagte).

Die Notwendigkeit einer inneren (stilistischen) Form dagegen ist ausdrücklich im neuesten Rechte verworfen worden.[1]

III. Der Zweck der Zuwendungsgeschäfte. Von besonderer Bedeutung unter den Rechtsgeschäften sind die Zuwendungen, die entweder in einem Schuldversprechen oder in der Übertragung eines Rechtes bestehen. Bei jeder Zuwendung äußert der, der etwas giebt, dem der etwas empfängt, sich in ausdrücklicher oder stillschweigender Weise darüber, ob er etwas als Entgelt erhalten will und was. Diese Antwort auf die Entgeltfrage nennt man *causa alienandi* (z. B. *promissionis* oder *traditionis*).[2] Neben diesem Hauptzwecke, ohne den die Zuwendung überhaupt nicht in psychologischer Hinsicht erklärbar ist, giebt es noch zuweilen hinzugefügte Nebenzwecke von rechtlicher Bedeutung. So kann z. B. die Übergabe einer geschenkten Sache neben der *causa donandi* auch einen Dotierungszweck (*causa dotis,* vgl. oben S. 205) verfolgen.

Verkehrt ist die Vorstellung, daß es Zuwendungsabsichten oder Zuwendungsgeschäfte giebt, bei deren Abschlusse die Frage nach dem Entgelte von den Parteien gar nicht aufgeworfen und erwähnt wird. Ein solches Verhalten würde der menschlichen Natur widerstreiten. Wohl aber giebt es erklärte Zuwendungen, z. B. Schuldversprechen, die ihren vorher besonders erwähnten Zuwendungszweck verschweigen (*cautiones indiscretae*), und namentlich giebt es derartige schweigsame Zuwendungserklärungen, die ohne Aufdeckung ihres Zweckes vor Gericht Geltung haben (sog. abstrakte Geschäfte).[3] Hiernach zerfallen die Zuwendungen in

a) unentgeltliche (§ 94),

b) entgeltliche,

c) abstrakte Erklärungen, d. h. solche, die darüber schweigen,

---

[1] Vgl. oben S. 127 Anm. 1.

[2] Diese *causa alienandi* verwechsele man nicht *a*) mit der *causa acquirendi*, welche nicht bloß in einer Zuwendung liegen kann, sondern auch in etwas anderem, z. B. einer Erbeutung u. dgl. (vgl. oben §§ 72 ff.), *b*) mit der *alienatio* selbst, deren *causa* sie ist, d. i. dem Schuldversprechen oder dem Übertragungsakte; *c*) mit dem *titulus* (vgl. § 90), der insoweit, als er eine Zuwendung enthält, aus zwei Willensäußerungen besteht, während die *causa alienationis* eine einseitige Nebenerklärung ist, die die Zuwendungsabsicht motiviert.

[3] Z. B. nach heutigem Rechte das Wechselaccept und die Auflassung eines Grundstückes nach preußischem Rechte, nach römischem Rechte die Stipulation: *Decem dare spondes? spondeo.* Über die *causa mancipationis* s. oben S. 271 Anm. 6.

ob sie eine entgeltliche Zuwendung oder eine unentgeltliche enthalten und dennoch vor Gericht gelten sollen (erklärte Zuwendungen mit verschleierter *causa alienandi*).

β) Die unentgeltlichen Zuwendungen insbesondere (Inst. II, 7).

§ 95.

I. Die unentgeltlichen Zuwendungen beruhen teils auf bloßer Gefälligkeit (so z. B. die Auftragsübernahme, *mandatum*, s. § 140), teils auf Wohlthätigkeit.[1] Die wohlthätigen Zuwendungen sind der richtigen Meinung nach nur dann, wenn sie angenommen sind, Schenkungen.[2] Ihre Unwiderruflichkeit unterscheidet die Schenkung vom *precarium*, der willkürlich widerruflichen Hingabe einer Sache. Ein solches *precarium*[3] gewährt zuweilen dem Begünstigten Alleinbesitz, zuweilen auch nur das Recht, sich neben dem Geber in dessen Besitze aufzuhalten.[4]

Wegen der „prekären Lage" dessen, dem ein solcher Vorteil zukommt, will man vielfach die Einräumung eines *precarium* überhaupt nicht als Rechtsgeschäft anerkennen.[5] Dies geht jedoch zu weit. Schenkungen sind auf die verschiedensten Arten möglich, z. B. durch Schulderlaß, Schuldversprechen, Bestellung eines dinglichen Rechtes u. dergl. Es ist daher ein offensichtlicher Mißgriff, daß die Institutionen die *donatio* zwischen der *usucapio* und einer völlig veralteten Erwerbsform (siehe unten Nr. IV) als eine besondere *civilis adquisitio* erwähnen, da auch die Erwerbsformen des *jus gentium*, namentlich die *traditio*, dem Schenkungszwecke dienen konnten. Es erklärt sich dies, sowie die Aufnahme der Titel II, 8 und II, 9 nur daraus, daß die Ordnung der Institutionen für die Sätze der allgemeinen Rechtsgeschäftslehre weder bei den *personae*, noch bei den *res*, nochbei den *actiones* einen Platz gewährte, während der heutige

---

[1] Dig. XXXIX, 5 de donat. fr. 1 pr. (Julianus): *Propter nullam aliam causam facit, quam ut liberalitatem et munificentiam exerceat.*

[2] A. M. namentlich v. Savigny, System des heutigen röm. Rechts IV. S. 1 ff., dagegen die meisten Neueren: vgl. Dernburg, Pandekten II. § 106 Anm. 14. 3. Aufl. S. 286. Insbesondere neuerdings Burckhard, Über Schenkungsannahme. Würzburg 1892.

[3] Dig. XXVI de precario fr. 1 pr. (Ulpianus): *Precarium est, quod precibus petenti utendum conceditur tamdiu, quamdiu is qui concessit patitur.* Vgl. über dies Geschäft vornehmlich Ubbelohde, Archiv f. civil. Praxis LIX. S. 221 ff.

[4] Vgl. Dig. XLI. 2 de adquir. vel am. poss. fr. 10 § 1 (Ulpianus): *Aliud est enim possidere, longe aliud in possessione esse.*

[5] So z. B. Sohm, Institutionen. 5. Aufl. S. 248 Anm. 4.

Rechtsunterricht ihnen einen solchen innerhalb eines neu geschaffenen allgemeinen Teils der Pandekten sichert.[1]

II. Die rechtliche Bedeutung der Schenkungen zeigt sich in einer Reihe von Sondervorschriften, welche eine Folge ihrer besonderen Gefährlichkeit sind. Gefährlich ist die Schenkung aber nicht bloß für die Gläubiger der Geschenkgeber, sondern auch für diese selbst. Gegen eine Ausbeutung gutherziger Geber sicherte in alter Zeit die strenge Sitte in Verbindung mit rechtlichen Sondervorschriften.

a) Auf einem gewohnheitsrechtlichen Grundsatze beruhte die rechtliche Unverbindlichkeit aller Schenkungen unter Gatten.[2] Es sind dies Geschäfte, die namentlich den Kindern des Schenkers aus früherer Ehe gefährlich werden können.[3]

b) In späterer Zeit wurden Schenkungen durch eine *lex Cincia* (550 *urbis*) erschwert,[4] deren Spuren namentlich in den *fragmenta Vaticana* erhalten sind. Neben anderen Vorschriften[5] verlangte dies Gesetz da, wo es sich nicht um nahe Angehörige handelte (sog. *personae exceptae*), zur Vollgültigkeit größerer Geschenke eine thatsächliche Ausführung der wohlthätigen Absicht.[6] Dem neuesten römischen Rechte ist dies fremd.

---

[1] Trotzdem gehen noch heutzutage die Ansichten über die der Schenkung im Rechtssysteme gebührende Stelle weit auseinander.

[2] Dig. XXIV, 1 de donat. inter vir. et ux. fr. 1 (Ulpianus): *Hoc autem receptum est ne mutuo amore invicem spoliarentur.* — Auf dem Boden der Scheidungsfreiheit war diese Ausplünderungsgefahr besonders groß, weil hier der habgierige Teil, der die Freigebigkeit des anderen ausgenützt hatte, mit seiner Beute abzuziehen vermochte.

[3] Sie können jedoch nur bis zum Tode des Schenkers rückgängig gemacht werden. Dig. XXIV, 1 de donat. inter vir. et uxor. fr. 32 § 2 (Ulpianus): *Ait oratio: fas esse eum, qui donavit, paenitere: heredem vero eripere, forsitan adversus voluntatem supremam ejus, qui donaverit, durum et avarum esse.* — Es war dies eine *oratio* des Antoninus Caracalla. Über die nähere Behandlung dieser Zuwendungen vgl. auch Dig. XXIV, 1 de donat. inter vir. et uxor. fr. 28 § 2 (Paulus): *Et sane non amare nec tamquam inter infestos jus prohibitae donationis tractandum est, sed ut inter conjunctos maximo affectu, et solam inopiam timentes.* Daher kennt die Ungültigkeit dieser Geschäfte eine Reihe von Ausnahmen.

[4] Rudorff, Röm. Rechtsgeschichte I. § 22 S. 54, will sie auf den „kaufmännischen Geist" zurückführen, der sich nach den punischen Kriegen in Rom zeigte.

[5] Tacitus, Annal. IX, 5: *Ne quis ob causam orandam pecuniam donumve accipiat.* XIII, 42.

[6] Fragm. Vat. 313: *Donatio praedii, quod mancipi est, inter non exceptas personas traditione atque mancipatione perficitur. ejus vero, quod nec mancipi*

c) Die spätrömische Zeit, deren wirtschaftliche Armut die Gefahr falscher Zeugen vermehrte, mag wohl insbesondere auch die Bedenklichkeit einer außergerichtlichen Form der Schenkungen empfunden haben, weil derartige Geschäfte nach dem Tode des angeblichen Schenkers auf Grund falscher Zeugen oder Urkunden in vielen Fällen ohne erhebliche Gefahr lügnerischerweise behauptet werden können.[1] So erklärt es sich wohl, daß ursprünglich Schenkungen über 200, seit Justinians Vorschrift über 500 *solidi* (das sind nach der neuerdings üblichen genauen Berechnung $4666^2/_3$ Mark) der gerichtlichen Beurkundung bedürftig werden. Nur bei der Schenkung auf den Todesfall gestattete Justinian noch eine andere Form.[2] Es hängt das damit zusammen, daß dieses Geschäft in sehr vielen Punkten (*per omnia fere*) den Vermächtnissen gleichgestellt worden ist.[3]

d) Gegen die Ausbeutung der Freigebigkeit mildthätiger Schenker durch unwürdige Empfänger sichert eine Widerrufsbefugnis wegen Undanks,[4] ein Seitenstück der *revocatio in servitutem*, die undankbare Freigelassene betraf.[5]

III. Begünstigungen des Schenkungsversprechens im neuesten römischen Rechte.

a) Das Schenkungsversprechen bedurfte ursprünglich der Stipulationsform,[6] war also auch noch im neuesten römischen Rechte

---

est, traditione sola. Näheres siehe bei Rudorff, Röm. Rechtsgeschichte I. § 22 S. 54.

[1] Vgl. Motive zum Entwurfe eines bürgerlichen Gesetzbuches f. d. D. R. II. S. 293 b. *a.*

[2] Cod. VIII, 56 (57) de mortis causa donationibus c. 4 (Justinianus): *Si quinque testibus praesentibus vel in scriptis vel sine litterarum suppositione aliquis voluerit mortis causa donationem facere, et sine monumentorum accessione res gesta maneat firmitate vallata.*

[3] Dig. XXXIX, 6 de mortis causa donationibus fr. 35 pr. (Paulus): *Senatus censuit, placere mortis causa donationes factas in eos, quos lex prohibet capere, in eadem causa haberi, in qua essent, quae testamento his legata essent, quibus capere per legem non liceret.*

[4] Hierüber und über andere Widerrufsgründe siehe Dernburg, Pandekten II. § 105. 3. Aufl. S. 290 ff.

[5] Vgl. Hölder, Institutionen, 3. Aufl. S. 119.

[6] Eine Sonderstellung nahm die *jurata operarum promissio* des Freigelassenen ein, in der dieser seine Dankbarkeit für das Geschenk der Freiheit bethätigte. Karlowa, Röm. Rechtsgeschichte II, 1. S. 701. Dig. XXXVIII, 1 de operis libertorum fr. 7 pr. (Ulpianus): *Ut jurisjurandi obligatio contrahatur, libertum esse oportet, qui juret et libertatis causa jurare.* § 3: *Jurare autem debet operas donum munus se praestaturum, operas qualescunque, quae modo probe jure licito imponuntur.*

nur mit Worten und unter Anwesenden möglich. Justinian dagegen, der fromme Gaben in hohem Maße begünstigte,[1] erklärte für Schenkungsversprechen unter 500 *solidi* eine formlose Zusage für einen ausreichenden Verpflichtungsgrund.

b) Das Geschenk zur Versorgung einer Gattin für die Zeit nach der Ehe war ursprünglich, wenn es aus dem Vermögen des Mannes kam, als Schenkung unter Gatten ungültig. Die arme Gattin des reichen Mannes war darauf angewiesen, von dem letzten Willen ihres Gemahles eine Versorgung zu erhoffen.[2] Anders das spätrömische Recht. Ihm gehört die *donatio propter nuptias* an, welche unter dem Einflusse hellenischer und orientalischer Anschauungen entstanden ist.[3] Sie betraf eine Zuwendung des Mannes oder für den Mann, deren Gegenstand ebenso, wie die *dos*, zunächst während der Ehe Haushaltungsgut sein und später der Witwe zufallen sollte.

Das deutsche Recht gewährt der Witwe nicht bloß weitergehende Erbbefugnisse als das römische, sondern gestattet auch den Ehemännern Versorgungsgaben an die Frau für die Witwenzeit (namentlich die sog. Morgengabe). Das spätrömische Geschäft der *donatio propter nuptias* mit seinen Eigentümlichkeiten hat es der richtigen Meinung nach aber nicht aufgenommen.[4] Dahin gehört namentlich der spätrömische Grundsatz, daß die *dos* und die *donatio propter nuptias* einander gleich sein sollen.[5]

IV. Das Geschenk der Freiheit an einen Miteigentumssklaven seitens eines Miteigentümers war ohne Zustimmung des anderen unwirksam, da niemand zum Teil Sklave, zum Teil frei sein konnte. Die unliebsamen Folgen dieses Satzes wurden von Justinian in mildthätigem Sinne auf eine eigenartige Weise beseitigt (siehe den Institutionentext).

b) Stellvertretung bei Erwerbsgeschäften.[6]

a) Die Veräußerung fremden Eigentums (Inst. II, 8).

§ 96.

I. Die Mitwirkung von Hilfspersonen bei Veräußergen kann entweder als notwendige Zustimmung vorkommen (Nr. II),

---

[1] DERNBURG, Pandekten II. § 108 Anm. 2. 3. Aufl. S. 288.

[2] PLAUTUS, Aulularia, III, 5, 60 (525): *Quae indotatast, ea in potestatest viri.* Vgl. Voigt, Röm. Rechtsgeschichte I. S. 116.

[3] MITTEIS, Reichsrecht und Volksrecht. 1891. S. 256 ff. 476.

[4] Näheres gehört in das Pandektenrecht; vgl. DERNBURG, Pandekten III. § 25. 3. Aufl. S. 47 ff.

[5] Nov. 97.

[6] Vgl. Voigt, Röm. Rechtsgeschichte I. §§. 25. 26. S. 275 ff.

oder auch als eine Stellvertretung des Berechtigten im Veräußerungsakte.

II. Zustimmungsberechtigt ist der Pfleger *(curator)* bei den Veräußerungen des Minderjährigen und des Verschwenders (siehe oben § 63 und 65). Zustimmungsberechtigt war ferner nach der *lex Julia de fundo dotali* (einem Teile der *lex Julia de adulteriis* unter Augustus) die Ehefrau, wenn ihr Mann ein italisches Dotalgrundstück veräußerte. Verpfänden durfte er solche Ländereien auch nicht einmal mit ihrer Zustimmung. Aus diesem unbedingten Verpfändungsverbote machte Justinian ein unbedingtes Veräußerungsverbot und dehnte das Vorrecht der italischen Ländereien auf das ganze Reich aus (vgl. oben S. 121).

Es entsprach dies den Bevormundungszielen dieses Kaisers ebenso wie seiner Vorliebe für den Schutz der Ehefrauen.

Das Bedürfnis der Gattin, ihr eheliches Haushaltungsgut gegenüber dem Manne geschützt zu sehen, hatte überhaupt schon viel früher dahin geführt, diesen in seinen Eigentumsrechten an der *dos* in mehrfacher Hinsicht zu Gunsten der Frau einzuschränken. Dadurch geschah es, daß man ihm zuweilen in einem ungenauen juristischen Sinne das Eigentum an diesem Gute absprach.[1] In Wahrheit freilich blieb das entscheidende Wort über die Schicksale der Dotalsachen (z. B. über die Art ihrer Bewirtschaftung) und damit auch das (allerdings beschränkte) Eigentum an ihnen in des Mannes Hand.

III. Die Vertretung bei Veräußerungsgeschäften hing in der Regel nur von einer (widerruflichen) Vollmacht des bisherigen Eigentümers ab, die er Freien wie Sklaven erteilen konnte.

IV. Die Veräußerungsrechte des Pfandgläubigers. Eine unwiderrufliche Veräußerungsbefugnis aus eigenem Rechte vermag der Eigentümer einer Sache einem anderen dadurch einzuräumen, daß er sie ihm verpfändet,[2] ja eine solche Einräumung liegt nach neuerem römischen Rechte in jedem Verpfändungsakte ohne weiteres und kann auch nicht einmal[3] durch Abrede völlig ausgeschlossen

---

[1] Dig. XXIII, 3 de jure dotium fr. 75 (Tryphoninus): *Quamvis in bonis mariti dos sit, mulieris tamen est.* Noch drastischer drückt sich Cod. V, 12 de jure dotium c. 30 pr. (Justinianus) aus: *Cum et eaedem res et ab initio uxoris fuerant et naturaliter in ejus permanserunt dominio, non enim quod legum subtilitate transitus earum in mariti patrimonium videtur fieri, ideo rei veritas deleta vel confusa est.*

[2] Dies galt im älteren Pfandrechte noch nicht. Vgl. Pernice, Zeitschr. der Savignystiftung V. S. 134.

[3] Dig. XIII, 7 de pign. act. fr. 4: *Ubi vero convenit, ne distraheretur, creditor, si distraxerit, furti obligatur, nisi ei ter fuerit denuntiatum ut solvat et*

werden, sofern eine Sache als wirkliches Pfand und nicht bloß als eine Daraufgabe zu einem Vertragsschlusse *(arra)* hingegeben ist.[1]

Gegen betrügliche Veräußerungen des Pfandes zu einem Schleuderpreise schützt den Verpfänder die Pflicht des Pfandgläubigers, ihm die Veräußerung vorher anzuzeigen.[2] Findet sich für das Pfand kein Käufer, so kann der Pfandgläubiger es sich als Eigentum zuschlagen lassen *(dominii impetratio)*, und zwar nach römischem Rechte vom Regenten, nach deutschem vom Richter.[3]

Die Pfandveräußerung steht bei mehrfachen Verpfändungen zu gemeinschaftlichem Rechte mit der Befugnis, den Verkaufserlös zu teilen, allen gemeinsam zu, bei anderen mehrfachen Verpfändungen immer nur einem. Es ist hierbei möglich, daß jeder von mehreren dasselbe Anrecht auf das Pfand hat, und daß daher dem, der es zuerst an sich reißt, ein Vorrecht vor den andern zufällt.[4] Diese sog. Prävention ist aber nicht die Regel, vielmehr gilt für mehrfache Verpfändungen hintereinander der Satz: *prior*

---

cessaverit. Das Verkaufsrecht nach dreimaliger Mahnung ist hier allerdings nicht ausdrücklich unter allen Umständen anerkannt, daher seine unbedingte Geltung bestritten ist. Man bedenke jedoch, daß ein Pfandrecht ohne Verkaufsrecht ein Danaergeschenk sein würde, da ja jeder Gläubiger auch ohne Pfandrecht des Schuldners Sachen im Notfalle zu seiner Befriedigung verkaufen lassen kann. Was daher unverkäuflich ist (z. B. ein Paß u. dgl.) kann nur *arra* sein, nicht aber *pignus* (s. d. folgende Anmerkung).

[1] Über das Verhältnis von *arra* (oder *arrha*) und *pignus* vgl. des Verfassers Artikel *arra* in PAULYS Realencyklopädie der klassischen Altertumswissenschaft (neue Ausgabe von WISSOWA). Wo eine Daraufgabe eine Teilzahlung enthält, wie z. B. die Vorausbezahlung eines Teiles des Dienstlohnes, da dient sie überhaupt nicht dazu, die Erfüllung einer Schuld zu sichern, sondern erleichtert nur ihren Beweis, vgl. unten zu Institutionen III, 23 pr. § 137.

[2] Cod. VIII, 27 (28) de distract. pign. c. 4 (ALEXANDER): *Creditor hypothecas sive pignus cum proscribit, notum debitori facere, si bona fide rem gerit et quando licet testato dicere debet.* Näheres siehe in DERNBURGS Pandekten I. § 281. 4. Aufl. S. 690 ff.

[3] Cod. VIII, 33 (34) de jure dominii impetrando c. 3 § 3 (JUSTINIANUS): *Sin autem nullatenus fuerit inventus (sc. qui rem comparare maluerit) judex certum tempus definiat, intra quod licentia ei dabitur sese manifestare et offerre pecunias et pignus ab oppigneratione liberare. Sin autem in tempore statuto vel minime fuerit inventus vel creditam pecuniam totam offerre maluerit, tunc creditor adeat culmen principale et precibus porrectis jure dominii habere eandem rem expetat habeatque ex divino oraculo eam in suo dominio. Et postquam hoc fuerit subsecutum, pietatis intuitu habeat debitor intra biennii tempus in suam rem humanum reversum ex die sacri oraculi numerandum.*

[4] Dig. XX, 1 de pignor. fr. 10 (ULPIANUS): *Si debitor res suas duobus simul pignori obligaverit ita, ut utrique in solidum obligatae essent .... possidentis meliorem esse condicionem.*

tempore potior jure; das ältere Pfand ist auch das bessere.[1] Allerdings ist die Regel durch einige Pfandprivilegien durchbrochen. Wer z. B. ein Pfandstück oder dessen Wert dadurch rettet, daß er Geld darleiht, um es im bisherigen Zustande zu erhalten, der kann sich deshalb ein Pfandrecht ausbedingen, das den älteren vorgeht, weil er auch diese Rechte vor der Entwertung gerettet hat.[2]

Wer hiernach vorstehender Pfandgläubiger ist, der darf das Pfand ohne jede Rücksicht auf den nachstehenden verkaufen.[3] Nur muß er ihm das erstatten, was er über seinen Forderungsbetrag hinaus erhalten hat (die *hyperocha).*[4] Hiernach waren nachstehende Pfandgläubiger ungünstiger gestellt, als das heutige Grundstücksrecht sie zu stellen pflegt.[5] Damit aber auch sie das Pfand an sich ziehen konnten, um es zu veräußern, durften sie die vorstehenden Gläubiger befriedigen und dadurch auch (ohne, daß diese zuzustimmen brauchten) an ihre Stelle treten *(jus offerendi).*[6]

V. Über die Veräußerungsrechte des Vormundes am Mündelgute siehe oben § 63.

β) Der stellvertretende Erwerb (Inst. II, 9).

§ 97.

I. Eine Mitwirkung an fremdem Erwerbe kann darin bestehen, daß man dem Erwerber die Notwendigkeit einer

---

[1] Dig. XX, 4 qui potiores fr. 11 pr. (GAJUS): *Potior est in pignore, qui prius credidit pecuniam et accepit hypothecam.*

[2] Dig. XX, 4 qui potiores in pignore vel hypotheca habeantur fr. 5 u. 6 pr. (ULPIANUS): *Interdum posterior potior est priori, ut puta si in rem istam conservandam impensum est quod sequens credidit: veluti si navis fuit obligata et ad armandam eam vel reficiendam ego credidero: hujus enim pecunia salvam fecit totius pignoris causam.* Andere Pfandprivilegien siehe in DERNBURGS Pandekten I. § 288. 4. Aufl. S. 704 ff. Die neuere Entwickelung ist diesen Privilegien ebenso ungünstig wie den bloßen Vertragspfändern (s. oben S. 299, IV), weil sie die Verkehrssicherheit gefährden.

[3] Cod. VIII, 20 si antiquior creditor c. 1 (ALEXANDER): *Si vendidit is, qui ante pignus accepit, persecutio tibi hypothecaria superesse non potest.*

[4] Dig. XX, 4 qui potiores in pignore habeantur fr. 12 § 5 (MARCIANUS): .... *et quod superfluum ex anteriore credito accepit, hoc secundo restituat.*

[5] Über die Ursache hiervon siehe oben S. 299 zu Anm. 3.

[6] Dig. XX, 5 de distractione pignorum fr. 5 pr. (MARCIANUS): *Cum secundus creditor oblata priori pecunia in locum ejus successerit, venditionem ob pecuniam solutam et creditam recte facit.* Cod. VIII, 17 (18) qui potiores in pignore habentur c. 1: *Qui pignus secundo loco accepit, ita jus suum confirmare potest, si priori creditori debitam pecuniam solverit aut, cum obtulisset isque accipere noluisset, eam obsignavit et deposuit nec in usus suos convertit.*

Kenntnisnahme von dem Inhalte des Erwerbsgeschäftes erspart. Dies nennen die Römer *per aliam personam adquirere*, die neueren „Stellvertretung im Erwerbe". Von der Lage dessen, *per quem adquiritur* (des Stellvertreters im Erwerbe), unterscheiden die Römer die bloße Beihilfe zum Erwerbe *(ministerium praestare)*,[1] wie sie ein Bote, Dolmetsch oder ein Empfänger einer an einen anderen gerichteten Erklärung dem Geschäftsherrn leistet, für den er handelt. Die Beihilfe war bei allen gänzlich formlosen Geschäften gestattet, die wahre Stellvertretung aber nach römischem Rechte nur ausnahmsweise, namentlich bei dem Erwerbe der Hausherren durch die Gewaltunterworfenen und bei dem Besitzerwerbe. Das Recht des Mittelalters und der Neuzeit hat dagegen die vermögensrechtliche Stellvertretung im Erwerbe als Regel zugelassen.

II. Der Erwerb der Gewaltunterworfenen (s. § 49).

a) Die Hauskinder erwerben nach älterem Rechte alles für den Vater. Es gilt dies auch von dem Erwerbe für die *peculia* des alten Rechtes, die dem Vater gehörten, obwohl der Sohn sie bewirtschaftete.[2] Im neueren römischen Rechte erwerben die Hauskinder nur noch:

α) dem Eigentume des Vaters alles, was aus diesem Vermögen an sie kommt: *quod ex patris occasione profectum est*, sog. *peculium profecticium*. Nach heutigem Rechte kann der Vater ihnen auch aus diesem Vermögen einen freien Erwerb für sie selbst gestatten.

β) Dem Nießbrauche des Vaters erwerben die Kinder alles andere (die sog. *bona adventicia regularia)*,[3] sofern es nicht ausnahmsweise ihrem freien Vermögen zugewiesen ist.[4] Solcher freie Kindererwerb ist entweder:

---

[1] Vgl. v. Ihering, Jahrb. f. Dogm. I. S. 275 und dazu des Verfassers Schrift: Die Anfechtbarkeit der Verträge für das Vermögen eines Dritten. Leipzig 1892. S. 7 ff. — Dig. XIII, 5 de const. pec. fr. 15 (Paulus): *Et licet libera persona sit, per quam tibi constitui, non erit impedimentum, quod per liberam personam adquirimus, quia ministerium tantummodo hoc casu praestare videtur.*

[2] Über den Ausdruck *peculium* siehe oben S. 180. Anm. 6.

[3] Cod. VI, 61 de bonis quae liberis c. 6 § 1 (Justinianus): . . . . *ea suis parentibus non in plenum, sicut antea erat sancitum, sed usque ad solum usumfructum adquirat.*

[4] Über die allmähliche Entwickelung dieses Grundsatzes im spätrömischen Rechte vgl. v. Czyhlarz, Lehrbuch der Institutionen. 2. Aufl. S. 243. Sie hängt mit der Einschränkung der hausherrlichen Rechte durch das spätrömische Recht seit Konstantin zusammen und entzog zunächst den Kindeserwerb von

αα) Unbeschränkt freies Kindesgut, nämlich das *castrense peculium* und das *peculium quasi castrense.* Zu dem ersteren gehört jeder Erwerb aus dem Soldatenberufe[1] und aus einigen ihm gleichgestellten Erwerbszweigen *(peculium quasi castrense).*[2] Der Name *peculium* entstammt dem älteren Kaiserrechte, das dies Gut bei dem Tode des Sohnes vom Vater einziehen ließ, falls der Verstorbene nicht darüber durch letzten Willen verfügt hatte, was ihm freistand.[3] Im neuesten römischen Rechte werden aber Hauskinder ebenso, wie Gewaltfreie beerbt. Seitdem ist der Name *peculium* für dieses Gut gänzlich unpassend geworden.

ββ) Das freie Kindesgut ohne Testierrecht des Kindes. Dies Gut darf vom Kinde bei Lebzeiten als Eigentum benutzt, aber nicht durch eine Verfügung für den Todesfall den nächsten gesetzlichen Erben entzogen werden (sog. *peculium adventicium irregulare).*

Hierher gehören einige Ausnahmefälle des Kindeserwerbes, namentlich der Erwerb, den das Kind wider Willen des Hausvaters macht.[4]

b) Die Sklaven erwarben alles ihrem Herrn.[5] Auch der Freie, der von einem redlichen Herrn besessen wird, erwirbt diesem alles,

---

der Mutterseite her *(bona materna* und *materni generis)* dem Eigentume des Vaters, späterhin auch anderweitige Erwerbsarten.

[1] Dig. XLIX, 17 de castr. pec. fr. 11 (Macer): *quod, nisi militaret, adquisiturus non fuisset.* Für die Schätzung des Soldatenstandes im kaiserlichen Rom ist bezeichnend fr. 13 eodem (Papinianus): *Divus Hadrianus rescripsit in eo, quem militantem uxor heredem instituerat filium (familias), extitisse heredem et ab eo servos hereditarios manumissos proprios ejus libertos fieri.*

[2] Es betrifft vornehmlich die nach den Anschauungen des spätrömischen Reiches bevorzugten Stände: die Staats- und Hofbeamten, die Geistlichen und die vom Kaiser Beschenkten (also ihm nahe Stehenden). Der Gedanke, daß der selbständige Beruf auch die Herrschaft im eigenen Hause geben soll, erschien den Römern nur als eine Quelle von Ausnahmeregeln; bei uns ist er eine Hauptgrundlage der Rechtsordnung, vgl. oben S. 219, III.

[3] Dig. XIV, 6 de S.C. Maced. fr. 2 (Ulpianus): *cum filiifamilias in castrensi peculio vice patrumfamiliarum fungantur.* Diese neueren Pekulien, die nicht mehr, wie die alten, der Gewalt des Vaters unterstehen, nennt Sohm (Institutionen. 5. Aufl. S. 379): „Pekulien neuen Stils".

[4] Näheres siehe in Dernburgs Pandekten III, § 35, 3. 3. Aufl. S. 68. Nach Nov. 118 c. 2 gehört dazu auch, was die gewaltunterworfenen Geschwister eines verstorbenen Hauskindes zusammen mit dem Vater erben. Dadurch wird (wenn dies auch wohl nicht des Kaisers Absicht war) der Vater verhindert, einen erbrechtlichen Vorteil daraus zu ziehen, daß er im Hinblick auf den drohenden Tod des einen Kindes einem anderen dessen Emancipation vorenthält.

[5] Gajus, I, 52: *quodcumque per servum adquiritur, id domino adquiri.* II, 87: *ipse enim, qui in potestate nostra est, nihil suum habere potest.*

was er aus dessen Vermögen oder der eigenen Arbeit gewinnt (vgl. oben § 48).

III. Der stellvertretende Besitzerwerb durch Freie aus einer besonderen Vollmacht scheint uralt zu sein. Severus ließ ihn jedoch nicht bloß aus einem Auftrage zu, der sich auf eine bestimmte Sache richtete, sondern auch auf Grund einer allgemeinen Ermächtigung, die der Herr dem Vertreter erteilte (z. B. der Ermächtigung ein Gut zu bewirtschaften und die damit untrennbar verbundenen Besitzerwerbsgeschäfte vorzunehmen).[1]

Zweites Kapitel. Der Erwerb ganzer Vermögensmassen (Erbrecht und Verwandtes).

I. Einleitung in das Erbrecht (Inst. II, 9, § 6).[2]

§ 98.

I. Inhalt und Wert des Erbrechts. Das Erbrecht regelt die wirtschaftlichen Folgen des Todes. Darum muß es überall ein Erbrecht geben, dessen Ziel dahin geht, die Gesellschaftsordnung gegenüber dem Wegfalle einzelner Glieder sicher zu stellen.[3] Dagegen gelten nicht überall die römischen Erbrechtsgrundsätze. So schützt z. B. nicht in allen Zeiten und bei allen Völkern das Recht so, wie in Rom, die Gläubiger des Verstorbenen durch den Grundsatz der Universalsuccession, die dem Erben alle Schulden des Verstorbenen zunächst ohne weiteres auflegt,[4] und das Vermögen des Erblassers mit demjenigen seines Gesamtnachfolgers zu einer

---

[1] Es ist dies bestritten, ergiebt sich jedoch aus dem Institutionentexte II, 9 § 5.

[2] Vgl. Koeppen, Lehrbuch des heutigen römischen Erbrechts. 1886. 1888. Einleitung. Hölder, Beiträge zur Geschichte des römischen Erbrechts. 1881 S. 1 ff. Karlowa, Röm. Rechtsgeschichte II, 1. S. 842 ff.

[3] Vgl. hierzu B. W. Leist, Alt-Arisches jus civile. 1892. Bd. I. S. 220 ff.

[4] Dig. L, 16 de verbor. signif. fr. 119 (Pomponius): *Hereditatis appellatio sine dubio continet etiam damnosam hereditatem.* Hiernach verbleiben dem Erben selbst da, wo der Nachlaß nichts enthält, Recht und Pflicht, die Angelegenheiten des Erblassers als seine eigenen zu ordnen. Dig. V, 3 de hered. pet. fr. 50 pr. (Papinianus): *Hereditas etiam sine ullo corpore juris intellectum habet.* Eine Anwendung dieses Grundsatzes siehe in Dig. XLVII, 10 de injuriis fr. 1 § 4 (Ulpianus): *Et si forte cadaveri defuncti fit injuria, cui heredes bonorumve possessores extitimus, injuriarum nostro nomine habemus actionem.*

einheitlichen Masse vermischt[1] (sog. *confusio bonorum*). Mehrere Erben beschränken sich hierbei gegenseitig, und zwar so, daß dann, wenn einer von mehreren Berufenen wegfällt, in der Vertretung der Nachlaßmasse keine Lücke entsteht, sondern die Anrechte der übrigen ohne weiteres sich im Verhältnisse ihrer Größe vermehren (Anwachsungsrecht, *jus adcrescendi*). *Concursu partes fiunt,*[2] *cessante concursu partes cessant.*[3] Überdies ist dafür gesorgt, daß die Erbschaftsteilung möglichst glatt abgewickelt werde, denn teilbare Rechte und Pflichten spalten sich von selbst unter mehrere Miterben im Verhältnisse zu ihren Erbteilen[4] und für unteilbare Schulden, z. B. Herstellung eines Wegerechtes, haftet jeder Miterbe *in solidum*, d. h. wie ein Alleinerbe.

Diese innige Verschmelzung der Vermögensmassen des Erblassers und des Erben hatte freilich auch ihre Schattenseite. War der Erbe überschuldet, so kamen die Nachlaßgläubiger dadurch zu kurz. Für diesen Fall half ihnen ein Recht auf Trennung der Nachlaßmasse vom Vermögen des Erben (*beneficium separationis*).[5]

Neben der Sorge für die volle Vertretung aller Angelegenheiten des Verstorbenen zeichnet sich das römische Recht auch noch durch seine weitgreifende Zulassung letztwilliger Verfügungen aus.[6] Vielleicht war dies der Überrest einer vorgeschichtlichen Souveränität der Familienhäupter, vielleicht auch eine Ausgeburt religiöser Für-

---

[1] Dig. L, 17 de reg. juris fr. 62 (JULIANUS): *Hereditas nihil aliud est quam successio in universum jus quod defunctus habuerit.* Ähnlich Dig. XXIX, 2 de adquir. her. fr. 37 (POMPONIUS): *in omne jus mortui, non tantum singularum rerum dominium succedit.* Eine Ausnahme machen die sog. „höchstpersönlichen Rechte" und Pflichten. Zu jenen gehören der Nießbrauch und die Ansprüche auf Genugthuung (*actiones vindictam spirantes*), zu diesen gehört die Strafzahlungspflicht. Dig. XLVII, 1 de privatis delictis fr. 1 pr. (ULPIANUS): *poenalibus actionibus heredes non teneri.*

[2] Dig. XXXII. de leg. 3 fr. 80 (CELSUS).

[3] Dig. XXIX, 2 de adquirenda vel omittenda hereditate fr. 53 § 1 (GAJUS): *Qui semel aliqua ex parte heres exstitit, deficientium partes etiam invitus excipit, id est tacite ei deficientium partes etiam invito adcrescunt.*

[4] Cod. III, 36 familiae erciscundae c. 6 (GORDIANUS): *Ea quae in nominibus sunt non recipiunt divisionem* (d. h. hier sie bedürfen keines besonderen Verteilungsaktes), *cum ipso jure in portiones hereditarias ex lege duodecim tabularum divisa sunt.*

[5] Dig. XLII, 6 de separationibus fr. 1 pr. (ULPIANUS): *Sciendum est separationem solere impetrari decreto praetoris.* § 1: . . . . *quasi duorum fieri bonorum venditionem.*

[6] ULPIANI Fragm. XI, 14: *Uti legassit super pecunia tutelave suae rei, ita jus esto (XII tabulae).*

sorge für den Totenkult und den Opferdienst.[1] In der Frage nach der Entstehung des Erbrechts ist überhaupt den Vermutungen ebenso Thür und Thor geöffnet, wie bei der Frage nach dem Ursprunge des Eigentums (vgl. oben S. 247). Auch hier ist die Annahme eines anfänglichen Familieneigentums verbreitet, aber nicht erweisbar.[2]

Verschieden von diesen dunkeln Entstehungszwecken des römischen Erbrechtes sind die Zwecke seiner Beibehaltung, d. h. die Vorteile, die es auch in späterer Zeit den Römern gewährte. Ihre Bedeutung ist die Kraft, die seinen Grundgedanken Eingang in das Rechtsleben des deutschen Volkes verschafft hat und seine Aufrechterhaltung wenigstens in vielen Punkten noch heutzutage sicherstellt.[3] Zu diesen Vorteilen gehört namentlich die Beförderung des Verkehrs, wie sie in dem Schutze der Gläubiger durch den Grundsatz der Gesamtnachfolge liegt,[4] ferner die Möglichkeit, weit aussehende Wirtschaftspläne für den Fall eines plötzlichen Todes in die Hände geeigneter, selbstgewählter Erben legen zu können, ein Vorteil, den die Testierfreiheit gewährt, endlich die Steigerung des Familienzusammenhaltes durch das gesetzliche Erbrecht, das den gegenseitigen Anteil an den Wirtschaftsplänen der untereinander erbberechtigten Verwandten belebt, dadurch den Austausch von Erfahrungen begünstigt und die Erziehung des Nachwuchses befördert.[5]

---

[1] Vgl. Zitelmann, Das Recht von Gortyn, herausgeg. von Bücheler und Zitelmann. 1885. S. 134. IV, I, 2. Leist, a. a. O. (oben S. 326. Anm. 3) S. 221, auch Gajus II, 55: *ut essent, qui sacra facerent.*

[2] v. Czyhlarz, Lehrbuch der Institutionen. 2. Aufl. S. 264, nimmt ein Gesamtvermögen der *gens* an, ähnlich Sohm, Institutionen. 5. Aufl. S. 393. Hiervon wird in § 102 (S. 338. Anm. 3) die Rede sein. Vgl. auch Varro, Rer. rust. I, 10, 2: *Bina jugera, quod a Romulo prima divisa dicebantur viritim, quae heredem sequerentur, heredium appellarunt.*

[3] In sehr wichtigen anderen Punkten will der Entwurf des Deutschen bürgerlichen Gesetzbuches die römischen Erbrechtsgrundsätze nach dem Vorbilde neuerer Gesetzgebungen fallen lassen.

[4] Sohm, Institutionen. 5. Aufl. § 95 a. E. S. 397. Dem Eindringen des römischen Erbrechts nach Deutschland ist namentlich dieser verkehrsfreundliche Grundsatz förderlich gewesen. Nach ihm haftet der Erbe, der den Nachlaß an sich nimmt, eben dadurch für dessen Schulden.

[5] Der Gedanke an den engen Verkehr, den die gegenseitige Erbberechtigung schon bei Lebzeiten unter Angehörigen hervorzurufen pflegt, war wohl die (den Römern selbst später unbekannte) Ursache davon, daß man die von ihrer Familie losgelösten vestalischen Jungfrauen vom Verwandtenerbrechte ausschloß. Gellius, Noct. atticae I, 12 § 18: *Id quo jure fiat quaeritur.*

II. Die Stellung des Erbrechts im Systeme. Die Institutionen behandeln das Erbrecht als den Gegensatz des Einzelerwerbes und ein Gebiet der *adquisitiones per universitatem*. Dennoch umfaßt es auch Formen des Einzelerwerbes von Todes wegen, die Vermächtnisse. Diese Ungenauigkeit wird im Texte der Institutionen (II, 9 § 6) aus Bequemlichkeitsrücksichten gerechtfertigt. In Wahrheit hängen die Vermächtnisse mit dem eigentlichen Erbschaftserwerbe eng zusammen, da ihre Regelung den Rechtsgrundsätzen, die für diesen gelten, sich anpaßt. Die Neueren ziehen sogar die *donationes mortis causa* (oben S. 319 c.) in das Erbrecht hinein.

III. Die Einteilung des Erbrechtes. Der Gegensatz zwischen dem älteren civilen und dem neueren prätorischen Erbrechte zieht sich auch in den Institutionen durch die wichtigsten Zweige dieses Gebietes hindurch. Er ist im Rechte Justinians beinahe und in Deutschland völlig verwischt. Er erklärt, warum die *bonorum possessiones* (d. h. die vom Prätor zum Besitze überwiesenen Erbschaften) in den Institutionen am Schlusse des Erbrechtes in einem rückblickenden Anhange behandelt sind (III, 9 unten § 123). Im übrigen ist im zweiten Buche von den letztwilligen Verfügungen und im dritten von dem Erbrechte ohne gültige letztwillige Verfügung die Rede.[1]

IV. In der Entwickelung des römischen Erbrechtes treten die drei Hauptperioden der Geschichte Roms, die Strenge des alten aus Geschlechtern zusammengesetzten Staates, der Reichtum und die Bildung der älteren Kaiserzeit und die der christlichen Kaiserzeit eigentümliche ausgleichende und bevormundende Fürsorge für alle Hilfsbedürftigen besonders scharf hervor. Den letzten Abschluß hat die Entwickelung des in Deutschland angenommenen Erbrechtes erst in Justinians Novellengesetzgebung (namentlich Nov. 1. 18. 115. 118. 127) erhalten. Die Institutionen schildern daher nur die letzte Vorstufe zu dem Endziele der römischen Erbrechtsentwickelung, nicht ihren Abschluß.

---

[1] Über die Bevorzugung des Erbrechts in älteren römischen Rechtssystemen vgl. Lenel in der Festgabe der Straßburger rechts- und staatswissenschaftl. Fakultät für R. v. Ihering, 1892, S. 94, woselbst auf „die überragende Bedeutung, die in Rom dem testamentarischen Erbrecht gegenüber dem Intestaterbrecht thatsächlich zukam", hingewiesen wird.

II. Die letztwilligen Verfügungen.

1. Die Testamentsformen.

a) Die regelmäßige Form (Inst. II. 10).[1]

§ 99.

I. Das Testament, das wichtigste Zeugengeschäft, ist eine letztwillige Verfügung, in der mindestens eine Erbe eingesetzt ist. Es ist in besonders hohem Grade der Fälschungsgefahr ausgesetzt und wurde an strenge Formen gebunden.

Das Testament ist den Römern ein letzter Wille, d. h. ein solcher, der auch noch im letzten Augenblick des Lebens unwiderrufen ist.[2] Sie kennen daher nur einseitige, frei widerrufliche Erbeinsetzungen und sehen in einem Erbvertrage, der den Erblasser bindet und daher von seinen Erben abhängig macht, eine Gefahr für die guten Sitten.[3] Anders das deutsche Recht.

II. Die ordentliche Testamentsform entstammt einer Entwickelung, in der sich die verschiedenen Perioden der Rechtsgeschichte abspiegeln.

a) Das altcivile Recht kennt:

α) Zwei Arten eines öffentlichen Testamentes:

αα) das Testament vor dem Volke *in comitiis calatis* für Patrizier,[4]

ββ) das auch den Plebejern zugängliche *testamentum in procinctu,* d. h. vor dem gerüsteten Heere *(cum belli causa arma sumebant .... in proelium exituri)*.[5]

---

[1] Vgl. Hölder, Beiträge zur Geschichte des römischen Erbrechtes. 1881. II.; Das älteste Testament. S. 20 ff. Voigt, Röm. Rechtsgeschichte. I. S. 484 ff. Karlowa, Röm. Rechtsgeschichte. II. 1. S. 847 ff.

[2] Dig. XXXIV, 4 de adimendis legatis fr. 4 (Ulpianus): *Ambulatoria enim est voluntas defuncti usque ad supremum vitae exitum.* Von mehreren Testamenten gilt daher immer das letzte. Vgl. Sohm, Institutionen. 5. Aufl. S. 430.

[3] Dig. XXXV, 1 de verborum obligatione fr. 61 (Julianus): *Stipulatio hoc modo concepta: ‚si heredem me non feceris, tantum dare spondes?' inuntilis est, quia contra bonos mores est haec stipulatio.*

[4] Gajus II, 101: *Quae comitia bis in anno testamentis faciendis destinata erant.* Vgl. hierzu auch unten in § 102 S. 338 Anm. 1 und oben S. 54. 55.

[5] Gajus II, 101: *procinctus est enim expeditus et armatus exercitus.* Gewöhnlich sieht man darin ein Testament in der Schlachtordnung Müller, Lehrbuch der Institutionen S. 715, Sohm, Institutionen. 5. Aufl. S. 432; auch Karlowa, Röm. Rechtsgeschichte II. 1. S. 852. v. Czyhlarz, Lehrbuch der Institutionen. 2. Aufl. S. 282. Nach Vering (Röm. Erbrecht. 1861. S. 157 ff.) stimmte

β) Das alte Privattestament wurde für Notfälle ersonnen[1] *(testamentum per aes et libram, scilicet, quia per mancipationem peragitur).*[2] Die Förmlichkeiten dieses Testamentes bestanden in einem Scheinverkaufe des ganzen Vermögens für den Todesfall an einen Vertrauensmann *(familiae emptor)*,[3] der sich dabei verpflichtete, den Inhalt einer vom Testator anerkannten Urkunde bei der späteren Ausführung seines Auftrages zu beachten. Zeugen und Formalitäten waren der *mancipatio* entlehnt.[4] Es bedurfte also der Mitwirkung von 7 Beiständen (5 Mancipationszeugen, 1 *libripens*, 1 *familiae emptor*).[5]

b) Das prätorische Recht verlangte zu einem gültigen Testamente nicht mehr die Mancipationssolennitäten, die den späteren Anschauungen fremd geworden waren, wohl aber Schriftlichkeit des Testamentes und Versiegelung durch sieben Zeugen.[6] Kaiservorschriften fügten noch als ein weiteres Erfordernis die Unterschrift der Zeugen hinzu.[7] Diese Sätze entstammten einer Zeit, welche

---

das Heer nach Centurien über das Testament ab. -- Was aus der späteren Zeit des formlosen Soldatentestaments über diese verschwundene altrömische Testierform berichtet wird, ist nicht unverdächtig. Die Annahme, daß die Römer vor dem Beginn der Schlacht die Aufmerksamkeit auf Privatangelegenheiten abgelenkt haben, erweckt Bedenken. Vielleicht testierte man ursprünglich nach erfolgter Mobilmachung vor dem Abmarsche, *cum ex urbe* (nicht *e castris*) *in proelium exituri essent.*

[1] Gajus II. 102: *Si morte subita urguebatur.*

[2] Das Wort *emancipatio* im Institutionentexte statt *mancipatio* beruht auf einem Versehen (Gajus II, 102). Vgl. über dies Testament Hölder, Beiträge zur Geschichte des römischen Erbrechts. 1887. III. S. 49 ff. Salkowski, Zu Gajus, II, 104 in der Zeitschrift der Savignystiftung. III. S. 197 ff.

[3] Dieser ist „nicht mehr und nicht weniger als ein Testamentsvollstrecker". Sohm, Institutionen. 5. Aufl. S. 432. Später wurde er eine „bloße Solennitätsperson" (v. Czyhlarz, Lehrbuch der Institutionen. 2. Aufl. S. 283).

[4] Gajus II, 103. 104 schildert die Solennitäten genau, bei denen der *familiae emptor* mit bestimmten Worten die Sorge für den Nachlaß nach des Testators Willen übernahm und dieser (gleichfalls in einer bestimmten Form) durch „*nuncupatio*" eine Testamentsurkunde vor den Zeugen als seinen letzten Willen anerkannte: *Haec ita ut in his tabulis cerisque scripta sunt, ita do, ita lego, ita testor, itaque vos, Quirites, testimonium mihi perhibetote.* Vgl. auch Ulpianus, Fragm. XX, 9.

[5] In der Zahl der Testamentszeugen haben diese Förmlichkeiten noch bei unserem heutigen Privattestamente eine Spur hinterlassen.

[6] Vgl. das *edictum tralaticium* bei Cicero in Verrem I, 45, 117.

[7] Dig. XXVIII, 1 qui testam. facere poss. fr. 30 (Paulus): *Singulos testes, qui in testamento adhibentur, proprio chirographo adnotare convenit, quis et cujus testamentum signaverit* (also zur Beglaubigung der Siegel). Vgl. hierzu

insbesondere über Testamentsfälschungen und Erbschleicherei Klage führte.

c) Die spätere Kaiserzeit schuf:

α) ein öffentliches Testament durch Übergabe an den Regenten *(principi oblatum)* oder durch Erklärung zu gerichtlichem Protokolle. Dies wurde namentlich dadurch allgemein durchführbar, daß im neuesten Rechte sich ein Netz von ständigen Behörden über das ganze Reich ausspannte (s. oben S. 129).[1]

β) Der Unterschied zwischen dem civilen und dem prätorischen Testamente wurde beseitigt. Der Kaiser befreite den alten Ritus von den Mancipationssolennitäten und ließ das civilrechtliche Testament nur noch als mündliches fortbestehen, während (schriftliche Testamente nach dem Vorbilde der prätorischen galten. Erst in der deutschen Praxis ist eine bloße Besiegelung an die Stelle der Versiegelung getreten.)[2]

III. Die Testamentszeugen sind von alters her dazu verpflichtet, später im Notfalle vor Gericht die Herstellung des letzten Willens zu bezeugen,[3] während vor Justinian eine allgemeine Pflicht zu gerichtlichen Zeugenaussagen noch nicht bestand. Damit hängt zusammen, daß die Testamentszeugen *rogati* und *voluntarii* sein, d. h. auf Bitte des Testators und ohne Zwang ihren Beistand leisten müssen. Sie müssen aber auch *idonei* sein, d. h. den besonderen Tauglichkeitserfordernissen genügen, welche verlangt werden, um ihre spätere Brauchbarkeit zum Gerichtszeugnisse und ihre Zuverlässigkeit zu gewähren. Dahin gehören: Mündigkeit und männliches Geschlecht. Auch wird die Unbefangenheit des Zeugen durch das Gebot gesichert, daß er nicht Hausherr noch Hauskind des Erb-

---

Brunner, Zur Rechtsgeschichte der röm. und german. Urkunde I. 1880, welcher S. 145 den Unterschied zwischen der modernen und der antiken Bedeutung der Unterschrift hervorhebt.

[1] Das vor einer öffentlichen Behörde errichtete Testament wird voraussichtlich im künftigen deutschen Reichsrechte das Privattestament völlig verdrängen. Entwurf § 1914.

[2] Vgl. auch noch Dig. XXVIII, 1 qui testamenta facere possunt fr. 21 § 3 (Ulpianus): *Uno contextu actus testari oportet. Est autem uno contextu nullum actum alienum testamento intermiscere.*

[3] Die zwölf Tafeln bestimmen (Gellius, Noct. Att. XV, 13, 11): *Qui se sierit testarier libripensve fuerit ni testimonium faviatur, improbus intestabilisque esto.* Vgl. hierzu Dig. XXVIII, 1 qui testam. facere possunt fr. 18 § 1 (Ulpianus): *Si quis ob carmen famosum damnetur, senatus consulto expressum est, ut intestabilis sit: ergo nec testamentum facere poterit nec ad testamentum adhiberi.*

lassers oder des Erben oder eines Gewalthabers dieser beiden Hauptbeteiligten sein darf. Das Recht, als Zeuge bei einem Testamente mitzuwirken, gehört mit zur *testamenti factio*;[1] denn dieses Wort bezeichnet im weitesten Sinne die Fähigkeit zu jeder Art eines Anteils an der Errichtung eines Testamentes.[2]

b) Erleichterungen der regelmäßigen Form (Inst. II, 11).

§ 100.

I. Das Soldatentestament war die wichtigste unter den erleichterten Testamentsformen. Es beruhte auf Bestimmungen mehrerer Kaiser, die dadurch der Absonderung des Heeres von dem bürgerlichen Leben Rücksicht schenkten.[3] Zu diesem Geschäfte genügte jede ernstliche Willenserklärung nach Justinians Vorschrift nur noch, wenn sie während eines Feldzuges geschah. Waren die Soldaten entlassen, so wurde nach Jahresablauf ihr Militärtestament kraftlos.[4] Das neuere deutsche Reichsrecht läßt zwar noch immer für Soldaten eine außerordentliche Testamentsform zu, diese ist jedoch jetzt eine andere als die römische.[5]

II. Auch hinsichtlich ihres Inhaltes waren die Soldatentestamente durch das Recht der Kaiserzeit ausgezeichnet als Anordnungen eines von den übrigen Reichsgenossen, selbst von den

---

[1] Dig. XXVIII, 1 qui test. fac. possunt fr. 18 (Ulpianus): *Is cui bonis interdictum est testamentum facere non potest . . . . merito ergo nec testis ad testamentum adhiberi poterit, cum neque testamenti factionem habeat.* Vgl. auch Ulp., Fragm. XX, 8.

[2] Dig. XXVIII, 5 de heredibus instituendis fr. 50 (49) § 1 (Florentinus): *In extraneis heredibus illa observantur: ut sit cum eis testamenti factio.* Vgl. hierzu auch Karlowa, Röm. Rechtsgeschichte II, 1. S. 857 ff.

[3] Dig. XXIX, 1 de testam. mil. fr. 1 pr. (Ulpianus): *Trajanus . . . mandatis inseri coepit caput tale . . . Cum in notitiam meam prolatum sit, subinde testamenta a commilitonibus relicta conferri, quae possint in controversiam deduci, si ad diligentiam legum revocentur et observantiam: secutus animi mei integritudinem erga optimos fidelissimosque commilitones simplicitati eorum consulendum existimavi, ut quoquomodo testati fuissent, rata esset eorum voluntas. faciant igitur testamenta, quomodo volent, faciant quomodo poterint sufficiatque ad bonorum suorum divisionem faciendam nuda voluntas testatoris.* Voigt erklärt dieses Ausnahmerecht aus dem alten *testamentum in procinctu* und der veränderten Heerverfassung. Röm. Rechtsgeschichte I. S. 485.

[4] Vgl. Ulpiani, Fragm. XXIII, 10: *Quod testamentum miles contra regulam juris facit, ita demum valet, si vel in castris mortuus sit, vel post missionem intra annum.*

[5] Reichsmilitärgesetz vom 2. Mai 1874 § 44.

eigenen Angehörigen abgesonderten Standes. So durften z. B. die Soldaten ihre Noterben ohne weiteres übergehen.[1] Dieser Vorzug ist im neuen deutschen Reichsrechte beseitigt worden.[2]

III. Andere erleichterte Formen wurden im späteren römischen Rechte für das auf dem Lande errichtete Testament (*testamentum ruri conditum*) und das Testament zur Zeit einer ansteckenden Seuche (*testamentum pestis tempore conditum*) geschaffen, weil für diese besonderen Fälle die gewöhnliche Form leicht undurchführbar sein kann.[3]

2. Die Testierfähigkeit (Inst. II, 11 § 6. II, 12).

§ 101.

I. Die Fähigkeit zur Errichtung eines Testamentes hängt ab:

a) von der Fähigkeit zur Errichtung eines letzten Willens überhaupt, welche den Unmündigen, den Wahnsinnigen und den Verschwendern fehlt;

b) von der Fähigkeit zur Verfügung über die besondere Vermögensmasse, auf welche sich das Testament bezieht.

Es giebt daher eine völlige Testierunfähigkeit und eine auf gewisse Vermögensstücke beschränkte Testierfähigkeit.

II. Die sachlich beschränkte Testierunfähigkeit ist den Hauskindern hinsichtlich ihres unfreien Gutes auferlegt, und auch über ihr freies Gut ist ihnen das Recht zu Gunsten der nächsten Angehörigen in gewissen Ausnahmefällen entzogen (sog. *peculium adventicium irregulare*, z. B. bei dem Erwerbe, den sie wider den Willen des Vaters machen).[4] Dagegen unterliegt der Militärerwerb (*castrense peculium*) und der ihm gleichgestellte Erwerb anderer Art (*quasi castrense peculium*) ihrem Testierrechte (vgl. oben S. 325).

---

[1] Vgl. auch Dig. XXIX, 1 de test. mil. fr. 6 (Ulpianus): *Si miles unum ex fundo heredem scripserit, creditum quantum ad residuum patrimonium intestatum decessisset* mit § 103. III, b, α. Vgl. auch fr. 15 § 4 eod.: *Miles et ad tempus heredem facere potest.*

[2] Reichsmilitärgesetz § 44.

[3] Eine erleichterte Form hatte auch das *testamentum parentis inter liberos.* Cod. VI, 23 de testament. c. 21 § 3 (Theodosius et Valentinianus): *Ex imperfecto autem testamento voluntatem tenere defuncti, nisi inter solos liberos a parentibus utriusque sexus habeatur, non volumus.* Über § 5 derselben Stelle vgl. Müller, Lehrbuch der Institutionen. 1858. S. 728 Anm. 19. — Erschwerte Testamentsformen siehe im folgenden Paragraph unter III.

[4] S. oben S. 325.

III. Völlige Testierunfähigkeit finden wir bei Unmündigen, Wahnsinnigen, Verschwendern und nach Justinians Vorschrift bei allen Taubstummgeborenen. Taube, Stumme, Blinde und Schreibensunkundige sind nur zur gewöhnlichen Testamentsform unfähig und müssen bei der Erklärung eines letzten Willens besondere Vorschriften beachten, welche dazu bestimmt sind, sie gegen die Herstellung unrichtiger und gefälschter Urkunden zu schützen.

3. Der Testamentsinhalt.

a) Die Hauptbestandteile des Testaments.

α) Die Enterbung naher Angehöriger (Inst. II, 13).[1]

§ 102.

I. Stillschweigende Enterbungen[2] naher Angehöriger vermögen ein Testament zu entkräften.[3] Es giebt also Verwandte, denen ein Recht darauf gebührt, daß eine gegen sie gerichtete Enterbungsabsicht bestimmt geäußert werde, mit anderen Worten: denen ein gegründeter Widerspruch gegen eine stillschweigende Enterbung zusteht. Mit ungefährer Genauigkeit kann man dies ein Erwähnungsrecht nennen;[4] was aber im Testamente erwähnt werden muß, ist nicht der Berechtigte, sondern eine Enterbungsabsicht, die ihn trifft. Die schweigende Entziehung des Erbrechts (Übergehung oder Präterition) braucht er nicht zu dulden.

II. Das Recht auf testamentarische Erwähnung einer etwa vorhandenen Enterbungsabsicht wird formelles Noterbrecht genannt, weil ihm der Erblasser, dem es einen Zwang auflegt, durch Erfüllung einer bloßen Förmlichkeit genügen kann. Es enthält nämlich nur eine Anwartschaft auf eine von zwei Erwähnungsformen (Einsetzung oder Enterbung[5] *honor institutionis* oder *nota exheredationis*), und zwar muß die *exheredatio nominatim* geschehen, d. h.

---

[1] Hölder, Beiträge zur Geschichte des röm. Erbrechts V. 1881. S. 88 ff. Hofmann, Über das sog. formelle Noterbrecht, Kritische Studien im röm. Rechte. Wien 1885. S. 195 ff. Voigt, Röm. Rechtsgeschichte I. S. 470 ff. Karlowa, Röm. Rechtsgeschichte II, 1. S. 885 ff.

[2] Enterbt ist auch der, dem nur ein Vermächtnis zugedacht ist, nicht aber die Stellung eines Erben.

[3] Gajus, II, 123: *Si cum silentio praeterit, inutiliter testabitur.*

[4] Eine Erwähnung als Vermächtnisnehmer genügt freilich dem Berechtigten nicht, andererseits verlangt dies Recht auch nicht immer seine namentliche Erwähnung. Vgl. Hofmann, a. a. O. S. 200.

[5] Ulpianus XX, 14: *Sui heredes instituendi sunt vel exheredandi.*

in unzweideutiger Weise, wenn auch wohl im neuesten Rechte nicht mehr unbedingt in der Form *exheres esto.* Dieses bloß formelle Noterbrecht beschränkt jedoch den Erblasser keineswegs in seiner Befugnis, die Erwähnungsberechtigten zu enterben, und legt ihm die Pflicht zur Angabe von Enterbungsgründen nicht auf. (Anders das sog. materielle Noterbrecht und die Novella 115, s. unten §§ 107. 108).

III. Der Kreis der Erwähnungsberechtigten (formellen Noterben) ist im älteren Rechte anders abgesteckt, als im prätorischen und im kaiserlichen Rechte. Zu allen Zeiten gehörten dazu nur Abkömmlinge, und zwar nur solche, welche ohne das Testament gesetzliche Erben geworden sein würden.

Dagegen schloß das *jus civile* alle, die durch Emanzipation vom Elternhause losgelöst waren, von dem Rechte auf Erwähnung aus. Auch giebt es dies Recht in seiner vollen Stärke nur den Söhnen und männlichen Abkömmlingen des Erblassers, die bei dessen Tode noch im Mutterleibe waren *(postumi).* Nur diese bevorzugten Noterben konnten verlangen, daß sie ausdrücklich bei der Enterbung erwähnt wurden, die anderen formellen Noterben konnten mit einer allgemeinen Enterbungsklausel *(ceteri exheredes sunto)* abgefunden werden.[1] Zu diesen minder begünstigten Erwähnungsberechtigten gehörten alle Abkömmlinge außer den oben genannten, namentlich die weiblichen, sowie alle bereits geborenen entfernteren Abkömmlinge. Es erklärt sich dies wohl daraus, daß bei derartigen Hauskindern Enterbungen minder auffällig waren, als bei Söhnen, weil sie bei ihnen häufiger vorkamen, teils aus Rücksicht auf die geringere wirtschaftliche Tüchtigkeit weiblicher oder noch unerwachsener Personen, teils zur besseren Erhaltung des Familienglanzes, der durch Erbschaftsteilungen gefährdet zu werden pflegt.

Nach dem prätorischen Rechte steht das gewaltfrei gewordene Kind durchweg dem hausabhängigen gleich, und unter den Enkeln und entfernteren Abkömmlingen stellte dieses Recht, auch wenn sie nicht Nachgeborene waren, wenigstens die männlichen den Söhnen gleich. Justinian gab jedoch nicht bloß, wie der Prätor, entfernteren Graden dieselben Erwähnungsrechte wie den näheren, sondern dem weiblichen Geschlechte auch hier die Rechte des männlichen,[2] indem er im Geiste seiner Zeit mehr auf die Hilfs-

---

[1] Vorsichtige Erblasser versäumten daher diesen Vermerk in ihren Testamenten nicht. Sohm, Institutionen. 5. Aufl. S. 444. Der *postuma* mußte übrigens neben dieser allgemeinen Enterbungsklausel ein Vermächtnis zugewandt werden.

[2] Mit eigentümlicher Begründung (siehe Inst. h. t. II, 13 § 5). Vgl. hierzu auch Voigt, Röm. Rechtsgeschichte I. S. 511.

bedürftigkeit der Abkömmlinge sah, als auf ihre Tauglichkeit zur Erhaltung des Familienglanzes.

IV. Die Folgen einer Verletzung des Erwähnungsrechtes waren nach *jus civile* bei den bevorzugten Noterben strengere als bei den anderen, dort Nichtigkeit, hier eine eigentümliche Anfechtung, *jus adcrescendi (scilicet scriptis heredibus)*,[1] ein Zutrittsrecht der verletzten Abkömmlinge neben die eingesetzten als Miterben.[2] Justinian hat es zu einem Rechte auf Nichtigkeit des Testamentes erweitert.

Der Prätor gab seinen Noterben ein besonders zu erbittendes Anfechtungsrecht *(bonorum possessio contra tabulas)*, das kunstvoll gestaltet war und namentlich gewisse Testamentsbestandteile weitergelten ließ, welche dem Zwecke des verletzten Erwähnungsrechtes offensichtlich oder doch wahrscheinlich nicht widerstrebten,[3] namentlich Enterbungen, Pupillarsubstitutionen (§ 106) und Zuwendungen an gewisse nahe Angehörige.[4] Auch konnten hier nicht bloß die verletzten noterbberechtigten Kinder das Testament anfechten, sondern auch *(commisso per alium edicto)* andere zu Erben eingesetzte Abkömmlinge.[5]

---

[1] Nicht zu verwechseln mit dem oben S. 327 erwähnten, ebenso benannten *jus adcrescendi* bei dem Wegfalle eines Teiles der berufenen Erben. Vgl. auch Ulpianus, Fragm. XII. 16. 17: *Ex suis heredibus filius quidem neque heres institutus neque nominatim exheredatus, non patitur valere testamentum. Reliquae vero personae liberorum, velut filia. nepos, neptis, si praeteritae sint, valet testamentum, quo scriptis heredibus adcrescunt, suis quidem heredibus in partem virilem, extraneis autem in partem dimidiam.*

[2] Wahrscheinlich war es nicht üblich, Angehörige, die zu diesen Noterben zweiter Klasse gehörten, zu Alleinerben zu machen, daher ihnen auch zum Schutze gegen Übergehung nur ein Miterbrecht zufiel. Andere Erklärungen von Schirmer und Salkowski siehe in der Zeitschr. der Savignystiftung. Rom. Abteil. II. S. 170 ff. III. S. 202 ff.

[3] So richtig Müller, Lehrbuch der Institutionen. 1858. S. 812.

[4] Dig. XXVIII, 6 de vulg. et pup. subst. fr. 35 § 2 (Africanus): *Etsi contra tabulas patris petita sit a pupillo bonorum possessio, in substitutum tamen ejus actionem legati dandam esse.* Dig. XXXVII, 5 de legatis praestandis contra tabulas bonorum possessione petita fr. 1 pr. (Ulpianus): *Hic titulus aequitatem quandam habet naturalem et ad aliquid novam, ut, qui judicia patris rescindunt, per contra tabulas bonorum possessionem, ex judicio ejus quibusdam personis legata et fideicommissa praestarent, hoc est liberis et parentibus, uxori nuruique dotis nomine legatum.*

[5] Dig. XXXVII, 4 de bonorum possess. contra tabulas fr. 3 § 11 (Ulpianus): *Si quis ex liberis heres scriptus sit, ad contra tabulas bonorum possessionem vocari non debet. ... plane si alius committat edictum, et ipse ad contra tabulas bonorum possessionem admittetur.* Ohne das würde ein durch

Justinian giebt allen in ihrem Erwähnungsrechte Verletzten den gleichen Schutz wie den *filii sui vel emancipati*, womit der Gegensatz des für die *sui* geltenden civilen und des für die *emancipati* bestimmten prätorischen Rechtes bestehen blieb.

Streitig ist, ob nicht späterhin das gesamte formelle Noterbrecht durch die Noterbrechtsbefugnisse, die Novelle 115 den Kindern verliehen hat, beseitigt worden ist (vgl. Nr. IV a. E. und unten § 109).

IV. Die Entstehungsgeschichte des formellen Noterbrechtes ist dunkel. Es ist namentlich zweifelhaft, ob der Zwang zur Erwähnung der Noterben eine Kontrollmaßregel war, gerichtet gegen Testatoren, die eine lieblose Enterbung verheimlichen wollten.[1] Andere sehen in diesem „Noterbrechte alten Stiles“[2] den Überrest eines früheren Rechtszustandes.[3] Bis zu Justinians Novelle 115

Erbeinsetzung bevorzugtes, aber nicht mit dem vollen Erbteile bedachtes Kind schlechter weggekommen sein, als das übergangene. Näheres über die *bonorum possessio contra tabulas* vgl. bei v. Czyhlarz, Lehrbuch der Institutionen. 2. Aufl. S. 309.

[1] Dies wird namentlich von v. Ihering angenommen in der Voraussetzung, daß das Volk ursprünglich die Testamente prüfte und darüber abstimmte. Vgl. v. Ihering, Geist des röm. Rechts I. 5. Aufl. S. 145ff. III, 1. 4. Aufl. S. 149ff. Für die Abstimmung auch Pernice in der Festgabe für R. von Gneist. Berlin 1889. S. 129. Mommsen, Röm. Staatsrecht III, S. 319 ff. Allein diese Annahme stimmte schlecht zur altrömischen Hausherrschaftsfülle. Überhaupt war wohl das *testari* ein Aufruf des Volkes zum Zeugnisse, nicht aber eine *rogatio populi* (vgl. Hölder, Beiträge zur Geschichte des röm. Erbrechts. S. 20 ff. 42 ff.), daher es denn auch nicht wahrscheinlich ist, daß *testamentum* und *adrogatio* ein und dasselbe Geschäft darstellten (wie z. B. Sohm, Institutionen. 5. Aufl. S. 482, annimmt in Anlehnung an Schulin, Das griechische Testament verglichen mit dem römischen, Rektoratsprogramm. Basel 1882. S. 17 ff.; nach Pernice, Formelle Gesetze im röm. Recht [in den Festgaben für R. von Gneist S. 129] war vielmehr das Testament ein „vollständiges Gegenstück der Adrogation“.) Eher erscheint es glaublich, daß der priesterliche Leiter der *comitia curiata* (nach Mommsen a. a. O. wahrscheinlich der *rex sacrificulus*, vgl. dagegen Karlowa, Röm. Rechtsgeschichte II, 1. S. 847) keinen Testamentsakt duldete, der dem *fas* widersprach, daher lieblose Verfügungen zurückwies und somit verlangte, daß in der von ihm zuzulassenden letztwilligen Erklärung keine Enterbung verschwiegen wurde, widrigenfalls Nichtigkeit des Testamentes eintrat. Es ist dies freilich eine unerweisliche Vermutung.

[2] Sohm, Institutionen. 5. Aufl. S. 394.

[3] Vgl. Danz, Geschichte des röm. Rechts II. 1873. § 160 S. 88 ff. Schirmer, Das Familienvermögen und die Entwickelung des Noterbrechts bei den Römern, Zeitschr. der Savignystiftung II. S. 165 ff. und (mit erheblichen Abweichungen) Hölder, Das Familienrecht des suus heres, Zeitschr. der Savignystiftung. III. S. 211 ff. Sohm, Institutionen. 5. Aufl. S. 394. Ähnlich auch Voigt, Die zwölf Tafeln II. 1883. S. 372. v. Czyhlarz, Lehrbuch der Institutionen. 2. Aufl. S. 265. — Gegen die Annahme eines ursprünglichen Familien-

war das formelle Noterbrecht den Kindern darum wertvoll, weil es allein verhinderte, daß ihnen stillschweigend die Erbeigenschaft entzogen und sie mit einem bloßen Vermächtnisse des Pflichtteils abgefunden wurden. Seitdem die Kinder aber gegen jede grundlose (nicht bloß gegen jede stillschweigende) Ausschließung von der Erbeseigenschaft gesichert sind (Nov. 115), ist nach der Ansicht vieler das formelle Noterbrecht weggefallen (s. unten § 108). Es würde seitdem, auch wenn es noch gälte, nur noch selten in Frage kommen, und die etwaigen Folgen, die seine Mißachtung hat, würden kaum noch zweckmäßig sein. Dafür ließe sich allenfalls sagen, daß eine Urkunde, die den Noterben gar nicht nennt, den Verdacht einer Fälschung zu erwecken geeignet ist, ebenso wie die Aussage eines Zeugen Verdacht erweckt wenn er bekundet, daß bei einer Testamentserrichtung von einem Kinde des Erblassers gar nicht die Rede gewesen ist.[2] Solchen Zweifeln würde eine Berücksichtigung des Erwähnungsrechtes der Kinder allerdings noch jetzt vorzubeugen imstande sein.

β) Die Erbeseinsetzung.[3]

αα) Erbeinsetzungsschranken (Inst. II, 14).[4]

§ 103.

I. Die stilistische Form der Erbeinsetzung war im älteren römischen Rechte eine fest geregelte, im neuesten aber frei.[5]

---

eigentums namentlich F. Hofmann, Kritische Studien im röm. Rechte. 1885. S. 197 ff. Richtig ist wohl, daß Sitte, Recht und Religion gegen lieblose Kindesenterbungen einen Schutz gewährten, daß aber im römischen Altertume das freie Ermessen des Hausherrn darüber entschied, ob seine Kinder von der regelmäßigen Erbeinsetzung auszuschließen waren. Das Gegenteil wird zwar vielfach behauptet, ist uns aber nicht bezeugt. Bis zu Justinians Novelle 115 war das formelle Noterbrecht den Kindern darum besonders wertvoll, weil es allein verhinderte, daß ihnen stillschweigend die Erbeseigenschaft entzogen und sie mit einem bloßen Vermächtnisse des Pflichtteiles abgefunden wurden (siehe unten S. 351).

[1] Die Verletzung der Novelle 115 vernichtet nicht das ganze Testament, s. unten § 108, wohl aber thut dies die Nichtigkeitsklage des civilen formellen Noterben und bis zu einem gewissen Grade auch die prätorische *bonorum possessio contra tabulas*, s. oben im Texte.

[2] Ob derartige Erwägungen wirklich dazu beigetragen haben, diesen Rechtszweig zu erhalten, läßt sich freilich nicht nachweisen.

[3] Gajus II, 229: *Testamenta vim ex institutione heredis accipiunt, et ob id velut caput et fundamentum intellegitur totius testamenti heredis institutio.*

[4] Karlowa, Röm. Rechtsgeschichte II. 1. S. 864 ff.

[5] Ulpianus, XXI, 1: *Heres instituti recte potest hic verbis: Titius heres esto, Titius heres sit. Titium heredem esse jubeo. Illa autem institutio: heredem*

II. Besondere Erbeinsetzungsverbote beschränkten den Erblasser in Verfügungen, die im allgemeinen Interesse bedenklich zu sein schienen. Hiervon wurde z. B. der ehebrecherische Sklave betroffen, der von seiner mitschuldigen Herrin zugleich mit der Freiheit und ihrer Erbschaft beschenkt worden war.[1] Ebenso waren nach neuestem römischen Rechte die Abtrünnigen (Apostaten) und die Ketzer erbunfähig. Diesen Einsetzungsunfähigen[2] spricht man die sog. *testamenti factio passiva* ab, während neben ihnen solche Erwerbsunfähige *(incapaces)* stehen, deren Einsetzung nur bedingungsweise ungültig ist, d. h. nur für den Fall, daß sie nicht etwa ihren Erwerbsmangel noch rechtzeitig tilgen. Dahin gehörten z. B. nach dem vorjustinianischen Rechte die *coelibes* und die *Latini Juniani* (s. oben S. 186). Binnen einer bestimmten Frist konnten sich jene durch Heirat, diese durch einen Erwerb des Bürgerrechts eine ihnen zugedachte Erbschaft noch nachträglich verschaffen.[3] Auf diese Erwerbshindernisse bezog sich ein verwickeltes Recht der *caduca*,[4] das von Justinian beseitigt worden ist (Cod. VI, 51 de caducis tollendis c. un.).[5]

Von der Einsetzungs- und der Erwerbsunfähigkeit verschieden ist die Erbunwürdigkeit. Sie hemmt nicht den Erbschaftserwerb, aber sie bewirkt, daß die erworbene Erbschaft wieder entrissen wird.[6]

---

instituo, heredem facio, plerisque improbata est. Ähnlich Gajus II, 117. Anders Constantinus, Cod. VI, 53 de testam. c. 15: *Quolibet loquendi genere formata institutio valeat, si modo per eam liquebit voluntatis intentio.*

[1] Veraltet ist im Rechte Justinians die beschränkte Einsetzungsfähigkeit der Frauen nach der *lex Voconia* (585 urbis, 169 a. Chr.). Gajus II, 274. Vgl. hierüber Voigt, Röm. Rechtsgeschichte I. S. 507.

[2] Von den Zeitpunkten, in denen die Einsetzungsfähigkeit vorhanden sein muß, redet Florentinus, Dig. XXVIII, 5 de heredibus instit. fr. 50 (49) § 1.

[3] Die Frage, ob es neben diesen veralteten Fällen noch besondere Inkapazitätsgründe giebt, muß der Pandektenlehre vorbehalten bleiben. Vgl. v. Czyhlarz, Lehrbuch der Institutionen. 2. Aufl. S. 317.

[4] Ulpianus XVII, 1: *Quod quis sibi testamento relictum, ita ut jure civili* (d. h. nach älterem *jus civile*) *capere possit, aliqua ex causa non ceperit, caducum appellatur velut ceciderit ab eo: verbi gratia, si caelibi vel Latino Juniano legatum fuerit, nec intra dies centum vel caelebs legi paruerit, vel Latinus jus Quiritium consecutus sit.*

[5] Ulpianus, Fragm. XIII—XVIII. Gajus II, 286. Durch dieses Recht waren namentlich die Anwachsungsbefugnisse unter Miterben (vgl. oben S. 327) vorübergehend beschränkt worden. Vgl. Czyhlarz, Lehrbuch der Institutionen S. 324 ff. In der scharfen Unterscheidung des *caducum* von dem, was *pro non scripto habetur*, zeigt sich der grundsätzliche Gegensatz zwischen den *novae leges* und dem alten *jus civile.* Vgl. oben S. 96.

[6] Vgl. oben S. 313 IV, c. Ulpianus XIX, 17.

III. Beschränkungen des Erbeinsetzungsinhalts durch den Testator. Eine im letzten Willen angeordnete Beschränkung des eingesetzten Erben auf einen bloßen Teil des Nachlasses ist in verschiedener Weise denkbar:

a) Gegenüber den gesetzlichen Erben, so daß der Testamentserbe einen Teil des Nachlasses erhalten, das übrige aber an die gesetzlichen Erben fallen soll. Eine solche Bestimmung erzeugt leicht bei den eingesetzten Erben eine Ungewißheit darüber, wer die neben ihnen berufenen Miterben sein sollen. Sie ist daher vom römischen Rechte nur Soldaten[1] gestattet (anders die neuere deutsche Gesetzgebung). Für Nichtsoldaten *(pagani)* gilt: *nemo ex parte testatus et ex parte intestatus decedere potest.*[2] Die Erbeseinsetzungen sollen also entweder gänzlich oder überhaupt gar nicht nach einer letztwilligen Verfügung beurteilt werden. Darum wird auch bei einem Alleinerben *ex re certa*, d. h. jemandem, der Erbantretungsrechte und doch nur ein einzelnes Stück aus der Erbschaft haben soll, diese Erwerbsschranke gestrichen, d. h. er erhält den ganzen Nachlaß.[3]

b) Gegenüber Miterben kann ein Erbe beschränkt sein:

α) Durch seine Einsetzung auf eine *res certa* neben anderen, denen Nachlaßteile zugedacht sind. Hier soll dieser Erbe hinsichtlich der Ansprüche und der Schulden der Masse wie ein bloßer Vermächtnisnehmer (mit Erbantretungsrecht) angesehen werden.[4]

---

[1] Über deren erbrechtliche Bevorzugung siehe oben S. 334 zu Anm. 1.

[2] Dig. L, 17 de reg. jur. fr. 7 (Pomponius): *Jus nostrum non patitur, eundem in paganis et testato et intestato decessisse: earumque rerum naturaliter inter se pugna est „testatus" et „intestatus"*. Das *naturaliter* deutet wohl auf eine natürliche Abneigung hin, die der Rechtskundige gegen unzweckmäßige Grundsätze empfindet. Vgl. über diese Regel v. Ihering, Geist des röm. Rechts. 4. Aufl. III. S. 149 ff. Hölder, Beiträge zur Geschichte des röm. Erbrechts. 1881. S. 151 ff. — Hiernach ist nach römischem Recht eine stillschweigende Einsetzung der gesetzlichen Erben für ebenso unzulässig anzusehen, wie die stillschweigende Enterbung des formellen Noterben (§ 102). Vgl. Müller, Lehrbuch der Institutionen. 1858. S. 690.

[3] Dig. XXVIII, 5 de heredibus instituendis fr. 1 § 4 (Ulpianus): *Si ex fundo fuisset aliquis solus institutus, valet institutio detracta fundi mentione.* Vgl. Karlowa, Röm. Rechtsgeschichte II, 1. S. 869.

[4] Cod. VI, 24 de heredibus instituendis c. 13 (Justinianus): *Eos tantummodo omnibus hereditariis actionibus uti vel conveniri decernimus, qui ex certa parte vel sine parte scripti fuerint, nec aliquam deminutionem earundem actionum occasione heredum ex certa re scriptorum fieri.*

β) Durch eine Zerlegung der Erbschaft in Bruchteile. Das Wort *as* (= εἷς), welches eine verbreitete Münze bezeichnete, bedeutet im Erbrechte so viel, wie das Ganze oder die Rechnungseinheit (*heres ex asse* = Alleinerbe), und die nach dem Duodecimalsystem bestimmten Teile dieser Münze, welche *unciae* heißen, bezeichnen Bruchteile und zwar im Zweifel „Zwölftel". Wenn jedoch mehr oder weniger als zwölf *unciae* verteilt waren und nicht etwa daneben noch ein Erbe ohne jede Teilbestimmung benannt war, so bestimmte die Summe der verteilten *unciae* den Nenner des Bruches, der dieses Mal durch *uncia* bezeichnet war. Waren z. B. dem A 5, dem B aber 2 Uncien zugedacht, so war die Nennerzahl der ihnen gegebenen Bruchteile 5 + 2 = 7; d. h. A erhielt $^5/_7$, B $^2/_7$. Besondere Schwierigkeiten ergaben sich da, wo ein Erblasser mehr als 12 Teile vergeben und daneben noch Erben ohne Benennung des ihnen gebührenden Teiles stillschweigend auf den Überschuß berufen wollte. Hier eröffneten ihm die römischen Auslegungsgrundsätze die Möglichkeit, mit dem Worte *uncia* denjenigen Bruchteil zu bezeichnen, der der gleichnamigen Münze (*uncia*) in ihrem Verhältnisse zu dem Doppel-As entsprach, also $^1/_{24}$ (*Ex asse fit dupondium*, das Doppel-As gilt hier als Rechnungseinheit, der gegenüber *uncia* ein Vierundzwanzigstel bedeutet). Wurden mehr als 24 Erbteile vergeben und daneben noch Erben ohne Bruchteile berufen, so bedeutete *uncia* = $^1/_{36}$ (*ex asse fit tripondium*) u. s. w. Es hängt diese Ausdrucksweise wohl mit der Schwerfälligkeit zusammen, welche der lateinischen Sprache hinsichtlich der Bezeichnung von Bruchteilen eigentümlich ist.

IV. Besondere Regeln über Nebenbestimmungen bei leztwilligen Gaben.

a) Unmögliche Bedingungen vernichten Geschäfte unter Lebenden, aber bei letztwilligen Verfügungen werden sie gestrichen. So z. B. die Bedingung, einen Bau in einer schlechterdings zu kurz bemessenen Zeit zu errichten. Solche Zusätze fallen ohne weiteres weg, so daß der in solcher Weise bedingt Berufene die Erbschaft sogleich erhält und nicht in Versuchung kommt, das unmögliche Unternehmen doch noch zu beginnen.[1] Den unmöglichen Bedingungen

---

[1] Die Behandlung solcher Bedingungen war Gegenstand eines Schulstreites, vgl. Gajus III, 98: *Legatum sub impossibili conditione relictum nostri praeceptores proinde deberi putant, ac si sine condicione relictum esset, diversae scholae auctores nihilominus legatum inutile existimant quam stipulationem: et sane vix idonea diversitatis ratio reddi potest.* Trotz dieser Bemerkung des Gajus drang die Sabinianische Ansicht durch.

sind die den guten Sitten gefährlichen gleichgestellt.[1] Zu den unerlaubten und deshalb wegzustreichenden Nebenbestimmungen gehört nach römischem Rechte auch die Festsetzung eines Endpunktes für die Erbeseigenschaft, die insbesondere den Erbschaftsgläubigern unerwünscht sein muß *(semel heres semper heres)*. Das Recht der Kaiserzeit macht es freilich möglich, diesen Satz dadurch zu umgehen, daß man dem Erben die Pflicht auflegt, den gesamten Nachlaß später herauszugeben (Universalfideikommiß); siehe unten § 115.

b) Auf bedingte Zuwendungen von Todes wegen bezieht sich auch die *cautio Muciana*.[2] Sie dient einer vorzeitigen Ausführung letztwilliger Gaben, deren Bedingungseintritt noch aussteht, aber nicht abgewartet werden kann, wenn nicht unerwünschte Folgen entstehen sollen. So namentlich bei der Bedingung, daß der Empfänger der Gabe etwas in Zukunft unterlassen soll (sog. negative Potestativbedingung),[3] z. B. wenn X keine strafbare Handlung mehr begeht, so soll er erben oder ein Vermächtnis erhalten. Hier bekommt X sofort die Erbschaft oder das Vermächtnis, muß aber Sicherheit (die *cautio Muciana*) dafür stellen, daß er das Empfangene wiedergeben wird, falls die Bedingung später ausfällt. Anderenfalls würde er bei seinen Lebzeiten nichts erhalten können, weil sich erst bei seinem Tode herausstellt, ob sie erfüllt ist.

Nach prätorischem Rechte kann jeder unter einer Bedingung berufene Erbe schon im voraus, während die Bedingung schwebt,

---

[1] Auch diese werden also bei letztwilligen Verfügungen gestrichen, bei denen der Empfänger an der unziemlichen Anordnung unbeteiligt ist (a bei Verträgen unter derartigen Bedingungen). Beispiele derartiger Zusätze siehe Dig. XXVIII, 7 de condicionibus institutionum fr. 9 (Paulus): *Si ab hostibus patrem suum non redemerit, si parentibus suis patronove alimenta non praestiterit.* Auch über die Unsittlichkeit einer Bedingung läßt sich zuweilen streiten (z. B. bei der Bedingung des Widerrufs einer ausgesprochenen Ansicht). Gilt der Grundsatz, daß unsittliche Nebenbestimmungen dieser Art letztwillige Gaben entkräften, so kommt der Bedachte in Versuchung, die Bedingung auf jeden Fall zu erfüllen und hinterher den laxeren Standpunkt zu verfechten, nach dem sie erlaubt ist. Werden aber solche Zusätze einfach gestrichen, so liegt es in seinem Interesse, die strengere Meinung zu vertreten, da sie ihm die zugedachte Gabe verschafft, ohne daß er die Bedingung erfüllt. Das Streichen solcher Bedingungen ist also der Sittlichkeit förderlich. Neuere Anschauungen streben übrigens dahin, die letztwilligen Verfügungen in der Behandlung solcher Zusätze den Geschäften unter Lebenden gleichzustellen.

[2] Vgl. Karlowa, Röm. Rechtsgeschichte II, 1. S. 872 ff.

[3] Nach ihrer Abhängigkeit von der Erfüllungsmacht *(potestas)* des bedingt Berechtigten zerfallen die *conditiones* in *potestativae*, *casuales* und *mixtae*. Cod. VI, 51 de caducis tollendis c. un. § 7 (Justinianus): *Quarum eventus ex fortuna vel ex honoratae personae voluntate vel ex utroque pendeat.*

die Erbschaft erhalten (*bonorum possessio pendente conditione*), doch muß er Sicherheit dafür leisten, sie herauszugeben, wenn die Bedingung ausfällt.[1]

V. Auch Erben, die man nicht kennt, kann man einsetzen, da man sich von der Tauglichkeit einer Person zur Erbfolge überzeugen kann, ohne ihre Bekanntschaft zu machen. Das gleiche kann man aber nicht von Personen sagen, die überhaupt noch ganz ungewiß sind, z. B. die nächsten Konsuln. Solche *personae incertae* waren nach vorjustinianischem Rechte unfähig, Erbschaften oder Vermächtnisse zu erhalten.[2] Dieses Verbot, das unter Umständen mildthätigen Bestimmungen hinderlich zu sein vermag, hat Justinian aufgehoben. Es wurde ursprünglich auch auf juristische Personen bezogen,[3] deren Einsetzungsfähigkeit im neuesten römischen Rechte erweitert worden, aber in ihrem Umfange bestritten ist.[4] Auch die *postumi*[5] galten nach civilem, nicht nach prätorischem Rechte[6] für einsetzungsunfähig. Doch gab ihnen in gewissen Fällen auch schon das Civilrecht ausnahmsweise die Fähigkeit, als Erben eingesetzt zu werden.[7]

ββ) Die Einsetzung mehrerer Erben hintereinander.
ααα) *Die Ersatzerben* (Inst. II, 15).[8]

§ 104.

I. Substitutionen sind Erbeinsetzungen, die hintereinander in Betracht kommen. Bei ihnen wird in einer zweiten Einsetzung

[1] Die Fortdauer dieser Vorschrift ist für die Zukunft in Frage gestellt, vgl. § 1808 des Entwurfs eines bürgerlichen Gesetzbuchs für das Deutsche Reich.

[2] ULPIANUS XXII, 4: *Incerta persona heres institui non potest, velut hoc modo: ‚quisquis primus ad funus meum venerit, heres esto', quoniam certum consilium debet esse testantis.*

[3] ULPIANUS XXIV, 5: *Nec municipium nec municipes heredes institui possunt, quoniam incertum corpus est, et neque cernere universi neque pro herede gerere possunt, ut heredes fiant. Senatusconsulto tamen concessum est, ut a libertis suis heredes institui possint.*

[4] Näheres siehe bei DERNBURG, Pandekten. I. § 63 a. E. 4. Aufl. S. 151.

[5] Nach Dig. XXVIII, 3 de injusto rupto irrito facto testamento fr. 3 § 1 (ULPIANUS) gehören zu den *postumi* im weiteren Sinne *et hi qui post testamentum factum in vita nascuntur.*

[6] Dig. XXXVII, 11 de bon. poss. sec. tab. fr. 3 (PAULUS): *omnem postumum, qui moriente testatore in utero fuerit, si natus sit, bonorum possessionem petere posse.*

[7] Von Einfluß hierauf waren alte Civilrechtsregeln, der Jurist G. Aquilius Gallus, eine lex Junia Velleja und der Jurist Salvius Julianus, daher man von *postumi Aquiliani*, und nach den verschiedenen Kapiteln der genannten lex von *postumi Vellejani primi* und *secundi;* endlich auch von *postumi Salviani* oder *Juliani* sprach. Näheres hierüber siehe bei MÜLLER, Lehrbuch der Institutionen 1858. S. 734. Dig. XXVIII. 2 de lib. et postumis fr. 29 (lex GALLUS).

[8] KARLOWA, Röm. Rechtsgeschichte II, 1. S. 874.

ein Ersatzerbe benannt, der an die Stelle des zuerst Berufenen treten soll, wenn dieser nicht erben kann oder nicht erben will. Die Einsetzung eines Ersatzerben hinter dem zunächst berufenen Erben oder hinter anderen ihm vorgezogenen Ersatzerben nennt man *plures gradus heredum facere.*[1]

II. Das Nachrücken der Ersatzerben. Wenn mehrere Ersatzerben hintereinander stehen, so tritt jeder spätere Grad an die Stelle eines jeden früheren wegfallenden Grades, sofern alle dazwischenstehenden Vorderleute weggefallen sind (*substitutus substituto, substitutus instituto*).

Besonderes gilt dann, wenn einer von mehreren Miterben zugleich der Ersatzerbe des anderen sein soll und daneben auch ihm selbst ein fernerer Ersatzerbe ernannt worden ist. Hier darf dieser Ersatzerbe zweiten Grades in jeder Hinsicht an die Stelle des ersten Ersatzerben rücken, nicht bloß, wenn zunächst dessen Miterbe und sodann der Ersatzerbe wegfällt, sondern auch, wenn dieser erste Ersatzerbe allein die Erbschaft nicht erwerben kann oder will. Der zweite Ersatzerbe ist also des ersten Ersatzmann nicht bloß für den Ersatzerbteil, den der Wegfallende statt seines Vordermannes erhält, sondern auch für den Miterbteil, der ihm neben diesem Vordermanne zukommt.[2]

βββ) Erbeseinsetzungen für unmündige oder wahnsinnige Kinder (Inst. II, 16).[3]

§ 105.

I. Grundgedanke. Unmündige Kinder können sich gegen die Erbfolge ihrer nächsten Verwandten, falls diese ihnen hierzu ungeeignet erscheinen, nicht dadurch schützen, daß sie andere Erben ernennen, weil sie überhaupt noch keine Erben einsetzen dürfen. Darum gestattet das römische Recht ihrem Hausvater, dem Vermögen solcher Kinder einen Erben zu bestimmen, für den Fall, daß noch

---

[1] Vgl. Inst. h. t., ebenso Gajus II, 174. Über die noterbrechtliche Bedeutung der *plures gradus* vgl. Dig. XXXVII, 4 de bonorum possessione contra tabulas fr. 8 § 1 (Ulpianus): *Aliqua parte tabularum exheredem scribi non sufficit, sed eo gradu, contra quem petitur bonorum possessio. unde si a primo gradu exheredatus sit filius, a secundo praeteritus, et primo gradu scripti non petierint bonorum possessionem, poterit contra tabulas accipere bonorum possessionem.*

[2] Rechtsfall: M und E′ sind Miterben. Des M Ersatzerbe soll zunächst E′ sein und hinter diesem E″. E′ fällt weg. Entscheidung: E″ tritt neben M. So § 8 Inst. h. t. und Dig. XXVIII, 6 de vulg. et pup. subst. fr. 27 (Julianus): *Si Titius coheredi suo substitutus fuerit, deinde ei Sempronius, verius puto in utramque partem Sempronium substitutum esse.*

[3] Karlowa, Röm. Rechtsgeschichte II, 1. S. 874.

während ihrer Unmündigkeit zunächst der Vater selbst[1] und sodann das Kind sterben sollte. Mit der Mündigkeit des Kindes erlischt diese Verfügung, weil es sich von da ab selbst helfen kann.[2]

II. Bedingung des für das eigene unmündige Kind errichteten hausväterlichen Testaments ist eine Erbeinsetzung, die der Vater für das eigene Vermögen vornimmt. Er muß die Folgen seines Todes nach allen Seiten hin außer Zweifel stellen, und nur als „*pars et sequela*" des eigenen Testaments[3] wird ihm die Verfügung über das Kindesgut gestattet.[4] Dagegen ist es nicht unbedingt nötig, daß er das Kind zu seinem Erben einsetzt.[5] Er kann es vielmehr auch (insoweit, als das Noterbrecht es gestattet) enterben. So z. B. *bona mente*, wenn er überschuldet ist. In der Regel freilich wird der Vater zunächst sein Kind einsetzen und ihm, für den Fall, daß es nicht erbt, einen gewöhnlichen Ersatzerben bestellen (*substitutio in primum casum*) und eben denselben Ersatzmann auch für den anderen Fall als Erben berufen, daß das Kind nach erlangter Erbschaft unmündig sterben sollte (*in secundum casum*). Darum entwickelte sich in Rom die Vermutung einer *substitutio in utrumque casum (duplex substitutio)*,[6] d. h. der Erbe des Kindesvermögens (Pupillarsubstitut) galt (seit Ciceros Zeit)[7] als Ersatzerbe des väterlichen Nachlasses (sog. *substitutio vulgaris tacita*), und der Ersatzerbe der väterlichen Erbschaft galt (nach einer Entscheidung der *divi fratres*) im Zweifel auch als Erbe des Kindes für den Fall, daß es nach dem Vater in der Unmündigkeit starb (sog. *substitutio pupillaris tacita*).[8]

---

[1] Über die vermutliche Bedeutung dieser Pupillarsubstitution in der Geschichte des Testierrechts vgl. Sohm, Institutionen 5. Aufl. S. 442.

[2] Dig. XVVIII, 6 de vulg. et pup. subst. fr. 10 § 5 (Ulpianus): *Ad substitutos pupillares pertinent et si quae postea pupillis obvenerint: neque enim suis bonis testator substituit, sed impuberis.* Es ist dies übrigens wohl ein neuerer, dem älteren Rechte fremder Grundsatz. Nach dem älteren Rechte scheint der Vater nur für sein Vermögen dem Pupillen einen Nacherben gesetzt zu haben. Vgl. Cicero, De invent. II, 21, 62. Salkowski, Lehrbuch der Institutionen 6. Aufl. S. 449.

[3] Inst. h. t. §§ 2 und 5.

[4] Es ist dies für ihn ein Zwang zur vollen Klarheit über die gewünschten vermögensrechtlichen Folgen seines Todes.

[5] Wenigstens nach neuerem Rechte nicht, siehe oben Anm. 2.

[6] Modestinus XXVIII, 6 de vulg. et pup. subst. fr. 4 pr.

[7] In der Entscheidung eines berühmten Prozesses vgl. Cicero, De oratore I. 39, 180 (*clarissima M' Curii causa Marcique Coponii*).

[8] Der Entwurf eines bürgerlichen Gesetzbuchs f. d. D. R. hat die Pupillarsubstitution gänzlich fallen lassen.

III. Für testierunfähige mündige Kinder kann der Vater kraft einer besonderen Erlaubnis des Regenten testieren. Dem Verwandten, der ein wahnsinniges Kind in aufsteigender Linie hat, ist dies von Justinian durch ein allgemeines Gesetz gestattet (sog. *substitutio quasi pupillaris).*

IV. Die Bestellung eines Gesamtvermächtnisses wirkt in ihrem Erfolge ungefähr ebenso, wie die Ernennung eines Nacherben hinter dem mit diesem Vermächtnisse belasteten Erben *(heres fiduciarius)* daher Justinian sie hier (II, 16 § 9) erwähnt und die Neueren sie vielfach *substitutio fideicommissaria* nennen. Es ist dies ungenau, weil bei ihr, strenge genommen, kein wahrer Nacherbe an die Stelle des Erben tritt, sondern nur ein Vermächtnisnehmer mit ähnlichen Rechten, wie sie dem Erben zustehen (vgl. unten § 114).

4. Erfolglose Testamentserrichtungen.

α) Ungültigkeitsgründe (Inst. II, 17).

§ 106.

I. Begriff. Eine Erklärung, die keinen Erben bestimmt, ist kein Testament, auch wenn sie sich so nennt. Ein ungültiges Testament ist dagegen eine Erklärung, die einen Erben ohne Erfolg einsetzt. Die Ungültigkeit der Erbeinsetzung zieht in der Regel diejenige der Vermächtnisse nach sich, die dem Eingesetzten auferlegt sind.[1] Man unterscheidet anfechtbare und nichtige Testamente, je nachdem ihre Erfolglosigkeit davon abhängt, daß ein Beteiligter sie geltend macht oder nicht.

II. Die Ungültigkeitsfälle sind:

a) Das von Anfang an ungültige Testament.

α) Das Testament, dem ein Gültigkeitserfordernis fehlt, namentlich das Testament mit unzulänglicher Form *(non jure factum).*

β) Das Testament das wider das Noterbrecht verstößt.

αα) Testamentarische Verletzung des formellen Noterbrechts (Erwähnungsrechts). Hier ist das Testament, wenn es das Civilrecht verletzt, nichtig, wenn es das prätorische Recht mißachtet, mit *bonorum possessio contra tabulas* anfechtbar (siehe oben § 102).

ββ) Testamentarische Verletzung des materiellen Noterbrechtes (siehe den nächsten §), *testamentum inofficiosum*. Dies ist anfechtbar.

---

[1] Dig. XXVI, 2 de testamentaria tutela fr. 9 (Pomponius): *Si nemo hereditatem adierit, nihil valet ex his, quae testamento scripta sunt.*

γ) Die Erbeseinsetzung wider ein besonderes Verbot (z. B. dessen, *qui litis causa*, d. h. um seinem Prozeßgegner eine mächtige Gegenpartei aufzudrängen, *principem heredem reliquerit* (Inst. II, 17 § 8), ist nichtig.

b) Das anfangs gültige, später aber kraftlos gewordene Testament:

α) Das sog. *testamentum ruptum.*

αα) Durch Nachgeburt eines Noterben *(agnatio postumi).* Hier wird ein Testament nichtig.[1]

ββ) Durch Widerruf. Dieser kann nicht in beliebiger Form (§ 7 Inst. h. t.), wohl aber nach prätorischem Rechte durch eine bloße Zerstörung der Urkunde geschehen.[2]

Nach Justinians Gebot[3] vertilgt ein Widerruf vor Zeugen oder vor Gericht ein Testament, falls es zehn Jahre alt ist, was sich daraus erklärt, daß eine ältere Bestimmung allen Testamenten nach zehn Jahren ihre Kraft entzogen hatte.

β) Das *testamentum irritum* d. i. ein solches, dessen Kraft zugleich mit der Testierfähigkeit seines Urhebers erloschen ist.[4]

γ) Das vom Erben (durch Ausschlagung der Erbschaft) verschmähte Testament (sog. *testamentum destitutum sive desertum)*; siehe unten § 109.[5]

Gegen einen eigennützigen Mißbrauch des Ausschlagungsrechts schützt das prätorische Edikt: *Si quis omissa causa testamenti ab intestato vel alio modo possideat hereditatem* (Dig. XXIX, 4). Es bürdet die Erbschaftslasten dem Eingesetzten auf, der nur deshalb ausgeschlagen hat, um sie zu vermeiden und sich auf andere Weise schadlos zu halten (z. B. als gesetzlicher Erbe anzutreten).

[1] Hier wird die *ruptio testamenti* im Sinne des Testators selbst liegen, wenn er das Vorhandensein des Kindes im Mutterleibe nicht kannte. Anderenfalls hat er das Noterbrecht verletzt (siehe oben § 102).

[2] Die Kraft des Widerrufes eines Testamentes, namentlich eines solchen, der durch Zerstörung des Verschlusses geschieht, ist in neuerer Zeit besonders eingehend von Krüger und Schirmer in der Zeitschr. der Savignystiftung behandelt worden: I, S. 53 ff. VII, 1. S. 1 ff. VII, 2. S. 91 ff. VIII, 99 ff. u. 109 ff.; vgl. auch Gajus II, 144: *Posteriore quoque testamento, quod jure factum est, superius rumpitur* und die mangelhaft überlieferte Stelle II, 151.

[3] Cod. VI, 23 de testam. c. 27.

[4] Dig. XXXVII, 11 de bon. poss. sec. tab. fr. 1 § 8 (Ulpianus): *Exigit praetor, ut is, cujus bonorum possessio datur, utroque tempore jus testamenti faciendi habuerit, et cum facit testamentum et cum moritur.* Hiernach lebte z. B. ein Testament wieder auf, falls jemand das Bürgerrecht, das er nach der Errichtung verloren hatte, wiedererhielt. Das Civilrecht war hierin strenger.

[5] Bei Ulpianus, Fragm. XXIII, 4 heißt auch dieses *irritum: Irritum fit testamentum, si testator capite diminutus fuerit, aut si jure facto testamento nemo extiterit heres.*

b) Besondere Fälle unwirksamer Testamente.

α) Noterbrechtliche Ungültigkeitsgründe insbesondere.

αα) Das Noterbrecht vor der novella 115 (Inst. II, 18).

§ 107.[1]

I. Arten des Noterbrechts. Von dem Erwähnungsrechte der Kinder (s. oben § 105) als formellem Noterbrechte unterscheidet man das Pflichtteilsrecht oder materielle Noterbrecht, ein Recht, das nicht durch eine bloße Förmlichkeit, sondern nur durch eine wirkliche letztwillige Gabe befriedigt werden kann.

II. Das Pflichtteilsrecht entstammt der Praxis des Centumviralgerichtes, welches sich an hellenische Vorbilder anlehnte.[2] Es ist in mehrfacher Hinsicht von dem Erwähnungsrechte (formellen Noterbrechte) verschieden:

a) Zu den Pflichtteilsberechtigten gehören nicht bloß alle gesetzlich erbberechtigten Kinder, sondern auch alle gesetzlich erbberechtigten Verwandten in aufsteigender Linie.[3] Ist ein Erbe von schlechtem Rufe (eine *persona turpis*) eingesetzt, so haben auch Geschwister (seit Konstantin nur noch Geschwister von der Vaterseite)[4] Pflichtteilsrechte.[5]

b) Das Pflichtteilsrecht giebt nicht bloß die Aussicht auf eine Erwähnung der vorhandenen Enterbungsabsicht, sondern auf einen Teil der Erbschaftsmasse (*portio portionis ab intestato debitae*). Dieser war ursprünglich ebenso groß, wie der Betrag, der dem zum gesetzlichen Erbteile Berufenen von Vermächtnissen frei bleiben mußte, nämlich nach der *lex Falcidia*[6] vom Jahre 714 der

---

[1] Voigt, Röm. Rechtsgeschichte I. S. 480 ff.

[2] An eine sog. δίκη μανίας; vgl. Mitteis, Reichsrecht und Volksrecht. 1891. S. 69. Schulin, Das griechische Testament. S. 16. v. Czyhlarz, Lehrbuch der Institutionen. 2. Aufl. S. 310. Voigt, Röm. Rechtsgeschichte. S. 480. Sohm, Institutionen. 5. Aufl. S. 446.

[3] Dig. V, 2 de inoff. test. fr. 15 pr. (Papinianus): *Turbato ordine mortalitatis non minus parentibus quam liberis pie relinqui debet (sc. hereditas).*

[4] Bei diesen als den Trägern desselben Namens, den der Verstorbene führte, wird die Schande der Enterbung leichter ruchbar. Es ist übrigens nicht sicher, ob dies der Grund der Bestimmung war. Cod. III, 28 de inoff. testam. c. 27.

[5] Vielleicht hat hierbei die Erwägung eine Rolle gespielt, daß *personae turpes* der Erbschleicherei in noch höherem Maße verdächtig sind, als ehrbare Leute. — Das Pflichtteilsrecht der Geschwister wird sich übrigens im künftigen Reichsrechte nicht erhalten.

[6] Vgl. unten § 113.

Stadt (40 a. Chr.) ein Viertel der Erbquote. (*falcidia* bedeutet daher in den Quellen vielfach so viel wie Pflichtteil.)[1] Justinian erhöhte den Pflichtteil in Nov. 18 auf $^1/_3$ des gesetzlichen Erbteils und, da wo dieser ohnehin schon kleiner ist als $^1/_4$ der Erbschaft, auf $^1/_2$.[2] Wird ein Noterbe enterbt, so erhöht sich dadurch der Pflichtteil der anderen nicht.[3]

c) Das Pflichtteilsrecht gestattet keine beliebige Enterbung, sondern nur eine begründete. Die Prüfung der Enterbungsgründe blieb bis zur novella 115 dem Ermessen des Richters überlassen. Zulässig war eine Enterbung in guter Absicht (*bona mente*) aus zureichenden Gründen.[4]

III. Die gerichtliche Klage aus dem Pflichtteilsrechte (*querela inofficiosi testamenti*) galt als gehässig (*vindictam spirans*), da sie gewissermaßen ein öffentliches Totengericht über den Verstorbenen hervorrief. Man behandelte sogar hierbei den lieblosen Verletzer eines Pflichtteilsrechtes, um die Entkräftung seines rechtsgültigen Testaments zu rechtfertigen, als wahnsinnig (sog. *color insaniae* der Pflichtteilsklage).[5] Die *querela inofficiosi testamenti* vertilgte, falls sie siegreich war, das Testament jedoch nur unter den Prozeßparteien.[6] Justinian schloß sie für den Fall aus, daß der Pflichtteil vom Erblasser bloß verkürzt und nicht

---

[1] Z. B. Cod. IX, 8 ad legem Juliam majestatis c. 5 § 3.

[2] Die näheren Berechnungsgrundsätze sind bestritten (siehe Pandektenrecht). Das deutsche Reichsrecht wird den Pflichtteil voraussichtlich noch erhöhen.

[3] Dig. V, 2 de inoff. test. fr. 8 § 8 (ULPIANUS): *Exheredatus partem* . . . *faciet* (d. h. sein Dasein verkleinert den Umfang des Pflichtteils).

[4] Dig. XXXVIII, 2 de bonis libert. fr. 12 § 2 (ULPIANUS): *Utputa pone furoris causa exheredatum eum vel ideo, quia impubes erat, heredemque institutum rogatum ei restituere hereditatem.*

[5] Dig. V, 2 de inofficioso testam. fr. 2 (MARCIANUS): *Hoc colore (de) inofficioso testamento agitur, quasi non sanae mentis fuerunt, ut (cum?) testamentum ordinarent. et hoc dicitur non quasi vere furiosus testatus sit. sed recte fecit testamentum, sed non ex officio pietatis: nam si vere furiosus esset vel demens, nullum esset testamentum.* Ähnlich war die Auffassung der Hellenen, siehe oben S. 349 Anm. 2. Der Verstorbene wird in Wahrheit eines sinnlosen Verhaltens geziehen, wenn man sein Testament als pflichtwidrig anficht. Hier, wie bei der Entmündigung der Verschwender, wird gegen die Unvernunft der Gesunden ausnahmsweise ein ähnlicher Schutz gewährt, wie er in der Regel nur gegen die Unvernunft der Geisteskranken gegeben ist.

[6] Dig. V, 2 de inofficioso testam. fr. 19 (PAULUS): *Non in totum testamentum infirmatur, sed pro parte intestata efficitur.* Die Besprechung dieser Klage und der ihr verwandten Ansprüche gehört, streng genommen, erst in das Aktionenrecht. Die Institutionen behandeln sie aber inkonsequenterweise schon hier. Dem schließt sich der Text des Lehrbuches an.

gänzlich entzogen war. Dann soll sich der Verletzte mit einer bloßen Ergänzungsklage (sog. *actio suppletoria, actio ad supplendam legitimam*) begnügen.[1] welche keine *actio vindictam spirans* ist.

IV. Bestand die Verletzung eines Pflichtteilsrechtes darin, daß der Pflichtteil zwar zugewandt, aber mit einer Schranke (z. B. dem Nießbrauche eines Dritten) beschwert war, so war nach älterem Rechte die lieblose Verfügung nichtig, nach Justinianischem wurde jedoch die Beschränkung weggestrichen.[2]

V. Eine Verletzung des Pflichtteilsrechtes unter Lebenden liegt vor, wenn eine Schenkung oder die Bestellung einer *dos* die augenblicklichen Pflichtteile der Noterben angreift und dadurch nach dem Tode des Gebers entzieht. Zur Anfechtung derartiger Gaben dient die *querela inofficiosae donationis sive dotis*. Ähnliche Klagen schützten den Patron und den *impubes arrogatus*, dem eine *quarta* (die sog. *quarta divi Pii*) als Pflichtteil gebührte, gegen derartige Geschäfte.[3]

ββ) Die novella 115.

§ 108.

I. Justinians Noterbrecht nach novella 115 unterscheidet sich sowohl von dem alten Rechte auf Erwähnung (dem formellen Noterbrechte), das nur gegen stillschweigende, nicht gegen grundlose Enterbungen schützte, als auch von dem Rechte auf einen Erbschaftsteil (dem materiellen Noterbrechte), der auch in Vermächtnisform zugewandt werden konnte. Die novella 115 gewährt allen gesetzlich erbberechtigten Verwandten in der geraden Linie, in der aufsteigenden wie in der absteigenden, ein Recht auf Erbeinsetzung, dem die Zuwendung des Pflichtteiles durch Vermächtnis nicht genügt. Das Recht auf Erbeinsetzung soll den Noterben der Novelle nicht anders als aus besonderen Gründen entzogen werden. Ihre Festsetzung ist aber nicht mehr, wie bei dem alten Pflichtheilsrechte, dem Ermessen des Gerichtes überlassen, sondern ein für alle Mal durch das Gesetz bestimmt. Von diesen gesetzlichen Enterbungsgründen sind vierzehn den Verwandten in aufsteigender Linie zum

---

[1] Cod. III, 28 de inofficioso testamento c. 30 pr. (JUSTINIANUS): *Firmum quidem testamentum sit, liceat vero his personis, quae testamentum quasi inofficiosum vel alio modo subvertendum queri poterant, id, quod minus portione legitima sibi relictum est, ad implendam eam sine gravamine vel mora exigere.*

[2] Cod. III, 28 de inoff. test. c. 32. Vgl. SOHM, Institutionen. 5. Aufl. S. 447.

[3] Vgl. hierüber und die dem Patron für solche Fälle gegebenen *actio Faviana* und *actio Calvisiana* MÜLLER, Lehrbuch der Institutionen. 1855. S. 821.

Schutze gegen unwürdige Abkömmlinge gewährt, dagegen nur acht den Abkömmlingen, denen eine größere Nachsicht gegenüber den Verwandten aufsteigender Linie obliegt, als diesen ihnen gegenüber geboten ist. Derartige Gründe sind z. B. Lebensnachstellungen und andere schwere Widerrechtlichkeiten.

Wird die novella 115 übertreten, so sollen nur die Erbeseinsetzungen ungültig sein, nicht aber der übrige Inhalt des Testamentes.

II. Das Verhältnis der novella zu dem Rechte der älteren Rechtsbücher Justinians ist zweifelhaft:

a) Zum formellen Noterbrechte. Dieses hat auch nach der novella 115 insoweit noch immer ein Anwendungsgebiet, als es für den Fall, daß ein erwähnungsberechtigtes Kind gänzlich übergegangen ist, eine weitergehende Ungültigkeit des Testaments anordnet, als die novella sie bestimmt.[1] Trotzdem nimmt die herrschende Meinung mit Recht an, daß die novella 115 dem besonderen Erwähnungsrechte der Kinder derogiert hat (sog. Derogationssystem).[2] Eine andere verbreitete Meinung (das sog. Additionalsystem) sieht in ihr dagegen einen bloßen Zusatz (Addition) zu jenem alten formellen Noterbrechte, das im übrigen fortbesteht.

Der Inhalt der novella 115 wird übrigens mit Unrecht zuweilen als ein neues formelles Noterbrecht bezeichnet; denn die Erbeigenschaft, die sie zusichert, giebt Befugnisse, die keineswegs in bloßen Förmlichkeiten bestehen, insbesondere das Recht zum Erbschaftsantritt (soweit der Noterbe nicht auch ohne einen solchen die Erbschaft erlangt, s. § 109) und das Recht zur Teilnahme an der Erbschaftsregelung,[3] Vorzüge, die der Erbe vor dem bloßen Vermächtnisnehmer voraus hat.

b) Das Pflichtteilsrecht der Geschwister ist von der novella 115 unberührt geblieben, dasjenige der Verwandten in gerader

---

[1] Vgl. oben S. 337.

[2] Wenn Justinian das alte Recht der Kinder auf Erwähnung auch nach der novella 115 noch immer in der bisherigen Art hätte beibehalten wollen, so würde er wohl dieses Gesetz nicht so weit gefaßt haben, daß sein Wortlaut auch für den Fall der Nichterwähnung solcher Kinder einen Schutz verhieß. Vgl. v. Czyhlarz, Lehrbuch der Institutionen. 2. Aufl. S. 312, der bemerkt, daß die Reform der Novelle auf eine Verschmelzung des formellen und materiellen Noterbrechts hinausläuft. Litteratur siehe bei Mühlenbruch, Glücks Pandektenkommentar. XXXVII. S. 307 ff.

[3] Es ist für einen Noterben keineswegs gleichgültig, ob er hierbei mitreden darf oder, mit einer Pflichtteilsumme abgefunden, von Haus und Hof des Erblassers fern gehalten werden kann. Vgl. auch Wendt, Pandekten. S. 822 ff.

Linie aber (wie wir sahen) umgestaltet. Es fragt sich nun, ob dies so weit geht, daß auch die alte Pflichtteilsklage (*querela inofficiosi testamenti*) durch eine neue Klage (sog. *querela nullitatis juris novi*) verdrängt worden ist (sog. Nullitätssystem). Es ist dies aus der Novelle nicht zu entnehmen. Richtiger ist daher die Annahme des Gegenteils (sog. Inofficiositätssystem).[1] Hiernach zieht die Verletzung der Novelle eine Klage nach sich, die dem Rechte der *querela inofficiosi testamenti* insoweit unterliegt, als Justinian nicht das Gegenteil bestimmt hat.

β) Das vom Erben verschmähte Testament (Inst. II, 19).[2]

§ 109.

I. Systematisches. Ein *testamentum destitutum sive desertum* liegt vor, wenn der eingesetzte Erbe den ihm zugedachten Nachlaß nicht haben will. Es kann dies auf zwei Arten geschehen. Entweder, indem er ihn ausschlägt,[3] oder auch nur einfach die Erbschaft nicht antritt, oder indem er von einem besonderen *beneficium abstinendi* Gebrauch macht. Es hängt dies davon ab, ob er zu den *heredes voluntarii* gehört, die nur dann erben, wenn sie ihren Erbantretungswillen erklären, oder ob er ein *heres necessarius* ist, dem zunächst die Erbschaft ohne weiteres zufällt.

Die Institutionen behandeln in der Erörterung dieses Unterschiedes bei den Testamentserben einen Rechtszweig, der ebenso gut die gesetzlichen Erben betrifft.

II. Der Erbschaftserwerb ohne Antretungsakt ist im römischen Rechte eine Ausnahme, bestimmt zu Lasten der gewaltunterworfenen Erben (*heredes necessarii*, Zwangserben).[4] Solche Zwangserben sind die Hauskinder[5] (*sui et necessarii*[6]) und die Sklaven

---

[1] Im Zweifel darf man Rechtsabänderungen nicht vermuten.

[2] Karlowa, Röm. Rechtsgeschichte. II, 1. S. 894 ff.

[3] Es wird vermutet, daß das alte Recht noch keine wirksame Ausschlagung (*repudiatio*), sondern nur ein Nichtantreten der Erbschaft kannte (*praetermittere hereditatem*). Voigt, Die zwölf Tafeln. 1883. II. S. 378 Anm. 15. Anders das Recht der Kaiserzeit. Gajus II, 169: *Sicut voluntate nuda heres fit, ita et contraria destinatione statim ab hereditate repellitur.*

[4] Gajus, II, 152 ff.

[5] Vgl. Hölder, Das Familienrecht des *suus heres*, Zeitschrift der Savignystiftung. III. S. 211 ff. Seitenstücke einer erbrechtlichen Sonderstellung der Hauskinder im hellenischen und im germanischen Rechte (Kinder in der Were) siehe bei B. W. Leist, Gräco-italische Rechtsgeschichte. S. 80 ff. und bei Sohm, Institutionen. 5. Aufl. S. 399.

[6] Dies Sonderrecht der *sui* bezieht sich nicht bloß auf die unmittelbar

(*necessarii* schlechtweg).[1] Sie wurden durch den bloßen Anfall der Erbschaft genötigt, die Schuldenlast des verstorbenen Hausherrn zu tragen, auch ohne daß sie sie in einer besonderen Willenserklärung auf sich nahmen.[2]

Das prätorische Recht gewährt jedoch den Hauskindern ein *beneficium abstinendi*, das ist das Recht, sich von der väterlichen Erbschaft fernzuhalten und dadurch auch von den Erbschaftsschulden frei zu bleiben.[3]

III. Der Erbschaftserwerb des Erben, der von der Gewalt des Erblassers frei ist (*heres extraneus* oder *voluntarius*), vollzieht sich durch eine formlose Willenserklärung (*hereditatis aditio*), die auch in einer bloßen thatsächlichen Verfügung über ein Nachlaßstück (z. B. Verkauf oder Bewirtschaftung einer Sache u. dergl.) bestehen kann (*pro herede gestio*).[4] Einer besonderen Form der Erbantretung bedarf es nur, sofern etwa der Erblasser eine solche vorgeschrieben hat.[5] Dagegen setzt der Erbantritt voraus, daß der

---

gewaltunterworfenen Kinder (*sui* im engeren Sinne). Dig. XXIX, 2 de adqu. her. fr. 6 § 5 (Ulpianus): *Si nepos ex filio exheredato heres sit institutus; patrem enim suum sine aditione faciet heredem et quidem necessarium.*

[1] Erblasser, die im Vermögensverfalle befindlich waren, mißbrauchten die Notlage ihrer Sklaven, um ihnen zugleich mit der Freiheit und der Erbfolge den Schimpf des Konkurses aufzuwälzen.

[2] Salkowski (Lehrbuch der Institutionen. 6. Aufl. S. 464) warnt mit Recht vor einer Verwechselung der *heredes necessarii* mit den Noterben, die keinen Zwang erleiden, sondern durch ihr Dasein einen Zwang ausüben.

[3] Dig. XXX, de leg. I. fr. 89 (Julianus): *Praetor enim promittendo his, qui in potestate fuerint, abstinere se hereditate paterna manifestum facit jus se in persona eorum tribuere, quod futurum esset, si liberum arbitrium adeundae hereditatis habuissent.*

[4] Inmitten des altrömischen Formenzwanges erscheint diese schlichte Antretungserklärung wie ein weißer Rabe, daher viele meinen, daß sie ursprünglich an bestimmte Worte gebunden war. So z. B. vermutet v. Ihering (Geist des röm. Rechts. 4. Aufl. II, 2. S. 523). Meines Erachtens deutet ihr Name (*hereditatis aditio*) darauf hin, daß sie zunächst in einer Besitzergreifung der Erbschaft bestand. Hauskinder, die in der Regel am Sterbebette des Erblassers standen, bedurften einer besonderen Betretung des Erbgutes nicht. Vgl. hierzu Dig. XXVIII, 2 de liberis et postumis fr. 11 (Paulus), eine Stelle, die oben in einem anderen Sinne gedeutet wurde; vgl. S. 192. Anm. 7.

[5] Eine letztwillig verordnete Form war die im spätrömischen Rechte als *scrupulosa solennitas* (Cod. VI, 30 de jure deliberandi c. 17) beseitigte *cretio*. Dies war eine Entscheidung in bestimmten Worten, die der berufene Erbe zu Gunsten des Erbschaftsantrittes binnen einer ihm gesetzten Frist treffen mußte (*cerno = decerno*, Gajus II, 164). Näheres siehe Gajus II, 164 ff. Ulpianus, Fragm. XXII, 25 ff. Varro, De lingua Latina VI, 81: *Dictum cerno a cereo, id est a creando: dictum ab eo, quod cum quid creatum est, tunc denique vide-*

Berufene fähig war, eingesetzt zu werden (sog. *testamenti factio passiva*) und daß ihm kein Erwerbshindernis im Wege steht (s. oben S. 340).[1]

IV. Einen Schutz gegen die Gefahren des Erbschaftserwerbes, die aus der Haftung für die Nachlaßschulden folgt, gewährt unter besonderen Umständen eine obrigkeitliche Wiedereinsetzung in den vorigen Stand, indem sie den Erwerb aufhebt. Auch gab Justinian allen Erben, die binnen einer bestimmten Frist ein ordnungsmäßiges Erbschaftsverzeichnis (Inventar) aufstellen, das Recht gefahrlosen Erbschaftserwerbes *(beneficium inventarii)*. Sie dürfen die Gläubiger befriedigen, sofern diese sich melden[2] und soweit die Masse reicht, und sollen aus dem Erwerbe einer überschuldeten Nachlaßmasse keinen Schaden leiden.[3]

V. Die Zwischenzeit zwischen dem Tode des Erblassers und dem Erbschaftserwerbe war die Zeit der noch unerworbenen Erbschaft *(hereditas jacens)*. In ihr war (namentlich durch Erbschaftsklaven)[4] eine wirtschaftliche Thätigkeit möglich, welche die Vermögensverwaltung des Verstorbenen fortsetzte,[5] aber auch zu-

---

tur. Hinc — qui id in testa mento (?): id est facito, videant te esse heredem, itaque in cretione adhibere jubent testes (*cretio*, also = Willensoffenbarung). Vgl. Sohm, Institutionen. 5. Aufl. S. 412. Anm. 11, woselbst auf den Zusammenhang von *cerno* und *κρίνω* hingewiesen wird. Voigt, Die zwölf Tafeln. II. S. 378. v. Czyhlarz, Lehrbuch der Institutionen. 2. Aufl. S. 269, vermutet, daß im älteren Recht stets Antretung durch *cretio* nötig war. Ebenso Voigt, Die zwölf Tafeln. II. S. 372.

[1] Im altdeutschen Rechte sowie nach dem Entwurfe des bürgerlichen Gesetzbuches f. d. D. R. soll der Erbanfall ohne eine besondere Antretung, der in Rom nur ausnahmsweise für *sui heredes* galt, zur Regel werden, gemäß dem deutschen Sprüchworte: Der Tote erbt den Lebendigen, d. h. er macht ihn ohne weiteres durch seinen Tod zum Erben. Dieser Satz war übrigens nicht ohne Zusammenhang damit, daß das altdeutsche Recht eine Haftung des Erben über die bewegliche Nachlaßmasse hinaus grundsätzlich ablehnte und dem Erbschaftserwerbe somit keine Gefährlichkeit anheftete.

[2] Die im Text erwähnte laxe Art der Nachlaßverteilung wird voraussichtlich im zukünftigen bürgerlichen Reichsrechte in Wegfall kommen. Entwurf §§ 2092 ff. Das Mitleid mit unvorsichtigen Erben überwog bei ihr offenbar die Rücksicht auf den Kredit, der in Justinians verkehrsarmer Zeit eine geringe Rolle spielte.

[3] Cod. VI, 30 de jure deliberandi c. 22 § 10: . . . . *neque lucrum neque damnum ex hujusmodi sentiat hereditate.* v. Ihering, Geist des röm. Rechts. 4. Aufl. III. S. 314, bemerkt zu dieser Beschränkung des altrömischen Grundsatzes der Universalsuccession (oben S. 326 Anm. 4): „Der Begriff des Erben . . . ist damit ein völlig anderer geworden."

[4] Dig. XLI, 1 de adquir. rer. dom. fr. 61 (Hermogenianus): *Hereditati quoque ut domino per servum hereditarium adquiritur.*

[5] So ist zu erklären Dig. XLI, 1 de acquir. rer. dom. fr. 34 (Ulpianus):

gleich eine Vorbereitung der Herrschaft des späteren Herrn war,[1] für den sie inzwischen als eine herrenlose Zweckverwaltung vom Rechte geschützt wird.[2] Da der Erbschaftsantritt auf die Todeszeit des Erblassers zurückbezogen wird,[3] so bildet die Bewirtschaftung der Nachlaßmasse vom Erblasser, in der Zwischenzeit und seit dem Erbschaftsantritte rechtlich ein zusammenhängendes, aber in drei Abschnitte zerfallendes Ganzes.[4] Dieselbe wirtschaftliche Rolle wird hintereinander von drei Trägern gespielt, dem Erblasser, der Zweckverwaltung und dem Erben.[5]

Stirbt der berufene Erbe vor dem Antritte, so dürfen nach römischem Rechte dessen Erben nicht an seine Stelle treten.[6] Wenn jemand einem Erblasser oder dem Gesetze zu einer Erbfolge tauglich erschien, so waren doch seine Erben nach römischer Auffassung nicht ohne weiteres in der gleichen Lage.[7]

Von dieser Regel gab es Ausnahmen, sog. Transmissionen (im römischen Sprachgebrauche ist *hereditas transmittitur ad heredes* kein streng technischer Ausdruck).[8] Ein solcher Erbeintritt in das An-

---

Hereditas non heredis personam, sed defuncti sustinet. Sie haftet z. B. vor dem Erbschaftserwerbe nicht für die Schulden des Erben. Hier ist die unklare Vorstellung abzuwehren, daß *personam sustinere* etwas Anderes bedeutet, als „eine Rolle weiter spielen", und daß etwa Ulpian auf eine Identität der Erbschaftsverwaltung mit dem Verstorbenen hindeuten will.

[1] Darum arbeitet die Erbschaftsverwaltung der späteren Verwaltung des Erben vor, Dig. XLI, 3 de usurp. fr. 22 (Javolenus): *Heres et hereditas tamesti duas appellationes recipiunt, unius personae tamen vice funguntur.* Vgl. auch Dig. XLVI, 2 de novationibus fr. 24.

[2] Vgl. oben S. 170 Anm. 2. Zu Dig. I, 8 de rerum divisione fr. 1 pr. (Gajus): *Res hereditariae, antequam aliquis heres existat, nullius in bonis sunt.* Vgl. ebenda: *quae publicae sunt, nullius in bonis esse creduntur, ipsius enim universitatis esse creduntur.* In der That arbeitet die Nachlaßverwaltung so lange für einen Unbekannten, als es noch nicht sicher ist, an wen die Erbschaft schließlich fallen wird, und ist insofern in besonderem Sinne ohne Herrn.

[3] Dig. XXIX, 2 de adquirenda vel omitt. hered. fr. 54 (Florentinus): *Heres quandoque adeundo hereditatem jam tunc a morte successisse defuncto intellegitur.*

[4] Die im Vorstehenden angeführten Quellenstellen widersprechen sich daher bei genauer Betrachtung nicht, sondern schildern nur ein und denselben eigentümlichen Sachverhalt von verschiedenen Standpunkten aus.

[5] Dig. L, 17 de regulis juris fr. 138 pr. (Paulus): *Omnis hereditas, quamvis postea adeatur, tamen cum tempore mortis continuatur.*

[6] Cod. VI, 51 de caducis tollendis c. un. § 5 (Justinianus): *Hereditatem etenim, nisi fuerit adita, transmitti nec veteres concedebant nec nos patimur.*

[7] Anders das alte deutsche Recht, siehe oben S. 172. Anm. 3.

[8] Über die Veräußerung der Antretungsmöglichkeit siehe oben zu Inst. II, 2 S. 282. Anm. 3 und Voigt, Die zwölf Tafeln. 1883. II. S. 378 Anm. 30.

tretungsrecht *(successio in ipsam delationem)* wurde in zwei besonderen Ausnahmefällen gewährt,[1] daneben aber auch grundsätzlich behufs Wiedereinsetzung in den vorigen Stand, wenn die Erbantretung von dem verstorbenen berufenen Erben in entschuldbarer Weise versäumt worden war *(transmissio ex capite in integrum institutionis)*, und nach Justinians Vorschrift überall dann, wenn der vor dem Antritte gestorbene Berufene nicht länger als ein Jahr mit dem Antritte gezögert hatte[2] *(transmissio Justiniana)*. Hierin lag eine mittelbare Beschleunigung der Antretungen.

Eine andere ähnliche Beschleunigung der Erbantretung im älteren Rechte besteht nach Gajus II, 55 in der Scheu des Erben vor der *usucapio pro herede* (vgl. oben S. 310. Anm. 2). Sie war dem *suus heres* gegenüber schon in alter Zeit unzulässig[3] und raubte dem säumigen Erben die Sachen, welche ein anderer aus einer Nachlaßplünderung an sich gerissen und ein Jahr lang besessen hatte.[4] Eine gesetzliche Antretungsfrist kennt das römische Recht nicht. Doch konnte

---

[1] Beide stammen aus den bevormundenden Bestrebungen der spätrömischen Kaiserzeit, die sich gern durch einzelne Fälle zu Sondervorschriften veranlassen ließ, und zwar beide von Theodosius II. und Valentinian III. Es sind dies die sog. *transmissio ex capite infantiae* für den Vater eines berufenen *infans*, der als Kind vor dem Erbschaftserwerbe gestorben ist, und die sog. *transmissio Theodosiana* (ein Name, der ebenso gut zu der vorher genannten *transmissio* passen würde) zu Gunsten von Verwandten der absteigenden Linie unter besonderen Umständen. Näheres siehe in Dernburgs Pandekten III. § 166. 3. Aufl. S. 332 ff. Cod. VI, 30 de jure deliberandi fr. 18 pr. § 1. VI, 52 de his, qui ante apertas tabulas hereditatis transmittunt. c. un.

[2] Cod. VI, 30 de jure deliberandi c. 19: *Si quidem is, qui sciens hereditatem sibi .... esse delatam deliberatione minime petita* (siehe unten S. 358. Anm. 2) *intra annale tempus decesserit, hoc jus ad suam successionem intra annale tempus extendat.*

[3] Vgl. hierzu Sohm, Institutionen. 4. Aufl. S. 397 und die dort Angeführten.

[4] Diese später durch die Bestrafung des *crimen expilatae hereditatis* (Dig. XLVII, 19) verbotene *usucapio* ist nicht zu verwechseln mit der noch heute denkbaren Lage dessen, der im redlichen, aber irrigen Glauben, ein Recht auf eine Sache als Erbe zu haben, sie besitzt, und doch scheinen beide Institute in einem Zusammenhange gestanden zu haben (vgl. Salkowski, Lehrbuch der Institutionen. 6. Aufl. S. 436. v. Vangerow, Pandekten I. § 320. 7. Aufl. S. 594). Daraus, daß der Nachlaßplünderer, der von einem Grundstücke Besitz ergriffen hatte, seine Beute gleichsam als eine besondere Erbschaft in einem Jahre ersitzen konnte (Gajus II, 54: *olim rerum hereditariarum possessione velut ipsae hereditatis usucapi credebantur*), folgert man gewöhnlich, daß er (wenigstens nach älterem Rechte) auch die Erbschaftsschulden zahlen mußte. Doch ist dieser Schluß keineswegs zwingend, vgl. Hölder, Beiträge zur Geschichte des röm. Erbrechts S. 529 ff. v. Czyhlarz, Lehrbuch der Institutionen. 2. Aufl. S. 271.

der berufene Erbe vor Gericht gezwungen werden, sich darüber zu entscheiden, ob er antreten wollte oder nicht.[1] Andererseits konnte er einem solchen Wunsche gegenüber sich eine Überlegungsfrist *(spatium deliberandi)* erbitten.[2]

5. Vermächtnisse.

a) Begriff (Inst. II, 20 pr. — § 3).[3]

§ 110.

I. **Begriff.** Die Vermächtnisse sind mittelbare Zuwendungen, *donationes testamento relictae,*[4] d. h. solche, die der Empfänger (Honorierte) nicht aus dem Nachlasse entnehmen darf, sondern aus der Hand eines Erben oder sonstigen Belasteten (Onerierten) empfangen soll. Diese Mittelbarkeit unterscheidet sie von den *donationes mortis causa* (vgl. oben § 95 S. 319).

II. **Die Quelle des Vermächtnisrechtes** ist eine doppelte. Es giebt Vermächtnisse des alten Civilrechtes *(legata)* und solche des Kaiserrechtes *(fideicommissa).*[5]

Den Vermächtnissen des Civilrechtes waren vier verschiedene Formen eigen,[6] je nach der ihnen zugedachten rechtlichen Kraft, so daß schon die Wortfassung klarlegte, welche Rechtsfolge vom Testator beabsichtigt war.[7] Man unterschied die Legate, welche Eigentum oder dingliche Rechte, also auch dingliche Klagen *(vindicationes)* verleihen sollten, als *legata per vindicationem*[8] von den forderungsbegründenden Legaten. Bei diesen wurden wiederum die Vermächtnisse mit Abholungspflicht des Berechtigten[9] *(legata sinendi*

---

[1] Dem gegenwärtigen Prozeßrechte sind solche *interrogationes in jure* fremd.

[2] Dig. XXVIII, 8 de jure deliberandi fr. 1 § 1 (Ulpianus): *Ait praetor: „Si tempus ad deliberandum petit, dabo."* Dieser Rechtszweig hat sich im späteren Rechte noch weiter entwickelt; s. Dernburg, Pandekten III. § 164. 3. Aufl. S. 328 ff.

[3] Vgl. Karlowa, Röm. Rechtsgeschichte II, 1. S. 914 ff. Über die Stellung der Vermächtnisse im Institutionensystem siche oben zu § 98 S. 329, II.

[4] So Modestinus, Dig. XXX, de leg. II. fr. 36.

[5] Vgl. Ulpianus, Fragm. XXIV, 1: *Legatum est, quod legis modo, id est imperative testamento relinquitur, nam ea, quae precativo modo relinquuntur, fideicommissa vocantur.* Es gab also Befehlsvermächtnisse und Bittvermächtnisse.

[6] Vgl. zu dem Folgenden Hölder, Beiträge zur Geschichte des röm. Erbrechts. 1881. S. 72 ff. Voigt, Röm. Rechtsgeschichte I. S. 515 ff.

[7] Im spätrömischen und im heutigen Rechte ist dies durch Auslegung des letzten Willens festzustellen.

[8] Gajus II, 193: *Hominem Stichum do lego, do, lego, sumito, sibi habeto, capito.*

[9] Vgl. übrigens Gajus II, 214, wonach es kontrovers war, ob *legatum sinendi modo* und Abholungspflicht immer zusammentrafen.

modo: heres meo damnas esto sinere L. Titium rem sumere sibique habere)[1] von den übrigen forderungsbegründenden Legaten *(per damnationem, heres damnas esto dare)*[2] unterschieden *(damnas = damnatus,* weil der *heres* hier *pro judicato,* d. i. wie ein Verurteilter haftete). Erhielt einer von mehreren Miterben ein Prälegat, d. h. ein Vermächtnis als besondere Zugabe zu seinem Erbteile, so wurde die Form: *„praecipito“* angewendet *(legatum per praeceptionem),*[3] welche jedoch von den Prokulianern auch bei Vindikationslegaten für zulässig erachtet wurde.[4] Mit der Formfreiheit des spätrömischen Rechtes fielen diese Unterschiede weg, und Justinian bestätigte dies noch besonders.

III. Neben die *legata* traten die *fideicommissa*, außerordentliche Vermächtnisse des Kaiserrechtes (s. unten §§ 114 ff.). An Verpflichtungskraft standen sie hinter den Legaten zurück, in der Freiheit der Auslegung[5] und der Errichtungsform waren sie ihnen überlegen.[6]

Justinian hat beide Arten ausdrücklich verschmolzen,[7] aber die Folgen dieser Verschmelzung nicht in seiner Rechtssammlung durchgeführt. Dort stehen vielmehr noch immer beide Vermächtnisformen unvermischt nebeneinander, und es ist uns überlassen, die volle Kraft der Legate mit der freien Behandlung der Fideikommisse im Sinne Justinians zu einem Ganzen zu vereinigen.[8]

---

[1] Gajus II, 209. Sachen, die einem Dritten gehören, kann ein Erbe nicht bei sich abholen lassen, daher sich dies Legat nicht auf sie bezog. Gajus II, 210.

[2] Gajus II, 201.

[3] Gajus II, 216: *Lucius Titius hominem Stichum praecipito.* 217: *Praecipere enim esse praecipuum sumere.* Eine Konsequenz siehe Gajus II, 219.

[4] Gajus, a. a. O. Diese Duldsamkeit war ein Symptom des absterbenden Formalismus. Ein noch stärkeres Symptom war das S. C. Neronianum, Ulpianus, Fragm. XXIV, 11: *Ut quod minus aptis (ratis?) verbis legatum est, perinde sit, ac si optimo jure legatum esset: optimum autem jus legati per damnationem est.*

[5] Ulpianus XXV, 1: *Fideicommissum est, quod non civilibus verbis, sed precative relinquitur, nec ex rigore juris civilis proficiscitur, sed ex voluntate datur relinquentis.*

[6] Vgl. z. B. Ulpianus, Fragm. XXIV, 10. 15. 20. 21.

[7] Cod. VI, 43 communia de legatis et fideicommissis c. 1 § 1. Ein sonderbarer Gedanke der Kompilatoren war es, dieser neuen Einheit durch eine offensichtliche Änderung eines Ulpianischen Ausspruches Ausdruck zu geben. Dig. XXX de legatis I. fr. 1 (Ulpianus): *Per omnia exaequata sunt legata fideicommissis.* Ursprünglich hieß es wohl: *per multa.* Vgl. auch v. Czyhlarz, Lehrbuch der Institutionen. 2. Aufl. S. 341.

[8] Es ist dies wohl vornehmlich daraus zu erklären, daß man die Pandekten-

b) Das altrömische Vermächtnisrecht.

α) Die Behandlung der Vermächtnisse im römischen Civilrechte (Inst. II, 20 §§ 4 flg.).

§ 111.

I. Das Vermächtnis einer fremden Sache legt dem Belasteten die Pflicht auf, sie anzuschaffen und dem Legatar herauszugeben.

II. Schulden sind als Vermächtnisgegenstand in mehrfacher Weise denkbar. Der Erblasser kann seine eigene Forderung, die er gegen einen anderen hat, dem Vermächtnisnehmer zuwenden *(nomen legatum)*, aber auch, sofern der Vermächtnisnehmer selbst ihm, dem Erblasser, etwas schuldet, eine Schuldbefreiung anordnen *(liberatio legata)*. Endlich kann er seinem Gläubiger dadurch eine letztwillige Zuwendung machen, daß er ihm durch ein Vermächtnis die Schuldeintreibung gegenüber der Nachlaßmasse in irgend einer Art erleichtert *(debitum legatum)*.[1] Im ersten Falle überträgt er eine Forderung, im zweiten Falle vertilgt und im dritten Falle bestärkt er eine solche.

III. Das Wahlvermächtnis.[2] Ist dem Legatar die Entscheidung darüber überlassen, welche von mehreren Gaben er haben will, so liegt ein Vermächtnis vor, das erst durch Justinians Vorschrift für vererblich erklärt worden ist (vorher erhielten die Erben des Wahlberechtigten nichts, wenn dieser vor der Wahl starb). Können mehrere Erben des ursprünglich Wahlberechtigten bei der Wahl nicht einig werden, so muß das Los entscheiden.

Nicht bloß die vermachte Leistung kann wahlweise vermacht sein, sondern es kann auch bestimmt sein, daß der Berechtigte oder der Belastete durch eine Wahl aus einem Kreise von mehreren bestimmt werden soll.[3] Soll einer von mehreren bedacht sein *(ille aut ille)*, so giebt Justinians Vorschrift, um einem Zustande der Ungewißheit vorzubeugen, jedem einen Teil *(= ille et ille)*, so daß ein Wettbewerb der Berufenen in diesem Falle unmöglich wird.[4]

---

sammlung rasch zu vollenden suchte und dem Leser deshalb eine schwierige Aufgabe zuschob, die eigentlich den Verfassern oblag.

[1] Vgl. Dig. XXXIV, 3 de liberatione legata fr. 11 (JULIANUS): *Respondit quotiens debitor creditori suo legaret, ita inutile esset legatum, si nihil interesset creditoris ex testamento potius agere, quam ex pristina obligatione.*

[2] Vgl. BERNSTEIN, Zur Lehre vom *legatum optionis*, in der Zeitschr. der Savignystiftung I. S. 151. KARLOWA, Röm. Rechtsgeschichte II, 1. S. 925.

[3] Dig. XXX, de legatis I. fr. 8 § 1. Dig. XLV, 2 de duobus reis fr. 9 pr.

[4] Vgl. hierzu SOHM, Institutionen. 5. Aufl. S. 271 Anm. 2. Cod. VI, 38

IV. **Besondere Ungültigkeitsgründe** für Legate waren:

a) Das Verbot der *legata* an unbestimmte Personen (*personae incertae*), über deren Würdigkeit zum Empfange der Geber sich ein Urteil nicht gebildet haben konnte. Justinian ließ diese für wohlthätige Zwecke besonders geeigneten Verfügungen auch hier zu (s. oben § 103 S. 344, V).

b) Unbedingte Legate mußten so beschaffen sein, daß ihnen bei einem sogleich eintretenden Tode des Gebers kein Gültigkeitsmangel anhaftete (sog. *regula Catoniana*).[1] Hiernach mußte jeder Erblasser mit der Möglichkeit eines sofortigen Todes rechnen, und wenn seine Verfügung in diesem Falle nichtig war, so sollte ihr seine längere Lebensdauer keine Kraft verleihen.[2] Die heutige Gültigkeit dieser *regula Catoniana* ist zweifelhaft.[3]

c) Ungültig waren Legate, die innerhalb des Testaments vor den Erbeseinsetzungen standen[4] (vielleicht um Fälschungen zu verhindern?). Justinian hob dies auf.

d) Der Neigung, weit über den Tod hinaus zu verfügen, wurde dadurch eine Grenze gesetzt, daß man dem Erben des Erben kein Legat auflegen,[5] auch nicht dem Erben des Legatars ein solches zuwenden durfte. Justinian beseitigte diese Verbote, die man schon vorher durch Herstellung eines *fideicommissum* statt des verbotenen *legatum* umgehen konnte.

e) Die *legata poenae nomine relictae* (z. B. zur Strafe einer Wiederverheiratung) legen dem Belasteten unter Umständen eine drückende, vielleicht sogar eine zwecklose Beschränkung seines

---

de verb. sign. c. 4 § 1 c.: *Sic nemo defraudetur a commodo testatoris, sic major providentia pupillis inferatur, ne, dum dubitatur, apud quem esset tutela, in medio res pupillorum depereant.*

[1] Dig. XXXIV, 7 de regula Catoniana fr. 1 pr. (Celsus): *Catoniana regula sic definit, quod, si testamenti facti tempore decessisset testator, inutile foret, id legatum, quandocumque decesserit, non valere.*

[2] Ein Beispiel giebt Gajus II, 196: *Eae autem solae res per vindicationem legantur recte, quae ex jure Quiritium ipsius testatoris sunt; sed eas quidem res, quae pondere, numero, mensura constant, placuit sufficere, si mortis tempore sint ex jure Quiritium testatoris* (bei ihnen ist der Augenblick des Erwerbes oft schwer zu ermitteln), *veluti vinum, oleum, frumentum, pecuniam numeratam; ceteras vero res placuit utroque tempore testatoris ex jure Quiritium esse debere, id est, et quo faceret testamentum, et quo moreretur, alioquin inutile esset legatum.* Vgl. hierzu auch Karlowa, Röm. Rechtsgeschichte II, 1. S. 930 ff.

[3] Das Nähere gehört in das Pandektenrecht; vgl. auch oben S. 96 Anm. 3.

[4] Vgl. Ulpianus, Fragm. XXIV, 15.

[5] Ulpianus, Fragm. XXIV, 16.

freien Beliebens auf.[1] Ihre Gültigkeit wurde erst durch eine Bestimmung Justinians ermöglicht.

V. Legate fallen den Vermächtnisnehmern ohne weiteres an, sobald der Erblasser stirbt, wenn sie auch erst klagbar werden, sobald der Belastete Erbe geworden ist.[2]

VI. Auch unter mehreren Vermächtnisnehmern besteht ein Anwachsungsrecht, das eine verwickelte Vorgeschichte hat, bei Justinian aber in Anlehnung an älteres Recht eine Unterscheidung der *conjunctim* und der *disjunctim* berufenen Mitvermächtnisnehmer verlangt. Dabei war der Gedanke von Einfluß, daß die Verbindung mehrerer zum Empfange einer Gabe Berufenen sicherlich auf Absicht beruht, jede getrennte Berufung mehrerer auf dieselbe Sache aber auch auf einen Zufall oder ein Versehen zurückgeführt werden kann. Darum gehören dort die Vermächtnisnehmer im Sinne des Testators so sehr zusammen, daß der eine des anderen Belastung tragen muß, wenn er dessen Teil zu dem seinigen hinzuerwirbt, nicht aber da, wo zwei dasselbe in getrennten Bestimmungen erhalten und dem einen eine Last auferlegt ist. Hier würde der Testator den Belasteten mit dem anderen verbunden haben, wenn er auch diesem die Last zugedacht hätte.[4]

---

[1] Ein ferneres Beispiel giebt ULPIANUS, Fragm. XXIV, 17: *Si filiam tuam in matrimonium Titio conlocaveris, decem milia Sejo dato.*

[2] Der Zeitpunkt des Anfalls eines Rechts heißt *dies cedens*, der Beginn der Klagbarkeit *dies veniens*. Bei jenem naht die Stunde des Empfanges mit Sicherheit, bei diesem ist sie schon da. Über die Vollendung des Vermächtniserwerbes bestanden unter den römischen Juristen Streitfragen (GAJUS II, 195. 200. ULPIANUS, Fragm. XXIV, 31), die noch in der heutigen Wissenschaft ein Nachspiel haben, vgl. v. CZYHLARZ, Lehrbuch der Institutionen. 2. Aufl. S. 343 ff. KARLOWA, Röm. Rechtsgeschichte II, 1. S. 934.

[3] Vgl. Cod. VI, 51 de caducis tollendis c. un. § 11 (JUSTINIANUS): *Si quidem conjunctim hoc relinquatur .... et .... pars quaedam ex his deficiat, eam omnibus, si habere maluerint ...., cum omni suo onere adcrescere .... Sin autem disjunctim fuerit relictum .... (et) unus forte eam acciipiat, haec solida ejus sit .... Sin autem ad deficientis personam onus fuerit collatum, hoc non sentiat is, qui non alienum, sed suum legatum imminutum habet.* Über älteres Recht vgl. GAJUS II, 206. 215. 219. 233. ULPIANUS, Fragm. XXIV, 31. KARLOWA, Röm. Rechtsgeschichte II, 1. S. 929.

[4] Cod. VI, 51 cit. c. un. § 11g.

β) Der Widerruf von Vermächtnissen (Inst. II, 21).

§ 112.[1]

I. Der Widerruf der Legate *(ademptio legatorum)*. Er bedarf keiner Form,[2] sondern kann in einer letztwilligen Urkunde mit beliebigen Worten geschehen. Nach prätorischem Rechte genügt sogar jeder andere Ausdruck des Widerrufswillens, z. B. unter Umständen eine Veräußerung der vermachten Sache.[3]

II. Die Abänderung eines Legates *(translatio legati)* enthält den Widerruf seines bisherigen Inhaltes mit gleichzeitiger Herstellung eines neuen. So, wenn das Vermächtnis dem bisher Bedachten zu Gunsten eines anderen genommen, oder wenn es einem anderen Belasteten auferlegt wird.[4]

γ) Schranken des Vermächtnisumfanges (Inst. II, 22).[5]

§ 113.

I. Ursachen einer Beschränkung der Vermächtnisse. Die Vermächtnisse waren grundsätzlich nicht mit Schulden belastet,[6] während die Erben für die Verpflichtungen des Erblassers haftbar waren. Hieraus erklärt sich wohl der Hang der Römer, die Nachlaßstücke so viel als möglich als Vermächtnis zu begeben,[7] und nur einen kleinen Überrest dem Erben zu belassen. Diese schlugen dann aus Furcht vor unbekannten Gläubigern häufig die Erbschaft aus und beeinträchtigten dadurch die Gläubiger und die Erbschaftssteuern. Diesem Übelstande entgegenzutreten, erwiesen sich zwei ältere Gesetze, die *lex Furia (testamentaria)* und die *lex Voconia*, als unzu-

---

[1] Karlowa, Röm. Rechtsgeschichte II, 1. S. 933 ff.

[2] Anders der Widerruf eines Testaments, siehe oben § 106.

[3] Dig. XXXIV, 4 de adimendis vel transferendis legatis fr. 18 (Modestinus): *Rem legatam si testator vivus alii donaverit, omnimodo exstinguitur legatum.*

[4] Die *translatio* ist ein Seitenstück der *novatio*, vgl. unten § 166.

[5] Voigt, Röm. Rechtsgeschichte I. S. 501 ff. Karlowa, Röm. Rechtsgeschichte II, 1. S. 938 ff.

[6] Darum ist nur der Erbe für die Schuldenlast verantwortlich und braucht daher die Vermächtnisse nur auszuzahlen, wenn die Masse nach Tilgung der Schulden dazu ausreicht. Darum kann er auch verlangen, daß alle Vermächtnisgegenstände durch seine Hand gehen und nicht von den Vermächtnisnehmern ohne seine Zustimmung weggenommen werden.

[7] Gajus, Inst. II, 224: *Sed olim quidem licebat totum patrimonium legatis atque libertatibus erogare, nec quicquam heredi relinquere, praeterquam inane nomen heredis.*

reichend.[1] Jene war auf eine Zeit berechnet, in der die Vermögensmassen der wohlhabenden Bürger ungefähr untereinander gleich waren; denn sie setzte für alle Vermächtnisse denselben erlaubten Höchstbetrag (1000 as) fest.[2] Die *lex Voconia*[3] dagegen bestimmte diesen Höchstbetrag nach der Größe des kleinsten Erbteils, doch wußten die römischen Erblasser den Zweck dieses Gesetzes durch Zerspaltung der Erbschaft in viele kleine Vermächtnisse zu vereiteln. Darum setzte die *lex Falcidia* (714 urbis) eine andere Schranke fest. Dieses Gesetz sieht lediglich auf das Verhältnis des Legats zu dem belasteten Erbschaftsanteile. Jedem Erben sollte ungeschmälert von Vermächtnissen ein volles Viertel dessen, was ihm von Todes wegen zugekommen war, verbleiben.[4] *(In singulis heredibus ratio legis Falcidiae ponenda est.)* Dieses Viertel hieß *quarta Falcidia* (ebenso der ihm nachgebildete Pflichtteil, § 107).[5]

II. Der Zeitpunkt der Berechnung des vermächtnisfreien Viertels ist der Augenblick, in dem der Erblasser zuletzt Gelegenheit hatte, durch eine letztwillige Verfügung, die dem Gesetze entsprach, sie auf das richtige Maß zu beschränken, d. i. der Zeitpunkt seines Todes.[6]

---

[1] Gajus II, 225. 226.

[2] Gajus II, 225: *Itaque lata est lex Furia, qua, exceptis personis quibusdam, ceteris plus mille assibus legatorum nomine mortisve causa capere permissum non est. Sed et haec lex non perfecit, quod voluit. Qui enim verbi gratia quinque millium aeris patrimonium habebat, poterat, quinque hominibus singulis millenos asses legando, totum patrimonium erogare.*

[3] Gajus II, 226: *Ideo postea lata est lex Voconia, qua cautum est, ne cui plus legatorum nomine mortisve causa capere liceret, quam heredes caperent sed tame fere vitium simile nascebat. Nam in multas legatariorum personas distributo patrimonio poterat testator adeo heredi minimum relinquere ut non expediret heredi, hujus lucri gratia totius hereditatis onera sustinere.*

[4] Eigentümlich ist der Wortlaut des Gesetzes (Dig. XXXV, 2 ad l. Falcidiam fr. 1 pr.). Er beschränkt die alte Testierfreiheit und klingt doch so, als ob er sie bekräftigen wollte, insoweit er ihr keine Grenzen setzt.

[5] Als ein Reservefonds zur Bezahlung von Erbschaftsgläubigern, die erst später unerwartet auftauchten, war diese *quarta Falcidia* dem Erben besonders wertvoll, namentlich solange das *beneficium inventarii* (S. 355, IV) ihn noch nicht nach dieser Richtung schützte.

[6] Zu dem Beispiele einer Berechnung der *quarta Falcidia* in § 3 Inst. II, 22 ist zu vergleichen Dig. XXXV, 2 ad l. Falc. fr. 73 § 5 (Gajus): *Si is qui quadringenta in bonis habuit, tota ea quadringenta erogaverit, quarta pars legatariis detrahitur: si trecenta quinquaginta legaverit, octava. quod si quingenta legaverit habens quadringenta, initio quinta, deinde quarta pars detrahi debet.* Der Text kann in beiden Stellen leicht mißverstanden werden, weil dort zu dem Worte „*octava*“ *(pars)* ergänzt werden muß „*hereditatis*“, zu „*quinta*“ aber „*legatorum*“.

III. Justinian erlaubte dem Erblasser, den Quartabzug zu verbieten,[1] womit die Hauptkraft der *lex Falcidia*, die sich gegen des Testators Willen kehrt, gebrochen ist.[2]

c) Das kaiserliche Vermächtnisrecht.

α) Das Vermächtnis einer Erbschaftsmasse (Inst. II, 23 pr. — § 11).

§ 114.

I. Vorgeschichte. Die Formenstrenge der Testamente wurde in dem späteren Weltreiche lästig, als die Römer fern von Rom und ihrer Bürgerschaft verweilen mußten. Sie trafen daher oftmals formlose und daher rechtlich unvollkommene letztwillige Verfügungen, deren Ausführung lediglich vom Anstandsgefühle *(pudor* oder *fides)* der Erben abhing *(fidei commissa)*. Der Belastete hieß hier *fiduciarius*. Rechtlich gültig waren diese *fideicommissa* ursprünglich nicht. Darum brauchten auch bei ihnen die besonderen gesetzlichen Schranken, die das Recht für *legata* eingeführt hatte, nicht beachtet zu werden.

Erst Augustus verlieh allen formlosen oder bittweise angeordneten und infolgedessen bisher rechtlich nicht gültigen Vermächtnissen eine Klagbarkeit *extra ordinem* (vgl. zu Inst. II, 23 § 1 auch II, 25 pr.).[3] Dadurch wurde eine Reihe von Verfügungen rechtsverbindlich, die nach Civilrecht auch ihrem Inhalte nach nicht möglich gewesen waren. Die wichtigste unter ihnen ist die Anordnung der *hereditas fideicommissaria* (d. i. des Universalfideikommisses oder Gesamtvermächtnisses).

II. Der Ursprung der Gesamtvermächtnisse. Da der

---

[1] Novella 1 c. 2 § 2. Hierzu ist hervorzuheben, was in sehr vielen Lehrbüchern des Rechtes nicht genügend betont wird, daß der altrömische Grundsatz, nach dem die Vermächtnisnehmer von jeder Schuldenlast frei sind, im Justinianischen Rechte nicht mehr unbedingt gilt. Vielmehr ist diese Grundregel des Erbrechts außer Kraft gesetzt von Justinian. Cod. VI, 30 de jure deliberandi const. 22 § 5: *Licentia creditoribus non deneganda adversus legatarios venire et vel hypothecis vel indebiti condictione uti et haec quae acceperint recuperare, cum satis absurdum est, creditoribus quidem jus suum persequentibus legitimum auxilium denegari, legatariis vero, qui pro lucro certant, suas partes legem accomodare.*

[2] Der Entwurf eines bürgerlichen Gesetzbuches f. d. D. R. hat die Falcidische Quart nicht aufgenommen.

[3] Ulpianus XXV, 12: *Fideicommissa non per formulam petuntur, ut legata, sed cognitio est Romae quidem consulum, aut praetoris, qui fideicommissarius vocatur, in provinciis vero praesidum provinciarum.*

Erbe als Erbe den Gläubigern des Nachlasses haftet, so kann er seine Erbeseigenschaft nicht auf einen anderen hinüberwälzen. Darum erlaubte das *jus civile* nicht einmal dem Erblasser, einem Dritten das Recht zu gewähren, gänzlich oder teilweise in die Stelle des Erben einzutreten *(semel heres, semper heres).* Nur der letztwillige Auftrag an den Erben, den Nachlaß mit einem anderen zu teilen *(partitio legata),* war zulässig. Der Erbe mußte dann dem Legatar versprechen, ihm seinen Teil auszuliefern, wogegen der Legatar ihm zusicherte, den entsprechenden Teil der Erbschaftsschulden zu bezahlen *(stipulationes partis et pro parte).*[1] Durch Fideikommiß konnte dem Erben sogar die Herausgabe nicht bloß eines Teiles, sondern auch des Erbschaftsganzen auferlegt werden (Universalfideikommiß oder Gesamtvermächtnis). Doch ging auch dies zunächst die Gläubiger und die Schuldner der Erbschaft nichts an, welche beide sich an den Erben halten durften oder mußten, selbst wenn dieser den erworbenen Nachlaß durch Scheinverkauf[2] *(venditio uno nummo)* auf den ihm letztwillig gesetzten Nachfolger (d. i. den Gesamtvermächtnisnehmer) übertragen hatte. Diese Umgehung des Satzes: *semel heres semper heres* machte den Erben *(heres fiduciarius)* zu einem vorübergehenden Herrn des Nachlasses und scheint unter anderem auch einen Ersatz für die dem späteren römischen Rechte fehlende Testamentsvollstreckung[3] dargeboten zu haben.

III. **Fortbildung des Gesamtvermächtnisses.** Das *fideicommissum hereditatis* fand den Beifall des Senats und des Kaisers.

a) Das *S. C. Trebellianum* unter Nero (62 p. Chr.)[4] gewährte dem Gesamtvermächtnisnehmer nach erfolgter Herausgabe (Restitution) der Erbschaft (oder des herauszugebenden Teiles der Erbschaft) die rechtliche Lage eines Erben (oder Teilerben);[5] denn es verwies die Erbschaftsgläubiger mit ihren Ansprüchen an ihn (nicht an seinen Vorgänger). Ferner sollte nach diesem Senatsschlusse nicht mehr dem

---

[1] Vgl. Gajus II, 254. Ulpianus, Fragm. XXV, 15.

[2] Zu der veralteten ernstlichen Veräußerung des erworbenen Nachlasses durch *in jure cessio* vgl. Gajus II, 35: *Nihilominus ipse heres permanet (sc. is, qui hereditatem in jure cessit) et ob id creditoribus tenebitur, debita vero pereunt, eoque modo debitores hereditarii lucrum faciunt; corpora vero ejus hereditatis perinde transeunt ad eum, cui cessa est hereditas, ac si ei singula in jure cessa essent.*

[3] Für die ältere Zeit vgl. oben S. 331. Anm. 3.

[4] Seinen Wortlaut ergiebt Dig. XXXVI, 1 ad S. C. Trebell. fr. 1 § 2, seine nähere Vorgeschichte Gajus II, 248 ff.

[5] Zu dieser Restitution genügt übrigens eine einfache Erklärung. Die Form der Restitutionsbitte ergiebt sich aus Gajus II, 250: *Rogo te, Luci Titi, petoque a te, ut, cum primum possis hereditatem meam adire, Gajo Sejo reddas, restituas.*

Erben, der der Herausgabepflicht genügt hatte, sondern nur dem Empfänger des Herausgegebenen die Beitreibung der Erbschaftsansprüche gestattet worden.

b) Das *S. C. Pegasianum* unter Vespasian (75 n. Chr.) fügte diesem einfachen Rechtszustande einige Verwickelungen ein, weil es dem Fiduciar, dem es einen Erbantretungszwang auflegte (vielleicht gerade deswegen) auch das Recht des Quartabzuges gab. Der Gesamtvermächtnisnehmer sollte daher, auch wenn die ihm bestimmte Masse ihm herausgegeben war, nur dann noch in allen Erbschaftsforderungen und Erbschaftsschulden gleichgestellt werden, wenn der Erblasser seiner Pflicht, dem Fiduciar die Quart zu belassen, genügt hatte, seit Justinian aber auch ohnedies.

c) Die Vereinfachung des Gesamtvermächtnisrechtes durch das *S. C. Trebellianum* veranlaßte Justinian, dem sie durchaus zusagte, zu schwerverständlichen Ausdrücken des Mißfallens gegenüber dem *S. C. Pegasianum*, dessen Antretungszwang und Quartabzugsrecht er selbst beibehielt, während er in Wahrheit nur das Trebellianum änderte, nämlich in der soeben angegebenen Art erweiterte. Der Kaiser behauptet, die genannten beiden Einrichtungen des späteren Senatsschlusses, d. i. des Pegasianums, (Antretungszwang und Quartabzug), „*ad S. C. Trebellianum*" transponiert, d. h. wohl mit dem Grundgedanken des Trebellianum, der Gesamtnachfolge des Universalfideikommissars, vereinigt zu haben, indem er diese Art der Nachfolge einem jeden Gesamtvermächtnisnehmer ohne Ausnahme gewährte.[1] Dies hat nachrömische Juristen veranlaßt, die vom Pegasianum eingeführte Quart des Gesamtvermächtnisträgers unpassenderweise *quarta Trebellianica* zu nennen, obwohl das Recht auf ihren Abzug bei dem Erlasse des Trebellianum noch nicht galt.

Die Gleichstellung des Gesamtvermächtnisnehmers mit dem Erben hat übrigens in neueren Gesetzgebungen insofern ein Seitenstück, als nach ihren Vorschriften statt dieses Vermächtnisses einfach eine „Nacherbfolge" zugelassen wird und der Satz: *semel heres semper heres* damit gänzlich wegfällt.[2]

---

[1] Vielfach wird Justinians Vorschrift dahin aufgefaßt, daß nach ihr der Inhalt des Pegasianum fortan so angesehen werden sollte, als wäre er schon im Trebellianum enthalten gewesen (vgl. Hölder, Institutionen. 3. Aufl. S. 337. v. Czyhlarz, Lehrbuch der Institutionen. 2. Aufl. S. 349). Dann würde der Kaiser freilich eine schwer verständliche Fiktion angeordnet haben.

[2] Dies ist auch der Standpunkt des Entwurfs eines bürgerlichen Gesetzbuches f. d. D. R. §§ 1804 ff.

β) Form und Inhalt der kaiserrechtlichen Vermächtnisse.

αα) Allgemeines (Inst. II, 23 § 12. II, 24).

§ 115.

I. Die ursprünglich den *fideicommissa* eigentümliche Formfreiheit des Errichtungsaktes[1] war in der spätrömischen Zeit einem Formzwange gewichen.[2] Man verlangt in dieser schließlich 5 Zeugen zur Errichtung eines jeden Vermächtnisses,[3] des Gesamtvermächtnisses wie des Vermächtnisses einzelner Sachen. Justinian kehrt in dem sog. Oralfideikommisse für einen Ausnahmefall absichtlich zur alten Formlosigkeit zurück, nämlich für den Fall einer unmittelbaren Auflage des Vermächtnisses an den Erben, die übrigens der richtigen Ansicht nach auch schriftlich und durch Boten geschehen darf, daher die üblichen Namen „Oralfideikommiß" und „*fideicommissum herede praesenti injunctum*" für diese Vermächtnisart unpassend sind.[4] Dagegen, daß jemand ohne Grund ein solches angebliches Vermächtnis für sich beanspruchen könnte (etwa mit Hilfe falscher Zeugen oder Urkunden), schützen den Erben die beiden Vorschriften, daß der Vermächtnisnehmer, der klagen will, hier vorerst seine Redlichkeit eidlich beteuern muß, und daß das formlose Vermächtnis nicht anders als durch Eideszuschiebung bewiesen werden darf. Diese besonderen Beweisvorschriften haben Zweifel an der Fortdauer der erwähnten Vermächtnisart im Bereiche des deutschen Reichsprozeßrechtes erweckt.[5]

II. Der Empfänger eines Fideikommisses kann auch einer zukünftigen Generation angehören. Darum können schon nach römischem Rechte Familienfideikommisse errichtet werden.[6] Diese sind jedoch frei von den besonderen Eigentümlichkeiten des deutschrechtlichen Familienfideikommisses, welches sich zwar in Anlehnung an sie, aber mit Rücksicht auf besondere Verhältnisse Deutschlands in eigenartiger Weise entwickelt hat.

---

[1] Ulpianus XXV, 3: *Etiam nutu relinquere fideicommissum usu receptum est.*

[2] Vgl. oben in der Rechtsgeschäftslehre S. 316, II. am Ende.

[3] Cod. VI, 36 de codicill. c. 8 § 3 (Theodosius). Näheres zur Geschichte dieser Form findet sich Müller, Lehrbuch der Institutionen. 1858. S. 726.

[4] Es ist dies übrigens nicht ganz zweifellos.

[5] Näheres siehe im Pandektenrechte. Daß das Institut in Zukunft wegfallen wird, ist jedenfalls zweifellos. Das neue Reichsrecht wird voraussichtlich gänzlich mit dem Grundsatze der Formlosigkeit von Vermächtnissen brechen.

[6] Siehe v. Czyhlarz, Lehrbuch der Institutionen. 2. Aufl. S. 338.

III. Der Belastete brauchte bei den *fideicommissa* nicht Testamentserbe zu sein; auch gesetzlichen Erben und Vermächtnisnehmern konnten diese Bestimmungen auferlegt werden.[1] Ist einem Vermächtnisnehmer ein weiteres Vermächtnis auferlegt, so nennt man dies Aftervermächtnis.

IV. Das fideikommissarische Vermächtnis der Freiheit an einen Erbschaftssklaven machte den Belasteten (also in der Regel den Erben) zum Patron des Befreiten. Eine unmittelbare letztwillige Befreiung ließ dagegen den Sklaven von jedem Patronate frei werden. Bei ihr hieß der Freigelassene *libertus orcinus*, weil sein Patron im *orcus* weilte.[2]

γ) Schriftliche Vermächtnisse insbesondere (Inst. II, 25).

§ 116.

I. Begriff. *Codicilli*[3] nannte man jede schriftliche letztwillige Anordnung, die kein Testament war.[3] Das Testament unterschied sich daher von den *codicilli* durch die Erbeseinsetzung *(codicillis hereditas neque dari neque adimi potest)*.

II. Der Fortfall früherer *codicilli* durch ein späteres Testament wurde ursprünglich ohne weiteres angenommen. Nach einem Reskript von Severus und Antoninus sollen sie jedoch trotz eines solchen nachfolgenden letzten Willens ihre Gültigkeit behalten, wenn dies nachweislich der Absicht des Erblassers entspricht.

III. *Clausula codicillaris* ist ein Zusatz zu einem Testamente, welcher anordnet, es als Codicill anzusehen, falls es als Testament keine Gültigkeit haben sollte.[4]

IV. Die Form der Codicilli wurde schon oben (§ 115, I) erwähnt. Die in einem Testamente bestätigten Codicille wurden als *codicilli confirmati* vor den anderen ausgezeichnet.[5]

---

[1] Ulpianus XXV, 4: *Fideicommissum relinquere possunt, qui testamentum facere possunt, licet non fecerint. Nam intestato quis moriturus fideicommissum relinquere potest.* Gajus II, 271: *Item a legatario legari non potest, sed fideicommissum relinqui potest.*

[2] Vgl. Ulpianus, Fragm. II, 7. 8 und J. Pfaff, Über den *libertus orcinus*, in den Sitzungsberichten der Kais. Akademie der Wissenschaften in Wien, philos.-hist. Klasse. CXXIX. Nr. XII. 1893.

[3] Nach Sohm, Institutionen. 5. Aufl. S. 456: „ein Brief an den Beschwerten".

[4] Dig. XXIX, 1 de testamentis militum fr. 3 (Ulpianus): *Solent, cum testamentum faciunt per scripturam, adicere velle hoc etiam vice codicillorum valere.* Eine solche Umdeutung, die ein Rechtsgeschäft vor der Ungültigkeit rettet, nennt man „Konversion".

[5] Vgl. Gajus II, 270a (im Justinianischen Rechte durch die Vereinigung

III. Gesetzliche Bestimmung des Erben.[1]

1. Geschichtliche Einleitung.

§ 117.

I. Das Verhältnis der letztwilligen Erbfolge zur gesetzlichen. Wo Testamente anerkannt sind, da muß bei jedem Todesfalle zunächst untersucht werden, ob ein Testament vorliegt, und sodann, ob es gültig ist. Erst wenn eine dieser Fragen verneint ist, kommt eine gesetzliche Bestimmung des Erben in Betracht.[2] Dann heißt die gesetzliche Erbfolge *hereditas ab intestato delata* (Intestaterbfolge). Sie ist somit eine Ersatzerbfolge, die in zweiter Linie in Betracht kommt.[3]

II. Die verschiedenen Entwickelungszeiten der römischen Rechtsgeschichte spiegeln sich in den Wandlungen des römischen gesetzlichen Erbrechtes ab, die sich Schritt für Schritt vollzogen haben und darum ein überaus verwickeltes Bild zeigen.

In der ältesten Zeit diente die Erbfolgeordnung dazu, die Macht der scharf von einander abgesonderten Geschlechter zu erhalten. Die frühere Kaiserzeit hält diesen Gesichtspunkt zwar noch aufrecht, mildert aber die scharfe Scheidung unter den blutsverwandten Familien und erweitert den erbberechtigten Familienkreis. Die spätrömische Zeit aber, deren Staatswesen von der Geschlechtsordnung völlig losgelöst war, insbesondere Justinians abschließende Gesetzgebung, legt das alleinige Gewicht auf die Blutsverwandtschaft und die Sorge für die Angehörigen, nicht auf die Begünstigung des Familiennamens.

---

der beiden Vermächtnisarten erledigt): *Legatum codicillis relictum non aliter valet, quam si a testatore confirmati fuerint.* Vgl. auch Dig. XXIX, 7 de jure codicillorum fr. 8 pr. (Paulus): *Conficiuntur codicilli quattuor modis: aut enim in futurum confirmantur aut in praeteritum aut per fideicommissum testamento facto aut sine testamento.*

[1] Vgl. Karlowa, Röm. Rechtsgeschichte II, 1. S. 879 ff. Bei der *hereditas legitima* bestimmt das Gesetz den Erben und nicht bloß die Erbfolge. Diese regelt es auch bei Testamentserben. Dig. L, 16 de verb. significatione fr. 130 (Ulpianus): *Lege obvenire hereditatem non inproprie quis dixerit et eam, quae ex testamento defertur, quia lege duodecim tabularum testamentariae hereditates confirmantur.*

[2] Gajus III, 11: *His, qui tum cum certum est, aliquem intestatum decessisse, proximo gradu sunt (sc. datur hereditas).* Ähnlich der Institutionentext.

[3] Nach der Ansicht vieler (z. B. Sohm, Institutionen. 5. Aufl. S. 394) ist diese Erbfolge die einzige „alten Stils". Doch ist dies für das römische Recht nicht erwiesen.

Der Gegensatz der Zeiten zeigt sich namentlich auch darin, daß das prätorische und das spätrömische Recht mehrere Klassen und Grade gesetzlicher Erben hintereinander beruft.[1] Das Civilrecht kennt nur eine einmalige gesetzliche Berufung.[2]

2. Das Erbrecht vor der novella 118.

a) Die gesetzliche Beerbung freigeborener Erblasser.

α) Die absteigende Linie des Stammbaumes (Inst. III, 1).

§ 118.

I. Die zwölf Tafeln sind in der Voraussetzung geschrieben, daß eine Tochter, welche sich verheiratet, und ein Sohn, der sich emanzipieren läßt (z. B. um in eine Kolonie auszuwandern), entweder bei dieser Gelegenheit vom Vater abgefunden oder gänzlich von ihrer früheren Familie losgelöst werden. Erbberechtigte Kinder sind daher nur die gewaltunterworfenen Abkömmlinge, aber auch unter diesen nur die unmittelbar gewaltunterworfenen, d. h. nur solche, die bei dem Tode des Erblassers gewaltfrei werden, nicht aber solche, die durch diesen Tod aus der Gewalt des Sterbenden in diejenige eines dazwischen stehenden Abkömmlinges fallen müssen (also Enkel nur dann, wenn ihr Vater bereits vor dem Großvater gestorben oder auf andere Weise aus dem Kreise der erbberechtigten Kinder ge-

---

[1] Ulpianus, Fragm. XXIX. 10. 11: *Bonorum possessio datur parentibus et liberis intra annum, ex quo petere potuerunt; ceteris intra centum dies. Qui omnes intra id tempus si non petierint bonorum possessionem, sequens gradus admittitur, atque si superiores non essent.* Dig. XXXVIII, 9 de succ. ed. fr. 1 § 11: *Potest igitur ex sequenti parte succedere ipse sibi*, d. h. wer den Erbschaftserwerb in der früheren Klasse versäumt hatte, konnte ihn in der späteren nachholen.

[2] *In legitimis hereditatibus successio non est.* Vgl. Gajus, Inst. III, 11. 12: *Nec in eo iure (sc. hereditatis lege XII tabularum ab intestato delatae) successio est.* Vgl. dagegen Dig. XXXVIII, 9 de successorio edicto fr. 1 pr. (Ulpianus): *Successorium edictum idcirco propositum est, ne bona hereditaria vacua sine domino diutius iacerent. Usucapio pro herede* (vgl. oben S. 310. Anm. 2[a]) und *successio graduum* paßten hiernach nicht zusammen. Das älteste Recht brauchte nicht zu befürchten, daß die erblosen Sachen lange unberührt blieben. Vielmehr konnte es wahrscheinlich den plünderungssüchtigen Nachbarn eines kinderlosen Erblassers keine allzulange Wartefrist zumuten. Damals war es Sache des nächsten Erben, bei dem Tode des Erblassers schnell auf dem Platze zu sein. Räumte er das Feld, so wurde die Masse vogelfrei. Vgl. hierzu auch noch Hölder, Beiträge zur Geschichte des römischen Erbrechts. 1881. S. 129 ff.

schieden war).[1] Die beim Tode des Hausherrn zur Gewaltfreiheit berufenen Abkömmlinge heißen in der gesetzlichen Erbfolgeordnung dessen *sui*.[2] Tritt die gesetzliche Erbfolge nicht sogleich beim Tode ein, sondern verzögert sie sich, z. B. weil ein eingesetzter Testamentserbe erst nach einiger Zeit die Erbschaft ausschlägt, und fällt inzwischen ein *suus* weg, so treten dessen Kinder hinsichtlich der Erbanwartschaft an seine Stelle, sofern sie bei dem Tode des Erblassers wenigstens im Mutterleibe vorhanden waren. Dem später empfangenen Kindeskinde ist das gleiche Recht nicht gewährt.[3]

Durch den Wegfall der Manusehe erweiterte sich der Kreis der *sui* auf alle verheirateten Töchter oder unmittelbar gewaltunterworfenen Enkelinnen, nicht aber auf deren Kinder, die in der Familie ihres Vaters standen, aber nicht in derjenigen des mütterlichen Großvaters oder Urgroßvaters.[4]

II. Kindeserbrechte nach dem prätorischen Edikte. Der Prätor trug den veränderten Zeitverhältnissen Rechnung, in denen die Emancipation auch ohne volle Abfindung häufig vorkam. Er stellt die Emancipierten und deren Nachkommenschaft den Hauskindern und ihren Sprößlingen gleich.[5] Darum mußten diese hausfremden Erben den *sui*, die durch ihr prätorisches Erbrecht verkürzt wurden, alles zu der Erbschaftsteilung beibringen, was ohne

---

[1] 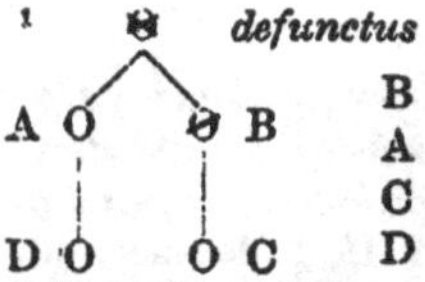

B ist vor dem *defunctus* gestorben,
A überlebt ihn.
C ist hier als *suus* berechtigt,
D aber nicht.

[2] Vgl. Gajus III, 1 ff. Dig. XLVIII, 20 de bonis damn. fr. 7 pr. (Paulus): *Cum ratio naturalis quasi lex quaedam tacita liberis parentium hereditatem addiceret.*

[3] Dig. XXXVIII, 16 de suis et legitimis hereditatibus fr. 6 (Julianus): *Quia lex duodecim tabularum eum vocat ad hereditatem, qui moriente eo, de cujus bonis quaeritur, in rerum natura fuerit.*

[4] Alles dies hängt mit dem Grundgedanken der Agnation zusammen, vgl. oben S. 209 ff.

[5] Ulpianus, XXVIII, 8: *Liberis bonorum possessio datur tam his, qui in potestate usque in mortis tempus fuerunt, quam emancipatis: item adoptivis, non tamen etiam in adoptionem datis.* Dies schien hart, wenn Enkel bis zu ihres Großvaters Tode für diesen gearbeitet hatten, während ihr Vater inzwischen emanzipiert war. Hier bemerkte ein Ediktszusatz des Julian *(nova clausula Juliani de conjungendis cum emancipato liberis ejus)*, daß der Vater mit seinen Kindern das, was dem Stamme zufiel, teilte. Dig. XXXVII, 8. Dig. XXXVIII, 6 si tabulae testamenti fr. 5 pr. Lenel, Ed. perp. S. 276.

ihre Emanzipation nicht ihnen selbst, sondern zur Erbmasse gehört haben würde[1] *(collatio emancipatorum)*.[2]

III. Adoptivkinder können nach Justinians Vorschrift nur noch ausnahmsweise die Erbrechte von *sui* oder *liberi* erlangen (s. oben § 56).[3] Rätselhaft ist das in Justinians Institutionen erwähnte *senatusconsultum Afinianum*, das für den Fall einer *„adoptio ex tribus maribus"* dem Wahlkinde einen besonderen Pflichtteil gegen den Wahlvater gab, der ihm sonst nicht zugestanden haben würde.[4]

IV. Abkömmlinge ohne Agnationsrechte gegenüber dem Verstorbenen sind:

a) Die Kinder der Erblasserin. Sie erben nach dem S. C. Orphitianum (Inst. III, 4).

b) Die sog. kognatischen Enkel oder Urenkel, d. s. Abkömmlinge von einer Tochter oder Enkelin. Diese Kindeskinder trugen nicht des Erblassers Namen und waren weder nach civilem, noch nach prätorischem Rechte zur Erbschaft berufen. Sie wurden es erst durch spätere Kaisergesetze. Seitdem war unter allen, die von einem Erblasser abstammten, niemand mehr von den gesetzlichen Erbrechten der absteigenden Linie ausgeschlossen, mit einziger Ausnahme derer, die durch eine vollwirksame Adoption in ein fremdes Haus gekommen waren; doch auch diese Ausnahme wurde von der Novelle 118 beseitigt.

V. Justinian beruft in Nov. 118 an erster Stelle alle Abkömmlinge, die nicht von dem Erblasser durch ein lebendes Zwischenglied des Stammbaumes getrennt sind. Der nächste Abkömmling erscheint hiernach gewissermaßen als Vertreter seines Stammes.[5]

---

[1] *Illis solis (sc. fratribus suis) injuriam facit.* Dig. XXXVII, 8 de conj. cum em. fr. 1 § 13 (Ulpianus). Dig. XXXVII, 6 de collatione bonorum fr. 1 § 5 (Ulpianus): *Totiens igitur collationi locus est, quotiens aliquo incommodo adfectus est is qui in potestate est interventu emancipati.*

[2] Die Fortdauer dieser Ausgleichung der Erwerbsrechte, welche emanzipierte Kinder vor Hauskindern voraushaben, ist der richtigen Ansicht nach für das Justinianische Recht nicht mehr anzunehmen, jedenfalls nicht für das heutige Recht.

[3] Vgl. übrigens Dig. XXXVIII, 6 si tab. test. nullae fr. 1 § 6 (Ulpianus): *Sed adoptivos hactenus admittimus, si fuerint in potestate: ceterum si sui juris fuerint, ad bonorum possessionem non invitantur, quia adoptionis jura dissoluta sunt emancipatione.*

[4] Vielleicht war dies ein Entgelt für die dem Kinde durch die *adoptio* entzogene agnatische Zugehörigkeit zu den beiden Brüdern.

[5] Aus diesem sog. „Repräsentationsrechte" sind zuweilen falsche Folgerungen gezogen worden. Insbesondere hat der nächste Abkömmling nicht das Recht, die Erbschaft für seinen Stamm auszuschlagen. Er darf es nur für sich

daher denn auch nach Stämmen (*in stirpes*) geteilt wird. Hiernach ist der Unterschied zwischen den Abkömmlingen von männlichen und denen von weiblichen Kindern oder Kindeskindern allmählich verloren gegangen, als die alte strenge Unterscheidung der agnatischen Familien verschwand. Für alle Abkömmlinge (also nicht bloß für die emanzipierten) giebt es im späteren römischen Rechte eine neue *collatio bonorum*, eine Ausgleichungspflicht, die unangemessene Bevorzugungen des einen vor dem anderen beseitigen soll. Sie bezieht sich auf gewisse Gaben des Erblassers, durch die er einzelne Erben so sehr ausgezeichnet hat, daß im Zweifel darin ein im voraus bezahlter Erbteil erblickt werden kann. Hierher gehörten zunächst die *collatio dotis*, später auch eine *collatio donationis propter nuptias*, sowie ein Ausgleichungsbeitrag des Preises, der für eine käufliche Beamtenstelle (*militia*)[1] gegeben war, endlich gewisse Schenkungen.[2] — Dieser Rechtszweig ist in Deutschland noch weiter ausgebildet worden.

β) Das Erbrecht der Seitenlinie des agnatischen Stammbaumes (Inst. III, 2).

§ 119.

I. Die zwölf Tafeln berufen, wenn kein *suus* vorhanden ist, den nächsten Agnaten, aber keinen Kognaten.[3] Weibliche Agnaten wurden mit Ausnahme der Schwester von seiten der Rechtspflege ausgeschlossen (um dem Luxus der Frauen zu steuern),[4] Justinian gewährte dagegen auch ihnen das volle agnatische Erbrecht. Hinter den Agnaten gab das Zwölftafelgesetz der *gens* ein Erbrecht, das ziemlich frühe außer Gebrauch kam.[5]

II. Der Prätor bevorzugte vor den Agnaten alle *liberi* (*edictum unde liberi*), das sind die *sui* und die durch eine Emanzipation vom

---

thun. Vgl. hierzu auch v. Czyhlarz, Lehrbuch der Institutionen. 2. Aufl. S. 298: „die sog. Repräsentation bezieht sich nur auf die Größe der Erbportion, auf nichts Anderes".

[1] Vgl. oben S. 123 Anm. 5.

[2] Vgl. Näheres in Dernburgs Pandekten III. §§ 139 ff. 3. Aufl. S. 279 ff.

[3] Ulpianus, Fragm. XXVI, 1: *Id enim cautum est lege duodecim tabularum hoc: „Si intestato moritur, cui suus heres nec escit, adgnatus proximus familiam habeto."* Collatio Mos. et Rom. leg. XVI, 4, 2: *„Si adgnatus nec escit, gentiles familiam habento." Nunc nec gentilicia jura in usu sunt.*

[4] *Voconiana ratione* (nach dem Grundgedanken der *lex Voconia*, s. oben S. 340 Anm. 1). Paulus, Rec. sent. IV, 8, 22.

[5] Siehe oben Anm. 3 a. E. Zum Erbrechte der *gens* vgl. auch noch Mommsen, Röm. Staatsrecht. III. S. 27 ff., wonach es ein Überrest des alten Samtbesitzes war. Mommsen, Abriß des röm. Staatsrechts S. 6.

Erblasser losgelösten Abkömmlinge, hinter ihnen beruft er die civilrechtlichen Erben (*edictum unde legitimi*), also nochmals die *sui*[1] und wenn keine *sui* da sind, die nächsten Agnaten, sowie sonstige gesetzliche Erben.[2]

III. Justinian hob in Nov. 118 die agnatische Seitenerbfolge gänzlich auf, indem er eine volle erbrechtliche Verschmelzung der väterlichen und der mütterlichen Verwandtschaft anstrebte.

γ) Erbrechte der aufsteigenden Linie des Stammbaumes (Inst. III, 3. 4).

§ 120.

I. Den zwölf Tafeln ist ein Erbrecht der aufsteigenden Linie gänzlich fremd. Wer sein Kind aus der Gewalt fortgab, entsagte damit allen Erbrechten in seinen Nachlaß. Das prätorische Edikt berief nur unter den Blutsverwandten (Kognaten) auch die Verwandten in aufsteigender Linie nach ihrer Gradesnähe, also erst hinter dem nächsten, wenn auch noch so entfernten Agnaten. Außerdem gebührten dem Vater, der durch eine Freilassung sein Kind selbst aus der Gewalt herausgegeben hatte (s. oben S. 218) als *parens manumissor* die patronatischen Erbrechte.

II. Das *S. C. Tertullianum* unter Hadrian gab der Mutter ein außerordentliches Erbrecht, mit dem sie den meisten Agnaten vorging unter besonderen Bedingungen.[3] Diese Bedingungen wurden im späteren Rechte erleichtert. Ein Seitenstück des *Tertullianum* war das *Orphitianum* unter Marc Aurel (Inst. III, 4) s. oben § 118 Nr. IV a.

III. Justinian beruft in den Nov. 118 und 127 nicht bloß den *parens manumissor*[4] und die Mutter, sondern jeden nächsten Verwandten der aufsteigenden Linie in der zweiten Klasse hinter den Abkömmlingen.[5] Doch können neben diesem nächsten

---

[1] SCHIRMER, Handbuch des röm. Erbrechts. 1863. § 5 Anm. 1 S 47 und § 15 Anm. 14 S. 257, führt aus, daß die *clausula unde legitimi* ursprünglich bloß die Agnaten betraf, nicht aber auch die *sui*.

[2] Dig. XXXVIII, 7 unde legitimi fr. 2 § 4 (ULPIANUS): *Sive lex XII tabularum eum heredem faciat sive alia lex senatusve consultum.*

[3] Dazu gehörte ursprünglich das *jus trium quatuorve liberorum*. ULPIANUS, Fragm. XXVI, 7, 8. Daraus entnahm man das mnemotechnische Scherzwort: *Tertullianum matrem vocat, quae ter tulit.*

[4] Das besondere Erbrecht des *parens manumissor* ist hiernach für weggefallen zu erachten, was nicht unbestritten ist. Richtig z. B. v. CZYHLARZ, Lehrbuch der Institutionen. 2. Aufl. S. 314.

[5] Diese Gleichstellung der entfernteren Verwandten in der aufsteigenden Linie mit den Eltern hängt sicherlich mit der in Deutschland beseitigten, in Byzanz noch häufigen großväterlichen Gewalt zusammen.

Verwandten der aufsteigenden Linie vollbürtige Geschwister des Erblassers einen Kopfteil verlangen und ebenso auch die Kinder (nicht die Enkel) vorverstorbener vollbürtiger Geschwister.

Zu beachten ist hierbei, daß auch noch zu Justinians Zeit in der Regel die Neffen oder Nichten mit ihrem Oheim in besonders inniger Gemeinschaft standen, weil die väterliche Gewalt ihres Großvaters sie mit diesen verband, während die Geschwister eines Großvaters gewöhnlich keinen lebenden Vater mehr haben und daher auch damals nur selten mit ihren Großneffen oder Großnichten in derselben Hausherrngewalt zusammen gelebt haben können.[1]

δ) Erbrechte der Seitenlinie des kognatischen Stammbaumes und der Ehegatten (Inst. III, 5. 6).

§ 121.

I. Prätorisches Recht. Wenn keine *heredes legitimi* vorhanden waren, so berief der Prätor den nächsten Kognaten (*edictum unde cognati*). Entferntere Kognaten (über den sechsten Grad hinaus) werden nicht mehr berufen, mit einziger Ausnahme der Kinder eines *sobrinus*, d. i. des Enkelkindes eines Großonkels oder einer Großtante.[2]

II. Die *hereditas vacans* fällt nach Kaiserrecht an den Fiskus,[3] dem ausnahmsweise einige bevorzugte Körperschaften, z. B. die Legion des Verstorbenen, vorgingen. Hierdurch verlor die *usucapio pro herede* jede Berechtigung, weil die Nachlaßmasse nunmehr unter keinen Umständen einem Plünderungsrechte unterliegen konnte.[4]

III. Justinian brachte eine Entwickelung zum Abschlusse, die sich vorher in einer Reihe von Sonderbestimmungen (z. B. der Berufung emanzipierter Brüder zur Erbfolge durch Anastasius u. dgl.) angebahnt hatte: die Aufstellung einer kognatischen Erbfolgeordnung.[5] Nach den Nov. 118 und 127 ließ er hinter den

---

[1] Der Entwurf des bürgerlichen Gesetzbuchs f. d. D. R. hat diese spätrömischen Erbrechtsgedanken völlig preisgegeben, vgl. §§ 1965 flg.

[2] Dig. XXXVIII, 8 unde cognati fr. 1 § 3.

[3] Ulpianus, Fragm. XXVIII, 7: *Et si nemo sit ad quem bonorum possessio pertinere possit, aut sit quidem, sed jus suum omiserit, populo bona deferentur lege Julia caducaria.* Vgl. v. Czyhlarz, Lehrbuch der Institutionen. 2. Aufl. S. 331.

[4] Vgl. oben S. 371 Anm. 2.

[5] Vgl. Sohm, Institutionen. 5. Aufl., S. 346: „Die Familie des *jus gentium* siegte über die Familie des *jus civile*.“

Kindern noch zwei bevorzugte Verwandtenklassen erben, die gewissermaßen das Elternhaus des Verstorbenen darstellen, nämlich in der zweiten, schon in § 120 besprochenen, die nächsten Verwandten der aufsteigenden Linie neben vollbürtigen Geschwistern und Kindern vorverstorbener vollbürtiger Geschwister, und in der dritten Klasse halbbürtige Geschwister und Kinder vorverstorbener halbbürtiger Geschwister. In der vierten Klasse beruft er aber die nächsten Kognaten eines jeden auch noch so entfernten Grades.[1]

IV. Hinter den Kognaten steht im prätorischen Edikte und auch noch im neuesten römischen Rechte[2] der Gatte oder die Gattin (*bonorum possessio unde vir et uxor*). Die Versorgung der Ehefrau sollte nach römischer Ansicht nicht durch das gesetzliche Erbrecht geschehen, sondern durch Ehevertrag (*pactum dotale*)[3] oder Testament. Der unversorgten Witwe (*indotata mulier*) gab Justinian jedoch ein bevorzugtes Erbrecht, mit dem sie sogar in die erste Erbklasse eintreten kann. (Nov. 53 cap. 6, 117 cap. 5.)

V. Die Berechnung der Verwandtschaftsnähe und die wichtigsten Verwandtschaftsnamen ergeben sich aus den Institutionen III, 6. Die Fülle dieser Bezeichnungen beweist die Sorgfalt, mit der die Römer ihre Familienbeziehungen zu beachten und festzuhalten pflegten, eine Nachwirkung der Gewohnheiten des alten, nach Geschlechtern gegliederten Gemeinwesens.

b) Die gesetzlichen Erben der Freigelassenen (Inst. III, 7. 8).[4]

§ 122.

I. Die Vorschriften über den Nachlaß der Freigelassenen hatten dadurch eine besondere Bedeutung, daß sich den Erbrechten des Patrons auch die Befugnisse des *parens manumissor* anpaßten.

a) Das Civilrecht spricht dem Patron und dessen Kindern die Erbschaft hinter den *sui* des Freigelassenen zu.[5]

---

[1] Diese Ausdehnung des Kreises der Erbberechtigten war sicherlich bei den agnatischen Namensvettern angemessener, als sie bezüglich der kognatischen Familie heutzutage vielen zu sein scheint. Der Entwurf des bürgerlichen Gesetzbuches hat auch hier eine von der römischen durchaus abweichende Ordnung §§ 1966 ff.

[2] Dig. XXXVIII, 11. Cod. VI, 18 unde vir et uxor.

[3] Vgl. oben S. 320 (zu § 95 III, b).

[4] Vgl. hierzu Müller, Lehrbuch der Institutionen. 1858. S. 795 flg. Voigt, Röm. Rechtsgeschichte I. S. 512 ff. und die dort Angeführten. S. 540 flg.

[5] Ulpianus, Fragm. XXVII, 1 flg. XXIX, 1 flg. Gajus, III, 42 flg. Über Latini Juniani siehe Gajus III, 58 flg.

b) Der Prätor ergänzte diese Erbfolgeordnung (s. § 124), indem er auch hier die emanzipierten *liberi* den *sui* gleichstellte, und schützte den Patron gegenüber den Freigelassenen sowohl wider Pflichtteilsverletzungen *(bonorum possessio partis dimidiae contra tabulas)* als auch wider die Annahme von Adoptivkindern, die auf der Absicht beruhen konnte, den Patron um sein gesetzliches Erbrecht zu bringen *(bonorum possessio partis dimidiae contra suos non naturales)*. Außerdem berief der Prätor hinter dem Patron noch mehrere andere Erbklassen (s. unten § 124), unter denen namentlich auch Seitenverwandte des Patrons in Betracht kamen.

c) Die Kaiserzeit *(lex Papia)* gab dem Patron, wenn der Freigelassene ein größeres Vermögen hatte, auch neben natürlichen Kindern ein Pflichtteilsrecht.

d) Justinian schränkte dieses Recht in mehrfacher Hinsicht ein. Zugleich verschmolz er auch hier das civile und das prätorische Recht, indem er die Seitenverwandten des Patrons bis zum fünften Grade hinter dem Patron und dessen Kindern berief. Die Nov. 118 berührt diese Erbordnung nicht.

II. Die *adsignatio libertorum* war ein Rechtsgeschäft, das die gewöhnliche Erbfolge in den Nachlaß der Freigelassenen abzuändern vermochte. Wo es nicht vorlag, da ging die Schutzherrschaft des Patrons über den Freigelassenen auf alle seine Kinder über. Durch die *adsignatio* konnte sie aber auf eines von ihnen beschränkt werden. Eine solche Anordnung mochte wohl da vornehmlich Platz greifen, wo der Freigelassene durch seine Lebensschicksale diesem einen Kinde besonders nahe getreten war.

3. Die novella 118.

§ 123.

I. Der Inhalt der Novelle 118 (543 p. Chr.), die durch Nov. 127 vereinfacht ist, wurde bereits oben gelegentlich erwähnt (§§ 118—122). Hiernach berief sie 4 Klassen:

a) die nächsten Verwandten der absteigenden Linie nach Stämmen,

b) die nächsten Verwandten aufsteigender Linie neben vollbürtigen Geschwistern und Kindern vorverstorbener vollbürtiger Geschwister,

c) die halbbürtigen Geschwister neben Kindern vorverstorbener halbbürtiger Geschwister,

d) die nächsten Blutsverwandten.

Hinter diesen vier Klassen stand die *bonorum possessio unde vir et uxor* (§ 121) und an letzter Stelle das Erbrecht der Staatskasse.

II. Das Erbrecht des *parens manumissor* am Nachlasse des von der Gewalt befreiten Kindes würde für den Vater, insbesondere gegenüber den Adoptivkindern eines solchen Erblassers, immer noch von Bedeutung sein. Trotzdem nimmt man mit Recht an, daß es schon durch Novelle 118 beseitigt und jedenfalls in Deutschland nicht mehr geltend ist.[1] Es paßt nicht mehr zur kognatischen Erbfolgeordnung Justinians.

III. Neben dem ordentlichen Erbrechte der Novella 118 können

a) ein an Kindesstatt angenommener vorher gewaltfreier Unmündiger (*impubes arrogatus*) (s. oben § 56),

b) eine unversorgte Witwe (s. § 121) und

c) unter Umständen auch ein Konkubinenkind (s. § 54), nach deutschem Rechte ein uneheliches Kind, außerordentliche gesetzliche Erbrechte geltend machen.

IV. Erbrechte aus obrigkeitlicher Verfügung (bonorum possessiones) (Inst. III, 9).

§ 124.

I. Systematisches. Wir fanden unter den Vorbedingungen der Vormundschaft, des Eigentumsüberganges sowie des Entstehens und des Fortfalles dinglicher Rechte an fremden Sachen eine Dreiteilung:

a) Rechtsgeschäfte,

b) Ereignisse, die keine Willenserklärungen sind, und

c) obrigkeitliche Anordnungen.

Diese Dreiteilung wiederholt sich auch bei der Verleihung einer Erbfolge (Testament, Intestaterbfolge, obrigkeitliche Verheißung einer *bonorum possessio*) und bei dem Erwerbe der Erbschaft selbst (*aditio*, Anfall der Erbschaft an den *heres necessarius*, Verleihung der Erbschaft durch besondere Verfügung).[2] Die Verheißung der *bonorum possessio* wird heutzutage von den anderen beiden Berufungsarten nicht mehr unterschieden, die richterliche Verleihung einer *bonorum possessio* im einzelnen Falle ist aber genau

---

[1] Vgl. oben S. 375 Anm. 4 und auch Salkowski, Lehrbuch. 6. Aufl. S. 463.

[2] Hierher gehört insbesondere die *bonorum possessio decretalis* (s. unten im Texte).

betrachtet, nur noch ein Mittel, um einen bereits geschehenen Erbanfall durchzuführen.

Erbberufung und Erbanfall geschehen daher heutzutage nur noch aus einer Privaterklärung oder ohne jede Erklärung. Die Verfügung der Obrigkeit ist bei uns weder Berufungs- noch Erwerbsgrund.

II. Die Entwickelung des prätorischen Erbrechtes. Der römische Prätor war zunächst ebensowenig wie unser heutiger Richter zur Verleihung von Erbrechten berufen. Er sollte nicht Erben schaffen, sondern Erben schützen *(praetor heredem facere non potest).*[1] Darum war seine ursprüngliche Aufgabe, die Einweisung der civilrechtlichen Erben in den Nachlaß *(bonorum possessio juris civilis adjuvandi causa)*, namentlich um eine Nachlaßplünderung zu verhüten oder rückgängig zu machen und um in einem Erbschaftsstreite eine vorläufige Regelung des Besitzstandes zu treffen.[2] Allmählich aber überwies der Prätor Nachlaßmassen auch an Personen, die nicht Erben waren, nämlich da, wo er Lücken des Gesetzes ergänzen oder sogar Mängel des Gesetzes heilen wollte *(juris civilis supplendi et corrigendi causa)*.

Eine bekannte Streitfrage ist, in welcher Reihenfolge der Unterstützungs-, der Ergänzungs- und der Verbesserungszweck das prätorische Erbrecht neben dem civilen ins Leben gerufen haben. Der Institutionentext kann auch hier keine rechtsgeschichtliche Autorität beanspruchen. Dafür, daß der Prätor es erst in späterer Zeit wagte, gegen das Gesetz *(corrigendi causa)* vorzugehen, sprechen manche Symptome.[3] Allein selbst das „*supplere*“ war für einen zur Rechtspflege berufenen Beamten eine so kühne That, daß sie wohl nicht von Anfang an, sondern erst später geschah.[4]

Erwarb jemand durch eine prätorische Einweisung einen Nachlaß und durfte er ihn auch dem gesetzlichen Erben gegenüber behalten

---

[1] Gajus, III, § 32 übereinstimmend mit Inst. h. t. § 2. Der *praetor* verleiht nur die Vorteile aus dem Erbantretungsrechte, nicht dieses selbst. Vgl. Ulpianus, Fragm. XXVIII, 12: *Heredes quidem non sunt, sed heredis loco constituuntur beneficio praetoris.*

[2] Vgl. Schulin, Das griechische Testament, verglichen mit dem römischen. Basel 1882. S. 13. 21.

[3] Vgl. z. B. Gajus, II, 120.

[4] Vgl. hierzu namentlich B. W. Leist in Glücks Pandektenkommentar, Serie der Bücher 37. 38. I. S. 38 ff. B. W. Leist, Graeco-italische Rechtsgeschichte. 1884. S. 80 ff.; Voigt, Röm. Rechtsgeschichte I. S. 525 flg., bes. 544 Anm. 49. Vgl. auch Salkowski, Lehrbuch der Institutionen. 6. Aufl. S. 434; Czyhlarz, Lehrbuch der Institutionen. 2. Aufl. S. 274.

(sog. *bon. possessio cum re*), so beruhte der Vorteil, den ihm seine Lage gewährte, nicht auf dem Gesetze, sondern auf dem Befehle des Prätors, und der Erwerber war also zwar nicht *heres*, aber doch *bonorum possessor heredis loco*. Mußte er dagegen den Nachlaß dem Civilerben herausgeben, so war seine *bonorum possessio* bloß *sine re*, *i. e. sine effectu*, also eine erfolglose Besitzergreifung der Masse.[1]

III. Verschiedene Arten einer *bonorum possessio*.

a) In gewissen Fällen war die *bonorum possessio* durch allgemeine Ediktsregel zugesichert (*bonorum possessio edictalis*). Hier war die Lage der *bonorum possessio* von derjenigen eines *heres* (selbst da, wo die *hereditas sine re* war) noch immer dadurch verschieden, daß der *heres* zur Erbschaft durch eine formlose Antretung gelangte (§ 109), während der *bonorum possessor* nur vor Gericht binnen einer bestimmten Frist[2] sein Recht erlangen konnte (sog. *agnitio bonorum possessionis*).[3]

In der deutschen Praxis wird diese *bonorum possessio edictalis*, soweit sie noch im neuesten römischen Rechte besteht (z. B. als *bon. possessio unde vir et uxor*) einfach der *hereditas* gleichgestellt, also als Erbfolge nach Gesetz, nicht nach obrigkeitlicher Verfügung angesehen, denn in den Augen der Nachwelt steht das von Justinian anerkannte prätorische *edictum* der *lex* gleich, wie es sogar schon im spätrömischen Rechte ihr im wesentlichen gleichstand.[4]

---

[1] Vgl. Ulpianus, Fragm. XXVIII, 13: *Bonorum possessio aut cum re datur aut sine re: cum re, cum is, qui accipit, cum effectu bona retineat; sine re, cum alius jure civili evincere hereditatem possit.* Die *bonorum possessio sine re* kann hiernach nur eine *juris civilis supplendi causa* eingeführte *bonorum possessio* gewesen sein. Erfolglose Verbesserungen oder Unterstützungen des Civilrechts kann der Prätor nicht beabsichtigt haben. Vgl. Sohm, Institutionen. 5. Aufl. S. 419. — Stand ein emanzipierter Sohn neben einem gewaltunterworfenen und erwarb ersterer die *bonorum possessio*, dieser die *hereditas*, so war die *bonorum possessio pro parte cum re, pro parte sine re.*

[2] In der Regel 100 Tage. Seitenstücke vgl. Ulpianus, Fragm. XVII, 1. XXII, 27. Sohm, Institutionen. 5. Aufl. S. 418 Anm. 16.

[3] Die Erteilung der *bonorum possessio* war daher hier nur eine obrigkeitliche Bescheinigung darüber, daß sie mit Erfolg erbeten war. Darum wurde sie nicht „*pro tribunali*" (d. h. „vom Richterstuhle aus", nach förmlicher Verhandlung) gewährt, sondern einfach *de plano* (= „stehenden Fußes", oder „ohne Sitzung"). Pernice in der Zeitschr. der Savignystiftung. Roman. Abt. XIV. S. 152. In unserer heutigen Kanzleisprache würde man allenfalls dafür „*brevi manu*" oder „kurzerhand" sagen können. Im spätrömischen Rechte wurde diese Antretungsform erleichtert. Vgl. auch Sohm, Institutionen. 5. Aufl. S. 203 Anm. 2. 418.

[4] Bruns, Syrisch-Römisches Rechtsbuch herausg. von Bruns und Sachau. 1880. S. 313, nimmt schon für das spätrömische Recht eine nahezu völlige Ver-

b) Die *bonorum possessio* ***decretalis*** ist die Überweisung des Nachlasses nach besonderer Prüfung der Sachlage *(causa cognita)*, z. B. zu Gunsten des Wahnsinnigen, dem sie nach römischem Rechte nicht ohne weiteres gewährt wird *(bonorum possessio furioso competens)*.[1] Diese Einweisung beruht auch heutzutage noch nicht auf unmittelbarer Bestimmung des Gesetzes, sondern auf obrigkeitlicher Verfügung, aber freilich auf einer solchen, die lediglich gesetzliche Vorschriften ausführt.

IV. Die Klassen der *bonorum possessio* sind für Freigeborene:

a) Die *bonorum possessio contra tabulas* (aus dem formellen prätorischen Noterbrechte, s. oben § 102);

b) die *bonorum possessio secundum tabulas* (die vom Prätor geschützte Testamentserbfolge, vgl. § 99);

c) fünf Klassen der *bonorum possessio ab intestato*, d. i. der Ersatzerbfolge zur Ergänzung eines fehlenden gültigen Testaments,[2] nämlich

α) *unde liberi* (s. oben § 118),

β) *unde legitimi* (s. oben § 119),

γ) *unde cognati* (s. oben § 121),

δ) *unde vir et uxor* (s. oben § 121),

ε) die sog. *bonorum possessio quibus ex legibus* oder *extraordinaria* für außerordentliche Erbberechtigungen,[3] die dann vorlag,

---

schmelzung der *hereditas* und der *bonorum possessio* an. Dig. L, 16 de verborum sign. fr. 138 (Paulus): *Hereditatis appellatione bonorum quoque possessio continetur.*

[1] Dig. XXXVII, 3. Andere Fälle sind die Einweisung der schwangeren Mutter des noch ungeborenen Erben (Dig. XXVII, 9 de ventre in possessionem mittendo) und die vorläufige Einweisung eines Unmündigen, dem die Kindeseigenschaft abgestritten wird bis zur Mündigkeit, vor deren Eintritt er diese Eigenschaft nicht zu verteidigen braucht, *ex edicto Carboniano*. Dig. XXXVII, 10 de Carboniano edicto. Vgl. hierzu Müller, Lehrbuch der Institutionen. 1858. S. 834. 835.

[2] Der Institutionentext zählt bald diese Intestaterbklassen (*c*) der Reihe nach auf, bald rechnet er in der Aufzählung aller *bonorum possessiones* die Noterb- und die Testamentsklasse (*a* und *b*) mit, so daß eine und dieselbe Klasse in demselben Titel verschiedene Nummern erhält. Darum wird z. B. die *bonorum possessio unde vir et uxor* oben § 3. III, 9 als siebente, unten § 7 (6) III, 9 als neunte Klasse bezeichnet. Sie ist die siebente *bonorum possessio ab intestato* und die neunte unter allen *bonorum possessiones* überhaupt.

[3] Dig. XXXVIII, 14 ut ex legibus senatusveconsultis bonorum possessio detur fr. un.

wenn ein neueres Gesetz den Prätor anwies, in gewissen Fällen eine *bonorum possessio* zu erteilen.[1]

Durch die Erbfolgeordnung der Nov. 118 und 127 sind diese Klassen von den vier neuen Klassen der Novellen verdrängt worden, nur die *bonorum possessio unde vir et uxor* hängt sich diesen als fünfte an.

V. Das prätorische Erbrecht für Freigelassene ist, wie schon in § 122 erwähnt wurde, von Justinian vereinfacht und neu geregelt worden. Trotzdem ist das frühere Recht in Inst. III, 9 mitgeteilt. Es kennzeichnete sich dadurch, daß in die gewöhnlichen prätorischen Klassen (*contra tabulas, secundum tabulas* und die fünf Klassen *ab intestato* = 7 Klassen) für Freigelassene noch vier weitere eingeschoben waren, von denen eine sich auf den besonderen Fall bezog, daß ein *extraneus manumissor* ein fremdes Hauskind zu Emanzipationszwecken freigelassen hatte. Einem solchen hausfremden *patronus* sollten die nächsten zehn Verwandten des Kindes vorgehen (*bonorum possessio unde decem personae*). Da Justinian die Freilassung als Emanzipationsform beseitigte (s. oben § 57), so fiel dies schon hierdurch weg.

Daneben gab es für gewöhnliche Freigelassene noch drei besondere Klassen, die hinter den *liberi* und *legitimi* in Betracht kamen: 1) *tum quam ex familia*,[2] 2) *patronus et patrona, liberique eorum et parentes*;[3] 3) *cognati manumissoris*. Auch diese Klassen sind von

[1] Z. B. das in § 122 erwähnte patronatische Erbrecht nach der *lex Papia*, vgl. Müller, Lehrbuch der Institutionen. S. 708.

[2] Nach Ulpian XXVIII, 7 ist dies die *familia patroni*, also wohl der nächste Agnat des Patrons. Vgl. Müller, Lehrbuch der Institutionen. 1858. S. 790 Anm. 26, und Rein, Das Privatrecht und der Civilprozeß der Römer. 2. Aufl. 1858. S. 851 Anm. 2. Zu dem „*tum quam*" ist wohl „*personam*" zu ergänzen.

[3] Hiernach konnte also in der den Agnaten des Patrons folgenden Klasse der Patron (ebenso wie seine Kinder und seine Eltern) noch immer die *bonorum possessio* erbitten. Dies war denkbar, wenn er in der früheren Klasse (*unde legitimi*) sie versäumt hatte, sie demnächst von den Agnaten gleichfalls nicht in der vorgeschriebenen Frist erbeten worden war und er nun doch noch Lust bekam, die früher verschmähte Erbschaft nachträglich an sich zu ziehen. Manche nehmen freilich nach Huschkes Vermutung an, daß in dem *patronus (et patrona)* der soeben besprochenen Klasse nicht der Patron (oder die Patronin) selbst ins Auge gefaßt ist, sondern der Patron (oder die Patronin) des Patrons. (So Rein, a. a. O. Anm. 3, und die dort Genannten, auch Müller, Lehrbuch der Institutionen. S. 79 ff.) Dies ist aber nicht bloß willkürlich, sondern auch unmöglich; denn Justinian bemerkt in § 6 (5) Inst. III, 9, indem er jene Erbrechtsklasse (*patronus et patrona, liberique eorum et parentes*) neben anderen wegstreicht, daß die in allen diesen beseitigten Klassen bisher Be-

Justinian gestrichen worden, als er die in § 122 erwähnte Erbfolgeordnung (Patron, Patronskinder, Seitenverwandte des Patrons bis zum fünften Grade) zur gesetzlichen machte.

V. Die Gesamtnachfolge in das Vermögen Lebender (Inst. III, 10—12).[1]

§ 125.

I. Seitenstücke des Erbrechtes ergaben sich trotz der Regel „*viventis non datur hereditas*“[2] aus der Möglichkeit eines bloß bürgerlichen Todes in der Form der *capitis diminutio* (vgl. oben S. 175 Anm. 4. S. 188 Anm. 2. S. 210 Anm. 7). Sogar die *capitis diminutio minima*, die Zerstörung der agnatischen Familienrechte, hatte eine weitgreifende rechtsvertilgende Kraft, gegen deren vermögensrechtliche Folgen jedoch der Prätor grundsätzlich ein für allemal Wiedereinsetzung in den vorigen Stand verhieß,[3] neueren Anschauungen folgend. Wer jedoch ein eigenes Vermögen hatte und durch eine *capitis diminutio* unter einen neuen Gewalthaber trat, verlor es an diesen neuen Herrn. Dahin gehören folgende Fälle:

a) die *in manum conventio* der gewaltfreien Frau (später beseitigt). S. oben S. 196;

b) die *adrogatio* des gewaltfreien Wahlkindes, s. oben S. 213;

c) der Erwerb einer freien Frau als Sklavin seitens des Herrn eines Sklaven, mit dem sie unerlaubten Geschlechtsverkehr getrieben hat, nach dem *S. C. Claudianum*.

Diese Vorschrift beseitigte Justinian als die Ausgeburt eines Verfalls der Sitte, der, wie er bemerkt, zu seiner Zeit überwunden war. (Siehe den Institutionentext.)

In diesen Fällen braucht der Erwerber die Schuldenlast der gewonnenen Masse nicht auf sein Vermögen zu übernehmen. Darum spricht man hier nicht von einer *successio in universum jus*, sondern einer bloßen *adquisitio per universitatem*, die sich bei dem einzigen

rufenen fortan nach seiner Reform dieses Rechtszweiges als *legitimi* oder *cognati* würden erben können. Dies paßt nun wohl auf den Patron, der zu den *heredes legitimi* gehörte, nicht aber auf den Patron des Patrons bei dem dies bekanntlich nicht der Fall war.

[1] Voigt, Röm. Rechtsgeschichte I. S. 464 flg.

[2] Dig. XXIX, 2 de acqu. vel am. hered. fr. 27 (Pomponius): *Neminem pro herede gerere posse vivo eo, cujus in bonis gerendum sit, Labeo ait.*

[3] Dig. IV, 5 de capite min. fr. 2 § 1 (Ulpianus): *Ait praetor: qui quaeve, posteaquam quid cum his actum contractumve sit, capite deminuti deminutae esse dicentur, in eos easve perinde, quasi id factum non sit, judicium dabo.*

derartigen Falle des Justinianischen Rechtes, der *adrogatio*, für den neuen Hausvater auf den Nießbrauch am Vermögen des Wahlkindes beschränkte. Übrigens mußte der Erwerber einer solchen Vermögensmasse sie den Gläubigern überlassen,[1] denen vor dem Erwerbe der frühere Herr des Vermögens haftbar geworden war.

II. Nach prätorischem Rechte konnte ein Vermögen bei Lebzeiten eines Herrn dadurch auf einen Gesamtnachfolger übergehen, daß es auf Antrag seiner Gläubiger öffentlich verkauft wurde (*bonorum emptio*). Das Kaufangebot geschah dadurch, daß der Bieter gewisse Prozente der Verpflichtungen des Gemeinschuldners zu zahlen versprach. Wer den größten Bruchteil der Schulden in dieser Weise übernahm, erhielt die gesamten Vermögensstücke des Schuldners mit der übernommenen Schuldenlast. Diese Form des Konkurses ersparte dem Gerichte die Versilberung der einzelnen Stücke der Masse und die Verteilung des erzielten Preises, eine Aufgabe, die heute bei Konkursen gelöst werden muß und auch schon im späteren römischen Rechte zunächst ausnahmsweise,[2] später als Regel bei Konkursen stattfand. Die alte Form des Verkaufes im ganzen, wobei oft die Vermögensmassen unter ihrem Werte losgeschlagen wurden, hatte trotzdem ihre Vorzüge, besonders in den Provinzen, wo die Statthalter herumziehend Gericht hielten und daher eine dauernd richterliche Aufsicht über die Konkursverwaltung nicht am Platze war; denn bei ihr war nur ein kurzes Eingreifen der Obrigkeit nötig und die weitere Ausschüttung der Masse vollzog sich auch ohne ein solches, indem die Mühe des Verteilungsverfahrens dem Massekäufer aufgewälzt wurde. So erklärt es sich wohl, warum gerade die neue Gerichtsordnung der spätrömischen Zeit, die über das Reich ein Netz ständiger Gerichte ausspannte, in den Institutionen mit dem Fortfalle des Verkaufes ganzer Vermögensmassen in Zusammenhang gebracht wird.[3]

III. Nicht bloß zum Besten der Gläubiger, sondern auch für die Staatskasse wurden ganze Vermögensmassen verkauft. Der Erwerber hieß *sector*.[4] Hierher gehört auch die dem Kaiserrechte

---

[1] Gajus IV, 80: *Quod vero ad eas personas, quae in manu mancipiove sunt, ita jus dicitur, ut cum ex contractu earum . . . nisi ab eo agatur, cujus juri subjectae sint, in solidum defendantur, bona, quae earum futura forent, si ejus juri subjectae non essent, veniant.*

[2] Vgl. Dernburg, Pandekten II. § 144. 3. Aufl. S. 376.

[3] Vgl. hierzu Ubbelohde, Über das Verhältnis der *bonorum venditio* zum *ordo judiciorum*, in den Festgaben der juristischen Fakultät zu Marburg für G. W. Wetzell. 1890. S. 1 ff.

[4] Gajus, Inst. IV, 146: *Item ei, qui publice bona emerit, eiusdem condi-*

entstammende, dem heutigen Strafrechte fremde Vermögenskonfiskation.[1]

Zweiter Abschnitt.

Vermögenserwerb mit einseitiger Kraft (Entstehung und Fortfall von Verpflichtungen).

Erstes Kapitel. Das Forderungsrecht im Dienste des Verkehrs.

I. Rechtsschutz wider Vertragsbruch.

1. Die römische Einteilung der Vertragsschulden (Inst. II, 13).[2]

§ 126.

I. Das Kennzeichen des Forderungsrechtes.[3] Der Gegensatz zwischen dem absoluten oder allseitigen Rechtsschutze und den bloß persönlichen Befugnissen ist nicht überall und zu allen Zeiten so scharf bezeichnet worden, wie in den römischen Wendungen *in rem* und *in personam*, sowie auch in dem Streben, die dinglichen Ansprüche von den persönlichen und die Verträge mit dinglicher Kraft von dem bloßen Schuldversprechen zu unterscheiden.[4] Derartige Gegensätze werden namentlich bei uns in der Redeweise des Volkes oft verwischt, ohne jedoch seiner Denkart fremd zu sein.

---

cionis interdictum proponitur, quod appellatur sectorium, quod sectores vocantur, qui publice bona mercantur. ASCONIUS in Cic. in Verrem II, 52: *Sectorem autem dicit aestimatorem redemptoremque bonorum damnati atque proscripti, qui spem sectans lucri sui, id est secutus spem aestimationis suae, bona omnia auctione vendidit et semel infert pecuniam vel aerario vel sociis.* Neuerdings wird der Name daraus erklärt, daß der *sector* eine ganze Masse kaufte, um sie nachher zu zerstückeln und einzeln zu verkaufen. PUCHTA-KRÜGER, Institutionen. 10. Aufl. I. § 179 Anm. 2 S. 556 (vgl. ebenda II. § 238 Anm. g S. 195. S. 487 Anm. n von RUDORFF). Die angeführte Stelle redet aber von einem Gesamtverkaufe durch den Erwerber. Vielleicht deutete das „*secare*“ auf die in solchen Fällen notwendige Verteilung der Masse unter die Gläubiger hin.

[1] Von Justinian gemildert in novella 134 c. 13.

[2] KARLOWA, Röm. Rechtsgeschichte. II, 1. S. 806 ff.

[3] VOIGT, Röm. Rechtsgeschichte. §§ 50 ff. S. 558 ff.

[4] Dig. XLIV, 7 de obl. et act. fr. 3 (PAULUS): *Obligationum substantia non in eo consistit, ut aliquod corpus nostrum aut servitutem nostram faciat, sed ut alium nobis adstringat ad dandum aliquid vel faciendum vel praestandum.*

Wir müssen nämlich annehmen, daß diese Unterschiede sich so wie jetzt, überall und jederzeit vorgefunden haben, weil es immer wieder gewisse Schutzbedürfnisse gab, die das Recht zwar nicht unberücksichtigt ließ, aber doch nur gegen bestimmte Verpflichtete sichern konnte oder wollte. Ein Schutz des Darlehensgebers in der Erwartung einer Rückgabe des Geliehenen ist z. B. nur gegenüber dem Empfänger denkbar. Gleiches gilt von allen Hoffnungen auf eine einmalige Leistung, z. B. eine bestimmte Arbeit oder die Herausgabe einer bestimmten Sache. Neben diesen Bedürfnissen mit einmaliger vorübergehender Befriedigung stehen solche, die nur durch einen dauernden Zustand oder durch eine Reihe sich wiederholender Ereignisse befriedigt werden können, z. B. das Bedürfnis zur ungestörten Benutzung eines Wohnraumes oder zur Ausübung einer bleibenden Herrschaft über eine Arbeitskraft. Hier kann es den Parteien von der Rechtsordnung überlassen sein, ob sie ein allseitig geschütztes Recht (z. B. ein dingliches Wege- oder Wohnrecht) bestellen wollen, oder einen bloß gegen einen bestimmten Rechtsgenossen geschützten Anspruch darauf, gehen oder wohnen zu dürfen.[1] Das Recht kann aber auch, indem es einer Überlastung des Eigentums vorbeugt oder die Bewegungsfreiheit der Menschen schützt, gewisse dauernde Bedürfnisse (z. B. auf Benutzung einer Wohnung) ausschließlich unter einen einseitigen, lediglich zwei Personen berührenden Schutz stellen. Dies gilt namentlich nach römischem Rechte bei der Sachmiete, aus der dem Mieter in neueren Sonderrechten auch gegen Dritte Schutz gewährt wird, während die Römer diese Beziehung an den Vermieter und den Mieter untrennbar anknüpften.[2]

Die Forderungen dienen also:

a) Schutzbedürfnissen, die nur von einem Verpflichteten befriedigt werden k ö n n e n,

b) Schutzbedürfnissen, deren Befriedigung

α) nach Parteiabrede,

β) nach Rechtssatz

---

[1] Viel zu sehr wird daher die Vergänglichkeit und der Zweck später wegzufallen als Eigentümlichkeit der Forderungen betont. Der Mietsvertrag ist um nichts vergänglicher als ein für die gleiche Frist bestelltes Recht an einer fremden Sache.

[2] Daher das Sprichwort: „Kauf bricht Miete". *Habitatio* und *superficies* waren übrigens schon in Rom Ausnahmen dieses Grundsatzes (s. oben S. 292 und S. 294).

nur einem bestimmten Verpflichteten obliegen soll, aber keinen Dritten etwas angeht.[1]

II. Der Einfluß des Forderungsrechts auf das menschliche Verhalten. Das römische Forderungsrecht dient nicht bloß dem Verkehre, sondern auch zur Abwehr der Übelthaten oder sonstiger unerwünschter Ereignisse. Verkehrsfördernd sind namentlich die Vertragsschulden, Unrecht hemmend namentlich die Deliktsobligationen. Unter den übrigen Schulden *(variis ex causarum figuris)* sind wiederum manche den Vertragsschulden nach Zweck und Inhalt ähnlich, andere den Deliktsschulden. Von jenen heißt es: *quasi ex contractu nascuntur* (nicht *ex quasi contractu*), von diesen: *quasi ex delicto*. Unrömisch und widersinnig sind die Ausdrücke Quasikontrakt und Quasidelikt.

III. Die Schuldverträge.[2] Ein Hauptgrundsatz des römischen Schuldrechtes ist: *nudc pacta non pariunt actionem, si nulla subest causa* (Dig. II, 14 de pactis fr. 7 § 4), d. h. eine bloße Abrede als solche verpflichtet nicht, sofern nicht ein besonderer Verpflichtungsgrund hinzukommt.[3] Als solche Gründe, die ein Versprechen verbindlich machen, kennt das römische Recht:

a) den Empfang einer Leistung (sog. *obligatio re*);

b) eine bestimmte Vertragsform, die gesprochen oder geschrieben ist (*verbis* oder *litteris*);

c) die formlose Einigung über einen bestimmten Schuldinhalt *(consensus)*. Das römische Recht läßt keine beliebigen, unbenannten Konsensualverträge zu, sondern gewährt Klagen nur aus den ausdrücklich von ihm als klagbar bezeichneten *contractus*, um nicht den Rechtsschutz an Geschäfte zu verschwenden, bei denen das Gemeinwohl ihn nicht erfordert. Die in solcher Weise anerkannten Konsensualverträge waren: Kauf, Miete, Gesellschaftsvertrag und Auftragsübernahme. Anders das heutige Recht, das jedes Versprechen einer Leistung von Vermögenswert,[4] sofern es nichts Un-

---

[1] Verbreitet ist die Meinung Puchtas (Institutionen, 10. Aufl. besorgt von Krüger I, S. 34), daß das Obligationenrecht zunächst aus dem Verkehrsbedürfnisse entstanden ist. Allein auch die Deliktsforderungen sind uralt, und der Verkehr war wohl zunächst ein sofortiger Güteraustausch (s. oben S. 270 ff.).

[2] Vgl. Pernice, Parerga, in der Zeitschr. der Savignystiftung IX, S. 195 bis 260 über den Begriff des Vertrages nach röm. Rechte und die Entwickelung der einzelnen Verträge. — Schlossmann, Der Vertrag. 1876. S. 7, behauptet die Wertlosigkeit des Vertragsbegriffes, eine Behauptung, die sicherlich zu weit geht.

[3] Ähnlich Pauli, Sent. II, 14. § 1.

[4] Dig. XL, 7 de statu lib. fr. 9 § 2 (Ulpianus): *Ea enim in obligatione*

erlaubtes enthält, für klagbar und verpflichtend ansieht, nach einer verbreiteten Meinung sogar jedes abstrakte Versprechen, also jede Zusage, die über die Frage nach ihrer Gegenleistung absichtlich schweigt (s. oben S. 316, II).[1]

Mit dieser scharfen Trennung der nach Civilrecht klagbaren Abreden von dem allgemeinen Begriffe des *pactum*[2] oder der *conventio*[3] hängt es zusammen, daß die Römer nur die ersteren *contractus* nennen, während unsere Redeweise die Ausdrücke: Kontrakt, Pakt, Abrede und Vertrag als gleichbedeutend behandelt.

IV. Der Schuldinhalt ist entweder eine von Anfang an bestimmte Leistung oder ein späterer Schuldzuwachs. Ein solcher Zuwachs trat namentlich bei den sog. *contractus bonae fidei* ein, die, im Gegensatze zu den *contractus stricti juris*, nach freieren Grundsätzen *(ex fide bona)* beurteilt wurden,[4] Grundsätzen, die heutzutage auf alle Verträge Anwendung finden, so daß sich der soeben erwähnte Unterschied überlebt hat. Nach ihnen wird z. B. durch Säumnis *(mora)*[5] eine gesteigerte Haftung begründet. Insbesondere macht die *mora solvendi* (Säumnis des Schuldners im Gegensatze zu der *mora accipiendi* des Gläubigers) für Verzugszinsen haftbar.[6] Der Schuldinhalt mehrt sich namentlich auch durch Vertragswidrigkeit,

---

consistere, quae pecunia lui praestarique possunt. Diese Regel ist ein Seitenstück des älteren Grundsatzes, daß jeder verurteilende Richterspruch auf eine Geldsumme lauten mußte, zugleich aber eine Schutzwehr gegen eine unziemliche Selbstbeschränkung der Freiheit durch eine vertragsmäßige Übernahme von Verpflichtungen, von denen ein Loskauf mit Geld unmöglich ist, vgl. Sohm, Institutionen. 5. Aufl. S. 269. Das Bedürfnis, dem eine Leistung mit Geldwert dient, braucht übrigens kein pekuniäres zu sein, so kann z. B. eine Forderung zum Genuß einer Musikaufführung oder eines Schauspiels berechtigten.

[1] Die Prüfung dieser Ansicht fällt in das Pandektenrecht.

[2] Dig. II, 14 de pactis fr. 1 § 1 (Ulpianus): *Est pactio duorum pluriumve in idem placitum consensus.*

[3] Dig. II, 14 de pactis fr. 1 § 3.

[4] Inst. IV, 6 § 30.

[5] Vgl. über die *mora* Voigt, Röm. Rechtsgeschichte I. S. 841 und Karlowa, Röm. Rechtsgeschichte II, 1. S. 816.

[6] Dig. XXII, 1 de usuris fr. 32 § 2 (Marcianus): *In bonae fidei contractibus ex mora usurae debentur.* — In einer wohl verständlichen Nachsicht gegenüber der menschlichen Saumseligkeit läßt das römische Recht den Verzug und seine Folgen in der Regel nicht eher eintreten, als bis der Säumige zunächst gemahnt worden ist. Dig. XXII, 1 de usuris fr. 32 pr. (Marcianus): *Mora fieri intelligitur non ex re, sed ex persona, id est, si interpellatus opportuno loco non solverit.* Vgl. auch Dig. XLVI, 3 de sol. fr. 72 § 1 (Marcellus): *Verum est eum, qui interpellatus dare noluit, offerentem postea periculo liberari* (sog. *purgatio morae*).

deren Nachteile für den Gläubiger der schuldige Verpflichtete ausgleichen muß.[1] Dies heißt *culpam* oder *diligentiam praestare*[2] und gilt namentlich auch da, wo eine besondere Aufsicht über eine Sache geboten war, *custodiam praestare*.[3]

Das *pactum ne dolus praestetur* ist den guten Sitten gefährlich und darum ungültig.[4] Der Satz: *casus a nullo praestantur* gilt nicht unbedingt. Namentlich werden Gastwirte und Schiffer von der Haftung für die Sachen ihrer Gäste nur bei Zufällen schlimmerer Art frei[5] (sog. *vis major* oder höheren Gewalt),[6] d. i. bei solchen Ereignissen, die schon nach ihrer äußeren Beschaffenheit vermuten lassen, daß ihnen auch durch sorgfältige Vertragserfüllung

---

[1] Die Haftung des Verpflichteten überdauert den von ihm verschuldeten Untergang des Schuldgegenstandes. Dig. XLV, 1 de verb. obl. fr. 91 § 3: *Quotiens culpa intervenit debitoris, perpetuari obligationem.* Bei der Abschätzung eines solchen Schadens gilt nach Dig. IX. 2 ad legem Aquiliam fr. 33 pr. (PAULUS): *Pretia rerum non ex affectione nec utilitate singulorum, sed communiter fungi*, d. h. der Grundsatz, daß der sog. bloße Affektionswert nicht ersetzt wird. — Vgl. hierzu auch Dig. XLV, 1 de verb. obl. fr. 82 § 1 (ULPIANUS): *Si post moram promissoris homo decesserit, tenetur nihilominus perinde ac si viveret.*

[2] In der bekannten Stelle (s. oben S. 386 Anm. 4) des Paulus, nach der die *obligatio alium obstringit ad dandum aliquid vel faciendum vel praestandum* bedeutet wohl *praestare* das Einstehen für Schadenersatz, namentlich auch für schuldhafte Vertragswidrigkeiten oder, soweit es ausnahmsweise nötig ist, auch für Zufall (vgl. KARLOWA, Röm. Rechtsgeschichte II. S. 688ff.). *Dare* und *facere* aber sind Ausdrücke, die auf die von Anfang an geschuldete Leistung hindeuten. (Dig. XLV, 1 de verb. obl. fr. 2 pr. (PAULUS): *Stipulationum quaedam in dando, quaedam in faciendo consistunt.* Es ist dies übrigens sehr zweifelhaft. Vgl. v. CZYHLARZ, Lehrbuch der Institutionen 2. Aufl. S. 146, Anm.

[3] BIERMANN, Custodia und vis major, in der Zeitschr. der Savignystiftung XII, S. 33 ff. PERNICE, M. Antist. Labeo II, S. 339 ff.

[4] Dig. II, 14 de pactis fr. 27 § 3 (PAULUS): *Nulla pactione effici potest ne dolus praestetur.*

[5] Dig. IV, 9 nautae caupones stabularii ut recepta restituant fr. 3 § 1 (ULPIANUS): *Ut innotesceret praetor curam agere reprimendae improbitatis hoc genus hominum: et quia in locato conducto culpa, in deposito dolus dumtaxat praestatur, at hoc edicto omnimodo qui receperit tenetur, etiam si sine culpa ejus periit vel damnum datum est, nisi si quid damno fatali contingit. inde Labeo scribit, si quid naufragio aut per vim piratarum perierit, non esse iniquum. exceptionem ei dari. idem erit dicendum etsi in stabula aut in caupona vis major contigerit.* Vgl. hierzu BEKKER, Über „*recipere*“ und „*permutare*“ bei Cicero, Zeitschr. der Savignystiftung III, S. 1 ff. und UDE, Das receptum nautarum. ebenda XII, S. 66 ff.

[6] Der Ausdruck „höhere“ Gewalt findet sich auch in mehreren deutschen Gesetzen. Vgl. EXNER, Der Begriff der höheren Gewalt *(vis major)*. Wien 1883 und die in DERNBURGS Pandekten II. § 39. 3. Aufl. S. 105 Genannten.

kein Widerstand geleistet werden konnte, also *vis major quam cui resisti potuit*;[1] bei anderen Zufällen sind sie haftbar.

2. Die verschiedenen Verpflichtungsgründe.

a) Die Pflichten aus einer empfangenen Leistung.

α) Die benannten Realverträge (Rückgabeversprechen) (Inst. III, 14).[2]

§ 127.

I. Übersicht. Die vier benannten Verträge, bei denen die Gültigkeit der übernommenen Verpflichtung von einer voraus empfangenen Leistung abhängt *(re contrahitur)*,[3] sind: Darlehen, unentgeltliche Leihe, unentgeltliche Übernahme einer Aufbewahrung und Übernahme eines Pfandes von seiten des Gläubigers *(mutuum, commodatum, depositum, pignus)*.

II. Das Darlehn *(mutuum)*[4] ist das Rückgabeversprechen einer Summe von Sachen, die unter sich gleichwertig sind[5] *(res quae pondere, numero, mensura constant)*.[6] Der Empfänger wird hier (nicht aber bei den anderen benannten Rückgabeversprechen) Eigentümer dessen, was ihm gegeben ist.[7] Ist dem Darlehn ein Zinsversprechen durch *stipulatio* beigefügt, so ist dies ein zweiter, be-

---

[1] Unwiderstehlichkeit (oder Unvermeidlichkeit) ist überhaupt das Unterscheidungsmerkmal des Zufalls im juristischen Sinne gegenüber der Schuld, vgl. Dig. XIII, 6 commodati fr. 18 pr. (Gajus): *ut tantum eos casus non praestet, quibus resisti non possit.* Vgl. über *casus* Karlowa, Röm. Rechtsgeschichte II, 1. S. 827.

[2] Voigt, Röm. Rechtsgeschichte I. S. 616 ff. Vgl. Pernice, M. Antistius Labeo I. S. 416 ff. Vgl. über die Entwickelungsgeschichte des *re obligari*: Bekker, Die Aktionen des röm. Privatrechts I. S. 112 ff.

[3] Dig. II, 14 de pactis fr. 17 pr.: *Re enim non potest obligatio contrahi, nisi quatenus datum sit.*

[4] Karlowa, Röm. Rechtsgeschichte II, 1. S. 591 ff. Berüchtigt ist Dig. XII, 1 de rebus cred. fr. 2 § 2 (Paulus): *Appellata est autem mutui datio ab eo, quod de meo tuum fit.* Die Römer hielten übrigens auch mittelbare Zuwendungen der Darlehnssumme unter Umständen für genügend. Näheres gehört in die Pandektenlehre.

[5] Dig. XII, 1 de rebus cred. fr. 2 § 3 (Paulus): *Creditum ergo a mutuo differt, qua genus a specie. nam creditum consistit extra eas res, quae pondere numero mensura continentur, sic, ut, si eandem rem recepturi sumus, creditum est.*

[6] Vgl. über diesen Begriff oben S. 263 Anm. 1, Karlowa in Grünhuts Zeitschr. für Privat- und öffentliches Recht XVI. 1889. S. 407 ff. und Roguin, Les choses fongibles. Lausanne 1892.

[7] Insofern hat das Darlehn eine gewisse Ähnlichkeit mit dem oben (S. 291, IV) geschilderten *quasi usus fructus*, der durch Vermächtnis hergestellt werden kann, was hinsichtlich des Darlehns nicht der Fall ist. Der durch Vertrag hergestellte *quasi usus fructus* wird sehr oft vom Darlehn nicht zu unterscheiden sein. Näheres gehört in das Pandektenrecht.

sonderer Kontrakt, da nach römischem Rechte die Darlehnsschuld eine streng einseitige ist.[1]

Die Institutionen vergleichen mit dem Darlehnsnehmer den Empfänger einer aus Irrtum geschehenen Schuldzahlung, der nach Aufklärung des Irrtums eine gleiche Summe wiederzugeben verpflichtet ist (Haftung aus der *condictio indebiti*, einer der sog. Bereicherungsklagen, mit der der Schuldner auf Rückgabe des Vorteils haftet, den er aus einer grundlosen Beeinträchtigung eines fremden Vermögens erlangt hat). (Vgl. unten § 141.)

III. Darlehnsschulden von Hauskindern sind durch Einrede entkräftbar *(exceptio senatusconsulti Macedoniani)*. Es beruht dies auf einem Senatsschlusse, der durch ein Verbrechen (jedenfalls einen Vatermord) veranlaßt war und gegen die Gläubiger Schutz gewähren will, die leichtsinnigen Hauskindern in der Hoffnung auf den Tod des Vaters Geld leihen.[2] Auf andere Schulden, als auf Darlehne bezieht sich diese Vorschrift nicht.[3] (Das künftige Reichsrecht wird dem Inhalt des Senatsschlusses keinen Raum mehr gewähren; denn es will die Hauskindschaft bei der Großjährigkeit aufhören lassen, Minderjährigen aber, mögen sie Hauskinder sein oder nicht, nicht bloß die Darlehnsfähigkeit entziehen, sondern überhaupt die Fähigkeit zur selbständigen Eingehung von Verbindlichkeiten.)

IV. Die übrigen benannten Rückgabeversprechen.[4] Bei der unentgeltlichen Gebrauchsleihe haftet der Empfänger *(commodatarius)* für *omnis culpa* und *exacta diligentia*, weil ihm zu Liebe der Vertrag geschlossen ist.[5] Dagegen haftet der, der eine Sache zur un-

---

[1] Heutzutage wird das verzinsliche Darlehn vielfach als Kapitalsmiete angesehen (s. Pandektenrecht).

[2] Eigentümlich ist diesem Senatsschlusse (vgl. oben S. 96 Anm. 6) seine Benennung, die nicht nach dem Antragsteller geschehen ist, sondern nach einem Verbrecher (Pernice in v. Holtzendorffs Encyklopädie. 5. Aufl. I. S. 140), auch die eigenartige Begründung, in der zunächst ein besonderer Fall und sodann eine allgemeine Betrachtung aufgeführt werden. Vgl. Dig. XVI, 6 ad S. C. Macedonianum fr. 1 pr. (Ulpianus): *Verba Senatusconsulti Macedoniani haec sunt: Cum inter ceteras sceleris causas Macedo, quas illi natura administrabat, etiam aes alienum adhibuisset, et saepe materiam peccandi malis moribus praestaret qui pecuniam, ne quid amplius diceretur, incertis nominibus crederet: placere ne cui, qui filiofamilias pecuniam dedisset, etiam post mortem parentis ejus, cujus in potestate fuisset, actio petitioque daretur, ut scirent, qui pessimo exemplo foenerarent, nullius posse filiifamilias bonum nomen exspectata patris morte fieri.*

[3] Dig. XIV. 6 ad S. C. Maced. fr. 3 § 3 (Ulpianus): *Is autem solus Senatusconsultum, offendit, qui mutuam pecuniam filiofamilias dedit, non qui alias contraxit.*

[4] Karlowa, Röm. Rechtsgeschichte II, 1. S. 601 ff.

[5] So Ulpianus, Dig. XIII, 6 commodati fr. 5 § 2.

entgeltlichen Aufbewahrung übernommen hat *(depositarius)*,[1] also sich nur zum Besten eines anderen haftbar macht, bloß *ex dolo* und aus der dem *dolus* rechtlich gleichgestellten[2] *culpa lata*.[3] Die Haftung des Pfandnehmers und des Verpfänders ist derjenigen des Entleihers gleich, da beide bei dem abgeschlossenen Vertrage ihre eigenen Angelegenheiten besorgt haben.[4]

Commodatum, *pignus* und *depositum* ebenso wie das *mandatum* (unten § 139)[5] rechnet man zu den unwesentlich zweiseitigen (d. h. zweiseitig belastenden Verträgen),[6] weil bei ihnen nicht immer, sondern nur möglicherweise, d. h. unter besonderen Umständen beide Parteien eine Verpflichtung tragen, (z. B. der Kommodant dann, wenn er ein krankes Pferd verleiht, das andere Pferde des Entleihers ansteckt),[7] während in der Regel nur eine Partei gebunden

---

[1] Veraltet sind in der Kaiserzeit die *actiones fiduciae directae* und *contrariae*. Vgl. Karlowa, Röm. Rechtsgeschichte II, 1. S. 221. Das Depositum ist schon in den XII Tafeln erwähnt (Collatio, X, 7. 11), daher ist es nicht recht glaublich, daß es ursprünglich in der Form eines Scheingeschäftes *(pactum fiduciae)* vorkam. Über die neuerdings vielbesprochene *fiducia cum amico contracta* vgl. oben S. 272 Anm. 9. Über den Zusammenhang der Realkontrakte mit der *fiducia* siehe überhaupt Geib, Actio fiduciae und Realvertrag, Zeitschr. der Savignystiftung VIII. S. 112. Über das mehrfach überlieferte *commendatum* (ein Beispiel siehe Bruns, Fontes ed. VI. S. 313) bemerkt (Dig. XVI, 3 depos. fr. 24) Papinianus: *Quid est enim aliud commendare quam deponere?* Voigt dagegen führt aus (Röm. Rechtsgeschichte I. 1892. S. 823), daß das *commendatum* weiter griff, sich namentlich auch auf anvertraute Verwandte und Freunde bezog und seiner Natur nach ein *mandatum* war, aus dem sich dann das *commendatum rei* als *depositum* abgezweigt haben soll. — Im technisch-juristischen Sinne unterscheidet sich das *mandatum custodiae* aber jedenfalls vom *depositum*, weil es mehr umfaßt als eine bloße Aufbewahrung, nämlich auch die Pflege des Anvertrauten, z. B. das Begießen von Pflanzen, Füttern von Tieren u. dgl. Näheres gehört in das Pandektenrecht.

[2] Dig. XVII, 4 si is qui testam. fr. 1 § 2 (Ulpianus): *Culpa dolo proxima dolum repraesentat.*

[3] Eine strengere Haftung galt nach Dig. XVI, 3 depositi fr. 1 § 1 für das sog. *depositum miserabile (tumultus, incendii, naufragii causa)*.

[4] Dig. XXX de leg. I. f. 108 § 12 (Africanus): *Sicut in contractibus bonae fidei servatur, ut si quidem utriusque contrahentis commodum versetur, etiam culpa: sin unius solius (sc. creditoris), dolus malus tantummodo praestetur.*

[5] Dahin gehören auch gewisse Innominatkontrakte. Dig. XIX, 5 fr. 1 § 2. Vgl. unten S. 394 Anm. 3.

[6] Sog. *contractus bilaterales inaequales*. Ihre Zweiseitigkeit wurde von den späteren römischen Juristen scharf betont. Vgl. hierüber Pernice, M. Antistius Labeo I. S. 470. II. S. 315.

[7] Dig. XIII, 6 commodati fr. 18 §§ 2 u. 3 (Gajus): *Possunt justae causae intervenire, ex quibus cum eo, qui commodasset, agi deberet, veluti ... qui sciens*

ist (der Kommodatar, der Depositar, der Pfandgläubiger und der Beauftragte). Anders die wesentlich, d. h. immer, zweiseitigen (zweiseitig belastenden) Verträge, namentlich Kauf, Miete und Gesellschaftsvertrag.[1] Bei ihnen sind unter allen Umständen beide Teile gebunden.

β) Die im Civilrechte unbenannten Realverträge.

§ 128.

I. Begriff. Die römische Wissenschaft der Kaiserzeit zählt alle formlosen Rückgabeversprechen und Austauschgeschäfte, welche nicht unter den Begriff eines benannten Real- oder Konsensualvertrages fallen,[2] zu den unbenannten Realverträgen.[3] Für diese kennt sie vier Gruppen: *do ut des, do ut facias, facio ut des, facio ut facias.*[4] *Dare* heißt Gewährung von Eigentum oder eines dinglichen Rechtes,[5] *facere* jede andere Handlung[6] oder Unterlassung.[7]

Einige dieser Verträge hatten bestimmte Namen. So z. B. im Verkehre der Tausch (d. i. ein solcher Austausch zweier Sachen, der kein Kauf, d. h. kein Austausch einer Sache gegen Geld, ist).[8] Ferner der *contractus aestimatorius*, d. i. der Verkaufsauftrag mit Selbstkaufsrecht des Beauftragten zu einem bestimmten Preise (unpassender Weise Trödelvertrag genannt).[9] Es ist nicht leicht zu

---

vasa vitiosa commodavit, si ibi infusum vinum vel oleum corruptum effusumve est. condemnandus eo nomine est.

[1] Ein solcher Vertrag hieß in einem besonderen engeren Sinne *contractus* oder *συνάλλαγμα*. Dig. L, 16 de verb. sign. fr. 19 (Ulpianus): *Contractum autem ultro citroque obligationem quod Graeci συνάλλαγμα vocant.*

[2] Dig. XIX, 5 praesc. verbis fr. 3.

[3] Beispiele: Dig. II, 14 de pactis fr. 7 § 2 (Ulpianus): *Dedi tibi rem, ut mihi aliam dares ... dedi tibi Stichum, ut Pamphilum manumittas.* X, 3 communi dividundo fr. 23 pr. (Ulpianus): *Si convenerit inter te et socium tuum, ut alternis annis fructum perciperetis.* XIX, 5 de praescriptis verbis et in factum actionibus fr. 1 § 2 (Papinianus): *Si quis pretii explorandi gratia rem tradat.*

[4] Vgl. Dig. XIX, 5 de praescriptis verbis fr. 5 pr. (Paulus): *Aut enim do tibi, ut des, aut do, ut facias, aut facio, ut des, aut facio, ut facias.*

[5] Dig. XLV, 1 de verb. obl. fr. 75 § 10.

[6] Das Hingeben einer Sache ist, insoweit es nicht Eigentum überträgt, sondern nur die thatsächliche Lage der hingegebenen Sache ändert, in der Sprache der Rechtsquellen *facere*, nicht *dare*. Dig. L, 16 de verb. sign. fr. 175 (Pomponius): *Faciendi verbi reddendi etiam causa continetur.*

[7] Dig. L, 16 de verb. sign. obl. fr. 189 (Paulus): *Facere oportere et hanc significationem habet, ut abstineat quis ab eo facto, quod contra conventionem fieret. et cureti ne fiat.*

[8] Dig. XIX, 4 de rerum permutatione.

[9] Dig. XIX, 3 de aestimatoria. Auch das *precarium* (vgl. oben S. 317.

erklären, warum diese Kontrakte, die einen besonderen Namen haben, doch nicht zu den Verträgen gerechnet werden, *quae nomen suum habent,*[1] obwohl sogar eine besondere *actio de aestimato* im Edikte stand.[2] Es kann dies wohl nur daraus erklärt werden, daß ihnen nicht in den Rechtsquellen des Civilrechtes (im Gegensatze zu den prätorischen und zur Redeweise des Volkes), also weder in den *leges* noch in den anerkannten civilrechtlichen Vertragsformularen[3] ein bestimmter Name zugeteilt war.[4]

Diese Sonderstellung der genannten Verträge erhielt sich selbst dann, als das neuere Civilrecht ihnen einen Klageschutz verschaffte, und zwar deshalb, weil man für sie alle zusammen ein gemeinsames biegsames Klageformular entwickelte, von dem die *actio de aestimato* nur ein Anwendungsfall, vielleicht sogar der Ausgangspunkt war.[5] Es hatte sich nämlich in der Kaiserzeit die Lehre entwickelt, daß der Prätor nicht bloß die im Civilrechte anerkannten Klageformulare (vgl. oben S. 77 ff.) in seinem Edikte berücksichtigen mußte und daneben auf eigene Verantwortung, also *jure praetorio,* sie ergänzen konnte, sondern daß es ihm auch nach *jus civile* oblag, neue Klagen den einzelnen Fällen anzupassen, die nach den Anschauungen des neueren Civilrechtes zwar zu einer Klage berechtigten, aber bisher noch nicht ausdrücklich im Edikte als Voraussetzungen eines klagbaren Anspruches anerkannt worden waren.[6] Auf diesem Grundsatze fußend, gaben die Prätoren Klagen, in denen sie vorn in der Formel durch sog. *praescriptio pro actore* das Geschäft andeuteten, aus dem der Anspruch nach der Behauptung des Klägers entstanden war. Diese Klagen hießen *actiones praescriptis verbis*[7] und wurden von

---

Karlowa, Röm. Rechtsgeschichte II, 1. S. 318 ff., S. 321 ff.) wurde hierher gezogen. Dig. XLIII, 26 de precario fr. 2 § 2.

[1] Dig. XIX, 4 de rer. perm. fr. 1 § 2.

[2] Dig. XIX. 3 de aestimatoria fr. 1 pr

[3] Vgl. hierzu oben S. 68.

[4] Dig. XIX, 5 de praescr. verbis fr. 3: *Quorum appellationes nullae jure civili proditae sunt.* Der Gesamtbegriff dieser Verträge hat daher auch im neuesten römischen Rechte nur ein negatives Merkmal, er umfaßt alle möglichen nach ihrem Inhalte verpflichtenden Abreden mit Ausnahme der nach *jus civile* besonders benannten.

[5] Vgl. Lenel, Edictum perpetuum. S. 238.

[6] Dig. II, 14 de pactis fr. 7 § 2. Dieser Grundsatz bedeutete eine erhebliche Erweiterung der obrigkeitlichen Machtbefugnisse und ist eine Folge des Verkehrsaufschwungs.

[7] Dig. II, 14 fr. 7 § 2 cit. (Ulpianus): *Dedi tibi Stichum ut Pamphilum manumittas: manumisisti: evictus est Stichus Julianus scribit in factum actionem a praetore dandam* (diese *actiones in factum* dienten prätorischen Rechts-

den Prätoren vielfach auch dann, wenn es zweifelhaft war, welche von mehreren Klagen für ein bestimmtes Geschäft die richtige war, dazu benutzt, um der Entscheidung über diese Frage auszuweichen.[1]

II. Die unvollkommene Kraft der Innominatkontrakte. Bei ihnen verpflichtete erst die Annahme der Vorleistung den Empfänger zur versprochenen Nachleistung. Wer sich also z. B. ein Pferd für Geld hatte versprechen lassen, d. h. es gekauft hatte, der konnte Lieferung gegen Abnahme des Preises verlangen. Wer jedoch verabredet hatte, es gegen ein anderes Pferd einzutauschen, der konnte es erst dann verlangen, wenn der andere Teil ihm die vereinbarte Gegenleistung abgenommen hatte. Aber auch nachdem der eine Teil vorgeleistet hatte, konnte er noch immer nachträglich das Gegebene zurückverlangen und vom Vertrage zurücktreten (sog. Reurecht oder *jus poenitendi*).[2]

Im deutschen Rechte ist ihm dies versagt. Seitdem stehen alle unbenannten Kontrakte des römischen Rechtes, soweit sie nicht Rückgabeversprechen,[3] sondern Austauschverträge sind, den Konsensualverträgen gleich, namentlich also auch der Tausch dem Kaufe (s. unten § 136).[4]

Man kann daher heutzutage unter dem Namen der unbenannten Schuldverträge nur noch solche Abreden verstehen, die nicht durch besondere römischrechtliche Sätze geregelt sind (rechtlich unge-

---

sätzen) *ille (Mauricianus) ait civilem incerti actionem, id est praescriptis verbis sufficere.* Der Prätor handelte also hier in Ausführung einer Civilrechtsregel.

[1] Darin ist schon ein Zeichen des Verfalles der Rechtspflege zu sehen. Vgl. Dig. XIX, 5 praescr. verbis fr. 1 (Papinianus): *Nonnunquam evenit, ut cessantibus judiciis proditis et vulgaribus actionibus, cum proprium nomen invenire non possumus, facile descendamus ad eas, quae in factum appellantur.* Vgl. überhaupt hierzu Gradenwitz, Interpolationen in den Pandekten. 1887. S. 122 ff. und Lenel, Zeitschr. der Savignystiftung IX, 181. Lenel, Edictum perpetuum S. 237. Auch Pernice in der genannten Zeitschrift IX, 248 ff.

[2] Gradenwitz, Interpolationen in den Pandekten S. 146 ff., und Dernburg, Pandekten II. § 7 Anm. 16. 3. Aufl. S. 20, nehmen an, daß das *jus poenitendi* bei Innominatkontrakten erst durch Interpolation in die Pandekten gekommen ist. Doch dürfte es wohl wahrscheinlicher sein, in diesem Reurechte den Überrest einer niedrigen Kulturstufe zu sehen, die formlose zweideutige Zusagen vorläufig (d. h. bis zur Erfüllung) nicht annahm. Noch heutzutage fehlt den Vertragsparteien bei Verabredungen, die ihrer Art nach selten sind, oftmals der ernstliche Verpflichtungswille *(animus obligandi)*, vgl. hierzu Bernhöft, Kauf, Miete und verwandte Verträge. 1889. S. 64.

[3] Vgl. oben S. 393 Anm. 4.

[4] Dies wurde nicht sofort bei der Rezeption des römischen Rechtes angenommen, sondern ist das Ergebnis einer längeren Entwickelung, vgl. Seuffert, Zur Geschichte der obligatorischen Verträge. 1881. S. 135 ff.

regelte Schuldverträge). In diesem Sinne gehören Tausch und Trödelvertrag heutzutage nicht mehr zu ihnen und ebensowenig die durch nachrömische Rechtsquellen geregelten Vertragsverhältnisse.

b) Pflichten aus einer bestimmten Form des Vertragsabschlusses.[1]

α) Altrömisches Recht.

§ 129.

I. Das *nexum* war ein mit Förmlichkeiten verbundenes Darlehn, bei dem ein Schuldner den eigenen Körper für rechtzeitige Erfüllung verpfändete, unter Zuziehung eines *libripens*, der ursprünglich die Darlehnssumme zuwog, an deren Stelle in ähnlicher Weise wie bei der *mancipatio* später eine Scheinzahlung trat.[2] Im weiteren Sinne bezeichnete das Wort *nexum* jedes Geschäft mit Erz und Wage.[3]

Die Strenge des altrömischen *nexum*,[4] das dem Gläubiger einen von ihm selbst vollstreckbaren Anspruch gab, milderte sich allmählich,[5] und das Geschäft verschwand schon vor der Kaiserzeit.

II. Andere förmliche Versprechen der ältesten Zeit s. unten im Bürgschaftsrechte § 134.

β) Das mündliche Schuldversprechen.[6]

αα) Geschichte der römischen Stipulation (Inst. III, 15 pr. § 1).

§ 130.

I. *Stipulatio* oder *verborum obligatio* war eine Zusage, die mit gesprochenen Worten, also unter Anwesenden abgegeben und angenommen wurde. Die Thätigkeit dessen, der das Ver-

---

[1] Voigt, Röm. Rechtsgeschichte I. S. 592 ff.

[2] Siehe oben S. 271.

[3] Varro, De ling. lat. VII, 105: *Nexum Manilius scribit omne, quod per libram et aes geritur, in quo sint mancipia; Mucius quae per libram et aes fiant, ut obligentur, praeter quae mancipio dentur.* An die Rolle, die das *nexum* im Kampfe zwischen *patres* und *plebs* gespielt hat, erinnert v. Czyhlarz, Lehrbuch der Institutionen. 2. Aufl. S. 156.

[4] Tab. VI, 1: *Cum nexum faciet mancipiumque, uti lingua nuncupassit, ita jus esto.* Auch das neueste deutsche Prozeßrecht kennt Versprechen, die dem Gläubiger das Recht zu sofortiger Zwangsvollstreckung geben. Reichscivilprozeßordnung § 702, 5.

[5] Vgl. Gajus IV, 25 und Livius VIII, 28 (lex Poetelia, 441 urbis 313 a. Chr.): *Pecunia creditae bona debitoris non corpus obnoxium esset,* d. h. als Verkaufsgegenstand, die Schuldhaft war dadurch nicht beseitigt.

[6] Vgl. Karlowa, Röm. Rechtsgeschichte II, 1. 699 ff. Voigt, Röm. Rechtsgeschichte I. S. 42 ff. 599 ff.

sprechen annahm, hieß *stipulari* (= sich versprechen lassen). Die Thätigkeit des Versprechenden nennt man *promittere* (vielleicht von *manum promittere,* d. i. den Handschlag geben).[1] Woher das Wort *stipulari* stammt, ist streitig (s. den Institutionentext). Leitet man es von *stipula* (Halm) ab, so kann man es vielleicht dahin deuten, daß die Käufer der ältesten Zeit, als sich die Austauschgeschäfte noch Zug um Zug abwickelten, sich bloß bei Früchten auf dem Halme (*stipulae*) mit dem Versprechen einer späteren Lieferung begnügten, dann aber auch ihrerseits den Preis nicht zahlten, sondern nur versprachen, und daß dieses älteste Kreditgeschäft später vom Getreidekaufe auf andere Fälle ausgedehnt wurde, ohne den alten Namen zu verlieren.[2]

Die Äußerung des Versprechenden darüber, ob er eine Gegenleistung erwartete und welche (die sog. *causa stipulationis*), war für die Klagbarkeit des Geschäftes gleichgültig, doch konnte der Verpflichtete auch bei Urkunden, in denen die Zweckabrede verschwiegen war (sog. *cautiones indiscretae*),[3] aus dieser Abrede Einreden herleiten. War dem Vertrage eine besondere *clausula doli*[4] (*dolumque malum huic rei abesse abfuturumque esse*) eingefügt, so waren damit dem Schuldner alle Einreden offen gehalten, die nach den freieren Verkehrsanschauungen der späteren Zeit (*ex fide bona*) angemessen erscheinen.[5]

---

[1] Huschke, Verf. des Servius Tullius. 1838. S. 603. N. 37. Danz, Lehrbuch der Geschichte des röm. Rechts. III. S. 41c.

[2] Die Verschiedenheit der überlieferten Deutungen macht sie alle zweifelhaft. Vgl. Pauli, Sent. V, 7, 1: *Stipulationes .... appellatae, quod per eas firmitas obligationum constringitur stipulum enim veteres firmum appellaverunt.* Varro, De lingua latina 182: *Aes quoque stipem dicebant .... dicunt .... qui pecuniam alligat, stipulari et restipulari.* Ebenso Festus s. v.: *Stipem.* Im lombardischen Rechte bestand eine symbolische Tradition durch Werfen eines Halms (*stipula*). Auch Isidorus (Orig. IV, 24, 30. Bruns, Fontes ed. VI p. II. S. 84) leitet *stipulatio* vom symbolischen Brechen eines Halmes her. Wider die Glaubwürdigkeit dieser Annahme vgl. v. Savigny, Geschichte des röm. Rechts im Mittelalter. II. S. 242. Anm. k.

[3] *Cautio quae indiscrete loquitur.* Dig. XXV, 3 de probationibus fr. 25 § 4 (Paulus), eine Stelle, die neuerdings vielfach für interpoliert gehalten wird.

[4] Vgl. Karlowa, Röm. Rechtsgeschichte II. S. 711 und die dort Anm. 3 Angeführten.

[5] Dig. XLV, 1 de verb. obl. fr. 53 (Julianus): *Stipulationes commodissimum est ita componere, ut, quaecumque specialiter comprehendi possint, contineantur, doli autem clausula ad ea pertineat, quae in praesentia occurrere non possint e ad incertos casus pertinent.* Den *rigor juris* der Stipulation konnten die Parteien überhaupt durch mündliche Nebenverträge mildern, von denen nach Dig. XII, 1 de rebus creditis fr. 40 (Paulus) galt: *Pacta adjecta stipulationi*

II. Die Bedeutung der Stipulation im römischen Verkehrsleben ist darum eine sehr große, weil man gewöhnt war, Versprechen aller Art in Stipulationen einzukleiden und diesen Umstand in einem Schuldschein *(cautio)* festzustellen. So wurde namentlich auch das Darlehn, obwohl es schon *re* obligierte, außerdem noch *verbis* bestärkt, und der Gläubiger erlangte dadurch die Möglichkeit, sich sowohl auf die Rechtssätze des *mutuum* als auf die Grundsätze der *stipulatio* bei Verfolgung seines Anspruches zu berufen.[1]

Aus dieser Bedeutung der *stipulatio* erklärt es sich, daß die wichtigsten Regeln für alle Schuldverhältnisse in den Quellen in Anlehnung an ihre häufigste Form, die *stipulatio*, entwickelt sind (vgl. namentlich den Titel Digest. XLV, 1 de verborum obligationibus). Die römische Stipulationslehre ist daher von allgemeiner Bedeutung für das Verständnis des römischen Forderungs- und Vertragsrechtes. Doch muß man sich wohl davor hüten, Entscheidungen, die mit dem veralteten Formalismus dieses Vertrages zusammenhingen, auf die Konsensualverträge und auf unsere heutigen Rechtsgeschäfte zu übertragen.[2]

III. Die allmähliche Abschleifung der Stipulationsformen.

a) Die älteste Zeit kennt nur Stipulationen in der Form von Frage und Antwort, die genau einander entsprechen mußten. Sie unterschied

α) die Form *spondesne? spondeo.*[3] Diese war nur unter römischen Bürgern möglich, vielleicht deshalb, weil sie in älterer Zeit insbesondere bei Verlöbnissen vorkam nnd dieser Vertrag nur unter Bürgern als verbindlich galt, vielleicht auch, weil diese Form der Prozeßbürgschaft diente.[4]

---

inesse creduntur. Vgl. Sohm, Institutionen. 5. Aufl. S. 313; vgl. auch Cod. II, 3 de pactis c. 13.

[1] Vgl. über diesen „Realverbalvertrag" Wendt, Jahrb. f. Dogm. XXVIII, S. 1 ff. Gegen die Annahme einer solchen Vertragsform erklärt sich Pernice, Parerga, Zeitschr. der Savignystiftung. XIII. S. 246 ff. Doch scheint mir ihre Richtigkeit nicht widerlegt zu sein.

[2] Dies gilt nach des Verfassers Meinung namentlich auch für die Irrtumslehre (Archiv f. civ. Pr. LXXII. S. 47).

[3] Gajus III, 93.

[4] Vgl. hierzu auch B. W. Leist, Gräco-italische Rechtsgeschichte S. 459, der in der *sponsio* eine Weinspende sieht und in dieser ein Symbol für die blutige Sühne, die der Wortbrüchige schulden soll. Vgl. auch Pernice, M. Antistius Labeo I. (1873) S. 408.

β) Andere Formen: *centum dabis? dabo; centum promittis? promitto* u. dgl. waren auch von Anfang an im Verkehre mit Peregrinen verwendbar.

b) Das ältere Kaiserrecht begnügt sich mit einer nicht wörtlichen Übereinstimmung von Frage und Antwort.[1] Unter Anwesenden (nicht unter Abwesenden) stand die schriftliche Form der mündlichen Zusage gleich.[2]

c) Kaiser Leo verlangt nur noch Anwesenheit der Parteien und gesprochene Worte.[3] Eine verbreitete Lehre nimmt jedoch (mit Unrecht) an, daß auch nach dieser Vorschrift noch immer zu jeder gültigen *stipulatio* eine Frage und eine Antwort gehörte.[4] Nach dem Wortlaute des Kaisergesetzes war jedoch für die Gültigkeit des Geschäftes nichts erforderlich, als beliebige gesprochene Worte, Übereinstimmung dieser Worte mit der wirklich beiderseits erstrebten Übereinkunft und ein gesetzlich zulässiger Inhalt der Abrede.[5] Allerdings haben sich gewisse herkömmliche Stipulationsklauseln in den Urkundenformularen bis lange nach Justinian erhalten.[6]

d) Justinian stellt allerdings die Schriftform unter Abwesen-

---

[1] Dig. XLV, 1 de verb. obl. fr. 1 § 2 (Ulpianus): *Si quis ita interroget: dabis? responderit, quid ni? et is utique in ea causa est, ut obligetur: contra si sine verbis adnuisset.*

[2] Paulus V, 7 § 2: *Verborum obligatio inter praesentes, non etiam inter absentes contrahitur. Quod si scriptum fuerit instrumento, promisisse aliquem, perinde habetur, atque si interrogatione praecedente responsum sit.* Über die rätselhaften *stipulationes in epistolis* siehe Liebe, Die Stipulation und das einfache Versprechen. 1840. S. 21 ff. und Danz, Lehrb. d. Gesch. d. röm. Rechts. II. 1873. S. 42.

[3] Cod. VIII, 37 (38) de contrahenda et committenda stipulatione c. 10 (Leo): *Omnes stipulationes, etiamsi non solemnibus vel directis, sed quibuscumque verbis pro consensu contrahentium compositae sint, legibus cognitae suam habeant firmitatem.*

[4] Vgl. z. B. Sohm, Institutionen. 4. Aufl. S. 278. Anders richtig v. Czyhlarz, Lehrbuch der Institutionen. 2. Aufl. S. 157, über die „degenerierte Form" der justinianischen *stipulatio*. Nach der hier verworfenen Ansicht würde ein Versprechen keine *stipulatio* gewesen sein, wenn es unter Anwesenden mündlich abgegeben und sofort angenommen worden wäre, weil dann dem Gläubiger das letzte und nicht, wie es bei Frage und Antwort würde haben geschehen müssen, das vorletzte Wort zugefallen sein würde. Die Gültigkeit solcher Abreden müßten also von einem Umstande abgehangen haben, der sicherlich oftmals nicht aufgeklärt werden konnte. Dies ist nicht wahrscheinlich.

[5] Siehe oben Anm. 3 Entsprachen die Worte dem *consensus* nicht, so galt also bei Stipulationen nicht die Regel *falsa demonstratio non nocet* (anders bei den Konsensualverträgen Dig. XVIII, 1 de contr. empt. fr. 9 § 1), sondern das Geschäft war nichtig.

[6] Vgl. Zachariä von Lingenthal, Geschichte des griechisch-römischen Rechts. 1892. S. 293. 294.

den der mündlichen Abrede unter Anwesenden noch nicht gleich.[1] Eine solche Gleichstellung fand nach Justinianischem Rechte nur bei den Bürgschaften in Stipulationsform, den *fidejussiones*, statt (Inst. III, 20 § 8), obwohl sie in den Provinzen zuweilen in noch weiterem Umfange galt.[2] Schließlich erschwerte Justinian die Anfechtung von Schuldscheinen, in denen die Anwesenheit der Parteien bescheinigt war (vgl. unten S. 411).

e) Das deutsche Recht[3] gewährt dem Vertragsabschlusse durch Zeichen (z. B. Kopfnicken) dieselbe Kraft wie der Übereinkunft durch Worte und den Vereinbarungen unter Abwesenden dieselbe Gültigkeit wie den Abreden unter Anwesenden. Damit ist das Recht der *stipulationes* in dasjenige der formlosen Verträge aufgegangen.[4] Verträge, welche zu Justinians Zeit unter Abwesenden noch nicht möglich waren, wie das Zinsversprechen, die Annahme eines neuen Gläubigers mit Zustimmung des alten (die sog. aktive Delegation), die Schuldübernahme (*expromissio*) und überhaupt alle Schulderneuerungen (*novationes*), können seitdem in formlosen Verabredungen abgeschlossen werden. Eben hierdurch wurden auch die Innominatverträge aus realen Kontrakten zu konsensualen (s. oben S. 396).

ββ) Besondere Stipulationsarten (Inst. III, 15 §§ 2 ff. III, §§ 16—18).

§ 131.

I. Stipulationen mit besonderen Nebenbestimmungen. Das Stipulationsrecht der Institutionen enthält hier, wie sonst mehrfach, allgemeine Rechtsgesätze über rechtsgeschäftliche Erklärungen.

---

[1] Gegen die Annahme einer solchen Gleichstellung für die spätrömische Zeit verweist Kindel, Das Rechtsgeschäft und sein Rechtsgrund. 1892. S. 190 Anm. 141 auf Cod. IV, 2 si certum pet. c. 5, die sich hiermit nicht verträgt, ebenso wenig wie § 8 Inst. III, 20.

[2] Z. B. nach dem syrisch-römischen Rechtsbuche: Kommentar von Bruns S. 205. Mitteis, Reichsrecht und Volksrecht 514 ff., sieht hierin ein vom Reichsrechte verschiedenes Volksrecht, was Zachariä von Lingenthal, Geschichte des griechisch-römischen Rechts. 1892. S. 297 Anm. 993, bezweifelt.

[3] Über das nachjustinianische Recht von Byzanz vgl. Zachariä von Lingenthal, Geschichte des griechisch-römischen Rechts. 1892. S. 288 ff., der ausführt, daß sich dort die Justinianische *stipulatio* keineswegs in einen formlosen Vertrag aufgelöst hat, auch noch nicht nach der nov. 72 Leos des Weisen.

[4] Diese Entwickelung entsprach der kanonistischen Doktrin, nicht aber der romanistischen Lehre in Frankreich und in Deutschland. Diese rezipierte vielmehr die *stipulatio* und erst durch das Naturrecht kam der Grundsatz der formlosen Verträge auf, durch die ihre Geltung wieder wegfiel. Dies ist nachgewiesen von L. Seuffert, Zur Geschichte der obligatorischen Verträge. 1881. S. 87 ff. 167.

Allen diesen Erklärungen gemeinsam ist die Gliederung ihres Inhaltes in unerläßliche (notwendige oder von Rechts wegen wesentliche) Bestandteile und in entbehrliche (von Rechts wegen unwesentliche) Bestimmungen.[1]

Die von Rechts wegen entbehrlichen oder unwesentlichen Geschäftsbestandteile zerfallen wieder in:

a) die selbstverständlichen oder stillschweigend *(tacite)*[2] gesetzten Geschäftsbestandteile (sog. *naturalia negotii*).[3] Man entnimmt sie den allgemeinen Rechtsregeln (so z. B. die *conditiones juris* oder *supervacuae*, d. s. selbstverständliche Bedingungen)[4] oder (bei allen *negotia bonae fidei)*[5] aus der Verkehrssitte. Die Erwähnung der selbstverständlichen Zusätze zu Willenserklärungen ist überflüssig bei strengen Formgeschäften, bei denen die Einfügung eines jeden, auch eines selbstverständlichen[6] Bedingungssatzes unzulässig, sogar zuweilen schädlich ist *(expressa nocent, non expressa non nocent)*.[7]

---

[1] Der unter Juristen viel verbreitete und wegen seiner Vieldeutigkeit nicht ungefährliche Ausdruck „wesentlich" ist eine Übersetzung des Wortes *essentialis*, mit der sich der mittelalterliche Scholasticismus an eine Aristotelische Lehre angelehnt hat, über die zu vergleichen ist Lange, Geschichte des Materialismus. Iserlohn 1866. S. 87 ff. (3. Aufl. 1876. S. 160 flg.)

[2] Vgl. Ehrlich, Die stillschweigende Willenserklärung. 1893. Das Wort *tacite* bezieht sich auf zwei verschiedene Arten von Geschäftsbestandteilen, solche, an die die Partei gar nicht denkt, sondern die aus dem Gesetze oder der Verkehrssitte ihre Kraft entnehmen, *quae extrinsecus veniunt* (Dig. XXXV, 1 de condic. fr. 99), und ferner solche, die auf einer Festsetzung der Partei beruhen, die nicht in entsprechenden Worten, sondern auf andere Weise geschehen ist *(si debitori meo reddiderim cautionem, videtur inter nos convenisse ne peterem)*. Dig. II, 14 de pact. fr. 2 § 1 (Paulus).

[3] Vgl. Dig. XIX, 1 de actione emti vend. fr. 11 § 1 (Ulpianus): *Quodsi nihil convenit, tunc ea praestabuntur, quae naturaliter insunt hujus judicii potestate.*

[4] Z. B. die Bedingung der Ehemündigkeit bei Heiratsversprechen oder des Todes des Erblassers bei Erbeinsetzungen. Dig. XXXVI, 2 quando dies legat. vel fideic. cedat fr. 22 § 1 (Pomponius): *Quaedam autem condiciones etiam supervacuae sunt, veluti si ita scribat: Titius heres esto. si Titius hereditatem meam adierit. Maevio decem dato: nam pro non scripto ea condicio erit.*

[5] Anders bei den älteren strengeren *negotia stricti juris*, denen diese Ergänzung fremd war.

[6] Sog. *actus legitimi qui nec recipiunt diem vel conditionem*, vgl. Dig. L, 17 de reg. juris fr. 77 (Papinianus): *Veluti emancipatio* (wohl ursprünglich *mancipatio)*, *acceptilatio*, *hereditatis aditio*, *servi optio*, *datio tutoris*. Es handelte sich dabei um solche Anordnungen, die in der Regel nicht ohne Nachteile aufgeschoben werden oder im ungewissen bleiben können. Fitting, Archiv für civ. Praxis XXXIX. S. 340 ff. Karlowa, Röm. Rechtsgesch. II, 1. S. 379. Enneccerus, Über Begriff und Wirkung der Suspensivbedingung und des Anfangstermins. 1871. S. 28 flg.

[7] Modestinus, Dig. L, 17 de reg. jur. fr. 195.

b) die zwar von Rechts wegen (aber doch nicht von Partei wegen) entbehrlichen Bestandteile einer Willenserklärung; sie gehören zu den *accidentalia negotii*, d. h. zu den Bestandteilen, ohne welche ein gültiges Geschäft immerhin denkbar sein würde. Dahin sind zu zählen:

α) Abänderungen der *naturalia negotii*, z. B. des Satzes: „*quod sine die debetur statim debetur*",[1] durch Zufügung einer Frist zu einem Schuldversprechen, oder die Angabe eines besonderen Erfüllungsortes.

β) Zufügungen eines Bestandteiles, der sich neben die notwendigen und selbstverständlichen Stücke der Erklärung stellt, ohne sie zu verdrängen, z. B. eines Bedingungssatzes *(condicio)*. Im weiteren Sinne heißt *condicio* jede Festsetzung,[2] im engeren gewöhnlich eine Nebenbestimmung, durch welche die Kraft der Hauptbestimmung zweifelhaft wird. Sie macht den einen Teil des Geschäftsinhaltes durch den anderen ungewiß, den anordnenden durch den bedingenden (z. B. *si navis ex Asia venerit, centum dare spondes? spondeo*). Bedingungssätze, deren Inhalt nicht ungewiß ist (z. B. die *condicio in praesens vel praeteritum relata*, die *condicio impossibilis* oder *necessaria, quae omnimodo exstatura est)*, sind nur in stilistischer Hinsicht Bedingungen, nicht in juristischer (sog. uneigentliche Bedingungen), denn sie erzeugen keinen Schwebezustand.

Das bedingte Geschäft hat eine doppelte Kraft, zunächst bindet es die Beteiligten für die Zeit der Ungewißheit *(condicione pendente)*,[3] sodann hat es endgültige Folgen bei der Entscheidung *(condicione existente* oder *deficiente)*. In gewisser Hinsicht, z. B. wegen der Geschäftsfähigkeit der Parteien, muß bei der Entscheidung auf den Geschäftsabschluß zurückgeblickt werden,[4] in anderer sieht man auf den Augenblick, in dem die Bedingung eintritt, z. B. zur Be-

[1] Inst. III, 15 § 2.

[2] Dig. XXIII. 1 de sponsalibus fr. 18 (ULPIANUS): *In sponsalibus ... fere plerumque conditiones interpositis personis expediuntur*. In diesem Sinne reden auch wir z. B. von Vertragsabschlüssen unter günstigen Bedingungen.

[3] Das bedingte Forderungsrecht heißt in der Schwebezeit *spes debitum iri* (Inst. III, 15 § 4). Solche werdende Rechte vererben sich nur, wenn sie aus Geschäften unter Lebenden herrühren. Letztwillige Gaben sind aber nach römischer Auffassung so sehr auf die persönlichen Eigenschaften des Empfängers gemünzt, daß sie nur diesem selber zufallen sollen, nicht aber seinem Erben. Dig. XLIV, 7 de obl et act. fr. 42 pr. (ULPIANUS): *Is cui sub condicione legatum est, pendente condicione non est creditor*.

[4] Dig. XLV, 1 de verb. obl. fr. 78 pr.

antwortung der Frage, ob ein Geschäft deshalb undurchführbar und darum hinfällig geworden ist, weil sein Gegenstand untergegangen ist.[1]

Von der Bedingung unterscheidet man die Auflage einer Pflicht bei einer unentgeltlichen Zuwendung, z. B. Auflage eines Aftervermächtnisses auf ein Vermächtnis.[2] Wo sie nicht ein Aftervermächtnis oder eine für das Vermögen eines Dritten verabredete Schenkung enthält, da nennt man eine solche Auflage *modus*.[3] Die Römer bezeichnen freilich mit demselben Worte jede eigenartige Nebenbestimmung, kennen also unsere technische Bedeutung von *modus* nicht.[4]

II. Eine wichtige Art der bedingten *stipulatio* ist das Versprechen einer Konventional- oder Vertragsstrafe.[5] Sie gehört zu den Sicherungsversprechen, d. h. den Zusagen, die abgegeben werden, um das Vertrauen ihres Empfängers auf eine Leistung des Versprechenden oder eines Dritten zu verstärken (s. auch § 133). Die Vertragsstrafe vermag insbesondere auch Leistungen ohne Geldwert unter Rechtsschutz zu stellen,[6] und bei Leistungen von ungewissem Werte kann in ihr nicht bloß ein Strafzusatz liegen, den der Schuldner befürchten muß, sondern auch dem Gläubiger für den Fall, daß er nicht befriedigt wird, eine bestimmte Ersatzsumme versprochen werden.

Unerlaubte Zusicherungen können jedoch auch auf diese Art nicht bekräftigt werden.[7]

---

[1] Von einem ähnlichen Falle spricht Dig. XLV, 3 de stip. servorum fr. 26 (Paulus). — Dig. XX, 4 qui potior. fr. 11 § 1 (Gajus): *Cum semel condicio exstitit, perinde habetur, ac si illo tempore, quo stipulatio interposita est, sine condicione facta esset* ist hiernach nicht zu verallgemeinern.

[2] Scaevola in Dig. de cond. et dem. XXXV, 1: *Nec enim parem dicemus eum cui ita datum sit: si monumentum fecerit, et eum, cui datum est, ut monumentum faciat.*

[3] Nach Dig. XXXV, 1 de cond. et demonstr. fr. 17 § 4. Berühmt ist v. Savignys geflügeltes Wort: „Die Bedingung suspendiert, zwingt aber nicht, der Modus zwingt, suspendiert aber nicht." (System des heutigen röm. Rechts. III. S. 231.)

[4] Pernice, Labeo III, 1. S. 12 ff. Dig. XXXV, 1 de cond. et dem. fr. 17 § 4 (Gajus), spricht von einem *sub modo legatum* bei der Bestimmung, *ut partem alii restitueret*, also bei einem Aftervermächtnisse. Vgl. jetzt auch Regelsberger, Pandekten § 166 S. 608 ff.

[5] Karlowa, Röm. Rechtsgeschichte II, 1. S. 719. von Seeler, Zur Lehre von der Konventionalstrafe. 1891.

[6] Vgl. hierzu oben S. 388 Anm. 4.

[7] Dig. XXII, 1 de usuris fr. 44 (Modestinus): *Poenam pro usuris stipulari nemo supra modum usurarum licitum potest.*

III. Stipulationen (oder andere Versprechen) mit wahlweise bestimmtem Inhalte heißen alternative Obligationen. Von generischen Obligationen spricht man, wenn es sich um eine Sache oder eine Anzahl von Sachen aus dem unbegrenzten Kreise einer ganzen Gattung handelt (z. B. um zehn Scheffel einer bestimmten Getreideart).

Die alternativen und generischen Stipulationen gehören zu den *stipulationes incertae*.[1]

IV. Korrealobligationen.[2] In der Regel spalten sich Forderungen, die für mehrere oder von mehreren begründet werden, unter die Beteiligten,[3] soweit der Schuldgegenstand es erlaubt.[4] Nur Bankiers *(argentarii)*, die zusammen als *socii* einen Vertrag schlossen, erwarben im Zweifel ein jeder eine Forderung auf das Ganze,[5] und verpflichteten sich auch ein jeder im vollen Umfange der versprochenen Leistung.[6] Ähnliche Gedanken beherrschen das neuere Handelsrecht, für das der Verkehr eine möglichst große Steigerung der Gläubigerrechte erwünscht macht.[7]

Was nun bei den *argentarii* von selbst galt, das konnte von anderen Vertragsparteien verabredet werden. Daraus entstanden Fälle

---

[1] Vgl. Dig. XLV, 1 de verb. obl. fr. 74 (Gajus): *Stipulationum quaedam certae sunt, quaedam incertae. certum est, quod ex ipsa pronuntiatione apparet, quid, quale, quantumque sit, ut ecce aurei decem, fundus Tusculanus etc.* Die Unterscheidung war namentlich für das Prozeßrecht wichtig. Schon in alter Zeit gab es zur Verfolgung der *stipulationes certae* besondere Formeln. Gajus IV, 19. Seitenstücke vgl. in der Reichscivilprozeßordn. §§ 555. 628.

[2] Karlowa, Röm. Rechtsgeschichte II, 1. S. 723.

[3] Ein und dasselbe Recht kann zu mehreren Berechtigten in dreifacher Beziehung stehen: *a)* Es hat jeder einen Anteil neben dem anderen (so bei dem Miteigentume). *b)* Es kann jeder das Recht allein ausüben und dadurch den anderen zuvorkommen. *c)* Es kann die Rechtsausübung mehreren gemeinsam zustehen, keinem für sich allein. So z. B. auch bei Verfügungen der Miteigentümer über die ganze Sache. Dieses Verhältnis der gemeinsamen Rechtsausübung (Gesamthandverhältnis) ist aber im deutschen Rechte weit mehr entwickelt als im römischen. Vgl. Heusler, Institutionen des deutsch. Privatrechts. 1885. I. S. 226.

[4] Dig. XLV, 1 de verb. obl. fr. 72 (Ulpianus): *Stipulationes non dividuntur earum rerum quae divisionem non recipiunt, veluti viae itineris actus aquaeductus ceterarumque servitutium* (sc. mit Ausnahme des Nießbrauchs).

[5] Dig. II, 14 de pactis fr. 9 pr. (Paulus): *Si plures sint, qui eandem actionem habent, unius loco habentur. ut puta plures sunt rei stipulandi vel plures argentarii, quorum nomina simul facta sunt: unius loco numerabuntur.*

[6] Dig. II, 14 de pactis fr. 25 pr.

[7] Vgl. Handelsgesetzbuch Art. 280.

einer mehrfachen Haftung oder Berechtigung aus einem einzigen Rechtsgeschäfte mit einmaliger Leistungspflicht.[1]

Es können sich also mehrere Gläubiger eine und dieselbe einmalige Leistung so versprechen lassen, daß jeder sie ganz empfangen und einklagen darf (*duo rei stipulandi*, sog. Korrealgläubiger). Es ist dies möglich, damit jeder den anderen gänzlich oder zum Teil in der Rechtsausübung vertrete. So z. B. wenn A oder B das Ganze eintreiben darf, dann aber mit dem anderen teilen muß. Es kann dies aber auch deshalb bestimmt sein, damit jeder, wenn er will, dem anderen den Rang ablaufen kann (z. B. wenn eine jede von zwei Personen gegen Barzahlung ein Pferd als Käufer abholen darf und, wer zuerst kommt, den anderen ausschließen soll). Welcher der beiden Fälle vorliegt, bleibt jedoch im einzelnen Falle dem Schuldner verschleiert.

Ebenso können auch mehrere Schuldner dieselbe einmalige Leistung ein jeder ganz übernehmen (*duo rei promittendi*, sog. Korrealschuldner). Hier kann ein verschleiertes Bürgschaftsverhältnis vorliegen, vielleicht sogar ein gegenseitiges. So wenn jeder das Ganze zahlen muß, die anderen aber ihm versprochen haben, ihm einen Teil zu ersetzen. Diese Bürgschaftsabsicht tritt jedoch dem gemeinsamen Gläubiger gegenüber nicht hervor[2] und deshalb gelten die mehreren Schuldner nicht als Bürgen.

Derartige verabredete Berechtigungen oder Verpflichtungen mehrerer zu einer bloß einmal zu erfüllenden Leistung kamen nicht bloß in Stipulationsform vor, sondern auch bei anderen Verträgen.[3] Sie können aber nicht bloß auf Abrede beruhen, sondern auch aus einer Rechtsgemeinschaft[4] herauswachsen.

Es liegt bei allen solchen Schuldverhältnissen die Gefahr vor, daß der gemeinsame Gläubiger die Schuld mehrfach eintreibt.[5] Dem beugte der Grundsatz vor, daß jeder Schuldner frei wurde,

---

[1] Dig. XLV, 2 de duobus reis fr. 3 § 1 (Ulpianus): *Cum una sit obligatio, una et summa est.*

[2] Die ältesten Formen der Korrealität (aus Gelübden) schildert B. W. Leist, Gräco-italische Rechtsgeschichte. S. 230 u. 231.

[3] Dig. XLV, 2 de duobus reis fr. 9 pr. (Papinianus): *Fiunt duo rei promittendi non tantum verbis stipulationis, sed et ceteris contractibus, veluti emptione venditione.*

[4] Dig. XI, 1 de interrogationibus fr. 20 (Paulus) *sicut in servo communi dicimus, ubi altero convento alter quoque liberatur.* Auch hier (wie sonst) hat der Zusammenhang unter Miteigentümern ähnliche Folgen, wie ein Gesellschaftsvertrag (vgl. unten § 141). Vgl. Sohm, Institutionen. 5. Aufl. S. 271 ff.

[5] Vgl. Dernburg, Pandekten II. § 69. 3. Aufl. S. 185. § 72 S. 192.

sobald gegen den anderen eine Klage anhängig geworden war.[1] Justinian beseitigte dies,[2] gab jedoch in nov. 99 jedem verklagten Korrealschuldner das Recht, zu verlangen, daß die anderen zu dem Prozesse als Mitverklagte beigeladen würden.

Dem deutschen Prozeßrechte ist ein solches Verfahren fremd. Dadurch ist aber der Zusammenhang, den das Recht unter solchen mehrfachen Schuldnern mit einmaliger Leistungspflicht anerkennt, keineswegs völlig beseitigt. So kann namentlich jeder mit dem gemeinsamen Gläubiger einen Erlaßvertrag abschließen, der auch alle anderen befreit.[3]

Jede andere mehrfache Berechtigung oder Verhaftung mehrerer auf eine nur einmal geschuldete Leistung, also jede derartige Haftung, welche nicht absichtlich durch Parteibestimmung begründet ist oder aus einer Rechtsgemeinschaft erwächst, sondern auf anderen Ursachen beruht (z. B. die Haftung mehrerer Mitschuldiger auf Schadensersatz) pflegt man von der Korrealobligation als bloße Solidarobligation zu unterscheiden.

Bei den Solidarobligationen beruht es auf einem Zufall, daß mehrere für eine und dieselbe einmalige Leistung haften sollen, und ein rechtliches Band, das zwischen ihnen besteht, ist auch nicht einmal zu vermuten.[4] Deshalb knüpft auch das Recht derartige nebeneinander stehende Schuldner in weit geringerem Maße aneinander und giebt dem einzelnen in der Regel nur das Recht, die anderen durch die Schuldtilgung zu befreien, nicht aber z. B. durch einen Erlaßvertrag, den er etwa für sie unbeauftragt abschließt.[5]

V. Die *stipulationes servorum* werden in den Institutionen darum besonders hervorgehoben, weil ein Geschäft, das die Anwesen-

---

[1] Dig. XLV, 2 de duobus reis fr. 2 (JAVOLENUS): *Petitione et acceptilatione unius tota solvitur obligatio.*

[2] Cod. VIII, 40 de fidejussionibus c. 28 §§ 1 u. 2.

[3] Vgl. hierzu auch v. IHERING in den Jahrbüchern f. Dogm. XXIV. S. 129.

[4] Dies ist namentlich bei v. CZYHLARZ, Lehrbuch der Institutionen. 2. Aufl. S. 150, mit besonderer Klarheit ausgeführt.

[5] Auch im vorjustinianischen Rechte nicht durch den Prozeß, der gegen den anderen anhängig gemacht wurde (s. oben S. 406 Anm. 4) Dig. XVI, 3 depos. fr. 1 § 43 (ULPIANUS): *Non enim electione, sed solutione liberantur.* Die Ergründung des Unterschiedes der Korrealschulden von den bloßen Solidarschulden bildet eine Lieblingsaufgabe der neueren Wissenschaft, welche in Anlehnung an einen Gedanken KELLERS und eine berühmte Schrift (RIBBENTROP, Zur Lehre von den Korrealobligationen. 1831) diesen Rechtszweig zuweilen mehr vertieft als geklärt hat. Vgl DERNBURG, a. a. O. S. 192 und neuere Litteratur bei SOHM, Institutionen. 5. Aufl. 272 Anm. 5, 273 Anm. 7. Das Nähere gehört in das Pandektenrecht.

heit der Parteien verlangte, zwar durch Sklaven, nicht aber durch freie Boten abgeschlossen werden konnte.[1]

VI. Die *stipulationes* vor Gericht[2] betrafen nicht bloß die dem neuesten deutschen Rechte fremden, in Rom aber sehr häufigen Prozeßbürgschaften, sondern auch Parteiversprechen, deren Abgabe der Richter erzwang und die unseren gegenwärtigen Rechtszuständen nahezu gänzlich abhanden gekommen sind. Sie betrafen namentlich Fälle, in denen es der Magistrat für angemessen hielt, einer Partei eine Verpflichtung aufzulegen, die im Gesetze nicht begründet war und doch als civilrechtliche das Amtsjahr des Prätors überdauern sollte. Darum erzwang er in solchen Fällen die Abgabe einer civilrechtlich vollwirksamen Zusage.

Im heutigen Rechte liegen in den entsprechenden Fällen entweder unmittelbar verpflichtende Prozeßhandlungen vor (so ersetzt z. B. die Kraft der Vorladungen bei uns besondere *cautiones judicio sisti*) oder gesetzliche Verpflichtungen, die auch ohne Versprechen gelten (*rem pupilli salvam fore*), oder Sicherheitsleistungspflichten, die nach unserem gegenwärtigen Prozeßrechte geregelt werden.[3]

VII. Die Zinsversprechen gelten als besondere Verträge neben der Hauptschuld, zu der sie hinzutreten.[4] Die Zinssätze als Prozente oder Bruchteile des Kapitals bezeichnete man ebenso wie die Bruchteile der Erbschaft (s. oben S. 342) mit denselben Ausdrücken, die für die Teile des *as* bestimmt waren, als *uncia* = $^1/_{12}$, *semis* = $^1/_2$, *quincunx* = $^5/_{12}$ u. s. w. In den XII Tafeln bedeutet der Zwölftelzins (*foenus unciarium*) den jährlichen Zins, damals den höchsterlaubten Betrag (*usurae legitimae*), der später auf die Hälfte herabgesetzt wurde.[5] Nachdem aber das Zinsnehmen den Bürgern vorübergehend ganz verboten war, erlaubte die verkehrsreiche Kaiserzeit einen höheren Zinssatz, *centesimae usurae*, d. i. ein Prozent monatlich, also zwölf Prozent jährlich. Seitdem erscheint ein Prozent als Zwölftelzins (*usurae unciariae*), *usurae semisses* sind daher 6 %, *quincunces* 5 % und sofort; die Uncienzahl entsprach der Zahl der Prozente.

---

[1] Vgl. Karlowa, Röm. Rechtsgeschichte II, 1. S. 86 ff.

[2] Vgl. hierzu Bekker, Die Aktionen des röm. Privatrechts I. 1871. S. 246.

[3] Siehe ein Seitenstück der römischen *cautio de rato* in § 85 der Reichscivilprozeßordnung.

[4] Dig. XLV, 1 de verborum obligat. fr. 75 § 9 (Ulpianus): *Qui sortem stipulatur et usuras quascumque, certum et incertum stipulatus videtur; et tot stipulationes sunt, quot res sunt.*

[5] Näheres über die Geschichte der römischen Wuchergesetzgebung siehe in Puchta-Krügers Institutionen. 10. Aufl. II. § 261. S. 311.

Justinian ließ als Regel 6 % zu,[1] das ältere gemeine Recht 5 %.[2] Das neuere deutsche Reichsrecht hatte vorübergehend die Ungültigkeit der Wucherzinsverträge beseitigt, neuerdings aber wiedereingeführt mit der Maßgabe, daß nunmehr die Grenze zwischen dem erlaubten und dem wucherischen Zinse nach richterlichem Ermessen festzustellen ist.[3]

γγ) Ungültige Stipulationen (Inst. III, 19).

§ 132.

I. Übersicht. Die meisten ausdrücklich erwähnten Ungültigkeitsgründe bei Stipulationen beziehen sich auf alle Arten von Schuldverträgen. Dahin gehört:

a) Das Versprechen der unmöglichen Leistung ist nichtig (*Impossibilium nulla obligatio est*)[4] und verpflichtet auch nicht zum Schadensersatze, sofern der Versprechende die Unmöglichkeit nicht zu kennen brauchte oder der Empfänger des Versprechens sie erkennen konnte. Dahin gehörte auch das Versprechen einer Sache, die kraft Gesetzes verkehrsunfähig war, einer *res sacra vel religiosa*, eines *forum vel theatrum* u. dgl.[5]

b) Das Versprechen der Handlung eines Dritten ist nur gültig, insoweit es das Versprechen des Schuldners, daß er diese Handlung bewirken werde, in sich schließt.

c) Die Annahme eines Versprechens für das Vermögen eines Dritten (entweder auf Kosten des Empfängers oder in einer

---

[1] Cod. IV, 32 de usuris c. 26. Zu den Ausnahmen gehörte auch das *foenus nauticum (trajecticia pecunia)*. Dig. XXII, 2 de nautico foenore. Bei diesem Seedarlehen verzichtet der Darlehnsgeber auf Rückgabe der Summe für den Fall daß das Schiff unterging. *Periculo creditoris navigare* (Modestinus, XX, 2 fr. 1) *ut non alias petitio . . . creditori competat, quam si salva navis intra statuta tempora pervenerit.* (Paulus l. c. fr. 6.) Dafür zahlte ihm aber der hierdurch gegen Schiffbruch versicherte Nehmer ungewöhnlich hohe Zinsen als Prämie.

[2] Vgl. auch noch Dig. XII, 6 de cond. ind. fr. 26 § 1 (Ulpianus): *Supra duplum usurae et usurarum usurae nec in stipulatum deduci nec exigi possunt.* Verboten sind hiernach noch der Zinseszins (vgl. des Verfassers Artikel *anatocismus*, in Paulys Realencyklopädie des klass. Altertums, neue Ausgabe) und die Beitreibung von Zinsrückständen *ultra duplum* (ersterer auch noch nach neuerem deutschen Reichsrechte).

[3] Vgl. Reichsstrafgesetzbuch §§ 302a ff. (Reichsgesetz vom 24. Mai 1880).

[4] Dig. L, 17 de regulis juris fr. 185 (Celsus). Vgl. hierzu Hartmann, Die Obligation. Erlangen 1875. S. 166 flg.

[5] Über die Verschiedenheit in der Behandlung solcher Versprechen nach römischem und nach deutschem Rechte s. oben S. 244 zu Anm. 1. Nach diesem kann eine solche Zusage nicht mehr als völlig unmöglich gelten.

unbeauftragten Geschäftsführung für den Dritten) war ungültig[1] (anders vielfach das nachrömische Recht). Es ist dies nicht zu verwechseln mit der Annahme eines Versprechens für das eigene Vermögen, das dem Empfänger selbst einen Anspruch auf eine Vermögensleistung des Schuldners zusichert, die einem Dritten gegenüber vorzunehmen ist. So bei dem Versprechen des Mitvormundes an den anderen, daß er das Mündelgut unversehrt erhalten werde, ein Versprechen, das diesem anderen, nicht dem Mündel, eine Forderung gewähren soll. Ein solches Versprechen ist schon nach römischem Rechte gültig, wenn der Gläubiger ein Interesse an seiner Erfüllung hat.[2]

Auch der sog. *solutionis causa adjectus* (§ 4 Inst. h. t.) ist etwas Anderes als der Dritte, für dessen Vermögen ein Versprechen angenommen ist. Er hat nur das Recht zum Zahlungsempfange (und zwar darf ihm dies nicht ohne Zustimmung des Schuldners vom Gläubiger entzogen werden), ein Recht zur Klage hat er nicht.

d) Obwohl Forderungen und Schulden auf die Erben übergehen, so durfte doch niemand sich etwas so versprechen lassen, daß nicht er selbst, sondern erst seine Erben einen Anspruch auf das Zugesagte erhielten (*stipulatio post mortem*). Auch durfte keiner etwas so versprechen, daß erst seine Erben die Zusage zu erfüllen brauchten (*promissio post mortem*). Beides hat Justinian erlaubt,[3] doch dürfen solche Geschäfte den Erbschaftsgläubigern keinen Nachteil bringen, vielmehr können diese sich an die Forderung aus einer *stipulatio post mortem* halten[4] und verlangen, daß eine *promissio post mortem* nur insoweit erfüllt werde, als sie dadurch nicht verkürzt werden.

II. Besondere Ungültigkeitsgründe ergeben sich noch aus dem oben (S. 400) über die Form der *stipulatio* Ausgeführten. Es gehören hierher:

a) die Nichtübereinstimmung der beiderseits gebrauchten Worte unter einander oder mit dem beiderseits beabsichtigten Vertragsinhalte (Inst. III, 18 § 5),

---

[1] Dig. XLIV, 7 de obl. et act. fr. 11 (Paulus): *Quaecumque gerimus, cum ex nostro contractu originem trahunt, nisi ex nostra persona obligationis initium sumant, inanem actum nostrum efficiunt.*

[2] So z. B. auch, wenn jemand seinen Sohn in Pflege giebt und sich dessen Ernährung versprechen läßt. Der Vater erhält hier die Forderung, der Sohn nur den Vorteil daraus, daß sie erfüllt wird.

[3] Cod. VIII, 37 (38) de contrahenda et committenda stipulatione c. 11. 15.

[4] Eine solche Abrede entzieht den Anspruch den Gläubigern dessen, der sich die Schuldleistung ausbedingt, solange, als er lebt.

b) die Unfähigkeit, zu reden oder zu hören auf seiten eines Vertragsgenossen,

c) die räumliche Trennung der Vertragsparteien bei dem Geschäftsabschlusse. Ein schriftlicher Vertrag unter Abwesenden stand dem mündlichen unter Anwesenden nur bei Bürgschaften in Stipulationsform gleich.[4] Auch brauchte in den Schuldurkunden über Stipulationen nur das geleistete Versprechen erwähnt zu werden, nicht aber die vorherige Aufforderung es abzugeben (§ 17 h. t.).[1] Endlich hat Justinian den Nachweis, daß die Parteien bei einer urkundlich bezeugten Stipulation nicht an demselben Orte waren, erschwert, vielleicht um es verhindern, daß über diesen Punkt falsche Zeugen vorgebracht wurden. Überhaupt scheint es so, als ob in seinen Augen die Einrede der Nichtanwesenheit beim Vertragsschlusse gegenüber einer schriftlichen Urkunde als unanständig galt (*improbae allegationes*). Trotzdem hat er sich nicht entschließen können, das Erfordernis der Anwesenheit bei Vertragsschlüssen fallen zu lassen.

Alle diese Rechtssätze (II) sind dem gegenwärtigen deutschen Rechte völlig fremd.

δδ) Die Verwendung der Stipulationsform zum Bürgschaftszwecke (Inst. III, 20).[2]

§ 133.

I. Begriff. Der Bürge ist ein Nebenschuldner, dessen Verpflichtung in ihrem Bestande und in ihrem Umfange von der Hauptschuld abhängt. (Sog. accessorische Haftung, abhängige Nebenhaftung.)[3] Durch diese Abhängigkeit unterscheidet er sich vom *correus debendi* (s. S. 405). Die Bürgschaft spielte im Altertume eine größere Rolle, als in der Gegenwart. Das Prozeßrecht bürdete die Notwendigkeit, Bürgen zu stellen, den Parteien bei vielen Gelegenheiten auf. Auch die mächtigen Patrone waren genötigt, für ihre Klienten als Bürgen im Notfalle einzutreten. So erklärt sich die überraschende Fülle der Formen, die dieses Geschäft innerhalb der römischen Rechtsentwickelung gefunden hat.

II. Veraltete Bürgschaftsformen sind:

---

[4] Siehe oben S. 401 zu Anm. 2.

[1] Ob sich dies bei mündlichen anders verhielt, ist zweifelhaft, s. oben S. 400 Anm. 4.

[2] Karlowa, Röm. Rechtsgeschichte II, 1. S. 730 ff.

[3] Gajus III, 126: *Horum obligatio accessio est principalis obligationis, nec plus in accessione esse potest, quam in principali reo.* Die praktische Bedeutung der accessorischen Natur eines Rechtes ist oben S. 295 bei dem Pfandrechte erörtert worden.

a) Die Verpflichtung des *vindex*, der für die Partei in einen Prozeßstreit eintrat.[1]

b) Die Haftung des *praes*, der bei öffentlichen Verträgen mit der Stadtgemeinde sich mit seinem Grundstücke *(praedium)* haftbar machte.[2]

c) Die Haftung des *vas*, der das Versprechen einer Prozeßpartei, an einem bestimmten Tage vor Gericht zu kommen *(vadimonium)*, als Bürge verstärkte.[3]

d) Die Bürgschaft des *sponsor* und des *fidepromissor*. Der erstere war wohl ein *civis Romanus*,[4] der letztere ein Peregrine, der sich für eine Stipulationshauptschuld verbürgte.[5] Auf diese beiden Bürgschaftsarten bezogen sich mehrere Gesetze, welche einen Schutz dagegen gewährten, daß jemand von seinen Freunden in drückende Bürgschaftspflichten hineingelockt wurde.[6] Das eine (die *lex Apuleja*) gab dem Bürgen, der hatte zahlen müssen, einen Rückgriff gegen den Mitbürgen,[7] ein anderes *(lex Publilia)* gegen den Hauptschuldner *(actio depensi)*. Die *lex Furia (de sponsu)* ließ für Italien[8] mehrere Bürgen nur auf einen Kopfteil haften, ein viertes *(l. Cornelia)* setzte den Bürgschaftsschulden einen Höchstbetrag und ein fünftes (die *lex Cicereja*) schützte den Bürgen dagegen, daß der Gläubiger ihm den wahren Schuldinhalt oder das Vorhandensein von Mitbürgen verschwieg und dadurch die Aussicht auf die Vorteile der *lex Furia* gefährdete.

Diese strengen Vorschriften hängen allem Anscheine nach mit dem Sittenverfalle am Ende der Republik zusammen. Diese alten Bürgschaftsformen zeichneten sich noch durch gewisse Eigentümlichkeiten, insbesondere auch dadurch aus, daß sie zuweilen selbst bei Ungültigkeit der Hauptschuld gültig, in diesem Punkte also der Korrealschuld ähnlich waren.[9]

---

[1] Von ihm wird unten § 169 die Rede sein.

[2] Siehe oben S. 297 Anm. 1. Vgl. hierzu auch Pernice in v. Holtzendorffs Encyklopädie. 5. Aufl. I. S. 109 und Karlowa, Röm. Rechtsgesch. II, 1. S. 52.

[3] Vgl. hierzu Voigt, Die XII Tafeln II. S. 490 ff. und Sohm, Institutionen. 5. Aufl. S. 290 Anm. 2, der dem *vas* die Eigenschaft des Bürgen abstreitet, weil er etwas Anderes verspricht als der Hauptschuldner. Wäre dies richtig, so würde es für *obligationes ad faciendum* überhaupt keine eigentlichen Bürgen geben.

[4] Weil diesen die „*sponsio*" als Vorrecht zukam, s. oben S. 399 zu Anm. 3 u. 4.

[5] Dernburg, Pandekten II. § 76. 3. Aufl. S. 204. Vgl. hierzu Lenel, Edictum perpetuum S. 168.

[6] Vgl. Gajus III, 121 flg.

[7] Gajus III, 122: *Quandam societatem introduxit.*

[8] D. h. für die Rechtsprechung in Italien, Wlassak, Römische Prozeßgesetze II. S. 156.

[9] Vgl. v. Czyhlarz, Lehrbuch der Institutionen. 2. Aufl. S. 162. Es ist

III. Das justinianische Recht kennt nur:

a) die fidejussio (*idem fide tua esse jubes, jubeo*).[1] Es ist dies eine Form, die auch neben anderen Verpflichtungen als Stipulationsschulden vorkam und die älteren Schuldformen mit ihren Eigentümlichkeiten verdrängte;

b) das (prätorische) *constitutum debiti alieni;* es ist dies eine formlose Bürgschaft bis zur Höhe eines bestimmten Schuldbetrages (nicht aber für etwaige Nebenschulden aus Verzug oder Verschuldung des Hauptschuldners);

c) das *mandatum;* es kann eine Bürgschaftspflicht begründen, wenn es in der Übernahme eines Kreditauftrages besteht (*Periculo meo crede, bene credis,* sog. *mandatum qualificatum*).[2] Auf diese Art kann der Auftraggeber den Empfänger des Auftrages überhaupt erst zur Begründung der Hauptschuld veranlassen,[3] wenn der Gläubiger nur ihretwegen sich mit dem Schuldner einläßt, ein solcher Auftrag kann aber auch eine bloße Stundung einer schon bestehenden Forderung bezwecken.[4]

IV. Die rechtliche Behandlung dieser Bürgschaftsformen des neuesten römischen Rechtes ist in wesentlichen Punkten die gleiche. Gemeinsam sind ihnen namentlich drei Rechtswohlthaten des Bürgen:

a) das *beneficium divisionis.*[5] Mehrere Bürgen derselben

übrigens möglich, daß die korreale Nebenschuld ursprünglich die einzig mögliche war, und daß sich diese *adpromissiones* erst allmählich aus ihr als Abarten abgezweigt haben, daher denn ihr accessorischer Charakter erst später ganz hervorgetreten ist.

[1] Den Namen und die Form dieses Geschäftes erklärt Pernice (M. Antistius Labeo I. S. 510) in überzeugender Weise aus dem allgemeinen Institute des *jussus,* der namentlich bei den Geschäften der Sklaven und der Hauskinder eine bedeutende Rolle spielt. Diese *fidejussio* unterlag infolge ihres Stipulationsformalismus gewissen Grundsätzen, die für Korrealschulden galten (vgl. Dig. II, 14 de pactis fr. 24, IV, 8 de recept. fr. 34, Cod. VIII, 40 de fidejussor. c. 28 § 1), und die sich jedenfalls aus dem Bürgschaftszwecke nicht erklären lassen. Manche, z. B. Sohm, Institutionen. 5. Aufl. S. 270, bezeichnen sie daher geradezu als Korrealobligation. Die übliche Redeweise aber unterscheidet die prinzipale Nebenhaftung des *correus* grundsätzlich von der accessorischen des Bürgen.

[2] Dig. XVII, 2 mandati fr. 12 § 13 (Ulpianus).

[3] Dig. XLVI, 1 de fidejuss. fr. 24 (Marcellus): *Si petierit a te frater meus, peto, des ei nummos fide et periculo meo.*

[4] Dig. XVII, 1 mandati fr. 12 § 14 (Ulpianus): *Ut ei des intervallum.*

[5] Das *beneficium divisionis* ist eine Nachbildung des Grundgedankens der *lex Apuleja* und der *lex Furia.* Vgl. Sokolowski, Zur sog. *exceptio divisionis,* Zeitschr. der Savignystiftung XI. S. 278.

Schuld können verlangen, daß der Betrag ihrer Haftung unter sie gleichmäßig verteilt werde (*epistola divi Hadriani*).[1]

b) das sog. *beneficium excussionis sive ordinis* (die Rechtswohlthat der Vorausklage).[2] Der Bürge kann in der Regel beanspruchen, daß der Gläubiger den Forderungsinhalt zuerst klageweise vom Hauptschuldner beizutreiben sucht und erst hinterher von ihm Zahlung verlangt.[3]

c) das *beneficium cedendarum actionum*. Der Bürge kann verlangen, daß ihm, wenn er zahlen muß, vom Gläubiger seine sonstigen Ansprüche abgetreten werden, die sich auf die getilgte Schuld beziehen.[4] Außerdem hat der zahlende Bürge Regreßrechte wider den Hauptschuldner, wenn er von diesem zur Bürgschaft beauftragt worden ist oder für ihn die Bürgschaft unbeauftragt, aber in einer ihm nützlichen Weise (s. § 140) vorgenommen hat.

V. Für Frauen sieht das römische Recht in den Bürgschaften und den ihnen ähnlichen Geschäften eine besondere Gefahr, weil man derartige Zusicherungen in der Regel mit der Hoffnung abgiebt, vom Hauptschuldner ausgelöst zu werden, und die weibliche Leichtgläubigkeit zu solcher Hoffnung hinzuneigen pflegt. Einen Schutz hiergegen erstrebten in Anlehnung an ältere Edikte[5] das *S. C. Vellejanum* (46 p. Chr. n.) und ergänzende Vorschriften Justinians. Diese Anordnungen gaben den Frauen, die sich verbürgt hatten, die sog. weiblichen Rechtswohlthaten, insbesondere eine Einrede (*exceptio Senatusconsulti Vellejani*), mit der sie ihre Bürgschaft entkräften konnten. Den Bürgschaften wurden aber hierin alle solche Geschäfte gleichgestellt, denen dieselbe Gefährlichkeit für Frauen innewohnte, wie ihnen. Dadurch kam man dazu, die Gesamtheit der durch die weiblichen Rechtswohlthaten ausgezeichneten Geschäfte zu einem einheitlichen Begriffe zusammenzufassen, dessen Inhalt „*intercessio*“[6] heißt. Zu ihnen gehören alle Zusicherungen, welche das Darlehns- oder Stundungsbedürfnis eines Dritten vorübergehend zu schützen bestimmt sind. So z. B. wenn eine Frau für ihr eigenes Vermögen

---

[1] Vgl. auch Karlowa, Röm. Rechtsgeschichte II, 1. S. 53 unten.

[2] Novella 4, c. 1.

[3] Hierdurch wurde die Bürgschaftspflicht aus einer bloß accessorischen Haftung eine subsidiäre. Bürgen, die auf diese Subsidiarität verzichten, nennt man selbstschuldnerische.

[4] Dig. XLVI, 1 de fidejussoribus fr. 17: *Fidejussoribus succurri solet, ut stipulator compellatur ei, qui solidum solvere paratus est, vendere ceterorum nomina*

[5] Dig. XVI, 1 ad S. C. Vellej. fr. 2 pr.

[6] Dig. XVI, 1 ad S. C. Vellej. fr. 1 pr. (Paulus): *Vellejano senatusconsulto plenissime comprehensum est, ne pro ullo feminae intercederent.*

ein Darlehn aufnimmt, um das geliehene Geld einem Dritten zu geben, der ihr verspricht, es statt ihrer an den Darlehnsgeber zurückzuzahlen (sog. *intercessio tacita* oder *interventio*).[1]

Die Vorschriften über die Intercessionen weiblicher Schuldner gelten nur noch in einem Teile Deutschlands, da sie trotz ihres wohlgemeinten Zweckes insbesondere den Frauen der mittleren und unteren Vermögensklassen das wirtschaftliche Fortkommen erschweren, indem sie ihre Kreditfähigkeit herabmindern.[2]

γγ) Die Schriftform als Verpflichtungsgrund (Inst. III, 21).[3]

§ 134.

I. Die schriftliche Verpflichtung des Civilrechtes (*litterarum obligatio*) hing von einer Eintragung in Schuldbücher (*tabulae accepti et expensi*) ab, die von den römischen Bürgern geführt wurden.[4] Die einzelnen Schuldposten wurden wahrscheinlich unter den Namen der Schuldner und Gläubiger eingetragen, wie bei dem Soll und Haben unserer Kaufleute (Gaj. III, 128 flg.). Wenn Titius dem Sejus zehntausend schuldete, so lautete die Eintragung des letzteren wahrscheinlich: *Titio decem millia expensa fero (sc. Titii*

---

[1] Von dieser Darlehnsaufnahme zum Besten eines Dritten spricht der Wortlaut des Senatsschlusses Dig. XVI, 1 ad S. C. Vellej. fr. 2 § 1: *Quod ad fidejussiones et mutui dationes pro aliis, quibus intercesserint feminae, pertinet, tametsi ante videtur ita jus dictum esse, ne eo nomine ab his petitio neque in eas actio detur, cum eas virilibus officiis fungi et ejus generis obligationibus obstringi non sit aequum, arbitrari senatum recte atque ordine facturos, ad quos de ea re in iure aditum erit, si dederint operam, ut in ea re senatus voluntas servetur.*

[2] Das künftige Reichsrecht wird sie wahrscheinlich beseitigen.

[3] Ältere Litteratur siehe bei Danz, Lehrbuch der Geschichte des röm. Rechts II. § 151. 2. Aufl. S. 43. Neuere in des Verfassers Artikel *acceptilatio*, in Paulys Realencyklop. des klass. Altertums, auch Baron, Der Prozeß des Schauspielers Roscius, in der Zeitschr. der Savignystiftung I. S. 116 ff. und Buhstrat, ebenda III. S. 34 ff.; ferner Voigt in den Abhandlungen der königl. sächs. Gesellsch. der Wissensch. X. S. 515 ff., und dazu Niemeyer, Zeitschr. der Savignystiftung XI. S. 312 ff. Schulin, Lehrbuch der Geschichte des röm. Rechts § 76 S. 340 ff. ferner Hecht, Die röm. Kalendarienbücher. Heidelberg 1868, und Kübler, Curator kalendarii, Zeitschr. der Savignystiftung XIII. S. 156. — Die Ungewißheit unserer Kenntnis dieses Rechtszweiges ist insbesondere hervorgehoben bei v. Czyhlarz, Lehrbuch der Institutionen. 2. Aufl. S. 164.

[4] Neben dem *codex accepti et expensi* stand das *kalendarium*. Es war das Haupt- und Geheimbuch der Kapitalisten, in denen die Schulden und die Zinseingänge verzeichnet wurden, woraus Kübler, a. a. O. S. 157, den Namen des Buches erklärt. Stellte man das Soll und Haben nach den einzelnen Posten fest, so hieß dies *dispungere*. Dig. L, 16 de verb. sign. fr. 56 pr. (Ulpianus): *Dispungere est conferre accepta et data.*

nomine a me expensa sunt = Titius debet), mit anderen Worten: Titius ist auf meine Kosten um 10000 bereichert. Daneben mußte auch der Schuldner eine entsprechende Eintragung in sein Buch machen, die *expensum referre* hieß.[1] Das *expensum ferre* entsprach aber dem Soll oder Debet, das *expensum referre* dem Haben oder Kredit. In das Debet und das Kredit wurden aber nur wirkliche Schulden eingetragen, nicht Schuldzahlungen (Quittungen, Löschungen). Jede eingetragene Schuld *(expensilatio)* wurde vielmehr durch eingetragene Quittung *(acceptilatio)* vom Gläubiger gelöscht, und auch dem Schuldner lag es ob, den entsprechenden Löschungsvermerk in sein Buch zu der entsprechenden Forderung zu vermerken *(acceptum referre)*. Die Römer unterschieden also sehr wohl die Eintragung der Darlehnssummen von der Eintragung der Schuldzahlungen. Jene führten zu *expensilationes*, diese zu *acceptilationes* (Löschungen). Die Quittungsnatur der *acceptilationes* wird vielfach verkannt; man sieht in ihnen oft irrigerweise Schuldbegründungsakte, weil unsere heutige kaufmännische Buchführung solche Löschungen in Soll und Haben nicht vornimmt, sondern fortgegebene Schuldzahlungen ebenso einträgt wie Gegenforderungen,[2] empfangene Schuldzahlungen aber ebenso vermerkt, wie erhaltene Darlehnssummen.[3]

Die Eintragungen konnten sowohl uneingetragene Schuldverhältnisse in Buchschulden umwandeln, als auch vorhandene Buchschulden auf neue Gläubiger oder Schuldner überschreiben.[4] Geschah die Eintragung bloß des Beweises halber, so hatte sie keine verpflichtende Kraft. Im anderen Falle scheint sie in folgender Weise zur Schuldbegründung verwendet worden zu sein. Der Kläger legte sein Buch

[1] Vgl. VOIGT, a. a. O. S. 515. v. KELLER, Institutionen S. 102, ist durch neuere Forschungen vielfach überholt; vgl. jedoch auch die 5. Aufl. von SOHM, Institutionen S. 298 Anm. 1 (anders 4. Aufl. S. 289).

[2] Anders die Grundbücher hinsichtlich der Hypotheken, die in den Büchern getilgt werden, ein Seitenstück der römischen *acceptilatio*.

[3] Es lag allerdings nahe, die moderne Art der Buchung dem Altertum zuzuschreiben. Auch im heutigen Wechselrecht bedeutet das Wort „Accept" eine Schuldübernahme. Für die Quittungsnatur der römischen *acceptilatio* im Schuldbuche spricht dagegen nicht nur die anderweitige Bedeutung dieses Wortes (s. unten S. 435 II b und VOIGT, Röm. Rechtsgeschichte I. S. 821), sondern auch PLINIUS, Ep. II, 4: *Quidquid mihi pater tuus debuit, acceptum tibi ferri jubeo. Nec est quod verearis, ne sit mihi ista onerosa donatio.* Vgl. auch CICERO in Verr. I, 57 und hierzu DANZ, Lehrbuch der Geschichte des röm. Rechts. 2. Aufl. II. S. 47.

[4] *Transcriptio a re in personam*, GAJUS III, 128—133. Peregrinen durften zwar ihre Schuldverhältnisse in eingetragene verwandeln lassen, nicht aber durch Umschreibung als Nachfolger eingetragener Gläubiger oder Schuldner an deren Stelle treten (GAJUS I, 133), eine Folge des den *peregrini* fehlenden *commercium*.

vor und verlangte, daß auch der Verklagte sein Buch vorlegte. Geschah dies, so galten die übereinstimmenden Eintragungen als verpflichtend, die nicht übereinstimmenden und einseitigen aber als kraftlos. Legte der Verklagte sein Buch nicht vor, so war des Klägers Buch beweisend.[1]

In der späteren Kaiserzeit verlor sich die allgemeine Führung von Schuldbüchern und damit auch die alte Buchschuld.[2]

II. Die Verpflichtungskraft des Schuldscheines. Das Recht der Peregrinen kannte bindende schriftliche Schuldversprechen.[3] Auch Justinian schreibt dem Schuldscheine, sobald er zwei Jahr alt ist, eine besondere Verpflichtungskraft zu, die auf der Schrift selbst (nicht auf der bloßen Abrede) beruhen soll. Es durfte nämlich der Aussteller eines solchen Scheines nur zwei Jahre lang die *querela* oder *exceptio non numeratae pecuniae* erheben, d. h. sich darüber beschweren, daß er die Gegenleistung für den Schuldschein nicht erhalten habe.[4] Nach Ablauf dieser zwei Jahre gewann der Schuldschein an Kraft. Zufolge einer früher in der deutschen Praxis vorwiegenden Ansicht wurde er jetzt überhaupt erst beweiskräftig, nach einer anderen (richtigeren)[5] wurde er unanfechtbar und dadurch ein selbständiger Verpflichtungsgrund.[6] Die neuere Reichsgesetzgebung hat das Sonderrecht des Schuldscheines so, wie es in Deutschland aufgefaßt wurde,

---

[1] Cicero gerät in der oratio pro Roscio comoedo c. II, 5 in Entrüstung darüber, daß der Gegner seines Klienten „*adversaria*" als Schuldbegründungstitel vorlegt. Es waren dies „Notizbücher" (v. Czyhlarz, a. a. O.) zu vorläufigen und darum unvollständigen Eintragungen. Man darf daraus wohl folgern, daß der Kläger mit seinem Verlangen im Rechte gewesen wäre, wenn er das wahre Schuldbuch vorgelegt hätte. Der Schauspieler Roscius scheint selbst keine ordentlich geführten Bücher besessen zu haben, sonst würde sich wohl Cicero auf diese berufen haben. — Alles dies kann leider nicht mit voller Sicherheit aufgeklärt werden.

[2] Pseudo-Asconius in Verrin. I, 23. 60 erklärt das Verschwinden der Hausbücher daraus, daß die Obrigkeit sie zum Zwecke der Vermögenskonfiskation zuweilen in Beschlag genommen und benutzt hatte. Vgl. hierzu v. Keller, Institutionen. 1861. S. 106. Die Verleihung des Bürgerrechts an halbcivilisierte Völker dürfte wohl vornehmlich dem Grundsatze der allgemeinen Buchführung den Todesstoß versetzt haben.

[3] Gajus III, 134. Neue Aufschlüsse über diesen Rechtszweig geben L. Goldschmidt, Inhaber-, Order- und exekutorische Urkunden im klass. Altertum, Zeitschr. der Savignystiftung X. S. 352 und Mitteis, Reichsrecht und Volksrecht. 1891. S. 484.

[4] Litteratur siehe in Arndts' Pandekten § 281 Anm. 1.

[5] Bähr, Die Anerkennung als Verpflichtungsgrund. 2. Aufl. S. 327. Bähr, Jahrbücher für Dogm. II. S. 346.

[6] Dies gewährt dem Gläubiger Sicherheit wider einen Gegenbeweis durch falsche Zeugen, die nach längerer Zeit schwer widerlegbar sind.

beseitigt, so daß durch den Ablauf der zwei Jahre heutzutage seine Beweiskraft weder bedingt ist noch sich vermehrt.[1]

c) Formlose Zusicherungen mit Verpflichtungskraft.

α) Allgemeines (Inst. III, 22).[2]

§ 135.

I. *Consensus* heißt bei den Römern eine Abrede, die schon nach ihrem Sinne gilt,[3] nicht durch ihre Form und auch nicht durch eine Leistung, die zu ihr hinzutritt, mit anderen Worten: die formlose verpflichtende Abrede.[4] Die im römischen Rechte als klagbar anerkannten Konsensualkontrakte sind:

a) das Versprechen aus einem Kaufe (d. i. dem Austausche einer Ware gegen Geld),

b) das Versprechen aus einer Miete (d. i. der vertragsmäßig gewährten Benutzung einer fremden Sache oder Arbeitskraft gegen Geld),

c) der Gesellschaftsvertrag *(societas)*,

d) die Auftragsübernahme *(mandatum)*.

II. Neben den Konsensualverträgen des *jus gentium* entwickelte das prätorische Recht besondere formlose Zusicherungen:

a) Die Schuldbestärkung durch formlose Zusage *(constitutum debiti)*, ursprünglich nur als *constituta pecunia* möglich,[5] nach Justinians Vorschrift auch bei anderen Gegenständen als Geld[6] Wo sich eine solche Erklärung auf eine eigene Schuld ihres Urhebers richtet,

---

[1] Zu der sehr zweifelhaften Institutionenstelle III, 21 vgl. jetzt auch Kindel, Das Rechtsgeschäft und sein Rechtsgrund. 1892. S. 30 Anm. 11. Die Stelle will wohl sagen: Der Darlehensschuldschein, der unter Anwesenden aufgestellt ist, hat zunächst auch Stipulationskraft, vgl. oben S. 399 Anm. 1. Diese soll nach zwei Jahren aufhören, weil von da ab die Schrift allein verpflichtet.

[2] Voigt, Röm. Rechtsgeschichte I. S. 625.

[3] Über *consensus* vgl. des Verfassers Ausführungen in seiner Schrift: Der Irrtum bei nichtigen Verträgen. I. 1882. S. 11. Auf mancherlei Einwände, die dagegen erhoben sind, beabsichtigt er im Artikel *consensus* der neuen Ausgabe von Paulys Realencyklopädie des klassischen Altertums zu antworten.

[4] In einem weiteren Sinne umfaßt freilich das Wort *consensus* jede formlose Abrede, selbst das klaglose *nudum pactum* Arg. Dig. II, 14 pr. de pactis fr. 1 § 2.

[5] Dig. XIII, 5 de constituta pecunia. Lenel, *Edictum perpetuum*. S. 196. Voigt, Röm. Rechtsgeschichte I. S. 684.

[6] Cod. IV, 18 de const. pecunia c. 2.

da bezweckt sie eine erhöhte Sicherung des Gläubigers, während sie als *constitutum debiti alieni (non proprii)* dem Bürgschaftszwecke dient (s. o. § 133).

Ein Hauptvorteil, den dieses Versprechen früher gewährte, war die Erhöhung der Schuldsumme um die Hälfte für den Fall, daß es zur Verurteilung des Schuldners kam. Einen solchen Zuschlag zur Hauptschuld mußte der Schuldner beim Prozeßbeginne für den Fall des Prozeßverlustes versprechen.[1] Diese Schuldsteigerung ist jedoch dem neuesten römischen Rechte fremd.

b) Das *receptum argentariorum* war ein Schuldversprechen der Wechsler (von Anfang an nicht auf Geldsummen beschränkt). Es ist neuerdings mit Recht die Ansicht vertreten worden,[2] daß dieses Versprechen nicht, wie das *constitutum debiti*, eine bestehende Schuld verstärkte, sondern ein Schuldversprechen auf Anweisung eines anderen an einen dritten enthielt, das auch ohne Angabe eines Schuldgrundes verpflichtete. Justinian hat dieses vornehmlich den Bedürfnissen des Handels dienende Geschäft verworfen.[3]

III. Das Kaiserrecht gewährte einigen formlosen Versprechen Klagbarkeit, die im Gegensatze zu den eigentlichen Konsensualkontrakten im Mittelalter *pacta legitima* genannt worden sind.[4] Es gehören dahin:

a) Die Zusage einer Mitgift. Sie wurde von jeder Form entbunden.[5]

---

[1] Gajus IV, 171: *Ex quibusdam causis sponsionem facere permittitur . . . constitutae vero pecuniae partis dimidiae.*

[2] Von Lenel, Zeitschr. der Savignystiftung II. S. 62. Zustimmend Dernburg, Pandekten II. § 77. 3. Aufl. S. 206. 207. Vgl. hierzu auch Karlowa, Röm. Rechtsgeschichte II, 1. S. 758.

[3] Cod. IV, 18 c. 2 cit., ein Gewohnheitsrecht bestätigend. Es entsprach durchaus den Zielen der spätrömischen Gesetze, die dem Verkehrsleben ungünstig waren (s. oben § 31).

[4] Nach Dig. II, 14 de pactis fr. 6 (Paulus): *Legitima conventio est quae lege aliqua confirmatur; et ideo interdum ex pacto actio nascitur vel tollitur, quotiens lege vel senatusconsulto adiuvatur.* Diese *pacta legitima* nannte man im Vereine mit den *pacta praetoria* (II) und den *pacta adjecta* (S. 398 Anm. 5) *pacta vestita* wegen Dig. II, 14 de pactis fr. 7 § 5: *Nuda pactio non parit actionem,* gleich als ob dastünde *nuda pactio ea vocatur, quae non parit actionem.* In Wahrheit deutet das *nudum* nicht auf die fehlende Klage hin, sondern auf den fehlenden besonderen Verpflichtungsgrund.

[5] Cod. V, 11: De dotis promissione vel nuda pollicitatione c. 6 (Theodosius et Valentinianus): *Ad exactionem dotis, quam semel praestari placuit, qualiacumque sufficere verba censemus, sive scripta fuerint sive non, etiamsi stipulatio in pollicitatione rerum dotalium minime fuerit subsecuta.* Karlowa, Röm. Rechtsgeschichte II, 1. S. 206. Hierdurch verschmolz wohl die *dotis*

b) Justinian machte die formlosen Schenkungsversprechen klagbar (s. oben S. 320). Bevorzugte Geschäfte dieser Art sind die neuerdings grundsätzlich so genannten Pollicitationen (— die Römer gebrauchen das Wort *pollicitatio* von jeder Zusage —).[1] Es sind dies gewisse Zusicherungen, die der Annahme nicht bedürfen, also auch dann verpflichtend sind, wenn der Beschenkte jede Auskunft darüber, ob er sie annehmen will, verweigert *(offerentis solius promissum)*.[2] Es gehören dahin die Zusicherungen an eine Stadtgemeinde unter gewissen Bedingungen und die frommen Gelübde *(vota)*.[3]

c) Auch der Schiedsvertrag (d. i. die Abrede zweier streitenden Parteien, sich dem Spruche eines Schiedsrichters zu unterwerfen)[4] ist durch Justinian als gültige formlose Abrede anerkannt worden, jedoch nur unter gewissen Bedingungen. Schon früher wurde er durch besondere gegenseitige Konventionalstrafen verstärkt *(poena compromissa*, daher Kompromiß genannt).[5] Das deutsche Reichsrecht hat diesen Rechtszweig völlig neu geregelt.[6]

---

promissio mit der früher ausnahmsweise zugelassenen formlosen *dictio dotis*. Ulpianus VI, 1: *Dos aut datur, aut dicitur, ut promittitur.* § 2: *Dotem dicere potest mulier, quae nuptura est, et debitor mulieris, si jussu ejus dicat, item parens mulieris virilis sexus.* Vgl. Karlowa, Röm. Rechtsgeschichte II, 1. S. 201 ff. 579. — Vielleicht verbot in diesen Fällen die Sitte dem Gläubiger, durch eine vorangehende Frage *(stipulatio)* sich die *dos* zu sichern.

[1] Vgl. namentlich Schlossmann, Der Vertrag S. 144 und Regelsberger in den Festgaben der Göttinger Juristenfakultät für R. v. Ihering. 1892. S. 63 und die in der vorigen Anmerkung angeführte Stelle.

[2] Ein gewöhnliches Vertragsanerbieten würde unter solchen Umständen abgelehnt und daher kraftlos sein.

[3] Dig. L, 12 de pollicit. fr. 2 pr. § 1. 3 pr. Karlowa, Röm. Rechtsgeschichte II, 1. S. 580. Die ansprechende Behauptung Ehrlichs, Die stillschweigende Willenserklärung. 1893. S. 288, daß alle einseitig belastenden Versprechen einer Annahme von seiten des Gläubigers nicht bedürfen, läßt sich jedenfalls aus den römischen Quellen nicht begründen. — Über die *jurata operarum promissio* s. oben S. 319 Anm. 6.

[4] Dieser Vertrag ist zu unterscheiden von der Übernahme eines *receptum arbitri (= arbitrii)*, der Übernahme des Schiedsrichteramtes, einem *pactum praetorium*. Dig. IV, 8 de receptis: Qui arbitrium receperint, ut sententiam dicant.

[5] Dig. IV, 8 de recept. fr. 1: *Compromissum ad similitudinem judiciorum redigitur et ad finiendas lites pertinet.* Cod. II, 55 (56) de receptis est. 1 (Antoninus): *Nec judicati actio inde praestari potest* (anders jetzt §§ 866. 868 Reichscivilprozeßordnung) *et ob hoc invicem poena promittitur, ut metu ejus a placitis non recedatur.*

[6] Reichscivilprozeßordnung §§ 851 flg.

IV. Im heutigen Rechte sind diese Erscheinungen des römischen Rechtes allmählich zu dem Grundsatze verallgemeinert worden, daß alle formlosen Zusicherungen aus jedem beliebigen, rechtlich erlaubten Schuldgrunde verpflichten.[1] Die besonderen römischen Rechtsregeln für einzelne Verträge (§§ 135 flg.) werden dadurch nicht berührt.

β) Die formlosen Versprechen des römischen Rechtes (sog. Konsensualkontrakte).

αα) Der Kauf (Inst. III, 23).

§ 136.[2]

I. Der Kauf ist der wichtigste und häufigste Schuldvertrag. Er ist aus dem Tausche hervorgegangen,[3] von dem er sich dadurch unterscheidet, daß er in der Hingabe einer Ware gegen Geld besteht, während beim Tausche zwei Waren gegeneinander ausgewechselt werden. Er hat den Tausch jedoch innerhalb der Rechtsentwickelung dadurch überflügelt, daß er auch in der Form einer bloßen Abrede klagbar wurde (nicht bloß als Barverkauf bei sofortiger beiderseitiger Leistung), und zwar war er es schon zur Zeit des Plautus. Der Tausch dagegen errang eine Klagbarkeit nur für den Fall geschehener Vorleistung, war aber nur ein unbenannter Realvertrag (s. oben § 128). Vergeblich bemühten sich die Sabinianer, ihm die Gleichstellung mit dem Kaufe zu erstreiten. Die Prokulianer setzten vielmehr die entgegengesetzte Ansicht durch.[4] Hierbei war die Erwägung maßgebend, daß der Käufer andere

---

[1] Siehe oben S. 401 Anm. 4.

[2] Vgl. Bechmann, Der Kauf nach gemeinem Rechte. I. Geschichte des Kaufs im römischen Recht. Erlangen 1876. II. System des Kaufs nach gemeinem Recht. I. Abteilung. 1884. Vgl. auch noch hierzu Karlowa, Röm. Rechtsgeschichte II, 1. S. 21. 209. 611 flg. Voigt, Röm. Rechtsgeschichte I. S. 642. Pernice, M. Antistius Labeo I, 454 flg. und II, 318 flg. über Kauf und Miete. In Bruns, Fontes juris. Ed. VI. S. 287 flg. 322 flg., sind überlieferte Kaufurkunden des Altertums abgedruckt.

[3] Diese Entwickelungsgeschichte, die mit der Entstehung des Geldes zusammenhängt, schildert Paulus, Dig. XVIII, 1 de contr. empt. fr. 1 pr.: *Sed quia non semper nec facile concurrebat, ut, cum tu haberes, quod ego desiderarem, invicem haberem quod tu accipere velles, electa materia est, cujus publica ac perpetua aestimatio difficultatibus permutationum aequalitate quantitatis subveniret; eaque materia forma publica percussa usum dominiumque non tam ex substantia praebet quam ex quantitate, nec ultra merx utrumque, sed alterum pretium vocatur.*

[4] Dig. XVIII, 1 de contr. empt. fr. 1 § 1 (Paulus): *Nam ut aliud est vendere, aliud emere, alius emptor, alius venditor, sic aliud est pretium, aliud merx: quod in permutatione discerni non potest uter emptor, uter venditor sit.*

Pflichten trägt, als der Verkäufer, und es daher zweifelhaft war, welche der beiden Arten von Verpflichtung man einer jeden der Parteien, die einen Tausch abgeschlossen haben, würde zuteilen müssen, wenn man das Geschäft als Kauf behandeln wollte. Im deutschen Rechte stellt man den Tausch dem Kaufe gleich und legt wohl dann beiden Parteien die Pflichten eines Verkäufers (nicht diejenigen eines Käufers) auf.

II. Die Formlosigkeit des Kaufes erleidet keine Ausnahme durch eine Draufgabe zu dem Vertragsabschlusse. Diese kann in einem Angelde bestehen oder in einem zur Vertragssicherung hingegebenen unverkäuflichen Gegenstande, z. B. einem Passe (ein verkäuflicher würde ein Pfand sein).[1] Bei Vertragsbruch soll der Geber die Draufgabe verlieren, ein Satz, den man gewöhnlich auf bloße Vorverträge, d. i. Versprechen eines späteren Vertragsabschlusses (mit Unrecht) einschränkt.[2] Der Kauf soll jedoch ausnahmsweise dann nicht formlos sein, *in his, quae scriptura conficiuntur*. Wo nämlich die Gültigkeit eines mündlichen Vertrages von einer schriftlichen Aufzeichnung abhängen soll, da ist unter dieser im Zweifel eine vollständige Niederschrift des gesamten Vertrages zu verstehen. So ist wohl eine zweifelhafte Vorschrift Justinians (Codex IV, 21 de fide instrumentorum c. 17) zu deuten.[3]

III. Die rechtlichen Folgen des Kaufvertrages bestehen darin, daß er vor und nach der Erfüllung klagbare Verpflichtungen für den Käufer *(emptor)* und den Verkäufer *(venditor)* hervorruft:

a) Die Rechte des Käufers vor der Erfüllung. Er kann die Übergabe der gekauften Ware gegen Preiszahlung verlangen und mit ihr den Zuwachs aus der Zeit zwischen Vertrag und Erfüllung (sog. *commodum rei*).[4] Die Übergabe braucht jedoch, ebenso

---

[1] S. oben S. 322 Anm. 1.

[2] Vgl. des Verfassers Artikel *arra* in PAULYS Realencyklopädie des klass. Altertums, neue Ausgabe.

[3] Vgl. hierzu BRUNNER, Zur Rechtsgeschichte der römischen und germanischen Urkunde. 1880. S. 64 und ebenda S. 73 flg. über die Form der schriftlichen Urkunden im spätrömischen Reiche. Die meisten beziehen diese cst. 17 de fide instrumentorum auf den Fall, daß die Parteien die Aufzeichnung eines Vertrages verabredet haben. Es liegt aber vielleicht näher, bei ihrer Auslegung an örtliche, von Justinian bestätigte oder doch geduldete Gewohnheitsrechte zu denken, welche Schriftform verlangten, und die vom Kaiser nunmehr gewissen einheitlichen Grundsätzen unterworfen wurden. Vgl. z. B. das syrisch-römische Rechtsbuch § 86. BRUNS, Kommentar zu diesem Rechtsbuche S. 254.

[4] Dig. XVIII, 6 de periculo et commodo fr. 7 pr. (PAULUS): *Id, quod post emtionem fundo accessit per alluvionem, vel perit, ad emtoris commodum incommodumque pertinet.*

wie die Preiszahlung, nur Zug um Zug zu geschehen. Wer aus diesem Geschäfte seine Forderung einklagt, ohne die Erfüllung einer Pflicht angeboten zu haben, unterliegt der *exceptio non adimpleti contractus.*[1]

b) Die Rechte des Verkäufers vor der Erfüllung. Er kann Zahlung des Preises gegen Lieferung der Ware verlangen. Geht die Ware ohne seine Schuld zu Grunde, so bleibt ihm sein Anspruch auf den Preis dennoch erhalten (*periculum emptoris est*). Dies gewährt ihm einen Ersatz dafür, daß er aus der Ware vom Geschäftsabschlusse ab keinen Gewinn mehr durch einen anderweitigen Verkauf ziehen kann, während der Käufer den Preis inzwischen für sich zinsbar zu machen im Stande ist.

c) Nach der Erfüllung kann der Käufer erwarten, daß die Sache ihm nicht von einem Dritten abgestritten (evinciert) wird und nicht an heimlichen Mängeln leidet. Für beides muß ihm der Verkäufer Gewähr leisten. (Näheres unter IV und V.)

d) Der Verkäufer kann nach der Erfüllung erwarten, daß ihm der Käufer davon Nachricht giebt, wenn ein Dritter die verkaufte Sache in Anspruch nimmt (sog. *litis denunciatio*), weil er ihn dann in der Verteidigung der Sache unterstützen muß.[2]

IV. Die Haftung des Verkäufers wegen Eviktion (d. i. Abstreitung der Sache durch einen Dritten).

a) Hauptgrundsatz. Der Verkäufer haftet nur für eine wirklich drohende Abstreitung der Sache (Entwehrung) seitens eines Dritten. Wegen der bloßen entfernten Möglichkeit einer solchen Abstreitung darf der Käufer gegenüber dem Verkäufer nicht klagen, solange der Dritte ihn nicht beunruhigt.[3] Darum sagen die Römer, daß

---

[1] Gewöhnlich nimmt man an, daß das römische Recht bei allen zweiseitigen Geschäften, die Zug um Zug zu erfüllen sind, die Rücksicht auf den Verklagten noch weiter treibt und ihn auch dann nicht zur Erfüllung seiner Pflicht verurteilen läßt, wenn zwar er selbst, nicht aber auch der Kläger im Verzuge war. Auch dann wird dem Kläger von der herrschenden Ansicht kein Recht auf einfache Verurteilung zugestanden, sondern nur auf eine Verurteilung „Zug um Zug“, die dann hinterher sehr schwer durchgeführt werden kann. Es ist Sache des Pandektenrechts, zu untersuchen, ob die Römer ihre Geduld gegenüber pflichtvergessenen Schuldnern wirklich so weit getrieben haben.

[2] Dies heißt in Dig. XIX, 1 de actionibus empti venditi fr. 6 § 5: *auctorem laudare*, ein Ausdruck, der heutzutage in der Regel in einem anderen Sinne verwendet wird, nämlich für den Fall des § 73 der Reichscivilprozeßordnung.

[3] Dig. XVIII, 1 de contr. empt. fr. 25 § 1 (Ulpianus): *Qui vendidit, necesse non habet fundum emptoris facere.* Hiermit steht nur scheinbar im Widerspruche Dig. eod. fr. 80 § 3 (Labeo): *Nemo potest videri eam rem vendidisse,*

der Verkäufer nicht für Gewährung des Eigentums an der verkauften Sache haftet, sondern nur für ein *emptorem habere licere.*[1] Diese Haftung des *auctor* ging bei der *mancipatio* auf das Doppelte *(actio auctoritatis)*,[2] auch sonst war es im römischen Verkehre üblich, daß der Verkäufer bei wertvollen Gegenständen das Doppelte für den Fall einer Abstreitung (Eviktion) des Kaufgegenstandes versprach *(stipulatio duplae)*.[3] In allen Fällen haftete aber der Verkäufer auch ohnedies bei Eviktion auf Schadenersatz.[4]

V. Heimliche Mängel der verkauften Sache verpflichteten zum Ersatze schon nach Civilrecht, wenn der Verkäufer sie kannte und wissentlich verschwieg oder ihre Abwesenheit zusicherte (sog. *dicta promissa*).[5] Die Ädilen führten jedoch als Verwalter der Marktpolizei eine weitergreifende Haftung (zunächst für besondere Fälle,[6] den Verkauf von *mancipia* und *jumenta*) ein, was dann später verallgemeinert wurde. Hiernach haftet der Verkäufer ohne jede Rücksicht auf sein Verschulden für alle Mängel, deren Abwesenheit Käufer im Verkehre vorauszusetzen pflegen.[7] Der Geschädigte hat hier die Wahl, entweder den Kaufpreis gegen Rückgabe der Sache wiederzuerlangen (sog. *redhibitio*), oder eine Preisminderung zu beanspruchen. Das erstgenannte Recht verliert er schon nach einem halben Jahre *(sex menses utiles)*,[8] das Preisminderungsrecht *(actio*

---

de cujus dominio id agitur, ne ad emptorem transeat. Hiernach ist also der Verkäufer verpflichtet, für Eigentumsübertragung zu sorgen; gelingt ihm dies aber nicht, so bleibt er von Haftung frei, wenn die Sache dem Käufer von keiner Seite abgestritten wird.

[1] Der Sinn dieser Regel ist insbesondere klargelegt von Bernhöft, Kauf, Miete und verwandte Verträge. 1889. S. 21: „Was nützt mir die Verpflichtung zur Eigentumsübertragung, wenn ich darauf nicht klagen kann?" Vgl. übrigens auch Eck, Die Verpflichtung des Verkäufers zur Gewährung des Eigentums. 1874. Anders ist die Verpflichtung des Käufers Dig. XIX, 1 de act. empt. fr. 11 § 2 (Ulpianus): *Emtor autem nummos venditoris facere cogitur.*

[2] Pauli, Sent. II, 17, 3. Karlowa, Röm. Rechtsgeschichte II, 1. S. 575.

[3] Dig. XXI, 2 de evictionibus et duplae stipulatione.

[4] Dig. XXI, 2 de evictionibus fr. 70 (Paulus): *In id quod interest.*

[5] Cicero, De off. III, 16, 65 etiam reticentiae poena est constituta. Dig. IV, 3 de dolo fr. 37.

[6] Vgl. den Wortlaut des Edikts Dig. XXI, 1 de aedilicio edicto fr. 1 § 1. 38 pr.

[7] Dig. XXI, 1 de aedil. ed. fr. 1 § 2 (Ulpianus): *Causa hujus edicti proponendi est, ut occurratur fallaciis vendentium et emptoribus succurratur, quicumque decepti a venditoribus fuerint. . . . neque enim interest emptoris, cur fallatur, ignorantia venditoris an calliditate.*

[8] *Tempus utile* heißt der zu einer Klage brauchbare Zeitraum; der ohne

quanto minoris) dagegen erst nach einem *annus utilis*. Diese kurzen Fristen schneiden bei Zeiten eine gerichtliche Untersuchung ab, deren Gegenstand sich durch Zeitablauf leicht verdunkeln kann, nämlich die Prüfung der Frage, ob ein bestimmter Mangel einer verkauften Sache vor oder nach ihrem Kaufe entstanden ist.[1]

VI. Ein Rücktrittsrecht wegen Übervorteilung *(laesio enormis)*[2] gewährte Diokletian dem Verkäufer, dem vom Käufer nicht einmal die Hälfte des Preises gewährt worden war. Das heutige Recht giebt eine entsprechende Befugnis auch dem Käufer, der mehr als das Doppelte des Wertes hat zahlen müssen.

Das neuere Handelsrecht hat diese Anfechtungsrechte, deren böswillige Ausübung für die Verkehrssicherheit nicht ungefährlich ist, beseitigt.[3]

ββ) Miete (Inst. III, 24).[4]

§ 137.

I. Der Name des Mietvertrages[5] *(locatio conductio)* hat sich wahrscheinlich in Anlehnung an die Miete beweglicher Sachen (namentlich der Sklaven und des Viehes) entwickelt. Man unterscheidet:

a) Die *locatio rei* (Sachmiete), d. i. z. B. die Einstellung *(locatio)* des vermieteten Viehes in den Stall des Mieters, der es als *conductor* mitnimmt. Bei fruchttragenden Grundstücken hieß diese *locatio conductio rei: colonia*. Wir nennen sie „Pacht" bei allen ertragsfähigen Gegenständen (Gastwirtschaften u. dgl.).[6]

Rücksicht auf Brauchbarkeit fortlaufend berechnete Zeitraum heißt *tempus continuum*. Vgl. hierzu unten § 172.

[1] Bei einem Verzicht auf jeden Regreß (wegen Eviktion oder wegen heimlicher Mängel) spricht das syr.-röm. Rechtsbuch §§ 39. 113 von einer κακὴ πρᾶσις oder ἁπλῆ ὠνή. Dadurch ist „endlich die Erklärung der rätselhaften *simplaria venditio* gefunden". Bruns, Kommentar S. 207. Dig. XXI, 1 de evictionibus fr. 48 § 8 (Pomponius): *Simplariarum venditionum causa ne sit redhibitio, in usu est.*

[2] Zachariä von Lingenthal, Zur Lehre von der *laesio enormis*, Zeitschr. der Savignystiftung IV. S. 49.

[3] Art. 286.

[4] Karlowa, Röm. Rechtsgeschichte II, 1. S. 18 flg. 632 flg. Voigt, Röm. Rechtsgeschichte I. S. 657 flg.

[5] Mommsen, Die römischen Anfänge von Kauf und Miete, in der Zeitschr. der Savignystiftung VI. S. 260. C. Chr. Burkhard, Zur Geschichte der *locatio conductio*. 1889.

[6] Vgl. Festus, *Venditiones olim dicebantur censorum locationes, quod velut fructus publicorum locorum venibant.* Hiernach scheint sich das Recht

b) Die *locatio operarum* (Dienstmiete) ist die Gewährung mehrfacher gleichartiger Dienste an einen anderen gegen einen Lohn. Solche Dienste pflegen in der Regel in ein fremdes Haus gebracht zu werden, in dem der Mieter *(conductor)* dem Arbeiter *(locator)* einen dauernden Platz für seine Thätigkeit anweist.[1]

c) Die *locatio operis* (Werkverdingung) ist die Überlassung einer Arbeit, die als Ganzes bezahlt werden soll, z. B. die Aufgabe, ein Kleid auszubessern oder einem Pferde die Hufen zu beschlagen, an einen Arbeiter *(conductor)*, der in vielen Fällen den Arbeitsgegenstand in seine Werkstätte mitnimmt, in welche der Arbeitsherr *(locator)* den Gegenstand der Arbeit hingiebt. Hier werden nicht die einzelnen Leistungen bezahlt, sondern der ganze Arbeitserfolg.[2] Bei der Dienstmiete heißt hiernach der Arbeitgeber *conductor*, bei der Werkverdingung *locator*, weil der Besteller in der Regel dort den Arbeiter zu sich nimmt, hier aber die Arbeit fortgiebt.

Der Lohn wird bei der Miete erst nach erfolgter Leistung bezahlt.[3]

II. Römischrechtliche Beschränkungen des Mietvertrages.

a) Keine Miete ohne Geldlohn.

---

der Sachmiete aus dem Rechte des Kaufes abgezweigt zu haben, und zwar zunächst für Verträge des Staates, die in späteren Zeiten vielfach einen publizistischen Charakter hatten und unter administrativem Zwange standen. Vgl. v. Czyhlarz, Lehrbuch der Institutionen. 2. Aufl. S. 178, auch Karlowa, Röm. Rechtsgeschichte II, 1. S. 40 über die *leges censoriae*, auf die sich ein S. C. Oropium bezog.

[1] *Conducere* = Abholen (vgl. Brinz, Pandekten. II. 2. Aufl. S. 752 Anm. 4) oder Zusammenbringen. [Degenkolb, Platzrecht und Miete. 1867. S. 183. Mommsen, a. a. O. S. 233. (S. 425 Anm. 5.)]

[2] Dig. L, 16 de verb. sign. fr. 5 § 1 (Paulus): *Opere locato conducto, his verbis Labeo significari ait id opus, quod Graeci ἀποτέλεσμα vocant, non ἔργον, id est ex opere facto corpus aliquod perfectum.* Unter dem ἀποτέλεσμα verstand man jedoch nur die vertragsmäßige Herstellung, nicht die Ablieferung. Dig. XIX, 2 locati cond. fr. 37 (Javolenus): *Detrimentum ad locatorem ita pertinet, si tale opus fuit, ut probari deberet.*

[3] Wird der Arbeiter durch einen Zufall unfähig, den Vertrag auszuführen, so erhält er heutzutage keinen Lohn (Entsch. des Reichsgerichts III. Nr. 51. S. 179). Der entgegengesetzte Grundsatz würde unseren Fabrikherren eine unerträgliche Last aufbürden. Und doch scheint er in Rom gegolten zu haben, weil dort die Sklavenarbeit bewirkte, daß die Dienstverträge freier Arbeiter die Natur einer Ausnahme hatten (vgl. Dig. XIX, 2 locati fr. 38 pr. (Paulus): *Qui operas suas locavit, totius temporis mercedem accipere debet, si per eum non stetit, quo minus operas praestet,* und die in den Entscheidungen des Reichsgerichts III. S. 182 angeführten Stellen). Überhaupt hat der Fortfall der Sklaverei auf dem Gebiete der Dienstmiete eine Lücke im Rechte geschaffen, die namentlich die neuere deutsche Reichsgesetzgebung in eigenartiger Weise auszufüllen sucht.

a) Wurde statt des Geldes etwas Anderes versprochen, so wurde diesem seltenen Geschäft das Vorrecht der Konsensualverträge nicht gewährt,[1] es lag vielmehr ein unbenannter Realvertrag vor, der erst durch die Vorleistung verpflichtete (§ 128). Dies gilt heutzutage nicht mehr.[2]

β) Die Belohnung der benützten Arbeitskraft durch einen Gewinnanteil war *societas*, nicht Miete. Für eine gepachtete fruchttragende Sache konnte dagegen ein Teil der Früchte dem Eigentümer versprochen werden (sog. *colonia partiaria*).[3]

b) Keine Dienst- oder Arbeitsmiete ungebräuchlichen Inhaltes. Nur die *operae locari solitae* konnten einer *locatio conductio* unterliegen. Untauglich hierzu waren also:

α) Seltene Dienste niederer Art, die keinen Marktpreis hatten. Bei ihrer Verdingung lag nur ein Innominatkontrakt vor. Dies gilt heutzutage nicht mehr.

β) Höhere Dienste (*operae liberales*) haben gleichfalls keinen Marktpreis. Ihre Übernahme heißt Mandat, und ihre Belohnung wurde *extra ordinem* als „*honorarium*" eingeklagt (s. § 139).

III. Die stillschweigende Mietsverlängerung bei der Sachmiete (*relocatio tacita*) umfaßte bei verpachteten Landgrundstücken ein volles Jahr. Bei städtischen Grundsätzen ist die Geltung eines ähnlichen Rechtssatzes überhaupt nach römischem Rechte zweifelhaft.[4]

IV. Die Ähnlichkeit zwischen *locatio* und Kauf zeigt sich in folgenden Fällen:

a) Der **Erbzinsvertrag** soll nicht nach den gewöhnlichen Vorschriften über Pacht beurteilt (*lex Zenoniana*), sondern wie ein Kauf behandelt werden, so daß der Erbpächter die Gefahr trägt (§ 136).[5] Im übrigen soll er als ein eigenartiger Vertrag gelten. Der *contractus emphyteuticarius* wird hiernach vielfach neben Kauf, Miete, Gesellschaft und Auftragsübernahme als fünfter Konsensual-

---

[1] Vgl. hierzu Bernhöft, a. a. O. oben S. 396 Anm. 2.

[2] Dig. XIX, 5 de praescr. verb. fr. 17 § 3 stimmt mit § 2 Inst. h. t. überein.

[3] Vgl. über den *partiarius colonus* Zachariä von Lingenthal, Zeitschr. der Savignystiftung. Rom. Abt. XII. S. 80. Waaser, Die *colonia partiaria*. Berlin 1885, und dagegen Dernburg, Pandekten II. 3. Aufl. § 111. S. 297 Anm. 4.

[4] Dig. XIX, 2 locati cond. fr. 13 § 11. Das Nähere gehört in das Pandektenrecht.

[5] Mit Recht ist auch hervorgehoben worden, daß dadurch dem Erbzinsmanne der Anspruch des Pächters auf Erlaß eines Teiles des Pachtzinses in unfruchtbaren Jahren (sog. *remissio mercedis*) verkümmert wurde. Vgl. über diesen Dig. XIX, 2 loc. cond. fr. 15 § 2. 7.

vertrag genannt. Er ist aber zugleich ein dinglicher Vertrag; denn er erzeugt ein dingliches Recht (s. oben S. 293).

b) Wenn ein Arbeiter neben seiner Thätigkeit auch den bearbeiteten Stoff für einen Gesamtpreis lieferte (z. B. ein Schneider, der sich für Tuch und Arbeit zugleich bezahlen ließ), so nahm Cassius ein Doppelgeschäft an (Inst. h. t. III, 24 § 4), die von Justinian bestätigte Meinung aber einen Kauf.[1]

γγ) Der Gesellschaftsvertrag (Inst. III, 25).[2]

§ 138.

I. Die *societas* (Gesellschaftsvertrag) ist eine Abrede über gemeinsame Herbeiführung und Teilung eines Gewinnes. Die Mittel der Herbeiführung können in der Überlassung eines Kapitals oder in einer Mitarbeit bestehen. Eine *societas* ist etwas anderes als eine *universitas personarum*, die das Vermögen einer juristischen Person zu verwalten oder mitzubenützen berechtigt ist (vgl. oben S. 170). In der Regel sind vielmehr die *socii* Miteigentümer des Gesellschaftsgutes. Es ist aber trotzdem auch sehr wohl möglich, daß die Glieder einer *universitas*, die eine Sache, z. B. eine Werkstätte, benützen, die der juristischen Person, nicht aber ihnen selbst gehört, nebenher untereinander einen gültigen Societätsvertrag abschließen, aus dem sie zusammenarbeiten und den Gewinn teilen sollen.[3]

Societät liegt nicht vor, wenn einer der Vertragsgenossen vom Gewinne gänzlich ausgeschlossen ist (*societas leonina*), so genannt nach dem Löwen der Äsopischen Fabeln, der den Gewinn einer gemeinsamen Jagd seinen schwächeren Kampfgenossen wegnimmt.[4]

---

[1] Dig. XIX, 2 loc. cond. fr. 2 § 1. Gajus III, 147. Noch heutzutage herrscht über eine angemessene Beurteilung dieses häufigen Falles keine Einigkeit.

[2] Vgl. über Societät und Mandat Pernice, M. Antistius Labeo I. S. 441 flg. II. S. 298 flg., Parerga, Zum röm. Gesellschaftsvertrage, Zeitschr. der Savignystiftung III. S. 48 flg. Über die Geschichte der Societät und des Mandats vgl. in den Sitzungsberichten der Berliner Akademie LI. 1195. 1196. Karlowa, Röm. Rechtsgeschichte II, 1. S. 268. 651. Voigt, Röm. Rechtsgeschichte I. S. 671 flg. und über Entstehung der *societas* Leist, Zur Geschichte der röm. *societas*. 1881. Goldschmidt, Handbuch des Handelsrechts. 3. Aufl. S. 71 A. 72. Man nimmt mit Recht an, daß es sich bei dem Gesellschaftsvertrage und dem Auftrage um Pflichten handelt, die lange lediglich unter dem Schutze der Sittlichkeit (*fides*) und der Sitte standen, ehe das Recht sie durch Klagen erzwingen ließ. Vgl. v. Czyhlarz, Lehrb. d. Instit. 2. Aufl. S. 154. Sohm, Institutionen. 5. Aufl. S. 434 Anm. 6.

[3] Hier umfaßt also ein und derselbe Sachverhalt ein Vereinseigentum und einen Gesellschaftsvertrag unter den Vereinsgliedern.

[4] Dig. XVII, 2 pro socio fr. 29 § 2. Ein solches Geschäft kann eine Schenkung in sich schließen.

II. Die Pflichten der *socii* werden als brüderliche behandelt,[1] wie denn überhaupt dieser Vertrag ursprünglich wohl nur unter nahen Verwandten vorkam.[2] Darum haftet keiner dem anderen für ein größeres Maß der Sorgfalt, als dasjenige ist, welches er in seinen eigenen Sachen anzuwenden pflegt: *diligentia quam suis rebus (sc. adhibere solet),* sog. *culpa in concreto. Qui parum diligentem sibi socium adquirit, de se queri debet.*[3] Auch die Gewinnanteile sind im Zweifel gleiche.[4] Mit der genannten Auffassung der Societät hängt ferner auch die infamierende Kraft zusammen, welche jeder Verurteilung aus dem Societätsvertrage nach römischem Rechte innewohnte. Endlich erklärt sich hieraus, daß der Tod[5] und die Kündigung den Gesellschaftsvertrag nach römischem Rechte zerstören. Geschieht jedoch eine solche Kündigung in böser Absicht oder zur Unzeit *(intempestive),* so entzieht sie zwar dem, der sie vornimmt, die Gesellschaftsrechte, macht ihn aber nicht von seinen Pflichten frei.[6]

δδ) Die Auftragsübernahme (Inst. III, 26).[7]

§ 139.

I. Das Wort *mandatum* bezeichnet jeden Auftrag. Als Konsensualvertrag ist das *mandatum* die unentgeltliche Übernahme eines Auftrages, mit der Absicht, sich dadurch zu verpflichten.[8] Mit dieser Unentgeltlichkeit des Geschäftes hielten die Römer nicht für

[1] Dig. XVII, 2 pro socio fr. 63 pr.: *Cum societas jus quodammodo fraternitatis in se habeat.*

[2] Vgl. Dernburg, Pandekten II. 3. Aufl. § 125 S. 333 und die dort Anm. 1 Angeführten.

[3] So Gajus Dig. XVII, 2 pro socio fr. 72. Pernice, M. Antist. Labeo II. S. 360.

[4] Gajus III, 150.

[5] Im älteren Rechte sogar die *capitis diminutio minima.* Gajus III, 153.

[6] Von diesem Falle spricht Dig. XVII, 2 pro socio fr. 65 § 3 (Paulus): *A se quidem liberare socios suos, se autem ab illis non liberare.* Vgl. auch noch Dig. eodem fr. 63 § 10 (Ulpianus): *Societas solvitur ex personis, ex rebus, ex voluntate, ex actione; ideoque sive homines, sive res* (d. i. der Gegenstand der Gesellschaftsthätigkeit), *sive voluntas sive actio interierit, distrahi videtur societas* und dazu eodem loco fr. 65 pr. (Paulus): *Actione distrahitur (societas), cum aut stipulatione aut judicio mutata sit causa societatis . . .* § 1: *Item bonis a creditoribus venditis unius socii distrahi societatem Labeo ait.*

[7] Pernice, M. Antistius Labeo II. S. 299 flg. Voigt, Röm. Rechtsgeschichte I. S. 671 flg. Karlowa, Röm. Rechtsgeschichte II. S. 662.

[8] Goldschmidt, Handbuch des Handelsrechts. 3. Aufl. S. 78 Anm. 93, macht darauf aufmerksam, daß in dieses Geschäft eine außerordentliche Menge verschiedenartiger Verabredungen eingekleidet werden können.

unverträglich, daß der Auftraggeber (*mandans*) dem Beauftragten (*mandatorius*) ein *honorarium* (Ehrensold) versprach. Es scheint, als ob sie hierin keinen Entgelt der höheren Dienste sahen, die nach einer festen Taxe nicht schätzbar sind, weil die Persönlichkeit dessen, der sie leistet, ihren Wert beeinflußt, sondern vielmehr eine Entschädigung für den Verlust von Zeit und Mühe. Dieses Honorar wurde *extra ordinem* eingeklagt. Heutzutage ist es der Gegenstand eines gewöhnlichen gerichtlichen Anspruches, und viele wollen es überhaupt nicht mehr vom Mietslohn unterscheiden.[1]

II. Das Auftragsverhältnis erlischt mit dem Tode und Widerrufe eines der Beteiligten. Das Gleiche gilt von der Vollmacht, d. i. der Erklärung eines Auftraggebers, die den Beauftragten einem Dritten gegenüber ermächtigt, für den Urheber der Erklärung und dessen Vermögen zu handeln.[2] Die Haftung eines Beauftragten richtet sich auf *omnis culpa*, obwohl das Geschäft ein unentgeltliches ist. Auch infamierte den Beauftragten seine Verurteilung aus diesem Geschäfte.[3]

Auslagen des Beauftragten müssen ersetzt werden, auch wenn der Auftrag durch Tod und Widerruf erloschen ist, falls sie vorher oder im guten Glauben nachher gemacht worden sind.[4]

II. Forderungen, die nach ihrem Inhalte den Vertragsforderungen ähnlich sind (Inst. III, 27).[5]

1. Übersicht.

§ 140.

I. Begriff. Die Institutionen rechnen zu den Forderungen, *quae quasi ex contractu nascuntur*, alle, die weder *ex contractu* noch

[1] Das neuere Recht neigt dazu, die Unterschiede zwischen höherer und niederer Arbeit zu verwischen, während im Verkehrsleben der Wert der persönlichen Eigenschaften eines Arbeitenden im höchsten Maße Anerkennung findet. Man denke z. B. an die Verschiedenheit der üblichen ärztlichen Honorare. Vgl. auch v. Ihering, Der Zweck im Rechte I. 3. Aufl. S. 100 flg.

[2] Verboten war das Versprechen eines besonderen Advokatenhonorars für den Fall des Prozeßgewinns (*palmarium*, Siegespreis). Keller, Der röm. Civilprozeß § 55 Anm. 655. Quintil. XII, 7. 11.

[3] Cicero pro Roscio Amerino XXXVIII, 111: *Credo propterea, quod quibus in rebus ipsi interesse non possumus, in eis operae nostrae vicaria fides amicorum supponitur.*

[4] Gajus, III, 160. Dig. XVII, 1 mandati fr. 15. Ohne dies würde sehr leicht die bloße Vermutung, daß der Auftraggeber gestorben sein könnte, die Ausführung des Auftrages in unerwünschter Weise beeinträchtigen. — Über den Unterschied zwischen *mandatum* und *consilium* siehe den Institutionentext III, 26 § 6.

[5] Voigt, Röm. Rechtsgeschichte I. S. 686 flg.

ex maleficio entstehen. Dies ist ungenau, weil es auch *obligationes, quae quasi ex delicto nascuntur,* und einzelne Schuldverhältnisse giebt, die unter keine der vier genannten Gruppen fallen (s. §§ 153 und 154). In Wahrheit werden unter den *obligationes ex contractu* nur solche Schulden aufgezählt, die gewissen Vertragsschulden ähnlich sind.[1]

II. Arten. Den Vertragsschulden ähnlich sind:

a) Die Geschäftsführung ohne Auftrag des Geschäftsherrn (*negotiorum gestio*).[2] Ihre rechtlichen Folgen sind denen einer Auftragsübernahme ähnlich. Sie macht haftbar, und giebt, wenn das Geschäft in angemessener Weise geführt worden ist (*utiliter gestum*), dem Geschäftsführer einen Gegenanspruch (*actio contraria*) auf Ersatz seiner Auslagen.[3] Geschieht die Führung fremder Geschäfte kraft gesetzlicher oder obrigkeitlicher Vollmacht (z. B. als Vormundschaft), so liegt ebenfalls eine ähnliche Haftung vor, als ob ein Auftrag des Geschäftsherrn übernommen worden wäre.

b) Die Haftung des Vormundes gegenüber dem Mündel. Auch sie beruht nicht auf einem Vertrage, sondern auf einem anderen Thatbestande.[4] Allein sie ist in ihrem Inhalte der Verpflichtung eines Beauftragten ähnlich. Überdies wird bei ihr noch das Maß der Sorgfalt, das der Vormund in eigenen Angelegenheiten zu beobachten gewohnt ist, in Betracht gezogen und auch in den Geschäften des Mündels von ihm verlangt.[5] Auch in diesem Verhältnisse giebt es eine *actio directa* für den immer vorhandenen Anspruch des Mündels gegen den Vormund auf Pflichterfüllung oder

---

[1] Auch Sohm, Institutionen. 5. Aufl. S. 279, spricht von kontraktähnlichen Thatbeständen. Allein gerade die Thatbestände sind bei den *obligationes quae quasi ex contractu nascuntur* den *contractus* unähnlich, nur ihre Folgen ähneln den Vertragsfolgen.

[2] Vgl. Pernice, M. Antistius Labeo II. S. 302. Auffallend ist, daß dieser terminus technicus die Auftraglosigkeit nicht andeutet. Wlassak, Zur Geschichte der negotiorum gestio. 1879. S. 24, vermutet, daß er ursprünglich einen weiteren Sinn hatte, der auch die Geschäftsführung aus einem Auftrage in sich schloß.

[3] Dig. III, 5 de neg. gestis fr. 3 pr. (Ulpianus): *Ait praetor: Si quis negotia alterius, sive quis negotia, quae cujusque cum is moritur fuerint, gesserit, judicium eo nomine dabo,* und eodem titulo fr. 1: *Hoc edictum necessarium est, quoniam magna utilitas absentium versatur, ne indefensi rerum possessionem aut venditionem patiantur vel pignoris distractionem vel poenae committendae actionem, vel injuria rem suam amittant.*

[4] Dig. XXVI 7 de adm. tut. fr. 5 § 10 (Ulpianus): *Ex quo innotuit tutori, se tutorem esse, scire debet periculum tutelae ad eum pertinere.*

[5] Dig. XXVII, 3 de tut. fr. 1 pr. (Ulpianus): *Praestando dolum, culpam et quantam in suis rebus diligentiam.* Das „*et*" wird gewöhnlich nicht beachtet.

Schadenersatz[1] und eine *actio contraria* für den nur möglicherweise vorhandenen Gegenanspruch des Vormundes.[2]

c) Das Miteigentum ohne Gesellschaftsvertrag, z. B. unter Miterben, nennt man *communio incidens*, weil es in Dig. XVII, 2 pro socio fr. 31 (ULPIANUS) von diesem Falle heißt: *non affectione societatis incidimus in communionem*. Es hat nahezu die Folgen eines Gesellschaftsvertrages.[3]

Eine in besonderem Sinne unfreiwillige Gemeinschaft erwächst aus der Grenzverwirrung an dem zweifelhaften Lande und gleicht den Folgen eines Gesellschaftsvertrages. Hier hilft die *actio finium regundorum* (s. unten § 157 II, c).

d) Ein Vermächtnis begründet für den Erben eine ähnliche Verpflichtung, wie ein Schenkungsversprechen sie erzeugen würde.

e) Grundloser Gewinn aus einer Beeinträchtigung fremden Vermögens macht haftbar (sog. ungerechtfertigte Bereicherung, s. § 141).

2. Die Bereicherungsansprüche insbesondere.[4]

§ 141.

I. Grundgedanke. Bereicherung aus dem Vermögen eines anderen ist vom Rechte nicht nur nicht verboten, sondern sogar durch Aufstellung von Erwerbsgründen ermöglicht. Diese anerkannten Erwerbsgründe sollen aber die einzigen Kanäle sein, durch die Vermögensvorteile aus dem Herrschaftskreise des einen in den eines anderen hinüberfließen. Wo sich ohnedies eine Vermögensverschiebung vollzogen hat, da ist sie eine grundlose und widerstrebt dem Ziele der Rechtsordnung, den ruhigen, rechtmäßigen Besitzstand zu erhalten, und kann rückgängig gemacht werden.[5]

---

[1] KARLOWA, Röm. Rechtsgeschichte II, 1. S. 291 flg. PERNICE, M. Antistius Labeo II. S. 304.

[2] Neben der *actio tutelae* wurde dem Mündel noch eine *actio rationibus distrahendis* gewährt, die nur bei Unterschlagungen Platz griff und auf das Doppelte ging. Dig. XXVII, 3 de tutelae et rationibus distrahendis et utili curationis causa actione fr. 2 pr. KARLOWA, Röm. Rechtsgeschichte II, 1. S. 280. Der Name dieser Klage läßt vermuten, daß sie ursprünglich die volle Vermögensauseinandersetzung zwischen Vormund und Mündel betraf und nur später auf den Unterschlagungsfall beschränkt worden ist.

[3] Miteigentümer und Gesellschafter hießen beide in den Quellen *socii*, was leicht zu Verwechslungen führen kann.

[4] Vgl. PERNICE, Labeo III. S. 234 ff. KARLOWA, Röm. Rechtsgeschichte II. S. 761 flg.

[5] Dig. XII, 6 de cond. indeb. fr. 14 (POMPONIUS): *Nam hoc natura aequum est, neminem cum alterius detrimento fieri locupletiorem.*

II. Die Haftung des grundlos Bereicherten ist der Schuld aus einem Darlehnsversprechen ähnlich (s. oben § 121), weil auch bei diesen auf dem Erwerbe eines Vorteils eine Rückgabepflicht lastet. Sie heißen *condictiones sine causa, i. e. ejus, quod debitor sine causa habet.* Sie greifen überall als Folge von Leistungen dann Platz, wenn es dem erkennbaren Willen des Gebers oder dem Willen der Rechtsordnung nicht entspricht, daß der Empfänger das Erworbene behält, wenn also ein Erwerb ohne Grund oder aus einem mangelhaften Grunde (z. B. einem anfechtbaren Geschäfte) sich vollzogen hat. So muß das aus unerlaubter Handlung Erreichte ebenso zurückgegeben werden *(condictio ob injustam causam)*,[1] wie das zu einem unerlaubten Zwecke Gewährte *(condictio ob turpem causam)*.[2] Jede Gabe unter einer Voraussetzung (z. B. an einen Bräutigam als Ausstattung für eine künftige Ehe) ist bei Wegfall dieser Voraussetzung zurückzuerstatten *(condictio ob causam datorum* oder *condictio causa data causa non secuta)*,[3] ebenso überhaupt jeder Erwerb, der nicht auf einem Grunde beruht, den das Recht als vollgültig anerkennt *(condictio sine causa)*.

Besonders eingehend geregelt ist die Schuldzahlung, die auf einem Irrtume beruht *(condictio indebiti)*.[4] Sie kann zurückverlangt werden, falls eine überraschende Entdeckung *(nova ac inopinata causa)*[5] den Irrtum aufklärt, auf dem die Zahlung beruht hat. Die Herausgabepflicht des Empfängers fällt jedoch dann weg, wenn es sich um eine Schuld handelt, die der Verpflichtete nicht ohne Vermögensgefahr bestreiten darf, sondern deren Inhalt sich zur

---

[1] Vermutungen über die Quelle des besonderen Namens der einzelnen *condictiones sine causa* siehe in BARONS Pandekten. 8. Aufl. I §§ 84 und 280. S. 166. 280.

[2] Dig. XII, 5 de condictione ab turpem vel injustam causam fr. 1 § 2 (PAULUS): *Quod si turpis causa accipientis fuerit, etiam si res secuta sit, repeti potest.* Fr. 2 pr. (ULPIANUS): *Ut puta dedi tibi, ne sacrilegium facias, ne furtum, ne hominem occidas.* Die lüderliche Frauensperson, die sich für die Vollziehung des Beischlafes einen Preis versprechen ließ, hatte sich nach römischer Auffassung schon durch diese Vollziehung so sehr entwürdigt, daß man in der nachherigen Annahme des zugesicherten Lohnes eine besondere Unsittlichkeit nicht mehr erblickte. Dig. XII, 5 de condictione ob turpem causam fr. 4 § 3.

[3] Dig. XII, 4 de condictione causa data causa non secuta fr. 7 § 1 (JULIANUS): *Fundus dotis nomine traditus, si nuptiae insecutae non fuerint, condictione repeti potest.* PERNICE, Labeo III. S. 259. Es war dies dieselbe Klage, die auch zur Ausübung des Reurechtes bei den Innominatkontrakten diente. S. oben S. 396.

[4] Dig. XII, 6 de condictione indebiti fr. 1 (ULPIANUS): *Si quis indebitum ignorans solvit, per hanc actionem condicere potest.* PERNICE, Labeo III. S. 238.

[5] Dig. XII, 6 de cond. ind. fr. 3.

Strafe bei grundlosem Leugnen vermehrt (s. unten § 158), z. B. eine Ersatzpflicht bei Sachbeschädigungen, die sich durch Leugnen verdoppelte (eine Vorschrift, deren heutige Geltung mit Recht bestritten wird). Bei solchen Schulden durfte niemand der drohenden Strafe dadurch ausweichen, daß er sie zunächst bezahlte und hinterher die Zahlung als irrtümlich anfocht. Darum war bei ihnen auch die *condictio indebiti* unzulässig (siehe den Institutionentext).

Wer eine Strafe für eine That bezahlt, die er nicht begangen hat, macht sich dadurch verdächtig, eine andere ähnliche That begangen zu haben. Hieraus ist wohl zu erklären, daß Strafzahlungen auch dann nicht zurückverlangt werden können, wenn sie lediglich auf einem Irrtume beruhen.[1]

III. Anhang: Einige allgemeine Sätze des Forderungsrechtes.

1. Der Forderungserwerb durch Stellvertreter (Inst. III, 28).[2]

§ 142.

I. Die hier eingeflochtene Lehre vom Erwerbe der Forderungsrechte durch Stellvertreter entspricht durchaus der bereits oben erwähnten Lehre vom Eigentumserwerbe durch Mittelspersonen (vgl. oben § 97).

II. Miteigentumssklaven konnten jeden ihrer Herren im rechtsgeschäftlichen Erwerbe ganz und voll vertreten, daher sie vornehmlich dazu geeignet waren, als Agenten oder Kommissionäre mehrerer auswärtiger Geschäftsherren zu dienen. Für dieses Bedürfnis, wie für manches andere, gewährte das nachrömische Recht einen Ersatz in der freien Stellvertretung und in besonderen Vorschriften des Handelsrechtes.

2. Einige Hauptursachen des Fortfalls von Schulden (Inst. III, 29).

§ 143.

I. Systematisches. Die Einschaltung der Endigungsgründe der Schulden an dieser Stelle ist wider die Folgerichtigkeit des Systems; denn das, was hier mitgeteilt wird, bezieht sich nicht

---

[1] Dig. XII, 6 de cond. ind. fr. 42 (ULPIANUS): *Poenae non solent repeti, cum depensae sunt.* Dig. L, 17 de regulis juris fr. 46.

[2] Vgl. RUHSTRAT, Über die römischen Handlungsbevollmächtigten, Zeitschr. der Savignystiftung X. S. 323. PERNICE, M. Antistius Labeo I. S. 495.

bloß auf die Vertragsschulden und die ihnen ähnlichen Verpflichtungen, sondern auch auf alle anderen weiter unten zu erwähnenden Schuldverhältnisse, sowie auch auf die Ansprüche, die aus einer Verletzung dinglicher Rechte entstanden sind.[1] Dieser Mißgriff der Institutionen ist nicht ohne Seitenstück in der neueren Rechtswissenschaft. Man hat sich daran gewöhnt, nicht bloß die Rechtssätze über den Untergang der Schulden, sondern alle allgemeinen Regeln über diese Rechtsgebilde lediglich als Eigentümlichkeiten der persönlichen Ansprüche (Forderungen) darzustellen und nur einige wenige Einrichtungen, die sowohl dingliche als auch persönliche Ansprüche betreffen, in den allgemeinen Teil zu setzen (Einfluß des Prozesses. des Todes und der Verjährung auf *actiones* u. dgl.).[2]

Das Nachfolgende hält die Anlehnung an den Institutionentext fest und wird unten in der Anspruchslehre seine Ergänzung finden (§ 167).

II. Die Endigungsgründe von Schulden, die als besonders wichtig in Inst. III, 29 erwähnt sind, sind folgende:

a) Die Zahlung oder Erfüllung der Schuld.[3]

b) Die mündliche Quittung mit unbedingter Tilgungsabsicht (*acceptilatio*). Sie soll die Schuld auch dann aufheben, wenn nicht gezahlt ist, also z. B. auch, wenn sie zum Schenkungszwecke ausgesprochen worden ist. Hierdurch unterscheidet sich die *acceptilatio* von der gewöhnlichen Quittung, die nur zum Beweise der geschehenen Zahlung dienen soll. Sie war nur bei einer *stipulatio* möglich und vollzog sich in Frage und Antwort.[4] Andere Schulden

---

[1] Die Aufzählung der Endigungsgründe von Schulden ist ferner hier (Inst. III, 29) keine vollständige.

[2] Vgl. hierüber des Verf. Ausführungen in seiner Schrift: Der Entwurf eines bürgerl. Gesetzbuchs f. d. D. R. 1891. S. 43 flg. und in der Zeitschr. f. deutschen Civilprozeß XV. S. 330 flg., sowie die dort Citierten. Vgl. aber auch Wlassak, Artikel *actio* in Paulys Realencyklopädie des klass. Altertums, neue Ausgabe, und Hölder, Archiv für civil. Praxis. Bd. LXXX. S. 94. Dagegen siehe unten § 153.

[3] Bei dem *nexum* vollzog sie sich in Förmlichkeiten, die der Errichtung dieses Geschäftes entsprachen (*imaginaria solutio per aes et libram*). Vgl. Gajus, Inst. III, 173. 174.

[4] Gajus III, 169: *Quod ego tibi promisi, habesne acceptum? ... habeo.* Dig. XLVI, 3 de solut. fr. 80 (Pomponius): *Prout quidque contractum est, ita et solvi debet.* Wir müssen daher annehmen, daß die größere Freiheit der Stipulationsform in späterer Zeit (S. 400) auch der *acceptilatio* in entsprechender Weise zu gute kam. Vgl. hierzu auch Voigt, Röm. Rechtsgeschichte I. S. 821. Karlowa, Röm. Rechtsgeschichte II, 1. S. 810.

mußten zunächst durch Stipulation erneuert werden (s. unten c), ehe man sie durch mündliche Quittung mit Tilgungsabsicht zerstören konnte. Darum erfand Aquilius Gallus[1] eine Formel für ein mündliches Generalschuldversprechen *(stipulatio Aquiliana)*, in dem sich jemand alle seine Forderungen und Ansprüche, die er gegen einen anderen hatte, von diesem Schuldner durch eine einzige mündliche Zusage erneuern ließ, um hinterher diese neue Schuld durch eine mündliche Generalquittung mit einem Schlage erlassen zu können.[2]

Ein Erlaßvertrag, der eine andere Verpflichtung als eine Stipulationsschuld betraf oder eine Stipulation auf andere Art als durch mündliche Quitttung unter Anwesenden tilgen sollte, galt nicht nach Civilrecht *(ipso jure)*, sondern nur *jure praetorio*,[3] ein Unterschied, der jedoch für diesen Fall im neuesten römischen Rechte in der Regel ohne Bedeutung war und heutzutage gänzlich ohne Bedeutung ist.[4] Allerdings ist es noch jetzt möglich, daß ein Gläubiger bloß auf das Recht zur Klage verzichtet, nicht aber zugleich auf die Hoffnung, seine Schuld getilgt zu sehen. Wo dies geschieht, da gilt der Verzicht auf das Recht zur Klage nicht als Schenkung.

c) Die *novatio*[5] ist eine Schulderneuerung mit der Absicht, alle Nebenhaftungen der bisherigen Schuld (Pfänder, Bürgen, Konventionalstrafen u. a. m.) zu tilgen (sog. *animus novandi*).[6] Justinian verbietet, bei einem bloßen Schuldabänderungsvertrage eine solche Nebenabsicht zu vermuten (Cod. VIII, 41 (42) de novationibus c. 8). Seitdem gilt jede Abänderungsrede nur so weit, als sie reicht, und die Absicht einer vollkommenen Schulderneuerung muß ausdrücklich erklärt werden, und zwar nach römischem Rechte noch

---

[1] Siehe oben S. 68.

[2] Dieses altehrwürdige Geschäftsformular findet sich in Dig. XLVI, 4 de acceptil. fr. 18 § 1 (Florentinus) und im Institutionentexte h. t. § 2.

[3] Vgl. hierzu Bekker, Die Aktionen des röm. Privatrechts I. S. 351 flg. zur Entwickelungsgeschichte des *pactum de non petendo*.

[4] *Nihil interest, ipso jure quis actionem non habeat an per exceptionem infirmetur.* Dig. L, 17 de reg. juris fr. 112 (Paulus). Der Satz ist nicht genau. Um Beachtung einer *exceptio* mußte man auch noch im neuesten römischen Rechte besonders bitten, es genügte nicht, daß der Richter ihr Dasein den Verhandlungen entnahm. Die heutige Praxis behandelt jedoch den Erlaß durchaus wie die Zahlung.

[5] Karlowa, Röm. Rechtsgeschichte II, 1. S. 739.

[6] Dig. XLVI, 2 de novat. fr. 1 pr. (Ulpianus): *Novatio est prioris debiti in aliam obligationem vel civilem vel naturalem transfusio atque translatio. Stipulationes*, die eine schon vorhandene *stipulatio* bloß wiederholen, sind nach röm. Rechte ungültig. Gajus III, 177. Vgl. Dernburg, Pandekten II. § 69. 3. Aufl. S. 185 Anm. 3. Derartige „accessorische“ Stipulationen giebt es also nicht.

immer durch mündlichen Vertrag unter Anwesenden *(stipulatio)*, nach heutigem Rechte aber in beliebiger Form.[1]

Die Schulderneuerung kann mit einem Personenwechsel verbunden sein, z. B. dem Eintritte eines neuen Gläubigers oder dem Eintritte eines neuen Schuldners *(expromissio)* in das Schuldverhältnis. *delegatio* heißt die Anweisung zu einem Versprechen, zu einer Zahlung oder zur Entgegennahme eines Versprechens.[2] Darum wird auch die Schulderneuerung, die auf Grund einer solchen Anweisung geschieht, in einem besonderen Sinne *delegatio* genannt (genau genommen ist sie eine Schulderneuerung aus einer *delegatio*). Die Neueren reden daher von aktiver Delegation, wenn ein neuer Gläubiger eintritt, dem der Schuldner überwiesen ist, und von passiver, wo ein neuer Schuldner dem Gläubiger überwiesen ist und die Schuld übernimmt. Eine Schuldübernahme ist aber auch ohne Zustimmung des bisherigen Schuldners (aus Rücksicht auf den Gläubiger) vollgültig.[3]

d) Der wechselseitige Erlaß gegenseitiger noch nicht erfüllter Verpflichtungen aus einem Vertrage war auch schon nach römischem Rechte formlos *(contrarius consensus)*.

III. Anderweitige Endigungsgründe von Verpflichtungen siehe unten in § 167.

---

[1] Die Stipulationsform unterschied insbesondere die *novatio* vom *constitutum debiti*, einem prätorischen Parallelinstitute (siehe oben S. 418), das freilich auch in seiner Kraft hinter der *novatio* zurückblieb; denn es vertilgte nicht die alte Schuld, die es bestärkte, sondern setzte neben sie eine neue. Dig. XIII, 5 de pecunia constituta fr. 28 (Gajus): *Ubi quis pro alio constituit se soluturum, adhuc is, pro quo constituit, obligatus manet.* Wurde freilich neben dem *constitutum* ein *pactum de non petendo* über die konstituierte Schuld abgeschlossen, das sie entkräftete, so waren die Folgen eines *constitutum* denen einer *novatio* sehr ähnlich. In Deutschland haben sich solche Geschäfte mit den *novationes* verschmolzen (Schuldabänderungsverträge).

[2] Dig. XLVI, 2 de novat. fr. 11 pr. (Ulpianus): *Delegare est vice sua alium reum dare creditori vel cui jusserit* (eine zu enge Definition).

[3] Es ist dies eine freiwillige *expromissio.* Vgl. Dig. XLVI, 2 de nov. fr. 8 § 5 (Ulpianus): *Non tamen si quis stipuletur, quod mihi debetur, aufert mihi actionem, nisi ex voluntate mea stipuletur; liberat autem me is, qui, quod debeo promittit, etiamsi nolim.*

Zweites Kapitel. Forderungen als Gegengewicht rechtswidriger Schäden (obligationes ex delicto und quasi ex delicto).

I. Verpflichtungen aus Übelthaten.

1. Allgemeines (Inst. IV, 1 pr.).[1]

§ 144.

I. Begriff. *delictum* ist das Nachlassen der erforderlichen sittlichen Spannkraft, das einem anderen schädlich wird, mit anderen Worten: ein als gefährlich hervorgetretener Mangel des erforderlichen sittlichen Gefühls. Die Delikte haben zwei Formen:

a) Der *dolus malus*[2] ist die bethätigte unerlaubte feindselige Gesinnung. Die durch die Pflicht gebotene Feindseligkeit (z. B. im Kriege) hieß *dolus bonus*.[3] Im Zweifel bedeutet in den Quellen wie in der Redeweise der Gegenwart *dolus* schlechtweg so viel wie *dolus malus*.

b) *culpa* im engeren Sinne (— im weiteren umfaßt sie auch den *dolus malus* —) ist eine bethätigte unerlaubte Gleichgültigkeit gegen die Mitmenschen.[4] Sie kann sich darin zeigen, daß man einen anderen schädigt, ohne daß man es voraussah, während man es voraussehen mußte. (So, wer Äste an einem Wege absägt, ohne daran zu denken, daß sie vorübergehende Menschen treffen können.)[5] Sie kann aber auch darin bestehen, daß man die Schädigung eines anderen vorhersieht und doch nicht die erforderliche sittliche Spannkraft hat, um das als gefährlich erkannte Verhalten zu vermeiden. (So z. B. wenn der erwähnte Abschneider der Äste zwar an die Gefährlichkeit seines Verhaltens denkt, aber aus Leichtsinn oder

---

[1] Vgl. Pernice, M. Antistius Labeo II. S. 1 flg.

[2] Pernice, M. Antistius Labeo II. S. 60 flg.

[3] Dig. IV, 3 de dolo malo fr. 1 § 3 (Ulpianus): *Veteres dolum etiam bonum dicebant et pro sollertia* (Thatkraft) *hoc nomen accipiebant, maxime si adversus hostem latronemve quis machinetur.* — Die ältere Redeweise faßte den Begriff noch nicht so weit, sondern sah im *dolus malus* nur den Betrug (vgl. Dernburg, Pandekten II. § 136 S. 358 Anm. 3), also einen Verstoß gegen das Gebot der Wahrheitsliebe, nicht aber gegen das allgemeine Gebot der Menschenliebe, das auf niedrigen Kulturstufen nur wenig entwickelt ist.

[4] Vgl. über *culpa* Pernice, M. Antistius Labeo II. S. 231. 330.

[5] Dig. IX, 2 ad l. Aquil. fr. 31 (Paulus): *Culpam autem esse, quod cum a diligente provideri (potuerit), non esset provisum.*

Willensschwäche den gebotenen Warnungsruf unterläßt.) Als Mindestmaß des Mitgefühls wird dasjenige von einem jeden beansprucht, das er selbst für sich von anderen verlangt.[1] Im übrigen unterscheidet das römische Recht:

a) den Mangel des bei der Mehrheit der Menschen vorhandenen Pflichtgefühls *(culpa lata)*[2] und

b) den Mangel des höheren Maßes von Pflichtgefühl, das einem ordentlichen Hausherrn *(diligens paterfamilias)* in der Regel eigen ist.[3] Hausabhängige Personen pflegten ihr Benehmen gegen andere nach dem Befehle des Herrn zu bestimmen, nicht nach eigenem Ermessen, daher ihr Verhalten zu einem gemeingültigen Maßstabe nicht geeignet war.

Nur der *culpa*, nicht aber dem *dolus* gegenüber gilt eine sog. Kompensation der Schuld, d. h. niemand kann verlangen, daß ihm der selbstverschuldete Schaden vom Mitschuldigen ersetzt werde.[4]

II. Zurechnungsfähigkeit ist die Fähigkeit, für eine Übelthat verantwortlich zu sein. Die rechtliche Verantwortlichkeit deckt sich nicht unbedingt mit der sittlichen, da das Recht auch hier fester Durchschnittsmaßstäbe bedarf. Darum spricht es alle Geisteskranke und Kinder unter 7 Jahren ohne weiteres von jeder Verantwortung frei und bei Kindern zwischen 7 und 14 Jahren richtet es sich nach der sittlichen Entwickelung des einzelnen Kindes, um danach dessen Haftung für Schadenersatz zu verneinen oder zu bejahen.[5] Das römische Privatrecht erweist sich hier strenger als

---

[1] Vgl. Cicero, De legibus I, 12 c. 34: *Necessarium ut nihilo sepse plus quam alterum diligat.*

[2] Pernice, M. Antistius Labeo II. S. 377 flg. Dig. L, 16 de verb. sign. fr. 213 § 2 (Ulpianus): *Lata culpa est nimia negligentia, id est non intelligere* (= bedenken) *quod omnes intelligunt.* Der Satz *culpa dolo proxima dolum repraesentat*, Dig. XLVII, 4 sis is qu. test. fr. 1 § 2 (Ulpianus), gilt nicht ausnahmslos.

[3] Zuweilen wird nur der pflichttreue Mensch genannt, nicht der pflichttreue Hausherr. Vgl. Dig. XIX, 2 locati cond. fr. 25 § 7 und andererseits Dig. XIII, 6 commodati fr. 18 pr.

[4] Dig. L, 17 de regulis juris fr. 203 (Pomponius): *Quod quis ex sua culpa damnum sentit, non intellegitur damnum sentire.* Etwas Ähnliches gilt übrigens für die gegenseitige *mora (purgatio morae).* Vgl. oben S. 389 u. Dig. XVIII, 6 de periculo et commodo fr. 18 (17).

[5] Dig. XLIV, 4 de doli mali exc. fr. 4 § 26 (Ulpianus): *Ex ea aetate, quae dolo non careat. Denique Julianus quoque saepissime rescripsit doli pupillos qui prope pubertatem sunt, capaces esse.* (Sog. *pubertati proximi*).

das deutsche Strafrecht,[1] wobei zu beachten ist, daß die Ziele der Bestrafung andere sind, als der Zweck der Ersatzpflicht.[2]

III. Allgemeine Haftungsgrundsätze für jedes schädigende unerlaubte Verhalten sind dem römischen Rechte fremd. Vielmehr hat es den wichtigsten Formen des Unrechtes besondere Rechtsgrundsätze angepaßt (§§ 145 flg.).[3]

IV. Gewisse Vergehen gemeingefährlicher Art konnten von jedermann aus dem Volke zur Grundlage einer Klage gemacht werden *(actiones populares)*.[4] Das neuere Recht läßt eine derartige Klagemöglichkeit ohne ein besonderes Schutzbedürfnis des Klägers nicht mehr zu.

2. Die einzelnen Forderungen der durch Übelthaten Verletzten.

a) Ansprüche aus einer unerlaubten Vermögensschädigung.

α) Die arglistigen Vermögensschädigungen.

αα) Die gewinnsüchtige Wegnahme von Sachen.

ααα) *Diebstahl und ähnliche Rechtsverletzungen* (Inst. IV, 1 §§ 1—19).[5]

§ 145.

I. *furtum* (von *ferre*) bedeutet die Wegnahme einer Sache aus unerlaubter Gewinnsucht.[6] Es ist nach späterem römischen Rechte nur an beweglichen Sachen möglich. Die widerrechtliche Besitznahme eines Grundstückes, die weit weniger gefährlich ist, galt

---

[1] Reichsstrafgesetzbuch § 55. 56.

[2] Vgl. über die allmähliche Entwickelung der Zurechnungsfähigkeit Unmündiger Pernice, M. Antistius Labeo I. S. 216 flg. Dernburg, Pandekten I. § 53 Anm. 5. 4. Aufl. S. 125. Tab. VIII nr. 9. 14: *Impuberem praetoris arbitratu verberare noxiamve duplionemve decerni* (Bruns, Fontes, ed. VI. S. 30. 32).

[3] Eine reichsrechtliche Verschmelzung und Verallgemeinerung aller dieser Ansprüche steht in Aussicht. Entwurf d. bürgerl. Gesetzb. f. d. D. R., zweite Lesung § 746.

[4] Vgl. z. B. die *actio de positis vel suspensis* s. Inst. IV, 5. § 1 wegen des Besitzes von Sachen, die so aufgestellt oder aufgehängt sind, daß sie auf einen Weg hinunterfallen können. In derartigen Dingen herrschte gewissermaßen eine allgemeine gegenseitige polizeiliche Aufsicht, zumal bei manchen Popularklagen, wenn auch nicht bei allen, der Kläger die Strafsumme für sich behalten konnte. Palzow, Zur Lehre von den röm. Popularklagen. Berlin 1889, und R. Maschke, Zur Theorie und Geschichte der Popularklage, Zeitschr. der Savignystiftung VI. S. 226. Fadda, l'azione populare. Torino 1894.

[5] Schirmer, Zur Lehre vom *furtum*, Zeitschr. der Savignystiftung. V. S. 207. Karlowa, Röm. Rechtsgeschichte II, 1. S. 227. 256 ff. 265. 277. 774.

[6] Heimlichkeit gehört nach Gajus III, 209 nicht zu den Merkmalen des *furtum*. Vgl. jedoch auch Sohm, Institutionen. 5. Aufl. S. 315 Anm. 1.

also nicht mehr als *furtum*. Vom „Diebstahle" unterscheidet sich die unerlaubte gewinnsüchtige Wegnahme nach zwei Richtungen:

a) Der Diebstahl setzt keine Gewinnsucht voraus.[1]

b) Ein Diebstahl mit der Absicht, die entwendete Sache dem Bestohlenen wiederzugeben, ist nicht möglich, wohl aber ist eine gewinnsüchtige Wegnahme fremder Sachen mit der Absicht der Rückgabe nach einer widerrechtlichen Gebrauchs- oder Besitzesanmaßung (*furtum usus* oder *possessionis*)[2] denkbar.

c) Seine eigene Sache kann man nicht stehlen, wohl aber ist die eigenmächtige heimliche Wegnahme der eigenen Sache aus fremdem Besitze ein *furtum* (*usus* oder *possessionis*), z. B. seitens des Verpfänders gegenüber dem Pfandgläubiger.[3]

d) Wer eine fremde Sache als Vertreter des Herrn besitzt und unterschlägt, gilt nicht als Dieb, wohl aber als *fur*. Er nimmt seinem Herrn hier freilich nur sein Besitzrecht weg, nicht die Sache selbst, entzieht ihm also eine *possessio* (*tantum civilis non naturalis*, siehe oben S. 252). Daher sieht Theophilus (paraphr. ad h. t. Instit. § 2) auch in diesem Falle ein *furtum possessionis* (*non rei*).

e) die gewinnsüchtige Annahme einer irrtümlich geleisteten grundlosen Schuldzahlung ist heutzutage ein Betrugsfall, kein Diebstahl, wohl aber war sie ein *furtum*.[4]

II. Die rechtlichen Folgen der unerlaubten Wegnahme einer Sache aus Gewinnsucht.

a) Die Rechte des durch *furtum* geschädigten Eigentümers waren vermutlich die ältesten und sind daher sehr reichlich bemessen. Der verletzte Eigentümer hat:

aa) Die Eigentumsklage (*rei vindicatio*) gegen den *fur* wie gegen jeden anderen. Hierbei gilt: *fur semper in mora*,[5] d. h. auch ohne gemahnt zu sein, trägt der gewinnsüchtige Entwender die Gefahr des Zufalles, der die Sache bei ihm vernichtet.

---

[1] So Reichsstrafgesetzbuch § 242.

[2] Z. B. Widerrechtliche Wegnahme eines Buches, um sich dessen Anschaffung zu ersparen, mit der Absicht der Rückgabe und widerrechtliche Wegnahme einer Sache, um sie als Pfand zu behalten.

[3] Vgl. auch Dig. XLVII, 2 de furt. fr. 15 § 1 (PAULUS): *Dominus, qui rem subripuit, in qua ususfructus alienus est, furti usufructuario tenetur.* In den im Texte genannten Fällen des *furtum possessionis* verschafft sich der *fur* bloße Besitzvorteile, keine darüber hinausgehenden Eigentumsvorteile.

[4] Dig. XIII, 1 de cond. furt. fr. 18 (SCAEVOLA): *Furtum fit, cum quis indebitos nummos sciens acceperit.*

[5] Dig. XIII, 1 de cond. furt. fr. 8 § 1 (ULPIANUS): *Semper enim moram fur facere videtur.*

ββ) Eine Schadenersatzklage des Eigentümers *(condictio furtiva)* geht gegen den Entwender und seine Erben.[1]

β) Strafansprüche des verletzten Eigentümers:[2]

αα) Beim ertappten Diebstahle. Die XII Tafeln erlaubten, nächtliche Diebe und solche, die sich mit Waffen verteidigten, zu töten. Andere ertappte Diebe *(fures manifesti)* wurden gegeißelt und, wenn sie Freie waren, dem Bestohlenen zur Schuldknechtschaft zugesprochen, wenn sie aber Sklaven waren, durch Herabwerfen von einem Felsen getötet. Statt dieser Strafen führte der Prätor eine *acti furti manifesti* auf den vierfachen Sachwert ein, gewissermaßen eine Abfindung für das bisherige Tötungs- oder Knechtungsrecht.[3]

ββ) Bei dem nicht ertappten Diebstahle unterscheiden wir:

ααα) Das ältere Haussuchungsrecht.[4] Fand der Bestohlene die Sache in einem fremden Hause, so bekam er einen Anspruch auf den dreifachen Wert *(actio furti concepti)*. Darum hatte jeder, in dessen Besitz eine gestohlene Sache gelangte, gegen den Vorbesitzer, der sie ihm zugewandt und ihn dadurch der Gefahr einer Zahlung des Dreifachen ausgesetzt hatte, auch seinerseits einen Anspruch auf das Dreifache *(actio furti oblati)*. Verbat sich ein Hausherr die von einem anderen begehrte Haussuchung gänzlich, so mußte er (als verdächtig) ohne weiteres das Vierfache zahlen *(actio furti prohibiti)*. Befürchtete er dagegen, daß der angeblich Bestohlene ihm eine Sache bei der Haussuchung zutragen und sie dann scheinbar in seinem Hause entdecken werde, um die Strafe zu gewinnen, so konnte er eine förmliche Haussuchung *(lance et licio)*[5] verlangen, deren Bedingungen ihn gegen solche Taschenspielerkunst-

---

[1] Diese Klage hätte zur Zeit des Formularprozesses eigentlich als *condictio possessionis* angestellt werden müssen, weil der bestohlene Eigentümer nur den Besitz, nicht sein Eigentum verloren hatte und zurückfordern konnte; doch ließ man *odio furum* hier auch eine *condictio* auf *dare oportere* zu (Gajus IV, 4), ein Satz, der mit dem Verschwinden des Formularprozesses seine Bedeutung verlor. Über *dare* siehe S. 394, I.

[2] Vgl. die Zwölftafelstellen tab. VIII, 12—16. Bruns, Fontes ed. VI. S. 30—32. Karlowa, Röm. Rechtsgeschichte II, 1. S. 445.

[3] Der größeren Erregung des Bestohlenen entsprach daher die größere Sühne. Vgl. auch v. Ihering, Geist des röm. Rechts. 4. Aufl. II, 2. § 43 S. 424.

[4] Krüger, Über *furtum conceptum, prohibitum* und *non exhibitum*, Zeitschr. der Savignystiftung V. S. 219 ff. Gajus III, 186 flg.

[5] Sie kommt auch bei anderen Völkern vor. v. Ihering, Geist des röm. Rechts II, 1. § 32. 4. Aufl. S. 159 Anm. 208. „Sie weist ihrer ersten Entstehung nach auf eine tropische Zone hin — in Grönland oder Island wäre sie nicht entstanden.“

stücke sicher stellten.[1] Dies Haussuchungsrecht verlor sich später, da es den feineren Sitten der späteren Zeit nicht mehr entsprach.

ββ) Das spätere Recht giebt dem Eigentümer bei dem nicht ertappten Diebstahle immer nur eine Strafklage auf das Doppelte (*actio furti manifesti*).

Die Strafklagen des Eigentümers traten zu den Ersatzansprüchen hinzu und richteten sich auch gegen die Anstifter und Gehilfen des begangenen Frevels.[2] Das neuere deutsche Recht kennt sie nicht mehr, läßt aber die Ersatzklagen des Eigentümers gegenüber denselben Verklagten zu, gegen die in Rom die *actio furti* gewährt wurde, also auch gegen Anstifter und Gehilfen.

b) Der aus einer gewinnsüchtigen Wegnahme einer Sache beschädigte Nichteigentümer, der in vielen Fällen dem Eigentümer dafür haftet, daß er sich die Sache hat wegnehmen lassen (z. B. der, welcher sich eine Sache geborgt oder sie zur Bearbeitung empfangen hat), ist gleichfalls mit Ansprüchen ausgestattet. Ihm gewährte jedoch das römische Recht nur die Strafklagen (*actiones furti*), deren Inhalt zugleich seinen Schaden ersetzte und dessen Betrag um einen Strafzusatz überstieg.[3]

In solchen Fällen wurde es zweifelhaft, wer die Strafsumme gewinnen durfte, der Eigentümer oder sein Vertreter im Besitze, dem sie abgenommen war.[4] Die größere Vermögensgefahr traf jenen, die mit dem Diebstahle oft verbundene Lebensgefahr aber diesen. Diese Frage führte zu scharfsinnigen Unterscheidungen

---

[1] Vgl. Gajus III, 192 ff., dem die altertümliche Einrichtung höchst rätselhaft vorkommt. Der Suchende mußte nackt sein, nur aus Anstandsrücksichten mit einem *licium* (einer Art von Schurzfell, *consuti genus, quo necessariae partes tegerentur*) bekleidet. Weshalb er eine *lanx* (Schüssel) tragen mußte, ist unklar; vielleicht sollte die Größe des getragenen Gegenstandes es ihm unmöglich machen, sich beim Suchen von einem seiner Zeugen die angeblich gesuchte Sache zustecken zu lassen. Über ältere Ansichten und eine neue abweichende Vermutung vgl. Schneider, Zur Geschichte der Sklaverei. 1892. S. 45 Vgl. auch v. Savigny, Geschichte des röm. Rechts im Mittelalter. II. S. 202. 203.

[2] Gajus III, 202: *Interdum furti tenetur, qui ipse furtum non fecerit, qualis est, cujus ope consilio furtum factum est.*

[3] Die Berechnung der Strafe ist keineswegs zweifellos. Vgl. Sohm, Institutionen. 5. Aufl. S. 316.

[4] Vgl. Gajus III, 203: *Furti autem actio ei competit, cujus interest, rem salvam esse, licet dominus non sit; itaque nec domino aliter competit, quam si ejus intersit, rem non perire.* Man denke z. B. an ein krankes Vieh, das der Eigentümer dem Abdecker gegeben hat, damit er es tötet und vergräbt, und das diesem nach dem Empfange, aber vor der Tötung gestohlen ist.

(siehe den Institutionentext),[1] die sich für das heutige Recht dadurch erledigen, daß es die Vermögensstrafe des *furtum*, die dem Verletzten zufällt, nicht mehr kennt. Von den römischen Forderungen, die aus dem *furtum* entstanden, ist nur noch ein Ersatzanspruch wegen des erlittenen Schadens übrig geblieben und diesen gewährt die Praxis jedem, den die unerlaubte gewinnsüchtige Wegnahme in seinem Vermögen verletzt hat.[2]

βββ) *Raub* (Inst. IV, 2).

§ 146.

I. Der Raub ist ein Diebstahl mit Vergewaltigung des Bestohlenen.[3] Er macht den Thäter auf das Vierfache haftbar. In dieser Summe steckt auch der Ersatz für die geraubte Sache selbst. Nach einem Jahre ermäßigt sich der Anspruch auf das Einfache.[4]

II. Die unerlaubte Selbsthilfe soll dann weder als Raub noch als Diebstahl gelten, wenn sie in der irrigen Annahme, daß sie erlaubt sei, vorgenommen ist. Allein selbst in diesem Falle, wie auch sonst, trifft den, der sie ausübt, nach spätrömischem Rechte der Verlust der Sache oder, wenn sie ihm nicht gehört, ihres Wertes. Für das neueste deutsche Recht ist die Fortdauer dieser Vorschrift streitig (siehe Pandektenrecht und oben S. 279, III, b).

ββ) Arglistige Schädigungen anderer Art.

§ 147.

I. Jede Arglist *(dolus malus)*,[5] die Schaden hervorruft, macht ersatzpflichtig. Insoweit keine besondere Klage Platz greift, ist ein allgemeiner Entschädigungsanspruch gewährt, die *actio doli*, eingeführt von G. Aquilius Gallus[6] (im Jahre 688 der Stadt, 66 a. Chr., praetor).[7]

---

[1] Siehe auch Gajus III, 204 ff.

[2] Vgl. Dernburg, Pandekten II. § 130. 3. Aufl. S. 348.

[3] Die Vergewaltigung richtet sich also bei dem Raube gegen den Bestohlenen, bei dem *furtum manifestum* gegen den Dieb.

[4] Ein Edikt über *rapina* rührt vom Prätor M. Licinius Lucullus aus dem Jahre 678 urbis her (Voigt, Röm. Rechtsgeschichte I. S. 721). Über Dig. XLVII, 8 vi bon. rapt. fr. 2 pr. vgl. Lenel, Edictum perp. S. 314.

[5] S. oben S. 438.

[6] Vgl. oben S. 68.

[7] *Everriculum malitiarum omnium, judicium de dolo malo C. Aquilius protulit.* Cicero, De nat. deor. III, 30. 74.

II. Eine Verurteilung wegen *dolus* infamiert. Daraus erklären sich manche Eigentümlichkeiten, die der *actio doli* anhaften, namentlich ihre Beschränkung auf den Fall, daß keine andere Klage gewährt ist (Subsidiarität). Ihr gehen also die in den vorigen Paragraphen sowie die im nächsten erwähnten Ansprüche vor, auch alle sonstigen Forderungen, die wegen besonderer Fälle von Arglist nach römischem Rechte gewährt werden, z. B. wegen Prozeßchikane *(calumnia)* u. a. m.[1] Nach zwei Jahren mindert sich der Entschädigungsanspruch *(a. doli)* zu einer Forderung auf Herausgabe der Bereicherung *(a. in factum)* herab.

Dem deutschen Rechte ist die infamierende Kraft der Klage fremd, nicht aber ihre daraus entstandene eigenartige rechtliche Behandlung.

β) Haftung für schuldhafte Vermögensschädigung mit oder ohne Absicht[2] (damnum injuria datum) (Inst. IV, 3).[3]

§ 148.

I. Umfang. Ein Vermögensschaden, den jemand durch seine Schuld einem anderen zugefügt hat, wird nach der herrschenden Meinung nur insoweit ersetzt, als greifbare Sachen davon betroffen sind, d. h. nur dann, wenn jemand eine solche Sache entweder entwertet (z. B. zerrissen oder verbrannt) oder sie ihrem Herrn entzogen (z. B. ins Meer geworfen) hat.[4] Schuldhafte Schädigungen anderer Art (z. B. die Zerstörung eines fremden Kredits durch unvorsichtige Aussprüche) sollen dagegen eine Ersatzpflicht nicht begründen, auch wenn sie erweisbare Nachteile verursacht haben.[5] Diese Ansicht entspricht zwar insofern den Quellen, als deren Beispiele einer Entschädigungspflicht nicht weiter reichen, als sie ihr zufolge reichen können.[6] Sie ist jedoch mit dem Wortlaute des § 16 Inst. h. t. IV,

---

[1] Dig. IV, 3 de dolo malo fr. 1 § 4 (Ulpianus): *Praetor ita demum hanc actionem pollicetur, si alia non sit, quoniam famosa actio non temere debuit a praetore decerni.*

[2] Dig. IX, 2 ad legem Aquiliam fr. 44 pr. (Ulpianus): *In lege Aquilia et levissima culpa venit.*

[3] Pernice, Zur Lehre von den Sachbeschädigungen. 1867. Voigt, Röm. Rechtsgeschichte I. S. 69.

[4] Vgl. das Beispiel in § 16 h. t. Inst. IV, 3 a. E. *(Si quis misericordia ductus alienum servum compeditum solverit, ut fugeret.)*

[5] Das zukünftige Reichsrecht wird darin jedenfalls weiter gehen, wie dies auch schon neuere Gesetzbücher gethan haben, siehe oben S. 440 Anm. 3. Die Naturrechtsschule nahm eine allgemeine Entschädigungspflicht wegen jeder schuldhaften Vermögensschädigung an.

[6] Solche Beispiele sind: Dig. IX, 2 ad l. Aqu. fr. 8 § 1 (Gajus): *Mulio-*

3 i. f. schwer vereinbar, der bei jedem wirklichen Schaden *(damnum emergens)*[1] eine Haftung des schuldigen Urhebers anordnet, freilich nicht auch bei entgangenem Gewinne *(lucrum cessans)*.

II. Die Geschichte der Haftung für verschuldete Sachbeschädigungen *(damnum injuria datum)*:

a) Die XII Tafeln enthielten, wie es scheint, eine allgemeine Schadensersatzpflicht (da in ihnen die Worte standen *„rupitias sarcito“*).[2] Daneben gaben sie für besondere Fälle besondere Klagen.

b) Die *lex Aquilia*,[3] ein Plebiscit von ungewissem Alter, das aber jedenfalls einige Jahrhunderte vor unserer Zeitrechnung liegt (etwa vom Jahre 467 der Stadt), enthielt genaue Bestimmungen über beschädigte Sachen, und zwar im ersten und im dritten Kapitel. Das erste sprach von der Tötung eines Sklaven oder von vierfüßigem Herdenvieh,[4] also etwa den schwersten Schäden, die man dem römischen Landwirte zufügen konnte, das dritte von der Verletzung anderer, minder wichtiger Sachen. Dazwischen handelte das zweite Kapitel, dessen Inhalt erst zugleich mit der Veroneser Gajushandschrift entdeckt worden ist, von etwas ganz anderem, nämlich der Haftung eines betrügerischen *adstipulator*, d. i. eines Nebengläubigers, der (namentlich im Handelsverkehre) bei Vertragsschlüssen vielfach neben den Hauptgläubiger trat, um später statt dessen Klage erheben zu können,[5] aber auch noch zu anderen Zwecken verwendet wurde und im justinianischen Rechte nicht mehr vorkommt.[6]

---

nem quoque si per imperitiam impetum mularum retinere non potuerit, si eae alienum hominem obtriverint, vulgo dicitur culpae nomine teneri. Fr. 7 § 8 (Ulpianus): *Si medicus servum imperite secuerit.* Fr 27 § 9 (Ulpianus): *Si fornacarius servus coloni ad fornacem obdormisset et villa fuerit exusta* (ein Fall schuldhafter Unterlassung, der aber haftbar macht, weil sie in Verbindung mit einer vorherigen Thätigkeit den Schaden hervorgerufen hat.

[1] Für die herrschende Meinung spricht freilich, daß nach der entgegengesetzten Ansicht im Falle eines *damnum emergens* für die *actio doli* kein Raum mehr übrig bleibt, da diese letztere Klage subsidiär sein soll (s. oben § 147 S. 445).

[2] Über *sarcire = damnum solvere* (Festus p. 321) vgl. Max Cohn in der Zeitschr. der Savignystiftung II, 111 ff.

[3] Karlowa, Röm. Rechtsgeschichte II, 1. S. 793.

[4] Dies verstand man unter *pecudes* im Sinne des Gesetzes. Vgl. Dig. IX, 2 ad leg. Aquil. fr. 2 § 2 (Gajus): *Canis inter pecudes non est.*

[5] Der Gesetzesantrag des Tribunen hatte also einem vornehmlich für Landwirte erwünschten Kapitel eine dem Handelsstande günstige Bestimmung (cap. II) angehängt, um endlich zu einer für das ganze Volk in gleicher Weise wichtigen Bestimmung (cap. III) überzugehen. Das Gesetz war also eine *lex satura*, wie sie späterhin nicht mehr erlaubt war, siehe oben S. 71, *a*.

Vgl. Gajus III, 110 ff. Karlowa, Röm. Rechtsgeschichte II, 1. S. 738. Rümelin, Zur Geschichte der Stellvertretung im römischen Civilprozeß. 1886. S. 73.

Die Vorschriften über Sachbeschädigung in dem ersten und dritten Kapitel *lex Aquilia* wurden von der späteren Jurisprudenz in so peinlicher Weise ausgelegt, daß es nahe liegt, als den Hauptzweck dieses Gesetzes eine Beschränkung des freien Ermessens der vornehmen Richter zu Gunsten der mißtrauischen Volksmasse zu vermuten. Es läßt nämlich nur haften:

a) beim *damnum corpore corpori datum*, d. h. nur bei solchen Schädigungen, bei denen der Zusammenhang zwischen Schuld und Strafe handgreiflich war.

b) Nur der Eigentümer war zum Schadenersatze berechtigt, also nur derjenige, dessen Ersatzbedürfnis in die Augen sprang.[1]

c) Der Schaden durfte nur nach der Aussage solcher Zeugen bemessen werden, die den Gegenstand binnen einer bestimmten Frist vor der Beschädigung gesehen hatten.[2] Widersprachen sich diese Zeugen, so galt die höchste Wertangabe als die maßgebende. Hierbei sieht das Gesetz bei der Tötung von Sklaven oder vierfüßigem Herdenviehe auf den größesten Wert des ganzen letzten Jahres vor der Tötung, bei anderen Schädigungen nur auf den höchsten Wert der letzten 30 Tage.[3]

Die spätere Praxis suchte die drückende Fessel aller dieser Bestimmungen dadurch abzustreifen, daß sie neben der *actio legis Aquiliae directa* in anderen ähnlichen Fällen entweder eine *actio legis Aquiliae utilis* oder eine *actio in factum*, d. h. eine dem besonderen Falle vom Prätor angepaßte Klageformel, gewährte und so den

---

[1] Gajus III, 219. Dig. IX, 2 ad leg. Aquil. fr. 7 § 6 (Ulpianus): *Celsus autem multum interesse dicit, occiderit an mortis causam praestiterit, ut qui mortis causam praestitit, non Aquilia, sed in factum actione teneatur; unde adfert eum, qui venenum pro medicamento dedit, et ait causam mortis praestitisse.* — Vom Standpunkte der Rechtspflege unserer Zeit ist eine derartige subtile Unterscheidung schwer verständlich; sie läßt sich nur aus dem Geiste des Mißtrauens begreifen, der eine Nachwirkung politischer Kämpfe war.

[2] So deutet v. Tuhr, Zur Schätzung des Schadens in der lex Aquilia, Baseler Festschrift für R. v. Ihering, 1892, m. E. mit Recht die sonst rätselhafte Bestimmung des Gegenstandes der *actio legis Aquiliae*.

[3] Vgl. den Wortlaut Dig. IX, 2 ad legem Aquiliam fr. 2 § 1 (Gajus): *Capite primo cavetur: Ut qui (si quis) servum servamve alienum alienamve quadrupedemve pecudem injuria occiderit, quanti id in eo anno plurimi fuit, tantum aes dare domino damnas esto.* fr. 27 § 5 (Ulpianus): *Tertio autem capite ait eadem lex Aquilia: Ceterarum rerum praeter hominem et pecudem occisos, si quis alteri damnum faxit, quod usserit fregerit ruperit injuria, quanti ea res fuit in diebus triginta proximis, tantum aes domino dare damnas esto.* Mit dem Worte *damnas* hängt zusammen *ut adversus infitiantem in duplum actio esset*, Gajus eod. tit. fr. 2 § 1.

Grundsatz gewann, daß für alle schuldhaften Schmälerungen eines fremden Vermögens (nach der herrschenden Lehre jedoch nur, wenn sie greifbare Sachen entwerten oder entziehen) dem Beschädigten Ersatz geleistet werden muß.

Als das Verständnis für den ursprünglichen Zweck der *lex Aquilia* verschwunden war, erblickte man in der eigentümlichen Erhöhung der Entschädigungssumme über den letzten Sachwert hinaus eine Privatstrafe.[1] Dadurch geriet die *actio legis Aquiliae* unter den Begriff der *actiones mixtae*, der Deliktsansprüche, die zugleich Ersatz und Strafe verfolgen.[2]

Die deutsche Praxis gewährt bei allen schuldhaften Sachbeschädigungen oder Sachentziehungen (zuweilen sogar bei allen schuldhaften Vermögensschädigungen) eine Schadensersatzklage unter dem Namen der *actio legis Aquiliae*, welche das volle Gebiet der *actiones legis Aquiliae directae* und *utiles* sowie der diese Klagen ergänzenden *actiones in factum* umfaßt, ohne Strafzusatz.

Darum kommen auch nicht mehr die Klagen in Betracht, die das römische Recht für besonders schlimme Fälle neben die allgemeinen Ersatzklagen stellte.[3]

---

[1] So meines Erachtens richtig von Tuhr, a. a. O. Vgl. Inst. IV, 6. § 19.

[2] Vgl. v. Czyhlarz, Lehrbuch der Institutionen. 2. Aufl. S. 195. Noch weiter geht Ulpianus in Dig. IX, 2 ad l. Aqu. fr. 11 § 2: *Et si cum uno agatur, ceteri non liberantur. nam ex lege Aquilia quod alius praestitit, alium non relevat, cum sit poena.* Hölder, Institutionen. 3. Aufl. S. 236. Wie Windscheid, Pandekten II. 7. Aufl. S. 645. § 455 Anm. 26, mit Recht bemerkt, kann dies heutzutage nicht mehr gelten. Der oben mitgeteilte Ausspruch Ulpians hängt sicherlich mit der Auffassung zusammen, daß ein Schadensersatz für den, der ihn leisten soll, dann dieselbe Bedeutung hat wie eine Strafe, wenn er nicht in einer Rückgabe, sondern in einer Ausgabe besteht, die einen reinen Vermögensverlust bedeutet. So bei dem Ersatze einer zerstörten Sache. Savigny sprach in solchen Fällen von „einseitigen Strafklagen" (System des heutigen röm. Rechts V. S. 41), und in der That liegt in solchem Falle von der anderen Seite, der Seite des Gläubigers, kein Erwerb eines Strafgeldes, sondern nur eines Ersatzes vor. Da das neuere deutsche Recht alle Strafklagen verwirft, so können heutzutage auch diese „einseitigen" Strafen von den übrigen Ersatzleistungen nicht mehr unterschieden werden.

[3] Vgl. Voigt, Röm. Rechtsgeschichte I. S. 709. Beispiele: Dig. XLVII, 7 arborum furtim caesarum, XLVII, 12 de sepulcro violato u. a. m. Die Verletzung von Gräbern wurde im Altertume vielfach auch durch einfache Privatinschriften mit Strafe bedroht (sog. Sepulkralmulten). Vgl. hierüber Mitteis, Reichsrecht und Volksrecht. S. 95. 409 ff. J. Merkel in den Festgaben der Göttinger Juristenfakultät für Ihering S. 83. Voigt, Röm. Rechtsgeschichte. I. S. 505.

b) Ansprüche aus einer Ehrenkränkung.[1]

§ 149.

I. Die Ehre ist der Genuß desjenigen Maßes von Achtung, dessen Nichtgewährung ein Verstoß gegen die Standessitte ist.[2]

Die Ehre wird aber nicht bloß durch die Sitte, sondern auch durch das Recht geschützt und heißt, insoweit dies der Fall ist: „bürgerliche Ehre".[3]

II. Der Verlust der Ehre.[4] Der gerichtliche Schutz der Ehre konnte nach römischem Rechte vollkommen verloren gehen *(existimatio consumitur)*, nämlich bei dem Verluste des Bürgerrechtes oder der Freiheit,[5] er konnte aber auch bloß gemindert sein. Eine Minderung dieses Schutzes *(existimatio minuitur)*[6] konnte und kann noch jetzt in der Regel schon durch die öffentliche Meinung hervorgerufen werden *(turpitudo, levis notae macula)*.[7] Hierbei können sich innerhalb des Volkes Meinungsverschiedenheiten bilden. Namentlich werden nicht alle Anschauungen besonderer Stände allgemein anerkannt.

Das Urteil über die Angemessenheit einer öffentlichen Mißbilligung war ursprünglich Sache des Censors; später ist die Bestimmung der Grenzen des richterlichen Schutzes der Ehre dem Ermessen des Richters zugefallen. Daneben wurden einige besondere Fälle, in denen unter allen Umständen Ehrlosigkeit eintreten sollte, von der Gesetzgebung festgestellt.[8]

Auch der Prätor bezeichnete gewisse Personen als unwürdig zur gerichtlichen Antragsstellung für andere Personen,[9] um dadurch

---

[1] v. Ihering, Jahrb. f. Dogm. XXIII. 155. Landsberg, Injuria und Beleidigung. 1886. Karlowa, Röm. Rechtsgeschichte II, 1. S. 143. 241. Pernice, M. Antistius Labeo II. S. 29.

[2] Vgl. hierzu Sohm, Institutionen. 5. Aufl. S. 124.

[3] Dig. L, 13 de extraord. cogn. fr. 5 § 1 (Callistratus): *Existimatio est dignitatis inlaesae status legibus ac moribus comprobatus.*

[4] Vgl. hierzu Voigt, Röm. Rechtsgeschichte I. S. 263.

[5] Dig. L, 13 de extr. cogn. fr. 5 § 2.

[6] Der Bescholtene hatte nicht gegen den Unbescholtenen dieselbe Klage, die Ehrbaren zukam. Dig. IV, 3 de dolo male fr. 11 § 1 (Ulpianus): *Sed nec humili adversus cum qui dignitate excellet debet dari.* Dies gilt heutzutage nicht mehr.

[7] Noch heutzutage ist der Verkehrston, den die Sitte gegenüber ehrbaren Mitmenschen verlangt, ein anderer, als er gegenüber übel berüchtigten geboten ist.

[8] Vgl. die lex Julia municipalis. 108—125. Bruns, Fontes. Ed. VI. S. 110. 111.

[9] Dig. III, 1 de postulando, III, 2 de his qui notantur infamia. Gajus IV, 182. Lenel, Zeitschr. der Savignystiftung II. S. 56.

das öffentliche Gerichtsverfahren von unlauteren Sachwaltern zu säubern.[1] In späterer Zeit entschied über die Zulassung von Parteivertretern das freie Ermessen der Obrigkeit (Inst. IV, 13, § 11). Trotzdem hat Justinian das prätorische Verzeichnis der in jener Weise als infam gebrandmarkten Personen in die Digesten aufnehmen lassen,[2] vermutlich um der Freiheit des richterlichen Ermessens bei Feststellung der Ehrlosigkeit gewisse Schranken zu setzen.

Die Ehrenminderungsgründe dieses Digestentextes[3] entsprechen nur noch zum Teile unseren heutigen Anschauungen. Weggefallen ist z. B. die Ehrlosigkeit des Schauspielerstandes, sowie der Satz, daß gewisse Verurteilungen ohne weiteres und zwar auch ohne jede ausdrückliche Aberkennung der bürgerlichen Ehrenrechte infamierten (sog. *infamia immediata*).[4]

Eine solche ehrabschneidende Kraft gewisser Urteile sollte insbesondere für Treue und Glauben einen Schutz gewähren. Darum traf sie alle, die aus der Übernahme eines Auftrages, einer Vormundschaft, einer hinterlegten Sache oder eines Gesellschaftsverhältnisses verurteilt worden waren (sog. *actiones famosae*), ebenso die in einem strafrechtlichen *publicum judicium* (179) oder aus einer Böswilligkeit Verurteilten. Neuere nennen die gesetzlich angeordnete Ehrenminderung *infamia juris*, die ohne das entstandene *infamia facti*.[5]

Die neuere Entwickelung drängt dahin, die Ehrenminderung zum Teile strafrechtlich zu regeln und darüber hinaus nur innerhalb der Schranken des freien richterlichen Ermessens bei gewissen Fragen (z. B. bei der Auswahl eines Vormundes und in ähnlichen Fällen) in Betracht zu ziehen.

III. Die Ehrverletzung. *injuria* im weitesten Sinne ist jedes Unrecht, auch die Fahrlässigkeit (so bei dem *damnum injuria datum* des § 148). Im engeren Sinne bezeichnet dies Wort die eigentliche

---

[1] Gewisse Ehehindernisse errichteten seit Augustus eine Scheidewand zwischen den Infamen und den Freigeborenen, insbesondere dem Senatorenstande. Sie sind durch Justinian beseitigt. Vgl. hierüber Kuntze, Kursus der Institutionen § 774, und oben S. 86, auch über die Bedeutung der *turpitudo* im Pflichtteilsrechte oben S. 349 II, a.

[2] Vgl. Dig. III, 2 de his qui notantur infamia fr. 1. Dieser Sachverhalt ist namentlich von Lenel aufgedeckt worden (Edictum perpetuum S. 62. 63).

[3] Vgl. auch Cod. Just. II, 11 (12): De causis, ex quibus infamia alicui inrogatur.

[4] Anders in den §§ 32 ff. des Reichsstrafgesetzbuches.

[5] Dig. XXXVII, 15 de obsequiis fr. 2 pr. (Julianus): *Licet enim verbis edicti non habeantur infames ita condemnati, re tamen ipsa et opinione hominum non effugiunt infamiae notam.*

Ehrenkränkung oder Beleidigung, d. h. jede Nichtachtungsbezeugung *(contumelia)*, die ihrem Urheber nach dem Sittengesetze seines Standes verboten ist. Richtet sie sich gegen gewisse nahe Angehörige eines anderen, so wird auch dieser dadurch verletzt (mittelbare Beleidigung).[1]

Die Frage, unter welchen Voraussetzungen der Ausdruck einer Nichtachtung als beleidigend gelten muß, beantwortet sich nach den Standessitten, die im Laufe der Zeiten schwanken. Namentlich erachteten die empfindlichen Römer der Kaiserzeit manches als kränkende Nichtachtungsbezeugung, was wir nicht unter diesen Gesichtspunkt zu stellen geneigt sind, z. B. *si quis me prohibeat in mari piscari, in publicum lavare, in cavea publica sedere, re mea uti* u. dgl.[2] Hieraus hat sich die Meinung gebildet, daß die Römer nicht nur unseren gegenwärtigen Beleidigungsbegriff, sondern auch daneben noch einen weiteren gehabt haben, während in Wahrheit nur die nähere Bestimmung eines und desselben Begriffes nach den römischen Sitten zu anderen Ergebnissen führen mußte, als wir sie heutzutage aus unseren Anschauungen gewinnen.

IV. Der Rechtsschutz der Ehre.

a) Nach den zwölf Tafeln:[3]

α) Wegen schwererer Körperverletzung *(membrum ruptum)* trat Talion ein, d. h. dem Übelthäter wurde dasselbe Glied zerbrochen, das er einem anderen zerstört hatte. Durch einen gütlichen Vergleich konnte er sich hiervon loskaufen.

β) Wegen leichterer Körperverletzung *(os fractum aut collisum)* trat eine Geldstrafe ein.

γ) Sonstige Beleidigungen wurden, abgesehen von einigen besonders schweren Fällen einer öffentlichen Schmähung *(occentatio* und *carmen malum)*,[4] mit 25 *as* bestraft, einer Strafe, die sich bei der Entwertung des Geldes als unzulänglich erwies.[5]

---

[1] Gajus III, 221. Vgl. über die Beleidigung des Erblassers oben S. 326 Anm. 4.

[2] Dig. XLVII, 10 de injuriis fr. 13 § 7 (Ulpianus).

[3] Vgl. Gajus III, 223 ff. Voigt, Röm. Rechtsgeschichte I. S. 700.

[4] Vgl. in Bruns fontes juris Romani. Ed. VI. S. 28. 29. Tab. VIII, 1.

[5] Diesen Umstand veranschaulichte eine Anekdote, deren Wahrheit ernstlich bezweifelt wird. Gellius, Noct. att. XX, § 13: *L. Veratius fuit egregie homo improbus atque inmani vecordia. Is pro delectamento habebat, os hominis liberi manus suae palma verberare. Eum servus sequebatur, ferens crumenam plenam assium: ut quemque depalmaverat, numerari statim secundum duodecim tabulas quinque et viginti asses jubebat. Propterea, inquit, praetores postea*

b) Nach prätorischem Recht[1] hatte der Beleidigte eine *actio injuriarum aestimatoria*. Bei dieser wurde ihm eine nach richterlichem Ermessen bestimmte Strafe zugebilligt.

Diese Klage brachte dem Verurteilten Infamie,[2] ein schwerwiegender Schutz gegen Ehrverletzungen, der dem deutschen Rechte fremd ist.

c) Eine *lex Cornelia* (673 urbis, 81 a. Chr.) gab neben der gewöhnlichen Beleidigungsklage einen besonderen Anspruch für die Fälle einer schwereren Beleidigung: *verberare*, *pulsare*, *domum vi introire*.[3] Hier konnte nach Civilrecht auf eine Strafe geklagt werden, auf deren Höhe nicht, wie sonst, der Prätor einen Einfluß ausübte.[4]

In der späteren Zeit wurden die Injuriensachen Gegenstände des außerordentlichen Verfahrens.[5]

Auch bei uns verhängt in ihnen das richterliche Ermessen eine Strafe, die in neuerer Zeit nur noch als öffentliche neben einer Buße vorkommt.[6] Die Geringfügigkeit der wegen Beleidigung vielfach auferlegten Strafen war nicht ohne Einfluß darauf, daß das altgermanische Fehderecht, nachdem es beseitigt und verboten worden ist, doch als Gebot einer Standessitte von weiten, einflußreichen Kreisen als Schutzmittel gegen Beleidigungen festgehalten wird.

II. Forderungen, die den Ansprüchen aus Übelthaten ähnlich sind (Inst. IV, 5).[7]

§ 150.

I. Seitenstücke der Forderungen aus Rechtswidrigkeiten sind solche Ansprüche, deren Voraussetzung im einzelnen Falle nicht in einer Übelthat des Haftenden liegt, die aber dennoch im

---

hanc abolescere et relinqui censuerunt, injuriisque aestumandis recuperatores se daturos edixerunt.

[1] Voigt, Röm. Rechtsgeschichte I. S. 700.

[2] Dig. III, 2 de his qui notantur infamia fr. 1.

[3] Voigt, Röm. Rechtsgeschichte I. S. 705.

[4] Dig. XLVII, 10 de injuriis fr. 37 § 1 (Ulpianus): *Etiam ex lege Cornelia injuriarum actio civiliter moveri potest condemnatione aestimatione judicis facienda.* Vgl. hierzu Collatio legum Mos. et Roman. II, 6. 1. Salkowski, Lehrbuch der Institutionen. 6. Aufl. S. 381.

[5] Dig. XLVII, 10 de injuriis fr. 45 (Hermogenianus): *De injuria nunc extra ordinem ex causa et persona statui solet.*

[6] Vgl. Reichsstrafgesetzbuch §§ 185. 188.

[7] Voigt, Röm. Rechtsgeschichte I. S. 726.

allgemeinen von der Rechtsordnung gewährt sind, um das Unrecht zu bekämpfen und zu mindern.

II. Fälle einer Haftung nach der Art eines Übelthäters.

a) Die Haftung des Richters, *qui litem suam fecit*, d. h. den Prozeß sich selbst auf den Hals gezogen oder mit anderen Worten: der sich durch pflichtwidrige Amtsausübung haftbar gemacht hat[1] (in Deutschland auf böswilliges Verhalten beschränkt).

Ein derartiger Richter begeht zwar ein Unrecht, seine That darf aber aus Rücksicht auf das allgemeine Wohl nicht schlechtweg als Delikt gelten, namentlich kann die Ausführung eines solchen rechtskräftigen Spruches nicht als eine tadelnswerte Begünstigung eines Vergehens angesehen werden. Darum haftet der Richter nur *„quasi“ ex delicto*.

b) Bei dem Auswurfe oder Ausgusse von Sachen aus Häusern oder Schiffen auf öffentliche Verkehrswege ist sehr oft nur der Ausgangspunkt der That zu ermitteln, nicht aber ihr wirklicher Urheber. Die Gefährlichkeit derartiger Rücksichtslosigkeiten führte daher zu der Vorschrift, daß der Bewohner des Hauses, aus dem der Wurf geschehen ist, haftet, ohne daß es auf seine Schuld ankommt.[2] Er selbst wird in der Regel in der Lage sein, den wahren Thäter zu ermitteln. Dieser Anspruch des Verletzten heißt *actio de effusis vel dejectis*.[3]

c) Die Haftung des Hausherrn für die Übelthaten seiner Hausgenossen beruhte auf ähnlichen Gesichtspunkten, sowie darauf, daß er durch Erziehung oder Aufsicht für die Ungefährlichkeit seiner Untergebenen sorgen mußte.

Hierher gehören folgende Haftungsfälle:

α) Schiffsrheder, Gast- und Stallwirte haften für die Verschuldungen ihrer Leute und ihrer ständigen Hausgenossen.[4]

β) Der Herr haftet für seine unfreien Diener, Inst. IV, 8 (s. unten § 163).

γ) Der Eigentümer eines Thieres kann für einen Schaden, den es anrichtet, haftbar werden. Inst. IV, 9, s. unten § 164.

---

[1] *Licet per imprudentiam.* Dig. L, 13 de extraord. cogn. fr 6 (Gajus). Vgl. hierzu Lenel, Edictum perpetuum. S. 136. 137.

[2] Dig. IX, 3 de his qui effuderint vel dejecerint.

[3] Vgl. hierzu Unger, in v. Iherings Jahrb. f. Dogm. XXX. (N. F. XVIII.) S. 226. Der Fortbestand dieses heilsamen Rechtsschutzes ist zur Zeit gefährdet, da die zweite Lesung des Entwurfs eines bürgerl. Gesetzb. f. d. D. R. ihn preisgiebt.

[4] Dig. XLVII, 5: Furti adversus nautas caupones stabularios. Es ist dies nicht zu verwechseln mit der Haftung der *nautae caupones stabularii* aus dem *receptum*. S. oben S. 390 Anm. 5.

III. Zwei Forderungen, die aus Delikten entspringen, sind je nach der Person dessen, gegen den sie sich richten, entweder Deliktsforderungen oder Forderungen *quasi ex delicto*, nämlich:

a) die *actio quod metus causa* (von Oktavius eingeführt, daher *formula Octaviana)* bei Schäden, die aus Erpressung entstanden sind. Eine Deliktsforderung ist sie gegenüber dem Übelthäter, *quasi ex delicto* haften aber auch andere, die aus der Übelthat einen Gegenstand erlangt haben.[1]

b) Die *alienatio in fraudem creditorum* erzeugt neben anderen Rechtsmitteln auch die *actio Pauliana* auf Rückgabe dessen, was den Gläubigern entzogen worden ist. Dieser Ausspruch geht aber nicht bloß gegen bewußte Betrüger, sondern auch unter Umständen (in Höhe der Bereicherung) gegen redliche Verklagte, namentlich gegen Beschenkte, die ihren Erwerb im guten Glauben gemacht haben.[2]

Dieser Rechtszweig ist im deutschen Reichsrechte in kunstvoller Weise ausgestaltet worden.[3]

Drittes Kapitel. Das Forderungsrecht im Dienste anderer Rechtszweige (obligationes ex variis causarum figuris).

I. Forderungen im Dienste des Prozeß- und des Sachenrechtes.

§ 151.

I. Die Vorweisungspflicht zum Zwecke einer Rechtsverfolgung.[4] Wer ein Recht erstreiten will und Anlaß dazu hat, an dessen Vorhandensein zu glauben, der kann verlangen, daß man ihm nicht Sachen verheimlicht, deren Anblick ihm allem Anscheine nach zu seiner Rechtsverfolgung nötig ist *(actio ad exhibendum)*.[5] Es darf z. B. ein wahlberechtigter Gläubiger verlangen, daß man

---

[1] Dig. IV, 2 quod metus causa fr. 16 § 2 (Ulpianus): *Haec actio heredi datur quoniam rei habet persecutionem, in heredem autem et ceteros (successores) in id, quod pervenit ad eos, datur non immerito.*

[2] Dig. XLII, 8 quae in fraudem creditorum facta sunt ut restituantur.

[3] Vgl. Dernburg, Pandekten II. §§ 144 flg. Anm. 3. S. 376 flg.

[4] Karlowa, Röm. Rechtsgeschichte II, 1. S. 442.

[5] Dig. X, 4 ad exhib. fr. 2 (Paulus): *Exhibere est facere in publico potestatem, ut ei qui agat experiundi sit potestas.*

ihm die Gegenstände vorlegt, unter denen er wählen soll.[1] Als noch die Sache vor Gericht gebracht werden mußte, die der Eigentümer kraft seines Rechtes klagend begehrte (was im späteren römischen Rechte nicht mehr nötig war), war die *actio ad exhibendum* besonders wichtig, namentlich da, wo der begehrte Gegenstand mit einem anderen verbunden war. Hier ging diese Klage auf Trennung und bereitete dadurch die Eigentumsklage vor.[2] Heutzutage kann man in solchen Fällen die Trennungsklage mit der Klage auf Herausgabe verbinden. (Dies galt vielleicht auch schon im neuesten römischen Rechte.)

II. Den Sachenrechten dienen ergänzende Forderungen zum Schutze.

So giebt es einen Anspruch gegen schädliche Änderungen eines Ablaufes des Regenwassers, wie er seit unvordenklicher Zeit bestanden hat[3] *(actio aquae pluviae arcendae)*.[4]

Ferner kann ein Grundeigentümer verlangen, die übergefallenen Früchte seines Grenzbaumes vom Nachbargrundstücke *tertio quoque die* (= einen Tag um den anderen) abzuholen. Das deutsch-rechtliche „Überfallsrecht“ war also den Römern fremd.

Gegen rechtswidrige Bauten schützen den zu einem Widerspruche Berechtigten ein Einspruch an Ort und Stelle *(operis novi nuntiatio)* und, falls dieser nicht beachtet wird, ein Einreißungsanspruch *(interdictum demolitorium)*.[5] Wer durch Bauten oder sonstige Veranstaltungen auf Grundstücken gewaltsamer oder heimlicher Weise in seinem Besitzstande beeinträchtigt wird, kann ebenso, wie jeder, der neben ihm ein vernünftiges Bedürfnis dazu hat, mit einem schleunigen Rechtsmittel auf Beseitigung des Werkes klagen *(interdictum quod vi aut clam)*.[6]

Auf Bäume, die in einer unerlaubten Weise über die Grenze reichten, bezog sich das *interdictum de arboribus caedendis*.[7]

---

[1] Dig. X, 4 ad exhib. fr. 1 § 6.

[2] Dig. X, 4 ad exhib. fr. 6 (Paulus): *Gemma inclusa auro alieno vel sigillum candelabro vindicari non potest, sed ut excludatur, ad exhibendum agi potest.*

[3] Karlowa, Röm. Rechtsgeschichte II, 1. S. 3. 482.

[4] Das neuere Wasserrecht hat sich von dem Streben des römischen Rechtes, die bestehenden Abflüsse zu erhalten, im Interesse der Landeskultur in mehrfacher Hinsicht frei gemacht.

[5] Dig. XXXIX, 1 de operis novi nuntiatione. Bekker, Die Aktionen des röm. Privatrechts I. S. 42. Heutzutage pflegt in derartigen Angelegenheiten eine außerordentliche schleunige Hilfe der Polizei oder des Richters angerufen zu werden.

[6] Dig. XLIII, 24 quod vi aut clam.

[7] Dig. XLIII, 27 de arboribus caedendis.

II. Forderungen im Dienste des Familienrechtes.

§ 152.

I. Die Pflicht, Verwandte in auf- und in absteigender Linie im Notfalle zu unterhalten, war im altrömischen Rechte nur eine sittliche und bloß durch den Anstand geboten. Das Kaiserrecht gewährt außerordentliche Klagen, bei denen nicht der gewöhnliche Judex die Sache entschied, sondern der Magistrat selbst diese Angelegenheit nach freiem Ermessen regelte.[1] Im heutigen Rechte sind diese Ansprüche in ihrer gerichtlichen Verfolgung allen anderen gleichgestellt.

II. Ein Anspruch unehelicher Kinder gegen ihren Erzeuger, wie ihn das deutsche Recht kennt, war nach römischem Rechte nur den Konkubinenkindern (*naturales liberi*) gewährt (s. oben S. 208). Trotzdem spielte in einer Zeit, in der der Sklavenhandel blühte und uneheliche Kinder leicht in Sklavenfamilien eingeschoben werden konnten, der Kindesmord begreiflicherweise keine große Rolle. Es durften ja sogar selbst eheliche Kinder von armen Eltern kurz nach der Geburt (*sanguinolenti*) als Sklaven verkauft werden. (Vgl. oben S. 192 Anm. 3.)

Drittes Buch.

Der Gerichtsschutz (jus quod ad actiones pertinet).

Erster Abschnitt.

Außergerichtliche Schicksale der gerichtlich verfolgbaren Ansprüche (sog. materielles Aktionenrecht).

Erstes Kapitel. Begriff und Arten der Ansprüche.[2]

I. Der Begriff des Anspruches.

§ 153.

I. Der rechtlich erlaubte Zwang. Die Rechtsordnung bestimmt besondere thatsächliche Vorbedingungen nicht bloß für die Befugnisse, die sie einräumt, und für die Erwerbsmöglichkeiten, die sie

---

[1] Vgl. Pernice, Zeitschr. der Savignystiftung. V. S. 22.

[2] Windscheid, Die Actio des römischen Kontraktes vom Standpunkte des heutigen Rechts. 1856. Bekker, Die Aktionen des römischen Privatrechts I. 1871. S. 1 flg. Wlassak in Paulys Realencyklopädie des klass. Altertums (neue Ausgabe von Wissowa) Artikel: *actio*.

gewährt, sondern auch für die Zwangsmöglichkeiten, die sie erlaubt. Die Zulässigkeit von Gewaltmaßregeln würde im Laufe der Rechtsgeschichte mehr und mehr auf das Einschreiten der Obrigkeit eingeengt und die Befugnis, ohne dies ein Recht zu erzwingen, den Einzelnen entzogen,[1] sowie auf die Ausnahmefälle der Notwehr[2] und des Notstandes beschränkt.[3]

Andererseits gewährte das römische Recht die gerichtliche Verfolgbarkeit aller anerkannten Ansprüche als Regel. Dabei kennt es jedoch auch Ansprüche (z. B. die den Sklaven aus ihren Verträgen erwachsenden Forderungen und Pflichten),[4] denen es die Klagbarkeit versagt, aber dennoch in einer anderen, minder wirksamen Art einen gewissen Schutz gewährt. Es geht davon aus, daß man keine Schenkung macht, sondern eine Pflichterfüllung vornimmt oder unterstützt, sobald man eine derartige eigene oder fremde Schuld bezahlt oder durch ein Versprechen sichert. Neben dem veralteten Falle der Sklavenschuld gehört hierher namentlich auch die Darlehnsschuld wider das Macedonianum[5] (nicht aber das Frauenversprechen gegen das Vellejanum, S. 414), sowie eine Reihe anderer Fälle, unter denen einige Zweifel erwecken, ob sie hierher zu stellen sind.[6] Die rechtliche Haupteigentümlichkeit dieser klaglosen, aber nicht völlig schutzlosen Ansprüche besteht darin, daß nicht bloß ihre freiwillige Zahlung oder Sicherung unantastbar ist,[7] sondern daß auch ein Irrtum, der ihre Tilgung oder Bekräftigung veranlaßt hat, kein Recht giebt, die Zahlung oder den sichernden Vertrag (z. B. eine Bürgschaft) mit der *condictio indebiti* oder einer Einrede anzufechten.[8] Man muß daher annehmen, daß der Kreis

---

[1] Dig. L, 17 de regulis juris fr. 176 (Paulus): *Ne occasio sit majoris tumultus faciendi.*

[2] Dig. XLIII, 16 de vi fr. 1 § 27 (Ulpianus): *Vim vi repellere licere Cassius scribit.*

[3] Vgl. Dernburg, Pandekten I. § 125. 4. Aufl. S. 295. Es sind dies Fälle, in denen die Verletzung eines anderen im Vergleiche mit dem eigenen Schaden, den sie abwehrt, als das geringere Übel erscheint.

[4] Dig. XII, 6 de cond. indebiti fr. 13 pr. 64.

[5] S. oben S. 392, III. Dig. XII, 6 de cond. indebiti fr. 40 pr. (Marcianus): *Ubi in odium ejus, cui debetur, exceptio datur, perperam solutum non repetitur: veluti si filiusfamilias contra Macedonianum mutuam pecuniam acceperit et paterfamilias factus solverit, non repetit.*

[6] Einzelne Beispiele siehe Salkowski, Lehrbuch der Institutionen. 6. Aufl. S. 317.

[7] Es gilt dies übrigens (namentlich für Bürgschaften) nicht ohne Ausnahmen. Vgl. Dig. XIV, 6 ad. S. C. Maced. fr. 9 § 3.

[8] So ist namentlich streitig, ob aus einem anderen *pactum* eine *obligatio naturalis* entsteht. Vgl. hierzu Hellmann, Naturalis obligatio ex pacto, Zeitschr.

der *obligationes naturales* kein streng abgegrenzter und die Behandlung der dahin gerechneten Schulden keine einheitliche ist.[1]

Der Name *naturalis* deutet auch hier, wie sonst, auf eine Erscheinung hin, die auch außerhalb der Staatsordnung vorkommt. In einem weiteren Sinne heißen sogar die klagbaren Verpflichtungen des *jus gentium „obligationes naturales“*, weil auch sie *natura* gelten, d. h. auf Anstand und Gewissenspflicht beruhen.[2] Im engeren Sinne ist freilich *obligatio naturalis* nur die klaglose und daher ihres wesentlichen Schutzes beraubte *obligatio* (sog. *obligatio tantum naturalis*).[3]

Dieser Begriff ist übrigens immer noch erheblich enger, als derjenige der bloßen Anstands- oder Gewissenspflicht. Zu den letzteren gehören andererseits auch Verbindlichkeiten ohne Geldwert, mit denen sich das römische Recht überhaupt nicht befaßt, und die bei den Juristen auch nicht einmal Naturalschulden heißen.[4]

II. Der gerichtlich verfolgbare Anspruch heißt *actio*. (*Actio nihil aliud est quam jus persequendi judicio quod sibi debetur.*)[5]

---

der Savignystiftung XII. S. 325. Sohm nimmt dies z. B. (trotz Paulus II, 14, 1) an (Institutionen. 5. Aufl. S. 312). Es wird wohl sehr darauf ankommen, was das *pactum nudum* für einen Inhalt hat. Leidet eine Schuld lediglich an einer fehlenden Geschäftsform, die bei einer Abrede versäumt wurde, so wird man ihre Bezahlung nicht als ein Geschenk ansehen dürfen. Andererseits wird man aus einem abstrakten Schuldversprechen niemals folgern können, daß eine daraus geleistete Zahlung nicht als Schenkung oder grundlose Leistung anzusehen ist.

[1] So wird z. B. den Schulden, die ein Unmündiger (etwa in einem Wirtshause) gemacht hat, jede naturale Kraft abgesprochen. Dig. XII, 6 de cond. indeb. fr. 41. Es wird daher nicht bloß der Unmündige selbst, der sie vor der Mündigkeit tilgt, sondern auch sein Erbe, der sie in der irrigen Annahme bezahlt hat, daß der Vormund solche Schulden genehmigt habe, ein Rückforderungsrecht haben. Sollte jedoch der Unmündige sie nach erlangter Großjährigkeit freiwillig tilgen oder ein anderer sie ohne jenen Irrtum freiwillig bezahlen, so wird man dies nicht als Schenkung ansehen dürfen. Es liegt also hier, so zu sagen, eine Naturalschuld zweiter Ordnung vor. Vgl. hierzu Windscheid, Pandekten. 7. Aufl. II. § 288. S. 104 Anm. 4.

[2] Dig. L, 17 de reg. juris fr. 84 § 1 (Paulus): *In natura debet quem jure gentium dare oportet cujus fidem secuti sumus.* Vgl. oben S. 167.

[3] Dig. XLVI, 1 de fidejussor. fr. 16 § 4 (Julianus): *Licet minus proprie debere dicantur naturales debitores, per abusionem intelligi possunt debitores.* Ähnlich L, 16 de verb. sign. fr. 10. Vgl. Karlowa, Röm. Rechtsgeschichte II, 1. S. 111.

[4] Über den Unterschied von Recht, Sitte und Sittlichkeit oben S. 1 ff. Man beachte auch, daß die Anstandspflicht, etwas zu zahlen, etwas Anderes ist als die Anstandspflicht, etwas, was gezahlt ist, nicht zurückzufordern. Nur diese geringere Pflicht liegt bei den Naturalschulden vor.

[5] Inst. IV, 6 pr. übereinstimmend mit Celsus, Dig. XLV, 7 de obl. et actionibus fr. 51.

Trotz dieser Begriffsbestimmung bedeutet *actio* in der Regel in den Pandekten: den mit einer bestimmten Formel des Formularprozesses verfolgbaren Anspruch. Mit dem Wegfall des Formularprozesses kam die Verpflichtung des Klägers, den Formelnamen seiner Klage zu nennen, in Wegfall. (Anders eine verbreitete Meinung, welche glaubt, daß diese Rechtsänderung erst im Mittelalter eingetreten ist.[1]) Diese Rechtsänderung zeigt sich besonders klar da, wo zur Zeit des Formularprozesses ein Kläger für einen einzigen gerichtlich verfolgbaren Anspruch mehrere *actiones* haben konnte. So hatte z. B. der Vermieter, dessen Sache vom Mieter beschädigt war, eine *actio locati* und *actio legis Aquiliae* zur Auswahl, wenn er auf Schadenersatz klagen wollte (sog. elektive Aktionenkonkurrenz); denn er mußte bei dem Prozeßbeginne die eine dieser beiden Formeln für sich erbitten. Anders im spätrömischen und im heutigen Rechte. In diesem liegt es ihm nur ob, den Anspruch durch thatsächliche Behauptungen zu begründen und die begehrte Summe zu bezeichnen; Sache des Richters ist es sodann, den Anspruch nach allen darauf bezüglichen Rechtssätzen, also in dem gegebenen Beispiele ebensowohl nach denen der *actio locati* als nach denen der *actio legis Aquiliae*, zu prüfen. Es haben sich also mit dem Wegfalle des Formularprozesses alle *actiones*, die zugleich dieselbe thatsächliche Grundlage und dasselbe Ziel haben und im Formularprozesse nebeneinander zur Auswahl des Klägers standen, zu einem einzigen Anspruche verschmolzen, ohne daß dies in der Redeweise der Quellen hervortritt, die in solchen Fällen immer noch in der alten Art von mehreren *actiones* spricht.[2]

Obwohl hiernach seit der Beseitigung des Formularprozesses

[1] Dig. II, 13 de edendo fr. 1 (Ulpianus): *Qua quisque actione agere volet, eam edere debet* muß durch sog. *duplex interpretatio*, d. h. nicht bloß im Sinne ihres Urhebers, sondern auch im Sinne Justinians gedeutet worden. *Edere actionem* heißt im neuesten römischen Prozesse nur so viel, wie „eine Klage durch thatsächliche Behauptungen begründen". Für die richtige Ansicht vgl. Bethmann-Hollweg, Der röm. Civilprozeß III. § 152 Anm. 8 und 9 S. 244. Vgl. über die Aktionenedition in Justinians Rechte auch Bekker, Die Aktionen des röm. Privatrechts II. 1873. S. 358.

[2] Vgl. hierzu auch Bekker, Die Aktionen des röm. Privatrechts II. 1873. S. 258. Anders als diese elektive Konkurrenz der *actiones* (nicht der Ansprüche) ist die sog. alternative objektive Konkurrenz zu beurteilen, bei der jemand die Wahl zwischen zwei verschiedenen Ansprüchen (nicht bloß *actiones*) hat. So z. B. der Käufer einer mangelhaften Sache, der entweder Geschäftsauflösung oder Preisminderung beanspruchen kann (s. oben S. 424, V). Vgl. überhaupt über diese Lehre Dernburg, Pandekten I. § 135. 4. Aufl. S. 316 und Merkel, Über den Konkurs der Aktionen nach römischen Privatrecht. 1877.

alle Ansprüche sich unmittelbar auf die Rechtssätze stützen, durch welche sie gewährt werden, nicht aber auf bestimmte Formeln, die ihnen angepaßt sind, so hat sich doch nicht bloß in Justinians Pandekten, sondern auch vielfach in unserer deutschen Praxis die alte Redeweise erhalten. Es gilt dies sowohl von den wirklich begründeten Ansprüchen als auch von den Klagen, in denen das Dasein von Ansprüchen behauptet wird, den bloß vermeintlichen oder angeblichen, in Wahrheit aber vielleicht nicht vorhandenen Ansprüchen.[1] Beide benennt man noch heute nach ihren römischen Formelnamen. Sobald man in dieser Weise eine Klage z. B. als *rei vindicatio* oder *condictio indebiti* noch jetzt bezeichnet, so will man damit andeuten, daß sie noch heutzutage denselben Rechtssätzen unterliegt, welche einstmals unter der Herrschaft des Formularprozesses zu den gleichnamigen römischen *formulae* der *rei vindicatio* oder *condictio indebiti* gehörten. Hieraus erklärt sich, warum noch in unserer Zeit die Rechtssätze vielfach nach den römischen *actiones* geordnet werden. Es erklären sich aber hieraus auch mißverständliche Übertragungen veralteter Sätze des Formularprozesses in die Erläuterung des Justinianischen und des heutigen Rechtes.[2]

II. Arten der Ansprüche.

1. Der Hauptelnteilungsgrund der Ansprüche (Inst. IV. pr. § 1).

§ 154.

I. Die oberste Einteilung der gerichtlich verfolgbaren Ansprüche[3] ist diejenige in *a*) dingliche, *b*) persönliche und *c*) dinglich-persönliche (gemischte) Ansprüche.

a) Dingliche Ansprüche sind Ansprüche aus der Verletzung eines allgemeinen Verbotes, das dem Kläger ein allseitig geschütztes Recht gewährt (s. oben S. 281 Anm. 1).

---

[1] Wenn man auch den bloß angeblichen Anspruch schlechtweg Anspruch oder *actio* nennt, so ist das eine abkürzende Redeweise, die leicht verständlich ist.

[2] Gegen derartige Mißgriffe richten sich namentlich die Schlußausführungen in Bekker, Die Aktionen des röm. Privatrechts II. S. 244. Ein Beispiel des angedeuteten Mißgriffes enthält die Annahme der elektiven Konkurrenz auch für das spätrömische und das heutige Recht. Siehe oben den Text und des Verfassers Ausführungen in der Zeitschrift für deutschen Civilprozeß XV. S. 336.

[3] Dig. L, 16 de verb. sing. fr. 178 § 2 (Ulpianus): *Actionis verbum et speciale est et generale nam omnis actio dicitur sive in personam sive in rem petitio: sed plerumque „actiones" personales solemus dicere, petitionis autem verbo in rem significari videntur.*

b) Persönliche Ansprüche sind Ansprüche aus einem besonderen Rechtsbefehle, der nicht alle, sondern nur einen bestimmten Schuldner betrifft.

c) Ansprüche auf Anerkennung einer bestimmten dauernden Rechtsstellung innerhalb der Gesamtheit der Rechtsgenossen nennt man Statusklagen. Bei ihnen handelt es sich um den Antrag an den Richter, einen gewissen Grad der Rechtsfähigkeit einer Partei (Freiheit oder Ingenuität) oder ihre Zugehörigkeit zu einer bestimmten Familie zu prüfen, um diese ihre Rechtslage entweder festzustellen oder zu verwerfen. Solche Feststellungsansprüche werden als *actiones praejudiciales* (Inst. IV, 6 § 13) den *actiones in rem* an die Seite gesetzt, offenbar weil die Rechte, die sie schützen, nicht bloß die beiden Parteien betreffen, sondern auch von den übrigen Rechtsgenossen ebenso wenig mißachtet werden dürfen, wie die dinglichen Rechte. Im übrigen unterscheiden sie sich sowohl von den dinglichen wie von den persönlichen Ansprüchen dadurch, daß sie kein Urteil auf ein bestimmtes Verhalten des Verklagten (*condemnatio*) anstreben, sondern nur die richterliche Feststellung eines Rechtes oder des Nichtvorhandenseins eines Rechtes.[1]

Den Namen dieser *actiones praejudiciales* kann man sich vielleicht dadurch erklären, daß sie ursprünglich nur innerhalb anderer Prozesse vorkamen, um Vorfragen zu entscheiden, die vor dem Hauptstreite vorweg erledigt werden mußten, so daß sie zu Zwischenurteilen (*praejudicia*) führten.[2] Das vorgeschrittene römische Recht gab sie auch außerhalb jedes anderen Rechtsstreites (*sive nulla causa interveniat*).[3]

d) *actiones mixtae tam in rem, quam in personam* sind Ansprüche, bei denen sowohl allseitige als auch einseitige Rechtsbefehle dem Verklagten gegenüber verwirklicht werden (s. unten § 157).

II. Die rechtliche Ähnlichkeit der dinglichen und der persönlichen Ansprüche zeigt sich darin, daß sie in vielen Punkten denselben Sätzen unterliegen, da die meisten Regeln über Gläubiger und Schuldner auch auf dingliche Anspruchsberechtigte und An-

---

[1] Darin liegt freilich, streng genommen, immer auch ein Verbot, nämlich die Vorschrift für die unterliegende Partei, niemals wieder vor Gericht das Gegenteil des Urteilsinhalts zu behaupten, widrigenfalls eine derartige Behauptung unbeachtet bleiben soll.

[2] So des Verfassers Berliner Doktordissertation: de natura actionis quae praejudicialis vocatur. 1874.

[3] Dig. XL, 14 si ingenuus fr. 6.

spruchsverpflichtete anwendbar sind.[1] Es wird dies hauptsächlich darum vielfach verwischt, weil wir nicht mehr so, wie die altdeutsche Redeweise es that und der Volksmund es noch heutzutage vielfach thut, auch die dinglichen Ansprüche „Forderungen" nennen, sondern das letztere Wort lediglich auf *actiones in personam* beschränken.

III. Außerordentliche Ansprüche sind Ansprüche auf eine Ausnahmeverfügung, die eine allgemeine Rechtsregel in einem einzelnen Falle außer Kraft setzen soll *(in integrum restitutio)*.[2] Diese Ausnahmeverfügungen hängen sicherlich damit zusammen, daß der römische Prätor, indem er sie erließ, *juris civilis corrigendi causa*, also *contra jus ipsum* vorging.[3] Die *causae restitutionis* wurden jedoch allmählich fixiert, z. B. Minderjährigkeit, *capitis diminutio minima*, Zwang u. s. w.[4] Der Grundsatz, daß in diesen Fällen eine Ausnahmeverfügung erteilt werden kann und soll, ist in Justinians Sammlung aufgenommen und für uns ein Gesetz wie jedes andere.[5] Es hat daher keinen Sinn mehr, den auf diese Rechtsquelle gegründeten Anspruch als ein Schutzmittel zu bezeichnen, das sich gegen das Recht kehrt. Es wendet sich vielmehr nur gegen die regelmäßigen Folgen der Rechtssätze. Durch dieses Ziel sowie durch den allgemeinen Umfang, den sie hat, scheidet sich die Befugnis zu einem Antrage auf *in integrum restitutio* von

---

[1] Vgl. oben S. 434, § 143, I. Wlassak legt im Artikel *actio* in Paulys Realencyklopädie (neue Ausgabe) im Widerstreite gegen die Gleichstellung der *actiones in rem* mit den Forderungen ein besonderes Gewicht darauf, daß man nach römischem Rechte als Sachbesitzer einer *rei vindicatio* nur haftete, wenn man wollte, weil es genügte, die Sache fortzugeben, um vom Anspruch frei zu sein. Dig. VI, 1 de rei vind. fr. 80. Allein dieses Sonderrecht der dinglichen Ansprüche schließt nicht aus, daß sie in vielen anderen Punkten den Forderungen gleichartig sind.

[2] Vgl. Näheres in Sohms Institutionen. 5. Aufl. S. 211 flg., auch Bekker, Die Aktionen des röm. Privatrechts II. 1873. S. 74 flg. In einem anderen Sinne unterschied man die außerordentlichen Ansprüche der *extraordinaria cognitio* als *persecutiones* von den ordentlichen *actiones* des Civilprozesses. Dig. L, 16 de verb. sign. fr. 178 § 2. Mit dem Wegfalle des Formularprozesses verlor dieser Unterschied seine Bedeutung.

[3] Vgl. Schlossmann, Die Lehre vom Zwange. 1874. S. 31 flg. v. Savigny bemerkt daher mit Recht (System des heutigen römischen Rechts. III. S. 407), daß den Ansprüchen auf eine solche Ausnahmeverfügung in Rom der Name *actio* nicht zukam.

[4] Zur Ergänzung diente die sog. *generalis clausula: Item si qua alia justa causa mihi esse videbitur, restituam.* Dig. IV, 6 ex quibus causis fr. 26 § 9.

[5] Anders noch das römische Recht der älteren Kaiserzeit, vgl. Dig. IV, 4 de minoribus fr. 16 pr. (Ulpianus): *Si communi auxilio et mero jure munitus sit, non debet ei tribui extraordinarium auxilium.*

allen gewöhnlichen Ansprüchen. Gewöhnlich nennt man das Verfahren über diesen Antrag *judicium rescindens* (z. B. Aufhebung einer Ersitzung, die bei Abwesenheit des Eigentümers einem anderen gelungen ist), während man den weiteren Anspruch aus der Ausnahmeverfügung (z. B. auf Rückgabe der ersessenen Sache) *judicium rescissorium* nennt.[1]

2. Übersicht über die dinglichen Ansprüche (Inst. IV, §§ 2—7).[2]

§ 155.

I. Gegenstand der dinglichen Klagen sind die körperlichen Sachen, doch darf auch der Vater sein Kind dem, der es ihm vorenthält, nach altrömischem Rechte *(ex jure Romano)* mit einer *vindicatio* abverlangen.[3] Einem ähnlichen Zwecke dienten familienrechtliche Interdikte (s. unten § 176).

II. Die Einteilung der dinglichen Ansprüche

a) nach *jus civile.*

α) Die *vindicationes* sind Angriffsklagen gegen den Besitzstand eines anderen. Zu ihnen gehört:

αα) die *vindicatio rei* des Eigentümers, gerichtet auf Herausgabe der Sache mit Nebenleistungen[4] gegen den Besitzer der Sache.[5] Ausnahmsweise haften (zur Strafe) auf den Sachwert auch frühere Besitzer, falls sie den Besitz der Sache arglistiger Weise aufgegeben oder sich freiwillig auf diese Klage eingelassen haben, ohne den begehrten Gegenstand zu besitzen.[6] Außerdem sprechen die Institutionen (IV, 6 § 2 a. E.) von einem *unus casus* der *controversiae rerum corporalium*, in dem *qui possidet, nihilominus actoris partes obtinet, sicut in latioribus digestorum libris opportunius apparebit.* Dieser *casus* hat jedoch bisher noch nicht mit Sicherheit entdeckt werden können. Sehr ansprechend ist Dernburgs Vermutung,[7] daß

---

[1] Vgl. Inst. IV, 6 § 5. Vgl. die *actio in qua fingitur capite deminutus non esse.* Gajus IV, 38.

[2] Vgl. Bekker, Die Aktionen des röm. Privatrechts I. 1871. S. 200 flg.

[3] Dig. VI, 1 de rei vindicatione fr. 1 § 2.

[4] Diese Nebenleistungen heißen *causa rei.* Dahin gehört nach Dig. VI, 1 de rei vindic. fr. 20 (Gajus): *Omne habeat petitor, quod habiturus foret, si eo tempore, quo judicium accipiebatur, restitutus illi homo fuisset.*

[5] Dig. VI, 1 de rei vindic. fr. 9 (Ulpianus): *Ubi enim probavi meum esse, necesse habebit possessor restituere.*

[6] Den Beklagten, *qui liti se obtulit* sowie den *qui dolo desiit possidere* nennt man *fictus possessor*. Dig. VI, 1 de rei vindic. fr. 27 pr. § 3.

[7] Pandekten I. 4. Aufl. § 224. S. 530 Anm. 9.

der erwähnte *casus controversiarum rerum corporalium* überhaupt keine *vindicatio* betrifft, sondern die *actio negatoria* (siehe unten *β*).

Daß der Kläger den Beweis des Eigentums führen muß, ist zweifellos. Bestritten dagegen ist, worin dieser Beweis besteht. Die herrschende Lehre verlangt hierzu eine Aufklärung darüber, wie der Kläger das Eigentum erworben hat. Leitet er es von einem anderen her, so soll er auch dessen Erwerb darthun. Ist auch dieser ein abgeleiteter, so wird der Beweis des Erwerbes seines Rechtsvorgängers verlangt und so fort, bis endlich ein Eigentumsursprung (originärer Erwerb)[1] dargethan, also z. B. erwiesen ist, daß der Kläger die eingeforderte Sache in Verbindung mit seinen Rechtsvorgängern ersessen oder aus einer Verarbeitung (s. oben S. 260) erworben hat.[2] Richtig aber ist, zu vermuten, daß jeder ruhige, fehlerfreie Besitzer im Zweifel auch Eigentümer ist. Daher sollte man im Zweifel in dem Beweise eines solchen Besitzes einen Eigentumsbeweis erblicken, der allerdings unter Umständen vom Gegner widerlegt werden kann.

Besonders wichtige Einreden gegen die *rei vindicatio* betreffen die Auslagen (*impensae*) auf die herauszugebende Sache. Für *impensae necessariae* (Erhaltung der Sache) ist jedem Besitzer ein Zurückbehaltungsrecht gewährt (sonst könnten sie leicht unterbleiben), für *utiles* (Verbesserungen) dem redlichen. Luxusausgaben (*impensae voluptariae*) geben nur das Recht, das Angeschaffte wegzunehmen (*jus tollendi*).[3]

ββ) Die Klagen der Servitutberechtigten (*actiones confessoriae*).[4]

β) Abwehrklagen des Eigentümers (*actiones negativae* oder *negatoriae*) gegen Anmaßungen anderer.[5] Auch die Servituten-

---

[1] Siehe oben S. 254, VI.

[2] Dieses unnatürliche Beweisrecht wird dem römischen Rechte zugesprochen. Es ist aber sicherlich eine Ausgeburt der kanonistischen Strenge des mittelalterlichen Prozesses. Vgl. über dasselbe die treffenden Bemerkungen von Mitteis, Reichsrecht und Volksrecht. S. 50, vgl. auch Seuffert in der Zeitschrift der Savignystiftung V. S. 268. Über das griechische Beweisrecht bei Eigentumsstreitigkeiten siehe G. A. Leist, Der attische Eigentumsstreit im System der Diadikasien, und dazu Mitteis a. a. O. S. 50, Anm. Vgl. hierzu Cod. III, 31 de petitione hereditatis c. 11 (Arcadius et Honorius): *Cogi possessorem ab eo qui expetit titulum suae possessionis edicere incivile est*, auch Cod. IV, 19 de probat. c. 2.

[3] Dig. L, 16 de verb. sign. fr. 79 pr. § 2. Ulpianus, Fragm. VI, 14 ff.

[4] Karlowa, Röm. Rechtsgeschichte II, 1. S. 465 flg.

[5] Karlowa, Röm. Rechtsgeschichte II, 1. S. 465 flg. Die Vermutung, daß eine solche Abwehr nicht bloß mit einer *formula negatoria*, sondern auch mit

klagen (*α*, *ββ*) haben dann einen ähnlichen Charakter, wenn sie nicht die Ausübung der Dienstbarkeit erkämpfen, sondern eine Störung abwehren sollen.[1]

b) Dingliche Klagen des prätorischen Rechtes.

αα) Seitenstücke der dinglichen Klagen des Civilrechtes:

ααα) die *actio Publiciana*[2] gewährte einen Klageschutz für Erwerber einer tradierten Sache, auch wenn sie zu den Gegenständen gehörte, bei denen das Civilrecht zur Eigentumsübertragung eine *mancipatio* oder *in jure cessio* verlangte.[3] Diese Klage diente aber auch dem früheren Besitzer ohne Eigentum gegen minderberechtigte Besitzer,[4] wenn die Sache, die der Kläger verloren hatte und zurückverlangte, ihm von einem anderen übergeben war, der zwar kein Eigentum an ihr gehabt, aber ihm doch wenigstens einen Ersitzungsbesitz (*conditio usucapiendi*) verschafft hatte.[5] In diesem Falle spricht man noch heutzutage von einer *actio Publiciana.*[6]

---

einer *formula prohibitoria* möglich war, findet vielfachen, begründeten Widerspruch. Vgl. Lenel in der Zeitschr. der Savignystiftung II. S. 72, und Zachariä von Lingenthal, ebenda X. S. 253. Karlowa, Röm. Rechtsgeschichte II, 1. S. 469 flg.

[1] Es ist nicht zweifellos, ob der Eigentümer mit dieser Klage nur Anmaßung von Servituten abwehren durfte (wofür der Wortlaut der Titelüberschriften Dig. VII, 6 und VIII, 5 spricht) oder auch andere Besitzstörungen. Es ist dies namentlich dann von Bedeutung, wenn er die Sache nicht besitzt, also eine Besitzstörungsklage nicht anstellen kann.

[2] Vgl. über dieses wichtige, aber zweifelhafte Rechtsmittel Erman in der Zeitschr. der Savignystiftung XI. S. 212. XIII. S. 173, und Gradenwitz, ebenda XII. S. 134. Karlowa, Röm. Rechtsgeschichte II, 1. S. 388 flg.

[3] Dig. VI, 2 de publ. in rem act. fr. 1 pr. (Ulpianus): *Ait praetor: Si quis id quod traditur ex justa causa non a domino et nondum usucaptum petet, judicium dabo.* Jedenfalls befanden sich im Edikte die Worte *qui bona fide emit* (Dig. VI, 2. fr. 7 § 11). Daher ist den Vermutungen über seinen weiteren Inhalt freie Bahn geöffnet. Vgl. Lenel, Edictum perpetuum S. 130. Vielleicht lautete er folgendermaßen: *Si id, quod ex causa venditionis traditum est, petetur, ei tantummodo, qui bona fide emit, judicium dabo.* S. oben S. 309 Anm. 1. Dafür spricht Dig. VI, 2 fr. 7 § 16.

[4] Vgl. Lenel, Edictum perpetuum S. 131. Dig. VI, 2 de publ. act. fr. 17 (Neratius): *Publiciana actio non ideo comparata est, ut res domino auferatur .... sed ut is, qui bona fide emit possessionemque ejus ex ea causa nactus est, potius rem habeat.*

[5] Wo das Civilrecht keine Ersitzung gab (z. B. bei *res furtivae*), da gab der Prätor auch keine Publiciana. Diesen Grundsatz wahrte er durch die Fassung der *formula Publiciana*. Vgl. Gajus IV, § 36. Hiernach sollte der Kläger so behandelt werden, als wenn er die erworbene Sache bereits ersessen hätte.

[6] Der Verf. dieses Lehrbuches hält es sehr wohl für möglich, daß bei einem Erwerbe aus einem civilrechtlichen Titel schon die *rei vindicatio* redliche

ββγ) **Ansprüche aus einem verlorenen, aber vom Prätor durch Ausnahmeverfügung** *(in integrum restitutio)* **wiederhergestellten Eigentumsrechte.** (Inst. IV, 6 §§ 5, 6). vgl. oben S. 278 d.[1]

ββ) **Ergänzungen der civilrechtlichen dinglichen Ansprüche durch prätorische Schöpfungen.**

ααα) Die dingliche **Pfandrechtsklage** des Pfandgläubigers *(actio Serviana* und *quasi Serviana,* auch *actio hypothecaria* und *pigneraticia in rem*[2] genannt). Die *Serviana* war eine Ausgeburt der italischen Latifundienwirtschaft. Sie wurde zunächst den Verpächtern bezüglich des Inventars *(invecta et illata)* gewährt, das ihm der Pächter verpfändet hatte. Die Praxis gab später auch anderen Pfandgläubigern eine entsprechende Klage *(actio Serviana utilis* oder *quasi Serviana).*[3]

βββ) Den Erbzinsleuten gab die Praxis ungefähr denselben Schutz wie den Eigentümern.[4]

Ähnlichen Zwecken, wie die dinglichen Klagen dienten gewisse Interdikte (s. unten § 176).

3. Übersicht über die persönlichen Ansprüche (Inst. IV, §§ 8—19).

§ 156.

I. Die wichtigsten *actiones in personam* sind:

a) aus Verträgen,

α) **nach Civilrecht,**

αα) aus den **Rückgabeversprechen.**

Erwerber unter gleichen Voraussetzungen gegen Minderberechtigte geschützt hat, wie dies durch die *actio Publiciana* bei dem Erwerbe aus einer Tradition geschah. Dies entspricht freilich nicht der herrschenden Lehre, welche meint, daß der naheliegende Schutz des besser begründeten, aber nicht voll erwiesenen Erwerbes gegenüber dem schlechter begründeten Erwerbe eine Eigentümlichkeit des Publicianischen Edikts und dem Civilrechte gänzlich fremd war. Vgl. hierzu auch die unbeantwortete Frage Ulpians, Dig. VI, 2 h. t. fr. 1 § 2: *Sed cur traditionis dumtaxat et usucapionis fecit mentionem, cum satis multae sunt juris partes, quibus dominium quis nancisceretur? utputa legatum,* die meines Erachtens etwa so zu beantworten sein würde, *quia ceteris juris partibus rei vindicatio sufficit.*

[1] Vgl. Dig. XLIV, 7 de obl. et act. fr. 35 pr. und dazu LENEL, Edictum perpetuum S. 98.

[2] Sie ist nicht zu verwechseln mit der *actio pigneraticia in personam.* S. unten S. 467, δδδ.

[3] Da das römische Pfandrecht auf prätorischen Grundsätzen beruhte, so war die Formel, die das Edikt den Pfandgläubigern verhieß, der Ausgangspunkt für die römische Wissenschaft, deren Pfandrechtslehre sich mehrfach an die Erläuterung dieser *formula hypothecaria* anlehnte.

[4] Dig. VI, 3: *Si ager vectigalis id est emphyteuticarius, petatur.*

ααα) Beim Darlehn hat der Geber die *condictio (actio stricti juris)*. Der Empfänger hat nach römischem Rechte keine Klage.[1]

βββ) Beim Kommodat hat der Kommodant den Hauptanspruch, eine *actio directa* (d. h. einen bei Gültigkeit des Geschäftes unvermeidlichen Anspruch).[2] Der Kommodatar hat einen Gegenanspruch. d. h. einen nur zuweilen, z. B. wenn der Entleiher für den Verleiher Auslagen auf die Sache gemacht hat, nicht aber immer begründeten Anspruch, die *actio commodati contraria*.

γγγ) Bei der Übernahme einer hinterlegten Sache haftet der Übernehmer immer mit der *actio depositi directa* und hat gegen den Hinterleger möglicherweise die *actio depositi contraria*.

δδδ) Bei der Pfandübernahme hat der Pfandgeber immer eine Rückgabeforderung, *actio pigneraticia directa*, der Pfandnehmer möglicherweise eine *actio pigneraticia contraria*.[3]

εεε) Bei unbenannten Rückgabe- oder Austauschgeschäften (s. oben S. 394 flg.) hat der Kläger eine *actio praescriptis verbis*.

ββ) Bei Verbal- und Litteralversprechen griff die *condictio* Platz. Richtete sich die *stipulatio* auf ein *incertum*, so hieß die maßgebende Klage *actio ex stipulatu (condictio incerti)*.[4]

γγ) Bei den formlosen Versprechen des *jus gentium* galt Folgendes:

ααα) Beim Kauf hat der Käufer eine *actio empti*, der Verkäufer eine *actio venditi*. Außerdem hat der Käufer wegen heim-

---

[1] Heutzutage muß man sie ihm wohl gewähren, weil uns die Eigentümlichkeiten des römischen *strictum jus* fremd geworden sind (s. oben S. 398, IV).

[2] Das Wort *actio directa* hatte also ursprünglich eine Bedeutung, die mit dem Formularprozesse verschwand; es deutete auf das normale Ediktsformular hin, im Gegensatze zu den *formulae* mit einer Umstellung der beiden Personen (*a. contraria*) oder einer sonstigen Anpassung an einen besonderen Fall (sog. *actio utilis*), z. B. mit einer Fiktion, etwa *si civis esset* (Gajus IV, 37). (Nach Gajus IV, 38 ist auch die *actio fictitia* eine *utilis*). Mit dem Formularprozesse fielen die *actiones utiles* fort, die *contrariae* mußten aber noch immer von den *directae* unterschieden werden, weil ihnen ein sachlicher Gegensatz der Ansprüche zu Grunde lag. Obwohl also der Ursprung der *actio contraria* mit einem veralteten Formalismus zusammenhing, so hat ihr Name doch, wie der Text ergiebt, noch heute eine sachliche Bedeutung, vgl. oben S. 80 Anm. 1. S. 393.

[3] Z. B. wenn das Pfand dem Verpfänder nicht gehört hat und der Gläubiger dadurch benachteiligt worden ist. Die *actio pigneraticia in personam*, bei der der Pfandgläubiger Schuldner ist, ist nicht zu verwechseln mit der dinglichen *actio pigneraticia* (= *hypothecaria*) *in rem* (siehe S. 466, *ααα*), bei der ihm die Rolle des Berechtigten zufällt.

[4] Dig. XII, 1 de reb. cred. fr. 24. Vgl. v. Savigny, System des heut. röm. Rechts. V. S. 629 und Dig. XIII, 3 de condictione triticaria fr. 1 pr. (Ulpianus): *Qui certam pecuniam numeratam petit, illa actione utitur „si certum petetur". Qui autem alias res, per triticariam condictionem petet.*

licher Mängel die beiden Ansprüche des ädilicischen Edikts, die *actio redhibitoria* (den Wandlungsanspruch) und die *actio quanti minoris* (den Preisminderungsanspruch).

βββ) Bei der **Miete** hat der Vermieter die *actio locati*, der Mieter die *actio conducti*. Nur bei der Werkverdingung heißt der Anspruch des zum Lohn Berechtigten *(conductor) actio conducti*, derjenige des Arbeitgebers *(locator) actio locati*.[1]

γγγ) Beim **Gesellschaftsvertrage** haben beide Genossen die *actio pro socio*.

δδδ) Die **Auftragsübernahme** giebt dem Auftraggeber immer die *actio mandati directa*, dem Beauftragten möglicherweise die *actio mandati contraria*.

εεε) Das **Schenkungsversprechen** gewährt einen Anspruch ohne besonderen Namen, da es erst durch Justinian formlos geworden ist. Neuere nennen ihn *condictio* ex const. 35 Cod. de donationibus VIII, 54. Auch das Dotalversprechen (s. oben S. 419) giebt einen Anspruch, dem ein technischer Name nicht zukommt.

β) Prätorische *actiones in personam ex contractu* waren:

α die Ansprüche aus den prätorischen formlosen Schuldbefestigungsversprechen, *actio de pecunia constituta (constitutoria)* und die *actio recepticia* (s. oben S. 418. 419).

β) Die Nebenansprüche, die sich gegen einen Herrn neben einer Forderung gegen seinen Gewaltunterworfenen richten (sog. *actiones adjecticiae qualitatis*), sind unten in § 162 erörtert.

γ) Der Anspruch aus einem **Eide**, in dem der Schwörende bekräftigt hat, daß ihm eine Forderung zusteht, wird in den Institutionen als *actio in personam* erwähnt (IV, 6, § 12). Ein solcher Schiedseid über das Recht selbst *(deberi sibi pecuniam, quam peteret)* machte jedes weitere Urteil entbehrlich.[2] Er ist zu unterscheiden von dem bloßen Beweiseide, der das Urteil nicht überflüssig machte, sondern nur eine bestimmte Behauptung einer Partei bekräftigte oder widerlegte.[3] Dem heutigen Rechte ist ein Schiedseid über den eingeklagten Anspruch selbst unbekannt, es läßt nur Beweiseide über thatsächliche Behauptungen zu, die ohne ein darauf

---

[1] Über den vermutlichen Ursprung dieser Redeweise siehe oben S. 425.

[2] Vgl. Dig. XLIV, 5 quar. rer. actio fr. 1 pr. (Ulpianus): *Jusjurandum vicem rei judicatae obtinet. non immerito, cum ipse quis judicem adversarium suum de causa sua fecerit deferendo ei jusjurandum.*

[3] Vgl. Demelius, Schiedseid und Beweiseid im römischen Civilprozesse, 1887, auch des Verfassers Ausführungen in den Marburger Festgaben für Wetzell, 1890, S. 39 (= Die Eideszuschiebungen in Familienrechtsprozessen. 1890. S. 15 flg.).

folgendes Urteil keine Wirkung haben. Daher kennen wir auch den in den Institutionen erwähnten Anspruch aus dem Eide nicht mehr.

Das gleiche gilt übrigens auch von dem Anerkenntnisse des eingeklagten Anspruches. Ein solches bedarf heutzutage einer besonderen Bekräftigung durch ein Urteil, um einem solchen gleichzustehen. Nach römischem Rechte rief es auch ohne das eine *actio confessoria* hervor.[1]

Diese *actio confessoria* sowie die vorher erwähnte Klage aus dem Schiedseide haben ihr Seitenstück und ihr Vorbild in der *actio judicati*,[2] dem Anspruche aus einem rechtskräftigen Urteile auf Vollstreckung.

Während im gegenwärtigen Rechte ein Kläger, der den Prozeß gewonnen hat, nur noch ausnahmsweise einer besonderen Verhandlung bedarf, damit das Urteil für ihn vollstreckbar werde, war ein solches Nachverfahren zwischen Urteil und Vollstreckung im römischen Rechte die Regel. Es erklärt sich dies daraus, daß das öffentliche Beurkundungswesen in Rom ursprünglich gar nicht, späterhin nur wenig entwickelt war, während heutzutage eine amtliche Beglaubigung den Urteilen ihre Vollstreckungskraft bescheinigt. Außerdem war im Altertume der Grundsatz der gegenseitigen Rechtshilfe noch nicht ausgebildet,[3] sodaß die eine Behörde den Spruch der anderen noch nicht ohne weiteres vollstreckte und der Kläger auch aus diesem Grunde einer besonderen *actio judicati* bedurfte, in die sich sein ursprünglicher Anspruch durch den Prozeß verwandelt hatte.[4]

Im älteren Rechte vollzog sich die *actio judicati* regelmäßig in der Form der *legis actio per manus injectionem*. Der Schuldner wurde vom Gläubiger ergriffen, eingesperrt und, wenn er nicht ausgelöst wurde, ins Ausland *(trans Tiberim)* verkauft.[5] Hierbei mußte

---

[1] Dig. IX, 2 ad legem Aquiliam fr. 23 § 11. Sie ist nicht zu verwechseln mit der ebenso benannten Servitutenklage, siehe oben S. 464.

[2] Vgl. hierzu BEKKER, Die Aktionen des römischen Privatrechts II. S. 174 flg.

[3] Über seine Entstehung im kanonischen Rechte vgl. ENDEMANN in der Zeitschr. für Deutschen Civilprozeß XV. S. 313.

[4] Vgl. Dig. XV, 1 de peculio fr. 3 § 11 (MARCELLUS): *Sicut in stipulatione contrahitur cum filio, ita judicio contrahi; proinde non originem judicii spectandam, sed ipsam judicati velut obligationem.* Ebenso GAJUS III, 180: *Apud veteres scriptum est: ante litem contestatam dare debitorem oportere, post litem contestatam condemnari oportere, post condemnationem judicatum facere oportere.*

[5] Zur Auslösung bedurfte es einer bestimmten Summe, die durch *arbitrium litis aestimandae* erst festgestellt werden mußte, ehe die Vollstreckung denkbar war. Hieraus erklärt sich wohl, warum im Formularprozesse die Verurteilung stets auf eine Geldsumme gehen mußte (GAJUS IV, 48). Dies hatte

der Gläubiger gesetzliche Vorschriften beachten, die zum Schutze des Schuldners und der anderen Gläubiger erlassen waren.[1] Mehrere Gläubiger werden wohl den Erlös des Verkaufes geteilt haben.[2]

Neben dieser regelmäßigen Form der *actio judicati* war den Gläubigern in einigen Ausnahmefällen eine außergerichtliche Abpfändung von Sachen des Schuldners gestattet (*legis actio per pignoris capionem*).[3] Beide Formen der Selbstpfändung verschwanden im späteren Rechte; seitdem führte die *actio judicati* zu einer Entscheidung der Obrigkeit, welche die Vollstreckungsgewalt ausübte.[4]

b) Die Deliktsansprüche[5] und die ihnen ähnlichen Forderungen zerfallen in:

α) *actiones rei persequendae gratia comparatae* = Ansprüche auf Vermögenserhaltung, mit anderen Worten die Schadenersatzklagen.

β) Pönalansprüche, z. B. die in § 12 Inst. IV, 6 erwähnten Strafklagen zum Schutze der Rechtspflege.

γ) Gemischte Ansprüche auf Strafe und Ersatz[6] (*mixta* heißt hier etwas Anderes als unten Nr. 157).

II. Die *condictiones*.[7] Persönliche Klagen heißen in Justinians

---

auch den Vorzug, die Auseinandersetzung mehrerer Gläubiger zu erleichtern, die in alter Zeit denselben Schuldner, später dasselbe Vermögen ihres Schuldners zu ihrer verhältnismäßigen Befriedigung verkauften. Das neueste römische Recht kennt diesen Grundsatz ebensowenig, wie das heutige, vgl. übrigens § 62 der Reichskonkursordnung.

[1] Die zwölf Tafeln verbieten eine Fesselung mit leichteren Ketten, als gesetzlich vorgeschrieben war. Tab. III. Bruns, Fontes. Ed. VI. S. 20. Dies scheint vielen unerklärlich, war aber wohl im Interesse der Mitgläubiger des Gefängnisherrn bestimmt worden, denen er im Einsperren zuvorgekommen war, damit der Schuldner nicht entsprang. Vgl. überhaupt die citierte Tabula III a. a. O.

[2] Hieraus erklärt sich vielleicht das „*in partes secanto*" der zwölf Tafeln, das Gellius (noctes Atticae XX, 1, 48—52) auffällig war, weil er es auf die Körperteile des Schuldners bezog. Die folgenden Worte: *Si plus minusve secuerint, se fraude esto* lassen sich vielleicht dahin deuten, daß die Richtigkeit der einmal vollzogenen Teilung hinterher nicht mehr anfechtbar war.

[3] Gajus IV, 26 ff.: Z. B. *moribus rei militaris propter stipendium* (IV, 27). Wahrscheinlich sah man eine geringere Achtungsverletzung darin, daß der Soldat dem *tribunus aerarius* (Gellius VI (VII), 10) seine Sache wegnahm, als darin, daß er ihn selbst vor Gericht schleppte. Die anderen Fälle der *pignoris capio* sind wohl auf eine Begünstigung gewisser Schuldverträge zurückzuführen.

[4] Besondere Vollstreckungsorgane nach der Art unserer Gerichtsvollzieher sind dem römischen Rechte fremd.

[5] Vgl. Bekker, Die Aktionen I. S. 169 flg.

[6] Vgl. hierzu das oben über die *actio legis Aquiliae* Gesagte.

[7] Vgl. Bekker, Die Aktionen des röm. Privatrechts I. S. 93 ff. 135 flg. Baron, Abhandlungen aus dem röm. Civilprozesse I. Die Kondiktionen. 1881

Sammlung dann *condictiones*, wenn der Richter sie nach strengem Rechte (*strictum jus*) beurteilen soll (*actiones stricti juris*).

Den Gegensatz dieser strengen Klagen bilden die *actiones bonae fidei*, bei denen der Richter *ex fide bona*, also nach freiem Ermessen, entscheiden darf (s. oben S. 389).[1]

Die Verwendung des Wortes *condictio* in diesem Sinne ist nur rechtsgeschichtlich zu erklären. *Condictio* bedeutete den außergerichtlich einem anderen erklärten Wunsch, mit ihm vor Gericht an einem bestimmten Tage zusammenzukommen, um einen Rechtsstreit zu beginnen.[2] Eine solche Ladung war ursprünglich nur zulässig bei *actiones stricti juris* auf einen bestimmten Gegenstand, für die es eine besondere *legis actio per condictionem* gab.[3] Im Formularprozesse hießen vermutlich dieselben Ansprüche, die ursprünglich mit dieser *legis actio* geltend zu machen waren, nunmehr noch immer *condictiones*, nämlich *condictiones certi*,[4] während man aus *stipulationes incertae* eine besondere *actio ex stipulatu* gab,[5] der vielleicht deshalb, weil auch sie auf dem *strictum jus* der *stipulatio* beruhte, der Name *condictio incerti* zufiel.[6]

Zur Zeit der Pandektenjuristen reichte der Begriff *condictio* noch weiter. Man konnte damals nämlich auf ein *certum* unter allen Umständen mit der *condictio certi* klagen, auch wenn man statt dessen eine *actio bonae fidei* würde haben anstellen können.[7]

Die *formula* der *condictio certi* gab nämlich nur die Parteien und den Schuldgegenstand an[8] und gestattete dem Kläger daher, vor

---

und hierzu Bekker, Zeitschr. der Savignystiftung IV. S. 92 flg. Karlowa, Röm. Rechtsgeschichte II, 1. S. 761.

[1] Vgl. auch Cic. de off. III, 17. 70. Topica XVII, 66. Bekker, Die Aktionen I. S. 160 flg.

[2] Gajus IV, § 18: *Condicere autem denuntiare est prisca lingua.* Ebenso Institutionen IV, 6. § 14.

[3] Gajus IV, 18 ff.

[4] Vgl. über die *condictio certi* Bekker, Die Aktionen I. S. 93 flg. Pernice, Labeo III. S. 211 flg. und über *certa pecunia* Voigt, Röm. Rechtsgeschichte I. S. 817 flg. Karlowa, Röm. Rechtsgeschichte II, 1. S. 595.

[5] Dig. XII, 1 de reb. cred. fr. 24. Pernice, a. a. O. III. S. 203 flg.

[6] Vgl. v. Savigny, System des heut. röm. Rechts V. S. 629.

[7] Dig. XII, 1 de reb. cred. fr. 9 pr. Es erklärt sich dies wohl daraus, daß da, wo ein *certum* verlangt wurde, dem richterlichen Ermessen, das *ex fide bona* den Schuldinhalt bestimmen soll, vom Kläger eine Schranke gesetzt war, auch wenn als Klagegrund ein *negotium bonae fidei* geltend gemacht wurde.

[8] Vgl. Sohm, Institutionen. 5. Aufl. S. 293, der diese Klage in der Redeweise des modernen Prozesses: „unsubstantiiert“ nennt. Es ist dies namentlich in Barons S. 470 Anm. 7 angeführter Schrift klargelegt. Vgl. auch Lenel, Ed. perpetuum. S. 184 ff. Die Formel der *condictio* erweist dies klar. (Gajus IV, 41: *Si paret Numerium Negidium Aulo Agerio sestertium decem millia dare oportere.*)

dem *judex* alle möglichen Schuldgründe (ursprünglich wohl nur solche des *strictum jus*,[1] später auch andere) vorzubringen.

Anders verhielt es sich mit der *condictio incerti*, bei der im Beginne der *formula* (in der sog. *demonstratio*) immer angegeben werden mußte, auf welche Thatsachen sich der Anspruch stützte,[2] und die daher auch niemals auf andere Ansprüche als auf die *actiones stricti juris* ausgedehnt worden ist.

Die genannte Ausdehnung des Gebietes der *condictio certi* in den Bereich anderer Ansprüche fiel jedoch zugleich mit dem Formularprozesse weg. Seitdem ist das Wort *condictio* überhaupt nur noch deshalb unentbehrlich, weil es ein Gesamtname für alle Ansprüche ist, die keine andere quellenmäßige Bezeichnung haben, und diese waren zur Zeit der Pandektenjuristen allesamt *actiones stricti juris*. Die *actiones bonae fidei* und alle sonstigen Ansprüche, die nicht dem *jus strictum* unterliegen, haben besondere Namen, z. B. die *actio legis Aquiliae*, die *actio doli* u. a.

Zu den *condictiones* gehören hiernach zu Justinians Zeit die Klagen aus den *negotia stricti juris (mutuum* und *stipulatio)*,[3] die der Darlehnsforderung nachgebildeten Bereicherungsklagen (S. 432) und die *condictio furtiva* (S. 442).[4] In einem ungewöhnlichen weiteren Sinne bedeutete schließlich *condictio* so viel wie *actio in personam* (Inst. IV, 6, § 15: *actiones, quibus dare facere oportere intenditur)*, umfaßt also auch die *actiones* aus den *negotia bonae fidei* sowie alle übrigen Ansprüche *in personam*, die in den Quellen einen besonderen Namen haben.[5]

Wer aber keinen civilrechtlichen Schuldgrund für sich anführen konnte, dem war in älterer Zeit eine so allgemeine Klageformel untauglich.

[1] Dies geht namentlich hervor aus CICEROS oratio pro Roscio comoedo, über die zu vergleichen sind BARON in der Zeitschr. der Savignystiftung I. S. 116 flg. RUHSTRAT, ebenda III. S. 34 flg.

[2] GAJUS IV, 40: *Ut demonstretur res, de qua agitur.*

[3] Die Ansicht von SAVIGNYS (System des heutigen röm. Rechts V. S. 503 flg.) ist für die Zeit der Pandektenjuristen mit Recht angefochten worden, aber für das neueste römische Recht und die heutige Benutzung der Texte festzuhalten. In JUSTINIANS Sammlung bedeutet also *condictio* in der Regel so viel wie *actio stricti juris.* Ebenso v. CZYHLARZ, Lehrbuch der Institutionen. 2. Aufl. S. 145.

[4] Auch die *condictio furtiva* wird vielfach mit Unrecht für eine Bereicherungsklage gehalten. Zu den *condictiones* gehörte auch eine *actio rerum amotarum*, die statt der gehässigen *condictio furtiva* in dem Ausnahmefalle gewährt wurde, daß ein Gatte im Hinblicke auf eine bevorstehende Scheidung, die dann wirklich erfolgt war, Sachen des anderen beiseite gebracht hatte. Dig. XXV, 2 de actione rerum amotarum fr. 25 und fr. 26 (GAJUS): *Rerum amotarum actio condictio est.*

[5] Dieser laxe Sprachgebrauch deutet darauf hin, daß die spätere römische Prozeßpraxis wohl nicht sehr viel mehr als unsere heutige, auf die alten Unter-

III. Die *actiones (in personam) in rem scriptae* sind solche persönliche Forderungen, die gegen den jedesmaligen Besitzer einer Sache gehen, z. B. die *actio quod metus causa* (s. oben S. 454, III, a) auf Rückgabe der durch Erpressung entzogenen Sache. Sie schützen kein dingliches Recht und entstehen auch nicht aus der Verletzung eines solchen, daher sie persönliche Ansprüche enthalten, die von den *actiones in rem* zu unterscheiden sind.

4. Die zum Teil dinglichen, zum Teil persönlichen Ansprüche (Inst. IV, 6 § 20).

§ 157.

I. Übersicht. Ein gleichzeitiger Klageschutz für dingliche und persönliche Ansprüche ist in zwei Hauptformen möglich:

a) bei Teilungsansprüchen,[1] durch die der Kläger sowohl sein allseitig geschütztes dingliches Recht auf einen Anteil am Teilungsgegenstande schützt, dabei aber auch persönliche Nebenansprüche *(personales praestationes)*[2] beitreiben, z. B. für seine Auslagen auf die gemeinsame Sache Ersatz verlangen darf.

b) bei Ansprüchen auf ganze Vermögensmassen, die sich aus dinglichen und persönlichen Rechten zusammensetzen.

II. Die Teilungsklagen dienen dazu, Mitberechtigten aus dem Zustande ihrer gegenseitigen Gebundenheit herauszuhelfen, ohne daß dabei ihr Vermögen Schaden leidet. Das römische Recht giebt hierbei jedem Beteiligten ohne weiteres volle Antragsrechte auf Verurteilung[3] der übrigen und dem Richter die Befugnis, die Miteigentumsanteile in Alleineigentum an sichtbaren Teilen ihres Gegenstandes umzuwandeln[4] und insoweit den Prozeß mit allseitiger Kraft zu entscheiden *(in rem)*.[5] Daneben kann er aber noch persönliche Pflichten *(personales praestationes)* auflegen, durch die der

---

schiede des *certum* und *incertum* und des *strictum jus* und des *ex fide bona judicare* Gewicht gelegt hat. Vgl. hierzu auch Dig. XIII, 2 de condictione ex lege fr. 1 (Paulus): *Si obligatio lege nova introducta sit nec cautum eadem lege, quo genere actionis experiamur, ex lege agendum est.*

[1] Karlowa, Röm. Rechtsgeschichte II, 1. S. 410 flg. 454 flg.

[2] Karlowa, Röm. Rechtsgeschichte II, 1. S. 458 flg. 464.

[3] Die Teilungsklagen wurden deshalb den *judicia duplicia* beigezählt; vgl. über diese Bekker, Die Aktionen des röm. Privatrechts I. S. 229 flg.

[4] Diese Zuschlagsbefugnis wurde im Formularprozesse dem Richter durch sog. *adjudicatio* übertragen: *quantum adjudicari oportet, judex Titio adjudicato.* Gajus IV, 42.

[5] In den Gebieten, in denen diese Naturalteilung nach neuerem Rechte nicht möglich ist, muß das Ganze zum öffentlichen Verkauf kommen und der Erlös geteilt werden. Diese Regelung der Gemeinschaftsteilung wird wohl auch im Gebiete des Reichsrechts das römische Teilungsurteil verdrängen.

eine Mitberechtigte von dem anderen z. B. eine Entschädigung für Auslagen zum gemeinsamen Besten erhält, oder auch dafür, daß ihm zur besseren Abrundung ein wertloseres Stück des Ganzen zugeschlagen ist, als den anderen.

Die drei Teilungsklagen sind:

a) die Miteigentumsklage (*actio communi dividundo*),

b) die Erbteilungsklage (*actio familiae erciscundae, i. e. dividundae*),[1]

c) die Grenzscheidungsklage (*actio finium regundorum*).[2] Sie ging ebensowohl auf Wiederherstellung völlig ungewisser (verwischter) Grenzen als auch auf Erneuerung einer noch bekannten, aber thatsächlich verschobenen Grenzlinie. Im ersteren Falle (sog. *controversia de fine*) war sie eine wahre Teilungsklage aus einer Rechtsgemeinschaft, die durch die Macht des Zufalles entstanden war, im anderen (sog. *controversia de loco*) war sie an rechtlicher Kraft der *rei vindicatio* gleich[3] und nur dadurch von ihr verschieden, daß in der Form der *actio finium regendorum* auf die Herstellung der verschobenen Grenze mit demselben Rechtsmittel geklagt werden konnte, das auch die Aufteilung des ungewiß gewordenen Grenzlandes erstrebte, in der Form der *rei vindicatio* aber nicht.[4]

III. Ansprüche auf ganze Vermögensmassen waren:

a) Die Rückforderung des Haushaltungsgutes (*dos*) nach Auflösung der Ehe (s. oben S. 205).[5] Hierbei unterscheiden die Römer das Haushaltungsgut, das von einem Verwaneten der Frau in aufsteigender Linie kommt (*dos profecticia, quae a patre proficiscitur*)[6] von der *dos adventicia*, die von anderer Seite bestellt wird.

---

[1] Vgl. Karlowa, Röm. Rechtsgeschichte II, 1. S. 15.

[2] Vgl. Voigt, Über die agrimensorischen *genera controversiarum* und die *actio finium regundorum* (Berichte über die Verhandl. der Sächs. Gesellsch. der Wissenschaft, phil.-hist. Klasse 1873. XXV. S. 59 flg.). Karlowa, Röm. Rechtsgeschichte II, 1. S. 3. 459 flg.

[3] Dig. X, 1 fin. regund. fr. 1 (Paulus): *Pro vindicatione rei est.* Vgl. hierzu Rudorff, in den Schriften der röm. Feldmesser, herausgegeben von Blume, Lachmann und Rudorff. II. S. 433 flg. Karlowa, Röm. Rechtsgeschichte II, 1. S. 460 flg.

[4] Dig. X, 1 finium regund. fr. 2 § 1 (Ulpianus): *Ut ubi non possit dirimere fines, adjudicatione controversiam dirimat.* Im heutigen Prozeßrechte ist diese Unterscheidung ohne Belang. In Rom gab namentlich das Eingreifen des *agrimensores* diesem Verfahren ein eigenartiges Gepräge.

[5] Vgl. Karlowa, Röm. Rechtsgeschichte II, 1. S. 183 flg. 211 flg.

[6] Ulpianus fragm. IV, 3: *Quam pater mulieris dedit.* Sie hieß auch dann *profecticia*, wenn die Tochter bei ihrem Empfange bereits gewaltfrei war. Es ist dies eine Mitgift, die dem Manne mit seiner Frau zugereist, nicht aber von außen her zugesandt ist.

Der Vater (der mit der Ausstattung der Tochter nur einer Versorgungspflicht genügt), zieht bei Auflösung der Ehe die von ihm gewährte *dos* (und mit ihr die in ihrer Ernährung von der *dos* abhängige Tochter) in sein Haus zurück.[1] Ein anderer Besteller der *dos*, dessen Handlungsweise auf reiner Freigebigkeit beruht und der zur Oberaufsicht über die Witwe keinerlei Berechtigung hat, hat nur dann Rückforderungsansprüche an der *dos*, wenn er sie sich besonders vorbehalten hat (*dos recepticia*). Überlebt die Frau die Ehe, so verlangt sie die Herausgabe der *dos profecticia* im Vereine mit dem Vater, bei ihrem Tode fällt die adventicische *dos* an ihre Erben (vor Justinian verblieb sie dem Manne).

Von der väterlichen *dos* durfte der Witwer sich für jedes Kind einen Teil zurückbehalten,[2] ein Recht, das ihm Justinian entzog, so daß seitdem die Kinder eines armen Mannes und einer reichen Frau bei deren Tode in eine wirtschaftliche Abhängigkeit vom mütterlichen Großvater gerieten.

Nicht bloß auf die angegebene Art, sondern auch noch in anderen Richtungen begünstigt Justinian die Rückforderungsrechte der Frau, unter Umständen sogar durch ein Pfandprivileg. Insbesondere verkümmerte er noch anderweitige umfassende Zurückbehaltungsbefugnisse, die nach dem älteren Rechte dem Ehemanne zustanden.[3] Auch legte er kein Gewicht darauf, ob die Rückgabe der *dos* besonders vom Manne versprochen war, in welchem Falle bisher eine *actio ex stipulatu* gegeben wurde, während im anderen Falle eine *actio rei uxoriae* Platz griff. Justinian verschmolz beide Klagen grundsätzlich miteinander.[4] Es war dies ein weiterer Schritt zur Beseitigung der Stipulationsförmlichkeiten (s. oben S. 399 ff.).

---

[1] Ulp. fragm. VI, 4.

[2] Vgl. Ulp. fragm. VI, 4. 10 (retentio propter liberos). Bei der Rückgabe der *dos* finden sich überdies die ersten Keime der Ehescheidungsstrafe, die in der christlichen Kaiserzeit weiter entwickelt wurden. Vgl. Ulp. fragm. VI, 12. 13. Ein Seitenstück der Retentionsrechte des Mannes war wohl auch die rätselhafte *stipulatio tribunicia*, von der Ulpian berichtet (fragm. VII, 3): *Si maritus pro muliere se obligaverit vel in rem ejus impenderit, divortio facto eo nomine cavere sibi solet stipulatione tribunicia.* Nach Huschke (Jurisprudentia anteiustiniana zu Ulp. VII, 3) wurde sie von den Tribunen, deren Intercessionsrecht angerufen worden war, erzwungen und daher nach ihrem Amte benannt.

[3] Vgl. Institutionen IV, 6 § 37 mit Ulp. fragm. VI, 9—17 und Karlowa, Röm. Rechtsgeschichte II, 1. S. 227 flg.

[4] Cod. V, 13 de rei uxoriae actione in ex stipulatu actionem transfusa et de natura dotibus praestita c. un.

Eine Rücksicht auf die Notlage, die einem Gatten dadurch entstehen konnte, daß ihm bei Aufhebung der Ehe sofort die *dos* entrissen wurde, von deren Erträgen er selbst vielleicht bisher gelebt hatte, zeigte sich in der Gewährung besonderer Rückgabefristen.

In der älteren Kaiserzeit mußten *res quae numero mensura constant* (also namentlich Kapitalien, die zunächst vom Manne flüssig gemacht werden mußten) *annua bima trima die* herausgegeben werden;[1] im justinianischen Rechte durfte der Mann alle beweglichen Stücke der *dos* ein Jahr lang behalten.[2] Auch deutete man Vermächtnisse, wenn sie ein Mann seiner Frau hinterließ, als Abfindungen für die *dos*, die er ihr schuldete; denn ein *edictum de alterutro* erlaubte hier der Witwe nur, eines von beiden zu begehren, entweder das Vermächtnis oder die *dos*.[3]

b) Der Erbschaftsanspruch (*hereditatis petitio*) dient zum Schutze des Nachlaßerwerbes gegen Erbschaftsanwärter (*pro herede possidentes*) oder auch gegen Besitzer ohne jeden Rechtsgrund (*pro possessore possidentes*).[4] Daß er auch gegen diese geht, ist wahrscheinlich deshalb zugelassen worden, weil solche Besitzer auf alle Arten haftbar werden sollen.

Die Haftung des Verklagten ist in mehrfacher Hinsicht hier eine andere als bei der *rei vindicatio*. Wer eine einzelne Sache erworben hat, der hat in der Regel einen Rückgriff gegen seinen Besitzvorgänger (*auctor*), falls er sie einem Dritten herausgeben muß, dem sie gehört. Wer aber eine redlich erworbene Erbschaft einem anderen zu überliefern genötigt ist, weil sie diesem, aber nicht ihm gehört, der ist nicht in der gleichen Lage. Darum ziemt es sich, daß seine Haftung insoweit in einer schonenderen Weise geregelt wird, als er keinen Schaden leiden soll, wie er auch andererseits wieder strenger haften muß, weil er zu seinem Erwerbe

---

[1] Ulpianus, Fragm. VI, 8.

[2] Vgl. hierüber v. Petrażycki, Der Fruchterwerb des redlichen Besitzers S. 193 und dazu den Verfasser dieses Lehrbuches in der Zeitschr. der Savignystiftung XIV. S. 280.

[3] Karlowa, Röm. Rechtsgeschichte II, 1. S. 215.

[4] Dig. V, 3 de hered. pet. fr. 9 (Ulpianus): *Regulariter definiendum est eum demum teneri petitione hereditatis, qui vel jus pro herede vel pro possessore possidet, vel rem hereditariam*, und derselbe eodem titulo fr. 11 und 12: *Pro herede possidet, qui putat se heredem esse. . . . Pro possessore vero possidet praedo, ... qui interrogatus. cur possideat, responsurus sit: quia possideo, nec contendet, se heredem vel per mendacium.* Gegen Besitzer einer Erbschaftssache, die sie weder *pro herede* noch *pro possessore* haben, muß eine *rei vindicatio* vom Erben angestellt werden.

kostenlos gekommen ist und darum sich nicht bereichern darf. Deshalb hat das entwickelte römische Recht dem Erbschaftsbesitzer gegenüber andere Grundsätze walten lassen, als dem Besitzer einer einzelnen fremden Sache, die nicht durch Erbgang an ihn gekommen ist.[1] Da der Erbschaftsanwärter nicht als Erwerber einer einzelnen Sache haftet, sondern als Verwalter eines ererbten Vermögensganzen, so muß er z. B. den Kaufpreis, den er für eine Nachlaßsache erhalten hat, als Erbschaftsstück erstatten *(pretium succedit in locum rei)* und darf überhaupt keine Bereicherung aus der Erbschaft behalten;[2] dafür kann er aber auch wegen aller redlicher Auslagen Ersatz verlangen.[3]

Der prätorische Erbe konnte die Klagerechte des civilen nicht geltend machen, doch gab ihm der Prätor alle diese Ansprüche vermöge einer Fiktion[4] und gewährte ihm demgemäß neben dem *interdictum quorum bonorum* (s. unten § 176) eine *possessoria (praetoria) hereditatis petitio*, die der eigentlichen *(directa) hereditatis petitio* des Civilerben an Kraft völlig gleichstand.[5]

Ganz ähnlich war die Klage, die dem Käufer einer im Konkurse befindlichen Nachlaßmasse zukam.[6]

---

[1] Der Verwirklichung dieses feinen Unterschiedes, den die neuere Gesetzgebung vielfach preisgegeben hat, diente namentlich das S. C. Juvencianum unter Hadrian (129 n. Chr.). Vgl. Dig. V, 2 de hereditatis petitione fr. 20 § 6 (Ulpianus): *Pretia, quae ad eos rerum ex hereditate venditarum pervenissent, etsi eae ante petitam hereditatem deperissent deminutivae essent restituere debere.*

[2] Vgl. Dig. V, 3 de hereditatis petitione fr. 20 § 6.

[3] Da hiernach die Lage des Besitzers einer Erbschaftssache im letzteren Punkte eine günstigere ist, falls er Erbschaftsanwärter ist *(pro herede possidet)*, als im anderen Falle, so braucht er es daher als solcher sich nicht gefallen zu lassen, nach den Regeln der *rei vindicatio* abgeurteilt zu werden, statt nach den Grundsätzen der *hereditatis petitio*. Deshalb stand ihm eine besondere *praescriptio (exceptio)* zu: *Ea res agatur, si in ea re praejudicium hereditati non fiat* (Gajus IV, 133). Nach dem Wegfalle des Formularprozesses erreicht er den gleichen Zweck, als Erbschaftsanwärter behandelt zu werden, durch einfachen Widerspruch gegen die unangemessenen Anträge des Klägers.

[4] Gajus IV, 34: *Is, qui ex edicto bonorum possessionem petit, ficto se herede agito cum enim praetorio jure, non legitimo succedat in locum defuncti, non habet directas actiones.* Vgl. hierzu die Klageformel Gajus IV, 34: *Index esto. Si Aulus Agerius Lucio Titio heres esset* (d. h. nicht bloß *bonorum possessor*), *tum si eum fundum, de quo agitur, ex jure Quiritium ejus esse oportet* etc.

[5] Dig. V, 5 de poss. her. pet. fr. 2 (Gajus): *Per quam hereditatis petitionem tantundem consequitur bonorum possessor, quantum superioribus civilibus actionibus heres consequi potest.*

[6] Sie hieß *Serviana* und ist von der *actio Serviana* des Pfandgläubigers (oben S. 466, *ββ, ααα*) wohl zu unterscheiden. Vgl. über sie Gajus IV, 35: *Species*

c) Nach der Art einer *vindicatio dotis* oder *hereditatis petitio* muß auch eine *vindicatio peculii* möglich gewesen sein, gerichtet gegen freigelassene Sklaven oder emanzipierte Haussöhne, denen der Gewalthaber, als er sie freigab, ihr *peculium* nicht als Eigentum belassen hatte. Ein derartiger Gesamtanspruch ist dem Rechte unserer Zeit fremd (vgl. unten § 162).

Zweites Kapitel. Der Inhalt der Ansprüche.

I. Steigerungen des Anspruchsinhaltes.

1. Die Vervielfältigung eines Anspruchsinhaltes (Inst. IV, 6 §§ 21—27).

§ 158.

I. Allgemeines. Vervielfältigungen kommen bei Ansprüchen vor:

a) von Anfang an, wenn der Anspruch sich auf das Vielfache eines bestimmten Sachwertes oder Schadens richtet. So bei mehreren oben erwähnten Strafklagen aus Übelthaten.

b) Vervielfältigung des Anspruches im Prozesse selbst, sog. Litiskreszenz.[1] Der Verklagte konnte eine solche Schuldvermehrung durch Leugnen *(lis infitiando crescit in duplum)* oder auch durch anderweitige Pflichtwidrigkeit hervorrufen. So vervierfachte sich z. B. die Schuld bei der *actio quod metus causa*, wenn der Verklagte einer (dem deutschen Rechte unbekannten) Aufforderung des Richters, sie zu erfüllen, nicht freiwillig nachkam.

II. Der älteste und wahrscheinlich wichtigste Fall der Schuldverdoppelung im Prozesse war derjenige einer *actio judicati*, der Klage des Siegers aus einem Urteile.[2] Hier zwang der Schuldner

---

actionis qua ficto se herede bonorum emptor agit Serviana vocatur. Es heißt ebendort (vgl. auch Gajus III, 80. 81): *Sed interdum et alio modo agere solet, nam ex persona ejus cujus bona emerit sumpta intentione convertit condemnationem in suam personam (actio Rutiliana)* z. B. *si paret Numerium Negidium Titio (id est decoctoris, cujus bona veneunt) decem millia dare oportere judex Numerium Negidium Sejo (id est bonorum emptori) decem millia condemna.* Durch solche Umstellung der Person des Berechtigten in dem Kondemnationsbefehle vermochte der Prätor einen Anspruch, der *jure civili* dem einen (dem Titius) zustand, einem anderen (dem Sejus) zuzuwenden, der ihn *jure praetorio* haben soll.

[1] Sie war der richtigen Ansicht nach eine Einrichtung des Prozeßrechtes, weil ihre Anwendbarkeit einen schwebenden Streit voraussetzte. Heutzutage ist sie weggefallen. Näheres siehe im Pandektenrecht.

[2] Daher deutete das Wort *damnare judicatus* auf diese strenge Haftungsweise hin; vgl. den Wortlaut der *lex Aquilia* oben S. 447 Anm. 3.

den Gläubiger dazu, zweimal zu streiten, und mußte darum auch zweimal leisten.[1] Andere Fälle siehe im Institutionentexte.[2]

2. Der Zuschlag von Nebenforderungen zu einem Hauptanspruche (Inst. IV, §§ 28–31).[3]

§ 159.

I. Nebenforderungen kommen bei dinglichen und bei persönlichen Hauptansprüchen vor. Sie richten sich auf Schäden, die der Kläger durch Säumnis *(mora)* oder durch Schuld des Gegners erlitten hat. Hierher gehören die Verzugszinsen, von denen es heißt: *officio judicis praestantur.*[4]

II. Ansprüche ohne Nebenforderungen sind die Ansprüche des strengen Rechtes *(stricti juris)*. Bei ihnen durfte der Richter nicht nach freiem Ermessen Nebenansprüche auf Verzugszinsen oder Schadensersatz zur Hauptschuld hinzufügen. Dies war ihm vielmehr nur bei den *actiones bonae fidei* gestattet,[5] die im Gegensatze zu den strengen Klagen (den *judicia*) *arbitria* hießen.[6] Diese *arbitria* sind nicht zu verwechseln mit den bloßen vertragsmäßigen Schiedsgerichten (s. oben S. 420 c) und namentlich auch nicht mit den *actiones arbitrariae*. Gajus versteht unter den *actiones arbitrariae* Klagen, die daraus entstehen, daß ein Verklagter gegenüber einem prätorischen Befehle *(interdictum)* auf Vorweisung oder Herausgabe einer Sache einen *arbiter* erbat.[7] Bei Justinian (Inst. IV, 6 § 31) heißen die *actiones arbitrariae* die *ex arbitrio judicis pendentes*, bei denen eine Verurteilung nur dann erfolgte, wenn der Verklagte

---

[1] Gajus IV, 9.

[2] Über das *duplum* bei der *a. redhibitoria* vgl. insbesondere Eck, Das Ziel der actio redhibitoria, in den jurist. Abhandl. für Beseler 1885. S. 187 flg. Bechmann, Der Kauf I. S. 403. Lenel, Edictum perpetuum. S. 436 flg.

[3] Siehe oben S. 389, IV.

[4] Vgl. über diesen Ausdruck oben S. 95 Anm. 4.

[5] Vgl. oben S. 389.

[6] Cicero, Or. pro Roscio comoedo cap. 4: *Quid est in judicio? directum, asperum simplex: „si paret sestertium IↃↃↃ dari". Hic nisi plenum facit sestertium IↃↃↃ ad libellam sibi deberi, causam prodit. Quid est in arbitrio? mite, moderatum: quantum aequius melius sit id dari.*

[7] Gajus IV, 163: *Namque si arbitrum postulaverit is cum quo agitur, accipit formulam quae appellatur arbitraria; et judicis arbitrio si quid restitui vel exhiberi debeat, id sine periculo exhibet aut restituit, et ita absolvitur. quod si nec restituat neque exhibeat, quanti ea res est condemnatur.*

einem *arbitrium* des Richters auf freiwillige Befriedigung des Klägers[1] keine Folge geleistet hatte.[2]

Bei den meisten auf Herausgabe einer bestimmten Sache gerichteten Klagen (nicht bei allen)[3] erfolgte nämlich eine Abschätzung der Sache und eine Verurteilung auf den festgesetzten Wert nicht sogleich, wenn es feststand, daß der Kläger im Rechte war. Hier erließ vielmehr der *judex* eine Art vorläufigen Urteils (*arbitrium* oder *arbitratus de restituendo*), dem erst dann, wenn der Verklagte nicht freiwillig erfüllte, ein Schätzungsverfahren nachfolgte, in dem der Streit endgültige Erledigung fand. Dabei konnte der Kläger, falls sein Gegner *in dolo* oder *in contumacia* war, d. h. böswilligeroder trotzigerweise dem Urteilsspruche Widerstand leistete, den Wert, den die Sache hatte, durch *jusjurandum in litem* (einen sog. Würderungseid) feststellen.[4] *Actio arbitraria* war hiernach eine solche Klage, bei der dem Gegner zunächst durch einen richterlichen Ausspruch Gelegenheit gegeben wurde, dem endgültigen Urteile durch eine freiwillige Schulderfüllung auszuweichen,[5] und sodann eine Abschätzung des Streitgegenstandes geschah, ehe das Urteil erging.

[1] Das bloße freie richterliche *arbitrium* über die Höhe der geschuldeten Leistung läßt also den Prozeß nur als *arbitrium* im Sinne Ciceros erscheinen, nicht als *actio arbitraria*, die durch ein anderes *arbitrium*, den *arbitratus de restituendo, exhibendo, solvendo* und das durch ihn bedingte Schätzungsverfahren gekennzeichnet war.

[2] Ein Beispiel einer Formel dieser Klagegattung siehe bei Cicero in Verrem II, 2 cap. 12 § 31; vgl. auch die bei Gneist, Syntagma institutionum zu § 31 Inst. IV, 6 Anm. 6 angeführten Stellen.

[3] Z. B. nicht bei der *condictio certi*, die auf eine andere Sache, als Geld ging, Gajus IV, 48. Wieweit das Gebiet der *actio arbitraria* reichte, ist ungewiß.

[4] Dig. XII, 3 de in litem jurando fr. 2. Dig. VI, 1 de rei vind. fr. 68.

[5] Anders Sohm, Institutionen. 5. Aufl. S. 191 flg. Vgl. hierzu auch Lenel, Edictum perpetuum S. 195. — Bedenken erweckt, daß zu den *actiones arbitrariae* unter anderem auch eine Klage gehörte, die nicht auf eine bestimmte einzelne Sache gerichtet zu werden brauchte, die *condictio de eo quod certo loco dari oportet* (vgl. Dig. XIII, 4 de eo quod certo loco dari oportet. fr. 2 pr. 3. Inst. III, 15 § 5. Gajus IV, § 53a. Inst. IV, 6 § 33). Es war dies die Klage gegen den Schuldner in seinem Gerichtstande wegen einer Leistung, die nach der Abrede auswärts geschehen sollte (die gewöhnliche *condictio* bezog sich nur auf geschuldete Leistung am Klageorte). Es ist jedoch nicht einzusehen, warum nicht auch hier der Richter einen Doppelspruch erlassen haben soll, zunächst ein *arbitrium* auf freiwillige Erfüllung, sodann auf den Wert, den die Leistung am Erfüllungsorte hatte, eine Summe, die im Altertume jedenfalls weit mehr nach freiem Ermessen festgestellt werden mußte, als in unserer Zeit der Telegraphen und der gedruckten Kurszettel. Vgl. über die erwähnte *condictio* Cohn, Die sog. actio de eo quod certo loco dari oportet.

Das gegenwärtige Prozeßrecht kennt den richterlichen Doppelspruch, der die *actiones arbitrariae* kennzeichnete, nicht mehr. Eine eidliche Schätzung des Wertes eines Anspruches ist ihm freilich nicht unbekannt, doch ist sie unabhängig von den römischen Vorschriften über das *juramentum in litem.*[1]

II. Minderungen des Anspruchsinhaltes.

1. Zur Strafe für einen vorzeitigen oder übermäßigen Klaganspruch (Inst. IV, 6 §§ 32—35).

§ 160.

I. Der ältere Prozeß. Der Grundsatz, daß die Zweifellosigkeit des Urteilsinhalts so viel als möglich zu erstreben ist (Inst. III, 6, § 32), verbot bedingte Verurteilungen.[2] Auch machte scharfe Zuspitzung des in der Formel liegenden Urteilsauftrages *(aut condemna aut absolve)* Teilurteile oder vorläufige Abweisungen zur Zeit des Formularprozesses unmöglich. Hieraus ergab sich, daß jeder, der einen Prozeß begann, ganz und gar im Rechte sein mußte. Teilweise vorhandenes Unrecht des Klägers stand wegen Übermäßigkeit des erhobenen Anspruches *(plus petitio)* dem vollen Unrechte gleich und zog den völligen Prozeßverlust (ein *causa cadere)* nach sich. Es wird dies namentlich dann verständlich, wenn man bedenkt, daß der Prozeß aller Wahrscheinlichkeit nach aus dem Zweikampfe hervorgegangen ist.[3]

II. Der neuere Prozeß (vornehmlich seit Zeno) behandelt die Anstellung vorzeitiger oder unrichtiger Klagen milder, als der ältere. In ihm zieht die *plus petitio* Kostenlast, Geldstrafen, auch unter Umständen eine vorläufige Abweisung nach sich, nicht aber den völligen Verlust des geltend gemachten Anspruches. Dieser Grundsatz ist der richtigen Ansicht nach niemals wieder aufgegeben worden.

2. Fälle beschränkter Haftung.

a. Allgemeines (Inst. IV, §§ 36—40).

§ 161.

I. Begriff. Zwischen dem gewöhnlichen Falle einer einklagbaren Schuld und demjenigen einer klaglosen (bloß natürlichen)

1877. Lenel, Edictum perpetuum. S. 185. 186. Dernburg, Pandekten II. § 33. 3. Aufl. S. 93. Übrigens rechnet § 31 Inst. IV, 6 auch Noxalklagen zu den *actiones arbitrariae,* über diese siehe unten §§ 163. 164.

[1] Dies gilt namentlich von dem Schätzungseide des § 260 der Reichscivilprozeßordnung.

[2] Die Urteile auf Leistung „Zug und Zug" sind daher wohl schwerlich römischen Ursprungs, s. oben S. 423 Anm. 1.

[3] Vgl. oben S. 176 Anm. 1.

Verpflichtung (s. S. 457) in der Mitte steht die Schuld, die nur zum Teile beigetrieben werden kann. Diese besteht zwar auch zu dem nicht beitreibbaren Teile, aber insoweit nur ebenso, wie eine natürliche Schuld. Die Institutionen erwähnen folgende Fälle dieser Haftungsform:

a) die Haftung des Hausherrn, für die Schulden seines Hauskindes oder Sklaven in Höhe des ihm zur Verwaltung überlassenen väterlichen Sondergutes *(peculium)*, siehe § 193, 3.

b) Das Vorrecht gewisser Schuldner, nur bis zum Betrage des Entbehrlichen verurteilt zu werden (Recht auf die *condemnatio in id, quod facere potest*, in der nachrömischen Redeweise *beneficium competentiae* genannt, s. Nr. II).

c) Der Fall der Aufrechnung eines Teiles einer eingeklagten Forderung mit einer geringeren Gegenforderung. Auch hier wird der in solcher Weise getilgte Anspruchsteil nicht als ungültig abgelehnt, sondern anerkannt und befriedigt.

II. Die *condemnatio in id, quod facere potest*, ist solchen Schulden eigentümlich, bei denen es den Römern unangemessen schien, einen Schuldner vom Gläubiger bis zur Schuldhaft oder auch nur zur Entziehung des unentbehrlichen Lebensunterhaltes drängen zu lassen. Dies galt z. B. bei der Pflicht des Mannes, der Frau das eheliche Haushaltungsgut *(dos)* nach Beendigung der Ehe herauszugeben (vgl. oben S. 205 und 474), auch in dem heutzutage veralteten Falle der *cessio bonorum*,[1] d. h. einer freiwilligen Herausgabe des ganzen Vermögens von seiten eines Schuldners an seine Gläubiger, welche nach einer *lex Julia* von Schuldhaft befreite.[2]

b. Haftung aus Rechtsgeschäften der abhängigen Hausgenossen (Inst. IV, § 7).[3]

§ 162.

I. Der Einfluß, den die sog. adjektizische Haftung der Hausherren neben ihren Gewaltunterworfenen auf das römische Verkehrsleben ausübte, war ein doppelter. Sie ermöglichte dem Hausherrn die Verwertung der Sklaven und der Kinder als Gewerbe- oder Geschäftsgehilfen und zweitens diesen selbst die Verwaltung eines *peculium* ohne beständiges Eingreifen des Gewalthabers. Beides

---

[1] Sie hat allenfalls ein Seitenstück in dem Rechte, über das eigene Vermögen den Konkurs anzumelden; vgl. Reichskonkursordnung § 95, 2.

[2] Andere Fälle siehe in Dernburgs Pandekten II. § 57. 3. Aufl. S. 157.

[3] Bekker, Die Aktionen des röm. Privatrechts II. S. 333. Baron, Die adjekticischen Klagen 1882. Karlowa, Röm. Rechtsgeschichte II, 1. S. 111.

konnte nur erreicht werden, wenn sie Kredit fanden, und dieser war wiederum nur erreichbar, wenn ihren Gläubigern das Vermögen des Hausherrn haftete.

Dabei herrschte in Rom (anders als bei uns) auch hier der Grundsatz, daß niemand bei der Übernahme von Schulden für einen anderen sein eigenes Vermögen in geringerem Maße haftbar machen darf, als er es bei Schuldversprechen zum eigenen Besten thut (Grundsatz der mittelbaren Stellvertretung). Darum haften Hauskinder und Sklaven selbst aus ihren Verträgen, jene *civiliter*, diese *naturaliter* (s. oben S. 457).[1] Der Hausherr kann nur neben ihnen belangt werden (*adjicitur actio, non transfertur*), daher man diese Nebenansprüche gegen den Herrn späterhin *actiones adjecticiae qualitatis* genannt hat.[2]

II. Die einzelnen Fälle der adjektizischen Haftung sind:

a) Haftung des Hausherrn aus einem einzelnen auf seine Anweisung (*jussus*) vom Gewaltunterworfenen abgeschlossenen Geschäfte.[3]

b) Haftung des Herrn aus einem allgemeinen Auftrage. Allgemeine Aufträge an den Sklaven oder das Hauskind unterlagen gleichfalls der *actio quod jussu.*[4] Daneben waren besonders wichtige Fälle durch besondere Klagen ausgezeichnet.

α) Geschäftsführungen, deren Erträge dem Herrn zufallen sollten. Bei ihnen stellt schon das römische Recht gewaltfreie Verwalter fremden Gutes den Gewaltunterworfenen gleich.[5]

αα) Führung eines fremden Schiffes (als *magister navis*) für einen Rheder (*exercitor*). Hier haftet der Rheder aus den Verträgen des Schiffskapitäns mit einer besonderen Schiffsrhederklage (*actio exercitoria*).

ββ) Führung eines fremden Handels- oder Gewerbebetriebes (*institor*).[6] Der Geschäftsführeranspruch, *actio institoria*,

---

[1] Eine Ausnahme bei den Darlehen der Haussöhne siehe S. 392, III.

[2] Zweifelhaft ist, ob diese Haftung eine korreale ist (siehe oben S. 405, IV). Dagegen spricht Dig. de in rem verso fr. 1 § 2.

[3] Über *jussus* und *fidejussio* siehe oben und überhaupt über den *jussus* und Verwandtes Voigt, Röm. Rechtsgeschichte I. S. 299.

[4] Dig. XV, 4 quod jussu fr. 1 § 1.

[5] Gajus IV, 71. Die altrömische Anschauung, daß freie Römer sich nicht zu dauernden abhängigen Stellungen in fremden Häusern eigneten, wurde in der Kaiserzeit mehr und mehr aufgegeben.

[6] Wer in Gegenwart des Herrn das Geschäft unter dessen Leitung abschließt, vermittelt nur dessen Geschäftsführung (s. oben S. 324), ist aber kein

der aus den Verträgen eines solchen Gewerbegehilfen gegen den Geschäftsherrn ging, wurde schließlich auf einzelne Aufträge an freie Vertreter ausgedehnt (*actio quasi institoria* oder *ad exemplum institoriae*). Bei Gewaltunterworfenen genügte hier die *actio quod jussu*.

β) Geschäftskreise, die dem Hausuntergebenen in widerruflicher Weise zum eigenen Besten anvertraut sind, d. h. mit der Ermächtigung, den Gewinn nach eigenem Ermessen zu verwenden. Hierher gehört die Bestellung eines *peculium*.[1]

αα) Die allgemeine *actio de peculio* beläßt dem Hausherrn das Recht, seine (naturalen) Forderungen gegen den Gewaltunterworfenen zunächst aus der Peculiarmasse abzuziehen, ehe er die Gläubiger befriedigt.

ββ) Ein besonderer Teilungsanspruch (*actio tributoria*) griff dann Platz, wenn das *peculium* einem Handelsgewerbe diente. Hier mußte der Herr mit den Handelsgläubigern teilen, durfte also nicht seine Ansprüche vorweg befriedigen. Es ist dies eine Bevorzugung des Handelskredits aus der Zeit des Weltverkehrs.

c) Die Haftung der Gewalthaber aus einer Zuwendung, die ihnen aus einem Geschäfte des Hauskindes oder Sklaven zugekommen ist.[2] Es war dies namentlich dann der Fall, wenn eine Sache für sie gekauft und ihnen übergeben, aber noch nicht von ihnen bezahlt worden war[3] (sog. *in rem versum*).

---

institor. Ist der Herr zwar zugegen, nimmt aber an dem Geschäftsabschlusse keinen Anteil, so gilt nichts anderes, als wenn er abwesend wäre.

[1] Die Einführung der freien Stellvertretung kann für sich allein die *peculia* nicht beseitigt haben, da bei ihnen gar keine wahre Vertretung stattfand, sondern der Gewaltunterworfene für sich selbst arbeitete. Man muß vielmehr annehmen, daß die (nachrömische) Möglichkeit einer Schenkung vom Hausvater an das Hauskind (s. S. 193) das römische Sonderrecht des *peculium* überflüssig gemacht hat, da die Bestellung eines *peculium* eine Schenkung seiner Erträge für die Zeit, in der das *peculium* dem Empfänger verbleibt, in sich schließt.

[2] Dig. XV, 3 de in rem verso fr. 3 § 1 (Ulpianus): *Veluti si triticum acceperit et id ipsum in familiam domini cibariorum nomine consumpserit aut si pecuniam a creditore acceptam dominico creditori solverit.*

[3] Hierauf bezieht sich Dig. XV, 3 de in rem verso fr. 10 § 6 (Ulpianus): *Versum autem sic accipimus, ut duret versum.* (Dies ist zu allgemein gesagt wegen fr. 3 §§ 7 u. 8, fr. 17 pr. eodem: *Et ita demum de in rem verso competit actio, si non sit a domino servo solutum vel filio.* Dig. XV, 3 de in rem verso fr. 3 § 2 (Ulpianus): *Et regulariter dicimus totiens de in rem verso esse actionem, quibus casibus procurator mandati vel qui negotia gessit negotiorum haberet actionem.*) — Die Zwischenperson soll offenbar die Bezahlung des Herrn an den Dritten vermitteln. Hat er an sie gezahlt, so hat er seine Pflicht erfüllt.

Diese Bereicherungsklage war zur Zeit des Formularprozesses immer mit der Pekuliarklage zu einem einzigen Anspruch verbunden (*actio de peculio deque in rem verso*), also nur auf verklagte Hausherren berechnet.[1] Auch sie wurde jedoch schließlich in entsprechender Weise selbst in dem Falle gewährt, wenn ein Geschäftsherr durch das Eingreifen einer freien Mittelsperson bereichert worden war (*actio utilis de in rem verso*).[2]

III. Der Umfang dieser Nebenansprüche gegen Geschäftsherren ist nicht auf die Fälle einer unmittelbaren Stellvertretung zu beschränken. Wäre dies der Fall, so würde der nachrömische Grundsatz der freien Stellvertretung sie beseitigt haben, weil nach diesem die Geschäftsherren nicht neben den Geschäftsführern, die in ihrem Namen handeln, sondern statt ihrer haften. Man muß jedoch annehmen, daß jene Ansprüche auch die Geschäfte umfassen, in denen eine Mittelsperson einem Dritten so gegenübertritt, als handle sie für sich selbst, während sie in Wahrheit in jeder Hinsicht nur für das Vermögen eines anderen thätig ist, auf das der Gewinn und die Unkosten des Geschäftes übertragen werden sollen (sog. mittelbare oder stille Stellvertretung).[3] Hiernach ist in solchen Fällen eine Klage des Dritten gegen den Geschäftsherrn aus dessen Auftrag oder Bereicherung neben der Klage gegen den stillen Geschäftsführer denkbar und noch heute von Wert. (Klage aus dem Auftrage zu einer mittelbaren Stellvertretung oder aus der Bereicherung durch eine solche.) Die Unterschiede zwischen der *actio quod jussu, actio institoria, actio utilis quasi institoria* und *actio exercitoria* haben sich aber sicherlich ebenso verwischt, wie diejenigen zwischen der *actio de in rem verso* und der *actio utilis de in rem verso*. Die *actio de peculio* und die *actio tributoria* sind der richtigen Meinung nach heutzutage völlig unanwendbar.

---

[1] Krüger, Zur Formel der *actio de peculio*, Zeitschr. der Savignystiftung IV. S. 108 ff.

[2] Dig. XV, 3. Dig. de in rem verso fr. 21 in fine (Scaevola): *Si ad ea id quod creditum est erogatum esset, sine quibus aut se teneri aut servos paternos exhibere non posset, dandam de in rem verso utilem actionem.*

[3] Dafür spricht der Umstand, daß in Rom das *nomine alicujus agere* allerdings diese weite Bedeutung hatte (anders als in der deutschen Redeweise die Wendung „im Namen jemandes handeln“); vgl. Schlossmann, Der Besitzerwerb durch Dritte nach römischem und heutigem Rechte. 1881. S. 31 flg. Schlossmann, das Kontrahieren mit offener Vollmacht, Festgabe der Kieler Juristenfakultät für R. von Ihering 1892. S. 215—255.

c. Haftung der Hausherren für den von ihren Hausgenossen angerichteten Schaden.[1]

α) Haftung für die Übelthaten der Sklaven.

§ 163.

I. Der Hauptgrundsatz der Römer ist, daß der Herr zwar für seine Sklaven haftet, aber höchstens auf deren Wert *(non ultra ipsorum corpora)*, da er sie zur Schuldtilgung dem Beschädigten preisgeben kann.[2] Veräußert er den Sklaven vorher, so geht auf dessen neuen Herrn dieselbe Haftung über *(noxa caput sequitur)*.[3]

II. Für die Hauskinder haftet der Vater ursprünglich ebenso wie für seine Sklaven, doch bestand bei ihnen die *noxae datio* in einer Hingabe zur Abverdienung des Schadens, nicht in einer gänzlichen Preisgabe. Indes galt auch diese vorübergehende Unterwerfung einer Haustochter unter eine fremde Gewalt aus nahe liegenden Gründen schon in alter Zeit für unzulässig. Im Justinianischen Rechte ist sie auch bei Söhnen außer Gebrauch gekommen, und mit ihr sind die Noxalansprüche gegen Hausväter verschwunden. Dagegen hatte sich schon früh eine Selbsthaftung der Hauskinder für die von ihnen verschuldeten Schäden entwickelt, die an Bedeutung gewann, als sich ihre Fähigkeit, ein freies Vermögen zu haben, entwickelte.

β) Haftung der Herren für ihre Tiere (Inst. IV, § 9).

§ 164.

I. *Actio de pauperie* ist die Klage dessen, der durch ein fremdes Tier „ärmer", d. h. geschädigt worden ist. Auch hier kann sich der Herr durch *noxae datio* befreien (was in Deutschland kaum noch gilt).[4] Die Römer ließen nicht den Eigentümer für jeden Schaden haften, den sein Tier anrichtete, also namentlich nicht, wenn sein Tier gereizt

---

[1] Bekker, Die Aktionen I. S. 183 flg. Karlowa, Röm. Rechtsgeschichte II, 1. S. 104 flg. 445. Girard, Les actions noxales, in der Nouvelle revue historique de droit français et étranger 1888, und dazu Kipp in der Zeitschr. der Savigny-stiftung X. S. 397.

[2] Dig. IX, 4 de noxal. act. fr. 1 pr. (Gajus): *Ut, si damnati fuerimus, liceat nobis deditione ipsius corporis quod deliquerit, evitare litis aestimationem.*

[3] Dig. XLVII, 10 de inj. fr. 17 § 7. Bei der *noxalis injuriarum actio* konnte der Hausherr den Schuldigen der Prügelstrafe überliefern *(verberandum exhibere)* und sich dadurch von weiterer Haftung befreien. fr. 17 § 4. eodem titulo. Lenel, Edictum perpetuum. S. 324.

[4] Vgl. Stölzel, Entwickelung des gelehrten Richtertums S. 614. Es ist übrigens fraglich, ob der deutschrechtliche Grundsatz nicht eine Härte enthält, da er den vielleicht schuldlosen Herrn eines nahezu wertlosen Tieres unter Umständen sehr schwer schädigen kann.

war und sich nur verteidigte und daher der Herr dem entstandenen Schaden weder durch Aufsicht noch durch Zähmung würde haben vorbeugen können.[1]

Die Römer unterscheiden hiernach die *genitalis feritas,* d. i. die einer bestimmten Tiergattung (in dem üblichen Zähmungsgrade) eigentümliche Wildheit von dem Verhalten des entarteten Tieres, das sich *contra naturam sui generis* vergeht. Diese *natura generis* ist nicht das Naturgesetz, das überhaupt nicht von dem Tiere übertreten werden kann, sondern die den Tieren derselben Art von der Natur eingepflanzte und auch durch Zähmung in der Regel nicht vertilgbare Eigenart, auf welche jeder rechnen muß, der in die Nähe eines solchen Wesens kommt. In der Regel wird ein Tier nur dann, wenn es aus der Art schlägt, auch vorsichtigen Menschen gefährlich, so daß das römische Recht nur in diesem Falle einen Schutz gewährt.

II. Eine besondere (heutzutage veraltete) Strafklage gewährte das ädilicische Edikt dann, wenn gefährliche Tiere auf öffentlichen Wegen gehalten worden waren.[2]

In dem Mangel der erforderlichen Aufsicht über Tiere liegt übrigens ein Verschulden, das nach allgemeinen Grundsätzen (§ 148) haftbar macht.

III. Umwandlungen des Anspruchsinhaltes.

1. Änderungen der geschuldeten Leistung.

§ 165.

I. Eine **Anspruchsänderung durch Vertrag** ist sowohl in der Art möglich, daß alle Nebenschulden (Pfänder, Bürgen, Verzugszinsen) wegfallen sollen oder so, daß sie aufrecht erhalten werden.

Die Römer nannten eine Abrede der ersten Art, die in Form einer *stipulatio* geschehen mußte, *novatio* und die (formlose) Abrede der anderen Art *constitutum debiti* mit gleichzeitigem *pactum de non petendo* über die bisherige Schuld (s. oben S. 437 Anm. 1). Wir sprechen heutzutage in beiden Fällen von einem Abänderungsvertrage.

II. Durch **Prozeßbeginn** wird der anhängig gemachte Anspruch unter Umständen abgeändert. Der rechtlich wichtige Prozeßbeginn heißt *litis contestatio;* er liegt in der Feststellung des streitigen Anspruches nach Verhandlung des Magistrats mit den Parteien. Die Litiskontestation vollzieht sich im Legisaktionenverfahren unter Zeugenaufruf,[3] im Formularprozesse durch Erteilung der erbetenen

[1] Dig. IX, 1 si quadrupes pauperiem fecisse dicatur fr. 1 § 11.
[2] Dig. XXI, 1 de aedilicio edicto fr. 40—42.
[3] Paulus Diaconus ex Festo: *Contestari.*

und von den Parteien als richtig anerkannten *formula*,[1] endlich im spätrömischen Prozesse durch Entgegennahme der beiderseitigen Auslassungen von seiten der Obrigkeit.[2]

Der Einfluß dieser Prozeßhandlung auf den eingeklagten Anspruch ist ein mehrfacher. So wird er von da ab gegen alle spätere Tilgungsgründe, die den Gläubiger nicht befriedigen (z. B. Untergang durch Verjährung oder Tod) unempfindlich,[3] so daß der Verklagte aus der Verschleppung der Sache keinen Vorteil ziehen kann. Er wurde ferner als *actio litigiosa* unveräußerlich, so daß der Verklagte es nicht nötig hatte, gegenüber einem neuen Gegner die bisherigen Verhandlungen zu wiederholen (anders das deutsche Reichsprozeßrecht). Ebenso war nach römischem Rechte auch die *res litigiosa* nur in einigen Ausnahmefällen veräußerlich.[4] Die Prokulianer wollten sogar eine Befriedigung des Gläubigers während des Prozesses als verspätet nicht mehr gelten lassen. (Anders die Ansicht der Sabinianer, die schließlich siegte.)[5]

Es hängt dies mit dem alten Grundsatze zusammen, daß jeder einen Prozeß verlieren mußte, der ihn ohne Grund angefangen hatte, selbst wenn er noch nachträglich während des Prozesses die behauptete Berechtigung oder Schuldbefreiung erlangt hatte. Dieser Grundsatz war so lange und insoweit selbstverständlich, als der Prozeßverlust Strafen nach sich zog. Das spätere Recht hat ihn nicht mehr im vollen Umfange aufrecht erhalten,[6] und das heutige hat ihn der richtigen Meinung nach aufgegeben.

---

[1] *„Judicium acceptum"* Dig. XII, 1 de reb. cond. fr. 31 (PAULUS). Seitdem ist *res in judicium deduta*, GAJUS IV, 106. Vgl. hierüber WLASSAK (Festschrift für WINDSCHEID): Die Litiscontestation im römischen Formularprozesse, 1888.

[2] Cod. III, 1 de judiciis c. 14 § 4 (1): post narrationem propositam et contradictionem objectam

[3] Vgl. Dig. VI, 1 de rei vindicatione fr. 18. Siehe Näheres bei WINDSCHEID, Pandekten I. § 128. Anm. 2—4. 7. Aufl. S. 364 flg.

[4] Bei dringendem Bedürfnisse des Eintritts eines neuen Gläubigers an die Stelle des Klägers oder eines neuen Verklagten an die Stelle des bisherigen konnte *(causa cognita)* durch eine richterliche Verfügung geholfen worden, die sog. *translatio judicii* (EISELE, *Translatio judicii* nach der *litis contestatio*, Zeitschr. für die Savignystiftung II. S. 138). Dig. III, 3 de procuratoribus fr. 17 spricht zwar nur von *translationes judicii* auf neue *procuratores*, es konnten aber auch diese *procuratores* als Rechtsnachfolger *(in rem suam)* bestellt werden. Dem heutigen Rechte sind diese *translationes* fremd. Daher die verwickelte Regelung der imTexte berührten Angelegenheit. Vgl. §§ 236 ff. der Reichscivilprozeßordnung.

[5] GAJUS IV, 114: *Et hoc est quod vulgo dicitur, Sabino et Cassio placere omnia judicia esse absolutoria.* Vgl. auch unten § 172 a. E.

[6] Nach Dig. XIII, 6 commod. fr. 3 § 2 nur für *actiones stricti juris.*

Die Umwandlung der Ansprüche durch Prozeßbeginn zeigt sich auch in einer gesteigerten Sorgsamkeitspflicht, die dem Verklagten während des Rechtsstreites obliegt.[1]

Diese Umwandlung gab den Römern Anlaß, den Prozeßbeginn (*litis contestatio* = Feststellung des Streitgegenstandes)[2] mit dem Namen einer *novatio* (sog. *novatio necessaria*) zu bezeichnen, ohne daß ihm alle Folgen einer vertragsmäßigen *novatio* (sog. *novatio voluntaria*) beigelegt wurden.[3]

Auch das rechtskräftige Urteil kann einen Anspruch ändern, wenn es ihm einen anderen Inhalt giebt, als er ihm eigentlich zukam (z. B. bei der Auslegung eines Vermächtnisses statt des in Wahrheit gewährten Wegerechtes eine Fahrgerechtigkeit rechtskräftig feststellt).[4]

Näheres siehe im Pandektenrecht. Vgl. namentlich Windscheids Pandekten I. 7. Aufl. § 128. Anm. 5. S. 366.

[1] Vielleicht ungenau, aber doch in der Hauptsache richtig ist daher der Satz: *Post litem contestatam omnes incipiunt malae fidei possessores esse* (Dig. V, 3 de hered. pet. fr. 25 § 7), d. h. sie verlieren ihre rechtliche Unbefangenheit. Vgl. v. Petražycki, Die Fruchtverteilung beim Wechsel des Nutzungsberechtigten. 1892. S. 189.

[2] *lis* bezeichnet hier ebenso, wie in der Wendung *litis aestimatio* nicht (wie vielfach sonst) die Streitverhandlungen, sondern das streitige Vermögensstück. Es ist dies vielfach verkannt worden, namentlich in der unpassenden Übersetzung von *litis contestatio* als „Streitbefestigung" oder „Kriegsbefestigung", gewissermaßen als Erklärung, den Kampf mit dem Kläger aufnehmen zu wollen. Dieses Mißverständnis hat in der Geschichte des nachrömischen Prozesses eine große Rolle gespielt.

[3] Dig. XV, 1 de peculio fr. 3 § 11 (Marcellus): *Sicut in stipulatione contrahitur cum filio, ita judicio contrahi.* Solange als es unmöglich war, eine Klage zurückzunehmen, und die angestellte Klage durch eine gewisse Dauer des Prozesses verjährte, hatte der Prozeßbeginn eine geradezu konsumierende Kraft für die bisherige Beschaffenheit des Anspruches. Heutzutage bewirkt eine gültige Zurücknahme der Klage den völligen nachträglichen Fortfall der rechtsabändernden Kraft des Prozeßbeginnes. Vgl. über die Konsumptionslehre Bekker, Die Aktionen des röm. Privatrechts I. S. 317 flg., auch Sohm, Institutionen. 5. Aufl. S. 204. Konsumption ist übrigens darum kein glücklicher Ausdruck, weil bei ihr der Kläger zunächst durch den Prozeßbeginn keinesfalls einen Vermögensverlust erlitt, sondern nur die Umwandlung (nicht die Entwertung) eines Vermögensstückes.

[4] Vgl. Gajus III, 180, auch Dig. L, 17 de reg. juris fr. 207 (Ulpianus): *Res judicata pro veritate accipitur.* Daher das Sprichwort: *Res judicata jus facit inter partes.* Man hat sogar den Urteilsspruch ein Gesetz für den einzelnen Fall genannt (Degenkolb, Einlassungszwang und Urteilsnorm S. 80 flg., O. Bülow, Gesetz und Richteramt. 1885), wobei jedoch zu beachten ist, daß weder der Zweck des Urteilsfällers, noch derjenige des Rechtssatzes, nach dem er handelt, dahin geht, Gesetze zu schaffen, sondern Gesetze anzuwenden.

III. Durch Schuld und Säumnis kann sich ein Anspruch auf eine Sache in eine Schadensersatzforderung verwandeln (s. oben S. 389).

Auch durch Zufall kann unter besonderen Umständen eine Herausgabe- oder Bewachungspflicht in eine Entschädigungsschuld verwandelt werden (s. oben S. 390).

2. Änderungen des Berechtigten oder Verpflichteten bei einem Anspruche.

§ 166.

I. Der Eintritt eines neuen Berechtigten oder eines neuen Verpflichteten kann bei einem Anspruche mit und ohne Schuldumwandlungsvertrag geschehen (s. oben). Der Eintritt eines neuen Gläubigers kann aber auch ohne Zuziehung des Schuldners (des sog. *debitor cessus*) geschehen, wenn der Anspruch vom alten Gläubiger (*cedens*) an den neuen (sog. *cessionarius*) abgetreten wird.[1]

II. Die Folgen der Abtretung eines Anspruches. Der alte Gläubiger, der seinen Anspruch einem neuen ohne Zuziehung des Schuldners überlassen hat, behält nach älterem römischen Recht zunächst noch diesen Anspruch, bis der neue Gläubiger mit dem Schuldner den Streit begonnen hat,[2] und nach neuerem Rechte wenigstens so lange, bis der neue Gläubiger dem Schuldner durch *denuntiatio* die Abtretung mitgeteilt hat. Der richtigen Meinung nach muß er zugleich auch dem Schuldner gegenüber einen glaubhaften Nachweis führen, daß er an die Stelle des alten getreten ist, wenn er gegen eine Schuldzahlung an den alten gesichert sein soll.[3] Eine Mit-

---

Streng genommen, erzeugt daher nur der sachlich unrichtige Urteilsspruch neues Recht, der richtige bekräftigt nur das alte.

[1] Vgl. Sohm, Institutionen über das Verhältnis von Cession und Novation. 5. Aufl. S. 325; vgl. Gajus II, 38: *Quod mihi ab aliquo debetur, id si velim tibi deberi, nullo eorum modo, quibus res corporales ad alium transferuntur, id efficere possum, sed opus est, ut jubente me tu ab eo stipuleris: quae res efficit, ut a me liberetur et incipiat tibi teneri: Quae dicitur novatio obligationis.*

[2] Vgl. Cod. IV, 10 de obl. et act. c. 2. Dem heutigen Rechte ist der Prozeßbeginn an Stelle des bisher Anspruchsberechtigten als Rechtsübertragungsform fremd.

[3] Eine bloße Denuntiation des neuen Gläubigers an den abgetretenen Schuldner hindert den alten daran, die Schuld beizutreiben, was er bei Cessionen an Zahlungsstatt zunächst noch thun darf, arg. Cod. VIII, 41 (42) de novat. c. 3. Daraus folgt aber noch nicht, daß der abgetretene Schuldner eine bloße unbewiesene Anzeige der angeblichen Cession von seiten eines angeblichen

teilung von seiten des alten Gläubigers an den Schuldner macht diesen Nachweis des neuen überflüssig (was jedoch streitig ist). Doch darf ein Schuldner, der von der Cession zwar noch keine Mitteilung von seiten der Beteiligten erhalten, aber dennoch Kenntnis erlangt hat, nicht böswilliger Weise mit dem alten Gläubiger zum Schaden des neuen verhandeln.[1]

Hiernach war der Cessionar ursprünglich vor dem Streitbeginne noch kein wahrer neuer Gläubiger, sondern nur ein Beauftragter des alten, der neben diesem stand, mit dem Rechte, den eingetriebenen Anspruchsgegenstand für sich zu behalten *(procurator in rem suam)*.[2] Folglich würde die Cession durch Tod oder Widerruf des alten oder des neuen Gläubigers nach den Regeln der Auftragsübernahme (s. oben § 140) haben erlöschen müssen, wenn man diese auch bei dem *mandatum in rem suam* aufrecht erhalten hätte. Das römische Recht machte jedoch die Cession von diesen Endigungsgründen unabhängig.[3] Man bringt dies gewöhnlich damit in Zusammenhang, daß dem Cessionar eine besondere *actio utilis* gewährt wurde,[4] deren Fortdauer von Tod oder Widerruf unabhängig war, während er nach früherem Rechte mit der „*actio mandata*" des Cedenten klagen mußte.[5]

Cessionars beachten muß. Es wird vielmehr dem neuen Gläubiger auferlegt, daß er den Schuldner *certiorem facere* soll. Cod. VIII, 16 (17) quae res pign. c. 4.

[1] Dig. II, 15 de transact. fr. 17 (sehr streitig). Näheres gehört in das Pandektenrecht.

[2] Dies heißt in den Quellen „*actionem mandare*". Vgl. Cod. VI, 37 de legatis c. 18.

[3] Vgl. Cod. IV, 10 de obligationibus et actionibus c. 1.

[4] Über die Form der *actio utilis* des Cessionars vgl. Eisele, Die actio utilis des Cessionars. 1887. S. 39 flg. und dazu Unger in v. Iherings Jahrbüchern für Dogm. XXVI. S. 412. Dernburg, Pandekten II. § 47. Anm. 8. 3. Aufl. S. 132.

[5] Die Annahme der Umgestaltung des Rechtes infolge einer Änderung der dem Cessionar gegebenen Formel, nämlich der Gewährung einer *actio utilis* statt der *actio mandata*, entspricht der herrschenden Lehre. Es ist aber keineswegs sicher, daß die *actio mandata* des Cessionars, in der die Person des Cedenten erwähnt war, und zwar wahrscheinlich in der Art der Rutiliana (s. oben S. 477 Anm. 5), und die *actio utilis* des Cessionars zwei verschiedene Klagen waren. Es ist vielmehr nach Lage der Quellen auch sehr wohl möglich, daß bei Cessionsverträgen (insbesondere in Cod. IV, 15 quando fiscus c. 5) beide Namen auf eine und dieselbe Klageformel (diejenige des *procurator*) hindeuteten, und, daß bei dieser überall da, wo ein *mandatum in rem suam* (nicht *in rem alienam*), also eine Übertragung des Anspruches, keine bloße Eintreibungsvollmacht vorlag, der Fortfall des Mandates durch Tod oder Widerruf außer Geltung kam, ohne daß diese Rechtsänderung von einer Änderung der Formel begleitet war. Allerdings decken sich *actio mandata* und *actio*

Heutzutage erlischt das abgetretene Forderungsrecht des alten Gläubigers durch gehörige Mitteilung der geschehenen Cession an den abgetretenen Schuldner. Alle bis dahin entstandenen Einreden wider den alten Gläubiger gehen auch gegen den neuen, so daß dieser nur ebenso viele Rechte erlangt, wie der alte hatte.

Doch ist es auch heutzutage sehr wohl möglich, daß jemand seinen Anspruch einem anderen bloß zur Einziehung mit dem Rechte, das Eingetriebene zu behalten, überläßt, ohne damit den Anspruch aus einem Vermögen in dasjenige des Einziehungsberechtigten hinüberzuschieben, diesen also nur zum *procurator in rem suam* macht. Es ist dies namentlich wichtig, wenn einer der Beteiligten hinterher, aber vor erfolgter Beitreibung in Konkurs fällt; dann gehört nämlich der Anspruch wohl zur Masse des alten Gläubigers, nicht aber zu derjenigen des Eintreibungsberechtigten. So wenn A von X, Y und Z, und zwar von einem jeden 100, zu fordern hat, selbst dem B 100 schuldet und ihm erlaubt, nach seiner Wahl von diesen seinen drei Schuldnern 100 einzutreiben, mit der Absicht, den Überrest selbst später einzufordern. Eine derartige Eintreibungsvollmacht, bei der der Anspruch doch nicht in das Vermögen des Eintreibungsberechtigten übergeht, kann jedenfalls nach dem gegenwärtigen Prozeßrechte durch richterliche Verfügung begründet werden.[1]

III. Der Eintritt eines neuen Schuldners ohne Schulderneuerung (also ohne Aufhebung der Nebenschulden) war nach römischem Rechte nur dadurch möglich, daß der neue Schuldner neben dem alten durch *constitutum debiti alieni* oder durch eine sog. accessorische Stipulation den Inhalt der schon bestehenden Verpflichtung zu erfüllen dem Gläubiger versprach und dieser den alten Schuldner sodann durch *acceptilatio* oder *pactum de non petendo* von seiner Schuld befreite (s. oben § 143). Wollte dagegen der neue Schuldner die Nebenrechte der Forderung tilgen, so nahm er die

---

utilis eines neuen Gläubigers insofern nicht, als die letztere weitergreift und nicht bloß bei Cessionsverträgen vorkommt, sondern auch bei anderen Forderungsübergängen, z. B. bei vermachten Forderungen (Cod. VI, 37 de legatis c. 18) oder auch bei dem Erwerbe fremder Ansprüche ohne jede besondere Willenserklärung des bisherigen Herrn (sog. *cessio legis*). Das Wort *mandata actio* deutete daher nicht auf die Beschaffenheit der *formula* hin, die dem Cessionar zu gute kam, sondern nur auf die Art und Weise, wie er zu ihr gekommen war, und das Wort *utilis actio* besagt nach dem Wegfalle des Formularprozesses nur noch, daß ein Anspruch ebenso behandelt werden soll, wie ein anderer (die *actio directa*). S. 79. 80 Anm. 1.

[1] Bei der zur Einziehung überwiesenen gepfändeten Geldforderung. Reichscivilprozeßordnung § 736.

Schuld durch *novatio* als *expromissor* auf sich. Der *novatio* stand eine *defensionis susceptio* gleich.[1]

Heutzutage vollzieht sich auch diese Abrede der drei Beteiligten als eine formlose Schuldübernahme. Ob die Nebenrechte dabei untergehen sollen, ist Sache der Parteiabrede.[2]

IV. Der Fortfall des Anspruchsinhaltes.

§ 167.

I. Tilgungsgründe persönlicher Ansprüche, die auch bei dinglichen gelten, aber in Justinians Institutionen nur bei ersteren erwähnt werden (Inst. III, 29, vgl. oben § 143 S. 434) sind: Zahlung, Schulderlaß und Schulderneuerung (*novatio*) und der gegenseitig erklärte Rücktritt von einem zweiseitigen Vertrage. Letzterer vermag auch die aus einem solchen Vertrage etwa begründeten dinglichen Ansprüche zu vertilgen (z. B. wenn die sofortige Bestellung einer Dienstbarkeit durch Vertrag für ein Geldversprechen zugleich mit diesem durch Abrede rückgängig gemacht wird).

II. Anderweitige Tilgungsgründe von Ansprüchen sind:

a) die Hingabe an Zahlungsstatt, bei der der Gebende seine Befreiung durch die Gewährung eines anderen Vorteils eintauscht, z. B. ein Pferd statt einer geschuldeten Geldsumme hingiebt;

b) die Aufrechnung (*compensatio* = *debiti et crediti inter se distributio*)[3] durch Vertrag oder durch Urteilsspruch[4] auf Wunsch des Verklagten. Die Tilgung greift im letzteren Falle nur bei gleichartigen und fälligen Ansprüchen Platz.[5] Da der Satz „*ipso jure compensatur*" mehrfach bezeugt ist,[6] so liegt die Annahme nahe, daß das bloße

---

[1] Dig. XV, 3 de in rem verso fr. 10 § 1. Diese Form der Schuldübernahme durch Prozeßbeginn für den Beklagten ist dem heutigen Rechte ebenso fremd geworden, wie der Anspruchserwerb durch Prozeßbeginn für den Kläger (s. oben S. 490 Anm. 2).

[2] Von der Schuldübernahme zu unterscheiden ist das Versprechen an einen Schuldner, statt seiner den Gläubiger zu befriedigen, aus dem nur der Schuldner, nicht aber der Gläubiger, einen Anspruch erwerben soll (sog. Erfüllungsübernahme).

[3] Dig. XVI, 2 de compens fr. 1.

[4] Vgl. Bekker, Die Actionen II. S. 356 flg. Karlowa, Röm. Rechtsgeschichte II, 1. S. 122.

[5] „*Compensari*" ist ein Zustand der einander gegenüberstehenden Ansprüche, *compensare* eine Tilgungs- oder Aufrechnungsthätigkeit. Dig. XVI, 2 de comp. fr. 2.

[6] Namentlich in Dig. XVI, 2 de compens. fr. 21 (Paulus): *Posteaquam placuit inter omnes id, quod invicem debetur, ipso jure compensari, si procurator absentis conveniatur, non debebit de rato cavere, quia nihil compensat* (streng genommen kompensiert der Richter, nicht der Verklagte), *sed ab initio ab eo*

Gegenüberstehen gleichartiger Ansprüche zwischen denselben Personen eine sofortige beiderseitige Schuldtilgung hervorrief. Dies ist jedoch nicht richtig. Es steht vielmehr fest, daß der Richter die Einrede der Aufrechnung, wenn sie *illiquide* (streitverzögerlich) ist (z. B. wenn sie langwierige Beweiserhebungen nötig macht), zurückweisen muß.[1] Auch ist eine Gegenforderung dann nicht erloschen, wenn ihr Gläubiger es unterlassen hat, sie als Verklagter gegenüber der Hauptforderung anzurechnen oder der Richter die Aufrechnungseinrede nicht berücksichtigt hat.[2] Man muß hierbei beachten, daß *compensari* ein bildlicher Ausdruck ist, von der Wage entlehnt. Zwei Gewichte, die einander gleich sind und auf den beiden Seiten der Wage stehen, vernichten sich nicht, sondern hemmen gegenseitig ihre Schwerkraft. So entkräften sich die gegenüberstehenden gleichartigen Schulden allerdings,[3] heben sich aber nicht auf,[4] bis ein Richterspruch oder ein Aufrechnungsvertrag sie völlig tilgt.[5]

c) Ein unverschuldeter Eintritt der Unmöglichkeit der Erfüllung befreit den Schuldner, ein verschuldeter macht ihn ersatzpflichtig.

---

petitur. In dieser Stelle zeigt sich recht deutlich der Unterschied der Aufrechnung von der Widerklage (*reconventio*). Bei jener wird Abweisung der Klage begehrt, bei dieser Verurteilung des Klägers. — *ipso jure* heißt überhaupt in der Regel so viel wie: „durch einen bloßen Rechtssatz ohne eine besondere menschliche Thätigkeit“, wobei aber an verschiedenen Stellen an verschiedene Thätigkeiten und verschiedene thätige Menschen gedacht sein kann.

[1] So Justinian, Cod. IV, 31 de compensationibus c. 14. Im älteren Rechte hing sogar die Zulassung der *compensatio* vom freien Ermessen des Richters ab (Gajus IV, 63) und war nach Marc Aurels Vorschrift bei *actiones stricti juris* unter der Voraussetzung zulässig, daß der Verklagte deshalb schon *in jure*, also *ante litiscontestationem* (s. oben S. 489), eine *exceptio doli* hatte in die Formel einrücken lassen, ein Satz, der im Justinianischen Rechte nicht mehr galt. Vgl. hierzu Stampe, Das Kompensationsverfahren im vorjustinianischen *stricti juris judicium*. 1886. Dazu Eisele, Krit. Vierteljschr. XXIX, S. 37. Sohm, Institutionen. 5. Aufl. S. 338 flg.

[2] Vgl. Dig. XVI, 2 de compensat. fr. 7 § 1.

[3] Eine Folge hiervon siehe Dig. XVI, 2 de compens. fr. 11 (Ulpian): *Cum alter alteri pecuniam sine usuris, alter usurariam debet, constitutum est a divo Severo, concurrentis apud utrumque quantitatis usuras non esse praestandas.*

[4] Vgl. insbes. Windscheid, Pandekten. II. § 348. Anm. 3. S. 288 und daselbst S. 287 Litteratur über das *ipso jure compensari*.

[5] Nur bei Bankiers (*argentarii*) trat eine gesetzliche Aufrechnung ein, sobald gleichartige Forderungen einander gegenübertraten. Der *argentarius* mußte *cum compensatione agere* (Gajus IV, 64). Ein Seitenstück hiervon, obwohl in einigen Punkten verschieden, war das *cum deductione agere* des *bonorum emptor* (vgl. hierüber Gajus IV, 64 flg.). Überhaupt scheint die Aufrechnungseinrede unbedingte Tilgungskraft gehabt zu haben, wenn sie schon vor dem Magistrat (*in jure*) und nicht erst vor dem Richter (*in judicio*) erhoben wurde.

Als unmöglich gilt eine geschuldete unentgeltliche Zuwendung auch dann, wenn sie dem Gläubiger von einer anderen Seite her geschenkt oder vermacht wird (sog. *concursus duarum causarum lucrativarum*).[1]

d) Der Tod tilgt gewisse Schuldverhältnisse, z. B. Gesellschaftsverträge (vgl. § 139, auch § 140).

e) Die Verjährung vermag Verpflichtungen aufzuheben (vgl. § 172).

f) Verwirkung von Ansprüchen zur Strafe tritt ausnahmsweise, z. B. wegen Selbsthilfe,[2] ein.

g) Ein Urteil, das einen Anspruch rechtskräftig aberkennt, zerstört ihn.

Ein Prozeß, der liegen bleibt, hat seit dem Fortfall der Prozeßverjährung keine vertilgende Kraft mehr.[3]

Eine vielverbreitete Lehre Kellers[4] hat zwei Ausdrücke in die Rechtslehre eingeführt, die zu Unklarheiten Anlaß geben. Nach Keller konnte der Einrede des rechtskräftigen Urteils eine doppelte Kraft (Funktionen) innewohnen, eine lediglich rechtszerstörende (negative) und eine rechtsbegründende (positive). Diese Redeweise vermag Verwechslungen zu erzeugen,[5] weil es nahe liegt, bei der negativen Funktion eines Urteils an die Richtersprüche zu denken, die ein Recht verneinen. Das meint jedoch Keller nicht, sondern er versteht unter positiver Funktion der Einrede des rechtskräftigen Urteils *(exceptio rei judicatae)* die Hervorkehrung des Urteilsinhaltes, auch wenn er rechtsverneinend ist, unter der negativen Funktion der genannten *exceptio* aber nur die Abwehr einer Prozeßwiederholung von seiten eines Verklagten, der bereits verurteilt ist und nicht noch einmal verur-

---

Arg. Pauli sent. II, 5 § 3. Dies ist jedenfalls bei dem Verschwinden des Formularprozesses in Wegfall gekommen und überhaupt sehr streitig.

[1] Dig. XLIV, 7 de obl. et art. fr. 17 (Julianus): *Omnes debitores, qui speciem ex causa lucrativa debent, liberantur, cum ea species ex causa lucrativa ad creditores pervenisset.* Vgl. hierzu Karlowa, Röm. Rechtsgeschichte II, 1. S. 835. Wer einem anderen ein Geschenk verspricht, der will ihm eine Freude ganz besonderer Art gewähren, die in dem unentgeltlichen Gewinne gerade dieses Gegenstandes liegt. Bereitet ihm nun ein Dritter dieselbe Freude, so ist der Zweck jenes Versprechens unerreichbar. Vgl. Hartmann, Die Obligation.

[2] Nach dem *decretum divi Marci.* Dig. IV, 2 quod metus causa fr. 13.

[3] Nach dieser Prozeßverjährung erloschen unerledigte Ansprüche nach einiger Zeit ohne weiteres (s. unten S. 516 Anm. 3 und oben S. 469 Anm. 4).

[4] Über Litiscontestation und Urteil nach klassischem Römischen Rechte. Zürich, 1827.

[5] Die Verwechslung von Verneinen und Zerstören, Bejahen und Schaffen ist freilich ein bei uns längst fest eingewurzelter allgemeiner Sprachfehler, der nicht bloß von der Rechtswissenschaft ertragen werden muß.

teilt werden will.[1] Eine solche Wiederholung eines bereits gewonnenen Prozesses ist aber nicht bloß nach römischem, sondern auch nach jedem anderen Rechte vernünftigerweise nur aus besonderen Gründen denkbar (z. B. wenn die Verhandlungen des früheren Prozesses sich nicht mehr genau feststellen lassen und Zweifel über den Inhalt des gefällten Urteils obwalten).[2] Sofern jedoch solche außerordentliche Umstände nicht vorliegen, wird es auch noch heutzutage jedem verurteilten Verklagten erlaubt sein, einer zwecklosen Prozeßwiederholung zu widersprechen. Insofern hat auch noch in unserem Rechte jede Einrede der rechtskräftig entschiedenen Sache eine „negative Funktion“ und auch eine „konsumierende Kraft“, zwar nicht für den Anspruch, den das Urteil gekräftigt und vollstreckbar gemacht hat, wohl aber für die Möglichkeit, diesen Anspruch ohne besondere Gründe nochmals einer richterlichen Entscheidung zu unterbreiten, deren es nach seiner erfolgreichen Durchführung nicht mehr bedarf.

Zweiter Abschnitt.

Einige Hauptgegenstände des Justinianischen Prozeßrechtes (sog. formelles Aktionenrecht).

Erstes Kapitel. Einleitung.

I. Der Zusammenhang des römischen Prozeßrechtes mit dem Privatrechte.

§ 168.

I. Die Beschaffenheit des neuesten römischen Prozeßrechtes[3] erklärt sich aus der Geschichte dieses Rechtszweiges, der sich in der spätrömischen Zeit mehr und mehr vereinfacht hat und auf wenige dürftige Regeln zusammengeschrumpft ist, welche den Parteien und dem Richter eine große Bewegungsfreiheit gaben, aber dabei keinen genügenden Schutz gegen Ungründlichkeit oder Gesetzwidrigkeit der Urteile sowie gegen Prozeßverschleppungen gewährten. Hieraus erklärt es sich, warum Justinians Rechtssammlung späterhin ihren vollen Nutzen nicht im Osten Europas entfaltet hat, sondern

---

[1] Vgl. Sohm, Institutionen. 5. Aufl. S. 204.

[2] Vgl. Dig. XLIV, 2 de exc. rei jud. fr. 16. Heutzutage schützt unser Aktenwesen in höherem Maße als in Rom gegen derartige Unfälle. Unmöglich sind sie aber nicht.

[3] Der Ausdruck *processus* entstammt dem kanonischen Rechte. Der Name *ordo judiciorum*, der statt dessen gebräuchlich ist, ist eine Nachbildung des römischen „*ordo et exitus interdictorum*“. Vgl. Wlassak, Röm. Prozeßgesetze II. S. 11.

im Westen, wo strenge Grundsätze des germanisch-kanonischen Verfahrens dem Gesetzbuche eine gründliche Beachtung innerhalb der Rechtspflege sicherten.

II. Die Vorstufen des spätrömischen Prozesses wurden bereits in der rechtsgeschichtlichen Einleitung erwähnt und durch das ganze Lehrbuch hindurch oftmals in Betracht gezogen.

a) Der Legisaktionenprozeß. Daß bei den Legisaktionen der Anspruch mit Anlehnung an die Gesetzesworte[1] festgestellt werden mußte, wurde schon oben als eine Folge des altrömischen Legalismus erwähnt.[2]

Nach dem Berichte des Gajus gab es drei Legisaktionen, die der Prozeßentscheidung, und zwei, die der Zwangsvollstreckung dienten *(per manus injectionem* und *per pignoris capionem).*[3] Die erstgenannten drei hießen *legis actio sacramento, legis actio per judicis arbitrive postulationem, legis actio per condictionem.*

Die *legis actio per condictionem*[4] wurde schon oben erwähnt (S. 471). Sie enthielt eine außergerichtliche Ladung bei Ansprüchen auf ein *certum,* also bei Ansprüchen, die nach der Einfachheit ihres Zieles eine durchschnittliche Einfachheit ihrer Grundlagen vermuten ließen, und ist erst später eingeführt worden.[5] Von der *legis actio sacramento*[6] wissen wir, daß sie sich durch eine von beiden Parteien versprochene Strafsumme auszeichnete, die der Tempelkasse zufiel und deren Verfall eine Folge des Prozeßverlustes war.[7]

---

[1] Karlowa, Der römische Civilprozeß zur Zeit der Legisaktionen. 1872. Bekker, Die Aktionen des röm. Privatrechts zur Zeit der Legisaktionen. 1872. I. S. 18 flg. Karlowa, Röm. Rechtsgeschichte II, 1. S. 384.

[2] Vgl. oben S. 66. Ein viel besprochenes Beispiel dieser Formenstrenge berichtet Gajus IV, 11: *Eum qui de vitibus succisis ita egisset, ut in actione vites nominaret, responsum est rem perdidisse cum debuisset arbores nominare, eo quod lex XII tabularum, ex qua de vitibus succisis actio competeret, generaliter de arboribus succisis loqueretur.* Vgl. hierzu A. S. Schultze, Privatrecht und Prozeß S. 498.

[3] Von diesen beiden war schon oben die Rede.

[4] Vgl. über sie Pernice, Labeo III. S. 226.

[5] Durch eine *lex Silia* und eine *lex Calpurnia.* Gajus IV, 19: *Lege quidem Silia certae pecuniae, lege vero Calpurnia de omni certa re.*

[6] Vgl. über sie Keller-Wach, Der röm. Civilprozeß. 6. Aufl. §§ 14 flg. v. Bethmann-Hollweg, Der röm. Civilprozeß. Bd. I. §§ 37 ff. Bekker, Die Aktionen des röm. Privatrechts. I. S. 57 flg. Bechmann, Studie im Gebiete der legis actio sacramenti in rem. München 1889. (Festschrift für Windscheid.) Roth, Beitrag zur Lehre von der legis actio sacramento in rem, Zeitschr. der Savigny stiftung III. S. 121. Karlowa, Röm. Rechtsgeschichte II. 1. S. 131 flg.

[7] Näheres siehe Gajus IV, 13 flg. Gajus bezeugt ausdrücklich, daß diese Klageform *generalis* war (IV, 13). Wenn also die von ihm überlieferte Art

Die *legis actio per judicis arbitrive postulationem* wurde in einer uns nicht erhaltenen Stelle der Gajushandschrift (IV, 17 in fine) geschildert und ist daher der Gegenstand vieler einander widersprechenden Vermutungen. Wenn wir bedenken, daß die *legis actiones* nach Merkmalen benannt wurden, die ihnen eigentümlich waren, daß aber auch in der Anstellung einer *legis actio sacramento* immer zugleich eine *judicis postulatio* von seiten des Klägers enthalten war, so liegt es nahe, anzunehmen, daß die *postulatio*, nach der die *legis actio per judicis arbitrive postulationem* benannt worden ist, kein Antrag des Klägers war, sondern ein Antrag des Verklagten, der immer dann zulässig gewesen sein mag, wenn der Kläger keinen Richter erbeten, sondern einfach einen obrigkeitlichen Befehl *(interdictum)* auf Herausgabe oder Vorweisung der von ihm begehrten Sache erwirkt hatte. Wir wissen nämlich, daß sich der Verklagte bei einem solchen Befehle nicht zu beruhigen brauchte, sondern verlangen konnte, daß seine Pflicht zu der ihm anbefohlenen Handlung von einem Richter geprüft werde. Späterhin geschah diese Prüfung durch einen *judex*, der mit einer *formula arbitraria* bestellt wurde,[1] ursprünglich wird sie wohl durch die *legis actio per judicis arbitrive postulationem* erwirkt worden sein.[2]

b) Der Formularprozeß ist für die Auslegung der Quellen von höchstem Werte. Justinians Institutionen zeigen hier eine große

ihrer Handhabung nicht zu allen Ansprüchen paßt, so folgt daraus nur, daß man die *legis actio sacramento* auch noch auf andere Arten handhaben konnte.

[1] Gajus IV, 163: *Namque si arbitrum postulaverit is, cum quo agitur (restitutorio vel exhibitorio interdicto), accipit formulam quae appellatur arbitraria et judicis arbitrio si quid restitui vel exhiberi debeat* (vgl. hierzu oben S. 458 Anm. 5), *id sine periculo exhibet aut restituit, et ita absolvitur. quod si nec restituat nexe exhibeat, quanti ea res est condemnatur.* Die Stelle erwähnt zwar nur einen *arbiter*, nicht einen *judex*. Es ist aber bekannt, daß die Worte *judex* und *arbiter* ursprünglich scharf geschieden, späterhin aber verwischt wurden (vgl. Puchta-Krüger, Institutionen. 10. Aufl. I. S. 166 § 74 Anm. a). Die Stelle wird vielfach anders aufgefaßt. Vgl. hierüber unten § 175. S. 527 Anm. 4.

[2] Nach dieser Annahme würde es von Anfang an im Legisaktionenprozesse zwei Arten von Klagen gegeben haben, eine ordentliche (*sacramento*) mit dem Antrage auf Richterbestellung und eine außerordentliche mit dem Antrage auf ein Interdikt, die jedoch in ein ordentliches Verfahren ohne *sacramentum* vom Verklagten übergeleitet werden konnte. Übrigens sind hinsichtlich der *legis actio per judicis arbitrive postulationem* noch mehrere andere Vermutungen aufgestellt worden, über die zu vergleichen ist: Keller (Wach), Der röm. Civilprozeß. 6. Aufl. § 17. S. 76; ferner A. Schmidt, Über die legis actio per judicis postulationem, Zeitschr. der Savignystiftung II. S. 145. Bekker, Die Aktionen I. S. 57 flg.

Lücke. Sie lassen die Schilderung des veralteten Prozeßrechts weg, obwohl ohne seine Kenntnis die Pandekten unverständlich sind. Die Pandektenjuristen schrieben nämlich zur Zeit des Formularprozesses und spielten fortwährend auf die Scheidung des Verfahrens vor dem Magistrate *(in jure)* von den Verhandlungen vor den Geschworenen *(in judicio)* an.

Obwohl diese Scheidung seit dem Ende des dritten Jahrhunderts veraltet ist, sind doch die Schriften der älteren Juristen ohne Kenntnis des Verfahrens, das ihnen vor Augen stand, nicht völlig verständlich. So hängt z. B. der häufige Ausdruck *intendere* (= als Klagegrund angeben) mit der Beschaffenheit der *formula* zusammen, die als bedingter Befehl einen Bedingungssatz *(intentio)* und einen Befehlssatz *(condemnatio)* enthielt, z. B.: *Si paret reum actori sestertium decem millia dare oportere (intentio) judex reum actori decem millia condemna, si non paret absolve.* (In den typischen Formularen hieß der Kläger A A = *Aulus Agerius*, der Verklagte N N = *Numerius Negidius*, jener *ab agendo*, dieser *a numerando et negando.)* Wo die *intentio* einer Erläuterung bedurfte, da wurde ihr eine *demonstratio* vorausgeschickt, z. B.: *Quod actor reo fundum vendidit (demonstratio), quidquid paret ob eam rem reum actori dare facere oportere (intentio), tanti judex reum actori condemna, si non paret absolve (condemnatio).*[1] Bei den *actiones praescriptis verbis* (vgl. oben S. 395) stand an Stelle der *demonstratio* eine *praescriptio pro actore* (über die *praescriptio pro reo* siehe unten § 173).

Neben *demonstratio, intentio* und *condemnatio* war als Formelbestandteil noch eine *adjudicatio* möglich, jedoch nur bei Teilungsklagen (s. oben S. 473).

In Gaj. IV, 41: *intentio est ea pars formulae qua actor desiderium suum concludit* ist also nach dem Vorstehenden „*intentio*" nicht etwa als Klagantrag aufzufassen, sondern als die vom Kläger behauptete Voraussetzung, aus der er sein Recht zum Klagantrage herleitet.

Alles dies ist erst dadurch klar geworden, daß man das vierte Buch des Gajus (1816) entdeckt hat. Dieser Fund beseitigte viele vorher unvermeidliche Mißverständnisse[2] und zog einen bedeutenden Aufschwung der Quellenauslegung nach[3] sich. Seitdem ist der römische Civilprozeß der Gegenstand eines besonderen Lehrzweiges,

[1] Gajus IV, 40 flg.

[2] Während Justinians Regierung und lange Zeit nachher besaß man im byzantinischen Reiche wohl noch die von ihm außer Kraft gesetzten älteren Schriften. Daher konnte man sich gegen Mißverständnisse der Pandektenexzerpte weit eher schützen, als im Westen, wo überdies germanische Rechtsanschauungen eine unbefangene Würdigung der römischen Sätze erschwerten.

der durch die Institutionenlehre nicht entbehrlich gemacht, sondern nur vorbereitet werden kann.[1]

Es ist übrigens nicht bloß der veraltete Formularprozeß, dessen Sätze überall aus der Rechtssammlung Justinians herausblicken, sondern auch das ältere Recht muß zu ihrem vollen Verständnisse benützt werden. Die mannigfachen Hypothesen, die auf diesem Gebiete aufgestellt werden, fallen daher nicht in das Gebiet der reinen Altertumswissenschaft, sondern der Auslegung der noch heutzutage gültigen Texte. Von besonderer Bedeutung ist namentlich die Übergangszeit, in der der Formularprozeß entstand und sich verbreitete, während der Legisaktionenprozeß abstarb. Sie beginnt mit einer *lex Aebutia* ungewissen Alters[2] und endet mit dem Verschwinden des Centumviralgerichts, dessen Untergangszeit wir nicht genau kennen, das aber bis in die christliche Kaiserherrschaft hinein bestand. In den Centumviralverhandlungen ist nämlich, soviel wir wissen, der Formularprozeß niemals an die Stelle des Legisaktionenverfahrens getreten.

Was in der *lex Aebutia* gestanden hat, ist darum sehr zweifelhaft, weil Gajus (IV, 31) bemerkt, daß nicht nur durch sie, sondern auch durch die späteren beiden *leges Juliae* (unter Augustus) die *legis actiones* beseitigt worden sind (mit Ausnahme der Centumviralsachen und der *actio damni infecti*).[3] Die neuerdings vorwiegende Meinung, daß die *lex Aebutia* den Formularprozeß nur als fakultative

---

[1] Eine genaue Kenntnis des 4. Buches des GAJUS ist eine unerläßliche Vorbedingung jedes weiteren Studiums römischer Rechtsquellen. Die beiden Hauptwerke über den römischen Civilprozeß sind KELLER, Der röm. Civilprozeß und die Aktionen (6. Aufl. von WACH) 1883, und v. BETHMANN-HOLLWEG, Der röm. Civilprozeß. (Bd. I und III seines leider unvollendeten Werkes: Der Civilprozeß des gemeinen Rechts). Daneben besteht eine reichhaltige Litteratur, die sich den Einzelfragen dieses Rechtszweiges widmet. (Nähere Angaben s. bei SOHM, Institutionen. 5. Aufl. S. 146 A. 1 u. 2.) Überaus anschauliche „Institutionen des römischen Civilprozesses" finden sich in den §§ 34—44 (S. 146—218) der Institutionen von SOHM (Vorrede S. X).

[2] Vgl. oben S. 78 Anm. 7.

[3] Über diese Klage siehe oben S. 278 Anm. 3. GELLIUS, N. Att. XVI, 10, 8 erwähnt die *legis actiones* als nur noch in Centumviralsachen geltend; vgl. auch VOIGT, Röm. Rechtsgeschichte I. S. 830, die Daten für den Fortbestand der *legis actio in personam* bis in die Kaiserzeit. Hieraus geht hervor, daß auch persönliche Klagen unter Umständen der Kompetenz des Centumviralgerichts unterlagen. Über praktische Folgen der Beibehaltung des Legisaktionenverfahrens vgl. PERNICE in v. HOLTZENDORFFS Encyklopädie. 5. Aufl. I. S. 130.

Form des Verfahrens neben den Legisaktionen eingeführt hat,[1] ist mit dem Wortlaute des Berichtes des Gajus unvereinbar, nach dem gewisse *legis actiones* durch die *lex Aebutia* und andere durch die *leges Juliae* aufgehoben und von *formulae* ersetzt worden sind.[2] Welche Klagen dies aber waren, kann nur durch Schlüsse aus anderen Berichten vermutet werden. So scheinen alle *legis actiones per condictionem* (S. 471) schon durch die *lex Aebutia* aufgehoben worden zu sein, weil uns bezeugt ist, daß der Prätor nur dieser Legisaktionenform allein keine Formeln nachgebildet hat,[3] und es daher nahe liegt, anzunehmen, daß sie zur Zeit des Formularprozesses gar nicht mehr existierte. Dagegen dürfen wir vermuten, daß die *legis actiones in rem* jedenfalls noch nicht durch die *lex Aebutia* aufgehoben worden sind, also zunächst noch nicht unter die Zuständigkeit des durch Formel ernannten Einzelrichters fielen;[4] denn es liegt nahe, in dieser Weise die *sponsiones mere praejudiciales* zu erklären. Es waren dies gegenseitige Strafversprechen einer kleinen Summe für den Fall, daß dem Kläger das begehrte dingliche Recht entweder nicht zustand oder zustand. Solche Strafversprechen hießen *sponsiones mere praejudiciales* im Gegensatz zu den *sponsiones poenales*, die sich auf eine ernstliche Strafe bezogen. Sie erzeugten eine *condictio certi* aus dem Vertrage, die durch *formula* zu erledigen war; man konnte also durch derartige Abreden die alte schwerfällige *legis actio* vermeiden. Es scheint sogar, als ob die *formula petitoria*, mit der (neben dem Sponsionsverfahren) der Eigentümer seine *vindicatio rei* verfechten konnte, wenigstens dann, wenn sie vor einem Einzelrichter geltend gemacht wurde, keine volle civilrechtliche Kraft besaß, sondern nur *jure praetorio* (d. h. also nach dem Ermessen des jedesmaligen Magistrats) wirkte.[5] Wenigstens gelten die Urteilssprüche des Einzelrichters auf eine solche Klage nicht *ipso jure*. Dazu kommt, daß bei diesen

---

[1] So Pernice in v. Holtzendorffs Encyklopädie I. 5. Aufl. S. 172 und Sohm, Institutionen. 5. Aufl. § 167 flg., beide in Anlehnung an Wlassak, Römische Prozeßgesetze I. 1888. Vgl. auch Wlassak, Subsiciva V, Grünhuts Zeitschrift f. öffentl. u. Privatrecht XIX. S. 729 und Eisele, Abhandlungen zum römischen Civilprozeß II. S. 65 flg.

[2] Gajus IV, 30.

[3] Gajus IV, 33.

[4] Dafür spricht auch Cicero pro Murena cap. 12.

[5] Gajus IV, 107. Es war dies namentlich wichtig wegen der bindenden Kraft, die ein solcher Spruch für den Amtsnachfolger des Magistrats, von dem der *judex* bestellt war, hatte. Man darf übrigens, wie Wlassak, Die röm. Prozeßgesetze II. S. 16, richtig hervorhebt, die civilrechtlichen Ansprüche nicht mit den *judicia legitima* verwechseln (Gajus IV, 109), zu denen auch

Klagen der Verklagte sich immer noch besonders durch eine *cautio judicatum solvi (jure civili)* zur Beachtung des Prozesses und des Urteils verpflichten mußte,[1] also zu Dingen, die sich gegenüber einem vollkommen gesetzlichen Verfahren von selbst verstehen und auch schon damals von selbst verstanden haben würden, wenn nicht das Verfahren mit der *actio petitoria* in civilrechtlicher Hinsicht ohne volle Kraft gewesen wäre.[2] Wir dürfen daher wohl vermuten, daß die beiden *leges Juliae*, als sie die *legis actiones in rem* außerhalb des Centumviralverfahrens aufhoben, doch den Prätor zur Erteilung civilrechtlich vollwirksamer *formulae in rem* nicht ermächtigt haben, weil für solche Klagen inzwischen das Sponsionsverfahren eingeführt worden war, eine Form, die genügend erscheinen mochte, um civilrechtlich vollkräftige Urteile zu begründen.

Alle diese Vermutungen sind für das Verständnis der Quellen darum unentbehrlich, weil sie erklären, warum die praktischen Römer zu den umständlichen *sponsiones mere praejudiciales*[3] und dem Erfordernisse der *cautio judicatum solvi* für alle dinglichen Formularklagen gekommen sind, zwei Einrichtungen, die später bei der Beseitigung des Formularprozesses wegfielen (S. 515), und deren Zweck

---

prätorische Klagen gehörten. *Legitima judicia* waren vielmehr die ordentlichen Prozesse für Bürger in Rom. Das *legitimum* ist hier kein Gegensatz zum *praetorium*, sondern zum *peregrinum*. Die Peregrinenprozesse, sowie solche Bürgerprozesse, bei deren Einleitung ein civilrechtlicher Grundsatz unbeachtet geblieben war, ruhten auf der persönlichen Verantwortung des Prätors und hießen deshalb *imperio continentia* in „einem seltsam präcisierenden Ausdrucke" (Mommsen, Zeitschr. der Savignystiftung XII. S. 281), der in Inst. II, 23 de fideic. her. §§ 1. 12 ein Seitenstück findet. Der Ausdruck *legitimum* deutet übrigens, wie Mommsen, a. a. O. S. 297, gegen Wlassak bemerkt, nicht auf bestimmte Gesetze hin, sondern auf die unwandelbare Rechtsordnung im Gegensatz zu dem abänderlichen Gebote des Magistrats. Die *judicia imperio continentia* werden von den *judicia legitima* in mehrfacher Hinsicht unterschieden (vgl. Gajus III, 83. 180. 181; IV, 104. 107. 109).

[1] Vgl. Dig. XLVI, 7 judicatum solvi fr. 6 (Ulpianus): *Judicatum solvi stipulatio tres clausulas in unum collatas habet: de re judicata, de re defendenda, de dolo malo.* Als Ergänzung des Sponsionsverfahrens war ein ähnliches Versprechen, die Sache herauszugeben, freilich wohl verständlich. Gajus IV, 91.

[2] Die *formula petitoria* konnte daher zwar ein *judicium legitimum* nach sich ziehen, weil sie im Edikte des Prätors stand, nicht aber eine *sententia*, die *jure civili* vollwirksam war. Gajus IV, 107. Wahrscheinlich verhielt es sich ebenso mit den *praejudicia*, die an Stelle der civilrechtlichen *actiones* aus *sponsiones praejudiciales* traten, wie uns eine solche in Ciceros Oratio pro Quinctio überliefert ist. Vgl. oben S. 461 c.; Inst. IV, 13.

[3] Vgl. über sie auch noch Bekker, Die Aktionen des röm. Privatrechts. I. S. 246 flg.

uns vom Standpunkte unseres heutigen Rechtes zunächst unbegreiflich erscheinen muß.

III. Die Bedeutung des Formularprozesses für die Gegenwart liegt vornehmlich in den reichen Schöpfungen, durch die er den Inhalt der Rechtssätze und der rechtswissenschaftlichen Lehren vermehrt hat. Dagegen sind seine (im spätrömischen Rechte beseitigten) Grundlagen dem deutschen Rechte völlig fremd geblieben.[1] Dem gegenwärtigen Verfassungsrechte widerstreben namentlich die Abhängigkeit des Richteramtes von obrigkeitlichen Befehlen und die Möglichkeit neben dem bestehenden Recht oder sogar gegen dasselbe neue Ansprüche zu gewähren, da es bei uns ein Vorrecht der gesetzgebenden Gewalt ist, das Recht zu ergänzen und abzuändern.[2]

Trotzdem zeigen die magistratischen Schöpfungen jener Periode noch in unserer Zeit insofern ihre Spuren, als ihnen einige technische Namen römischer Klagen entstammen, die sich erhalten haben. Dahin gehören namentlich die *actiones utiles*, als die Nachbildungen der ursprünglichen Ediktsformulare, in denen die Magistratur neue Ansprüche und damit auch neue Rechtssätze schuf. Unter ihnen befanden sich insbesondere die Formeln, in denen an der Stelle des Empfängers der Urteilsleistung ein anderer genannt wurde, als in der vorher bestehenden Normalformel, der *actio directa*.[3] Man hat sie *actiones translatae* genannt,[4] weil bei ihnen in der That eine Anspruchsübertragung stattfand. Auch die mehrfach erwähnten *actiones ficticiae* gehören hierher, bei denen der Richter unter gewissen Umständen angewiesen wurde, ebenso zu erkennen, wie in einem anderen, thatsächlich nicht vorhandenen (fingierten Falle).[5] Endlich gehören hierher die *actiones in factum*,[6] bei denen der Prätor dem Richter einfach unter gewissen Vorbedingungen zu verurteilen befahl, gerade wie ein Gesetzgeber.[7]

---

[1] Über erfolglose Anregungen zur Wiederaufnahme des Formularprozesses in unserm Jahrhundert vgl. Schultze, Privatrecht und Prozeß in ihrer Wechselbeziehung S. 575.

[2] Vgl. Sohm, Institutionen. 5. Aufl. S. 218: „Mit dem spätkaiserlichen Prozesse hatte der moderne Prozeß seinen Anfang genommen."

[3] Ein Beispiel siehe oben S. 491 Anm. 5.

[4] Vgl. Keller-Wach, Der römische Civilprozeß. § 32.; vgl. auch Bekker, Die Aktionen II. S. 106 flg.

[5] Beispiele siehe S. 465 Anm. 5, S. 477 Anm. 3.

[6] Beispiele sind die *actio Serviana*, oben S. 466, und die Seitenstücke der *actio legis Aquilae*, S. 447; vgl. hierzu Bekker, Die Aktionen II. S. 130 flg.

[7] Wahre *judicia legitima* waren freilich nur möglich, sofern der Prätor eine Klage *ex edicto* gab. Gajus IV, 100; vgl. oben S. 77 flg.

Die in den Quellen überlieferten *actiones utiles* und *in factum* gelten im Justinianischen und heutigen Rechte eben so viel wie die *actiones directae* und die *actiones in jus conceptae*, bei denen der Prätor dem *judex* befahl, nach den Vorschriften des *jus* zu urteilen.

Dagegen haben die richterlichen Behörden im spätrömischen wie im heutigen Rechte nicht mehr die Befugnis, gleich Gesetzgebern neue *actiones utiles* oder *in factum* da zu gewähren, wo das geltende Recht sie nicht zuläßt. Eine derartige Rechtserzeugung war allerdings der Zeit des Formularprozesses eigentümlich, sie ist aber zugleich mit dieser Prozeßform in Wegfall gekommen.[1] Im spätrömischen wie im heutigen Prozesse werden die Klagen durch Gesetze und Gewohnheitsrechte verliehen, nicht aber durch den Richter, der sie nur entgegennimmt und beurteilt.[2]

II. Die Grundzüge des römischen Prozeßrechtes.[3]

§ 169.

I. Die beiden Hauptziele eines jeden Prozeßrechtes sind: die Sorge für das Vorhandensein zugänglicher Rechtspfleger und für ein angemessenes Verfahren bei der Rechtspflege. Der erstgenannten Aufgabe entspricht das Gerichtsverfassungsrecht, der anderen dienen die Vorschriften über das Verfahren.

II. Das römische Gerichtsverfassungsrecht hat die folgenden Eigentümlichkeiten:

a) Die Gewähr für die Tüchtigkeit der Richter suchte man ursprünglich in der Vorbereitung des Verfahrens durch einen Magistrat *(in jure)* und in der Beschaffenheit des Richterstandes.

Als Mittel einer angemessenen Verteilung der Aufgaben, die der Rechtspflege obliegen, betrachteten die Römer bei ihren Bürgergerichten zunächst die grundsätzliche Trennung des *imperium* (der befehlsberechtigten Amtsgewalt) von dem *judicium* (der beobachtenden und urteilenden Richterthätigkeit), welche bei den Prozessen unter Bürgern verlangt werden konnte. Die Ordnung des Streites und die Vollstreckung war Sache des jugendlich thatkräftigen Beamten, dessen Mangel an Rechtskenntnissen in der Kaiserzeit durch rechts-

---

[1] Vgl. hierzu Schultze, Privatrecht und Prozeß S. 357.

[2] Vgl. Cod. II, 57 (58) de formulis et impetratione actionum sublata c. 2.

[3] Das Nachfolgende soll die oben in der rechtsgeschichtlichen Einleitung enthaltenen kurzen Angaben über den römischen Prozeß nur noch insoweit ergänzen, als es für das Verständnis des nachstehenden letzten Abschnittes der Institutionen erwünscht erscheint.

gelehrte *assessores* ergänzt wurde. Die Prozeßentscheidung war ursprünglich Sache eines unbefangenen Privatmannes,[1] der dem Senatorenstande angehörte,[2] später dem *album judicum selectorum*, d. i. der durch ihren Reichtum gegen die Bestechungsgefahr gesicherten Privatgeschworenen.[3]

In gewissen Fällen gab die Kollegialität des Gerichtes eine erhöhte Gewähr der Tüchtigkeit. So namentlich in dem Gerichtshofe der *centumviri* (je drei aus den 35 *tribus* = 109, später 180 Richter), einem schwerfälligen Volksausschusse, der entweder aus alter Zeit stammte oder vielleicht auch[4] eine Schöpfung der späteren Zeit war. Zu ihrer Zuständigkeit gehörten jedenfalls die Erbschafts-, aber auch noch viele andere Sachen.[5] Im Zusammenhange mit ihnen (vielleicht als vorberatende und berichtende Behörde?) standen in der Kaiserzeit *decemviri*. Schon zur Zeit der Republik finden wir *decemviri stlitibus (i. e. litibus) judicandis* für Freiheitsprozesse.[6] Diese letzteren sowie andere wichtige Sachen

---

[1] Vgl. hierzu Pernice in der Zeitschr. der Savignystiftung V. S. 48. Das römische Recht ist hierin bis zu einem gewissen Grade dem altgermanischen ähnlich, das Richter und Urteilsfinder sondert; vgl. Schröder, Lehrbuch der deutschen Rechtsgeschichte I. § 8. S. 33 flg.

[2] Dies ist streitig; vgl. oben S. 57 Anm. 5

[3] Vgl. Fustel de Coulanges, La cité antique. Paris 1864. S. 442: *A Rome où le pauvre n'entrait pas dans les tribunaux, il se vendait comme témoin, à Athènes comme juge.*

[4] Für eine Entstehung dieses Gerichtshofes in späterer Zeit Wlassak (Röm. Prozeßgesetze I. S. 127) und Pernice in v. Holtzendorffs Encyklopädie I. 5. Aufl. S. 115. Es ist übrigens sehr wohl möglich, daß das nach Tribus gebildete Centumviralgericht nur aus einem noch schwerfälligeren Ausschusse der Centuriatkomitien gebildet worden ist.

[5] Über die weitgreifende Zuständigkeit dieses Gerichtshofes zu Ciceros Zeit siehe Cicero, De oratore I.

[6] Nach Pomponius Dig. I, 2 de or. juris fr. 2 § 29 (cum esset necessarius magistratus, qui hastae praeesset) waren die *decemviri* nur Vorstände des Centumviralgerichts, während sie in früherer Zeit als besonderes (plebejisches?) Richterkollegium auftraten, dessen Zusammensetzung aus Plebejern in Anlehnung an Huschke von Karlowa, Röm. Rechtsgeschichte II, 1. S. 118 vermutet wird. Pernice in v. Holtzendorffs Encyklopädie I. 5. Aufl. S. 115 nimmt an, daß sie zum Schutze der Plebejer eingeführt worden sind. Vgl. auch Mommsen, Abriß des Röm. Staatsrechtes, S. 249 und Sohm, Institutionen. 5. Aufl. S. 170 Anm. 11. Vielleicht handelt es sich hier um zwei verschiedene Behörden, die älteren Zehnmänner und die neueren. Dann müßten wir annehmen, daß die ersteren in der Kaiserzeit (wahrscheinlich durch die *leges Juliae*) beseitigt, die letzteren aber eingeführt worden sind, um die Centumviralsachen vorzubereiten und zu leiten.

(z. B. Besitzprozesse) kamen späterhin an die *recuperatores*, eine Mehrheit von Richtern, die ebenso wie die Einzelgeschworenen unter Mitwirkung beider Parteien bestellt wurden und deshalb wohl besonders beliebt sein mochten. Es scheint, als ob diese Form des Gerichts ursprünglich ein Vorrecht der Fremdenprozesse (unter Angehörigen verschiedener Nationalitäten) war[1] und allmählich diese Kollegien von Privatgeschworenen auch unter Bürgern in solchen Sachen gewählt wurden, in denen der Magistrat die Anordnung eines Gerichtsverfahrens gern durch den Spruch einer Mehrheit gedeckt sah.[2]

b) Die Zugänglichkeit der Richter war ursprünglich durch die Festsetzung bestimmter Gerichtstage im Kalender sowie durch die Öffentlichkeit des Verfahrens gewährt. In den Provinzen hielt der Statthalter auf regelmäßigen Rundreisen die Gerichtstage ab.

Das spätrömische Recht breitet, wie das heutige, ein Netz ständiger Gerichtsbehörden über das Reich aus, deren Geschäftslast durch Zuständigkeitsregeln verteilt ist, entzieht aber allmählich dem Verfahren seine Öffentlichkeit.[3]

Mit dieser Umwandlung der Gerichtsbehörden hing ein vollständiger Wechsel der Art zusammen, in der der Gegner geladen und das Urteil vollstreckt wurde. Im altrepublikanischen Rechte war die Partei, die einen Gegner laden oder der Vollstreckung eines Urteils unterwerfen wollte, an eine vorherige Erlaubnis der Obrigkeit nicht gebunden.[4] Jene geschah durch *in jus vocatio*, diese durch *manus injectio* (siehe oben). Im spätrömischen Rechte muß beides, Ladung wie Vollstreckung, bei der Obrigkeit erwirkt werden.[5]

---

[1] Livius XLIII, 2. Mitteis, Reichsrecht und Volksrecht. S. 73, nach dessen Ausführungen der lateinischen *recuperatio* die δίκη ἀπὸ συμβόλων entsprach und σύμβολα Rechtshilfeverträge waren. Festus 274.

[2] Vgl. den Einfluß, den das Gebiet dieser Rekuperatorensachen auf die Anordnung des *edictum perpetuum* und mittelbar der Justinianischen Pandekten gehabt hat, ist aufgeklärt von Lenel, Edictum perpetuum. S. 20 flg.

[3] Vgl. Bethmann-Hollweg, Der röm. Civilprozeß III. § 147. S. 188.

[4] Vgl. Tabula I in Bruns, Fontes ed. VI. S. 17: *Si in jus vocat ito ni it antestamino igitur em capito.* tab. III, 1. 2. Ebenda S. 20: *Aeris confessi rebusque jure judicatis triginta dies justi sunto, post deinde manus injectio esto.* Wahrscheinlich war in beiden Fällen die Stellung eines *vindex*, der den Streit auf sich nahm, das gesetzlich zugelassene Mittel, um sich der Gewalt des Klägers zu entziehen.

[5] Unser gegenwärtiges deutsches Prozeßrecht hat einen Mittelweg eingeschlagen. Es überträgt Ladungen und Vollstreckung zwar an Behörden, aber an solche, die vom Richter unabhängig sind, die Gerichtsvollzieher. Auch wo bei uns ausnahmsweise das Gericht die Vollstreckung vornimmt, ist das Pro-

Dieser Wandel im Ladungswesen zeigt Zwischenstufen der Entwickelung. So führte der Kläger schon in alter Zeit den Gegner zum ersten Termin sofort mit sich vor den Magistrat, zu dem zweiten bedurfte es dessen nicht, weil ein *vadimonium*, ein Versprechen, in diesem zweiten Termine bei Vermeidung einer Strafe zu erscheinen, am Schlusse des ersten Termins vom Magistrate veranlaßt worden war.[1] Statt des *vadimonium* finden wir späterhin ein *cautio judicio sisti*. Auch außergerichtliche Versprechen dieser Art, die sich auf den ersten Termin bezogen, veranlaßten den Prätor, gemäß seinem Edikte dem Säumigen eine Einweisung des Klägers in sein Vermögen aufzulegen.[2] Einseitige Vorladungen zu einem späteren Termine, die vom Kläger an den Verklagten gerichtet sind, waren die ältere *condictio* bei der *legis actio per condictionem* und die erst später eingeführte *litis denuntiatio*, bei der der erhobene Anspruch und die Behauptungen, auf die er sich gründete, angegeben werden mußten.[3]

Schon in der Kaiserzeit kam die obrigkeitliche Ladung auf zunächst neben der *in jus vocatio* von seiten der Partei, im spätrömischen Prozesse statt ihrer. Auch noch zu Justinians Zeit enthielt die Klage eine Ladung, wie dies auch heutzutage der Fall ist. Da jedoch das Verfahren im fünften Jahrhunderte ein geheimes geworden war, so muß entweder der Richter so, wie es heutzutage bei uns geschieht,[4] den Termin, zu dem die Klage vorlud, nachdem sie ihm vorgelegt worden war, angesetzt, oder er muß wenigstens den vom Kläger vorgeschlagenen Termin gebilligt haben.[5] Seit dem Wegfalle des öffentlichen Verfahrens und der freien Zugänglichkeit des Richters wurden wahrscheinlich auch die *litis denuntiationes* der

---

zeßgericht, das den Spruch gefällt hat, keineswegs immer zugleich das Vollstreckungsgericht.

[1] Gajus IV, 184 ff. Die *vades* und *subvades*, die ursprünglich sich für solche Versprechen verbürgten, sind zur Zeit des Gellius (Noctes Atticae XVI, 10, 8) bereits veraltet.

[2] Es ergiebt sich dies aus Ciceros Rede pro Quinctio; vgl. auch Dig. XLII, 4 quib. ex causis in poss. fr. 2 § 2.

[3] Über *lis* siehe oben S. 489 Anm. 2. Die *litis denuntiatio* war mehr als eine bloße Kriegserklärung, sie gab auch an, um welches Vermögensstück gestritten werden sollte; vgl. über sie Baron, Der Denuntiationsprozeß. 1887. Kipp, Die Litisdenuntiation. 1887. Pernice, Zeitschr. der Savignystiftung VII. S. 129. Schultze, Privatrecht und Prozeß S. 562 flg. Die Einführung dieser Prozeßform wird vielfach M. Aurel zugeschrieben. Kipp (S. 33) setzt sie erst an das Ende des dritten Jahrhunderts.

[4] Reichscivilprozeßordnung §§ 193, 283.

[5] Es ist dies nicht ganz sicher; vgl. hierüber v. Bethmann-Hollweg, Der Civilprozeß III. § 152. S. 242.

Obrigkeit vorgelegt, damit sie die darin enthaltene Vorladung vorher erfuhr, gerade so wie die gewöhnlichen Klagen *(libelli actionis)*, die keine vollständige Begründung des erhobenen Anspruches zu enthalten brauchten. So mag es denn gekommen sein, daß sowohl die unvollständigen *libelli*, wie die vollständigen *litis denuntiationes* der Obrigkeit vorgelegt und von dieser dem Verklagten zugestellt wurden. Hieraus erklärt es sich wohl, warum sich im Justinianischen Rechte ihr Unterschied völlig verwischt hat.[1]

Über die Entwickelung des Zwangsvollstreckungsprozesses siehe weiter unten II, b. *ε*.

II. Das Verfahren.

a) Allgemeine Grundsätze.

α) Gegen Verschleppung schützte im Formularprozesse:

αα) Die Prozeßverjährung. Vgl. über sie unten § 175.

ββ) Gewisse Parteierklärungen mußten *ante litis contestationem* abgegeben werden, widrigenfalls sie als verspätet galten. Dahin gehörten ursprünglich alle Einreden, die nicht schon *ipso jure* galten, sondern nur, wenn sie der Prätor zuließ *(exceptiones)*, späterhin nur noch die *exceptiones dilatoriae.*[2]

Auch die Zuschiebung des *jusjurandum in jure delatum* und die *confessio in jure* waren nur vor der Litiskontestation möglich. Dies ist vielleicht schon im spätrömischen Prozeßrechte, jedenfalls aber im heutigen weggefallen.

β) Für die Gesetzmäßigkeit des Verfahrens bürgte ursprünglich die Öffentlichkeit des Verfahrens, die Verantwortlichkeit des Magistrats nach dem Ablaufe des Amtsjahrs, die Haftung des *judex, qui litem suam fecit* (s. oben S. 453 II, a), das Recht der Partei zur Beschwerde bei der vorgesetzten Obrigkeit und die Rechtsmittel (s. unten b. *γ*.).[3]

b) Die einzelnen Stufen des Verfahrens.

α) Die Vorverhandlung vor der Feststellung des Streitgegen-

---

[1] Zwischen der Veröffentlichung des Codex Theodosianus und der Entstehung des Codex Justinianus sind die Öffentlichkeit des Verfahrens und der besondere Denuntiationsprozeß verschwunden. Dies gleichzeitige Absterben der beiden Einrichtungen war wohl kaum ein Zufall.

[2] Vgl. über diesen Begriff unten § 173. Cod. IV, 19 de probat c. 19 und über *in integrum restitutio* gegen versäumte Einreden Cod. VII, 50 sent. resc. c. 2 und hierzu Eisele, zur Geschichte der prozessualen Behandlung der Excerptionen 1875, Schultze, Privatrecht und Prozeß. S. 557. Bekker, Die Aktionen II. S. 221 und älteres Recht Gajus IV, 125. Dem heutigen Rechte ist dies fremd. Die §§ 247 flg. der Reichscivilprozeßordnung betreffen etwas Anderes, s. unten § 173. S. 521.

[3] Vgl. auch oben S. 125 Anm. 5.

standes[1] war dem römischen Verfahren unerläßlich (anders das heutige Recht). Diese Feststellung war nötig, um die Urteils-Befugnis, die dem Richter durch seine Bestellung erteilt werden sollte, scharf abzugrenzen; damit wurde aber zugleich eine feste Grundlage für die weitere Verhandlung, die Zwangsvollstreckung und die spätere Einrede des rechtskräftigen Urteils gewonnen. Für die Vorverhandlung waren (jedenfalls um dem Verklagten eine Prüfung der Sachlage zu ermöglichen) nach der *lex Pinaria* zwei Termine nötig,[2] zwischen denen eine dreißigtägige Frist lag. Eine Ergänzung fand die Feststellung des Streitgegenstandes, wie sie in die Formel aufgenommen war, aus den Vorverhandlungen.[3] Darum wurden diese vielfach protokolliert.[4] Ein wirklicher Protokollierungszwang, den das kanonische Recht aufgestellt und das neuere Recht in hohem Maße beschränkt hat, ist jedoch dem römischen Rechte fremd.

Eine Eigentümlichkeit des Vorverfahrens, die unserem gegenwärtigen Prozesse fremd ist, waren die *interrogationes in jure.* Bei ihnen zwang die Obrigkeit da, wo es angemessen schien, Fragen der Gegenpartei in endgültiger Weise zu beantworten.[5] Über den Abschluß des Vorverfahrens durch *litis contestatio* s. oben S. 489.

β) Das weitere Verfahren nach geschehener Litiskontestation zeichnete sich in Rom zu allen Zeiten durch eine große Freiheit der Bewegung für die Parteien wie für den Richter aus. Die Grundsätze des richterlichen Verhaltens bei dem Anhören der Parteien, der Entgegennahme der Beweise und der Fällung des Urteils waren mehr Gegenstand freier wissenschaftlicher Erörterungen als gesetzlicher Befehle.[6]

Die Vorführung der Zeugen und anderer Beweismittel war vornehmlich Sache der Parteien, doch konnte auch der Richter Bei-

---

[1] Zugesichert wurde eine eingehendere Prüfung der Sachlage *(causae cognitio)* nur ausnahmsweise (vgl. Pernice in der Zeitschr. der Savignystiftung XIV. S. 12), möglich aber war sie immer.

[2] Gajus IV, 15.

[3] In der *condictio certi* stand nur der Name der Parteien, die eingeforderte Sache und der Ausdruck *dare oportere*, aus dem hervorging, daß der Anspruch eine *actio in personam*, nicht *in rem* war, Gajus IV, 86. Sie enthielt daher nur eine sehr unvollkommene Feststellung des Streitgegenstandes, aber immerhin doch einen Hinweis auf die Art des erhobenen Anspruches.

[4] Dig. XXVIII, 4 de his quae in testamento delentur fr. 3, fragm. Vaticana 112. Schultze, Privatrecht und Prozeß S. 271. Neumann, Der röm. Staat und die allgemeine Kirche bis auf Diocletian. I. 1890. S. 277.

[5] Dig. XI, 1 de interrogationibus in jure faciendis et interrogatoriis actionibus. Keller-Wach. § 51 bes. A. 605.

[6] Vgl. hierzu Gellius, N. A. (XIV, 2, 1): *Libros utriusque linguae de officio judicis scriptos conquisivi.*

bringung von Beweisen verlangen.[1] Auf dem Gebiete des Urkundenwesens sind die *tabelliones* von den *tabularii* zu unterscheiden. Jene waren Verfasser von Urkunden, diese (vgl. Inst. I, 11 § 3) Archivbeamte bei Behörden. Später verlor sich die Unterscheidung dieser beiden Berufsarten.[2] Das Notariat gehörte erst dem kanonischen Rechte an.

Einen allgemeinen Zeugniszwang führte Justinian ein,[3] ebenso einen weitgreifenden (in diesem Umfange in Deutschland nicht geltenden) Zwang zur Vorlegung von Beweisurkunden.[4]

In der Beurteilung der beigebrachten Beweismittel herrschte volle Freiheit (System der freien Beweiswürdigung). Dieser Grundsatz wurde später (zur Beschränkung jeder richterlichen Willkür) vom kanonischen Rechte grundsätzlich preisgegeben, das jede Beweisführung[5] an feste Erfordernisse gesetzlich band; er ist aber im neueren deutschen Prozeßrechte (mit einigen Ausnahmen) wiederhergestellt worden.[6]

γ) Die Urteile mußten im späteren Rechte protokolliert und vorgelesen werden;[7] jedoch bedurfte es noch nicht (wie bei uns) einer Mitteilung von Urteilsgründen an die Parteien.

Über die Kraft der Eide[8] und der Anerkenntnisse s. oben S. 468, 469 und näheres über die Urteile unten § 178.

δ) Die Anfechtung der Urteile konnte durch eine *in duplum revocatio* geschehen, bei der der Unterliegende eine Prozeßwiederholung verlangen konnte, jedoch mit Gefahr des Doppelten für den Fall eines nochmaligen Prozeßverlustes. Aus außerordentlichen Gründen konnte (und zwar in weiterem Umfange, als es heute der Fall ist) die Obrigkeit dem in einem Prozesse Besiegten durch *in integrum restitutio* helfen (s. oben S. 462).

---

[1] Vgl. Macrobius Sat. III, 16 (II, 12). §§ 15. 16. v. Bethmann-Hollweg, Der röm. Civilprozeß II. § 61 Anm. 16.

[2] Vgl. v. Bethmann-Hollweg, Der röm. Civilprozeß III. § 144. S. 168.

[3] Cod IV, 20 de testibus c. 16. pr.

[4] Cod. IV, 21 de fide instrumentorum c. 22 (restituta, also nicht recipiert), siehe oben S. 43.

[5] Ein eigentümlicher Vorläufer dieser Politik war die an die heilige Schrift angelehnte Bestimmung Konstantins (Cod. Theod. XI, 39 de fide testium c. 3 § 1), daß die Aussage eines einzigen Zeugen keine Beweiskraft haben soll; vgl. Seuffert, Konstantins Gesetze und das Christentum. 1891. S. 21.

[6] Vgl. Reichscivilprozeßordnung § 259.

[7] Vgl. Cod. VII, 44 *de sententiis ex periculo* (das ist das Protokoll) *recitandis* c. 2. 3.

[8] Sie galt nur *jure praetorio*, nicht *jure civili*, Inst. IV, 13 § 4: *Quia iniquum est de perjurio quaeri.*

Neben diesem außerordentlichen Rechtsmittel entwickelte sich in der Kaiserzeit die Berufung an die höhere Instanz.[1]

Während jedoch im gegenwärtigen deutschen Prozesse die Berufung bei dem höheren Gerichte eingelegt wird und dieses die Akten dem unteren abverlangt,[2] wurde in Rom die Berufung bei dem Unterrichter eingelegt. Dieser bescheinigte sodann die geschehene Einlegung in der Form eines Berichtes an die höhere Behörde, den er dem Berufungskläger übergab.[3] Diesem lag hierauf die Aufgabe ob, die Bescheinigung dem oberen Richter vorzulegen und dadurch die Sache bei ihm anhängig zu machen.[4]

ε) Die Zwangsvollstreckung.

αα) Die Werkzeuge der Zwangsvollstreckung waren ursprünglich die Gläubiger selbst (s. oben S. 469), später die von der Obrigkeit eingewiesenen Gläubiger, endlich neben ihnen die Obrigkeit selbst, die auf Antrag der Gläubiger für diese die Vollstreckung vornahm.[5]

Der Vollstreckungsgegenstand war ursprünglich der Schuldner selbst (s. oben S. 469). Die zwölf Tafeln regelten die Behandlung des im Hause des Gläubigers eingesperrten Schuldners genau (s. oben S. 470 Anm. 1), das spätere Recht befreite die Schuldner von dem Zwange, hierbei Fesseln zu tragen, und ließ die Schuldhaft nur noch eintreten, falls der Gläubiger aus dem Vermögen des Schuldners nicht befriedigt werden konnte. Das neueste Recht verdrängt die

---

[1] Dig. XLIX, 1 de appellat. fr. 1 pr. (Ulpianus): *Appellandi usus quam sit frequens quamque necessarius, nemo est, qui nesciat, quippe cum iniquitatem judicantium vel imperitiam recorrigat.*

[2] Durch den Gerichtsschreiber, Reichscivilprozeßordnung. § 506.

[3] Pauli, Sent. V, 34: *Ab eo, a quo appellatum est, ad eum, qui de appellatione cogniturus est, litterae dimissoriae diriguntur quae vulgo apostoli appellantur.* Während bei uns der Unterrichter in den Entscheidungsgründen Gelegenheit hat, den späteren Vorwürfen, die die Partei in höherer Instanz gegen sein Verhalten erheben könnte, vorzubeugen, kennt das römische Recht die Abfassung solcher Gründe noch nicht. Darum mögen wohl die *litterae dimissoriales* oft genug zu dem gleichen Zwecke verwendet worden sein.

[4] In diesem Unterschiede des gegenwärtigen und des römischen Rechtes spiegelt sich die nachrömische Vervollkommnung des Akten- und des Transportwesens ab.

[5] Das Recht und die Pflicht der Magistrate, die richterlichen Sentenzen zu vollstrecken, wurde in der älteren Kaiserzeit ausdrücklich anerkannt. Dig. XLII, 1 de re jud. fr. 15 pr. (Ulpianus): *A divo Pio rescriptum est magistratibus populi Romani ut judicium a se datorum vel arbitrorum sententiam exsequantur hi qui eos dederunt;* vgl. hierzu Ubbelohde in den Festgaben der Marburger Fakultät für Wetzell (Über das Verhältnis der *honorum venditio* zum *ordo judiciorum*). 1890. S. 15 Anm. 44.

alte Haft durch die Einsperrung in öffentliche Gefängnisse.[1] Späterhin wurde das ganze Vermögen des Schuldners in Beschlag genommen. Hierauf wurde es in der Regel als Ganzes verkauft,[2] im spätrömischen Rechte wurden aber nur noch einzelne Stücke abgepfändet und auch die Konkursmasse in ihren einzelnen Stücken veräußert, ein Verfahren, das zunächst ein Vorrecht vornehmer Schuldner gewesen war, späterhin aber allen zugewendet wurde.[3]

Dabei mußten die einzelnen Vermögensstücke in einer gewissen Reihenfolge abgepfändet und veräußert werden, ein Grundsatz, den erst das neuere deutsche Prozeßrecht wieder beseitigt hat.[4]

Ging der Urteilsspruch auf Herausgabe einer bestimmten Sache, so wurde sie von Amts wegen dem Verurteilten für den siegreichen Kläger abgenommen.[5]

Zweites Kapitel. Übersicht über einige Hauptpunkte des Prozeßrechts.

I. Privatrechtsklagen.

1. Die Anstellung der Klage.

a) Das gewöhnliche Verfahren.

α) Anstellung oder Abwehr einer Klage durch Vertreter (Inst. IV, 10).[6]

§ 170.

I. Einleitung. Als der Prozeßverlust noch eine Geldstrafe nach sich zog, war die Möglichkeit einer Vertretung in der Klage

[1] Siehe Cod. IX, 5 de privatis carceribus inhibendis.

[2] Siehe oben § 125. II. S. 385.

[3] Vgl. Dig. XLII, 7 *de curatore bonis dando*. Dernburg, Pandekten II. § 56. 3. Aufl. S. 155. v. Bethmann-Hollweg, Der römische Civilprozeß III. § 159. S. 315flg.; auch Ubbelohde a. a. O. (S. 511. Anm. 5). S. 18 Anm. 51.

[4] Vgl. Dig. XLII, 1 de re judicata fr. 15. § 2, 8.

[5] So Dig. VI, 1 de rei vindic. fr. 68 (Ulpianus). Da jedoch zu Ulpians Zeit die *condemnatio* nicht auf die Sache selbst ging, sondern auf eine Geldsumme, so hält man allgemein diese Stelle für interpoliert. Es ist jedoch nicht geradezu unmöglich, daß auch schon der *arbitratus de restituendo* vollstreckbar war (S. 480), wenn dies auch sonst nirgends bezeugt ist und darum der üblichen Lehre nicht entspricht.

[6] Vgl. Pernice, M. Antistius Labeo I. S. 488 flg. Eisele, Kognitur und Prokuratur. 1881. Eisele, Zur ältesten Kognitur, Zeitschr. der Savignystiftung V. S. 191. A. S. Schultze, Privatrecht und Prozeß S. 503 flg. M. Rümelin, Zur Geschichte der Stellvertretung im röm. Civilprozeß. 1886. Karlowa, Röm. Rechtsgeschichte II, 1. S. 59.

auf die äußersten Notfälle beschränkt (Schutz der Mündel, der in Sklaverei Festgehaltenen, des Staatsgutes oder der in ihrer Abwesenheit Bestohlenen). Wollte sonst ein Vertreter für einen anderen als *procurator* einstehen, so mußte er es ganz und voll thun, so daß er selbst insoweit Herr des eingeklagten Anspruches *(dominus litis)*[1] wurde, als der Vertretene selbst es war. Der Vertreter war es daher allein, der während des Streites zu reden und über den Streitgegenstand zu verfügen hatte, auf ihn richtete sich das Urteil und dessen Folgen. Darum konnte man den Prozeßbeginn zur Abtretung von Ansprüchen benützen, indem der Berechtigte einen Rechtsnachfolger am Beginne des Prozesses als *procurator in rem suam* an seine Stelle treten ließ, sowie auch zur Schuldübernahme *(defensionis susceptio)*. (Siehe über diese uns fremd gewordenen Formen der Rechtsnachfolge oben S. 490 Anm. 2, 493 Anm. 1.) Eine solche mittelbare Vertretung der abwesenden Prozeßpartei durch ihren Anwalt ist in Rom niemals völlig verschwunden, während sie dem heutigen Prozeßrechte fremd ist; nur durch Scheingeschäft würde sie durchführbar sein.[2]

II. Verschiedene Stellvertretungsformen.

a) Ein Vertreter, der nach außen hin als Partei auftrat, in Wahrheit aber nur der Vorkämpfer eines anderen sein wollte, war der altertümliche *vindex*, dessen Eintritt unter Umständen rechtlich notwendig war.[3]

b) Freiwillige mittelbare Stellvertreter sind die *procuratores*, die in jeder Hinsicht wie Parteien behandelt wurden.

c) Daneben entwickelte sich eine Stellvertretung für die Prozeßpartei, bei der die Rechte und die Pflichten aus dem Urteile auf die vertretene Partei hinübersprangen. Ein solcher Vertreter mit Urteilswirkung für und gegen den Herrn hieß *cognitor*,[4] ein vom

---

[1] *lis* heißt auch hier nicht das Streitverfahren, sondern der streitige Anspruch, d. i. das streitige Vermögensstück, wie in der Wendung *litis aestimatio*. S. oben bei *litis contestatio* S. 489 Anm. 2.

[2] Winkeladvokaten treten noch heutzutage zuweilen auf Grund einer simulierten Cession als klagende Gläubiger oder einer simulierten Schuldübernahme als verklagte Schuldner auf, während sie in Wahrheit nur als *personae interpositae* für den ursprünglichen Gläubiger oder Schuldner handeln.

[3] S. oben S. 506 Anm 4. Demelius, Zeitschr. der Savignystiftung II. S. 3. Naber, De iudicibus et defensoribus (Mnemosyne, bibliotheca philologica Batava. 1893. S. 371).

[4] M. E. ist *cognitor* = *coagnitor* i. e. *qui una cum domino formulam agnoscit*. Daß der *cognitor ante litiscontestationem* jüngeren Datums ist, hat Wlassak (zur Geschichte der neg. gestio) 1879. S. 46 flg. höchst wahrscheinlich gemacht.

Urteile ab unmittelbarer, bis dahin aber bloß mittelbarer Vertreter. Auch dieser „Mitstreiter“ war bis zum Urteile *dominus litis*, daher auch er einem Beauftragten mit völlig unumschränkter Vollmacht glich. Sogar die Urteilsformel wurde auf den Namen des *cognitor* gestellt.[1] In der Kraft des richterlichen Erkenntnisses zeigte es sich, für wen gestritten war.[2]

Trotzdem waren die Römer weit entfernt davon, aus dem *dominium litis* des Vertreters praktische Folgerungen zu ziehen, die seinem Auftraggeber schädlich gewesen wären. Sie gestatteten vielmehr auch während des Verfahrens dem vertretenen Herrn, über den Anspruch ebenso zu verfügen wie der Vertreter, auch die erteilte Vollmacht zu widerrufen.[3]

Im spätrömischen Rechte verschwand der *cognitor* mit dem Formelwesen.

d) Schon vorher und auch nachher wurde dieselbe Rechtslage, die dem *cognitor* eigentümlich war, dem *procurator a praesente domino in judicio confirmatus* zugeteilt.[4] Es konnte die Partei also im neuesten römischen Rechte dann, wenn sie den Gang an die Gerichtsstelle scheute, sich nur mit einer mittelbaren Vertretung behelfen.[5] Dies wird daraus verständlich, daß man damals die Vollmachtserteilung außerhalb des Prozesses durch öffentliche Urkunden der richtigen Ansicht nach noch nicht kannte. Die Anwesenheit des Vollmachtgebers vor Gericht[6] ersetzte die dem Rechte jener Zeit fehlende

---

[1] Gajus IV, 86. Daß es zwei Arten von *cognitores* gab, ist von Wlassak neuerdings in den Breslauer Festgaben für R. v. Ihering, 1892, dargelegt worden.

[2] Gajus IV, 98 de qua re quisque per cognitorem egerit, de ea non magis amplius actionem habet quam si ipse egerit. Dies galt nicht wenn der *cognitor in rem suam* bestellt (also in Wahrheit ein Cessionar) war (Vat. fragm. 317).

[3] Vgl. Näheres in Keller-Wachs Civilprozeß. §§ 52 flg. Es lag also bis zum Widerrufe der Vollmacht eine Art von Korrealverhältnis vor, da sowohl der Auftraggeber als auch der Beauftragte Verfügungsrechte über den eingeklagten Anspruch hatte. Vgl. oben S. 405 ff.

[4] In Inst IV, 11 § 3 heißt es: *Si non mandatum actis insinuatum est vel praesens dominus litis in judicio procuratoris sui personam confirmaverit.* Nach Fragm. Vat. 317 wird man aber geneigt sein, auch bei dem *actis insinuare* eine *praesentia domini in judicio* vorauszusetzen. Vgl. Fragm. Vat. 331 (Papinianus): *Quoniam praesentis procuratorem pro cognitore placuit haberi, domino causa cognita dabitur et in eum judicati actio.*

[5] Die Gefahren dieser Einrichtung wurden durch strenge Kautionspflichten ausgeglichen. Siehe § 171.

[6] Im nachrömischen Rechte wurde auch für abwesende Parteien die unmittelbare Stellvertretung zugelassen, die noch heute gilt. § 81 der Reichscivilprozeßordnung.

Beurkundung. Eine unmittelbare Vertretung war jedoch schon damals (wenigstens hinsichtlich der Folgen des Urteiles) erreichbar, wenn die Partei mit ihrem Vertreter im gerichtlichen Termine erschien und dort die Vollmachtserklärung abgab.[1]

β) Besondere Vorbedingungen der Klaganstellung.

αα) Sicherheitsleistungen (Inst. IV, 11).

§ 171.

I. Allgemeines. Die Sicherheitsleistungspflicht spielte im römischen Prozesse eine viel größere Rolle, als im heutigen. Zur Zeit sichert sie nur gegen Zahlungsunfähigkeit, in Rom begründete sie vielfach Verpflichtungen, die im Gesetze nicht anerkannt waren, aber von der Obrigkeit auferlegt wurden (s. oben § 131 VI, S. 408).

II. Sicherheitsleistungspflichten bei einer Prozeßführung ohne Vertreter.[2]

a) Bei dinglichen Klagen liegt die Gefahr vor, daß der Verklagte die streitige Sache während des Verfahrens beseitigt oder wegschafft.[3] Darum wurden auch im neuesten römischen Rechte Sicherstellungen von ihm verlangt, sobald ein Anlaß dazu vorlag ihm zu mißtrauen, im älteren Rechte auch ohnedies.[4] Die Sicherheit, die der mit einer solchen Klage Belangte leisten mußte, umfaßte den Wert des Urteilsgegenstandes und den Schaden, den der Kläger aus der Säumnis oder Hinterlist des Verklagten haben konnte *(de re judicata, de re defendenda* und *de dolo malo)*. Sie heißt *cautio judicatum solvi* (s. oben S. 502 Anm. 2).

Die heutige Praxis bedient sich da, wo der Kläger eines schleunigen Schutzes dieser Art bedarf, eines Arrestes, der auf die gefährdete Sache gelegt wird. Statt dessen ließ das römische Recht unter

---

[1] Dadurch wurde dem Gegner die Möglichkeit eröffnet, sog. *interrogationes in jure* vom Magistrate stellen zu lassen (s. oben S. 358 Anm. 1).

[2] Gajus IV, 88 flg.

[3] In der ältesten Zeit half hier auch noch eine vorläufige Regelung des Besitzstandes für die Dauer des Prozesses *(vindicias dicere)* Karlowa, Röm. Rechtsgeschichte II. 1. S. 313. 318 flg. *Vindiciae* heißt hier wohl der Kriegszustand, der aus dem Prozesse folgt, und die Vorteile, die derjenige erlangt, der infolge dessen den Besitz vorläufig erhält. Darum mußten hier Bürger sowohl für den Streitgegenstand selbst als für diese Vorteile eintreten. Gajus IV, 16. In demselben Umfange, in dem bei den Legisaktionen der Bürge haftete, machte sich bei dem Sponsionsverfahren (oben S. 501) der Verklagte selbst haftbar. Gajus IV, 91.

[4] Einen Erklärungsversuch hierfür s. oben S. 502.

Umständen aus ähnlichen Gründen eine *missio in rem* zu Gunsten des Anspruchsberechtigten zu.[1]

b) Bei persönlichen Klagen liegt die Sicherheitspflicht im neuesten Rechte gleichfalls nur dem verdächtigten Verklagten ob. Bei ihnen war sie jedoch auch schon früher nur ausnahmsweise verlangt worden, namentlich zur Begünstigung gewisser Ansprüche.[2]

III. Die Sicherheitsstellungen bei Prozeßvertretern griffen wegen des oben erwähnten Grundsatzes des bloß mittelbaren Vertreters weiter, als es heutzutage der Fall ist (s. den vorigen Paragraphen).

a) Der Vertreter des Klägers mußte, wenn er (hinsichtlich der Kraft des Urteils) nur ein mittelbarer war (*procurator absentis non apud acta factus*) dafür einstehen, daß sein Herr einen etwa eintretenden Prozeßverlust auf sich nehmen, also den Prozeß nicht wiederholen werde (*cautio de rato, dominum ratam rem habiturum*). Ohne das wäre es unbillig gewesen, dem Verklagten einen zwecklosen Streit mit dem Vertreter zuzumuten. Dies war bei dem Vertreter mit unmittelbar wirksamer Vollmacht überflüssig, weil hier der Herr seinen rechtskräftig abgerissenen Anspruch ohne weiteres verlor.

b) Der Vertreter eines Verklagten soll immer eine Sicherheitsleistung stellen. (*Nemo defensor in aliena re sine satisdatione idoneus.*) Hier lag auch in der That nicht bloß die Gefahr vor, daß der Verklagte den Urteilsspruch nicht anerkennen, sondern daß er sich ihm durch die Flucht entziehen würde. Sogar bei dem *procurator praesentis* mußte Sicherheit bestellt werden und zwar war dies hier die Sache des anwesenden Herrn.[3] Dem heutigen Rechte, dem in der Verfolgung flüchtiger Schuldner weit wirksamere Mittel zu Gebote stehen, als dem spätrömischen, ist der Grundsatz, daß bei der Vertretung eines Verklagten unter allen Umständen Sicherheit geleistet werden muß, durchaus fremd.

ββ) Rechtzeitige Erhebung der Klage (Inst. IV, 12).

§ 172.

I. Die Verjährung des Klagerechtes.[4] Ursprünglich waren alle Klagen *perpetuae*, d. h. zeitlich unbeschränkt, sofern sie nicht

[1] Vgl. v. Bethmann-Hollweg, Der röm. Civilprozeß III. S. 306.

[2] Gajus IV, 102.

[3] Vat. fragm. 333: *Cum praesens est dominus, dationis necessitas cessat* spricht nur von der *cautio de rato habendo.*

[4] Sie ist nicht zu verwechseln mit der von Gajus IV, 104 u. 106 vor ihr

ausnahmsweise an eine kurze Frist gebunden waren. Dies war namentlich bei den prätorischen Klagen die Regel, weil des Prätors Amtszeit nur ein Jahr dauerte.[1] (Es wird offenbar in dieser Bemerkung vorausgesetzt, daß jeder Beamte in die Zeit seines Nachfolgers hinein nur bis auf höchstens ein Jahr hinaus Fristen ansetzen konnte.)[2] Nur bei besonders wichtigen Klagen, die an Stelle eines civilrechtlichen Anspruches traten (z. B. der *actio furti manifesti*), vermochte der Prätor eine *actio perpetua* zu versprechen,[3] eine Zusage, die allerdings nicht gültig gewesen sein würde, wenn sie seine Amtsnachfolger nicht hätten einlösen müssen.

Die spätrömische Zeit läßt nach einer Vorschrift von Honorius und Theodosius (424 p. Chr.) alle *actiones* nach 30 Jahren erlöschen. Damit sind die Ansprüche selbst getilgt; ihre irrtümliche Zahlung, die nur aus Unkenntnis der Verjährung geschehen ist, kann also der richtigen Meinung nach angefochten werden. Freilich kann ihre freiwillige Tilgung nicht als Geschenk gelten, so daß es zweifelhaft ist, ob man nicht auch diese verjährten Schulden den bloß natürlichen Verpflichtungen zuzählen soll (s. oben § 153).[5]

II. Die Unvererblichkeit gewisser Ansprüche ist eine Ausnahmeerscheinung, die durch den besonderen Zweck dieser Ansprüche gerechtfertigt werden. So darf z. B. eine Strafe nicht den unschuldigen Erben des Verpflichteten treffen *(in poenam heres non*

erwähnten Prozeßverjährung, die im spätrömischen Rechte weggefallen ist. Diese Prozeßverjährung setzte nicht der Anstellung der Klage eine Frist, sondern der Dauer des Rechtsstreits und schützte also nicht gegen Vorkehrung veralteter Rechtstitel, sondern gegen Verschleppung schwebender Prozesse durch die Kläger. Im spätrömischen Rechte sicherten besondere *cautiones de lite prosequenda* gegen klägerische Verschleppungsgelüste. Vgl. nov. 112. cap. 2. R. Schmidt, Die Klagänderung 1888 S. 26 Anm. 4. Unser gegenwärtiges Recht bietet in dieser Hinsicht nur wenig Schutz.

[1] Nur im großen und ganzen zutreffend ist Dig. XLIV, 7 de obl. et act. (Paulus): *In honorariis actionibus sic esse definiendum Cassius ait, ut quae rei persecutionem habeant, hae etiam post annum darentur: ceterae intra annum.*

[2] Vgl. hierzu Ubbelohde, Über die Berechnung des tempus utile der honorarischen Temporalklagen 1891 und dazu Biermann in der Zeitschr. der Savignystiftung XIII. S. 384.

[3] Gajus IV, § 110: *Quo loco admonendi sumus eas quidem actiones quae ex lege senatusve consultis proficiscuntur, perpetuo solere praetorem accomodare: eas vero quae ex propria ipsius jurisdictione pendent, plerumque intra annum dare.*

[4] Cod. VII, 39 de praescriptione XXX vel XL annorum c. 3.

[5] Es zeigt sich auch hier wieder, daß es mehr und minder starke natürliche Verpflichtungen giebt, die selbst irrtümlich zahlbaren und die nicht anders als freiwillig zahlbaren. Vgl. oben S. 458 Anm. 1.

succedit)[1] und eine Genugthuung nicht dem unverletzten Erben des Beleidigten zukommen (Unvererblichkeit der sog. *actiones vindictam spirantes*).

III. Die verspätete Klage veranlaßt die Institutionen zu einem Seitenblicke auf die verspätete Zahlung im Prozesse (§ 2 h. t.). Vgl. über sie oben § 165, S. 488 Anm. 5.

γ) Die Abwehr der Klagen.

aa) Allgemeine Grundsätze (Inst. IV, 13. 14).[2]

§ 173

I. Allgemeines. Gegenüber einer Klage kann der Gegner, wenn er sie nicht anerkennen will, ein doppeltes Verhalten beobachten, er kann entweder: ihre thatsächlichen Behauptungen bestreiten oder neue Anführungen, die dem Ansprüche des Klägers ungünstig sind, geltend machen. Diese nennt man „Einreden". Hierbei darf man nicht das bloße Bestreiten thatsächlicher Behauptungen mit dem Bestreiten des eingeklagten Rechtes verwechseln. Dieses letztere liegt auch dann vor, wenn der Verklagte eine solche neue Behauptung als Einrede anführt, aus der hervorgeht, daß das eingeklagte Recht nicht mehr besteht (z. B. die Einrede der Schuldbezahlung).

II. Das Verhältnis der Begriffe Einrede und *exceptio*.

a) Der Legisaktionenprozeß kannte nur Einreden, die die Streitbegründung hinderten, oder solche, die im begründeten Streite auch noch vor dem *judex* erhoben werden durften, also *ipso jure* galten, nicht aber solche, welche vor dem Magistrate erhoben werden mußten, um hierauf dem *judex* zur Entscheidung überwiesen zu werden.[3]

b) Im Formularprozesse bildet sich der Unterschied zwischen den Einreden, die *ipso jure* (d. h. nach dem Inhalte eines civilen Rechtssatzes) vom Richter beachtet werden mußten, und den *exceptiones*, die *auxilio praetoris* wirksam wurden, d. h. solchen Einreden, die kraft einer besonderen Anweisung des Prätors für den Richter Bedeutsamkeit erlangten. Der Name *exceptio* für diese durch prätorische Vorschrift gesicherten Einreden erklärt sich aus der Form, in der sie zur Geltung kamen. Da nämlich die *formula* einen bedingten

[1] Anders Reichsstrafgesetzbuch § 30.

[2] Gajus IV, 115 flg.; vgl. Eisele, Die materielle Grundlage der *exceptio*. 1871. Birkmeyer, Die *exceptiones* im *bonae fidei judicium*. 1874.

[3] Gajus IV, 108: *Nec omnino ita, ut nunc, usus erat illis temporibus exceptionum.* (Dies findet neuerdings mit Unrecht vielfach keinen rechten Glauben.)

Verurteilungsbefehl enthielt (z. B. *si paret reum actori centum dare oportere, condemna*), so wurde die Einrede, welche der Prätor hinzufügte, als eine Ausnahme vom Verurteilungsbefehle diesem angehängt (z. B. *condemna, si non convenerit ne eam pecuniam creditor petat*) (GAJUS IV, 126.[1] Die Erhebung einer solchen Einrede geschah daher vor dem Magistrate und enthielt den Antrag auf Einfügung einer Ausnahme in den Verurteilungsbefehl. Alle *exceptiones* wurden somit nur auf einen Wunsch des Verklagten, der vor dem Magistrate geäußert werden mußte, beachtenswert, die *ipso-jure*-Einreden dagegen wurden es durch ihre bloße glaubwürdige Erwähnung vor Gericht, selbst wenn sie vom Gegner des zur Einrede Berechtigten oder von einem Zeugen geschehen war.

Die meisten *exceptiones* beruhten auf dem prätorischen Rechte. So namentlich die in den Institutionen erwähnten Einreden des Zwanges oder Betruges oder des durch *restitutio in integrum* unschädlich gemachten Irrtumes, ferner die Einreden der noch nicht bezahlten Valuta des Darlehnsschuldscheines, des formlosen Erlaß- und des Stundungsvertrages, der Tilgung des Anspruches durch gerichtlichen Eid und der schon früher rechtskräftig entschiedenen Sache [2]

Neben diesen Einreden des prätorischen Rechtes gab es auch *exceptiones juris civilis* (z. B. die *exceptio legis Cinciae*),[3] weil zuweilen das Civilrecht dem *judex* die Beachtung gewisser Einreden zwar gestattete, aber nur dann, wenn der Prätor sie vorher durch Einrückung in die Formel anerkannt hatte. In hervorragendem Umfange geschah dies durch Senatsschlüsse (so das Macedonianum, s. oben S. 392, das Vellejanum, s. oben S. 414). Hier wurde die Berücksichtigung gewisser Einreden auf einem Umwege erzwungen. Man erreichte hierbei, daß die Zulässigkeit solcher Einwendungen zweimal in Frage kam, zunächst in der Vorverhandlung vor dem Magistrate, der sie in die *formula* einrücken mußte, und sodann vor dem *judex*, der ihre thatsächliche Wahrheit prüfte.

Sehr eigentümlich verhielt es sich mit den *exceptiones* gegen-

---

[1] Dig. LXIV, 1 de except. fr. 22 pr. (PAULUS): *Exceptio est condictio, quae modo eximit reum damnatione, modo minuit damnationem.* Mit dem *minuere* wird auf die Kompensationseinrede angespielt (vgl. SOHM, Institutionen. 4 Aufl. S. 328 Anm. 7).

[2] Unter gewissen Umständen schützte gegen Prozeßwiederholungen schon das *jus civile;* vgl. GAJUS IV, 107.

[3] Siehe oben S. 318. Ebenso die *exceptio legis Plaetoriae* (s. oben S. 225); vgl. hierzu SOHM Institutionen. 5. Aufl. S. 196 und WENDT, Pandekten. 1888. S. 264. 265.

über den *actiones in factum* (s. oben S. 503).[1] Bei ihnen wurde der Richter angewiesen ohne weiteres zu verurteilen, wenn gewisse thatsächliche Behauptungen wahr sein sollten, ihm wurden also ohne jeden Hinweis auf das Recht die Urteilsbedingungen vorgeschrieben.[2] Die Folge davon war, daß der Richter auch keine einzige Einrede berücksichtigen durfte, wenn er nicht in der Formel dazu ermächtigt war. So mußten auch die *ipso jure* gültigen Einreden in die *formula in factum* besonders aufgenommen werden. z. B. die *exceptio solutionis.* Eine *actio in factum* gab also dem Kläger den Vorteil, daß sie den Verklagten zwang, schon *in jure* alle seine Einreden anzukündigen, während sie beiden Parteien den Nachteil zufügte, daß der Richter in seinem Ermessen durch die Fassung der Formel in hohem Maße eingeengt war.[3]

c) Mit dem Verschwinden des Formularprozesses ist dies alles weggefallen. Seitdem *praetor* und *judex* eine Person waren, heißt daher *exceptio* zuweilen schlechtweg so viel wie Einrede. Insoweit jedoch der alte Unterschied zwischen der Entkräftung eines Anspruches *ope exceptionis* und seinem Untergange *ipso jure* nicht verwischt ist, bedeutet *exceptio* im technischen Sinne eine solche Einrede, die ohne einen besonderen Antrag des zur Einrede Befugten nicht vom Richter beachtet werden darf, mit anderen Worten: die Einrede, deren Beachtung besonders erbeten werden muß.

Manche dieser Einreden aber, die in den Quellen *exceptiones* heißen und es in Rom auch waren, wurden heutzutage ebenso behandelt, wie die *ipso jure* geltenden Einreden (z. B. die Einrede des formlosen Erlaßvertrages). Dies gilt aber keineswegs von allen, z. B. nicht von der Einrede der Verjährung, die der Richter nur berücksichtigt, wenn der Verklagte darum bittet, und einigen anderen Einwendungen. Nur bei diesen Einreden dauert noch heutzutage

[1] Vgl. EISELE, Die materielle Grundlage der exceptio. 1871. S. 17 flg.

[2] GAJUS giebt zwei Beispiele IV. 46: *Recuperatores sunto. Si paret illum patronum ab illo liberto contra edictum illius praetoris in jus vocatum esse, recuperatores illum libertum illo patrono sestertium X milia condemnate. si non paret absolvite.* IV. 47: *Judex esto. Si paret Aulum Agerium apud Numerium Negidium mensam argenteam deposuisse eamque dolo malo Numerii Negidii Aulo Agerio redditam non esse* (Vorbehalt der Erfüllungseinrede) *quanti ea res erit, tantum pecuniam judex Numerium Negidium Aulo Augerio condemnato si non paret, absolvito.*

[3] Dies erklärt wohl zur Genüge, warum der Prätor den Klägern in einigen Fällen eine Auswahl zwischen einer *actio in jus concepta* und einer *actio in factum concepta* einräumte. Vgl. GAJUS IV. 47.

der Unterschied zwischen den antragsbedürftigen und den nicht antragsbedürftigen *(ipso-jure-)* Einreden fort.

III. Einwendungen gegen *exceptiones* heißen *replicationes*. Richten sich Einreden gegen *replicationes*, so heißen sie *duplicationes*, Einwendungen gegen diese sind *triplicationes* und so fort.

IV. Dilatorische (verzögerliche) Einreden heißen im römischen Rechte alle solche Einreden, deren Voraussicht den Kläger zum Aufschub seines Begehrens zu veranlassen vermag, z. B. die Einrede der Stundung. Ihre Nichtbeachtung enthielt eine *plus petitio tempore* (s. oben § 160).

Das neueste römische Recht suchte dem Kläger die Strafen einer solchen Verfrühung des Prozesses dadurch zu ersparen, daß es den Verklagten zwang, alle *exceptiones dilatoriae* schon im Anfange des Verfahrens vorzuschützen, damit der Kläger durch Aufschub der Klage den eigentlichen Prozeßbeginn *(litis contestatio)* und die Nachteile seiner vorzeitigen Vornahme vermeiden konnte. In Deutschland hat dies niemals gegolten, daher der Begriff der *exceptio dilatoria* in seiner römischen Bedeutung für die Gegenwart keinen Wert mehr hat.

Peremptorische Einreden (unpassend „zerstörliche“ genannt) sind die streitabschneidenden (vgl. Dig. V, 1 de jud. fr. 70, quod peremeret disceptationem), d. h. solche, deren Voraussicht den Kläger von jeder Klage abschrecken soll, z. B. die *exceptio metus* oder die *exceptio Senatusconsulti Vellejani*.

In der Redeweise des kanonischen Rechtes bezeichnete *exceptio dilatoria* auch eine Einrede, die nicht den Beginn sondern den Fortgang des Streites verzögert, weil sie vor allen anderen Parteibehauptungen vorweg verhandelt werden[2] muß. Die Benennung derartiger sog. prozeßhindernder Einreden als *dilatoriae* ist unrömisch, obwohl auch die Römer die Möglichkeit einer solchen Vorverhandlung über eine einzelne Einrede sehr wohl kannten.[3] Es ist sogar vermutet worden, daß im Formularprozesse die Bezeichnung gewisser Einreden als *praescriptiones* (z. B. der *praescriptio temporis*) hiermit zusammenhing,

---

[1] Und zwar noch im justinianischen Recht, siehe oben S. 506 Anm. 2 und Schultze, Privatrecht und Prozeß. S. 320 flg.

[2] Vgl. Endemann in der Zeitschr. für deutschen Civilprozeß Bd. XV, S. 217.

[3] Den besten Beweis liefert Ciceros oratio pro Quinctio cap. VIII, in der eine Vorfrage in Form einer Zwangsstipulation (oben S 501) erörtert wird. Auch die Einrede, daß dem Vertreter die Vollmacht fehlt, mußte *in jure* vorgebracht und erledigt werden. Nach der *litis contestatio* schützten den Gegner des vollmachtlosen Vertreters die weitgehenden Sicherheitsleistungen des Vertreters (s. S. 516). Heutzutage ist diese Einrede bis zum Schlusse des Verfahrens erlaubt.

d. h. daß diese Einreden vor und nicht hinter dem Verurteilungsbefehle standen, damit der Richter über sie vorweg verhandele.[1] Ein Mißverständnis der Bedeutung der Worte: *praescriptio temporis* hat späterhin dazu Anlaß gegeben, im kanonischen Rechte und in der älteren deutschen Wissenschaft alle Verjährungen und alle ihnen ähnliche Erscheinungen *praescriptiones* zu nennen und mit *praescribere* jeden Erwerb aus einer Verjährung oder einem sonstigen Zeitablaufe zu bezeichnen.

V. Die Einreden sind teils einseitige, teils vielseitige. Die Einseitigkeit kann auf seiten des Einredeberechtigten vorliegen (sog. *exceptiones personae cohaerentes*), z. B. bei allen Einreden aus der Zahlungsunfähigkeit eines Schuldners, die seinen Nebenschuldnern, namentlich den Bürgen nicht zustehen. Anders die Tilgungseinreden und die sonstigen *exceptiones rei cohaerentes*.[2]

Die Einseitigkeit und Vielseitigkeit kann sich aber auch auf seiten des Gegners (Klägers) zeigen, denn ebenso wie nicht alle Einreden für jedermann gelten, so gehen auch nicht alle Einreden gegen jedermann. So geht z. B. die Einrede des Betruges nur *in personam*, d. h. nicht gegen redliche Rechtsnachfolger des Betrügers, die Einrede des Zwanges aber auch gegen alle Dritte, also auch gegen solche, die nur mittelbar aus dem Zwange einen Gegenstand erhalten haben *(in rem)*. Das römische Recht hat hier an den schwereren Frevel die stärkere Anfechtbarkeit angeknüpft.

ββ) Die Abwehr der Klagen aus Rechtsgeschäften insbesondere.[3]

§ 174.

I. Die verschiedenen Formen, in denen die Abwehr einer unbegründeten Klage möglich ist, treten namentlich da hervor, wo aus einem Rechtsgeschäfte geklagt wird. Wir unterscheiden bei solchen Einreden (und ebenso auch bei Klagen, die den Zweck der Abwehr eines vom Gegner behaupteten Rechtsgeschäfts verfolgen) gänzlich mißglückte, nichtige und bloß anfechtbare Rechtsgeschäfte. Ein gänzlich mißglücktes, also gar kein Rechtsgeschäft

---

[1] Vgl. Keller (Wach), Der röm. Civilprozeß. 6. Aufl. § 43. Anm. 496, und die dort Angeführten. Man muß übrigens hierbei die Einreden, die vor der Litiskontestation erledigt werden mußten, unterscheiden von denen, die nach der Litiskontestation vor anderen Einreden zu verhandeln waren.

[2] Vgl. über die Einreden der Korrealschuldner oben S. 407.

[3] Vgl. hierzu des Verfassers Ausführungen in seiner Schrift: Der Irrtum bei nichtigen Verträgen. II. S. 294 flg. und Mitteis in den Jahrb. f. Dogmatik. XXVIII. S. 85.

liegt vor, wenn ein unvollendeter oder fehlgeschlagener Versuch des Erklärungsaktes gemacht ist, z. B. wenn der Tod die Worte ihres Urhebers unterbrochen hat oder ein Brief, der eine Erklärung enthielt vor der Ankunft verloren gegangen ist. Von diesem beabsichtigten, aber dennoch nicht zustande gekommenen Erklärungsakte unterscheiden wir die ungültige Erklärung, d. i. eine solche, welche dem äußeren Anscheine nach vollendet, aber dennoch ohne die angeordneten rechtlichen Folgen geblieben ist. Andere Folgen, z. B. die strafrechtliche Haftung wegen eines bei ihr vorgefallenen Betruges kann auch eine völlig ungültige Erklärung nach sich ziehen. Die Römer unterscheiden das *ipso jure* (= *jure civili*) und das *ope exceptionis* (= *auxilio praetoris*) ungültige Geschäft [1] dagegen halten sie in ihrer Redeweise den Unterschied zwischen dem *negotium nullum* und dem *negotium, quod rescindi potest*, nicht fest.[2]

Anders die neuerdings vorwiegende Redeweise. Sie rechnet zu den anfechtbaren Erklärungen diejenigen, deren Ungültigkeit *ope exceptionis* oder durch besondere Anfechtungsklage geltend gemacht werden muß, und nennt die *ipso jure* ungültigen „nichtig".

II. Die Hauptfälle nichtiger Erklärungen.

a) Nichtigkeit einer Erklärung wegen ihres Inhaltes.

α) Eine nach dem Inhalte der Erklärung von ihrem eigenen Urheber gewünschte Nichtigkeit liegt vor, wenn eine (ausdrücklich oder durch Verkehrssitte gesetzte) Gültigkeitsbedingung in Wahrheit nicht vorhanden ist. So namentlich bei dem wesentlichen (geschäftsausschließenden) Irrtume, z. B. bei der Verwechslung einer Sache, die verschenkt werden soll, mit einer anderen, nicht aber bei dem Irrtume in einem bloßen Beweggrunde, d. h. einer solchen Annahme, deren Richtigkeit nicht zur Gültigkeitsbedingung gemacht ist (z. B. dem irrigen Glauben, daß jemand, für den man ein Geschenk einkauft, seinen Geburtstag hat, u. dergl. mehr).

β) Die durch Gesetz verbotene Erklärung ist nichtig. Dahin gehört jede unsittliche Willenserklärung, ja sogar jede solche die *contra bonos mores*, d. h. den guten Sitten gefährlich ist. Aus diesem Gesichtspunkte ist wohl zu erklären, daß der Spielvertrag im römischen Rechte (mit einigen Ausnahmen)[3] klaglos war, ja sogar die

---

[1] Siehe hierüber den vorigen Paragraphen.

[2] Vgl. hierüber namentlich Schlossmann, Die Lehre vom Zwange, und zustimmend Windscheid, Pandekten I. 7. Aufl. § 82. Anm. 2 a. E. S. 220.

[3] Vgl. über sie Schönhardt, Die Alea. 1885. Zu ihnen gehören namentlich die sog. *ludi virtutis causa*, deren Gemeinnützigkeit außer Zweifel stand

Bezahlung der Spielschuld nicht einmal als Tilgung einer Naturalschuld angesehen wurde, ein Punkt, in dem die neueren Gesetzgebungen nachsichtiger sind.

Die **Wette** ist die vertragsmäßige Selbstbestrafung für den Fall, daß eine aufgestellte Behauptung unrichtig sein sollte. Sie ist an volkswirtschaftlichem Werte dem Spiele kaum überlegen. Dennoch war sie nach römischem Rechte vollkommen klagbar, was daraus erklärt werden kann, daß gegenseitige Strafversprechen, die auf eine Wette hinausliefen, von alters her eine ordentliche Einrichtung des Prozeßrechtes waren (s. oben S. 497 und S. 501).[2]

b) Nichtigkeit einer Erklärung kann wegen Unzulänglichkeit eines rechtlich erforderlichen **Nebenumstandes**, namentlich der äußeren notwendigen Form, vorliegen. So z. B. wenn die nötige Zahl der Testamentszeugen fehlte u. dergl. mehr.

III. **Hauptfälle anfechtbarer Erklärungen sind:**

a) Wer durch eine Drohung, der auszuweichen die Vernunft gebot *(metus)*,[3] zu einer Erklärung bestimmt worden ist, darf sie jedermann gegenüber *(in rem)* anfechten.[4]

b) Der durch **Arglist** *(dolus)*[5] zu einer Erklärung Verführte hat gegenüber dem arglistigen Vertragsgenossen und seinem Helfershelfer *(in personam)* Anfechtungsrechte. Redliche Dritte dagegen, welche etwa von dem Arglistigen den gewonnenen Gegenstand erworben haben, brauchen nicht darunter zu leiden, daß der Geschädigte sich benachteiligen ließ (s. den vorigen § und auch § 147).

Die Einrede der Arglist konnte sich nicht bloß auf die Vergangenheit beziehen, in der der Kläger sich arglistig betragen hat,

---

[1] Das Spiel ist für das Gemeinwohl von minderer Bedeutung, als die Geschäfte, welche der Befriedigung wichtiger Lebensbedürfnisse dienen. Indem es aber ohne ernstes Ziel ist und das Verantwortlichkeitsgefühl nicht anspannt, befriedigt es außerdem den menschlichen Thätigkeitstrieb in einer so verlockenden Form, daß es leicht allzusehr überhand nimmt, zu einer Vergeudung der Arbeitskraft und der Arbeitszeit hinführt und dadurch den Gesamtbestand gemeinnütziger Thätigkeiten zu gefährden vermag.

[2] Der Entwurf des Deutschen bürgerlichen Reichsgesetzbuches will die Wette dem Spiele gleichstellen. Zweite Lesung § 704.

[3] Dig. IV, 2 quod metus causa fr. 6 (GAJUS): *Metum autem non vani hominis, sed qui merito et in homine constantissimo cadat, ad hoc edictum pertinere dicemus.*

[4] Dig. IV, 2 fr. 1 pr. quod metus causa fr. 1 pr. (ULPIANUS) Ait praetor: *Quod metus causa gestum est ratum non habebo.*

[5] Vgl. über *dolus* oben S. 438 und S.

sondern auch auf die Gegenwart, in der die Klaganstellung, sofern sie z. B. einen Wortbruch enthält, eine Arglist in sich schließt. Es waren dies nicht zwei *exceptiones doli*, die man hier vielfach angenommen und *specialis* sowie *generalis* genannt hat, sondern nur zwei Seiten einer und derselben *exceptio*.[2] Auch heutzutage wird man wohl noch immer den Begriff der Arglist in dem weiten Sinne fassen müssen, in dem ihn die *exceptio doli* voraussetzte.

c) Der Irrtum ist in vielen Fällen zwar kein Nichtigkeits- aber doch ein Anfechtungsgrund, z. B. bei der irrtümlichen Zahlung einer Nichtschuld, *condictio indebiti* (S. 433). Savigny nennt ihn dann einen „unechten" Irrtum,[3] eine irreführende Bezeichnung, die mehr und mehr außer Gewohnheit kommt. Im allgemeinen entscheidet bei einem Irrtume (namentlich bei einem Irrtume über Eigenschaften) die Vertragsauslegung, also da, wo eine ausdrückliche Bestimmung fehlt, die Verkehrssitte bei allen *bonae negotia* darüber, ob er als Nichtigkeitsgrund gelten soll, oder nicht.[4]

d) Die noterbrechtliche Anfechtung eines Testaments durch *bonorum possessio contra tabulas* (§ 102) oder eine Pflichtteilsklage (§ 107) ist schon erwähnt.

e) Über die Anfechtung von Kaufverträgen wegen heimlicher Mängel vgl. § 157, S. 424.

b) Das Interdiktenverfahren.

α) Die Eigentümlichkeiten der Interdikte (Inst. IV, 15 pr.).[5]

§ 175.

I. Vorläufige Verfügungen im Dienste der Rechtspflege

---

[1] Gajus IV, 119: *Si in ea re nihil dolo malo Auli Agerii factum sit neque fiat.*

[2] Vgl. Sohm, Institutionen. 5. Aufl. S. 198 und über das Alter der Einrede Pernice, M. Antistius Labeo II. S. 112 flg. Vgl. auch Pernice, Zeitschr. der Savignystiftung IV. S. 157 über Milone, La exceptio doli (generalis). Neapel 1882.

[3] System des heutigen röm. Rechts. Bd. III S. 440.

[4] Es ist dies sehr streitig. Das Nähere gehört in die Pandektenlehre.

[5] Aus der reichen neueren Litteratur über diesen Rechtszweig, der durch die Dürftigkeit der Quellen den verschiedenartigsten Vermutungen Raum giebt, können hier nur einige Schriften und Abhandlungen erwähnt werden: A. Schmidt, Das Interdiktenverfahren der Römer. 1853. Hartmann-Ubbelohde, Der *ordo judiciorum*. 1886. S. 538 flg. Pfersche, Die Interdikte des röm. Civilprozesses 1888. Pernice, Parerga, in der Zeitschr. der Savignystiftung V. S. 33. Lenel, Edictum perpetuum. S. 356 flg. Ubbelohde, Die Interdikte, in der Fortsetzung zu Glücks Pandektenkommentar. Serie der Bücher 43 und 44. 3 Bände. Dies Rechtsgebiet

gehörten zu der Berufspflicht des Prätors.[1] Es sind dies solche, deren Ergebnis durch einen nachfolgenden Urteilsspruch umgeworfen werden kann, weil sie auf einer schleunigen, aber eben deshalb nicht völlig erschöpfenden Untersuchung eines streitigen Sachverhaltes beruhen.

Nach unserem Rechte gehört dahin der Arrest (mittelalterlichen Ursprungs) und die ihn ergänzenden einstweiligen Verfügungen.[2]

Die Römer kennen zwei Arten vorläufiger Verfügungen im Dienste der Rechtspflege:

a) Die sofort vollstreckbaren *missiones*, Einweisungen eines Klägers entweder in das ganze Vermögen des Verklagten (so z. B. die oben [S. 382 Anm. 1] erwähnten *bonorum possessiones decretales*, siehe insbesondere die *missio ventris nomine* und *ex edicto Carboniano*) oder in einzelne Sachen, die ihm gehören, z. B. die *missiones* bei der *cautio damni infecti* (s. oben S. 277, II b)[3]

Diese *missiones* machten den Gläubiger selbst zum Vollstrecker der Beschlagnahme, während unsere Arreste für ihn von der Obrigkeit und ihren Bevollmächtigten ausgeführt werden, also in geringerem Maße, als die *missiones*, die Gefahr in sich bergen, in einen Faustrechtsstreit auszuarten.[4]

b) Die *interdicta* haben im Laufe der Rechtsgeschichte so starke Wandlungen erlitten, daß ihr Name dadurch seine Bedeutung geändert hat und daher nicht anders, als auf dem Boden einer rechtsgeschichtlichen Erörterung verstanden werden kann.

Zunächst waren die *interdicta* Befehle der Obrigkeit im Dienste der Rechtspflege,[5] und zwar der richtigen Ansicht nach solche, die nur vorläufige Kraft hatten, also entweder durch einen Widerspruch des Befehlsempfängers hinfällig werden konnten, oder durch einen

---

ist wohl geeignet dazu, den Satz zu erweisen, daß an vielen Stellen ohne Hypothese eine Exegese überhaupt nicht möglich ist; vgl. oben S. 522 Anm. 2.

[1] Dig. II, 3 si quis jus dicenti non obtemperaverit fr. 1 pr. (Ulpianus): *Omnibus magistratibus non tamen duumviris, secundum jus potestatis suae concessum est, jurisdictionem suam defendere poenali judicio.*

[2] Reichscivilprozeßordnung §§ 796 flg. 814 flg.

[3] Vgl. Dig. XLII, 4 quibus ex causis in poss. fr. 1 (Ulpianus): *Tres fore causae sunt, ex quibus in possessionem mitti solet: rei servandae causa, item legatorum servandorum gratia et ventris nomine. damni enim infecti nomine, si non caveatur, non universorum nomine fit missio, sed rei tantum, de qua damnum timetur.*

[4] Es war dies ein Überrest der beseitigten altrömischen Zwangsvollstreckung durch Selbstthätigkeit des Klägers.

[5] Im Gegensatz zu den polizeilichen Befehlen, welche nicht hierher gehören; vgl. oben S. 5 flg.

späteren ordentlichen Prozeß, der sich gegen das Ergebnis des Interdiktes richtete.[1]

Diese Interdikte erließ der Prätor ursprünglich, wie schon erwähnt wurde, nur im Dienste der Rechtspflege (*juris civilis adjuvandi gratia*),[2] späterhin aber auch, um neue Ansprüche neben den Rechtsmitteln zu gewähren (*juris civilis supplendi gratia*), schließlich sogar zur Abänderung des Civilrechts.[3]

Ein Teil dieser Interdikte hatte einen prohibitorischen Charakter und mußte schlechterdings befolgt werden, da der Prätor nur unerlaubte Handlungen verbot. Andere Interdikte oder *decreta* enthielten aber Exhibitions- und Restitutionsbefehle, wirkten also auf Abänderung des gegenwärtigen Besitzstandes ebenso hin, wie verurteilende Richtersprüche. Diese brauchte sich der Empfänger des prätorischen Befehls nicht gefallen zu lassen. Er durfte widersprechen und richterliche Entscheidung verlangen. That er dies, so wurde eine *actio arbitraria* ertheilt und in dieser über die Pflicht des Verklagten zu der ihm anbefohlenen Exhibition oder Restitution ein Urteil gefällt.[4]

---

[1] Diese vorläufige, später durch Klage anfechtbare Kraft haben alle *interdicta* der richtigen (sehr bestrittenen) Ansicht nach im römischen Rechte immer behalten; vgl. Isidorus V, 25 § 33: *Interdictum est quia (quod?) a judice non in perpetuum, sed pro reformando momento ad tempus interim dicitur, salva propositione actionis ejus.* Wenn auch wohl diese Etymologie nicht Stich hält, so kann es doch in der Sache selbst richtig sein, daß die Interdikte „Interimsbefehle" waren.

[2] Der Normalfall war wohl das Gebot, während des Prozesses Ruhe zu halten, mit dem der Prätor den Streit um körperliche Sachen, namentlich um Grundstücke, sicherlich schon in der ältesten Zeit eröffnet haben mag. Derselbe Befehl, der den Kriegszustand des Prozesses (*vindiciae*) ankündigte, war schon in ältester Zeit das Gebot eines Waffenstillstandes für außergerichtliche Parteikämpfe. So namentlich Gradenwitz, Zwangsvollstreckung und Urteilssicherung. Berliner Festschrift für Gneist. 1888. Vgl. hierzu namentlich auch Klein, Sachbesitz und Ersitzung. 1891. S. 586 flg.

[3] Z. B. das *interdictum quorum bonorum*, das unter Umständen gegenüber dem *heres* durchdringt (vgl. oben S. 381 Anm. 1). Die Gewährung der Interdikte stand daher zu dem *jus civile* in einem ähnlichen Verhältnisse, wie die Verleihung der *bonorum possessio* (s. oben S. 380. II)

[4] Gajus IV, 163: *Si arbitrum postulaverit is, cum quo agitur, accipit formulam quae appellatur arbitraria. et judicis arbitrio, si quid restitui vel exhiberi debeat, id sine periculo exhibet aut restituit et ita absolvitur. quod si nec restituat neque exhibeat, quanti ea res est, condemnatur.* Gewöhnlich wird diese Stelle dahin gedeutet, daß der *arbiter* nur darüber entschieden hat, ob die Voraussetzungen des Interdikts vorlagen, also sein Inhalt gerechtfertigt war, nicht aber darüber, ob der Kläger ein wirkliches Recht auf die anbefohlene Handlung hatte. Vgl. statt vieler v. Czyhlarz, Lehrbuch der Institutionen.

Widersprach der Empfänger des Befehls nicht, so mußte er allerdings gehorchen,[1] ebenso wie dies der Empfänger eines prohibitorischen Interdikts unter allen Umständen thun mußte.

Die Befolgung der Interdikte wurde durch eine Ungehorsamsstrafe erzwungen. Ursprünglich mag der Prätor diese Strafe selbst auferlegt haben. In unseren Rechtsquellen sehen wir ihn aber einen Umweg einschlagen, der ihm die Möglichkeit gab, dem Vorwurfe der Ediktswidrigkeit seines Verhaltens auszuweichen.[2] Er unterbreitete nämlich dem Spruche eines von ihm ernannten Richters die Entscheidung darüber, ob das in seinem Edikte angekündigte und demnächst erteilte Interdikt verletzt worden war oder nicht. Das Recht, für diesen Fall eine *formula* an den *judex* zu erlassen, verschaffte er sich aber dadurch, daß er die beiden Beteiligten zwang, sich gegenseitig für den Fall, daß sie *contra edictum* gefehlt hatten, Strafen zu versprechen.[3] Aus diesem Strafversprechen *(sponsio)* konnte sodann ein jeder von beiden die Strafsumme für sich eintreiben.[4]

Da von einem Ungehorsam und einer Ungehorsamsstrafe nur die Rede sein kann, wenn der mißachtete Befehl bereits ergangen ist, so können sich diese Strafklagen auf Ungehörigkeiten nicht bezogen haben, die vor der Zeit des erlassenen Interdiktes lagen. Besitzstörungen waren daher vielleicht ursprünglich so lange straflos, bis sich der Gestörte durch ein obrigkeitliches Interdikt für die Zukunft sichergestellt hatte. Wir finden aber, daß Ansprüche aus Strafversprechen infolge eines Interdikts auch zur Sühne von interdiktswidrigen Handlungen verwendet worden sind, die vor dem Erlasse des Interdikts geschehen waren.

Wahrscheinlich entsprach dies zunächst nicht der Aufgabe des Prätors, der nur Rechte schützen sollte, nicht aber erzeugen durfte.[5]

---

2. Aufl. S. 378. Dies entspricht jedoch wohl kaum dem Wortlaute der abgedruckten Stelle; vgl. auch oben S. 479 Anm. 7, 498. Über die *formula arbitraria* siehe oben S. 479.

[1] GAJUS IV, 164.

[2] Über diesen Vorwurf vgl. oben S. 79. Es liegt nahe, anzunehmen, daß die heftigen Parteikämpfe der sinkenden Republik ihm dieses Verhalten erwünscht machten.

[3] Das gegenseitige Strafversprechen, das bei der *legis actio sacramento* üblich war (oben S. 497), gab dem Prätor ein naheliegendes Vorbild. Nur ließ er das Strafgeld nicht in die priesterliche Kasse fließen, sondern in das Vermögen der verletzten Partei.

[4] Diese Sponsionen waren also *poenales*, keine *mere praejudiciales;* vgl. oben S. 501.

[5] Vgl. PERNICE in v. HOLTZENDORFFS Encyklopädie I. 5. Aufl. S. 129.

Außergerichtliche Akte zu ahnden oder zur Grundlage von Ersatzansprüchen zu machen, war Sache des Gesetzes, nur was während des Streites geschah, unterlag des Prätors Strafgewalt. Dennoch scheinen die Parteien selbst, die die Entscheidung bloßer Besitzstreitigkeiten begehrten und nach *jus civile* nicht erreichen konnten,[1] auf Grund von Verabredungen (*ex conventu*) sich einen prätorischen Schutz verschafft zu haben. Sie erbaten sich zunächst ein Interdikt, als ob sie einen Prozeß beginnen wollten. Sodann übertraten sie dies Interdikt durch einen scheinbaren Kampf (*vis ex conventu*). Nunmehr konnten sie die Bestellung eines Richters verlangen, der darüber entschied, von wessen Seite dieser scheinbare Gewaltakt für eine Besitzstörung zu erachten, und wer daher von beiden der Besitzer war.[2]

Diese unnatürliche Art, einen Prozeß einzuleiten, lag den Römern nicht so fern als uns; denn auch der Eigentumsprozeß begann bei ihnen mit einem Scheinkampfe auf oder an der streitigen Sache (*manum conserere*), vielleicht einem Überreste der Zeit, in der man auch Civilstreitigkeiten mit den Waffen in der Hand entschied.[3] Dieses Verfahren brachte es mit sich, daß die Parteien die streitige Sache (in ähnlicher Weise wie im altgermanischen Verfahren) anfaßten, wodurch jeder Zweifel darüber, um welche Sache es sich handeln sollte, ausgeschlossen wurde.[4] Deshalb scheute man zur Vornahme eines solchen Zweikampfes, der das gerichtliche Verfahren vorbereiten sollte, einen Gang auf das streitige Grundstück nicht,[5] und zwar kam eine solche Wanderung sowohl bei dem *manum conserere*, wie bei der *vis ex conventu* vor.[6]

---

[1] Im alten *jus civile* herrschte noch die Selbsthilfe im weitesten Umfange. Selbsthilfe und Besitzschutz wider den Eigentümer sind aber unvereinbar wie Feuer und Wasser. Vgl. hierzu Wendt, Das Faustrecht oder Besitzverteidigung und Besitzverfolgung, Jahrb. f. Dogm. XXI. S. 56.

[2] Vgl. F. Klein, Sachbesitz und Ersitzung. 1891. S. 108 flg. Exner, Die imaginäre Gewalt im altrömischen Besitzstörungsverfahren in der Zeitschr. der Savignystiftung VIII. S. 167. Wach in Keller-Wach, Röm. Civilprozeß. § 75. Anm. 873.

[3] Vgl. oben S. 176 Anm. 1.

[4] Gajus IV, 16. Vgl. Sohm, Institutionen. 5. Aufl. § 35. Anm. 15. S. 159.

[5] Sog. *ex jure manum conserere;* vgl. Gellius XX, 10, 9 u. 10, woselbst von der *vis civilis et festucaria* die Rede ist, *quae verbo diceretur, non qua manu fieret.* Wie sehr dies zu einem hohlen Formalismus erstarrte, beweist Cicero pro Murena cap. 12. Die Flurkarten der *agrimensores* machten wohl die Anwesenheit auf dem Streitgrundstücke überflüssig.

[6] Dies wird besonders anschaulich aus dem Thatbestande, der Ciceros oratio pro Caecina zu Grunde liegt. Hier artete der verabredete Scheinkampf durch die Rechtswidrigkeit der einen Partei in einen wirklichen Gewaltakt aus.

Diese *vis ex conventu* wurde allmählich zur Rechtspflicht; das Gewohnheitsrecht machte hier, wie in vielen anderen Dingen, das zur Vorschrift, was ursprünglich Gegenstand freier Abrede gewesen war. Daher zwang der Prätor schließlich die Partei auf Antrag des Gegners dazu, die althergebrachte *vis ex conventu* vorzunehmen, durch eines der prozeßleitenden Dekrete, mit denen er das Interdiktenverfahren durchführte, und deren Nichtbeachtung Nachteile nach sich zog.[1]

Durch diese vom Prätor erzwungenen Scheinkämpfe bürgerte sich ein neuer Rechtsgrundsatz ein, nämlich die Regel, daß die Verbote, die in den prätorischen Interdikten (nach Maßgabe des Edikts, das sie ankündigte) enthalten waren, auch für die Zeit vor dem Beginne eines Prozesses verpflichteten, und zwar auch, ohne daß ein besonderes Interdikt erlassen wurde. Lag ein Ungehorsamsfall gegen ein Interdikt vor, so konnte der dadurch Verletzte auf dem Umwege eines obrigkeitlichen Befehls, einer nachfolgenden *vis ex conventu* und der Zwangssponsionen schließlich eine richterliche Entscheidung darüber, daß der Gegner im Unrecht war, und zugleich eine Privatstrafe erlangen.[2] Wollte er dann die Sache, die ihm weggenommen war und auf die sich das Interdikt bezog, mit ihren Früchten haben, so erhielt er beides in einem *judicium secutorium*, das der Entscheidung über die Strafen nachfolgte und auch *Cascellianum* hieß.[3]

Wenn der Kläger auf die Privatstrafe verzichtete, so konnte er (wenigstens im späteren Rechte)[4] den Inhalt des *secutorium* (den An-

---

[1] Diese hießen *interdicta secundaria*, weil sie der Durchführung der Interdikte dienten, um die es sich in erster Linie handelte, Gajus IV, 170. Vgl. Ubbelohde, die Interdikte, Fortsetzung von Glücks Pandektenkommentar Serie der Bücher 43 u. 44. 1. S. 295 flg.

[2] Die Strafe konnte eine dreifache sein, a) dafür, daß er selbst ungehorsam war (durch *sponsio* versprochen), b) daß er dem Antrage des Gegners widersprochen hatte (durch *restipulatio* versprochen), Gajus IV, 165. 166, c) daß er während des Verfahrens durch Meistgebot (*fructuum licitatio*) die Sache an sich gezogen hatte, Gajus IV, 166 flg. Um diese Strafe einzutreiben, hatte der Sieger gegen den Besiegten zwei Rechtsmittel zur Auswahl, eine Klage aus der *sponsio*, mit der bei der *fructuum licitatio* die Strafe von dem meistbietenden Gegner für den Fall des Prozeßverlustes hatte versprochen werden müssen, und daneben ein besonderes *judicium fructuarium*, dessen praktische Vorzüge und Nachteile sich nicht genau feststellen lassen; vgl. Gajus IV, 169: *Liberum esse siqui fructus licitatione victus erit, omissa fructuaria stipulatione . . . . de fructus licitatione agere: in quam rem proprium judicium comparatum est, quod appellatur fructuarium, quo nomine actor judicatum solvi satis accipit*, und hierzu Lenel, Edict. perpet. S. 379 flg.

[3] Gajus IV, 166. 169.

[4] So ist Inst. IV, 15 § 8 zu deuten.

spruch auf die Sache und die Früchte) sogleich erhalten, und zwar mit einer *utilis actio ex causa interdicti*, die sich lediglich auf die *causa interdicti*, d. i. das interdiktswidrige Verhalten des Verklagten *ante redditum interdictum* stützte und sowohl die Erteilung des Interdikts als auch die *vis ex conventu* und die Strafsponsionen einfach als überflüssige Förmlichkeiten beiseite ließ. Bei dieser Klage war das Verfahren zwar immer noch ein beschleunigtes,[1] weil solche Sachen vor anderen verhandelt wurden, aber sonst von dem gewöhnlichen Prozesse nicht mehr verschieden.

Im spätrömischen Rechte verschwanden die Strafsponsionen und wurden durch öffentliche Strafen gegen Gewaltthätigkeit ersetzt. Man nannte dann die *actiones utiles ex causa interdicti* der Kürze halber einfach *interdicta*. Auch das Recht, exhibitorische und restitutorische Interdikte als Beklagter durch Berufung auf ein ordentliches richterliches Verfahren zu entkräften, verlor sich, umsomehr als in einem Hauptfalle, dem *interdictum unde vi*, der Verklagte durch gewaltsame Selbsthilfe, wenn ihm die Sache gehörte, sein Eigentum verlieren sollte.[2] Hiernach mußte nach einer solchen Gewaltthat, durch die bloße Untersuchung darüber, ob sie geschehen war oder nicht, auch immer zugleich über das Recht des Thäters an der Sache mitentschieden werden (vgl. oben S. 279 Anm. 2).[3]

Im Justinianischen Rechte sind also die *interdicta* einfache Klagen mit zwei Eigentümlichkeiten:

a) Sie wurden außer der Reihe vor den anderen Klagesachen verhandelt.[4]

---

[1] Vgl. HARTMANN-UBBELOHDE, der *ordo judiciorum* und die *judicia extraordinaria* der Römer. 1886. S. 538 ff.

[2] Cod. VIII, 4 unde vi c. 7. (VALENTINIANUS, THEODOSIUS et ARCADIUS): *Siquis in tantam furoris pervenerit audaciam, ut possessionem rerum apud fiscum vel apud homines quoslibet constitutarum ante eventum judicialis arbitrii violenter invasit, dominus quidem constitutus possessionem quam abstulit restituat possessori et dominium ejusdem rei amittat.* Der Abscheu dieser Zeit gegen Selbsthilfe hängt sicherlich mit den Lehren des Christentums zusammen, das sie auf das Strengste verpönte; vgl. ROTH, Vorlesungen über Kirchengeschichte, herausg. von H. WEINGARTEN. 1875. S. 445.

[3] Viele nehmen an, daß die Strafen der Selbsthilfe heutzutage nicht mehr gelten. Dadurch kommen sie zu dem wenig ansprechenden Ergebnisse, daß der Eigentümer, der seine Sache mit Gewalt weggenommen hat, sie zunächst auf eine Besitzklage des Vergewaltigten herausgeben muß, dann aber hinterher sie mit einer *rei vindicatio* ihm wieder abnehmen darf, ungeachtet des Satzes: *Dolo facit qui petit, quod redditurus est.*

[4] Für die Schleunigkeit der Interdikte spricht namentlich auch Cod. THEOD. X, 36 quor. appell., woselbst es von einem *interdictum* heißt, daß es *beneficio*

b) Ein Urteil, das auf ein Interdikt erging, konnte durch eine widersprechende *actio* angefochten werden.[1]

Diese beiden Eigentümlichkeiten der spätrömischen Interdikte sind in Deutschland nicht aufgenommen worden. Da jedoch auch hier das Bedürfnis herrschte, das gewöhnliche Verfahren in Ausnahmefällen abzukürzen, so ließ man vielfach unter dem Namen der römischen Interdikte schleunige Rechtsmittel zu, deren Behandlung aber durchweg auf nachrömischen Grundsätzen beruhte. Allein auch dieses Sonderrecht der römischen Interdiktsnamen ist weggefallen. Der Reichscivilprozeß kennt zwar schleunige Rechtsmittel, diese sind aber ohne jede Beziehung zu dem Gebiete der römischen Interdikte.

Für unser gegenwärtiges Recht ist also *interdictum* genau so viel wie *actio;* der besondere Name des Rechtsmittels ist eine geschichtliche Zufälligkeit ohne praktische Bedeutung.

II. Hauptarten der Interdikte.

a) Die Begründung der Interdikte beruht nur bei den sog. Besitzinterdikten *(interdicta quae possessionis causam continent)* auf einem bloßen Besitze des Klägers und nicht auf seinem Rechte,[2] daneben gab es aber auch Rechtsinterdikte *(quae proprietatis causam continent)*, bei denen der Kläger, wenn er siegen wollte, ein Recht darthun mußte (z. B. das *interdictum quorum bonorum* des prätorischen Erben).[3] In der Klagbegründung lag daher die Beschleunigung der Interdikte nicht.[4]

b) Nach dem Inhalte des Klagantrages gehen die Ansprüche aus Interdikten entweder

α) auf ein Unterlassen *(interdicta prohibitoria)* oder

β) auf ein Thun,

αα) auf ein Herausgeben *(interdicta restitutoria)*,

ββ) auf ein bloßes Vorweisen (*interdicta exhibitoria*).

c) Nach dem Vorteile, den das erfolgreiche Interdikt gewährte, teilen die Quellen die Interdikte ein in:

---

celeritatis inventum sei; vgl. v. Bethmann-Hollweg, Der röm. Civilprozeß III. S. 347 Anm. 25.

[1] Vgl. die oben angeführte Stelle (S. 527, Anm. 1) von Isidorus. Es ist dies sehr bestritten.

[2] Über diesen Unterschied siehe oben S. 250 flg.

[3] Vgl. Ubbelohde, die Interdikte (Fortsetzung von Glück's Pandektencommentar. Serie der Bücher 43 u. 44). III. S. 1 flg.

[4] Dadurch hat man sich mit Unrecht dazu verleiten lassen, einem Teile der überlieferten Interdikte die Schleunigkeit und die vollkommene Kraft des Urteils auch für das römische Prozeßrecht abzusprechen.

α) Klagen auf Besitzeroberung (*interdicta adipiscendae possessionis*, z. B. das *interdictum quorum bonorum*, das auf Grund einer prätorischen Einweisung den Nachlaßbesitz verschaffen soll).[1]

β) Klagen auf Besitzerhaltung (*interdicta retinendae possessionis*).

γ) Klagen auf Herausgabe eines dem Kläger entzogenen Besitzes (*interdicta recuperandae possessionis*).

d) Nach den Antragsrechten des mit einem Interdikte Verklagten giebt es *interdicta duplicia* und *simplicia*. Bei jenen erging ursprünglich ein Verbot an beide Parteien, sich gegenseitig zu stören, aus denen dann unter Umständen jede von beiden Klage erheben konnte.[2] Im neuesten römischen Rechte zeigt sich die Duplicität derartiger Rechtsmittel darin, daß der Verklagte ohne die Erhebung einer besonderen Widerklage Anträge auf Verurteilung des Gegners stellen konnte.[3] (Zu den *judicia duplicia* gehörten nach römischem Rechte auch die Teilungsklagen. s. oben S. 473 flg.)

β) Übersicht über die wichtigsten Interdikte (Inst. IV, 15 §§ 1—8).

§ 176.

I. Die Besitzklagen.[4]

1. Der Schutz des Sachbesitzers.

---

[1] Was hier erobert wurde, war eine *possessio*, kein *jus*, d. h. ein Besitzzustand, keine richterliche Feststellung eines Rechtes. Dies zeigte sich eben darin, daß es dem Beklagten, der mit einem solchen Interdikte besiegt worden war, unbenommen blieb, hinterher noch einmal mit einer *actio* sein Glück zu versuchen. Jene Eroberung eines bloßen Besitzes wurde aber nicht auf einen bloßen Besitz gegründet, vielmehr mußte der Kläger ein Recht auf die Besitzeroberung nachweisen; vgl. Cod. VIII, 2 quorum bonorum c. 1.

[2] Vgl. Ubbelohde, a. a. O. (S. 532 Anm. 2) S. 271 flg. Indem der Prätor jedesmal, falls jemand behauptete, von einem anderen im Besitze gestört zu werden, an beide Teile ein Störungsverbot erließ (*interdictum uti possidetis*), erwies er sich als Menschenkenner. Wer bei einem Streite sich zuerst an den Richter wendet, ist keineswegs immer der schuldlose Teil. Vielmehr sind solche Streitigkeiten häufig Seitenstücke der Fabel vom Wolfe, dem das Lamm das Wasser getrübt haben soll.

[3] Ob dies mit unserem gegenwärtigen Prozeßrechte noch vereinbar ist, kann hier nicht untersucht werden.

[4] Diese Klagen erwecken unter allen Interdikten die meisten Zweifel. Vgl. unter andern Bruns, Die Besitzklagen des heutigen und römischen Rechtes, 1874, ferner Münderloh in der Zeitschr. der Savignystiftung III. S. 219; IV. S. 61. Bekker, ebenda V. S. 136. Lenel, Edictum perpetuum. S. 377 flg. Karlowa, Röm. Rechtsgeschichte II, 1. S. 313 flg. Es ist insbesondere sehr streitig, ob der Ursprung der Interdikte, wie Gajus IV, 148 behauptet, im Eigentumsprozesse lag, oder wie die lückenhafte Stelle des Festus *possessio* vermuten

a. Besitzverteidigungsklagen (*retinendae possessionis*):[1]

α. bei **Grundstücken**. Das *interdictum uti possidetis*. Der Name ist hier, wie bei anderen Interdikten, von den Anfangsworten der alten Befehlsformel abgeleitet.[2] Es geht auf Abwehr von Störungen,[3] die mit Gewalt geschehen oder heimlich oder durch einen Vertreter fremden Besitzes, der die Sache nur auf jederzeitigen Widerruf für einen anderen in Händen hat und diesen Widerruf mißachtet (*vi clam precario*,[4] die drei *vitia possessionis*). Auch bei Entziehungen des Besitzes war das *interdictum uti possidetis* der richtigen Ansicht nach anwendbar,[5] jedoch nur darauf, daß der Verklagte das Feld räume und den Eintritt des Besitzers in die ihm entzogene Sache dulden sollte, nicht aber auf Schadenersatz oder andere Handlungen des Verklagten.

β. bei **beweglichen Sachen** kam es im Besitzstreite ursprünglich nicht darauf an, ob der Verklagte durch Besitzstörung die Sache erlangt oder angetastet hatte, sondern darauf, wer von beiden Parteien sie am längsten im letzten Jahre besessen hatte (natürlich: ohne sie hinterher dem anderen übergeben zu haben). Der längere letztjährige Besitz galt also als ein rechtmäßiger (ein Grundsatz, der den Eigentümern zu gute kam, die weder den Erwerb noch den Verlust einer ihnen abhanden gekommenen Sache genau aufklären konnten, sie aber bald nach dem Verluste bei einem anderen fanden).

---

läßt, in dem Bedürfnisse, den *ager publicus* zu schützen. Für diese Ansicht in neuerer Zeit: Dernburg, Entwickelung und Begriff des juristischen Besitzes des römischen Rechtes (Festschrift) 1883. Dazu Bekker in der Zeitschr. der Savignystiftung. V. S. 143. Die Quellen reichen nicht dazu aus, diesen Punkt mit voller Sicherheit aufzuklären.

[1] Vgl. Karlowa, Röm. Rechtsgeschichte II, 1. S. 313 flg.

[2] Dig. XLIII, 17 uti possidetis fr. 1 pr. (Ulpianus): *Uti eas aedes de quibus agitur nec vi nec clam nec precario alter ab altero possidetis, quo minus ita possideatis, vim fieri veto.* Vgl. Karlowa, Röm. Rechtsgeschichte II, 1. S. 330.

[3] Vielfach (vgl. z. B. Sohm, Inst. 5. Aufl. S. 246) nimmt man an, daß das *interdictum uti possidetis* wider Besitzbelästigungen nur dann schützte, wenn sie auf die Dauer angelegt waren, d. h. Wiederholungen befürchten ließen. Dies stimmt mit dem im vorigen Paragraphen angenommenen Ursprunge der Interdikte durchaus überein.

[4] Das *precario habere* kann auch auf stillschweigender Gewährung beruhen. Paulus sent. V, 6. 11: *Precario possidere videtur non tantum, qui per epistulam vel* *q u a l i b e t a l i a r a t i o n e* *hoc sibi concedi postulaverit, sed et is, qui nullo voluntatis indicio, patiente tamen domino, possidet.* S. oben S. 317.

[5] *In majori inest minus.* Wer mir schon aus einer bloßen Störung meines Besitzes haftet, muß mir umsomehr verhaftet sein, wenn sein Verhalten in eine völlige Entziehung des Besitzes ausartet.

Diese Besitzklage (*interdictum utrubi*) ging aber niemals auf ein Herausgeben (*recuperare*), sondern nur auf das Recht, die Sache abzuholen: *Quo minus is eum (sc. servum) aucat vim fieri veto* (Dig. XLIII, 31 utrubi fr. un.). Vielleicht läßt sich hieraus erklären, warum dieses *interdictum* den *interdicta retinendae possessionis* beigezählt wurde, obwohl es doch ganz offensichtlich in vielen Fällen dazu diente, verlorenen Besitz wieder zu verschaffen. Auch in diesen Fällen gab es kein Recht auf Herausgabe der Sache, sondern nur darauf, daß der Kläger sie sich abholen durfte.

Justinian stellt die Besitzverteidigungsklage bei beweglichen Sachen der gleichen Klage bei Grundstücken in ihren Voraussetzungen gleich,[1] *ut ille vincat et in re soli et in re mobili, qui possessionem nec vi nec clam nec precario ab adversario litis contestationis tempore detinet* (Inst. IV, 15 § 4).

b. Klagen auf Herausgabe entzogenen Besitzes (oder Schadenersatz) sind

α. Schutzmittel gegen Gewalt:

αα. Bei Grundstücken.

Dem gewaltsam aus einem Grundstücke Vertriebenen wird das *interdictum undi vi* gewährt.[2]

Es steht dem *naturalis possessor* zu, worunter die herrschende Meinung ohne genügenden Grund den bloßen Besitzvertreter (Detentor) nicht mitverstehen will.[3] Ist der verklagte Gewaltthäter ein Eigentümer, so schützt dieses Interdikt den siegreichen Kläger

---

[1] Die Verschmelzung des *uti possidetis* mit dem *utrubi* war schon durch die oströmische Praxis angebahnt worden. Vgl. Fitting, Zeitschr. für Rechtsgeschichte XI. S. 441. Sohm, Inst. 5. Aufl. S. 247 Anm. 2. Man denke an den Fall, daß jemand einem anderen seine Sache mit Gewalt entrissen, aber *majore parte hujusce anni* besessen hatte. Hier würde sein Sieg zwar dem Rechte der älteren Kaiserzeit, schwerlich aber der Strenge des späteren Rechts gegenüber allen Formen der Selbsthilfe entsprochen haben (s. oben S. 531 Anm. 2). Die Meisten nehmen freilich an, daß das *utrubi* durch Justinians Vorschrift die Kraft, verlorenen Besitz wiederzuerlangen, völlig eingebüßt hat. Hiernach würde also der mit einem Interdikte belangte, der *vi* oder *clam ab adversario litis contestationis tempore possidet*, den Prozeß gewinnen (*vincere*). Wie dies mit den im Texte abgedruckten Worten der Institutionen vereinbar sein soll, ist schwer zu begreifen.

[2] Sein Name ergiebt sich aus den Anfangsworten der nur verstümmelt überlieferten Interdiktsformel Dig. XLIII, 16 de vi fr. 1 pr. Das ältere Recht kannte noch ein besonderes *interdictum de vi armata*. Cicero, pro Caecina cap. 31. Puchta-Krüger, Institutionen. 10. Aufl. II. § 225. S. 140.

[3] Daß ein Pächter oder Mieter nicht gegen den Eigentümer, mit dem er den Vertrag abgeschlossen hat, wegen Besitzstörung klagen kann, entspricht

nach neuestem Rechte in seinem neu erworbenen Eigentume, weil der Verklagte es in einem solchen Falle durch seine gewaltsame Eigenmacht verwirkt hat (s. oben S. 279 Anm. 2).

ββ. Bei beweglichen Sachen wurde dem Besitzer, der sie auf fehlerhafte Weise verloren hatte, neben der Abholungsklage (*interdictum utrubi*) ein Interdikt auf Auslieferung an den Kläger nicht gewährt. Es genügten hier die Deliktsklagen und die *condictiones possessionis* wegen grundloser Bereicherung des Verklagten durch die dem Kläger entzogenen Besitzvorteile (s. oben S. 432 § 141, I).[1]

Man hat für diesen Fall aus dem kanonischen Rechte eine Klage hergeleitet, die man *actio spolii* nennt.[2]

β. Schutz gegen heimliche Besitzentziehung.

Im neuesten römischen Rechte giebt es für diesen Fall keine besondere Besitzklage.[3] In früherer Zeit gab es vielleicht zur Beseitigung ihrer Folgen ein besonderes *interdictum de clandestina possessione.*[4]

---

sicherlich auch heutzutage den allgemeinen Anschauungen. Glaubt er sich verletzt, so mag er zur Vertragsklage greifen oder in eiligen Fällen (z. B. wenn der Hausherr dem Mieter die Wasserleitung absperrt) eine einstweilige Verfügung erwirken. Dagegen haben auch Pächter und Mieter ein dringendes Bedürfnis, dagegen geschützt zu werden, daß Dritte sie nicht in der Benützung der Sache stören oder ihnen gar die Sache wegnehmen. Nach der herrschenden Meinung hat sie das römische Recht in diesen Richtungen völlig schutzlos gelassen. Auf eine Erörterung der zweifelhaften Quellenstellen kann in der Institutionenlehre noch nicht eingegangen werden. Nur das ist hervorzuheben, daß es ein Trugschluß ist, wenn man daraus, daß der Mieter ein bloßer Vertreter fremden Besitzes ist, folgert, daß ihm darum nicht dieselben Rechtsmittel zustehen können, die das Recht dem wahren Besitzer giebt. Beide Sätze sind vielmehr sehr wohl nebeneinander denkbar.

[1] Nach der richtigen Ansicht über die Beweislast bei der *rei vindicatio*, s. oben S. 464 Anm. 2, half hier auch diese Klage.

[2] Neuerdings ist überhaupt die volle Entbehrlichkeit der Besitzklagen für das Recht der Gegenwart behauptet worden. Vgl. H. Pflüger, Die sogenannten Besitzklagen des römischen Rechtes, 1890. Für die restitorischen Besitzklagen mag dies wohl auch allenfalls zutreffen. Die prohibitorischen aber, namentlich das *uti possidetis* auf Unterlassung fernerer Störungen durch Gewalt oder Heimlichkeit, sind und bleiben unentbehrlich, und namentlich wird man bei ihnen immer nur auf thatsächlichen Besitz sehen, also dem berechtigten Verklagten die Berufung auf sein Recht abschneiden müssen, sofern nicht etwa ein Ausnahmefall der Notwehr oder des Notstandes vorliegt; sonst würden wir in die Zustände des Faustrechts zurückfallen.

[3] Vgl. hierzu jedoch auch Cod. VIII, 4 unde vi c. 11. Näheres gehört in das Pandektenrecht.

[4] Dig. X, 3 communi div. fr. 7. § 5. Ob dies wirklich ein besonderes Rechtsmittel war, ist fraglich. Vgl. Lenel, Edict. perpetuum. § 377 Anm. 7. Zum Schutze gegen heimliche Besitzentziehung an Grundstücken diente auch

γ. Einen Schutz gegen die Treulosigkeit eines Prekaristen, der die Sache dem nicht übergeben will, von dem er sie mit der Verpflichtung zur jederzeitigen, sofortigen Herausgabe erhalten hat, gewährt das *interdictum de precario.*[1] Gegen diese Klage wurde die Einrede eigenen Eigentumes zugelassen, weil ein Eigentümer, der (etwa in Unkenntnis seines Rechtes) sich seine eigene Sache auf Widerruf geliehen hat, nicht als Prekarist gilt;[2] daß jedoch bei ihr auch andere Einreden aus dem Rechte des Verklagten möglich waren, ist nicht erwiesen.[3]

2. Schutz des Rechtsbesitzes. Der Rechtsbesitz ist ein Zustand, der sich zu dem besessenen Rechte ebenso verhält, wie der Sachbesitz zum Eigentum, z. B. Ausübung eines Wegerechtes u. dergl. Hier sind besondere Interdikte eingeführt, namentlich für die *rusticae servitutes* das *interdictum de itinere actuque privato* neben besonders schleunigen Rechtsmitteln für Wasserrechte, ferner ein *interdictum de cloacis*, endlich ein *interdictum de superficie* für den Superficiar (§ 85).[4]

Der Faustpfandgläubiger hat dieselben Besitzklagen, wie der Verpfänder, für den er besitzt, ebenso der prekaristische Entleiher, dem die Sache mit Vorbehalt eines jederzeitigen Widerrufes überlassen ist, und der Sequester (Unparteiischen), d. i. der Übernehmer einer hinterlegten Sache, der sie während eines schwebenden Streites dem künftigen Sieger aufbewahrt.[5]

---

die Regel, daß der Besitz durch sie nicht eher verloren geht, als der bisherige Besitzer von ihr Kenntnis erlangt und keine Anstalten dazu trifft, den Eindringling hinauszuweisen. Dig. XLI, 2 de adquir. vel amitt. poss. fr. 3 § 8.

[1] Dig. XLIII, 26 de precario fr. 2 pr. (Ulpianus): *Ait praetor: Quod precario ab illo habes aut dolo malo fecisti ut desineres habere, qua de re agitur, id illi restituas.*

[2] Dig. XLIII, 26 de precario fr. 4 § 3.

[3] Man verwechsele diese Klage nicht mit dem Besitzesschutze, der dem Prekaristen gegen Dritte zusteht (s. unten unter Anm. 4).

[4] Dig. XLIII, 18 de superf. fr. 1 pr. (Ulpianus): *Ait praetor: Uti ex lege locationis sive conductionis superficie, qua de agitur, nec vi nec clam nec precario alter et altero fruemini, quominus fruamini, vim fieri veto. Si qua alia actio de superficie postulabitur, causa cognita dabo.* § 3 eodem: . . . *Et sane causa cognita ei, qui non ad modicum tempus conduxit superficiem, in rem actio competet.*

[5] Diese drei Fälle nennt man nach Savigny vielfach „abgeleiteten Besitz", jedoch mit Unrecht, da bei ihnen der Inhaber auch gegenüber dem Eigentümer (der Prekarist freilich nur, bis ein Widerruf seines Rechts erfolgt ist) eine wahre ψυχὴ δεσπόζοντος hat. Vgl. hierzu oben S. 256.

Die Erbzinsleute (*emphyteuta*) haben, so lange sie die Sache beherrschen, der richtigen Meinung nach den vollen Schutz eines Sachbesitzers. Der gleiche Schutz wird in entsprechender Weise auch dem Nießbraucher und Usuar (s. oben S. 290) zugewandt, der die Sache in Ausübung seines Rechtes thatsächlich beeinflußt.[1]

3. Sowohl Rechts- als auch Sachbesitz schützt das *interdictum quod vi aut clam*, das gegen ein *opus vi aut clam in solo factum* gerichtet ist (s. oben § 151). Sein Seitenstück war das *interdictum demolitorium* gegen den, der einen Einspruch wider einen Neubau mißachtet hatte.[2]

II. Besitzeroberungsklagen sind die *interdicta adipiscendae possessionis.* Sie gründen sich zwar auf Rechte, richten sich aber nicht auf Feststellung von Rechten, sondern nur auf Erlangung der mit dem Besitz verbundenen Vorteile.

a. Das pfandrechtliche Interdikt des Verpächters, dem der Pächter sein Inventar verpfändet hatte, war ebenso wie die *actio Serviana* eine Folge der italischen Latifundienwirtschaft (*interdictum Salvianum*).[3] Es wurde späterhin auch in anderen Verpfändungsfällen gegeben. Zweifelhaft ist, ob es gegen dritte Pfandbesitzer ging. Wahrscheinlich geschah dies nur dann, wenn sie vitiöse Besitzer waren, d. h. ihren Besitz *vi, clam* oder *precario* dem Pfandgläubiger gegenüber erlangt hatten.[4]

b. Das erbrechtliche Interdikt des von der Obrigkeit in die Erbschaft eingewiesenen *bonorum possessor (interdictum quorum bonorum)*; vgl. § 123. Ein Seitenstück dieses Interdikts war ein gleiches Rechtsmittel des *bonorum emptor*, auch der schleunige Gerichtsschutz des Testamentserben, der eine vorläufige Einweisung erlangt hatte.[5]

c. Das Interdikt des Erben zum Schutze gegen voreilige Vermächtnisnehmer, die den Gegenstand ihres Rechtes

---

[1] Über ein besonderes *interdictum de loco publico fruendo* vgl. Karlowa, Röm. Rechtsgeschichte II, 1. S. 42. Ubbelohde, die Interdikte (Fortsetzung von Glück's Pandektencommentar. Serie der Bücher 43 u. 44). IV. S. 284 flg.

[2] Vgl. hierzu oben S. 455 und Karlowa, Röm. Rechtsgeschichte II, 1. S. 473 flg.

[3] Siehe oben S. 466.

[4] So ist vielleicht der Widerspruch zwischen Dig. XLIII, 33 de interd. Salviano fr. 1 § 2 und Cod. VIII, 9 de precariis et de Salviano interdicto c. 1 aufzulösen.

[5] Sogenannte missio in possessionem ex lege ultima (3) Codicis (VI, 33) de edicto Divi Hadriani tollendo (et quemadmodum scriptus heres in possessionem mittatur).

an sich nehmen, bevor der Erbe sie ihnen gegeben hat (*interdictum quod legatorum*).[1] Es hängt dies damit zusammen, daß der Erbe Vermächtnisse nur dann auszuliefern braucht, wenn der Nachlaß für die Gläubiger ausreicht, und daß daher alle Nachlaßstücke durch seine Hand gehen sollen (s. oben S. 363 Anm. 6)

d. Die nachbarrechtlichen Interdikte *de arboribus caedendis* (XLIII, 27) und *de glande legenda* (XLIII, 28); vgl. oben S. 455.

e. Das Interdikt des Mieters, der nach Erfüllung seiner Vertragspflichten ausziehen will und ohne Grund vom Vermieter wegen angeblicher Vertragsansprüche daran gehindert wird (*interdictum de migrando*).[2]

III. Familienrechtliche Interdikte. Obwohl es keinen eigentlichen Besitz an Frauen und Kindern giebt, so besteht doch auch ihnen gegenüber ein thatsächlicher Einfluß, der gegen Störungen auf Grund eines vorläufigen Urteils geschützt werden kann. Dahin gehören das *interdictum de uxore exhibenda ac ducenda* und das *interdictum de liberis exhibendis, item ducendis*.[3] Ersteres schützt gegen die Vorenthaltung der Gattin, dieses gegen die Entziehung der Hauskinder.

IV. Die Interdikte für jedermann aus dem Volke (*interdicta popularia*)[4] schützten die Gemeingebrauchsrechte an Flüssen und Wegen (Dig. XLIII. 7 ff.), sowie gegen einen Mißbrauch der dem Gottesdienste geweihten Sachen (*interdictum ne quid in loco sacro fiat*, Dig. XLIII, 6). Auch zum Schutz gegen Freiheitsberaubung durfte jeder sich des anderen klageweise annehmen (Dig. XLIII, 29 de libero homine exhibendo).

Auch diese römischen Klagen aus Gemeingebrauchsrechten sind in der deutschen Praxis dadurch verkürzt worden, daß sie nur noch zum Schutz des klägerischen Vermögens gegen Verminderung gewährt werden (s. oben S. 440. IV).

---

[1] Dig. XLIII, 3 quod legatorum.

[2] Dig. XLIII, 32. Alle diese Interdikte (unter II) sind der richtigen Meinung nach heutzutage nur entweder als Anwendungsfälle der weiter greifenden einstweiligen Verfügungen gültig oder, insoweit sie im ordentlichen Verfahren angestellt werden, von der Klage aus dem Rechte, auf das sie sich stützen, nicht mehr zu unterscheiden, daher auch der richtigen Meinung nach, wenn sie siegreich sind, der Inhalt des Urteils nicht mehr vom Gegner hinterher durch eine widersprechende *actio* angegriffen werden kann.

[3] Dig. XLIII, 30 de lib. exhib. fr. 2 (Hermogenianus): *De uxore exhibenda ac ducenda pater, etiam qui filiam in potestate habet, a marito recte convenitur.*

[4] Sie sind Seitenstücke der *actiones populares* siehe oben S. 440 IV. vgl. über diese *interdicta popularia:* Ubbelohde, a. a. O. (S. 587 Anm. 5) I. S. 48 flg.

c) Strafen eines Mißbrauches der Privatrechtspflege

(Inst. IV, 16).

§ 177.

I. Grundgedanke. Der Mißbrauch der Rechtspflege, dem heutzutage vornehmlich die Kostenlast vorbeugt, die der Unterliegende tragen muß, erschien besonders gefährlich, ehe die Prozeßkosten (im spätrömischen Verfahren) aufkamen, insbesondere als noch die Öffentlichkeit des Verfahrens den Verklagten allen verletzenden Angriffen durch willkürliche Ansprüche bloßstellte. Die wissentlich widerrechtliche Klage erschien daher ebenso verwerflich wie der bewußte grundlose Widerstand eines Verklagten gegen einen begründeten Anspruch.

Diese sittliche Strenge hat in der nachrömischen Zeit sich in dem schleppenden und förmlichen gemeinrechtlichen Verfahren unwillkürlich abgeschwächt. Dieses erhöhte die Gefahr unüberlegter Äußerungen und zwang die Anwälte zu einer vorsichtigen und zurückhaltenden Redeweise. Es ist hieraus wohl erklärlich, warum sich auch nachrömische Strafvorschriften gegen unrichtige Prozeßbehauptungen nicht zu erhalten vermochten.

II. Die Schutzmittel des römischen Rechtes gegen Mißbrauch der Rechtspflege waren:

a) Strafen für Prozeßverlust. Das *sacramentum*, eine Summe, die bei der *legis actio sacramento* von den Parteien hinterlegt werden mußte, war eine im voraus ausbezahlte Prozeßstrafe (s. oben S. 497). Ihm sind vielleicht die gegenseitigen Versprechen amtlicher Strafsummen nachgebildet worden (s. oben S. 501).[1] Späterhin wurde dem Verklagten das Recht gegeben, unter Umständen der abgewiesenen Klage eine Nachklage folgen zu lassen. Es war dies in der Regel nur bei bewußter Chikane des Klägers möglich, ein sog. *calumniae judicium*, bei einigen besonders gehässigen Klagen wurde aber auch ohne Rücksicht darauf, ob sich der Kläger der Rechtswidrigkeit seines Vorgehens bewußt gewesen war, ein *contrarium judicium* zugelassen.

An die Stelle der Kalumnienklage trat, ursprünglich auf Wunsch des Verklagten, später allgemein ein *juramentum pro calumnia*, mit

---

[1] Vgl. Gajus IV, 174 flg.

dem der Kläger seine Redlichkeit beteuerte, eine Einrichtung, die in dem neueren deutschen Prozeßrechte verschwunden ist.[1]

b) Strafen des Leugnens (s. oben § 141, S. 434 und § 158, S. 478).

c) Über die infamierende Kraft der Verurteilung in gewissen Prozessen siehe oben S. 450.

d) Eine Strafklage richtete sich gegen Kinder oder Freigelassene, die ohne vorherige Erlaubnis der Obrigkeit ihre Eltern oder Patrone vor Gericht luden (S. 520 Anm. 2).

2. Die Urteilsfällung (Inst. IV, 17).[2]

§ 178.

I. Die Grundlagen des Urteils waren in Rom in der ältesten Zeit das freie richterliche Ermessen, nach der Verkündung der zwölf Tafeln das Gesetzeswort, in der späteren Zeit daneben ein das Gesetz auslegend ergänzendes richterliches Ermessen, das Gewohnheitsrecht und der Befehl des Prätors, dem sich der *judex* beugen mußte.[3] Im Justinianischen Rechte ist dem Richter die Befugnis, die Grenzen der Gesetze und Gewohnheiten in der Gewährung der Rechtshilfe schöpferisch zu überschreiten, ausdrücklich verwehrt (Inst. IV, 17 pr.). Dies entspricht auch dem deutschen Rechte.[4] Das in den Institutionen erwähnte Recht des Richters, bei dinglichen Klagen eine Stundung gegen Bürgschaft zu gewähren, ist dem deutschen Prozeßrechte fremd.[5]

Schon oben wurde erwähnt, daß das Urteil in der mittleren Periode der römischen Rechtsgeschichte immer auf Geld gehen mußte.[6] Das Justinianische Recht kennt auch Verurteilungen auf

---

[1] Die Sicherheit, welche solche Eide gegenüber böswilligen Parteien gewähren, steht in keinem Verhältnisse zu dem Ärgernisse, das ihre Unglaubwürdigkeit in vielen Fällen erregt.

[2] Vgl. über das *officium judicis* Bekker, Die Aktionen II. S. 154 flg.

[3] Vgl. Eisele, Die materielle Grundlage der exceptio 1871. S. 517 flg.

[4] Vgl. oben S. 105 Anm. 1.

[5] Sein Ursprung hing wohl mit dem oben geschilderten Verfahren der *actiones arbitrariae* (s. oben § 159 S. 479 ff.) zusammen.

[6] Über die Nachteile dieses Satzes siehe Sohm, Institutionen. 5. Aufl. S. 186 flg. Über seinen vermutlichen Zweck ist zu bemerken, daß in der Zeit des Formularprozesses jede Zwangsvollstreckung grundsätzlich das ganze Vermögen des Schuldners ergriff und durch den Beitritt der anderen Gläubiger zu einem Gesamtverkaufe führte, bei dem es für den Käufer wichtig war, den

Herausgabe von Sachen und auf Handlungen,[1] aber noch nicht die Strafandrohungen, die den Verurteilten dazu zwingen sollen, etwas zu thun oder zu unterlassen, und die erst im deutschen Vollstreckungsverfahren entwickelt worden sind.

II. Die rechtsbegründende Kraft der Urteile.

a) Eine unabsichtliche Rechtsbegründung liegt dann vor, wenn ein Recht durch ein unrichtiges Urteil anerkannt ist, ohne vorher bestanden zu haben und das Urteil Unanfechtbarkeit (Rechtskraft) erlangt hat. Die rechtliche Anordnung einer solchen Rechtskraft ist nötig als das kleinere Übel gegenüber dem unablässigen Streite, der ohne diese Einrichtung unter hartnäckigen Parteien herrschen würde (*res judicata jus facit inter partes*).

b) Absichtliche Rechtsbegründung liegt bei den Zuschlagsurteilen im Teilungsprozesse vor (vgl. oben § 157). Hier kann eine Sache oder eine Fläche einer der Parteien zum alleinigen Eigentume zugesprochen werden, mit der Wirkung, daß das alleinige Eigentum eben durch das Urteil selbst erst entsteht.[2]

Eine Rechtsbegründung durch einen richterlichen Spruch liegt auch dann vor, wenn die Obrigkeit durch *in integrum restitutio* ein verloren gegangenes Recht wiederherstellt (s. oben S. 462).

II. Die Anrufung des Strafrichters (Inst. IV, 18).[3]

§ 179.

I. Einleitung. Das Recht, im Strafprozesse als Ankläger aufzutreten, wird in den Institutionen im Anschlusse an die privatrechtliche Anrufung des Richters erwähnt, weil es so, wie diese, in vielen Strafsachen dem Einzelnen zur beliebigen Benützung überlassen war.

II. Das Gebiet des Anklagerechtes. Während im alten Gerichte der Volksversammlungen die Magistrate das Recht zur Anklage hatten und im späteren außerordentlichen Verfahren vor den kaiserlichen Beamten dieses Recht vom Ermessen der Behörde

---

Geldwert der Forderungen, deren Befriedigung er zu einem bestimmten Teile übernahm, genau zu kennen. Auch im heutigen Reichskonkursrechte (Reichskonkursordnung § 62) müssen alle Forderungen zu einem Geldbetrage angemeldet werden. Vgl. auch oben S. 469 Anm. 5.

[1] Cod. VII, 45 de sententiis c. 14.

[2] Über die neuere Gesetzgebung s. oben S. 473 Anm. 5.

[3] Vgl. Ferrini, de Justiniani institutionum compositione conjectanea, I: De ultimo libri quarti titulo. Zeitschr. der Savignystiftung XI. S. 106 flg.

abhing, war in der Zwischenzeit am Ende der Republik für eine Reihe von Übelthaten das Recht zur Anklage für jedermann aus dem Volke gesetzlich festgestellt worden. Wo es galt, da sprach man von *publica judicia,* das sind Strafverfolgungen, die jedermann aus dem Volke zustanden.

Die einzelnen Fälle dieses allgemeinen Anklagerechtes sind nach den Institutionen: das *crimen majestatis* (Antastung der Staatshoheit), Ehebruch und strafbare Unzucht, Verbrechen gegen das Leben, Vatermord (mit der Strafe des Säckens, *poena culei,* belegt), Gewaltthätigkeit, Unterschleif öffentlicher Gelder, Amtserschleichung und Amtsmißbrauch zu Erwerbszwecken, ferner der der Volksernährung gefährliche Geschäftsbetrieb[1] und die unerlaubte Zurückbehaltung öffentlicher Gelder.

Dieser Rechtszweig ist für Deutschland ohne erheblichen Einfluß gewesen, da die deutsche Entwickelung des Strafrechtes und Strafverfahrens ihre eigenen Wege gegangen ist und auch da, wo sie strafrechtliche Privatklagen und Strafantragsrechte gewährt, nicht dem römischen Beispiele folgt. Jedenfalls lehnt die gegenwärtige Wissenschaft jede Beziehung zwischen diesem Gebiete und der Privatrechtslehre mit gutem Grunde ab.

Schluß. Rückblick.

§ 180.

Zum Schlusse soll der Inhalt des Buches in wenige Hauptergebnisse zusammengefaßt werden.

1. Justinians Institutionen sind, wenn man sie in angemessener Weise ergänzt, noch heutzutage eine brauchbare Gesamtübersicht über den Inhalt der römischen Rechtsquellen.

2. Das nachrömische Recht ist vielfach in Anlehnung an die römischen Quellen entstanden, so daß es ohne ihre genaue Kenntnis nicht verstanden werden kann. Umgekehrt ist aber eine klare Einsicht in die römischen, wie in alle anderen vergangenen Rechtszustände nur aus dem Gegensatze zu unserer Zeit zu erreichen. Eine

---

[1] In diesem Punkte schlug die römische Gesetzgebung Wege ein, die jetzt wieder von der neuesten deutschen Wuchergesetzgebung aufgesucht werden.

beständige Vergleichung des Veralteten mit dem Lebendigen ist daher für jeden rechtsgeschichtlichen Unterricht unerläßlich. Ohne sie laufen wir Gefahr, Einrichtungen, die längst ihre Gültigkeit verloren haben, in die Gegenwart hineinzutragen, oder, was für die Wissenschaft noch gefährlicher ist, das Bild der Vergangenheit durch ungehörige Zuthaten aus späteren Zeiten zu trüben und zu entstellen.

3. Das Wertvollste, das aus den römischen Quellen von der Nachwelt entnommen worden ist, sind nicht die Rechtssätze, die uns in ihnen überliefert sind und in vielen Punkten eine Umbildung haben erfahren müssen, um sich den veränderten Verhältnissen anzupassen. Es sind vielmehr die Zweckgedanken, von denen die römischen Rechtssätze ausgebildet und aufrecht erhalten wurden. Ihren Inhalt hat die Rechtsanwendung allmählich den Bedürfnissen unserer Tage angepaßt. Nur wenn wir uns darüber klar werden, wie dies geschehen ist, verstehen wir die Rechtsanschauungen unserer Zeit, zu denen die Bücher Justinians zwar nicht den Gesamtinhalt, auch nicht einmal überall die Grundzüge, wohl aber einen besonders wichtigen Bestandteil geliefert haben.

Indem die Wissenschaft neben den römischen Quellen unseres Rechtes auch die nachrömischen mehr und mehr ergründet, wird sie wohl noch vielfach „über das römische Recht hinaus“ kommen, voraussichtlich aber niemals anders, als „durch das römische Recht hindurch“.

Register.

Das Register ist von zwei jüngeren praktischen Juristen aufgestellt und vom Verfasser nachgeprüft worden.

FSC
www.fsc.org
MIX
Papier | Fördert gute Waldnutzung
FSC® C083411

Kolibri 360 GmbH
Ferdinand-Jühlke-Straße 7
99095 Erfurt, Deutschland
produktsicherheit@kolibri360.de